PRESIDENTS' SECRET WARS

CIA AND PENTAGON COVERT OPERATIONS FROM WORLD WAR II THROUGH THE PERSIAN GULF WAR

总统的秘密战

二战后美国遍布全球的隐蔽行动

美国国家安全档案馆“中情局档案”负责人，三次普利策奖提名、密战史权威学者重磅巨献

〔美〕约翰·普拉多斯 著
彭凤玲 译

陕西新华出版传媒集团
陕西人民出版社

图书在版编目（CIP）数据

总统的秘密战 /（美）约翰·普拉多斯（John Prados）著；彭凤玲译. —西安：陕西人民出版社, 2020.8
ISBN 978-7-224-13533-6

Ⅰ. ①总… Ⅱ. ①约… ②彭… Ⅲ. ①间谍 – 情报活动 – 史料 – 美国 – 1945–1989 Ⅳ. ①D771.236

中国版本图书馆CIP数据核字（2020）第033434号

著作权合同登记号　图字：25–2017–0071

出 品 人：宋亚萍
总 策 划：刘景巍
策划编辑：管中洑
责任编辑：管中洑
封面设计：哲　峰　姚肖朋

总统的秘密战

作　　者　［美］约翰·普拉多斯
译　　者　彭凤玲
出版发行　陕西新华出版传媒集团　陕西人民出版社
　　　　　（西安北大街147号　邮编：710003）
印　　刷　中煤地西安地图制印有限公司
开　　本　889毫米 × 1194毫米　1/32
印　　张　18.75
字　　数　433千字
版　　次　2020年8月第1版
印　　次　2020年8月第1次印刷
书　　号　ISBN 978-7-224-13533-6
定　　价　89.00元

前　言

1975 年被称为“情报年”，这一年，美国情报机关先后遭到总统委员会、参议院特别委员会和众议院特别委员会的调查。然而戏剧性的是，在此之后，政府部门对中央情报局的态度却发生了 180 度的大转变，“让中情局放手去干”的强烈呼声压倒了要求改革情报工作的呼声。

无论如何，情报工作改革运动以失败告终。国会最终采取折中办法，提出“监督”中情局的行动，而中情局则在其报告中尽可能慎重地创造性地提出一种最易被人接受的方式来解释现有法令。与此同时，里根政府却充分放任情报专家们的活动，其后果之一是酿成了 1983 年到 1984 年间喧闹不休的“尼加拉瓜港口布雷事件”。但是仅仅一年之后，参议院特别委员会对情报的特别监督权就受到公然的嘲弄，以至于这个委员会的副主席几乎愤而辞职。情报行动的范围和法律授权又一次遭到质疑。

在 1985 年年初的一次会议上，中情局的一位前法律总顾问和参议院特别委员会的资深委员们都暗自庆幸，幸好要求改革情报工作的压力已经过去了。否则，没有人能顶住这个压力。

但是问题仍然没有得到解决。也就是说，在一个民主国度，情报组织怎样开展活动才算是适当的？这些活动的法律依据又是什么？尽管政府加强了对情报活动的正式监督，但是在 20 世纪 70 年代，这些问题并没有得到解决。我们应该冷静地去思考这些问题，而不是等情报活动遭到下一次惨败的时候才去追责。当然，很显然，类似“猪湾事件”或者“尼加拉瓜港口布雷事件”惨败的再次发生只是时间早晚的问题。

为了更清楚地说明问题所在，本书的侧重点是隐蔽行动，也就是说，秘密行动，尤其是准军事行动，即用美国支持的军队在其他国家影响事态的发展，包括通过情报机关对他国施加影响、间谍活动、情报分析等。准军事行动并非隐蔽行动的唯一类型，但却是最有效、最有可能损害美国国家利益的行动。至今还没有人对准军事行动的有效性进行过评估，也没有对如何监管这类隐蔽行动做出报告。中情局已经成立了几十年，如今正是对其隐蔽行动进行评估的好时机。

准军事行动对于美国的国家安全到底有何贡献？对不同行动中反复出现的问题能否进行总结？如果一些准军事行动是适当的，那么如何组织和维持这些行动？总统在准军事行动中扮演什么角色？他是否应该扮演该角色？国会在其中起什么作用？由于现有文献几乎都仅与个体行动相关，因此上述问题很难回答。

此外，情报政策的问题也值得考虑，而不是把这个问题交给隐蔽行动的执行人员来决定，尽管这些人受过专门培训，技术高超。因为唯一能够保护美国式民主的方式是对情报部门的授权加以限制，并且对其进行适当的问责。

普通人很难获得这些秘密信息，本书则试图弥补这个不足。通过对准军事行动进行大范围的调查，而不是局限于某个具体行动，本书不仅展现了隐蔽行动的发展过程，而且探讨了隐蔽行动的监督机制。

本书的资料全部取自公共档案，包括回忆录、报纸、期刊、对于准军事行动的个案研究，以及官方文献和档案。尽管美国政府不太愿意解密一些信息，但是《信息自由法案》和《强制解密审查法》还是为本书提供了重要的信息，尽管有些信息解密得太迟。本书能够成形，本身就意味着对文件解密的控制并不能阻止公众的讨论。

通过研究准军事行动来讨论情报政策问题是具有积极意义的。例如，由于这些行动的性质特殊，无论相关文件是否解密，这些行动最终都会公之于众。这无疑在某种程度上拆穿了情报官员们的谎言。

现在，到了需要重新讨论情报工作改革的时候了。其实，“让中情局放手去干”对于中情局本身也有害无益。中情局人员在执勤时死亡的人数逐年增加。从 1983 年春到 1984 年秋，镌刻在弗吉尼亚州兰利市中情局总部大楼墙上的八颗星星表明，中情局人员的死亡率已增加到其成立以来的年平均死亡率的八倍，而其中大多数人员正是死于隐蔽行动。

目　录

第一章　冷战的考验

院子里的男人们都拿着冲锋枪，但是他们没有威胁任何人，只是想索要些吃的。院子的主人——一位德国农民给了他们一些食物之后，他们便离开了。这位农民很快便把此事上报给了当地政府。除了这次事件之外，维尔登拉纳（Wildenranna）警方还接到了类似的报案，报案人称在奥地利边境发现一些武装人员。警方的调查很快证实，确实有一帮外国武装分子在此地出现。于是帕绍市（Passau）警察总部在接到命令之后，加派人手去抓捕那帮武装分子。

此时正值 1947 年 9 月，德国正处于战胜国的占领之下，帕绍市属于美占区。在因河（Inn River）北部出现一批武装分子可能意味着苏联采取了某些军事行动。而德国警方接到的长期命令是，任何与外国人有关的事务都归美国反情报队（Counter-Intelligence Corps，简称 CIC）管辖。于是帕绍市警方向慕尼黑的美占区总部汇报了这个情况。反情报队很快就决定沿着奥地利边境的山脉组织一场抓捕。队员们驱车赶到瓦尔德基兴（Waldkirchen），然后呈扇形向边界散开，加入到已经开始追捕的德国警察中。此时，这些警察也配备了冲锋枪。

9 月 10 日凌晨 3 点，美国反情报队的一个搜捕小组听到森林里有人说话，于是发现了这帮武装分子。这确实是一大帮人，有 40 人左右，他们穿着苏联的军装，正围坐在篝火旁唱歌。搜捕小组小心翼翼地包围了他们。

这些闯入者并没有反抗，确切地说，当得知包围他们的是美国人时，他们反而松了一口气。这些人像是来自某种军队，配有苏联制造的冲锋枪、轻机枪和手榴弹，他们说的话乍一听也像是俄语。这些闯入者顺从地解除了武装，被带到帕绍市，之后又被带到位于法兰克福的奥伯乌尔泽尔市（Oberursel）的美国反情报队基地。反情报队的苏联情报专家们开始审讯这些人。当晚被抓捕的有35人，在接下来的几天里又有4人在别的地方陆续被捕，结果发现他们是同一帮人。于是，美国军方在高度保密的情况下审问了这些人。

即使当时欧洲人已经习惯了流亡者的拥入和东西方之间的战俘交换，但是在巴伐利亚出现这样的一群武装人员仍然引起了轰动。媒体的报道只有一小部分属实，谣言则占大部分。美国合众新闻社的一位记者在事发几天后去了帕绍市，经过调查之后，他的报道揭露了一个令人震惊的事实：这些俘虏告诉美国反情报队，他们是来自乌克兰的反苏游击队！当时还有许多别的谣传，称这些人是苏联逃兵，是波兰反苏游击队，甚至有人说这些人是装备精良的土匪。

美国反情报队反复盘问了这些人三周，发现他们确实是乌克兰人。这些人声称乌克兰、捷克斯洛伐克和波兰南部仍有反苏斗争在进行。他们向美国人提供了很多关于游击队组织和东欧政治形势的情报。这些情报见于1947年10月5日法兰克福美国反情报队官员的报告。

对于美国来说，东欧反苏游击队活动的详细情报简直是一笔“意外之财”，华盛顿认为这些情报不但让美国掌握了苏联政治形势的最新动态，它们更像是一个信号，表明这是美国采取秘密军事行动以对抗苏联的绝佳时机。在冷战背景下，乌克兰的游击队活动为美国采取攻势提供了一个契机，由此美国开始增强一种执行各类情报战和心理战任务的能力，包括隐蔽行动的能力。

此后，美国开始在世界各地实施秘密战。成千上万名当地战士、数量惊人的美国秘密人员，甚至美国的常规军队都参与其中。美国为这些行动提供建议，提供武器，为入侵主权国家提供支持，甚至用秘密轰炸来支持隐蔽的军事行动。这些施加国际压力的方式并不少见，甚至也不是美国的独家创造。美国在“二战”中就了解到，通过采取特殊行动，出动一小部分精通秘密战的人员，就可以达到目标。这让美国大开眼界。

在“二战”中，美国发现它的盟友英国热衷于秘密战。当时，抵抗德国占领的秘密网络遍布欧洲，为了和这些抵抗组织合作，英国成立了特别行动处（Special Operations Executive，简称SOE），且成效显著。特别行动处的人员为挪威、希腊和缅甸境内的小型游击队提供武器和建议，从捷克斯洛伐克到马来西亚，到处都有特别行动处的人在执行特别任务。特别行动处的宣传专家们通过各种情报和反情报活动为这些特别任务提供支持。

受到英国的启发，美国也成立了一个特殊机构，称作战略情报局（Office of Strategic Services，简称 OSS），负责开展各种情报活动。在干劲十足的威廉·多诺万（William Donovan，人称“狂人比尔”）的领导下，战略情报局在世界各地逐步展开工作，地中海、北欧、缅甸、中国等都有它的活动站。战略情报局在法国和挪威空投特工人员，在巴尔干半岛炸毁桥梁，在意大利与游击队合作，在缅甸领导当地部族成员抵抗日本人，在世界各地窥探敌情，为指挥官们提供精确的情报分析。

“二战”中美国军方也积累了许多秘密行动的经验。军方通常会参与一些行动，比如秘密运送人员和物资。一般情况下，海军会派出潜艇和鱼雷艇，空军会派出飞机，陆军甚至在菲律宾直接指挥过一支游击队抵抗日本人。陆军和海军陆战队还成立了由精英组成的勇士突击队来执行突击任务。陆军的5307混合突击队（也称为麦瑞尔突击队）更是与战略情报局驻当地的活动站紧密合作，在缅甸战场发挥了重要作用。

而正是在缅甸的活动为日后的美国秘密战打下雏形。当时，战略情报局一个被命名为“101服务分队”的小组被派往印度，在当地建立了一个基地，小组成员随后渗透到缅甸的山区，与当地的克钦族人建立了联系，开始进行抵抗日本人的游击活动。美国空军则通过“空军突击组”将武器、物资以及战略情报局的特工空投到当地丛林中。

战略情报局逐步将克钦族人从一个地方性的间谍活动网络变成具有机动性的小部队，最后变成有组织的游击队。到了1944年，克钦族人就已经能与美国的5307混合突击队和英国的钦迪特旅并肩作战了。一年之后，参与作战的克钦族人超过1万人，其中包括战略情报局领导的一个450人的野战队。克钦族人利用在日本占领区内活动的60多名谍报人员，以及400多名在附近区域进行侦察工作的特工人员搜集信息，制订作战计划。在缅甸的最后攻势中，克钦族野战队帮助盟军击败了日本两个战斗力非常强大的师。

对于战略情报局来说，这是巨大的成功。101服务分队本身只有大约300人，但动员的军事力量却是它的30倍，并成功地执行了军事任务。由于表现出色，101服务分队之后受到美国陆军的表彰。

战略情报局对克钦族人所做的工作中有几个值得注意的方面：在所有游击队力量中组织正规的军事单位；在战区清扫敌军，使之成为美军在当地的基地；在组织和训练游击队时，利用谍报网络来做掩护，并且为游击队确定日后袭击的目标；利用外部的基地进行专门训练，并提供主要支持；利用秘密的空中交通提供物资以及与外部基地进行交流。这种建立的类似于常规军队的秘密行动，逐渐被称为“准军事行动”。

战略情报局也参与到欧洲战场中，例如救助和转移被击落的盟军飞行员，发动突然空袭，与当地抵抗组织合作等。其中，战略情报局最重大的一次行动与 1944 年的诺曼底登陆有关。当时，负责登陆计划的情报部门（代号“苏塞克斯”），要求将特工人员空投到欧洲大陆以帮助那里的抵抗力量。美国战略情报局、英国特别行动处以及法国情报部门通力合作，组建了 90 个“耶德堡”（Jedburgh）三人小组，并将它们空投到欧洲。耶德堡队员们身着军装，但随身携带便服。当时还有 11 个特别行动小组为这些耶德堡队员提供支持，每一个行动小组有 32 人，主要是执行突击任务。

战略情报局在欧洲战场的行动非常成功。诺曼底登陆时，战略情报局仅在法国就有 500 名法国员工和 375 名美国员工。将近一半的美国耶德堡队员后来获得了英雄勋章或表彰。他们参与的抵抗行动主要是为盟军提供重要情报，干扰德军，使其无法对盟军的登陆做出快速反应。最终战略情报局有 200 人成功地直接渗透到德国，当然，这些人进行的几乎都是间谍活动。

除了战略情报局之外，美国陆军的反情报队也在敌国开展活动，虽然规模都比较小。自从 1942 年美国人一踏上欧洲战场，反情报队就开始了活动，在意大利尤其活跃，其任务主要是鉴别渗透到亲盟国的意大利党派中的纳粹势力。

“二战”不仅让美国情报界学到经验，而且还使他们形成并强化了一种思维模式。在他们看来，战争就是一个非黑即白的问题：要么对抗希特勒和东条英机，要么支持他们；不对抗希特勒和东条英机，就意味着在面临外国侵略和有害的意识形态时放弃了自己的责任。然而，这种思维模式在战后却很容易四处树敌。

这种思维模式起初并无大碍。1945 年 8 月日本投降之后，各国都开始复员军队，这个趋势也波及情报部门。杜鲁门总统在 9 月 20 日发布行政命令，宣布解散战略情报局，此时战略情报局已经有大约 1.2 万名员工。根据新的安排，原来负责情报分析的部门归入国务院；原来负责秘密行动的小组成为陆军部的一个新部门，称为战略情报部（Strategic Services Unit，简称 SSU），由陆军准将约翰·马格鲁德（John Magruder）领导，而约翰·马格鲁德是原战略情报局特种战争处的主任。

约翰·马格鲁德的任务并不是维持或者扩大战略情报部，而是精简这个部门。1946 年初美军的复员工作基本完成，原来在耶德堡、克钦族所在的缅甸山区以及别处工作的前战略情报局人员都另谋出路，当了律师、教师，或者去了陆军。战略情报局 / 战略情报部的行动小组也从越南撤出。具有讽刺意味的是，这些人曾经见过胡志明，并和他亲密合作过，可最终却要与他兵戎相见。到 1946 年威廉·奎恩（Willam Quinn）上校接手战略情报部时，只剩不到 200 位下属，分散在 7 个国外基地执行任务。

陆军的反情报队与战略情报部处境相同，被军方情报部门陆军参谋二部（G–2）接手。因为陆军是占领军的一部分，在德国、奥地利和日本都有驻军，因此作为陆军的官方情报部门，陆军参谋二部在东欧进行了许多反苏活动。早在 1945 年 8 月，陆军参谋二部就与反苏逃亡者建立了联系，招募熟悉苏联情况的德国前情报人员。

“二战”期间获得的经验还对战后美国情报机构的建立产生

了深远的影响。1941 年日本偷袭珍珠港之后，美国宣布参战，珍珠港事件让美国军方感到震惊，而后来的调查却证明，偷袭事件之前便有种种迹象表明了日本的意图，但美国却没有一个政府层面的机构负责搜集和解读相关情报。因此，美国得到的教训是必须成立这样的情报部门。

事实上，在杜鲁门撤销战略情报局之前，各部门关于建立和平时期的情报机构的计划便已呈上总统案头，它们的不同之处仅仅在于这个机构的具体功能以及自治程度。作为杜鲁门总统的军事顾问，参谋长联席会议 (Joint Chiefs of Staff，简称 JCS) 赞成建立一个跨部门的机构来监督情报工作，而国务院却认为应该建立一个由国务卿负责的、具有监督权力的机构。

1946 年 1 月 22 日，杜鲁门总统采纳了参谋长联席会议的建议，发布行政命令，成立国家情报局（National Intelligence Authority，简称 NIA）以监管中央情报组（Central Intelligence Group，简称 CIG）。国家情报局由国务卿、国防部长、海军部长以及杜鲁门总统的私人代表组成。在这些人之下是国家情报局局长，负责中央情报组的日常工作。杜鲁门任命自己的亲信担任情报局局长和自己的私人代表，并且戏称他们是“隐私窥探者”“中央窥探局长”。

杜鲁门任命的第一任情报局局长是西德尼・索尔斯（Sidney Souers），一位来自圣路易斯的商人。索尔斯对于自己作为海军少将时的功绩和战时在海军情报部门的表现非常自豪，但是由于归乡心切，他在情报局局长的位置上只干了 5 个月。陆军参谋长德怀特・艾森豪威尔遂即推荐五角大楼的一位参谋——查尔斯・巴尼斯蒂尔上校担任此职，但是杜鲁门总统却选择了空军中将霍伊特・S. 范登堡（Hoyt S. Vandenberg）。他认为范登堡懂行，善于交际，在国务院、国防部、海军等部门之间能够游刃有余。

范登堡曾经是战地指挥官，情报工作经验有限，但却是一位出色的组织者。上任之初，范登堡便开始不遗余力地发展中央情报组。在索尔斯任期内，中央情报组的办公地点只是白宫旁边的三间办公室，人手不到250名。范登堡上任之后成立了研究、评估和管理部门，并从陆军部手里拿回战略情报部的秘密行动职权，重新成立了特别行动处（Office of Special Operations, 简称OSO）。到1947年年底，仅特别行动处便有800名工作人员，中央情报组已经发展到1816名工作人员在职，范登堡还计划在6个月之内将中央情报组发展到3000名员工。

就这样，和平时期的情报机构逐渐扩展，但是它仍旧从属于政府行政部门，它的存在仍然没有法律基础。在此期间，国会接到不少提案，白宫也和中央情报组的律师约见了好几次。总统班子的成员克拉克·克利福德草拟了建立和平时期情报机构的法案，同时杜鲁门总统打算重新组织军队系统，并于1947年2月向国会提交草案，其中也包含建立和平时期情报机构的条款。这个草案就是后来的《1947年国家安全法》。

根据《1947年国家安全法》，杜鲁门总统设立了国家安全委员会（National Security Council, 简称NSC），目的是协助自己处理国防和外交事务。原来的陆军部和海军部合并成为国防部，空军也成为国防部下属的一支独立的武装力量，并享有自主权。至于情报组织，最初的草案也只是提到要成立中央情报局，在杜鲁门给国会领导人的信件中甚至都没有提到此事。

和总统一样，大多数国会议员们考虑的并不是情报部门的建立，只是在后来的听证会提到组建中央情报组，而且国会关心的也只是它是否应该成为一个秘密的警察机构。他们注意到草案中没有提到情报组织的细节，于是草案最终补充了不允许中央情报组拥有警察权力的条款。

后来国会又对草案进行了一些修订，明确规定了中央情报局（Central Intelligence Agency，简称 CIA，下文简称为“中情局”）的职责。国会基本上引用了 1946 年 1 月杜鲁门总统关于国家情报局和中央情报组的行政命令中的原话。根据《1947 年国家安全法》，国家情报局被撤销，成立中情局。中情局通过国家安全委员会对总统直接负责。中情局有五个职责：就情报问题向国家安全委员会提供建议；就相关问题提出建议；进行情报评估和报告；为政府层面的情报部门提供“共同关心的服务”；“根据国家安全委员会的指示，进行与情报相关的影响国家安全的其他职责和任务”。

在以后的几年里，最后的这个条款成为中情局实施秘密战的法律基础。因此，应该注意的是，“隐蔽行动”“保密行动”“准军事行动”“秘密行动”“特殊行动”等词语指代的都是秘密战，但是在《1947 年国家安全法》中根本就找不到这些词语。《1947 年国家安全法》中提到“其他职责”的目的就是要将无法预见的情势包括进去。尽管如此，《1947 年国家安全法》出台的过程清楚地表明，国会当时并没有考虑要借助秘密行动实现国家目标。

杜鲁门总统于 1947 年 6 月 26 日签署了这个草案，宣布其正式成为法律。10 周之后，9 月 8 日，中央情报组正式更名为中央情报局。中央情报局很快便四处出击，为自己寻求新的定位和任务。也就是在这个时候，美国人在德国逮捕了乌克兰的游击队，而这些乌克兰人正在寻求帮助。

美国情报机构的建立正值“冷战”之时。与以往的冲突不同的是，在冷战中，两个大国之间相互威胁，但是却都不敢诉诸武力。“二战”结束时其实就已经种下了冷战的种子，当时欧洲各国经济崩溃，东欧各国控制在苏联手中，西方盟国在和苏联打交道时处处受挫，而且西方与苏联在德国都有大量驻军。战争结束后，只有苏联和美国成为胜利者，而且远比其他国家强大，成为“超级大国”。

也许这两个“超级大国”之间的冲突并非不可避免，但是在1945年，避免冲突需要更多的智慧和力量，而这两个国家当时都并不具备这种智慧和力量。苏联最高统帅约瑟夫·斯大林痴迷于通过苏联控制的国家制造一个缓冲带以保卫苏联边界，为了达到这个目的，他一再撕毁战时盟国就东欧国家达成的协议，西方因此被激怒，双方的态度都强硬起来。

1946年年初发生的事更是激化了双方的矛盾。当时，根据联合占领协议，驻防在伊朗的苏联军队要履行撤出义务，但是最后期限过去了，苏联军队仍未撤出。在杜鲁门态度强硬地向国务卿詹姆斯·伯恩斯（James Byrnes）抱怨“我已经厌倦继续纵容苏联人”之后，斯大林最终还是撤出了军队。

伊朗危机成为美国国内舆论的转折点。在过了伊朗撤军最后期限几天之后，英国战时首相温斯顿·丘吉尔在密苏里州富尔顿市的威斯敏斯特学院发表演讲，并受到观众的起立鼓掌欢迎。丘吉尔在演讲中说道：“从波罗的海的斯德丁（什切青）到亚得里亚海边的的里雅斯特，一幅横贯欧洲大陆的铁幕已经降落下来。在这条线的后面，坐落着中欧与东欧古国的都城……所有这些饱经沧桑的城市及其居民无一处不在苏联的势力范围之内，不仅以这种或那种形式屈服于苏联的势力影响，而且还受到莫斯科日益增强的高压控制。”

在美苏关系日渐紧张的氛围之下，西方与斯大林前几年达成的协议逐渐到期。就职刚几日的杜鲁门在与苏联外长会晤时态度强硬。尽管苏联希望能够延长 1941 年美苏签署的《租借法》的援助，但是美国还是终止了援助。1945 年 6 月杜鲁门与丘吉尔、斯大林在德国的波茨坦举行会晤，讨论对东欧国家的安排及在占领国的盟国管制委员会的工作等。在接下来的两年时间里还进行了三轮高端会谈（也就是俗称的“峰会”），在此之后，直到 1955 年，美苏高层领导人再也没有见过面。

四大国（美国、苏联、英国、法国）的另一个外交机制是外长理事会，这是四国外长们定期举行的正式会议。外长们反复讨论亚洲和欧洲问题，但是除了达成关于匈牙利、罗马尼亚和保加利亚的和平协议之外，在其他方面收获甚微。1947 年年末举行的外长会议甚至没有达成一项协议。与奥地利的和平协议会谈也在 1948 年 5 月中断，直到 6 年后才恢复会谈。

对于这种局面，斯大林要负一部分责任。事实上，斯大林有一个不敢泄露的秘密：尽管表面上看不出来，但是苏联实际上已经支离破碎了。在战争结束时，被遣返的苏联战俘和强征的劳工要么面临死亡，要么面临更长期限的关押，只是他们的劳动地点从德国变成了苏联。与美国不同的是，苏联的经济遭到严重破坏，以至于无法吸纳大批复员军人，所以斯大林迟迟不愿意进行战后复员，而是保留了大批军队，包括驻扎在德国、奥地利以及东欧各国的军队。

根据斯大林的命令，苏联外交人员和军方中断了许多四大国联合机构的运行。苏联还不断要求战败国支付大额赔偿，包括从已经占领的国家取得赔偿，这使外长理事会上美苏之间的关系更糟，是外长们之间言辞犀利、态度刻薄的诱因。1946 年 1 月，美国人就已经开始抱怨驻保加利亚的盟国管制委员会形同虚设。而在德国，美占区当局于 1946 年 5 月中止了所有赔偿物资的运送。

毫无疑问，美国也必须为冷战局面负一部分责任。杜鲁门从上任开始，在处理对苏关系时便比其前任富兰克林·罗斯福强硬。时至今日，历史学家们仍然在讨论杜鲁门是否用原子弹威胁了苏联（当时只有美国一个国家拥有原子弹），尤其是在迫使苏联从伊朗撤军的问题上。仅仅几个月之后，杜鲁门总统便派遣海军首次到地中海，以应对苏联对土耳其的压力，而且中止德国的赔偿也兼具施压和惩罚的性质。

法国也必须为冷战局面负一部分责任。法国在德国和奥地利都分到了占领区，在盟国管制委员会中也有一席之地，是四大国之一。美国一直打算将所有占领国作为一个经济体，但是法国却担心苏联的政策会逐渐控制统一的经济体，因此法国代表在盟国管制委员会中否决了统一管理经济的提议。1946 年 6 月，美国提出愿意与任何一个志愿参与的占领区合并。苏联怀疑这是一个陷阱，于是拒绝了这个计划。法国也很干脆地拒绝了，只有英国愿意。12 月，美占区和英占区合并成双占区，并发行了新的货币。

苏联认为双占区是英美打算分裂德国的前奏，因此斯大林变得更加不肯合作，苏联军队不但没有打算从东欧国家撤出，反而加强了对这些国家的控制。在与匈牙利、罗马尼亚和保加利亚签署和平协议之后，苏联的军队便驻留在原地，而苏联的外交人员则在外长理事会议上拂袖离去。

1947 年苏美关系跨越了一个分水岭。2 月份，英国人告知美国，他们不得不在 3 月底终止对希腊的援助。当时欧洲正在经历几十年来最糟糕的严冬，英国已经连续两年给希腊提供军事和经济援助，英国政府感觉力不从心，无法继续提供援助。与此同时，希腊正面临着政府与共产党之间的内战。杜鲁门最终同意代替英国援助希腊，并额外增加了援助数额。3 月中旬，美国国会开始向希腊提供援助，这使美国逐渐卷入希腊内战中。

对希腊提供援助标志着杜鲁门开始在与苏联的对抗中采取积极的态度。援助本身并不像美国的战略转变这样重要。按照这个新的理念，苏联的力量应该被“包围”在它已经获得统治地位的地方。当时身为外交官的乔治·F. 凯南（George F. Kennan）提出了“遏制”这个理念，后来成为杜鲁门主义的核心。

对希腊和土耳其提供援助只是一小步。1947 年 6 月 5 日，国务卿乔治·C. 马歇尔（George C. Marshall）在哈佛大学的毕业典礼上提出，美国要更加广泛地援助欧洲国家，这就是所谓的“马歇尔计划”。马歇尔计划的目的是通过帮助欧洲各国重建经济，以进一步遏制苏联，从而消除共产主义生长的社会条件。作为额外的回报，对欧洲国家的援助将会给美国的商品和服务带来广阔的市场。马歇尔计划成为美国实施的第一个持续性的对外援助计划。

苏联领导人很快意识到杜鲁门主义和马歇尔计划旨在针对苏联，于是斯大林明令禁止东欧国家参与这个计划。捷克斯洛伐克的政局当时还没有被苏联控制，捷克斯洛伐克领导人认为可以利用美国的援助来抗衡苏联对本国施加的影响，因此对美国的建议表现出很大的兴趣。他们的反应刺激了斯大林，苏联加强了对捷克斯洛伐克的控制，施加的政治压力与日俱增，直到 1948 年 2 月发生了一场政变。在这场政变中，捷克斯洛伐克联合政府中的非共产党成员辞职，空出的职位最终被当时还是少数党的捷克斯洛伐克共产党取代。

捷克斯洛伐克事件加上美国国内不断上升的敌对势头，造成了一种“战争恐慌”。驻德美国高级官员卢修斯·克莱于 1948 年 3 月 5 日发回一封电报，警告战争“可能会突然爆发”。中情局为此专门准备了一份报告，结论是事实上战争并不是那么迫在眉睫，但是却拒绝预测60天后的形势变化。

在德国，形势也变得紧张起来。于是，三大国（美国、英国、法国）的外长们在伦敦会晤，讨论外交事务。在随后3月20日召开的盟国管制委员会会议上，苏联代表要求三国告知苏联三国外长们在伦敦会议上的讨论内容。在遭到拒绝之后，苏联代表退出会议，并宣布解散盟国管制委员会。几天之后，三国的代表也反过来拒绝参加苏联提议召开的盟国管制委员会小组委员会的会议。

3月31日，苏联突然通知西方，苏联将要对西柏林通向双占区的陆上通道实行交通管制，从4月1日凌晨管制正式生效。驶往柏林的英国和美国的火车都在苏占区边界处遭到拦截，无法继续行驶，西方盟国转而开始通过空中运输。4月5日，一架英国C-47飞机在接近柏林加图机场时和一架苏联战斗机发生碰撞而坠毁。苏联向盟国道歉，但是盟国还是命令战斗机开始为运输机护航。

1948年6月，交通管制已经发展成为全面封锁，并一直持续到1949年5月12日。在此期间，送往西柏林的一切物资都是经空运抵达。封锁的第一天空运了80吨物资，而在一个月之内这个数量就增加到每天3000多吨。在此期间，苏联和西方之间共发生了733次空运冲突，39名英国人、31名美国人和5名德国空军士兵死亡。冷战就这样真的开始了。

1945年到1948年间，美苏双方的误解、挑衅和敌意不断升级，"二战"时的四大盟国已经成为历史。没有一方认为应该为改善关系做些什么，西方领导人一味地批评苏联"侵略"和"奴役"东欧国家。杜鲁门总统想要反击苏联，而中情局则是他手中的利器。

从成立之日起中情局就被卷入冷战的洪流中。1947年秋，首任国防部长詹姆斯·福雷斯特尔（James Forrestal）询问中情局是否能够以国家的名义承担秘密警察行动和准军事活动。中情局回答道：只要有资源可用，它可以执行国家安全委员会分派的任何任务。

起初中情局只是集中精力增强实力。它在华盛顿的西北 E 街只有一栋办公楼，“二战”时战略情报局也曾在此办公。但是在新局长海军少将罗斯科·H. 希伦科特（Roscoe H. Hillenkoetter）的领导下，第一年中情局的预算就增加了 60%，人员也增加了几百人。除了原战略情报局的老人手，还招募了许多新人。

但是此时中情局还没有准备好开展隐蔽行动，更重要的是，它还没有得到从事隐蔽行动的授权。1947 年秋，国防部长福雷斯特尔询问中情局是否能够承担秘密警察行动和准军事活动之后，希伦科特已就此问题咨询了中情局的法律顾问劳伦斯·R. 休斯敦（Lawrence R. Houston），为此休斯敦于 1947 年 9 月 25 日提交了一份报告，指出国家安全委员会并没有授予中情局这样的权力。通常为中情局从事隐蔽行动辩护的证据就是《1947 年国家安全法》中提到的“根据国家安全委员会的指示，进行与情报相关的影响国家安全的其他职责和任务”。休斯敦注意到，这个条款提到中情局的任务必须与情报相关，而隐蔽行动与情报活动只有一点点关联，而且，国会明确地指示中情局的主要任务是协调政府的情报报告。

幸运的是，休斯敦的确找到了一条证据来支持中情局从事隐蔽行动，即“广泛搜集西欧的情报，以便在共产主义的控制进一步扩张时建立抵抗力量”，这些情报包括对特工、特工团体、无线电话务员、外联人员的培训等。休斯敦认为，要进行秘密宣传和准军事行动，就必须成立新的部门，这就牵涉大量的政府采购计划和费用。最后休斯敦总结道，如果国家安全委员会命令中情局实施这样的行动，这就意味着未经授权使用资金，因此最好还是提请国会进行授权，并划拨资金。

35 年之后，在一封公开信中，休斯敦回忆道，希伦科特对他的法律观点十分感兴趣，并问他是否还有“其他的考虑”，因此休斯敦后来又提交了第二份报告。在这份报告中，休斯敦提出：“如果总统出于外交政策的考虑，通过行使宪法权力而给中情局下达适当的命令，并且国会给中情局划拨资金来执行这些命令，那么中情局就有法律权力来实施这些隐蔽行动。”

希伦科特将这个问题提交给杜鲁门，同时请总统考虑是否进行秘密宣传。针对这个问题，国务院在 12 月指出，苏联的隐蔽行动已经威胁到美国的外交政策目标，美国必须采取类似的措施。12 月 13 日，在国家安全委员会的第一次会议上就讨论了进行秘密宣传的问题。第二天，杜鲁门总统就签署了 NSC-4/A 号文件，同意进行秘密宣传，并且将这个任务交给了中情局。一周之后，中情局在其特别行动处之下成立了特别程序组来实施秘密宣传。

值得注意的是，在捷克斯洛伐克政变和柏林封锁发生之前美国就做出了这些决定，而这两个事件只是增加了美国的敌意，使美国为隐蔽行动加紧做准备。于是乔治·凯南建议在国务院成立一个特别研究小组，作为一小股精英力量执行特殊任务。由于凯南是国务院的资深政策规划人员，他的建议很有分量，参谋长联席会议赞成扩展中情局的特殊行动能力，所有人都同意有必要采取某些措施。

1948 年 6 月，杜鲁门总统不仅扩展了中情局的职责，国务院、国防部和国家安全委员会的职责都得到相应的扩大。6 月 18 日签署的 NSC-10/2 号文件提出要进行心理战和准军事行动，这是 NSC 文件首次提到准军事行动。这两种任务将由一个新的机构来实施，这个机构将接受中情局的执行命令，接受中情局局长领导的一个秘密委员会的政策指示，这个秘密委员会就是“10/2 小组”，是国家安全委员会的一个部门，由总统直接领导，成员包括国务院和国防部的代表。在 10/2 小组的领导下，新机构的资金将包括在中情局的预算之内，其主任将由国务卿提名，由国家安全委员会任命。根据 NSC-10/2 号文件，“美国政府公开的外交活动必须得到隐蔽行动的补充”。

NSC-10/2 号文件对战后美国隐蔽行动的发展至关重要，究其原因：第一，它是首次提到隐蔽行动，批准进行隐蔽行动，并且规定隐蔽行动要向总统负责的重要政府文件。第二，文件中首次给隐蔽行动一个完整的概念。第三，在 NSC-4/A 号文件之后，中情局又一次被指定为实施隐蔽行动的主要部门。

新的隐蔽行动不仅仅包括心理战和秘密战。隐蔽行动的新定义明确规定，隐蔽行动包括所有由美国赞助或实施的，旨在支持友好国家或反对敌对国家的行动，并且规定“如此制定和实施这些行动，是希望任何未经授权的人都不能知晓美国政府在其中的角色，一旦这些行动曝光，美国政府可以合理地否认与这些行动有关”。NSC-10/2 号文件是这样解释隐蔽行动的：“这样的活动应该包含所有相关的隐蔽行动，包括宣传、经济战；预防性直接行动，包括破坏、反破坏、爆破和疏散措施；针对敌国的颠覆活动，包括帮助地下组织进行抵抗活动，组织游击队、难民解放组织，支持自由世界受到威胁的国家中的反共组织。”

事实上，在这个定义中，唯一没有包括在内的情报活动只有间谍活动。只要行动没有达到“可识别的军事力量引起的武装冲突”的程度，都可以称之为“隐蔽行动”。

NSC-10/2 号文件对隐蔽行动的定义持续了 30 多年，特别项目处（Office of Special Projects，简称 OSP）也根据该文件而成立。后来特别项目处并入了中情局，但是 NSC-10/2 号文件规定的总统批准机制被保留至今。

第二章　反苏秘密战

斯大林煽动国内的民族主义情绪，动员苏联参与到“二战”中。苏联民众对侵略自己国家的法西斯非常憎恨，因此至今“二战”仍然被称作“伟大的卫国战争”。尽管民众对于外来侵略同仇敌忾，但是，民族主义和意识形态都无法弥补苏联国内文化和种族之间的鸿沟，因为苏联一直是一个中央集权下的多民族、多文化国家。这里伊斯兰教和东正教并存，生活着各民族人民，斯大林本人就来自格鲁吉亚的高加索山区。但是苏联共产党却极力掩饰国内的民族和文化差异，在他们的宣传中，爱国情怀掩盖了在沙皇俄国扩张时就已经开始出现的“民族问题”。

在苏联的旗帜下，“民族问题”由于文化的地域性分布而逐渐尖锐。在其他国家，人口在国内可以自由流动，但是在苏联不行。由于种族、文化和历史遗留问题，苏联各民族长期生活在固定的区域。在沙皇时期，农奴被束缚在土地上；在共产党执政时期，人口流动需要特别的许可。对于苏联领导人来说，“民族问题”是统治130多个少数民族的委婉说法。

随着斯大林在“二战”中取得军事上的胜利，苏联国内的民族问题愈演愈烈。苏军穿过东欧要塞时，斯大林侵占他国由此改变了苏联的欧洲边界，造成波兰部分土地被乌克兰和白俄罗斯吞并；芬兰部分地区被占领；波罗的海国家的部分地区归属白俄罗斯；罗马尼亚的摩尔多瓦省独立，并和拉脱维亚、立陶宛、爱沙尼亚一同并入苏联。

在苏德关系还未破裂时，凭借斯大林与希特勒在1940年和1941年签署的条约，苏联军队占领了摩尔多瓦和波罗的海国家，在这之后处决了一大批人，并将大量人口流放到西伯利亚。四年后，战争结束，当士兵们重返故乡时，苏联故技重施，加剧了少数民族的恐慌。到1945年年底，仅波罗的海三国就有12.8万人被流放，这自然引起了民众的反抗。

一直坚持抵抗的还有其他少数民族，最突出的是哥萨克人和乌克兰人。这两个民族中有许多人曾在俄国内战时与白俄反革命势力并肩对抗共产党。在1920年的俄波战争中，乌克兰人曾经帮助过波兰人，“二战”中一些乌克兰人还充当过德国的后备军。尽管“二战”1945年就宣告结束，但是乌克兰游击队仍然坚持抵抗苏联军队。1947年美国反情报队在德国小城帕绍逮捕的乌克兰游击队就属于这部分抵抗力量。

斯大林也遭到了不少人的反对。1930年激进分子在塞尔维亚首都贝尔格莱德成立了乌克兰全国劳工联盟（National Labor Alliance, 乌克兰语为 Natsionalno Trudovoi Soyuz, 简称 NTS）。“二战”前，这个联盟和保皇派就在苏联进行间谍活动。“二战”期间，一些保皇派白俄还与德国军队一起作战。1945年，成为战胜国之后的苏联国内又出现了一股移民潮，流亡的人包括苏联逃兵、叛国者、归国战俘和被迫背井离乡的劳工。

斯大林的外交官们不遗余力地说服西方，希望能将那些在俄国内战中参与反革命活动的白俄，以及安德烈·弗拉索夫（Andrei Vlasov）将军率领的为德军效力的俄国人遣返回国。弗拉索夫本人后来被美国遣返，1946年在莫斯科被处决。而大多数被遣返回国的人集中在苏联的古拉格劳改营。

苏联国界外是东欧的卫星国从军事层面上讲，这些国家只是苏联的附庸国。随着冷战形势逐渐严峻，卫星国的一些国民、有叛意的少数民族、幻想破灭的社会民主党人等成为西方情报部门招募的最佳人选，中央情报局即将展开一场反苏秘密战。

1947年年末，中情局为此成立了一个特别行动处。根据NSC-10/2号文件，这个机构更名为特殊项目处，后为了掩人耳目，特殊计划处又一次更名为政策协调处（Office of Policy Coordination，简称OPC）。政策协调处实际上是一个行动部门，与政策或协调没有任何关系，更名只是为了掩饰这个部门的真正目的——政治行动、黑色宣传和准军事行动。

尽管杜鲁门在冷战形势非常严峻的情况下批准成立了政策协调处，但是根据解密文件显示，最初规定该部门只有在非常特殊的情况下才能开展活动。1948年8月12日，在10/2小组的会议上，国家安全委员会的代表明确表示，政策协调处在和平时期归国务院管辖，战争时期归五角大楼管辖。乔治·凯南以国务卿的名义，要求但凡牵扯政治决策，政策协调处必须将所有行动的目标和方法都详细地汇报给国务院。

这些政治决策与冷战息息相关。在10/2小组正式批准成立政策协调处几天之后，柏林封锁便开始了。让国务院的官员们同样感到惊喜的是，尽管中情局只是临时干涉意大利大选，但是1948年春天意大利大选的结果还是达到了美国的预期。在此之前，国务院一直打算采取政治手段降低意大利共产党在选举中的获胜概率，大选的结果是意大利共产党落败。因此，在这种特殊的政治环境下，隐蔽行动计划并没有受到多少监督和约束。

弗兰克·加德纳·威斯纳（Frank Gardiner Wisner）作为国务卿选任的政策协调处负责人也极大地促进了隐蔽行动的发展。威斯纳来自密西西比，39 岁，时任负责占领区事务的副助理国务卿。他精力充沛，工作卖力，在弗吉尼亚大学法学院就读时成绩名列班级第三，曾在华尔街久负盛名的“卡特—莱德亚迪—米尔本”律师事务所工作。在“二战”中，威斯纳被派到海军情报处就职，不久又调到战略服务局，被派往非洲、土耳其、罗马尼亚、法国、德国等国家和地区执行任务。威斯纳决定以战略服务局特有的积极坚定的工作态度来组建政策协调处。他采取的做法是，把同一个任务指派给不同人员，自己随时掌握具体信息，并激励下属完成任务。

威斯纳的热情推动了政策协调处的发展。像中情局特别行动处（OSO）其他间谍活动一样，政策协调处也被分成不同的部门来负责不同的区域，人员也各司其职。在政策协调处东欧部负责的苏联阵营的“封锁区”中，既有人员负责政治活动，又有人员实施心理战。到 1948 年年初，威斯纳已经掌握了 470 万美元的预算，302 名情报人员和 7 个活动站。

威斯纳被告诫不能从特别行动处内部挖人，因此他只得另寻出路，从战略服务局的老人手和刚从战场上返回的常春藤盟校毕业生中招募人员，这些人员被威斯纳的记者朋友斯图尔特·奥尔索普称为“勇敢的东部人”。政策协调处迅速发展，规模在 1949 年上半年就翻了几番。政策协调处在中情局炙手可热，但是威斯纳本人只对具有行动性质的任务感兴趣，对于组织性的事务缺乏耐心，这使得政策协调处的发展缺乏连贯性和计划性。

威斯纳最喜欢的活动之一是进行秘密宣传。他根据一个唱片点唱机的名字，把宣传所用的设备和手段称作“沃利策”（Wurlitzer）。在这个阶段，“沃利策”包括一台从军方获得的短频无线电发射器，一些可携带传单飞越苏联“封锁区”的热气球，以及一些心理战人员。

在计划实施宣传任务之时，政策协调处就考虑到，有必要成立一些公众团体负责信息宣传，为秘密宣传活动提供掩护。1948年，在准备一份提交给总统的报告时，艾伦·杜勒斯（Allen Dulles）和威斯纳一起会见了在华尔街工作时的几位同事以及几位颇具影响力的熟人，讨论建立这样一个团体的可能性。乔治·凯南也在为此四处筹备。1948年年末到1949年年初期间，国务卿迪安·艾奇逊（Dean Acheson）也在与几位前美国外交官商量此事，其中包括约瑟夫·C.格雷（Joseph C. Grew）。格雷联系了战略服务局的退伍人员，曾在俄国内战中驻莫斯科的美国外交官德威特·鲍尔。1949年6月，格雷和鲍尔成立了自由欧洲全国委员会，艾伦·杜勒斯担任第一任主席，委员会成员包括前美国驻德官员卢修斯·克莱将军等。

自由欧洲全国委员会组建了自由欧洲电台（Radio Free Europe，简称RFE），总部分别设在纽约和慕尼黑，同时雇用了许多东欧难民做广播员。政策协调处与自由欧洲电台关系密切，威斯纳送给了自由欧洲电台一台无线电发射器。除了威斯纳与电台直接联系之外，政策协调处还向自由欧洲电台派遣了一些工作人员。前战略服务局无线电专家彼得·米罗和罗伯特·朗在法兰克福附近设立了一个无线电发射点，第一期节目时长一个半小时，于1950年7月4日向捷克斯洛伐克播出。

1951年，威斯纳又组建了一个类似的组织直接对苏联进行宣传，称作美国自由委员会，它的广播站叫作自由电台（Radio Liberty，简称RL）。电台主管是富兰克林·林赛（Franklin Lindsay），兼中情局与英国联合委员会的代表，电台的另一个重要人物是德威特·鲍尔。

这些中情局所谓的“电台”成为反苏秘密战中的重要资源。在慕尼黑，自由欧洲电台的无线电发射器功率日益强大。从1952年起，自由欧洲电台在葡萄牙也设立了电台。除了电台之外，对苏宣传还包括利用热气球散发传单。

1951年8月，在德国的一个农场，一名自由欧洲电台的工作人员放飞了第一个热气球。出席放飞仪式的有自由欧洲电台的台长C. D. 杰克逊、政治家哈罗德·史迪森、记者鲁德·皮尔森，以及数位电台代表和难民代表，场面堪比一场盛典。据统计，冷战期间，美国用热气球携带的传单总量重达400吨，总数目大约3亿份。

威斯纳还锻造了进行准军事行动的能力，以便做两手准备。在第一种可能性之下，一旦苏联入侵并占领了西欧，美国还能维持一个抵抗苏联的敌后网络。在第二种可能性之下，即苏联没有入侵西欧，美国仍然可以在苏联的“封锁区”内进行准军事行动。但是政策协调处无法单独完成这些任务，于是威斯纳向五角大楼求助。

与五角大楼建立联系的过程并非一帆风顺。起初，国防部长不同意调派军官到政策协调处，因为他不希望国防部被牵扯到秘密行动之中。但是1948年8月，参谋长联席会议声明，在国家安全委员会的领导下，军方不仅要支持游击战，而且不能成立自己的特殊战部门，所有的特殊战必须由政策协调处全权负责。士兵个体可以接受特殊训练，但是只有政策协调处有权计划和实施特殊任务。

1949年8月初，威斯纳请求陆军能进一步支持政策协调处，包括为政策协调处的游击战小组任命一名陆军军官，以及为中情局的人员训练提供支持。后来政策协调处撤销了任命军官的请求。

11 月中旬，在政策协调处和军方代表的会晤中，军方决定任命福特·本宁和乔治亚两人负责中情局人员的训练。出席会议的还有理查德·G. 史迪威（Richard G. Stilwell）上校，他曾在战略服务局派往缅甸的 101 服务分队服役过，具有战时准军事行动的丰富经验，因此在政策协调处和军方的会晤中发挥了重要作用。

军方已经在准军事行动方面具备一些重要的资源，尤其是在德国。反情报队的第 66 分队即名列其中，这个分队从 1949 年 9 月起其总部设在斯图加特（Stuttgart），主要负责从难民和流亡者中遴选特工，仅 1949 年便审查了大约 4.2 万人。到 1951 年，一个月大约就有 500 名叛逃者从“铁幕”后来到西欧，第 66 分队的审查范围随之不断扩大。同时第 66 分队还在苏战区实施“积极情报”任务，仅 1949 年就有 2211 人为政策协调处提供了有用的情报。

威斯纳从陆军得到的最大资源是驻德国的一个完整的情报机构。这个过程很曲折，要追溯到 1945 年。当时德国有一个处理苏联情报的机构，称为东线外军处（Foreign Armies East）。战争接近尾声时，这个机构向西南方向撤离，而这正好是美军进攻的方向。东线外军处的负责人内哈德·格伦（Reinhard Gehlen）下令掩埋所有苏联情报，并设计故意使自己被美军俘获，然后提出与美军共同对抗苏联。

陆军参谋二部和战略情报局对格伦进行审讯，以评估他的诚意，审讯员之一正是威斯纳。1945 年格伦被派到美国与陆军参谋二部合作，之后被派回德国，创建一个为陆军参谋二部和反情报队服务的组织。格伦 1947 年 12 月在临近慕尼黑的普拉赫成立了一个组织，不计过往地招揽了一批研究苏联的德国专家，其中一部分最优秀的专家曾经是纳粹分子。许多年后，与纳粹的这种千丝万缕的联系常让美国面临尴尬局面。

1949年格伦组织准备就绪，开始全面运行。美国陆军逐步结束在德国开展的活动，同时想要摆脱与格伦的关系，威斯纳趁机介入，继续为格伦组织提供支持，并于1949年6月签署了一份正式协议。

但是，对于一些国家来说，美国的隐蔽行动姗姗来迟。波罗的海国家的民族主义分子发动了一场悲剧性的战争，试图抵制苏联的控制。在战争结束前，西方确实向这些国家施以援手，可是这些帮助太少，来得太晚，对战争的结果几乎没有产生任何影响。

“二战”结束前夕，当美国在日本投掷原子弹的消息传到立陶宛时，在艾奥利艾、考纳斯和维尔纽斯，人们纷纷猜测美国要给斯大林下最后通牒，命令苏联军队从被占领土上撤军。游击队欣喜若狂，认为只要苏联屈服于美国的压力，他们就会得到自由。但是杜鲁门并没有利用美国独家拥有原子弹的优势对苏联下最后通牒，苏联也并没有撤军。借用一个立陶宛人的话：“现实不慌不忙而又残酷无情地粉碎了所有希望。”

斯大林以8个陆军师和几个空军分队，共计8万多人的强大兵力严守立陶宛。苏联的秘密警察组织（Soviet Intelligence and Security Service，简称NKVD）在战时承受了巨大压力。只有在特殊情况下NKVD才能请求军事援助，在1946年2月就遇到了一次。当时苏联陆军派坦克增援NKVD，攻击反对派在一个小山头上的据点，这足以说明战争的紧张程度。

战争结束时，苏联的统治遭到了立陶宛人的反抗。在德国集中营中幸存的立陶宛劳工和为德军服务的立陶宛士兵中，超过一半留在了西方。还有数以万计的人逃到西方或移民波兰。斯大林占领了德国梅摩尔的东普鲁士港口，将其更名为克莱佩达，这里的德国人变成立陶宛公民，他们对于苏联也持强烈的反对态度。

发生在立陶宛的全国性的起义使得游击队“森林兄弟”的组织人员数量急剧增加。据估计，1946年春季，游击队员的人数增加至大约4000人。与其他波罗的海国家不同，立陶宛在1946年成立了一个全国性的指挥部，全称为联合民主抵抗运动（United Democratic Resistance Movement，立陶宛语为Bendras Demokratinio Pasipriesinimo Sajudas，简称BDPS）。据BDPS领导人称，从“二战”结束至1946年夏季，立陶宛人共发动了六场重大的反苏战斗，每一场战斗中约有100名游击队员对抗200名苏联士兵，最后，“森林兄弟”歼灭了大部分敌人。

米哈伊尔·苏斯洛夫（Mikhail Suslov）是苏联在立陶宛的最高统帅，后来成为著名的共产党理论家。考虑到形势的严峻性，苏斯洛夫提请苏联政治局赦免立陶宛游击队员。1946年年初第一批投降的游击队员得到赦免。但苏联出尔反尔，数月后又将这些人逮捕。1946年，苏联秘密警察在索科洛夫的领导下，组织苏联的安全部队，穿上俘获的制服，佩戴俘获的肩章，冒充自由战士。起初，这些冒充者想假借抵抗者的名义施展暴行，打击立陶宛人的士气。但立陶宛人识破了苏联的花招。与苏联的赦免相比，这些冒充者造成的影响很有限。

1947年，游击队的抵抗陷入停滞状态，游击队人数锐减到2.5万人，而苏联的安全部队则有5万人。苏斯洛夫离开立陶宛回国后，苏联赦免了更多游击队员，但是在夏秋进行了又一轮流放。11月，在西方成立的立陶宛自由委员会向联合国投诉苏联的行为。与此同时，在立陶宛国内，BDPS对新选拔出来的72人进行正式培训，驻扎地被设置在一个树林中，但是需要不断变换驻地。第二轮培训在1948年9月进行。苏联的安全部队发现了这次的培训地点。

在双方进行了一天的枪战之后，游击队成功脱身。此时，苏联在立陶宛实行的农业集体化引起民众的不满，借此机会，“森林兄弟”招募了新人手，人数回升至 3 万。而斯大林则召集了 10 万士兵和安全警察进行镇压。

1948 年 2 月，立陶宛人发动了一次有史以来最大规模的进攻，袭击 250 名苏军。从战争意义上讲，这次进攻规模尚小，但是还有规模更小的进攻，比如两个游击队共 120 名队员向苏军发起的进攻。最终，“森林兄弟”无法阻止立陶宛共产党逐步壮大。从 1946 年到 1949 年，立陶宛共产党员人数翻了三番。

苏联在立陶宛实行农业集体化，要求农民缴纳一定的生产税，纳税成为农民最大的负担。政治局规定了贷款的利率和农产品的价格，而国家土地基金组织持有全国 1/3 的农用机械。纳税加重了农民的负担，很多农民变得一无所有，沦为在自己的土地上为国家耕作的贫民。苏联这一做法的理论根据是，游击队依赖农民提供补给，而现在农民缴完粮食税之后还要节衣缩食，这种情况下，农民就无法向游击队提供粮食。

农业集体化破坏了游击队的供给。在农业集体化制度下，农民被重新安置在苏联严密监控下的保护区内。游击队的活动范围日渐缩小，于是不得不动用武力去抢劫国有农场的粮食，这意味着偷盗其他立陶宛人的粮食，而其他立陶宛人生产的粮食必须缴税。游击队的抵抗减缓了农业集体化在立陶宛的发展速度，1949 年年底，立陶宛全国的农业集体化率仅有 62%。尽管比率不高，农业集体化还是对游击队造成了惨重的打击，1950 年游击队人数迅速跌至 5000 人。而苏联出动了第二和第四特别行动师来打击这些游击队。

波罗的海三国的抵抗者们也在向外界寻求帮助。到 1945 年年底，立陶宛的游击队联络了远在德国、法国、英国的流亡人员，甚至和西方国家的情报人员取得了直接联系。立陶宛人有一条邮路穿过波兰和德国。尽管当时武器交易在波罗的海沿岸多有发生，但是谁也没把武器交易与邮递业务联系在一起。1947年，瑞典警方在调查酒贩子时，竟然发现了一起枪支走私交易，其中涉及苏军的叛逃者。8月，苏联的《真理报》指责爱沙尼亚流亡政府在瑞典充当了美国间谍活动的傀儡。

美国对波罗的海三国的形势并非一无所知。1946年年底，杜鲁门总统一反常态，不仅称赞了乘木船穿越大西洋到达美国的爱沙尼亚难民，还责令移民局对没有签证的他们网开一面。马里兰州的参议员米拉德·E.泰丁大力宣传波罗的海国家的形势。在德国的难民营里，超过1.2万名爱沙尼亚人签署了呼吁民族自治的请愿书，并将其递交给杜鲁门。前拉脱维亚驻美大使阿尔弗雷德·贝尔马尼斯在1948年去世前撰写了六本关于拉脱维亚的历史、政治和渴求独立的书籍和宣传册。1947年1月，立陶宛美国委员会——一个极富影响力的移民团体，公开向外交部长联盟理事会发出呼吁，希望立陶宛独立。该团体还试图与杜鲁门会面，但遭到拒绝。

1948年，立陶宛人派出一位肩负特殊使命的游击队领袖去西方寻求帮助，这个人名为奥莱卡斯·卢克萨·道曼塔斯。他先到英国，随后前往美国。在美国他写了一篇报告讲述在"铁幕"后的立陶宛进行游击战的情况，不过没能引起身在美国的立陶宛移民的兴趣。

1948年5月，一个研究机构向杜鲁门总统提交了一份有关游击队活动的报告。报告指出："秘密行动，尤其是受到抵抗团体支持的秘密行动，是提供秘密情报最重要的来源。"8月，美国陆军计划成立一个策划小组，制订一个战争方案，以"促使苏联人推翻现在的极权政府，并且为他们提供所有可能的帮助”，但是这个计划并没有实现。

尽管如此，美国中情局和英国秘密情报处（British Secret Intelligence Service, 简称 SIS，又称为军情六处）都参与到波罗的海国家游击队的斗争中。美国利用的是威斯纳的政策协调处，威斯纳依靠的是格伦组织。这三个组织之间的通力合作一直持续到 20 世纪 50 年代中期。他们从联邦德国不断发起行动，但是训练和准备工作是在英国和美国本土进行。

格伦组织从一开始就扮演着重要角色，其特工人员代表政策协调处，从难民营和流亡德国的波罗的海移民中招募人手。格伦组织被简称为“组织”，职责是对难民进行审查和评估，然后向政策协调处提供推荐录用的人员名单。被录用的人员在德国进行预备培训，然后在美国接受诸如跳伞之类的特殊训练。

战后，前往联邦德国的有 4000 名爱沙尼亚难民、1.1 万名拉脱维亚难民和 5000 名立陶宛难民，格伦组织从这些难民中广泛招募人员。在美国国内，中情局还直接招募来自波罗的海国家的移民。一个名叫奥莱卡斯·卢克萨的人员被空投到立陶宛，却死于“森林兄弟”同胞之手。在 1949 年到 1951 年间，中情局派出许多特工与波罗的海国家的游击队进行联系，但是收效甚微。

军情六处有自己的招募和训练方法。因为在德国的占领区包含波罗的海海岸线，因此英国很早就想到了一个方法，即让特工从海上潜入。这个方法比空投好，因为飞机的噪声很容易引起苏联方面的注意，而从船上登陆则更隐蔽，更悄无声息。

英国有一支非常适合海上潜入的力量，即英国皇家海军的渔政船。从 1949 年开始，渔政船就开始执行这种任务。渔政船最早的任务是保护当地渔民免受苏联海军船只的骚扰，并清除“二战”

时布置在波罗的海的水雷。扫雷艇由1945年从德国海军俘获的鱼雷快艇改装而成，船员都是当地的德国人，艇上没有配备武器，但是英国允许船员们佩戴英国皇家海军的徽章。

军情六处将多余的船只改装后，在渔政船的掩护下，在波罗的海运送间谍。军情六处、英国皇家海军和英国外交部三方经过8个月的协商之后，终于达成一致。但是军情六处经费紧张，因此对秘密行动的援助十分微薄。

这时美国中情局就派上了用场，由威斯纳提供经费援助。军情六处和中情局商讨后最终达成共识：美国政策协调处资助波罗的海的船只采取行动，英国支持本国特工参与海上行动。然后，格伦组织成立一个秘密船队，其中船只都是经英国改装的鱼雷舰艇。

在这之后，格伦组织四处搜寻，找到并招募了曾在“二战”中指挥德国鱼雷舰队的军官汉斯·艾尔木特·克罗斯（Hans Helmut Klose）。克罗斯迅速与昔日的同船水手取得联系，并说服他们参与到行动中来。

在船员到位、船只改装完成之后，来自波罗的海国家的特工们也结束了训练任务。根据协议，这些特工在美国受训的3个月每周可得到以德国马克支付的125美元工资，进入“封锁区”执行任务后一天可得到100美元工资，如果任务完成出色还会得到1000美元奖金。数据显示，半数特工在任务完成之后都幸存下来，而那些遇难者大多是遇上了不同程度的麻烦。

1951年9月30日，英美间谍试图在拉脱维亚的海岸登陆。不幸的是，鱼雷艇在苏联水域被发现，遭到了两艘驱逐舰、六艘护卫舰和八只小船的追捕。由于没有配备武器和物资，这艘鱼雷艇跑得更快，最终成功逃脱。但是，登陆的特工后来向苏联投了降。

1952年春，政策协调处在爱沙尼亚海岸完成了一次出色的登陆任务。两名特工伊格德·克鲁门和加尼斯·普洛斯受命去联系“森林兄弟”，然后去拉脱维亚首都里加（Riga）建立情报网络以获取苏联海军情报。他们的任务不涉及辅助游击队作战，也不为其提供武器或帮助，除非是在未来美苏之间爆发战争时才可以这样做。

1952 年 10 月，他们从拉脱维亚南部城市库尔兰发回报告，称与一支列特游击队取得了联系。这两名特工中，普洛斯后来下落不明，克鲁门和几支游击队共事一年半后被捕。当时，苏军对克鲁门所在的农场展开搜索，并将他抓获，被俘时克鲁门背上还绑着一台无线电发射器。之后克鲁门被带到里加的苏联法庭受审，被判处 15 年监禁。1960 年，中情局飞行员弗兰西斯·格雷·鲍尔斯在驾驶 U-2 侦察机飞越苏联上空时被捕，随后被送往弗拉基米尔的监狱，在那里他与克鲁门在同一间牢房里待了 17 个月。

在中情局和军情六处开始大力支持游击队时，游击队已经日薄西山了。据记载，在拉脱维亚进行的最后一场战斗发生在 1950 年 2 月，当时爱沙尼亚的游击队已经四分五裂，立陶宛的游击队也只有 5000 人。尽管在 1952 年“美国之音”开始在立陶宛播音，但是游击队很清楚，英美特工的关注重点已从游击战争转向情报工作。爱沙尼亚的游击队请求格伦组织提供武器，但最终得到的只是几箱手枪和冲锋枪，以及两名特工。1952 年，立陶宛游击队宣布解散，只有少数游击队员坚持与苏联作战。1960 年还有游击队员被俘的消息传来，1964 年也传出过游击队员在反苏行动中丧生的消息。

美国和英国的秘密行动也在逐渐减少。1954 年海上行动就已扩大到黑海地区，但直到 1956 年，特工们还局限在波罗的海地区行动。1954 年，苏联还曾成功地在英美的海上行动中安插了一名间谍。1955 年年底，英国拒绝德国船只使用英国皇家海军军旗，撤销了对这些船只的掩护。随后，联邦德国新政府接管了格伦组织，下令停止其对苏行动。

波罗的海的游击战争不但徒劳无功，而且死伤惨重。据估计，三国共有 7.5 万名平民伤亡，苏联的损失不详。立陶宛游击队宣称消灭了 8 万名俄军士兵，4000 名至 1.2 万名共产党官员和当地的合作者，而自己仅有 3 万人伤亡，其中 90% 为受过训练的士兵。苏联的说法是在立陶宛只损失了 2 万人，仅占歼灭的立陶宛游击队员人数的 1/4。

美国一直从驻德国的活动站以及格伦组织在斯德哥尔摩的监测站关注事态的发展。1951 年 4 月，威斯纳在斯德哥尔摩建立了活动站，负责人是威廉 · E. 科尔比（William E. Colby）。在“二战”结束后科尔比为战略情报局驻斯堪的纳维亚的活动站服务。他从一家私人律师服务所辞职之后开始为中情局工作，受命在这一地区组建敌后情报网，只有当苏联占领了这些国家之后为情报网工作的特工才能启用。据科尔比回忆，他当时与许多东欧和波罗的海三国的难民会面，试图了解这些国家的形势，鼓舞这些难民的士气，鼓励他们坚持反共活动，并巧妙地透露给一些人“在欧洲为反共活动争取支持的正确渠道”。但是，波罗的海国家游击队的失败让科尔比非常失望，他暗下决心要成立自己的抵抗团体。

第三章　下次我们准会赢

中情局发动的第一场大型战役不是在波罗的海沿岸的平原上，而是在崎岖的巴尔干半岛，目标是推翻亚得里亚海东部小国阿尔巴尼亚的共产党政权。选择阿尔巴尼亚是因为其地理位置非常优越：一是美国的基地近在咫尺；二是与阿尔巴尼亚接壤的仅有希腊和南斯拉夫两个国家，而在 1949 年前这两个国家都对斯大林持敌对态度。因此，阿尔巴尼亚得以和苏联轨道上的其他“铁幕国家”隔开。

发生在阿尔巴尼亚国内的动荡是对苏联阵营的挑战，目的是将“铁幕”推回去，并消除苏联在亚得里亚海域的势力。美国在阿尔巴尼亚的基本策略是阻止苏联占领不冻港，尤其是亚得里亚海沿岸的港口。因为，一旦占领了这里，苏联的海军就可以控制整个地中海。美国还计划推翻阿尔巴尼亚战时抵抗力量的领袖、共产党领导人恩维尔·霍查（Enver Hoxha）。为此，几支小型突击队潜入当地，成立了游击队，方便与外界合作。

1948 年年底，这项名为“珍贵行动”的计划经英国政府讨论通过。英国与阿尔巴尼亚间的矛盾始于 1946 年的科孚海峡事件。在这次事件中，一支由两艘巡洋舰和两艘驱逐舰组成的英国舰队由南向北驶入属于阿尔巴尼亚领水的科孚海峡北部，阿尔巴尼亚军舰向英国军舰开火，并击沉两艘驱逐舰。“二战”时英国的特别行动处曾经为恩维尔·霍查提供过武器和顾问人员，但是在 1949 年英国还是决定推翻霍查政府。同年 2 月，英国外交部长欧内斯特·贝文同意使阿尔巴尼亚“脱离”苏联的计划。此时，霍查政府拒绝接受国际法庭就科孚海峡事件对阿尔巴尼亚的判决，这进一步激怒了英国政府。

尽管英国斗志昂扬，但还是离不开美国的援助，尤其是金钱和物资方面的支持。3 月，英国高级情报长官威廉·海特率领军情六处和外事代表团到达华盛顿以寻求美国的支持，同时也带去了英国应对冷战的各种备选计划。美国欣然同意，于是中情局局长和 10/2 小组展开磋商。

磋商敲定在华盛顿成立一个联合委员会，负责协调“珍贵行动”。英国派出的代表有军情六处的联络员和大使馆的巴尔干专家。美国派出了国务院和政策设计司的代表罗伯特·乔伊斯（Robert Joyce），以及政策协调处的代表吉姆·麦克阿加（James MoCargar）。威斯纳委派他的副手富兰克林·林赛负责有关阿尔巴尼亚的行动。政策协调处派往阿尔巴尼亚的第一个官员是曾驻开罗的原战略情报局的一位老人手——罗伯特·洛（Robert Low），近期正担任巴尔干半岛的联络员，其余的人员都来自英国。

华盛顿对此次行动充满期待。威斯纳对鲍勃·乔伊斯说：“阿尔巴尼亚就像一场临床实验，可以检验大型抵抗活动在别处是否可行。”

4 月，威斯纳回访英国，在伦敦与军情六处官员展开会晤。威斯纳建议从利比亚的威勒斯美国空军基地发动战役，但英国认为其占领的马耳他岛离目标更近。于是马耳他成为海上训练基地，由威勒斯空军基地补给物资。为此，威斯纳沮丧地对英国军情六处的官员说：“无论何时我们想占领哪个地方，附近总有英国控制的岛屿。”马耳他岛上的宾杰玛城堡成为训练中心，专门配备一艘船用于特工登陆。军情六处在希腊西北沿海的科孚岛租了一处别墅作为监测站。大批“二战”时的准军事行动专家参加了“珍贵行动”，包括此次行动的组织者哈罗德·珀金斯和负责监督训练的大卫·斯迈利。

美国还试图试探其他国家的立场。当时南斯拉夫已经停止对希腊左翼游击队提供援助，而且于1948年与斯大林决裂，但是美国还是要求南斯拉夫参与。南斯拉夫曾经通过中情局得到过美国的军事援助，也希望依靠美国摆脱苏联的压迫，但是它还不想因为阿尔巴尼亚而加深与苏联的矛盾。希腊也一样，尽管希腊的一些将军们暗中帮助中情局，但是深陷内战的希腊并不希望牵扯到“珍贵行动”中来。

因此，对美国来说，“珍贵行动”最重要的合作者是阿尔巴尼亚的难民。军情六处召集了两名“二战”中驻阿尔巴尼亚特别行动处的工作人员，朱力安·埃默里和尼尔·麦克林，让他们试探身在罗马、雅典和开罗的老朋友们的意向。这是一种非常隐秘而复杂的政治手段。

愿意与英美合作的阿尔巴尼亚人来自巴利科柏塔(Balli Kmobetar，亦称作“National Front”，即“国民阵线”)。这个团体以罗马和雅典为中心，“二战”中曾经与德国人和意大利人合作过，但是也参加了反抗这两国的游击战。国民阵线中有一个领导人曾在德国人手下担任内政部长，参与过1944年2月对示威者的大屠杀。另一个领导人曾是意大利占领政府的司法部长。在与军情六处和政策协调处的代表会面之后，1949年6月底7月初，国民阵线也加入了“珍贵行动”。

此后不久，美英代表又飞赴开罗，拜访流亡中的阿尔巴尼亚国王佐格一世（King Zog）。实际上阿尔巴尼亚只是在1912年到1939年之间是完全独立的，佐格一世曾经统治阿尔巴尼亚中部一个部族，1924 年通过政变夺取政权，1927 年宣布成为阿尔巴尼亚国王。此时佐格一世正在领导自己王朝的政治运动，当得知西方代表最先联系的是国民阵线时，他非常生气，将前来拜见他的西方代表赶出了房间。朱力安・埃默里情急生智，指出恢复君主制的时机尚未成熟，如果佐格一世想要复辟的话还需要盟友。威斯纳的代表、政策协调处的罗伯特・洛回忆道："佐格一世就像法国改革家塔列朗，之前我的职业生涯中从没见过这样的外交。"

不过佐格一世最后还是心动了。8 月 26 日，阿尔巴尼亚流亡者领导人在巴黎召开新闻发布会，宣布成立"阿尔巴尼亚全国委员会"，随后这些人秘密前往英国，之后公开访问美国。在美国，他们得到在政策协调处资助下的自由欧洲委员会的帮助。一些人获得美国的入境签证很难，因为他们不但没有护照，而且曾经和纳粹合作过，之前还有被美国拒签的经历。政策协调处适时介入，解释说颁发签证给这些人是基于美国的国家利益。尽管如此，中情局还是不想过度介入此事，国务院的联络员鲍勃・乔伊斯报告说："我的朋友说没有人愿意与签证这件事有直接牵扯。"

阿尔巴尼亚流亡者领导人最终拿到了签证所需文件，经受住了美国移民局的层层刁难，成功入境，并公开在纽约和华盛顿露面。1949 年 9 月 19 日，他们受到副国务卿卢埃林・E. 汤普森（Llewelyn E. Thompson）的接见。两位阿尔巴尼亚流亡者领导人在纽约成立了"全国委员会办事处"，但是 10 月 3 日，国民阵线的资深官员、70 岁的米德哈特・弗拉舍里突发心脏病在莱克星顿酒店死亡。警方传召了罗伯特・洛，让他辨认死者，并说明和死者的关系。

也正是在那一天夜里，英国的"咆哮之海"号在亚得里亚海派出了两支队伍，共计 20 名游击队员，从科孚岛穿越海峡。这些被军情六处称为"小精灵"的阿尔巴尼亚人从 7 月起一直在马耳他岛接受训练。不幸的是，他们的第一次突袭就遇上了麻烦：四名人员被杀，其他人逃往希腊。很显然，阿尔巴尼亚政府安全部队早就知道了他们登陆的时间和地点，在那里一直守候，等着这些人自投罗网。

“珍贵行动”面临威胁，因为苏联在他们的高层中安插了一名间谍。这名间谍叫 H.A.R. 金·菲尔比（H.A.R.Kim Philby），此人在华盛顿担任军情六处的联络员，而且还是联合委员会的两名英国代表之一。

1949 年 9 月，英国外交部长欧内斯特·贝文（Ernest Bevin）访问华盛顿时，美英两国高层讨论了“珍贵行动”计划。当时一份中情局的报告总结道：“阿尔巴尼亚注定会爆发人民起义，但成功的希望渺茫。”中情局的分析家当时可能还不知晓“珍贵行动”，但他们还是指出了霍查政府的九个弱点。报告还强调苏联的控制手段日益趋紧，霍查政府的兵力在不断壮大，称霍查政府有 6.5 万名士兵和 1.5 万人的安全部队。这份报告意味深长地总结道：“国外的干涉、国内的动荡局面加上反政府情绪，都对阿尔巴尼亚政权构成了严重威胁。”

阿尔巴尼亚的战役正好契合美国自 1948 年以来的军事目标——制约苏联，尤其是约束莫斯科与卫星国的关系。在贝文和美国高层会晤时这一目标还只是递交给国务卿迪安·艾奇逊（Dean Acheson）的草案，之后被正式写入 NSC-58 号文件。NSC-58 号文件是美国针对东欧国家的基本政策文件，1949 年 12 月经杜鲁门总统修订通过。NSC-58 号文件提出了一种全新的意识形态攻势——不仅要公开作战，更要秘密作战。具体来说，就是“要为东欧国家中亲西方的领导人和团体提供更多的支持和庇护”。

与艾奇逊商讨巴尔干政策时，英国外交部长贝文询问美国是否同意推翻霍查政府，艾奇逊坚决支持。

“那么，”贝文问道，“有没有可以取代霍查政府的国王？”

10月份登陆失败后，用佐格一世取代霍查政府的前景似乎有些暗淡。1949年12月，编号为ORE71–49的中情局报告明确表示，民族主义者对佐格一世的支持会因为内部派别的分歧而降低。报告指出：“妥善处理阿尔巴尼亚流亡者内的分歧，有助于保证有效的领导与协作，这是阻止霍查政府取得胜利的先决条件。在没有外援的情况下，这是抵抗运动获得成功的保障。只可惜现在缺少这些推翻霍查政府的必要条件。”

正是由于不同派别间的政治分歧，最终“珍贵行动”严格地限制了各派的人数：40%的人来自国民阵线，40%的人是保王派，剩余的人来自其他派别。

第一次登陆失败后，“珍贵行动”在之后的几年中不断积累资源。美国在1950年直接卷入，派出自己的“小精灵”远征军，在德国组建了一个招募组织，在德国和希腊建立了军事基地，并招募了七名在英国皇家空军服役的具有丰富游击战经验的波兰裔飞行员，驾驶运输机，将流亡的阿尔巴尼亚人空投到阿尔巴尼亚境内。在罗马，政策协调处用制作电影做掩护，成立了一个办事处。1950年11月底，美国开始了对阿尔巴尼亚的空投。

1951年夏天，金·菲尔比一直担任军情六处驻华盛顿的联络员，直到受到怀疑才被召回。在这期间，共有12次行动，大约50名突击队员试图通过偷渡或跳伞方式进入阿尔巴尼亚，但是无一成功。1951年7月菲尔比正在接受调查时，“珍贵行动”又一次惨败。这一次政策协调处派遣了三组人员，一组在登陆时被歼灭；一组被困在一个房间里，最终被活活烧死；最后一组有四人，两人被杀，两人被捕。

只有陆上的偷袭取得了少许成功。1950 年 9 月，一组人员终于在阿尔巴尼亚成功地坚持了两个月，但是却没有组织起任何抵抗力量。最成功的“小精灵”是被中情局称作“老虎”的哈米德·马特加尼（Hamit Matjani），他擅长陆上秘密行动，曾 15 次成功地潜入阿尔巴尼亚，第 16 次通过空投方式跳伞潜入，但遭到霍查政府秘密部队的伏击。

马特加尼的最后一次行动之所以失败，其实是因为霍查政府的安全部门听取了苏联的建议。1952 年春，在查获了秘密潜入的佐格一世的两名保镖和一台无线电发射器之后，霍查政府强迫这两名保镖发布假消息，称阿尔巴尼亚国内的抵抗力量在不断加强，并请求增加援助。在波兰，苏联采用了同样的欺骗手段。1952 年年底，苏联在波兰伪造了一场游击队运动，骗取中情局的武器和资金援助。1952 年夏，在几次海上登陆失败之后，军情六处心灰意冷，从阿尔巴尼亚全面撤出。美国则孤军奋战，直至 1953 年 5 月马特加尼遭到伏击身亡。

1954 年 4 月，霍查政府将抓获的潜入人员游行示众一周。这极大地震慑了美国，在这之后美国再也没有派遣人员潜入。事实证明威斯纳错了，在“珍贵行动”早期他还对菲尔比说：“下次我们准会赢！”

在阿尔巴尼亚的失败浇灭了突击队员们的幻想，因为这场行动根本没有胜利的希望。哈里尔·耐古特抱怨道：“我们都被当成了试验品，我们只是游戏中被吃掉的棋子。”1951 年前一直任中情局驻罗马活动站站长的迈克尔·伯克（Michael Burke）在 1982 年回忆道：“要想仅靠当地人取得胜利是不行的，必须得有英美或其他国家的军事援助。”

在这之后，参与“珍贵行动”的人员很快分道扬镳。英国官员大卫·斯迈利去了英国空军特种部队，后来成了一名雇佣兵。该行动的中情局负责人富兰克林·林赛离职，去了福特基金会，他的下属E.霍华德·亨特调到拉美部。米歇尔·勃克（Michael Burke）被调到德国，负责向苏联空投特工人员。

“珍贵行动”之任落在了中情局东南欧部长官约翰·H.理查德森（John H. Richardson）肩上。理查德森在“二战”期间曾在意大利的反情报组织工作，以能干、机敏和平易近人著称，正是这种平易近人的风格使意大利人接受了盟国的军事管制政府。马特加尼殉职后，约翰飞往罗马，会见中情局驻罗马活动站的负责人约瑟夫·内普（Joseph Leib），可笑的是内普仍然相信在阿尔巴尼亚的行动将会成功。

理查德森与内普坐下喝茶，然后很快切入正题。

内普问：“在阿尔巴尼亚的行动全部结束了吗？”

理查德森答道：“全部结束了。”

内普接着问：“我不知道伦敦知道这件事后会怎么说？”一名随从注意到，在说这句话时，有泪珠从内普疲惫的脸上顺着胡须滚落下来。

理查德森温和地答道：“伦敦已经知道了。”

苏联一直是“禁区”的核心。中情局的前身中央情报组就曾下令秘密收集有关苏联的各方情报。美国急于与苏联流亡者以及了解苏联的人取得联系，而流亡者们为了迎合美国，也提供了大量真假难辨的情报。据一位流亡者向格伦组织透露，美国购买的情报十有八九都是伪造的。

尽管如此，除了和这些流亡者合作，中情局别无选择。俄国内战后，大批人移民海外。20世纪40年代，这批移民已经在法国、英国和中国等国家扎下根来，而且有自己的政治圈和社交团体。中情局和英国开始搜集关于苏联的情报时，很自然地就想到了这些人。一些政治团体和苏联内部有联系，互相传递消息，开展地下工作，其中主要的政治团体有乌克兰民族主义者联盟（乌克兰语 Ukrayinska Viyskova Orhaniztsiya，简称 UVO；英语为 Organization of Ukrainian Nationalists，简称 OUN，其英语简称更为人所熟知）和全国劳工联盟（乌克兰语 Natsionalno Trudovoi Soyuz，简称 NTS；英语为 National Labor Alliance）。

20 年代早期乌克兰难民在巴黎成立了 OUN。从成立之初，苏联就将它视作威胁，而这个组织也一直秘密向苏联渗透。1926 年，该组织领导人西蒙·彼特留拉在巴黎街头中了七枪；1938 年，该组织的创始人艾恩·科诺瓦雷在鹿特丹一家咖啡馆遭炸弹袭击。

OUN 在乌克兰国内成立了抵抗团体，并不时开展破坏活动，持续到“二战”开始。当时，谋杀波兰内政部长的民族主义者斯捷潘·班德拉（Stepan Bandera）正在服无期徒刑，在 1939 年德国侵略波兰时他趁机越狱，之后当选为 OUN 领导人。两年后德国入侵苏联，班德拉和其他 OUN 领导人又和德国人建立了联系。但是之后班德拉和德国人产生矛盾，被关押起来。在战争快结束时，他同意重新和德国人合作，又被释放。1944 年，班德拉和其他乌克兰人成立了“最高解放委员会”，试图抵抗苏联。

在苏德战争中，OUN 在德国的武装支持下，辅助德国人作战。这些人加上德国军官，成为日后 OUN 准军事部队的核心力量。1944 年夏，最后一批德军从苏联南部撤出，从此 OUN 开始单独作战。1944 年 9 月，OUN 宣布已有 5 万人的军事力量，遍布乌克兰、波兰南部和捷克斯洛伐克东部。这是大规模的游击战，并没有因为欧洲胜利而销声匿迹。OUN 和苏联国内的秘密往来在 1946

年5月后中断，但是1947年OUN领导人宣布他们还有8个编队，共计10万人的武装力量。

“二战”结束后，班德拉逃亡到德国境内的美占区。美国虽然掌握了他的战争罪行，却提醒他躲起来。1946年苏联军方多次要求引渡战犯班德拉，但是美国却说不知道班德拉在哪里。

OUN领导的游击力量为“解放”乌克兰而战，也为“解放”由于边境变化而被划入波兰和捷克境内的领土而战。住在喀尔巴阡山脚下的哈特祖尔人尤为支持OUN，这就方便了OUN向其他游击队渗透势力，也为其在捷克、波兰和苏联边境的活动提供了掩护。

对此斯大林进行了有力而持久的反击，大批红军被派往乌克兰和摩尔达维亚，其中共产党领导人包括尼基塔·赫鲁晓夫、列昂尼德·勃列日涅夫和康斯坦丁·契尔年科等。战后，在苏联南部工作成为很多苏联领导人寻求权力的跳板。

值得一提的是对朱可夫的军事任命。1946年7月，朱可夫被派到敖德萨军区。朱可夫在每一场卫国战争的战役中都表现出色，被誉为斯大林最优秀的将军。因此，在那一段时间，人们猜测朱可夫可能遭到降职。但1947年美国国务院的情报却表明，朱可夫被派到乌克兰是为了稳定当地的局势。在前一年冬天，乌克兰发生暴乱，苏联共产党设在敖德萨的总部被烧毁。

受命之后，朱可夫发动了几次大规模军事行动。1946年，苏联和东欧国家清算了数百名游击队员，将这些人和纳粹扯上关系，称这些游击队受德国人领导。1947年春，苏联领导下的波兰军队把波兰南部居民从当地撤离，波兰、捷克斯洛伐克和苏联部队在三国边境进行军事合作，共同打击OUN。但OUN仍然势头强劲，在3月28日展开反击，战斗中波兰国防部副部长阵亡。

尽管捷克斯洛伐克军队竭尽全力封锁边境，他们还是无法阻挡乌克兰游击队秘密潜入。战斗从夏天持续到秋天，据捷克斯洛伐克国防部长卢德维克・斯沃博达（Ludvik Svoboda）估计，在逃的游击队员多达100—200名。波兰宣称在卢布林和克拉科夫地区消灭了6个乌克兰游击队，击毙并抓捕了2000名游击队员。1948年1月，苏联《真理报》刊登了赫鲁晓夫的演讲，赫鲁晓夫称："乌克兰人民已经消灭了一部分民族主义者，也必将全部消灭剩余的民族主义者。"

这样的结果使赫鲁晓夫相当满意。四年前，当赫鲁晓夫随苏联军队挺进乌克兰时，一个化名为塔拉斯·巴尔博的人领导游击队，在罗夫诺周边开展大规模活动，曾数次偷袭赫鲁晓夫所辖部队，迫使赫鲁晓夫不得不采取各种安全保护措施。在回忆录中，赫鲁晓夫承认游击队突袭的威力不亚于战争，"游击队员的强大攻势迫使波兰不得不采取全面的军事行动"。

赫鲁晓夫发表演说只是为了安抚民众，事实上，乌克兰游击队的抵抗远未结束。据1947年逃往德国的乌克兰起义军第95连估计，OUN的武装力量大约是5万—20万。他们还透露了游击队的建制：游击队从行政意义上划分为"团"，作战部队划分为排（40人）、连（150人）和营（500—800人）。大多数作战部队以连为单位，每个连配备八支机关枪，八门迫击炮以及一些小型武器。

美国国务院先前预测乌克兰的抵抗力量已经不成气候，这些关于OUN作战能力的情报并没有影响国务院的看法，这些情报也没有改变乌克兰人在美国寻求帮助。身在纽约的乌克兰移民举行集会之后，于1947年8月31日向杜鲁门总统发送了一封电报。电报称："乌克兰抵抗力量正在为争取民族独立而战斗，根据《大西洋公约》，我们必须支持它。我们相信一旦乌克兰独立并开始自治，苏联的实力会被削弱。"

尽管美国没有立刻援助乌克兰，但是1948年年底，美国军方降低了乌克兰城市的优先等级，也就是说，这些城市在原子战争中可以免受美国的原子弹攻击。这实际上是针对苏联的一项心理战术。

与此同时，美国对“禁区”投入了更多关注。1948年，NSC-50号文件提出，美国需要和反苏抵抗团体建立联系，以便获取更多情报。这给政策协调处带来了巨大压力，威斯纳要求格伦组织克服困难，让特工潜入苏联。五角大楼递交给中情局的特工名单上人数多达2000人，潜入苏联后这些特工的任务包括监视苏联的港口、空军基地，以及其他军事目标。

在乌克兰，战斗千钧一发，许多游击队只剩下骨干力量。一支游击队向罗马尼亚发动了突袭，结果战斗竟然持续了五周。1949年9月3日，乌克兰准将兼“起义军”指挥罗曼·苏凯维茨（Roman Shuchewycz）下令解散队伍，将其改编为地下组织。两天之后，中情局开始在乌克兰展开行动，一架飞机从德国穿越中欧，到达乌克兰领空后，两名特工跳伞着陆。

这次和其他行动一样，也是美国中情局和英国军情六处采取的联合行动，但是双方就应该支持哪个流亡者团体产生了分歧。军情六处选择了乌克兰民族主义者联盟（OUN），政策协调处却选择了乌克兰全国劳工联盟（NTS）。政策协调处认为，游击战不能顺应历史潮流，真正顺应历史潮流的是NTS。

NTS1930年成立于贝尔格莱德，目的是支持议会民主。像OUN一样，NTS也与苏联内部有联系，并试图在苏联组建自己的网络。与班德拉相似，NTS曾经也和纳粹政府有过合作。不同于OUN的是，NTS没有建立自己的游击队。受到格奥尔基·S.尼古拉维奇的影响，NTS的思想领袖弗拉基米尔·波列姆斯基（Vladimir

Poremski）提出了著名的“分子理论”，这个理论表示社会各阶层的差距将不断加大，并起而反抗共产党，最终各阶层将会联合起来推翻苏联的统治。

NTS通过宣传册、报纸和自由俄国电台广泛地宣传这种理论。NTS在巴黎设置有一个行政中心，在法兰克福建立了一个工作站，雇用的员工超过120名。NTS还从流亡者中招募人员，在巴伐利亚山脉的巴特洪堡对这些人进行训练。这些流亡者中有人在此之前就与美国反情报队（CIC）、陆军参谋二部（G–2）、格伦组织及军情六处有联系，因此NTS很快就和政策协调处取得了联系。

经过前期筹备，政策协调处和格伦组织开始招募苏联流亡者。根据公开的数据，到1954年，接受训练的“特种部队”人数已达到5000人。在美国接受训练的人数较少，但是在1948年到1950年间，在美国接受训练的人员中至少有200名与纳粹有联系，考虑到国家安全，美国国务院同意这些人入境。

英国军情六处在潜入行动中发挥了领导作用。英国情报部门在战前就与乌克兰OUN合作过，而且合作关系一直没有中断。甚至一些英国专家认为政策协调处误信了NTS。

无论在波罗的海各国还是乌克兰，菲尔比认为英美针对苏联“禁区”的计划都是残酷的。据菲尔比回忆，在乌克兰方面，中情局认为班德拉持反美态度，OUN代表了具有法西斯意味的极端民族主义，而这种极端民族主义源于第一次移民潮，因此根深蒂固；在波罗的海方面，美英两国也矛盾重重，在华盛顿召开的一次会议上，中情局和军情六处的官员公开指责对方在“彻头彻尾地撒谎”。而菲尔比认为英美两方的指责都没有错。

1951年4月，中情局和军情六处在伦敦召开高层会议，杜勒斯出席了会议。此前不久杜勒斯被任命为中情局副局长，负责协调政策协调处和特别行动处的活动。在此之前，杜勒斯曾派人传话，要求军情六处放弃班德拉和 OUN。尽管 1950 年军情六处与派往苏联的两个任务小组都失去了联络，但是在伦敦会议上，军情六处仍断然拒绝了杜勒斯的要求。

中情局和军情六处的合作就此陷入僵局，双方仍然各自支持 NTS 和 OUN。英美两国派往“禁区”的飞机也采用的是不同的航线：英国飞机途经塞浦路斯，美国飞机则途经希腊和联邦德国。1951 年，军情六处向乌克兰、喀尔巴阡山和波兰南部各空降了一支六人小组，但是三组都音信全无。而中情局派往波罗的海沿岸的四名特工、派往乌克兰和摩尔达维亚的五名特工也都收获无几。

由于苏联政府密切控制着人口的流动，而且到处都有国家安全部门的人员（直到 1951 年中情局才掌握了苏联人国内护照和其他证件的印刷过程），在苏联搜集情报的特工们处境艰难。在英美特工到来之前，在苏联境内活动的游击队就已经溃败，直到 1952 年，OUN 和班德拉的残部一直滞留在喀尔巴阡山脚下的哈特祖尔，后来陆续被苏联军队俘获。而秘密潜入的英美特工之前竟一直没有找到这些人的下落。

美国在 1952 年到 1953 年间派遣的五次任务中，有 16 名特工失踪。失踪的英国特工人数至今不详。中情局特别行动处在“禁区”有自己的人员和行动网络，因此这部分失踪的特工人数也不清楚。总之，不论具体失踪人数是多少，损失的人数一直在增加。

而直到 1951 年，苏联一直在利用菲尔比传递的情报，但菲尔比并不是苏联情报的唯一来源。自 1950 年起，苏联还收到了格伦组织的高级官员海茵茨 · 费尔夫和加拿大间谍戈登 · 朗斯代尔传递的情报。

难民和流亡者一直是政策协调处和军情六处特工招募的主要

来源，也是苏联秘密警察向西方安插间谍的绝佳机会。苏联最有价值的一名间谍名叫尼基塔·科尼什（Nikita Khorunshy），是1948年从德国叛逃的，他告诉美国反情报队的官员，他叛逃的原因是他爱上了一位德国姑娘。

与众多流亡者一样，科尼什前往法兰克福，在那里加入了俄国人的社交团体，然后很快联系上了NTS。由于科尼什对苏联近期的局势比较了解，NTS聘请科尼什在巴特洪堡对特工们进行训练。这样一来，苏联的间谍就打入了敌人内部。借助科尼什提供的情报，苏联向难民营安插了更多符合西方招募条件的“难民”。这些人被招募为特工，受派遣回到苏联执行任务。从1951年起，科尼什一直为苏联提供所有经过NTS—格伦组织—政策协调处培训的特工们的情报。科尼什还建议刺杀NTS的领导人俄克拉维奇，并提供了重要情报。1953年，科尼什在巴特洪堡训练过的一个特工小组叛变，在这之后，科尼什身份败露，1954年被捕。就在同一年，苏联还俘获了一名间谍和中情局派来的一个间谍小组。

苏联接受了科尼什提出的针对俄克拉维奇的刺杀计划。1954年2月，苏联派出两名德国人，以及苏联间谍尼古拉·科尔洛夫到法兰克福，意图行刺，并将此次行动命名为“莱茵行动”。“莱茵行动”最终失败。被捕之后，科尔洛夫认罪，并向俄克拉维奇坦白了苏联的计划。这时NTS已经附属于中情局，因而美国轻易地从NTS带走了科尔洛夫。

“科尔洛夫事件”只是苏联针对流亡团体的一系列计划中的第一步。在一次未遂的绑架中，俄克拉维奇惨遭毒打。NTS的思想领袖波列姆斯基也遭到绑架，但苏联的绑架行动以失败告终。1957年苏联成功地刺杀了OUN的领导人列弗·里贝特，还成功刺杀了几名自由欧洲电台的东欧播音员。苏联的刺杀行动在1959

年 10 月 15 日达到高潮：班德拉在慕尼黑的公寓外被枪杀，尸体旁边有一支仿真枪，枪口处还残存着几滴氰化物。

OUN 和 NTS 的失败使英国感到非常失望，中情局则持不同观点，他们承认自己失败了，但依旧在坚持，似乎多重复几次失败就会取得胜利。

1953 年，从慕尼黑返回华盛顿途中，杜勒斯告诉一位研究苏联问题的专家："至少我们可以获得备战下次战斗的经验。"

1954 年 4 月的一天，在威斯纳家里，杜勒斯与米歇尔·勃克共进午餐。米歇尔·勃克是中情局慕尼黑情报站的站长，他对是否继续秘密空投特工潜入"禁区"举棋不定。他不知道空投计划有什么政治意义，因此非常关注华盛顿的看法。威斯纳和中情局局长都做出了恰当的评论：如果有问题，华盛顿将会停止类似行动。不久，一架在苏联执行空投任务后返回的飞机在匈牙利领空遭遇两架拦截机。机组人员设法让飞机在云层中躲避，终于成功脱逃。但是，在这之后，空投任务遇到了更多困难，中情局不得不终止了在苏联的行动。

米歇尔·勃克受够了。他先是在战略情报局工作，之后在阿尔巴尼亚为政策协调处工作，现在又为针对苏联的行动服务，他认为是时候另寻高就了。于是他离开中情局，成为瑞格林兄弟、巴纳姆及贝利等马戏团的负责人，后来又成为纽约洋基队（美国棒球队）的负责人。勃克至少还可以升迁，但是很多其他的被中情局雇用的流亡者并没这么幸运。30 年后，研究巴尔干问题的美国国务院专家约翰·C. 坎普贝尔评论道："我们给这些人提供了什么？我们没有任何手段去支持那些人的反抗斗争。那些国家失去了很多优秀的人，我们应该为之负责，因为是我们给他们提供了资金和指导。"

第四章　在亚洲的冒险

对欧洲人来说，选择立场很难，对于亚洲人来说则难上加难。日本战败之后，中国国民党和共产党之间的合作中断，国共内战爆发。在亚洲，民族主义运动和宗教运动被看作是冷战这场全球性意识形态战的一部分，因此，亚洲的冷战形势尤为严峻。中国、印度和东南亚国家都卷入到冷战中，谁将胜出还未见分晓。

美国从一开始就参与到亚洲争夺战之中。在中国国民党和共产党之间进行调停以无果告终之后，杜鲁门总统最终选择与蒋介石结盟，给蒋介石提供了大量的军事和经济援助。尽管如此，中国共产党还是取得了胜利。1949 年，在中国共产党解放北平和华南地区之后，国民党的溃败之势达到了顶峰。

为了打击当时还未稳固的共产党政权，华盛顿计划启动一个新的远离中国海岸的国民党基地。朝鲜战争给这个计划注入了极大的动力，但是也使秘密战的组织者们进退两难。原因是，尽管此时美国进行隐蔽行动的能力发展迅速，但是隐蔽行动好像只具有政策意义，而在其他方面收效甚微。

蒋介石被赶出大陆之后，国民党势力就在远离大陆的岛屿上安顿下来。台湾是这些岛屿中最大的一个。海南岛是第二大岛，当时还有一些来自福建和浙江的游击力量在那里活动。也有一些国民党残部在广东和云南活动，直到 1950 年上半年，这些残余势力才被驱逐到印度支那和缅甸。

岛屿与大陆的形势截然不同。中共没有海军，也没有两栖作战的经验，只有一些小船，而且大部分是舢板。1950 年年初，解放军挺进海南岛，发动了几次进攻，消灭了无数国民党军队。与以往一样，国民党的士气又崩溃了。蒋介石意识到战役失利在所难免，于是下令让军队撤回台湾。当时有人担心中共会乘胜追击到台湾去，但是进攻台湾并不容易，中共也没有试图这样做。

至此，美国向国民党提供的价值22亿美元的军事和经济援助，以及无数军事装备总算没有白费，美国的政策终于取得了些许成功。

早在国民党溃败大陆之前，美国国内就有人提议在中国实施隐蔽行动。1949 年年初，蒋介石辞去“总统”职务，并委任“副总统”李宗仁将军与中共就和解问题进行谈判。克莱尔·李·陈纳德（Claire Lee Chennault）建议华盛顿给华南的国民党余部提供军事援助，并秘密资助忠于李宗仁的游击力量。陈纳德曾在抗日战争中指挥过飞虎队，“二战”期间曾担任空军十四分队的队长，随后又成立了一个私人航空公司，即民航空运队（Civil Air Transport, 简称 CAT）。

但是美国国务院对陈纳德的计划并不感兴趣，于是他转而求助民航空运队的合伙人托马斯·G. 科科伦（Thomas G. Corcoran）。科科伦与政府部门关系很熟，他介绍陈纳德与中情局的官员联系，双方在 1949 年夏季多次会面。8 月份，陈纳德与政策协调处远东司司长史迪威将军会面，史迪威对提供军事援助一事很感兴趣，他认为组建一个像民航空运队那样的航空公司可以为中情局的隐蔽行动提供许多便利。在此期间，杜鲁门总统也指示国务院重新审核陈纳德计划的可行性。

美国国务院的审核还没有结束，国民党在大陆的军事就已宣告瓦解，美国不得不将隐蔽行动的重点调整为从外围发起的活动。在这种情况下，民航空运队就显得尤其重要，恰巧此时民航空运队面临经济困难。10 月上旬，中情局接到国务院政策设计室主任乔治·凯南对陈纳德计划的反馈，凯南并没有表明观点，但威斯纳却坚持认为国务院批准了这个计划。于是，最终民航空运队也参与到秘密战中。1949 年 10 月 10 日，民航空运队开始为中情局服务。11 月 1 日，科科伦代表民航空运队与中情局的财务处正式签订了一份协议。

1949 年 10 月 28 日，约翰·马格鲁德（John Magruder）将军给国防部长提交了一份详细的在中国进行隐蔽行动的计划。马格鲁德援引自己在战略服务处的经验，强烈建议在中国实施隐蔽行动。国防部长路易斯·约翰逊（Louis Johnson）将这份建议和威斯纳提交的一份备忘录一起转呈给总统。1949 年 11 月份，杜鲁门总统表示出对这两份文件的浓厚兴趣，但是国民党在大陆的惨败却暂时打断了这个计划。

在此期间，美国政府表现出对民航空运队的兴趣。1946 年陈纳德和怀丁·魏劳尔（Whiting Willauer）成立民航空运队时便是属于准军事行动，任务是在中国内战中运送军队、物资以及重要人物。在整个 1948 年，民航空运队成就斐然：总计飞行 3400 万吨英里（ton-miles），运送人员 223700 名，运送货物 88238 吨。1949 年，由于中国国内通货膨胀严重，国民党溃败，民航空运队面临巨大的经济困难。与中情局签订的协议为民航空运队带来了生机，中情局预付了 20 万美元，解了民航空运队的燃眉之急。民航空运队随即将设备运到台湾，并在香港设立了公司总部（共产党接管大陆之后，陈纳德与蒋介石的友谊和与国民党的独家合作宣告终结）。但是中情局的资助并没有完全解决民航空运队面临的市场问题，民航空运队一次又一次向中情局伸手要钱，直到最终完全从属于中情局。

在欧洲，中情局的空运任务必须经美国或英国空军之手，每次任务都必须通过各部门的讨论，甚至部门之间的讨价还价之后才能实施。在接手民航空运队之后，政策协调处手里掌握着大批飞机，中情局在亚洲的飞行任务就可以免受政治因素的影响。也曾有人担心民航空运队的飞行员不愿意执行任务，令人欣慰的是，飞行员们都态度积极，并非常乐于展示精湛的飞行技术，因此执行飞行任务不成问题。

中情局收到的第一个援助请求来自马步芳。马步芳是中国西北的一个信奉伊斯兰教的军阀，据称拥有 5 万兵力和 20 万受过训练的后备队。1949 年 11 月份，在讨论如何对反华势力进行援助时，杜鲁门唯一提到的一个隐蔽行动就是对西北的马步芳提供援助。但是正在美国准备物资时，马步芳却已战败。在这之后，他携带价值 150 万美元的金条，乘坐民航空运队的专机离开中国去了麦加朝圣。

于是美国不得不重新挑选愿意在大陆进行隐蔽行动的人员。这倒不难，因为国民党重返大陆心切。在一次会议上，蒋介石的发言主题就是“重返大陆”，在整个 50 年代这是他念念不忘的心愿。与此同时，一个美国的、亲国民党的“中国游说团”的口号也是“重返大陆”。

中情局在亚洲遇到了不少困难。国民党内部分裂成许多派别，每个派别都想独占美国提供的援助。受中情局派遣时任驻香港民航空运队总部的政策协调处官员阿尔弗雷德 · T. 考克斯（Alfred T. Cox）不得不在美国和国民党内部那些吵闹不休的派别之间进行协调。

自隐蔽行动开始实施，中国的政治形势就让美国尴尬不已。1949 年 12 月，65 岁的国民党“代理总统”李宗仁离开大陆去纽约接受治疗，并受到杜鲁门总统的邀请，对美国进行“官方”访问。李宗仁声称忠于他本人的队伍有 17.5 万人，大多分布在中国西南地区。1950 年 2 月 22 日，李宗仁还给杜鲁门总统递交了备忘录，其中提出四点建议：第一，组织游击战；第二，进行地下活动；第三，在海外华人中进行渗透；第四，动员对国民党和共产党都心存不满的自由主义者。

在出访华盛顿期间，李宗仁下榻于白宫斜对面的布莱尔大厦。杜鲁门本来准备于 3 月 2 日举行一个正式的午餐会来欢迎这位“政府首脑”。但是 3 月 1 日蒋介石在台湾突然单方面宣布自己是中国的“合法领导人”，并恢复“总统”职务。李宗仁即刻被剥夺权力，被迫滞留美国，不得不与蒋介石竞争在美籍华人中的影响力。

尽管国民党内部斗争不断，一些政策协调处的情报人员还是认为，李宗仁为美国提供了一个可行的选择，也就是说，既没有受到共产主义的影响，也没有受到腐败无能的国民党政府玷污的“第三种力量”。但是蒋介石控制着近海岛屿，而这些岛屿恰好可以作为美国启动秘密战的基地，因此最终美国别无选择，只能支持台湾当局。

政策协调处远东司负责策划在中国的活动。“二战”时远东司司长史迪威曾服役于驻缅甸的战略情报局 101 服务小分队。副司长是德斯蒙德·菲茨杰拉德（Desmond FitzGerald），“二战”中曾在缅甸战场给国民党军队做过顾问。这两个人都狂热于在中国开展隐蔽行动。

早在 1949 年 5 月，中情局局长希伦科特曾请求国防部成立一个参谋部，帮助中情局设计一个准军事训练计划。两个月之后，陆军部长同意帮助政策协调处处理游击战问题，并在美国佐治亚州西部城镇本宁堡开辟一块训练基地。1949 年 11 月，国防部成立了一个参谋部，目的是协调国防部与中情局制订的心理战和隐蔽行动计划。尽管两个部门之间有军事合作，但是史迪威却拒绝将中情局置于国防部的正式管理之下，他声称只要“基本确定”中情局会通知战区指挥官其将要进行的行动，战区指挥官可以批准其在战区内进行隐蔽行动。

在保留了一些余地之后，中情局开始着手布置对华秘密战。1950 年，中情局佯装在台湾成立了一个商业公司，叫西方公司，员工们称之为“西方汽车”，紧接着中情局在台湾南部和其他近海岛屿都建立了培训基地和活动基地。

1950 年年初，中情局针对大陆的隐蔽行动开始了。4 月份，中情局特工指挥游击力量在广东的南伟码头发动了一次小规模的突袭；5 月份，在浙江的石浦镇进行了一次规模稍大的突袭，并暂时切断了码头和大陆之间的联系。到 1950 年年底，台湾当局声称在大陆积极活动的“游击队员”人数超过 100 万。美国情报部门的保守估计则是 60 万到 65 万，且只有一半人忠于台湾当局。

中国共产党公开确认这些武装力量的存在，并提出实施剿匪计划。1950 年 6 月，在给党代会的报告中毛泽东提到有 40 万土匪在大陆活动，到了 10 月份，周恩来将这个数字减到了一半，不久北京声称从 1949 年年初抓捕了总计 20 万“美国军事间谍”。1950 年，中国人民解放军在华中和华南动员了 115.7 万人的军队，此次动员可能与其他军事行动有关，但很显然其主要目的是剿匪。11 月份，美国的情报称中国人民解放军从福建调动军队去浙江打击当地的“游击”活动。

起初在大陆活动的“反共游击队”很多，但与中情局没有多大关系。当时在中国很多地区还有国民党的余部、地方军阀，甚至真正的土匪存在。但是“游击队”的活动并没有妨碍中共从华南撤出军队去参加朝鲜战争，因此可以说“反共游击队”造成的影响很小。

1950年6月，朝鲜战争爆发之后，美国的秘密战上升到了一个新阶段。像德国一样，“二战”结束时朝鲜也被分成不同的占领区，朝鲜半岛的重新统一也是一个政治问题。苏联占领朝鲜北部，美国占领朝鲜南部，随后南北方各自组建了新政府。不同于德国的是，占领朝鲜的两个超级大国相继撤出，将问题留给了朝鲜人自己解决。朝鲜和韩国相互威胁要通过武力重新统一半岛，结果朝鲜战争爆发。几天之后，杜鲁门总统决定介入，从而将美国带入了战争的泥潭。

朝鲜半岛的敌对状态给针对朝鲜的隐蔽行动提供了机会。针对中国的隐蔽行动也在中国人民解放军参与朝鲜战争之后重新恢复。起初，美国的准军事资源和实施突击活动的资源都很有限，中情局的活动主要是搜集情报，由驻扎在日本本州岛东南岸港口城市横须贺的特别行动处（OSO）负责。当时，特别行动处设在一家旅馆中，只有六名工作人员。

道格拉斯·麦克阿瑟（Douglas MacArthur）将军是妨碍特别行动处快速扩张的一个因素。远东司令部指挥官麦克阿瑟将军还有别的头衔，如战区司令、军队指挥官等。麦克阿瑟对于在他的战区实施特殊行动不感兴趣，“二战”期间他就曾禁止战略情报局（OSS）在他的辖区活动，因此有人担心他会同样地禁止特别行动处的活动。在这个问题上，中情局并不占优势，因为中情局曾避免确定与国防部的上下属关系。

远东司令部（Far East Command，简称FECOM）虽然没有阻止中情局介入朝鲜半岛，但麦克阿瑟还是不愿意实施隐蔽行动。远东司令部不但不鼓励实施隐蔽行动，而且还要强化军方在隐蔽行动中的领导权。尽管美国陆军已经将实施隐蔽行动的职责移交给了心理战参谋处，麦克阿瑟还是继续将特殊行动委托给军方的情报处，因为情报处的主任与他私交甚密。

起初军方实施准军事行动的资源相对来说更多一些。军方在日本有几个空军基地，随时可以执行飞行任务。海军从圣地亚哥派出“贺拉斯·巴斯”号驱逐舰，“巴斯”号配有 4 艘登陆艇，能够运送 162 名突击队员。1950 年 8 月 6 日，一些海军侦察部队的士兵和水下爆破小组联合组成了一个特别行动队（Special Operations Group, 简称 SOG）。几天之后，潜水艇“佩克”号也加入进来。“佩克”号经过改造，可以运送 160 人。英国也派遣了一支皇家海军陆战队加入特别行动队。

尽管中情局有民航空运队担任空中卫士，但当时还没有军方这样强大的准军事行动能力。新上任的政策协调处主任汉斯·托夫特（Hans Tofte）是一位船长的儿子，他精通汉语，“二战”前曾经在北平一家船运公司就职 10 年，也是 OSS 的一个老兵。托夫特在“二战”期间的工作是把武器从意大利东部海港巴里穿过亚得里亚海运送给游击队，后来又负责将 OSS 的突击队员空投到法国东部城市第戎。他管理的舰队船只一度多达 44 艘。

托夫特本人是丹麦公民，战后回到哥本哈根，担任泛美航空公司的地区经理，后来与一美国女子结婚，婚后移居到美国艾奥瓦州，在那里任陆军预备队的一名军官。当政策协调处开始准备在中国实施隐蔽行动时，远东司司长史迪威和副司长德斯蒙德·菲茨杰拉德都极力推荐托夫特。朝鲜战争爆发时，托夫特 43 岁，正在陆军预备队进行短期服役。两天以后，他出现在中情局总部，威斯纳看中了他的阅历和语言天赋（托夫特会说六种语言，包括汉语），于是雇用了托夫特，并派他到日本执行任务。

托夫特很快便动手建设基础设施。在厚木空军基地，托夫特和副手科尔维尔·比尔斯在一个角落里发现了一块50英亩的空地，于是便开始建设一个预计可容纳1000多人的营地。托夫特还在韩国釜山的济州岛设立了一个培训基地，专门培训韩国人学习如何开展敌后活动，这个培训基地由海军中校“荷兰人”克雷默负责。军方的特别行动队负责海上运输，民航空运队为隐蔽行动提供了40架飞机。

政策协调处扩张之后的第一个行动是“野风信子行动”，目的是搜集有关朝鲜和中国军队动向的情报。政策协调处派遣几千名朝鲜难民出发去战线之后，要求他们尽量返回，返回后汇报他们搜集到的情报。中情局后来的结论是：孩子们提供的情报最有用。

另外一个行动是1950年年末开始的电影放映活动。这部电影根据战后被囚禁在西伯利亚劳改营的一位日本上校的日记拍摄而成，在20家日本影院放映，首轮放映便超过700场。据政策协调处计算，美国财政部从这部电影中收益10.4万美元，这算是反苏宣传的一笔额外收获。

还有一个准军事行动称作“圣衣”，意在阻止中共领袖毛泽东获取印度提供的人道主义医疗援助。当时一艘装载着可供三个野战医院使用的医疗物资的挪威货船驶往中国，“圣衣”行动就是要不计代价地阻拦这艘船，为此中情局划拨了100万美元。托夫特在东京与其他政策协调处远东活动站的头目们会面，商讨具体计划。驻香港的阿尔弗雷德·考克斯提出，一旦货船停泊在香港，中情局的秘密行动人员就开始进行破坏活动。事实上，当这艘船经停香港时，中情局准备了一个更加巧妙的计划：托夫特与蒋介石会面商讨此事，蒋介石非常乐意将巡逻舰借给托夫特，以便托夫特在公海上逼停这艘船，再霸占船上的物资。当国民党的炮艇抢劫这些医疗物资时，考克斯和其他中情局人员其实都在场，不过他们藏在甲板下。

中情局隐蔽行动的扩张引发了一个问题，也就是说，哪一个部门对隐蔽行动拥有领导权？在东京，远东司令部在情报机构之下成立了一个联络组来监督军方和中情局的所有活动。一位中情局的官员负责所谓的文献研究司，职责是策划所有行动；韩国联合咨询委员会（Joint Advisory Commission Korea, 简称 JACK）负责实施这些行动，其负责人由军方指派。为了解决军方和中情局在准军事行动方面的角色重叠问题，1951 年 12 月又成立了韩国隐蔽秘密及相关活动协调组（Covert Clandestine and Related Activities Korea, 简称 CCRAK），但是收效甚微。

华盛顿决定扩展隐蔽行动的范围，这进一步激化了隐蔽行动内部领导权矛盾。朝鲜战争爆发之后，杜鲁门总统就命令第七舰队开赴台湾，“保卫”台湾海峡。1951 年年初，美国国家安全委员会通过 NSC-101 号文件，同意实施强有力的隐蔽行动来支持反共力量。1951 年年底，杜鲁门试图采取更多行动打击中国共产党。NSC-118 号文件详细讨论了切断中国共产党补给线的可能性，1951 年年底，杜鲁门批准了这个计划。

1952 年年初，参谋长联席会议命令海军为中情局提供船只和设施，用以在韩国和中国大陆沿海地区登陆。军方的策划人员对忠于李宗仁的力量并不感兴趣，他们认为美国应该支持一切持反共态度的华人。2 月份，联合战略计划委员会提议拨款 3 亿美元，用以支持在中国大陆进行的隐蔽行动。考虑到中情局和蒋介石各派系之间的联系，联合战略计划委员会警告道：“在没有一个有效的反革命运动、政治计划以及明确的组织和主要领导人的情况下，在中国进行的隐蔽行动务必不要推翻中国共产党的统治，因为此时中国国民党好像不具备这些条件。”

1952 年夏季，政策协调处与特别行动处合并为计划处，中情局成立了北亚司令部来统一领导从日本、近海岛屿和泰国发动的针对中国大陆的各种行动。威斯纳还组织了一个国际性的网络，囊括了新加坡、缅甸、日本、韩国和塞班岛上的基地。民航空运队为这个网络提供飞行服务，海军则协调海上运输。

中情局支持的主要是准军事行动，在韩国和日本进行具体活动的都是韩国人，这些人在釜山的济州岛培训之后奔赴各地。中情局也招募中国人，主要是台湾人，在台湾接受培训后参与行动。

中情局还在塞班岛上的一个秘密基地里培训招募的韩国人等。事实上，使用这个岛违反了国际法，因为塞班岛是联合国的属地，是太平洋托管地之一，美国只有管理权。1951 年到 1952 年间，托管权从军方移交给非军事机构之后，美国海军部成功地将托管领土的总部设在塞班岛，并负责保护塞班岛的安全。

为了掩护这些设施，中情局将这个秘密培训基地称作“海军技术培训小组”。招募的特工要在夜间由 C–47 飞机运送到岛上，在去基地的路上还要被蒙上双眼。基地设在岛内的最高峰上，周围的一切都可以尽收眼底。岛上其余地方的生活水平和建筑风格与中情局的基地完全不同。当联合国托管专员来岛上视察时，基地会被迅速伪装，并关闭“海军技术培训小组”以应对视察。

在经过培训之后，特工们被派回到各个活动站接受任务，任务包括对目标实施突袭和破坏活动等。有 1200 多名韩国人在济州岛经过培训后，组成突击小组执行秘密任务，搜集情报的分队在朝鲜半岛四处活动。大约有几百人在中国活动，这些人与各地的反共组织建立了联系。

军方特殊行动的规模也越来越大，最终几个小组合并成一个机构，称为远东司令部联合分队（韩国），也叫作 8420 陆军分队。通过这个分队，远东司令部实施了大量准军事活动。其下属的贝克分队用 C-46 和 C-47 型飞机提供空中运输；猎豹、柯克兰和狼群分队则在地面执行任务。以狼群分队为例，该分队成立于 1952 年 3 月，由 4000 名韩国人和 7 个美国人组成（包括指挥官、主管和通信专家），分为 6 个营，每个营在韩国海岸都有不同的基地。狼群分队的突袭任务包括海军炮火支援和轰炸。到 1952 年年末，狼群分队已经增加到 8 个营，人员增加到 6800 名韩国人和 12 个美国人；猎豹分队有 5500 人。1953 年年初，远东司令部从狼群分队和 8420 陆军分队抽调人手，组成驻"韩联合国军"（United Nations Partisan Forces in Korea, 简称 UNPFK），在几个月之内人数就达到 2 万人。"驻韩联合国军"效率极高，援引远东司令部的报告，1952 年 11 月 15 日到 21 日期间，"驻韩联合国军"总计发动了 63 次突袭，敌军伤亡 1382 人。与此同时，驻印度支那的法国特殊战军官模仿了"驻韩联合国军"的组织机构，用美国提供的资金扩充了法国的准军事力量。

中情局针对中国大陆行动的规模小一些，但形式更加多样，包括为蒋介石的军队提供咨询、培训和物资等。据蒋介石所说，从 1951 年下半年到 1952 年年初，国民党军队对大陆发动了 15 次突袭。"中情局驻台北活动站"的特工人数超过 600 人，执行的是各种不同类型的任务，包括对大陆空投传单等。传单主要由民航空运队和国民党空军的飞机进行投放，飞行次数高达每月 30 次，仅 1953 年就向大陆投放传单 3 亿份。

中情局还实施了一个单独的计划，代号为"热带行动"，目的是援助并非忠于蒋介石的"满洲游击队"，在夜间由民航空运队的飞行员驾驶无标志的C-47飞机从日本出发执行任务。约翰·T.唐尼（John T. Downey）1951年从耶鲁大学毕业后就加入这个行动。据他回忆，耶鲁大学51级毕业生中有很多人参与这个行动。当时唐尼被指派到中国的吉林省组建抵抗力量。1952年他去塞班岛挑选了四名队员，这些队员在6月份被空投到吉林。11月，唐尼和理查德·G.费克图（刚加入中情局五个月，也是民航空运队的飞行员）在试图接回另一名中情局人员的过程中，被中国人民解放军击落并俘虏。这次失败导致"热带行动"暂停。22岁的唐尼一直被监禁，直到1973年才获释，他的同事费克图被监禁到1971年。

"纸张行动"是中情局针对中国实施的规模最大的活动之一。"纸张行动"始于1952年2月，目的是帮助国民党游击队从缅甸北部的掸邦入侵中国大陆。这次行动没有隐瞒缅甸政府，最终引起了一场没有必要的国际争端，并导致国民党参与到海洛因走私活动中。

在"纸张行动"中，中情局和一位蒋介石军队的将军李弥进行合作。李弥是国民党在大陆的一位指挥官，既精明又冷酷，曾下令处死其叛变的属下。在渡江战役中，李弥的部队溃不成军，他伪装逃跑到云南，在昆明领导国民党的一支部队。国民党云南省政府1949年12月撤出昆明后，李弥的部队占领了云南。1950年年初，随着人民解放军逐步向西南推进，李弥撤退到边境地区。

李弥的部下中大约有1500人撤退到印度支那，遭到法国人的监禁，被解除了武装。法国人在印度支那有一支军队，在缅甸只有很小一支军队，而且完全掌握在反政府的凯伦部族人手中。在这样混乱的形势下，李弥毫不费力地带着国民党97师和193师的余部2200人穿过中缅边境来到缅甸，控制了凯伦部族人，并补充兵员。李弥的部队与缅甸军队发生了一些冲突，但是其军队人数还是在 1950 年年底增加到 4000 人。

“纸张行动”打算重新武装李弥的军队，并帮助其回到云南。民航空运队的飞机从曼谷的基地出发，将特工从中国台湾运送到缅甸，将武器从冲绳的中情局军火库空投给李弥的部队。整个行动由“中情局驻香港活动站”的阿尔弗雷德·考克斯和驻曼谷活动站的谢尔曼·乔斯特共同协调。

为李弥部队的军火运输所做的掩护也非常有创意。在此期间，泰国政府进行了一系列演习，训练并武装本国的准军事力量。中情局在迈阿密给海外东南亚供应公司（俗称“海上供应”，电报挂号是“Hachet”）授权，与泰国政府签订了一项总额高达 3800 万美元的合同。在这个商业伪装下，海上供应公司为与泰国人和中国人合作的中情局人员提供掩护。到 1953 年年底，海上供应公司有 200 名雇员，加上在大使馆工作的、公开身份是顾问的 76 名美国人，大约训练和武装了 4500 名泰国士兵。泰国政府在这个过程中受益良多。资助李弥的活动和海上供应公司的活动对泰国政府来说是一个公开的秘密。政策协调处驻曼谷活动站的谢尔曼·乔斯特有丰富的“二战”经验，他并不介意泰国政府知道这个行动。

“纸张行动”开始时，民航空运队的三架飞机将物资空投给李弥的部队，很快空投次数就增加了。据泰国政府派往监视李弥的人说，短时间内就看到了五次空投。

在此期间，李弥召集了云南境内的“反共救国军”。1951 年 4 月，“反共救国军”两个纵队共 2000 人，加上中情局的人员，向云南发起了首次进攻，很快就挺进云南，但是在短短一周内就被赶出云南。李弥派部下刘阔川（音）发动了第二次进攻，也被驻当地的人民解放军快速击败。

本来这次失败应该使中情局重新审视“纸张行动”，但是中情局并没有这样做。美国驻缅甸大使大卫·凯从仰光向美国政府报告，缅甸政府已经得知美国在这一地区的活动，也知道美国向国民党军队提供装备。他指出“这次冒险将会让我们失去缅甸政府的友谊和信任”，但是华盛顿不但对这个报告无动于衷，还进一步增加了对李弥的援助。

中情局任命詹姆斯·A.加里森(James A. Gawison)为后勤主任，负责统一管理武器装备，将这些武器运往中国台湾、泰国和缅甸。美国还派遣工程师去泰缅边境的勐撒，重新修整那里的简易机场。此后，中情局不再局限于降落伞空投，开始了更大规模的空投军用物资。大约有700名从中国台湾来的士兵加入李弥的军队，到1952年，李弥的军力已经增加到1.2万人。

1951年12月，中国共产党公开指责美国将国民党士兵从中国台湾运送到泰国和缅甸，此后苏联又在联合国的一个政治委员会数次指责美国，美国国务院则一再否认。国务卿艾奇逊和美国驻联合国的代表团声称国民党承诺要从缅甸撤出军队，但是国民党并没有履行这个承诺。缅甸驻联合国的代表也指责李弥得到了外国的援助，国民党的代表矢口否认，于是缅甸代表公开了缅甸军队截获的蒋介石给李弥的密函。在各方的相互推诿中，《纽约时报》在1952年2月11日的报道中称，在缅甸有目击者亲眼看到李弥的士兵在炫耀崭新的美国武器。4月，缅甸指责美国人（包括一些已经退役的飞行员）正在给李弥走私武器。

美国坚决否认这些指责。蒋介石说服李弥回到台湾以平息事态。为了解释李弥的部队获得武器装备的途径，国民党当局透露李弥的手下一直在贩卖鸦片。我们现在还不清楚美国是否为了掩饰中情局的行动从而鼓励李弥的部队贩卖鸦片，但是，一个不容否认的事实是，从那时起，国民党军队一直靠贩卖毒品来筹措军费。

这对于美国来说得不偿失。

不论这个借口多么拙劣，美国一直都在否认支持李弥的军队。这个秘密被政策协调处内部严格保密，甚至连中情局的情报分析处都被排除在外，国务院基本上对“纸张行动”也一无所知。美国驻印度大使切斯特·鲍尔斯请求国务院告知真相，他得到的答复是美国确实没有向李弥提供援助。但是亚洲国家却拒绝接受美国的解释，鲍尔斯不得不称，没有一届美国政府能够在大选之年停止对蒋介石提供武器，如果这样做的话会被对手指责为“放纵共产党”。国务院也向新任驻缅甸大使威廉·席波做了类似的保证。在一次外事招待会上，席波又一次否认美国向李弥提供援助。缅甸的总参谋长尼温将军说道：“大使先生，我清楚地知道真相。如果我是你，我就会闭嘴。”

1952年夏季，李弥回到缅甸，对云南发动了第二次进攻。8月，2100名国民党士兵行军60英里进入中国境内，但是很快就被赶出来，这是李弥“救国军”最后一次无功而返的入侵行动。此后，国民党军队突然将矛头对准了缅甸政府。李弥一直把驻缅军事基地保护得很好，保护基地的人数甚至超过了入侵云南的人数。李弥放弃入侵中国大陆之后，与反政府的凯伦部族取得联系，甚至与缅甸共产党也取得联系。1952年秋，李弥渡过怒江，对缅甸政府军展开攻势。

李弥的行动导致美缅关系在整个20世纪50年代都很糟糕。1952年，缅甸政府拒绝了联合国的调查，认为美苏两个超级大国都不可能接受自己。1953年，缅甸提议将国民党在缅甸的存在定性为对缅甸的侵略。在美国拒绝这个提议后，缅甸外长吴努单方面停止了所有美国对缅甸的援助项目。

中情局一些官员却看好李弥的行动，尤其是德斯蒙德·菲茨杰拉德（Desmond FitzGerald）。菲茨杰拉德也是哈佛毕业生，“二战”时期在战略情报局驻缅甸的分部工作，当时任国民党第6军的顾问。菲茨杰拉德对于冷战有一种浪漫主义的狂热。1951年，李弥进攻中国大陆失败之后，菲茨杰拉德坚决反对撤销“纸张行动”，但是1952年李弥又一次失败，加上缅甸、中国和苏联一再指责美国，他最终不得不终止这个行动。

1953年4月，一位印度尼西亚大臣向美国驻印度大使切斯特·鲍尔斯如此评价“纸张行动”：“美国的武器被用来武装一个叛徒组织，这个组织根本无法对共产党中国造成任何伤害，相反却妨碍了民主的缅甸政府的反共活动，使缅甸政府麻烦不断，还有什么比这个更加可笑？”

七年后，1959年5月，情报官员告诉艾森豪威尔总统，在缅甸的中国国民党“除了制造麻烦之外一无所成”，他们让缅甸政府对美国产生不满，“总之，他们给我们的朋友带来了很多麻烦，但是却连牵制解放军的能力都不具备”。

在短短几年内，美国中情局和军方在亚洲都实施了大量准军事行动。中情局建立了许多基地，又收编了民航空运队，这为隐蔽行动提供了诸多便利。尽管如此，许多准军事行动却毫无意义。在朝鲜的准军事行动取得了一些军事方面的影响，但是影响很有限。在中国东北和云南实施的行动完全失败，而且使中共加强了安全措施，最终妨碍了中情局在中国大陆的情报网络发展。而在缅甸的行动对美国的外交利益则更是有害无益。

无论如何，朝鲜战争期间，美国在远东地区的隐蔽行动规模和组织迅速扩张，这无疑反映了美国在这一地区的行动模式。在接下来的几十年里，美国一直在利用隐蔽行动达到美国对这一地区的政策目标。

第五章　冷战军团

位于华盛顿 E 街的秘密战中心进行了大量研究，制订了无数计划，针对中国和阿尔巴尼亚的行动只是冰山一角。在杜鲁门政府时期，尤其是在朝鲜战争时期，美国创建了准军事行动的组织和程序，并将之标准化。

白宫、中情局和五角大楼对此各有考虑。杜鲁门总统考虑的是如何启动隐蔽行动，如何对行动保密，并保持对行动的控制。中情局关心的问题是，在部门内部由谁来指挥隐蔽行动，中情局局长如何控制隐蔽行动。而五角大楼关心的是，如何在行动中与中情局联系，以及将哪些资源用于准军事行动。

在隐蔽行动刚开始实施时，杜鲁门总统的问题是很好解决的。1948 年 NSC-10/2 号文件批准之后，如何密切监督隐蔽行动就显得比较简单了。1948 年夏，国家安全委员会召开三次会议，专门讨论特别项目处（Office of Special Projects，简称 OSP，是政策协调处的前身）的问题，弗兰克·威斯纳被任命为特别项目处主任。

但是总统认为，频繁地公开讨论隐蔽行动似乎不妥，于是杜鲁门责成一个特别小组专门负责隐蔽行动事宜，这个小组组员包括中情局局长、国务卿和国防部长，国务院的代表是乔治·凯南，国防部的代表是伊凡·伊顿。只有当组员间意见不合时，才将事项提交国家安全委员会全体讨论。这几个人之间合作密切，几乎没有什么意见分歧，因此国家安全委员会没有任何关于隐蔽行动的讨论记录，这也间接导致总统没有机会插手隐蔽行动。在杜鲁门任期内，中情局局长在自己的权限范围之内，仅仅与 10/2 小组以及其后的 10/5 小组讨论之后，就启动了 81 次隐蔽行动。

苦于不能与国家安全委员会频繁地讨论，杜鲁门总统只得完全依赖他所任命的中情局局长，但是中情局局长本人对政策协调处也只有间接的控制。在中情局的前身中央情报组还屈身在白宫旁边只有三个房间的办公室时，间接控制还比较可行。可是在朝鲜战争期间，中情局规模迅速扩展，间接控制就显得力不从心了。

在华盛顿 E 街有一些修建于大萧条时期的临时办公大楼，“二战”时期战略情报局便在此办公。中情局成立之后，总部也设在同一地点，海军少将罗斯科 · 希伦科特被任命为局长，开始了美国的隐蔽行动之旅。

如果有人能够预测下一次珍珠港事件，那个人一定是罗斯科 · 希伦科特。希伦科特来自民风保守的马里兰首府安纳波利斯，精通三种语言。在日本偷袭珍珠港时，希伦科特就在美国军舰“西弗吉尼亚”号上担任指挥官。偷袭开始时，他正在船舱里穿衣服，“西弗吉尼亚”号很快被击沉，他甚至来不及跑到后甲板上。后来，在战争进行期间，他又一次回到太平洋，在短短六个月里就创建了一个联合情报中心。

1948 年 5 月，希伦科特被任命为中情局局长，但是这并没有妨碍他担任别的职务，他同时还在巴黎担任海军武官。希伦科特还是海军上将威廉 · 莱希的同事，莱希当时是杜鲁门总统的情报问题顾问，据说是莱希向杜鲁门推荐了希伦科特。杜鲁门任命希伦科特担任中情局局长，同时任命弗兰克 · 威斯纳为政策协调处主任。

但希伦科特和威斯纳之间矛盾重重。情报专家诸如雷 · 克莱因等认为，希伦科特的军衔、声望和政治影响力都不足以领导中情局。此外，由于 NSC-10/2 号文件没有明确规定政策协调处的权限，威斯纳由国家安全委员会直接授权，接受10/2 小组的政策指令，使用中情局划拨的资金，但是政策协调处的活动却不受中情局局长的管辖，因为在必要时，威斯纳可以用国务院或国防部作为借口。此外，威斯纳是战略情报局的老人手，故旧遍布中情局，因此他消息灵通，在中情局广受支持，而希伦科特却没有这样的优势。

因此，在 10/2 小组中，中情局局长希伦科特实际上处于弱势，对政策协调处只有监督权。在“二战”中他曾经做过情报工作，对情报工作颇有经验，也更感兴趣。此时他正忙于招募一流的情报分析人员，对政策协调处进行的隐蔽行动缺乏了解。

与希伦科特相比，在中情局内部的权力斗争中威斯纳更具优势。其中最大的一个优势是，白宫偏向于在冷战中采取积极态势。NSC-4/A 号文件和 NSC-10/2 号文件都提到要实施隐蔽行动，1949 年出台的《杜勒斯—杰克逊—科雷亚报告》也探讨了情报工作的各个方面。杜鲁门总统批准通过了《杜勒斯—杰克逊—科雷亚报告》之后，要求中情局切实实施该文件提出的各种举措，同时任命杜勒斯和杰克逊为中情局副局长。

到了 1952 年，政策协调处的情报站已经从最初的 7 个增加到 47 个，人员增加到 6000 人，超过半数都是海外招聘人员。政策协调处约有一半人员都在东亚司工作，在德国工作的有 1200 人。1950 年到 1951 年，政策协调处的员工从 584 名暴增到 1531 人，增加的大部分人都是准军事人员。政策协调处公布的 1952 年预算为 8200 万美元，但一些观察人士认为这个预算过于保守，政策协调处仅在东欧地区一年都要花费这么多钱。总之，中情局 60% 的人员和 74% 的预算都投入秘密情报收集和隐蔽行动中，政策协调处的发展势头非常强劲。

1950年10月7日，希伦科特离开中情局，来到海军司令部任职。在中国加入朝鲜战争之后，他来到朝鲜海域。在美国海军从朝鲜东部港市兴南撤离的过程中，他领导一个舰队给美国海军提供火力支持。

同一日，沃尔特·比德尔·史密斯（Walter Bedell Smith）将军上任，成为新一届中情局局长。史密斯绰号“甲壳虫”，他不但具有希伦科特所缺乏的声望和人脉，而且非常好战，不惧怕任何人，包括威斯纳。在“二战”期间，史密斯曾任盟军最高总司令艾森豪威尔将军的参谋长，随后担任战地指挥官。在冷战初现端倪时，史密斯曾任美国驻莫斯科大使。

上任几天之后，史密斯开始着手调整中情局的权力结构。12月12日，史密斯单方面宣布对政策协调处的直接管辖权，国务院、国防部、参谋长联席会议的代表们不得不接受这个改变。两个月之后，史密斯得知有一个下属实际上控制着中情局总部和各情报站之间的电报联系，而他这个局长无法看到所有的电报，于是他大发脾气，咆哮道：“不能由接线员决定我应该看到哪些保密情报！”很快，他便组建了一个直属于自己的电报秘书处。

史密斯的第二个决定是于1951年1月任命艾伦·杜勒斯为专门负责计划的副局长（Deputy Director for Plans，简称DDP），管理政策协调处和收集秘密情报的特别行动处。史密斯希望杜勒斯能够将这两个部门的人团结起来，协同合作。杜勒斯可能是战略情报局最出色的间谍，“二战”期间他在瑞士的表现非常出色，在“二战”接近尾声时，成功地安排了德军在意大利北部的投降。杜勒斯本人是律师出身，从1919年凡尔赛和会之后便一直活跃在政界，他还出版了多部专著，描述他的职业生涯以及其他间谍活动。此外，他还是 NSC-50 号文件的起草者之一。在这份文件中，他建议合并政策协调处和特别行动处。

合并政策协调处和特别行动处的计划称为“融合”，这个计划得到政策协调处主任威斯纳和特别行动处主任威拉德·G. 怀曼的赞同。在计划实施之前，中情局的法律顾问劳伦斯·休斯敦专门听取了史密斯的意见，但是各方面就如何“融合”存在很大分歧。在“融合”计划讨论期间，政策协调处不断扩张，在人员规模和预算方面都超过了特别行动处。1951 年 8 月，这两个部门的西半球司尝试着融合在一起。此时，杜勒斯已升职成为中情局副局长，他的原职由一位陆军军官接替，“融合”计划被暂时搁置。

1952 年，为了援助中国国民党将军李弥率领的游击队，中情局驻曼谷情报站试图从特别行动处招募一位高级官员，没想到这引起了中情局的内部纠纷，各部门都担心会被别的部门挖墙脚。莱曼·柯克帕特里克不得不飞抵泰国平息事态，于是史密斯对“融合”计划下了最后通牒，要求 8 月份必须进行合并。中情局就此成立了一个计划处（Directorate of Plan，简称 DDP，这个部门的主任也简称 DDP）。合并的结果是，隐蔽行动的执行者们最终取得了胜利：弗兰克·G. 威斯纳当选为计划处的主任。

正如“沃利策”（点唱机）这个雅号所暗示的那样，威斯纳对于宣传和心理战非常感兴趣。根据 NSC-4/A 号文件，政策协调处的主要任务是进行“秘密”或者“黑色”的宣传活动，尤其是可以被伪装成来自其他渠道的“灰色”宣传活动。威斯纳将自由欧洲电台、气球散播传单，以及其他活动都移植到亚洲，在中国台湾设立了一个与自由欧洲电台类似的电台，以便向中国大陆进行广播。据可靠消息，中情局还资助各类出版物、工会运动、青年团体、公共团体等，包括反对中国加入联合国的百万人委员会。从这以后，中情局的宣传活动开始在全世界范围内展开。

在实施这些活动时，威斯纳只接受杜鲁门总统的指令。杜鲁门本人对于心理战具有浓厚的兴趣，他认为，美国的心理战资源应该得到更充分的利用。在他看来，心理战尽管是在“二战”中发展起来的，但是在冷战中将会发挥特殊的作用。他在批准通过NSC-4/A号文件之后，仍然对心理战特别关注。在他的总统任期内，他时不时地亲自了解心理战事务，并于1949年2月下令在国务院成立心理战办公室。

1950年3月，杜鲁门总统废除NSC-4系列文件，开始采用NSC-59号文件。NSC-59号文件是关于海外信息和心理战计划的综合性文件，根据这份文件，国务院内部成立了专门的办公室，军方也承担了部分任务。在这之后不久，杜鲁门总统批准了NSC-74号文件，题为《国家心理战计划》。杜鲁门要求海军上将西德尼·索尔斯（Sidnney Souers）回到国务院当顾问，监督非军事性冷战活动，目的是更好地协调这些活动。有人建议总统成立一个跨部门的机构来管理这些活动，这个机构将直接向总统和国家安全委员会负责。索尔斯对这个建议表示支持。1951年春，国家安全委员会成立心理战略委员会（Psychological Strategy Board，简称PSB）。同年秋季，根据NSC-10/5号文件，杜鲁门总统授予心理战略委员会10/5小组成员的身份（10/5小组负责批准隐蔽行动）。

心理战略委员会的成立成为秘密战升级的重要里程碑。在此之前，大多数宣传，包括“黑色宣传”都出自政策协调处，这些活动或多或少都是临时性质的，各部门之间缺乏有效的协调和评估。从现在开始，心理战略委员会将负责讨论和制订战时以及和平时期的综合性宣传计划，以针对具体国家和具体的突发事件。

心理战略委员会的主要职责是制订宣传和心理战计划，并监督心理战和宣传活动的实施。杜鲁门总统任命戈登·格雷（Gordon Gray）为心理战略委员会的首位主任。格雷是陆军部长，是国家安全委员会成员之一，与威斯纳和中情局副局长威廉·H. 杰克逊是老熟人。“二战”前，这三人都曾在华尔街的卡特—莱迪亚德—米尔本律师事务所就职。就职之后，格雷聘用他们在律师事务所的同事特雷西·巴尔内斯（Tracy Barnes）担任助理。

心理战略委员会制订的第一份综合性计划是对德心理战计划，于 1952 年夏季制订完成。其他心理战行动计划包括削弱意大利共产党和法国共产党在选举中的实力、鼓励“苏联轨道”的叛逃者、影响朝鲜战争停火谈判、培养日本的亲美倾向、针对苏联的“学说（意识形态）战”等。

心理战略委员会想要雄心勃勃地大干一场，或者正是由于这个原因，在把心理战计划集中起来的过程中，由于其他部门的掣肘，心理战略委员会面临重重困难。就像国务院的机制一样，心理战略委员会通常很难得到其他部门的合作，很难及时得到军方和中情局的文件和情报。尽管戈登·格雷是威斯纳的老朋友，但是作为官场老手，威斯纳满怀嫉妒地保卫着自己的特权，并不乐意向老朋友敞开心扉。1951 年 12 月，戈登·格雷不得不向中情局局长沃尔特·比德尔·史密斯申请，请求中情局派代表参加心理战略委员会的办公会议，除此而外，格雷还将心理战略委员会的工作简报转发给史密斯，希望通过这些举措打消中情局的敌意，使其不再将心理战略委员会视作威胁。尽管格雷长袖善舞，可心理战略委员会和中情局之间的矛盾一直没有消除。1952 年 6 月，心理战略委员会埋怨中情局没有提供足够的支持，史密斯勃然大怒。心理战略委员会的一些计划人员还认为，中情局没有收集到足够多的有关苏联领导人政治观点差异的情报，以至于在制订一个将在斯大林去世时启动的计划时，心理战略委员会无法得到足够的情报。诸如此类的矛盾层出不穷。

尽管政府上层对心理战略很感兴趣，加上杜鲁门总统的支持，以及一些心理战专家（如保罗·莱恩巴格）的建议，心理战略委员会的技术却仍停留在初级阶段。以针对苏联的“心理攻势”计划为例，计划中充斥着说教般的言辞，整个计划听起来就像是训诫和布道。计划中有三个目标：向苏联领导人和民众强调其政策的鲁莽性质，在美苏两国人民之间建立友好关系，加深苏联人民和苏联领导人之间的分歧。文件中建议的宣传主题如下：“所有试图征服世界的暴君都失败了。真理、仁慈、对家的爱恋、好客等等，这些一直都是苏联人民珍视的价值观，也是自由世界的人民珍视的价值观，但是这些价值观却受到苏联统治者的蔑视……美国是一个热爱和平、尊重主权完整的国度，（而苏联）提出的和平共处只是为了欺骗苏联人民和其他国家的人民……（苏联）人民已经失去了言论自由，现在正在失去保持沉默的自由。”

心理战与隐蔽行动之间存在着千丝万缕的联系，无法截然分开，这从心理战略委员会的人员组成就可以体现出来。国防部的代表是约翰·马格鲁德，他曾经在“二战”时的战略情报局和国防部的战略情报部负责过多次隐蔽行动。中情局的代表是局长史密斯，弗兰克·威斯纳也可代替局长出席会议。参谋长联席会议的代表是海军少将莱斯利·史蒂文斯，他负责的是军方最高级别的隐蔽行动。

杜鲁门创建的心理战略委员会不但没有限制和协调宣传活动，反倒刺激和加强了冷战。

杜鲁门总统任命戈登·格雷为心理战略委员会的主任，使所有人感到意外。格雷是R·J.雷诺兹烟草公司总裁的儿子，家境优裕，曾任北卡罗来纳州参议员、国防部助理部长、陆军部长等职。1950年他离开政界，任北卡罗来纳州立大学校长。

在格雷来到国会山几个月之后，史密斯和威廉·H.杰克逊向格雷转达了杜鲁门总统的任命，史密斯说他想请格雷接替他担任中情局局长，所以在心理战略委员会的工作将会给格雷积累必要的资历。史密斯说："总统对组建心理战略委员会工作非常重视，我们认为你完全能够胜任。"

格雷确实是心理战略委员会主席的最佳人选。在"二战"期间，他曾在欧洲最高指挥部工作，并在卢森堡建立了一个无线电网络，通过短波和美国保持联系。他担任北卡罗来纳州立大学校长不久之后就离职来到心理战略委员会，对此他心怀内疚，于是将一半的时间都用在了新的工作岗位上。心理战略委员会的资金来自五角大楼和中情局。一开始心理战略委员会只有一张办公桌，格雷必须与中情局的一位官员共用一个办公室，共用一个秘书。但格雷很快就使心理战略委员会发展起来，规模从一张办公桌变成了布莱尔大厦拐角处的三栋办公大楼，而国家安全委员会的办公室就近在咫尺。

格雷在心理战略委员会的工作开启了他为期30年的情报工作之旅。尽管他为人审慎，能力出众，但是由于各部门都想掌握对心理战的控制权，他还是没能够避免部门之间的倾轧。格雷认为心理战略委员会有权力为冷战制订一个计划，苏联媒体也这样认为，从苏联人对格雷的谴责就可以判断出这一点。但是虽然心理战略委员会的办公地点就在华盛顿E街，格雷的朋友威斯纳却拒绝走几步路去参加心理战略委员会的办公会议。

至于国务院的态度，从政策设计司主任保罗·尼采对格雷的话中就可窥见一斑。尼采说："伙计，你就忘了政策的事吧，那跟你无关。我们制定政策之后，你们用他娘的电台宣传我们的政策就行了。"

战后初期，陆军的麦瑞尔突击队解散，空军的突击队也被解散，只有各个情报部门还保留了少许心理战能力。起初，即使是像艾森豪威尔这样的老牌将军对于重新组建心理战的能力都缺乏信心。一些人担心隐蔽的"心理战"行动不会被美国民众所接受，而军方的"心理战"能力又被美国的政治结构排除在外。

NSC-4/A 号文件为军方实施心理战提供了支持。NSC-4/A 号文件的批准表明，总统大力支持心理战。1948 年 1 月，陆军就是否开展心理战进行了调查，答案是"肯定"。到了秋季，陆军计划在团、军、集团军、军区各个层面上建立标准化的心理战部队，配备相应的心理战人员。

除了继续实施心理战之外，军方还试图在心理战领域扮演更重要的角色。陆军计划和行动部部长艾伯特·C. 魏德迈将军认为，将所有的"黑色"宣传交由中情局实施是不合理的。罗伯特·麦克卢尔将军是另一个鼓动者，他极力主张军方涉入心理战领域。他认为，军方比国务院具有更强的宣传能力，尤其是在散发传单和吸引听众这两个方面。戈登·格雷此时还是助理陆军部长，他也鼓励陆军发展心理战能力。

起初，准军事性质的隐蔽行动被认为是心理战的一部分，是陆军参谋二部的领域。陆军部长肯尼斯·罗约尔有些讨厌这种准军事性质。在 1948 年 1 月的一次会议上，他说，他希望自己的下属对心理战一无所知。但是在受到格雷和其他人的刺激之后，罗约尔很快便允许陆军参与公开的宣传，随后又允许陆军参与到隐蔽宣传中。1949 年 3 月，格雷向上司罗约尔承认，陆军实际上已经参与了在欧洲实施的隐蔽行动。在这之后，罗约尔任命格雷负责所有隐蔽行动事务。

与此同时，陆军计划部要求在心理战领域设置一个“特种战争处”，由战略情报局、麦瑞尔突击队以及菲律宾的游击队指挥官等老人手组成。特种战争处将为准军事行动制订预防性计划，包括通过壮大东欧的游击队以阻拦苏联的“西进运动”。这实际上是陆军对参谋长联席会议通过的 JCS–1807/1 号文件做出的反应。JCS–1807/1 号文件于 1948 年 8 月被提交给国防部长，建议在国家安全委员会的政策指导下，支持游击战争，开展游击战争，并在战时和和平时期支持中情局。

开展隐蔽行动自然需要有真正的部队和士兵。但是，JCS–1807/1 号文件却反对成立任何“特种战争处”，相反，文件建议对心理战专家们进行个体培训，使他们可以随时应招，接受派遣去领导各地的游击队。陆军向前战略情报局 101 服务分队的指挥官雷·皮尔斯上校进行咨询，征求他的意见。1949 年年初，陆军计划组建一个突击队，包括 115 名军官和 135 名士兵。这些“空中侦察兵”将临时被分派到战区、军团，以及各个团队去执行特殊任务。这实际上是陆军向成立“特种战争处”迈出的一步。

在陆军对于心理战还停留在计划阶段的时候，空军已经迈出了实质性的一步，组建了第一个实际上的“特种战争”部队。这个部队叫作空中补给和通信联队（Air Force Re–Supply and Communications，简称 ARC）。空军共组建了五个这样的部队，分别驻扎在英国、利比亚、日本冲绳，以及菲律宾马尼拉北部的卡拉克的美军基地。空中补给和通信联队与中情局的民航空运队执行任务的方式一模一样，包括参与救灾活动，频繁地进行军事演习和飞行训练等，以此掩盖他们的隐蔽性质。

1950年，国会的一项举措为陆军创建真正的“特种战争”部队提供了动力。基于对自由的热爱，以及对“被占领国”的兴趣，美国国会通过了一项法案，称为“洛奇法案”，建议为那些可能会回到祖国的东欧难民提供资金。1950年6月，第81届国会（朝鲜战争前夕）通过了这项法案，这项法案成为“87号公法”。在这项法案颁布之后，陆军建议成立一个“特种军团”，由三个营共2481名士兵组成，其中可以招募1300名外国士兵。

“洛奇法案”允许陆军至多只能招募2500名外国士兵，陆军把这个上限提高到1.25万人。但是直到1952年8月，总共只有5272名外国人申请入伍，其中只有411人通过了安全审查，实际入伍的最终只有211人。到1952年11月，参加特种军团的只有22人。

尽管东欧难民们的梦想没有实现，但是由于朝鲜战争爆发，组建特种军团的设想却成为现实。在华盛顿的陆军总部，为了应对朝鲜战争，各部门之间的协调活动急剧增加，对于实施心理战的兴趣也更加浓厚。结果，陆军成立了一个心理战办公室，由经验丰富的罗伯特·麦克卢尔领导。这个办公室同时还负责“特种战争”计划。1950年7月，心理战办公室只有七个军官有进行心理战的专长，到1952年，心理战办公室已经成立了完备的无线电部队和传单宣传部队。陆军还组建了一个新型部队，称为第十特别军团，计划招募2500名人员，专门负责隐蔽行动。到1953年4月，这个部队的实际人数已经达到1700人。

对于隐蔽行动来说，1953年初是一个重要时期。在这一时期，朝鲜战争陷入僵局，各方于1953年6月27日在板门店签署停火协定。经过无数的失败之后，美国在中国开展的准军事行动中断。在朝鲜进行的准军事活动逐渐停止，这些活动有的成功有的失败。朝鲜游击队的报告称已经取得了巨大的成功，但是据一些老兵回忆，实际情况并非如此。

在朝鲜战争时期，美国计划、实施、管理心理战和隐蔽行动的能力和方式都得到了长足的发展。到朝鲜战争结束时，中情局和军方分别有自己的准军事资源，名副其实的隐蔽军团已经组建成功，而且随时可以行动。像弗兰克·威斯纳这样的执行人员和戈登·格雷这样的管理人员，手头都有大量的资源可用。

杜鲁门总统本人对隐蔽行动怀有极大的兴趣，因此他在隐蔽行动发展的过程中发挥了非常重要的作用。由于隐蔽行动是在暗中发展的，因此有政治观点认为，杜鲁门政府的"遏制战略"在冷战的全球性挑战面前无能为力，这就需要有人为美国提供一个新的解决方式，而 1952 年总统大选中共和党候选人德怀特·D. 艾森豪威尔正好抓住了这个机会。

艾森豪威尔在多个场合都提到了针对共产主义的意识形态战。在 1952 年的竞选活动中，他反复提到杜鲁门政府在这场意识形态战中处于下风，对此共和党提出了"推回"铁幕的口号。艾森豪威尔保证要尽快结束朝鲜战争，但是与此同时，他又提出要加强冷战，具体包括取消对蒋介石的限制，支持蒋介石抵抗中国共产党，在欧洲加强宣传等。

最终艾森豪威尔赢得大选，他的获胜为中情局带来新的机遇，因为他的主张和政策协调处的建议非常相似。在大选结束后的第一天，一位刚从曼谷回来的中情局高级准军事行动官员昂首阔步地走过计划处的办公室，趾高气扬地说道："现在我们可以干掉这帮该死的共产主义家伙了！"

第六章　苦　果

总统办公室的电话铃声不时地响起，带来各种各样的新问题，这就是总统秘书的日常生活。1955 年早春的一天，中情局局长特别助理约翰·伊尔曼（John Earman）给总统办公室打来电话，询问总统如何安排 3 月 24 日上午 9 点 50 分的会议。这次会议的主题是给克米特·罗斯福（Kermit Roosevelt）颁发国家安全奖章，这是美国总统为情报工作者颁发的最高荣誉奖章。1954 年 12 月 15 日，艾森豪威尔总统签署备忘录，要为克米特·罗斯福颁发这枚奖章，以表彰他在推翻伊朗合法政府的隐蔽行动中的功劳。

整个颁奖仪式全程保密。国家安全奖章与军事荣誉勋章不同，军事荣誉勋章需要国会批准之后才能颁发，而国家安全奖章本身就是秘密性质的，由总统自行决定授予某人。颁奖词和奖章也是保密的，在获奖者的整个情报生涯中奖章会被一直保存在中情局的保管库里。此外，国家安全奖章还非常特殊：克米特·罗斯福仅是这个荣誉的第四个获得者。

颁奖仪式圆满举行。为了避免媒体猜测为什么民主党人西奥多·罗斯福的孙子、富兰克林·罗斯福的堂弟会受到共和党总统的召见，克米特·罗斯福与他的妻子和两个孩子从白宫的侧门进入会场。这次会议内容没有记录在案，而且被特意安排在国家安全委员会会议召开前 10 分钟举行，这样的话中情局局长艾伦·杜勒斯、国务卿约翰·福斯特·杜勒斯、美国驻伊朗大使卢瓦·亨德森都可以出席这个颁奖仪式。艾森豪威尔本人也亲自出席，这无疑直接地表明了他对情报界的推崇。

美国在伊朗实施隐蔽行动的目的是为了解决杜鲁门政府遗留的问题。这个行动带有典型的冷战色彩，其导火索是伊朗的石油，尤其是英国人对伊朗石油的兴趣。英国政府、皇家海军、军情六处以及美国都卷入英伊石油危机中，最终，中情局的隐蔽行动给为期两年的危机画上了句号。

这次危机爆发的原因比较复杂。1951 年 3 月到 5 月期间，伊朗下议院（或称伊朗议会）颁布了若干法律，宣布收回苏联对伊朗北部的石油特许权，并且规定必须在特定的时间之内重新审核所有石油特许权，包括 1950 年度英国对伊朗南部的石油特许权。

在这之前，英国通过英伊石油公司（Anglo-Iranian Oil Company，简称 AIOC）占有伊朗南部石油的开采、精炼和运输的完全自主权。根据协议，英伊石油公司向伊朗政府上缴租金、税款，并支付雇用的伊朗籍员工的薪金，此项协议持续有效，直到 1993 年。英国上缴给伊朗的钱款几乎占伊朗全部财政预算的一半。事实上，英伊石油公司给英国政府上缴的税额远远高于上缴给伊朗的租金和税款，而且，英伊石油公司的盈利是其支付给伊朗的钱款的 10 倍。

英伊石油公司财大气粗，公司经理们的住所装饰得像宫殿一样金碧辉煌。英伊石油公司的靠山是英国驻伊大使馆。大使馆实力雄厚，即使在拥挤的伊朗首都德黑兰，英国使馆竟也能占地 19 个街区！在伊朗议会提出新的要求之后，英伊石油公司认为自己胜券在握，对即将审核的石油协议只做了一些象征性的改动。英伊石油公司还设法使伊朗议会通过了一份调查报告，宣称对英伊石油公司实行国有化是完全行不通的。在议会中，伊朗首相将这个结论告知众议员，并宣读了一份声明，这份声明并没有完整地由英语翻译成伊朗的官方语言波斯语。议员们认为首相代表的是英国人的利益，因此大声反对，将首相赶下讲台。1951年2月19日，伊朗首相在一家清真寺祷告时被暗杀。而他的继任者穆罕默德·摩萨台（Mohammad Mosaddegh）博士是一位广受爱戴的民族主义领导人。摩萨台上任之后很快向政府提交了一份议案，建议将英伊石油公司收归国有。议案通过之后，5月2日，伊朗政府接管英伊石油公司。

根据新的安排，英伊石油公司不能再继续精炼和运输伊朗的石油，这遭到了英伊石油公司的坚决抵制，结果石油危机持续加剧。英国政府坚决支持英伊石油公司，甚至通知驻塞浦路斯的英国第16伞兵旅随时准备对伊朗采取军事行动。英国皇家海军派舰艇"毛里求斯"号到伊朗的阿巴丹岛，撤离为英伊石油公司工作的英国侨民。在危机酝酿期间，杜鲁门政府插手，在英国和伊朗两国之间进行调停，劝说英国政府不要采取军事行动，但是美国自己却组织了对伊朗石油的全球性的联合抵制。

在艾森豪威尔入主白宫时，由石油危机引发的争端令英伊关系持续恶化。美方的调停者W.埃夫里尔·哈里曼和保罗·H.尼采在德黑兰及伦敦进行的工作都毫无进展。摩萨台坚持认为伊朗完全有权将英伊石油公司收归国有，况且伊朗也已经提出了赔偿办法，但英伊石油公司毫不妥协，坚决要求恢复在伊朗的特权。

经济利益和石油生产将英伊石油公司和军情六处紧密联系在一起。危机发生后，军情六处很快就要求在德黑兰采取政治行动，目的是取代现政府，扶植能够保护英伊石油公司利益的新政府上台。军情六处的代表团于1951年年底访问华盛顿，在相关部门进行游说，要求美国政府支持这个计划，当时的中情局也因此知晓了军情六处的打算。1952年，克米特·罗斯福来到伦敦，此时军情六处已经对原先的计划做了一些调整，军情六处在知会了克米特·罗斯福之后，希望美国在 1952 年大选结束之后立即和英国采取联合行动。

杜鲁门政府在明面上对英伊石油危机的政策是各方友好解决争端，因此并没有对英国提出的实施隐蔽行动的建议做出反应。当时的中情局局长沃尔特·比德尔·史密斯了解英国的兴趣点，因此尽量避免将美国正式卷入到此次危机之中。史密斯在“二战”中曾担任过艾森豪威尔的参谋长，在艾森豪威尔当选总统之后，他又担任副国务卿，因此是总统在国务院的耳目。艾森豪威尔任命约翰·福斯特·杜勒斯为国务卿，任命他的兄弟艾伦·威尔士·杜勒斯担任中情局局长。在这之后，针对伊朗的隐蔽行动开始有了一些进展。

戈登·格雷没能当选中情局局长，对此他相当失望。实际上，在艾森豪威尔政府中，艾伦·杜勒斯后台很硬——他兄弟是国务卿，所以他得以在华盛顿官场的钩心斗角中脱颖而出。此外，艾伦·杜勒斯本人在外交和情报工作方面确实资历深厚。1916 年到 1926 年这 10 年期间，他一直在国务院工作。“二战”期间，他在战略情报局任职。此外，他还参与过杜勒斯—杰克逊—科雷亚调查，支持过欧洲自由委员会，还担任过中情局副局长。在担任中情局副局长期间，他主持过政策协调处和特别行动处的合并工作。此外，杜勒斯总是手持烟管，一副学者的派头，非常符合美国人眼里间谍头子的形象。

1953 年 2 月 23 日，艾伦·杜勒斯正式上任。此时军情六处的一个代表团正在华盛顿访问，这个代表团由英国情报长官约翰·辛克莱爵士带领，目的是策划英美两国对伊朗采取联合行动。艾伦·杜勒斯在国务院工作时曾领导过近东司，因此对伊朗的情况一点都不陌生。更重要的是，杜勒斯兄弟俩是华尔街的克伦威尔律师事务所的合伙人，而这个律师事务所是英伊石油公司设在美国的母公司的代表。在战略情报局任职时，艾伦·杜勒斯就不曾回避过秘密活动，他曾经在瑞典与反对希特勒的德国人合作，组织过反纳粹的抵抗活动。在 1947 年出版的《德国的地下组织》一书中，杜勒斯还提到了这一时期的经历。在英国人提出采取共同行动时，他表面上表现得漫不经心，不置可否，但是私下里却认为英国的计划是可行的。

在伊朗国内，由于受到英美两国的联合抵制，伊朗的政治和经济局势持续恶化。1952 年 6 月，摩萨台提出要实行法治，这引起了立宪制君主沙阿穆罕默德·礼萨·巴列维国王的忌惮，于是国王想要罢免摩萨台的首相职位。几天之后，德黑兰发生暴乱，国王不得不屈服，结果，摩萨台得到了他想要的权力。

1953 年年初，摩萨台请求即将上台的艾森豪威尔政府给伊朗提供援助，并表示这不是为了和“前石油公司”和解，而是为了发展伊朗的其他资源。在这之前，美国曾向伊朗提供过技术支持，在 1952 财政年度，还提供了 2340 万美元的经济援助。1953 年 6 月 29 日，艾森豪威尔总统给摩萨台的官方答复是：“只要伊朗和英国的意见能够达成一致，伊朗就能够从售卖石油和石油产品中获利，所以，如果美国政府增加对伊朗的援助，这对于美国纳税人来说是不公平的。”结果美国只提供了技术支持和军事援助资金。

事实上，美国并不打算就此罢休。在艾森豪威尔答复摩萨台的 4 天前，克米特·罗斯福拿着一份长达 22 页的文件来到国务卿办公室。这份文件列举了美国对伊朗采取行动的目标，实际上是把英国情报长官约翰·辛克莱爵士和他的副手乔治·杨带来的计划改动了一下。看完文件后，约翰·福斯特·杜勒斯问了几个问题，在场的其他人也问了几个相关问题。美国驻伊朗大使卢瓦·亨德森提出反对意见，其他人也反对这个计划，但是却保持了沉默，或者只是泛泛地做出评论。反对这个计划的中情局官员当时并不在场，艾伦·杜勒斯在这个文件中也没有引用这些人的意见。国防部长查理·威尔逊只了解这个文件中针对伊朗军方的内容，他表示对这个计划“相当感兴趣”。

这个计划最终获得通过，命名为“阿贾克斯”行动，由克米特·罗斯福负责。这才是美国对摩萨台请求做出的真正的反应。

“阿贾克斯”行动的策划和批准过程相当漫长，但是其组织和执行过程却丝毫没有拖泥带水。克米特·罗斯福利用一个假身份进入伊朗境内，与伊朗国王会面，向他保证，只要他再次罢免摩萨台，美英两国政府都会支持他。克米特·罗斯福的核心团队只有四五个中情局员工，因此他启动了军情六处创建的特工网络，通过军情六处在塞浦路斯的通信网络和华盛顿保持联系。“阿贾克斯”行动的重点是争取伊朗军方对国王的支持，反对摩萨台。

在美国和英国的支持下，国王沙阿和摩萨台首相开始争夺对伊朗 20 万武装部队和 5 万警察部队的控制权，最终引发了伊朗的政变。摩萨台任命自己为国防部长，并在 1953 年春进一步迫近，试图取代国王成为伊朗的三军统帅，并任命自己的手下为警察部队的长官和陆军参谋长。

在英伊石油危机中沙阿一直优柔寡断，在摩萨台自命为三军统帅之后，他终于下定决心要摆脱摩萨台。在国王的影响下，议会拒绝了摩萨台对权力的要求，于是摩萨台于 7 月 19 日解散了议会。几天之后，克米特·罗斯福与沙阿再次会面，向他说明了美国的计划，沙阿急不可耐地同意了这个计划。沙阿的姐姐阿什拉芙公主也支持沙阿的选择。

而摩萨台的计划却遇到了麻烦。他的警察局长在来到总部的第一天就吹牛，说自己手里有一份名单，上面记载了所有英国间谍的名字。第二天早上，这位警察局长就被暗杀了。绝望的摩萨台从一个民粹主义者变成共产主义者，在 8 月 8 日开启了与苏联的贸易谈判，而摩萨台的这个举动反过来又促使艾森豪威尔下定决心，下令实施“阿贾克斯”行动。

克米特·罗斯福有在中东长期工作的经验，对当地情况非常熟悉，也为这次行动做了充分准备。在“二战”中，他从加州理工学院离职，刚一加入战略情报局就被派驻到中东，在中情局成立之后，他也是最早加入的人员之一。在迦玛尔·阿卜杜尔·纳赛尔（Gamal Abdel Nasser）通过民族革命推翻埃及腐朽的君主制，夺取埃及政权的过程中，克米特·罗斯福就一直和纳赛尔保持着联系。在埃及的经历让他看到了群众路线的威力，现在，拿着中情局的钱，用着军情六处的人手，克米特·罗斯福也打算在德黑兰利用一下群众路线。美国人 H. 诺曼·施瓦茨科普夫将军曾在 1942 年到 1948 年间任伊朗警察部队的教官，帮助伊朗培训警察，在伊朗军队和警察部队中有很多旧部。克米特·罗斯福利用施瓦茨科普夫的老关系网，联系上了声名显赫的伊朗前指挥官法兹卢拉·扎赫迪（Fazlollah Zahedi）将军，将他拉拢到反对摩萨台的阴谋中。

而此时，国王对于“阿贾克斯”行动却还有最后的一点疑虑。根据美国的安排，“阿贾克斯”行动的第一步是国王下令罢免摩萨台首相。为了给这一步做准备，掩盖美国对国王的授意，艾伦·杜勒斯 8 月 10 日离开德黑兰，来到瑞士阿尔卑斯山的一个滑雪胜地“度假”。但是这个掩饰很快就穿帮了。他来到这里几天之后，阿什拉芙公主和美国驻伊朗大使卢瓦·亨德森也出现在同一个滑雪场。国王还是迟迟没有下令罢免摩萨台，美国人对此失去了耐心，于是卢瓦·亨德森又回到了德黑兰，督促国王按计划行动。

在离开伊朗去里海的海边小镇拉姆萨尔之前，国王终于下了命令，但是却没有直接下令，而是将任务交给了他的一个官员。在这个命令中，他罢免了摩萨台，并任命法兹卢拉·扎赫迪为首相。在向摩萨台出示国王的命令时这位官员被摩萨台逮捕，在这之后，伊朗的民族主义者开始走上街头进行抗议，伊朗共产党（即杜德党）也开始抗议，大约6万名中情局招募的保王派示威者也参与到游行中。

艾森豪威尔认为，摩萨台未能成功地镇压杜德党的示威，实际上是在姑息共产党。他公开表示，这是摩萨台向苏联轨道靠近的信号，卢瓦·亨德森奉命向摩萨台建议采取新的对策，于是摩萨台召集了警察部队。8月18日和19日，伊朗爆发大规模骚乱。《纽约时报》记者肯尼特·洛夫向保王派们透露首相住所的防卫力量很薄弱，于是8月20日，支持国王的坦克部队袭击了摩萨台的住所。骚乱平息之后，国王从意大利返回伊朗，在德黑兰的街道上举行了胜利游行。

“阿贾克斯”行动就此画上了句号，美国准军事行动获得了第一个胜利。克米特·罗斯福受到了丘吉尔和艾森豪威尔的赞许，并获得美国国家安全奖章。据估计“阿贾克斯”行动的直接花费为1000万至2000万美元，远远高于最初估计的10万至20万美元。

“阿贾克斯”行动中最大的赢家是国王和他的支持者，沙阿在这次行动中获得了绝对的权力，并且将这个权力维持了26年，直到比摩萨台的民粹主义更强大的宗教保守主义将他赶下台。通过支持国王，美国将自己和巴列维政权捆绑在一起，以至于巴列维政权对后来出现的反对力量视而不见。至于用美国纳税人的钱提供外援，在扎赫迪内阁上任之后，艾森豪威尔同意拨款 4500 万美元，在艾森豪威尔政府任期结束之前，美国对伊朗的援助将近 10 亿美元。“阿贾克斯”行动中的失败者穆罕默德·摩萨台在被捕后遭到审判。具有讽刺意味的是，尽管在一个国际协议之下，伊朗的石油生产得到恢复，但是英伊石油公司，也就是所谓的“前石油公司”的要求却一直没有完全得到回应。

克米特·罗斯福回到华盛顿，担任计划处的助理主任，在威斯纳的手下领导政治行动人员，监督政治行动的实际进展（“政治行动”是中情局对心理战的委婉说法）。在呈给白宫的任务报告中他如此评价“阿贾克斯”行动：“如果中情局以后要采取类似行动，我们必须十分确定那里的人民和军队与我们的目标一致。如果不一致的话，我们最好还是将任务交给海军部。”

克米特·罗斯福后来还给国务卿约翰·福斯特·杜勒斯写信，但是杜勒斯并不想再听到类似的建议。几周之后，克米特·罗斯福得到一个机会，去领导美国针对中美洲国家的隐蔽行动。但是当克米特·罗斯福得知他在白宫所提的那个标准在危地马拉无法得到满足之后，他拒绝了这个机会。

危地马拉政府有社会民主党的倾向，并于 1950 年 11 月当选，在全国大选中获得了超过半数的选票。总统哈科沃·阿本斯·古斯曼（Jacobo Arbens Guzman）上台之后，在全国大力改革农业和经济，得到了农民的大力支持。

与在伊朗实施的行动一样，美国在危地马拉的行动也源于经济问题，只是此次卷入其中的是一家美国公司，公司名称为联合果品公司。这家公司也和克伦威尔律师事务所有合作关系。联合果品公司是危地马拉最大的土地所有者，其香蕉种植园占地 55 万英亩，同时，这家公司还对危地马拉唯一的铁路具有绝对控制权。1953 年 2 月，阿本斯总统征用了 40 万英亩土地分配给农民。危地马拉政府向联合果品公司提出赔偿方案，即根据该公司给危地马拉政府申报的实际应纳税额，以 3% 的保证利率，支付为期 25 年的定期债券。联合果品公司拒绝了这个赔偿方案，并向美国政府求助。

托马斯 · G. 科科伦律师既是民航空运队的律师，同时也是联合果品公司的律师。1953 年，科科伦作为调解人，将联合果品公司的计划告知中情局。1953 年夏季，他与助理国务卿沃尔特 · 比德尔 · 史密斯会面时商讨此事。在这之后，美国针对危地马拉的隐蔽行动拉开了序幕。

有一种说法是，1953 年 8 月国家安全委员会就批准了针对危地马拉的行动。事实上，批准这次行动使用了特别程序，就像“阿贾克斯”行动一样。到了秋季，中情局已经组建了一支特遣部队，具体行动开始在即。

选择此次行动的时机也与“阿贾克斯”行动有些关联。当时，“阿贾克斯”行动刚结束不久，人们还沉浸在成功的喜悦中。克米特·罗斯福注意到，当他在白宫给国务卿约翰 · 福斯特 · 杜勒斯汇报“阿贾克斯”行动的结果时，国务卿眼里闪动着泪光，喜悦的泪水甚至沾湿了衣袖。在编码人员为此次行动制定任务代码时，考虑到在伊朗取得的胜利，危地马拉行动被定名为“成功”行动。这一次，中情局认为外国势力不可能插手，但是如果与联合果品公司合作的话，中情局就可以占据先机，因为这家公司此前已经联系到了一些反对阿本斯的政治人物。

艾伦 · 杜勒斯担任“成功”行动的指挥官，他主要通过两个助理对计划的实施进行密切监视。助理之一是特雷西 · 巴尔内斯，他在战略情报局时作为杜勒斯手下曾在瑞士工作过，后来又在心理战略委员会为戈登·格雷工作，之后调入中情局做局长助理。另一位助理是理查德·E. 比塞尔（Richard E. Bissell），他是一位经济学家，从福特基金会来到中情局。这两个人一起协商计划的细节和后勤物资的供应。

弗兰克·威斯纳是计划处的副主任，他的任务是为“成功”行动挑选一名现场指挥官。他最初推荐的是克米特·罗斯福，在遭到回绝之后，他请艾伦·杜勒斯召回中情局驻韩国情报站的站长，前陆军上校艾伯特·哈尼（Albert Haney）。哈尼在韩国表现出色，成功地在当地组建了中情局的任务小组。此次危地马拉行动涉及一些准军事因素，因此哈尼成为现场指挥官的不二人选。10月底，哈尼接到任命，来到中情局的前沿基地——佛罗里达州的奥帕罗卡，全面监督中情局驻危地马拉邻国的所有情报站的指挥人员，并直接控制“成功”行动的队伍。

哈尼面临的问题之一是中情局西半球司的主任约瑟夫·考德威尔·金（Joseph Caldwell King）。与哈尼一样，金也是反情报人员出身，但来自联邦调查局，而不是陆军。在联邦调查局负责美国所有的情报活动时，金曾经负责美国在拉丁美洲的情报工作。在计划处，西半球司仍然对于哈尼将要利用的情报站拥有正式的控制权。金本人相当自大，私下里认为“成功”行动不会起什么作用，也不希望和别的部门一起合作。但是金比哈尼更熟悉拉丁美洲事务。他把哈尼叫到自己办公室，建议他去和托马斯·科科伦进行会晤，因为中情局可以利用联合果品公司的计划和武器。

哈尼对这个建议完全不感兴趣，生硬地回绝了。

金粗着嗓门说道：“如果你认为可以避开联合果品公司，独自实施这个计划，那你就是个疯子！”

但是威斯纳和艾伦·杜勒斯却支持哈尼，让他放手去干。

最终的结果是，联合果品公司主动决定不参与“成功”行动。如果行动失败的话，公司将损失惨重，不仅仅是在危地马拉的利益，公司在世界各地的利益都会受损。但是公司希望知道此次行动的进展，于是科科伦仍然作为调解人，在中情局和联合果品公司之间交涉，以便公司高层随时了解“成功”行动的最新进展。

在“成功”行动进行之前，当杜鲁门政府即将卸任的时候，中情局对危地马拉实施了一个准军事行动，代号为“财富”，这个行动也与联合果品公司有关。在这个行动中，中情局将武器交给联合果品公司，让其一起反对阿本斯的叛军。“财富”行动最终失败。“成功”行动和“财富”行动的模式一模一样，都涉及尼加拉瓜的独裁者安纳斯塔西奥·索摩查·加西亚、洪都拉斯的官员，等等。

哈尼很快就开始实施行动。指挥官是E.爱德华·亨特，以前曾在阿尔巴尼亚工作。大卫·艾德礼·菲利普斯是一位业余演员兼记者，四年前开始在智利工作，负责建立一个“黑色”广播电台（节目来源不明的电台），负责宣传活动。在准军事行动方面，哈尼招募的是威廉·A.罗伯森，塞班岛上的一位中情局教练，他曾是韩国情报站的副站长，喜欢与中情局的游击人员一起执行一些战线后的任务，尽管这实际上违反华盛顿的作战命令。团队还有一位成员名叫亨利·赫克歇尔，曾是中情局驻柏林情报站的指挥官。赫克歇尔的专业水平和技术在中情局内部大名鼎鼎，此次行动他负责秘密地提供前线的报告。

“成功”行动的计划中既包含军事战略又包含心理战略。根据计划，美国将在危地马拉的邻国尼加拉瓜组建并培训一支反政府的“解放军”部队，在一支空军分遣队的帮助下，这支部队将入侵危地马拉。美国军队将不会卷入这次入侵，但是在这支叛军入侵之前和入侵的过程中，将会有“黑色”电台巧妙地进行一些宣传活动，目的是使阿本斯政府面对编造的新闻惊慌失措。美国驻危地马拉大使馆将会在整个过程中不断给阿本斯政府施加压力。但是中情局不得不在最后一刻改变军事计划，因为萨尔瓦多的官员拒绝从他们的国家发动进攻。最终中情局将叛军安排在洪都拉斯，从那里，叛军将从陆路进攻，控制萨卡帕的铁路车站，另外一些叛军将从水路进攻加勒比海的港口巴里奥斯港，当地面进攻发起时，空中轰炸也将同时进行。

行动的准备工作一直在暗地里进行。约翰·多尔蒂（John Doherty）取代了中情局危地马拉情报站的站长，因为这位站长对这次行动不太感兴趣。1953 年年底，根据科科伦的建议，国务院派到洪都拉斯的大使是怀丁·魏劳尔，魏劳尔当时还是民航空运队的经理。在给陈纳德的报告中，魏劳尔称自己没日没夜地工作，为叛军的空军部队安排训练基地、训练教官和飞行员，以及控制洪都拉斯政府，以便“使他们允许这个革命活动继续下去”。为了这次行动，中情局共召集了十几架飞机，包括 P-47 和 P-51 战斗轰炸机。后来，参与者们都承认，如果叛军的飞机被击落，幸存的飞行员肯定会被发现，因为他们说的是汉语。

1954 年春，在政治行动计划开始时，“成功”行动进入具体实施阶段。亨利·赫克歇尔伪装成一位德国商人，和戴夫·菲利普斯一起检查广播电台的设备和播音节目的内容。美国大使约翰·普里福伊在 1954 年 1 月给“成功”行动定下了基调，他告诉《纽约时报》的记者，美国国内的“舆论”可能会“迫使（美国）采取行动”，“防止危地马拉投入国际共产主义的怀抱”。

为了挑选一个合适的叛军首领，中情局先找到了在 1950 年大选中落败的米格尔·伊迪格拉斯·富恩特斯。在这之前，联合果品公司已经联系了他，但是他并不感兴趣。于是美国又转向前陆军上校卡洛斯·卡斯蒂略·阿马斯（Carlos Castillo Armas）。阿马斯曾在 1949 年发动过一场反叛，失败后被流放。阿马斯在和中情局达成合作意向后，于 1953 年 12 月在洪都拉斯发表了一个声明，表达了他要将危地马拉人民“从阿本斯魔爪下解放出来”的决心。危地马拉政府开始调查阿马斯的活动，发现了阿马斯、富恩特斯和索摩查之间的信件，从中了解到他们的计划，并得知他们的信件中所称的“朋友”非中情局莫属。1954 年 1 月，危地马拉政府向媒体公布了这些信件，同时指控美国人插手了阿马斯的计划。

美国国务院认为这个指控“很可笑”，并没有把这个指控当回事，行动继续有条不紊地进行。中情局将一座废弃的粮仓秘密改造成“自由之声”广播电台，开始进行广播。与此同时，中情局集结了 170 多名危地马拉流亡者、各色拉丁美洲人，还有一些美国雇佣兵，在尼加拉瓜和巴拿马运河地带的中情局营地接受训练。怀丁·魏劳尔也在安排最后的环节——为叛军的空军做准备。

根据从阿马斯处得到的文件，危地马拉政府逮捕了许多人。在艾森豪威尔的回忆录中，他把这些行动称为“大规模的逮捕”“恐怖统治”“政府屠杀反对派”。据他回忆：“危地马拉的国际共产主义特工坚持不懈地向中美洲其他国家渗透，试图颠覆那些政府。危地马拉领事馆的人员从事政治行动，造成了其他国家的政治暗杀和罢工。”但是，除了逮捕反政府人士之外，危地马拉政府的行为好像无可非议，因此艾森豪威尔的很多指控其实毫无根据。

其实，阿本斯政府的一项举措差点使“成功”行动成为泡影。当时，阿本斯政府向捷克斯洛伐克政府求助，从斯柯达军工厂购买了 2000 吨军火。美国驻波兰的一个特工发现，在波兰港市什切青有一艘货船在装载武器，于是他把这个情报汇报给华盛顿，美国这才得知此事。经过连夜调查，美国确定这艘船是瑞士货船，称为“亚尔夫海姆”号，可运载4900吨货物。美国设计了几种方式，试图中途拦截这艘货船，但是均以失败告终，“亚尔夫海姆”号在1954年5月15日到达巴里奥斯港。

考虑到这艘船上载有军火，“成功”行动不得不采取第一个军事行动。中情局的准军事人员威廉·罗伯森打算和蛙人一起潜入巴里奥斯港，将“亚尔夫海姆”号炸沉，但是中情局总部没有同意这个计划。相反，中情局命令他从阿马斯的“解放军”中挑选一些人去炸毁港口外的铁路。接到命令后，罗伯森亲自带队，把炸药包安放在铁轨下，但是天公不作美，炸药包安放好之后，天降大雨，炸药包完全湿透，根本无法引爆。不得已，罗伯森带领的队员在一列火车上开火，但是没能阻止护航队离开巴里奥斯港。在这次行动中，一个反政府武装的士兵在伏击中丧生。

尽管阿本斯政府历经千辛万苦才将武器从捷克斯洛伐克运送回国，但是这些武器对政府军没有多大用处。比如大口径的加农炮，这是为安装在火车车厢上所设计的，但是危地马拉的铁路网实际上有名无实，只有700英里长的铁道。武器中还有一些反坦克炮，但是中美洲的军队根本就没有坦克。买来的武器中，只有一些“二战”时期英国和德国制造的老古董轻武器还能用。艾森豪威尔将阿本斯视为共产主义分子，但是很显然，真正的共产主义分子并没有把阿本斯当作朋友，捷克斯洛伐克收了危地马拉的美元，卖给危地马拉的却是毫无用处的武器。

具有讽刺意味的是，就是这些无用的武器给了艾森豪威尔一个完美的借口。艾森豪威尔召开记者招待会，将危地马拉定性为“共产主义独裁统治”在中美洲的“桥头堡”。

1954年5月23日，美国海军接到命令，严密监视危地马拉港口的货运。第二天，艾森豪威尔告诉一群国会领袖们，他已经命令海军在公海上拦截悬挂外国旗帜的“可疑”船只。“亚尔夫海姆”号已经返航，却被美军的护卫舰挟持，不得不在佛罗里达州的基韦斯特岛接受严格的检查。当一艘荷兰船只6月4日在波多黎各的圣胡安被强行检查之后，荷兰政府提出官方抗议，随后美国决定，只在有国务院的具体授权之下才可以对船只例行检查。艾森豪威尔的新闻秘书詹姆斯·哈格蒂在6月19日的日记中写道：“我认为国务院犯了一个愚蠢的错误，特别是同意英国提出的检查开往危地马拉的船只的要求……事实上，我们就是因为这个原则在1812年与英国开战。”

“成功”行动接近了尾声。“黑色”广播电台从5月1日起开始播音，在美国新闻署的授意下，拉丁美洲各国的媒体上出现了无数卡通、海报、宣传册，还有200多篇报道。6月18日，卡斯蒂略·阿马斯发动了叛乱，他乘坐一辆破旧的旅行车进入危地马拉境内，身后跟着几辆卡车，总共只有140名士兵。阿马斯先到达危地马拉境内6英里处的一个教堂，然后停下来，等待支持他的“人民革命”。

但是“人民革命”并没有如期发生，阿马斯甚至无法继续前进，到达他的目的地萨卡帕。中情局派往巴里奥斯港的海军也失败了，但中情局却出奇的乐观。6月20日，中情局向艾森豪威尔报告，卡斯蒂略·阿马斯已经收编了300名士兵，还有300人加入，阿马斯的人手已经达到了600人。

现在能依靠的只有怀丁·魏劳尔组织的空军了。在叛乱开始时，空军执行了几次任务进行轰炸和散播传单，还在巴里奥斯港进行了一次空袭，投掷了一些手榴弹和炸药，造成了一定破坏。一个飞行员错过了目标，飞机燃油耗尽，迫降在墨西哥边境，他被墨西哥当局捕获监禁。由于飞行员威廉·比尔是个美国人，中情局的行动差点曝光。中情局设法使墨西哥释放了威廉·比尔，此事没有引起外界的关注。另外两架飞机被地面的轻武器击中，无法修补。显然，叛军的空军和“解放军”一样不成气候。

6月20日下午，艾伦·杜勒斯在与哈尼通话时得知了一个坏消息：空军损失严重，高爆炸弹供应有限，飞行员不得不投掷烟幕弹、宣传册，或空可乐瓶（空可乐瓶投掷的声音就像炸弹爆炸一样）。

尼加拉瓜的独裁者安纳斯塔西奥·索摩查·加西亚愿意提供两架P–51战斗轰炸机，支持卡斯蒂略·阿马斯的叛军，但是他提出了条件，要求美国更换尼加拉瓜的飞机。中情局可以接受这个要求，但是负责拉丁美洲事务的助理国务卿坚持要得到总统的最后拍板。

6月22日下午，艾森豪威尔在白宫和杜勒斯兄弟俩会面。助理国务卿亨利·F.霍兰德拿着几本法律文书走进办公室。

艾森豪威尔问艾伦·杜勒斯，“如果没有那些轰炸机的话，你认为卡斯蒂略成功的可能性有多大？”

艾伦·杜勒斯毫不迟疑地答道：“零。”

艾森豪威尔追问道：“如果我们给他提供轰炸机，那他成功的可能性怎么样？”

艾伦·杜勒斯答道：“大约20%。”

考虑到空中支持能够产生心理方面影响，艾森豪威尔同意了尼加拉瓜的要求。第二天索摩查的轰炸机就采取了行动，空袭成为叛军的主要行动。

轰炸行动中还发生了一个插曲。当时艾森豪威尔即将与英国首相丘吉尔和外长安东尼·艾登在华盛顿举行会谈。此前法国在印度支那的奠边府战役中失败，英美两国在如何应对印度支那危机上存在分歧，因此两国关系逐渐冷淡。雪上加霜的是，艾登和约翰·福斯特·杜勒斯两人互相鄙视。艾森豪威尔打算在 6 月的美英峰会上修补“英美特殊关系”，但是英国对于美国在公海上拦截和搜查船只，并击沉一艘英国的商船一事心怀不满。

美国击沉的英国商船是“春之峡湾”号，当时这艘船被认为满载汽油，从太平洋的圣何塞港口出发。索摩查担心，危地马拉人可能会利用这些汽油炸毁尼加拉瓜的卡车和飞机，以惩罚为中情局提供帮助的索摩查。于是，索摩查向机场的最高中情局长官里普·罗伯森求助，要求拦截“春之峡湾”号。罗伯森请求奥帕罗卡下令，但是他的电报 6 月 27 日凌晨 2 点才到达。哈尼和巴尔内斯拒绝下令，并告诉罗伯森应采用其他方法，比如用蛙人或突击队进行突袭。

这个答复让索摩查愤怒不已，他向罗伯森咆哮道：“你用的是我的机场，就得听我的命令！”

罗伯森也对这个结果感到非常失望，最终向索摩查屈服，命令一架轰炸机去拦截“春之峡湾”号。出发 15 分钟之后轰炸机就确定了“春之峡湾”号的位置，向其投掷了 500 磅的炸药。幸运的是，船沉得很慢，船员们有足够的时间逃生，所以没有造成人员伤亡。但是后来中情局才得知，“春之峡湾”号装载的只是咖啡和棉花，并没有所谓的汽油。

“春之峡湾”号被击沉的消息传到华盛顿之后，彻底破坏了艾森豪威尔在峰会上试图创造的友好氛围。弗兰克·威斯纳得知这个消息后，立刻动身前往英国大使馆，表达自己的歉意。英国接受了美国的道歉，中情局私下给“春之峡湾”号的保险公司——

伦敦路易保险公司赔偿了150万美元。

“春之峡湾”号被击沉事件确实给危地马拉的危机造成了一些心理影响。危地马拉军方对此的反应是驱逐阿本斯。军方给阿本斯总统规定了最后期限，阿本斯在最后期限的前两天辞职，去墨西哥大使馆避难，并申请政治庇护。“成功”行动最终达到了目标。

除了这个未预料的成功之外，“春之峡湾”号事件还给中情局带来另外一个影响：让艾森豪威尔确信，必须要加强对隐蔽活动的监管。不久，艾森豪威尔就成立了一个类似于杜鲁门政府时期的10/2小组的高级监督小组。在这个事件之后，因为冒险举动里普·罗伯森被艾伦·杜勒斯解雇。在1966年接受《纽约时报》采访时，理查德·比塞尔承认这次行动“超过了政策规定的界限”。

中情局对自己在伊朗和危地马拉行动中的出色表现感到沾沾自喜，几个月之后，便有意将行动的一些细节透露给两位作家——理查德和格拉迪斯·哈克尼斯，以便他们撰写一些有利于中情局的文章。艾森豪威尔的回忆录中几乎没有对这两次行动做多少掩饰，他把在德黑兰的中情局特工称为美国政府的“代表”。在提到危地马拉时他写道：“美国政府必须得做点什么。”

在艾伦·杜勒斯的书《情报的艺术》中他更加直率，这样写道：

与捷克斯洛伐克的共产党政变不一样，伊朗的摩萨台和危地马拉的阿本斯，是通过政府的正常程序获得权力的。在当时这两个人都没有透露要建立共产党政权的意图，一旦（他们）有这个意图，（其国内）忠实的反共因素便受到了来自外部的支持，在伊朗是国王的支持者，在危地马拉则是一群爱国人士。在这两种情况下，危险都被（美国）成功地化解。

但是危险是否被完全化解，还是仍旧存在？在冷战观点下，世界被划分为两个阵营，本土的民族主义很显然没有发展和存在的空间。美国对伊朗和危地马拉这样的国家准备随时采取行动，根本不理会这些国家想要和美国维持友好关系的意愿。从 1953 年中情局采取行动到 1960 年期间，在伊朗一次总统选举也没有进行过，议会的存在只是出于国王的喜好。在危地马拉，从 1954 年起共和制就被废除，直到 1965 年新的宪法才被制定，尽管如此，新宪法也很快被军人政府勒令禁止。事实上，危地马拉的寡头政治发展得甚是猖獗，以至于在卡特政府时期，美国不得不终止向其提供任何援助。

在伊朗和危地马拉事件中，世界舆论对美国的评价是：美国创造的是独裁者，而不是民主。从短期看，这两次隐蔽行动都取得了辉煌的胜利，即使其长期结果可能是苦涩的，艾森豪威尔还是受到了鼓励，并打算尝试更多的隐蔽行动。

第七章　制造和利用麻烦

在对政策进行解释以及建立隐蔽行动的机制方面，与杜鲁门政府相比，艾森豪威尔政府更加主动。由于艾森豪威尔长期领导军队，他具有丰富的军事经验，所以比杜鲁门总统更善于判断隐蔽行动的可行性。尽管他比大多数美国总统都善于处理情报问题，但是与这个时代的其他政治人物一样，艾森豪威尔也完全相信冷战是合理的，因此他毫无保留地支持隐蔽行动。

现在，美国历史学家们开始重新评价艾森豪威尔的总统任期，重新审视他在危机和隐蔽行动中的角色，也就是说，重新审视军事力量在冷战中的具体表达。有历史学家称艾森豪威尔是冷战的“幕后黑手”，这一说法的确让人浮想联翩。不过，美国政府的秘密档案表明，艾森豪威尔总统确实非常深入地参与到隐蔽行动当中。在冷战期间，艾森豪威尔一方面遥控隐蔽行动，一方面维持“合理推诿”的可能性。这种高超的御下能力得益于艾森豪威尔在军队中养成的习惯。

在战略导弹层面，艾森豪威尔确实坚决反对与苏联进行军备竞赛，避免与苏联发生战争。但是，作为将隐蔽行动制度化的总统，艾森豪威尔并非像历史学家们所描述的那样稳健和慷慨。

早在“成功”行动还在进行时，艾森豪威尔就开始着手组建实施隐蔽行动的组织，创立实施隐蔽行动的机制，从而将隐蔽行动制度化。直到 1955 年年底，在成功地创造了一个对全球的隐蔽行动进行中央控制的机制之后，他才感到满意。

在中情局对危地马拉实施隐蔽行动时，奠边府危机同时发生，从这个时候起艾森豪威尔就开始巩固对隐蔽行动的控制。1954 年 3 月 15 日，艾森豪威尔批准通过了 NSC-5412 号文件，题为《国家安全委员会就隐蔽行动的指令》，替代 NSC-10/5 号文件。这个绝密文件指示要继续进行隐蔽行动，同时规定了国家安全委员会负责的隐蔽行动的范围，并制定了隐蔽行动的审批程序。

在杜鲁门政府时期，10/5 小组负责审批隐蔽行动，但是 NSC-10/5 号文件只是给了这个小组控制行动协调委员会的权限。艾森豪威尔上任之后，取消了这些程序，解散了心理战略委员会。戈登·格雷没能如愿当上中情局局长，而是被任命到一个审查委员会，审判核物理学家罗伯特·奥本海默。由于没有正式的审批程序，“阿贾克斯”行动和“成功”行动都是临时批准实施的。NSC-5412 号文件通过之后，艾森豪威尔总统正式创建用政府权力去管理秘密战的正规机制。

但是在短短三个月之内，在危地马拉的圣何塞水域，中情局却违反命令，击沉了一艘货船，而且还是一艘经美国的盟国特许的船只。

艾森豪威尔公开表彰了执行“成功”行动后返回美国本土的人员，但是私下里，他下定决心要独立地对隐蔽行动进行全面评估。他指派国家安全委员会的工作人员联系了空军中将詹姆斯·H. 杜利特尔（James H. Doolittle），杜利特尔同意领导一个四人调查小组。1954 年 7 月 26 日，艾森豪威尔在给杜利特尔的信件中对他进行秘密指示，让他对隐蔽行动的人员、安全性、花费、效率等进行综合评估，就“如何才能使隐蔽行动的花费与结果相符”这一问题进行研究。这个小组将私下向总统汇报，对“如何改善隐蔽行动的实施情况”等问题提出建议。

杜利特尔完全胜任这个工作。1942 年，他曾经领导一个美军飞行小组轰炸了东京，因此成为后来电影《东京上空三十秒》的人物原型。他在“二战”时期参加过特别行动，因而充分理解此类行动的性质，也知道特别行动是如何发展的。此外，他和艾森豪威尔还是旧识，1944 年他们都在英国当指挥官。在得到艾森豪威尔的指示之后，杜利特尔就和小组的其他三位成员一起，开始对隐蔽行动进行评估。其他三位成员包括威廉·B. 弗兰克、莫里斯·哈德利、威廉·B. 波利。

7 月 14 日，杜利特尔的委员会在中情局总部召开了第一次会议。这次会议受到了中情局、国务院、国防部办公室、海陆空三军、联邦调查局，以及预算局的广泛关注。到 29 日，这个委员会就组织相关工作人员，展开全面评估。9 月中旬，在和艾伦·杜勒斯以及弗兰克·威斯纳会面之后，杜利特尔和顾问 J. 帕特里克·科因进行了一次实地考察，检查中情局在西欧的设施。9 月 30 日，杜利特尔的委员会向艾森豪威尔总统提交了《特别研究小组关于隐蔽行动的报告》，强烈支持美国进行的秘密战。报告中第二段这样写道：“只要它还是国家政策，那么，就必须组建积极进取的、隐蔽的心理、政治、准军事组织。如果必要的话，与敌人相比美国的秘密战组织要更有效、更独特、更无情。任何人都不应该妨碍快速、高效、安全地组建这样的组织。”报告指出，美国与共产主义的冲突十分严重，导致“在这样的游戏中没有任何规则，迄今为止的人类行为规范都不适用（于这场冲突）”，秘密战士们别无选择。

报告对中情局的某些表现持批评态度。报告认为，中情局的人员数目过于庞大，多达 5000 人，即使这个数字减少 10% 也不会带来什么负面影响；政策协调处和特别行动处的合并是一场“强迫婚姻”；计划处的“冷战功能”逐渐掩盖了其间谍活动的角色，因此，计划处应该被改建成一个切实可行的“冷战制造厂”（Cold War shop）；中情局局长在实施隐蔽行动项目时应该得到更多人员的支持，实施隐蔽行动的人员可以来自国家安全委员会，这样才可以更好地执行 NSC-5412 号文件规定的内容。

艾森豪威尔总统觉得这个报告存在较大争议，于是便让杜利特尔和艾伦·杜勒斯私下讨论。1954 年 10 月 19 日，杜利特尔亲自向总统汇报，说自己的报告根本不是文过饰非，而是对中情局提出的建设性批评。他认为艾伦·杜勒斯的主要问题是组织方面的问题，中情局的组织过于混乱，而且艾伦·杜勒斯和弗兰克·威斯纳都不是优秀的组织者。

杜利特尔认为艾伦·杜勒斯诚恳地接受了自己的批评意见，但是艾伦·杜勒斯在为自己的手下辩护时过于意气行事。杜利特尔引用沃尔特·比德尔·史密斯的话，认为艾伦·杜勒斯“太情绪化，不适合这个关键性的职位”，而且“他的情绪化比表面上表现出来的更糟糕”。

对此，艾森豪威尔说道：“我们必须得记住，这是政府行动中最为特殊的一类，我们可能需要一个与众不同的天才去实施这些行动。”

艾森豪威尔为艾伦·杜勒斯辩护，说他没有看到艾伦·杜勒斯“表现出任何情绪波动”，而且，设立这个委员会的目的只是改善中情局本身的工作，而且杜勒斯本人与世界各地的要人都有联系。

在确定了国家安全委员会的成员们没有反对他的意见之后，艾森豪威尔感觉“找证据去反驳别人真让人沮丧”。

看到总统如此维护艾伦·杜勒斯，杜利特尔不得不另辟蹊径，指出中情局局长和国务卿之间存在特殊关系，让兄弟俩占据如此重要的职位会引起“本来不可能存在的麻烦”。

艾森豪威尔坚决反对杜利特尔的说法，他表示，他是在充分了解这兄弟俩的关系之后才做出的任命，对此他一点都不担心，因为中情局的工作有一部分是国务院工作的延伸，而且这兄弟俩之间的信任关系“是件好事”。他说：“我不准备撤换艾伦。我有两个选择，一个选择是撤换他，任命更加有权威的人士；另一个选择是忽略艾伦的缺点，仍任命他担任这职务。我宁愿让有缺点的艾伦担任，而不是任命别人。”于是最终对艾伦·杜勒斯的指责不了了之。

艾森豪威尔强化了对 NSC-5412 号文件的执行力度。起初，他将重点放在行动协调委员会（Operations Coordinating Board，简称 OCB）上，由行动协调委员会负责实施隐蔽行动。行动协调委员会是在国家安全委员会之下成立的一个跨部门的机构，在隐蔽行动的决策制定过程中并不占优势，因此又成立了一个计划协调小组。1955 年 3 月 12 日，在修订后的 NSC-5412/1 文件中，艾森豪威尔总统规定必须提前通知这个小组所有重大的隐蔽行动，计划协调小组是“批准实施隐蔽行动项目，并协调支持行动的常规途径”。

NSC-5412/1 号文件提出，在请求批准某项行动时，中情局的责任是“按需知密”。中情局认为这个规定意味着并非计划中所有的要素都要汇报，也并不是所有的要素都必须获得批准，况且中情局本身一直是非常乐意提供信息的。1955 年 12 月 28 日，艾森豪威尔组建了一个小组，小组成员由总统、国务院、五角大楼，以及中情局局长直接任命。艾森豪威尔任命的是他的国家安全事务特别助理。这个小组规格非常高，以至于没有什么问题不是它“按需知密”的。这个小组就是传说中的“5412 小组”。

按照规定，隐蔽行动中出现的任何问题都将由总统的国家安全事务特别助理直接提交给总统，而国家安全事务特别助理将在5412小组会议上代表总统发表意见。总统因为不直接参与5412小组，从而保留了“不知情权”，但是他与小组所有成员都保持密切联系，并掌握白宫的检视权。在伊朗事件和危地马拉事件之后，总统对正在进行中的以及计划好的、由中情局局长提交给国家安全委员会全体成员的行动，一年中会进行两次审核。

艾森豪威尔对冷战的热忱直接体现在NSC-5412/2号文件中，这份文件给予了秘密战士们极大的权限，权限之大令人震惊。部分引用如下：

3. 国家安全委员会决定，基于美国和苏联的能力，考虑到战争的风险，隐蔽行动应该尽可能地：

a. 为国际共产主义制造麻烦，并利用这些麻烦，损害苏联和共产党中国之间的关系，以及这两个国家和其卫星国之间的关系，使苏联、中国和卫星国之间的控制关系恶化，抑制苏联阵营军事和经济潜力的增长。

b. 破坏国际共产主义的声誉和意识形态，削弱其党派和其他因素的力量。

c. 与任何响应共产主义的党派或个人的威胁做斗争，以便在自由世界取得主导权。

d. 削弱国际共产主义对世界其他地区的控制。

e. 增强自由世界的国家和人民对美国的认同感，在可能的情况下，强调这些国家和人民与美国具有共同利益，在适当的情况下，让利于那些真正宣传或相信与美国有共同利益的团体，增强这些国家和人民抵制国际共产主义的能力和意愿。

f. 根据现有政策，在可行的条件下，在受到国际共产主义控制或威胁的地区发展地下抵抗力量，支持隐蔽行动和游击行动，并且确保当战争爆发时，美国可以利用这些抵抗力量。在可能的情况下，保证在战争爆发时，这些抵抗力量可以为美国提供基地，美国军方可以在战区内部发展这些力量，并在这些基地安置后勤、逃跑和逃避设施。

这篇充满官僚作风的浮夸的报告包含了各种可能实施的隐蔽行动，而中情局在整个20世纪50年代都在探索这些行动。

当艾森豪威尔总统在考虑如何解决隐蔽行动中遇到的问题时，秘密战仍然在进行中。在危地马拉实施“成功”行动期间，另外一批隐蔽行动也在远东拉开了帷幕。

其中之一是由威廉·J. 多诺万（William J. Donovan）负责的“遣返”行动。多诺万曾是战略情报局（OSS）的主任，时任美国驻泰国大使。李弥本人在1952年10月份返回中国台湾，但是他的士兵们仍留在缅甸。1953年，缅甸、泰国、中国国民党和美国在曼谷召开了“四方会议”，同意遣返留驻缅甸的国民党士兵。“遣返”行动指的便是国民党士兵由民航空运队的飞机运送，从缅甸北部空投至泰国，然后再返回中国台湾。

1953年11月8日，首批50名士兵穿过缅泰边境，这些人没有携带任何武器，但是都带着7寸大的蒋介石的照片。第二天，空投开始，民航空运队出动了8架C–46飞机。空投的第一阶段一直持续到12月，总共运送了约1925名士兵和335名家属。第二阶段从1954年2月持续到3月，总共运送了约2962名士兵和513名家属。加上后来运送的人员，民航空运队总计运送了5583

名士兵和 1040 名家属。民航空运队每运送一人，美国政府便从对外援助基金里给民航空运队支付 128 美元。

但是“遣返”行动就像是一场闹剧。被遣返的人中有些是掸族人和拉祜族人，这些人都不是中国人。此外，遣返家属虽然增加了遣返人员的人数，但是却没有改善缅甸的安全问题。后来，一些被遣返的人又试图返回缅甸。更重要的是，被遣返的近 5600 名士兵只带走了 1000 支步枪、69 挺机关枪、22 门迫击炮，这些老古董中有的竟然是 1907 年制造的，根本不是中情局提供给李弥的现代武器。也就是说，留在缅甸的人仍然维持着武装力量，但是这些武装力量却摆脱了中情局的控制。后来这支队伍的人数增加到 1.2 万人，并反复卷入毒品走私活动中。

与此同时，台湾海峡发生了巨大的变化。在朝鲜战争期间，第七舰队受命阻拦国民党和共产党双方的军队。艾森豪威尔上台之后更改了命令，现在第七舰队只是阻拦共产党的军队，却放任国民党军队偷袭大陆。1953 年年初，美国给国民党提供了首架喷气式飞机（F-84 战斗机）。之后，国民党海军扩张为三个旅。自此，蒋介石的两栖战斗力量增加了两倍。

对于美国提供的喷气式战斗机，国民党同意，在没有与“驻台美军军事顾问”商议之前，不会使用美国武器，特别是轰炸机。但是三个月之后，1953 年 7 月，在进攻福建省的东山岛时，未经“美军军事顾问”许可，蒋介石私自使用美国提供的轰炸机进行战术支持。事后，国民党军队的“参谋长”就此事向美国道歉，声称在危急关头，国民党突击队被共产党的军队赶到海里，出动轰炸机是为了争取时间有序地撤离军队，并承诺此类事件不会再次发生。但是 1954 年 6 月，蒋介石的海军利用美国提供的驱逐舰护航，在公海上拦截苏联的一艘油轮。而艾森豪威尔政府对此故意采取了中立态度。

中情局在中国台湾进行的另外一项隐蔽行动是宣传活动，包括无线电广播和散发传单。民航空运队的飞机飞越台湾海峡，将传单空投到大陆地区，此外，还使用气球、漂流瓶或密封的竹筒装着传单随风飘到大陆或顺着水流抵达大陆。国民党方面宣称，仅在 1953 年向大陆投放的传单就有 3 亿份，平均每个月出动 15 架飞机，有些飞机甚至将传单投掷到四川省境内。

中情局通过民航空运队进行的全球行动还包括在法国的殖民地印度支那进行的空投活动。这项活动源自一个军事援助项目，法国要求向美国借 C–47 运输机，但是遭到美国的拒绝，最终美国向法国提供的是 C–119 运输机。1953 年 5 月 6 日，民航空运队执行了第一次任务，向一个被包围在老挝的法国营地空投后勤物资。不到一年，法国在奠边府战役中大败之后，一支由 24 位飞行员组成的民航空运队的分遣队被捕。在日本芦屋的美国远东空军基地，21 名民航空运队的飞行员在熟悉了 C–119 运输机的驾驶事项之后来到印度支那，这个人数甚至超过了在克拉克空军基地学习驾驶 C–119 运输机的法国机组人员的人数。

"斯阔二号"行动是民航空运队在奠边府为法国军队进行的空投行动（"斯阔一号"行动是 1953 年春在老挝进行的空投行动），共出动飞机 684 架次，为法国军队提供包括瓶装啤酒等在内的物资。飞行次数最多的飞行员是 A.L. 贾金斯，共执行任务 64 次；第二名是史蒂夫 · A. 库塞克，共飞行 59 次。原先的首席飞行员保罗 · R. 霍尔登在执行第 15 次飞行任务时受伤。据他回忆，在被包围的法国营地周围，高射炮火力就像"二战"时他在德国上空遇到的一样猛烈。1954 年 5 月 6 日，史蒂夫 · A. 库塞克和詹姆斯 · B.

麦戈文在一起执行任务时，麦戈文驾驶的C–119被击落，几个小时之后麦戈文身亡。又过了几个小时，法国军队在奠边府战役中崩溃，巧合的是，一年前的这一天，民航空运队恰巧在印度支那开始执行飞行任务。

在奠边府战役进行时，法国曾请求美国出借一些B–29轰炸机。美国国内的讨论认为，美国应该督促法国给其海外军团增加一个部门，美国可以将B–29轰炸机提供给这个军团，同时还可以鼓励美国飞行员参加这个军团。但是，考虑到奠边府危机刻不容缓，这个建议最终没有实施。

艾森豪威尔政府对民航空运队的出色表现感到惊讶，于是打算专门成立一个战斗机小组来帮助法国军队。在行动协调委员会的要求下，国防部长特别行动助理格拉夫·B.厄斯金将军提出了一个计划，设想成立国际志愿者飞行组（International Volunteer Air Group，简称IVAG），可以由法国政府或亚洲国家的政府进行资助。这个飞行组将驾驶F–86喷气式战斗机，组成几个空军中队，如果可能的话，还可以驾驶B–29轰炸机。根据计划，IVAG将在8个月之内组建完成，启动资金为1.3亿美元，每年的运行经费为2亿美元。

国家安全委员会的一个小组委员会在讨论印度支那问题时，首次提及是否成立IVAG这一问题，委员们认为IVAG在隐蔽行动中的用途更广泛。国防部特种战争的策划者们认为："在远东的任何地区，这样的飞行组总是有用的，如果战争再次爆发，这个小组可以作为一支现成的突击部队。如果没有这支飞行组，在不方便使用美国官方的空军力量时，在短时间内就难以组织起一支空中打击力量。"而且一旦美国对某个敌国宣战，IVAG就可以"正式地应招，成为美国空军的一个飞行队"。

国防部特种战争策划者们认为“IVAG与美国国家政策一致，而且没有超出美国国家政策的框架”,但是组建这个飞行组需要“国家安全委员会的批准”。司法部长进一步指出，从美国平民和军队中招募志愿者来组建这个飞行组均为合法。

最初计划在1954年印度支那的雨季结束前组建IVAG，但是随着奠边府危机缓解，美国国家安全委员会没有采取任何行动。美国政府的确考虑过成立一家私人的国际航空有限公司，招募美国飞机技师，以便帮助在印度支那的法国空军，但是国际航空有限公司只能在短期内使用军方人员，而且之后不久，第一次印度支那战争就结束了。

直到1954年夏天，成立IVAG的计划才着手实施。8月18日，在国家安全委员会的第211次会议上这个计划批准通过。由于此时印度支那战争已经结束，因此组建IVAG的计划只是一个应急计划。但是建立一个与中情局在危地马拉使用过的空中力量相似的组织，而且还是经国家安全委员会批准的非法的空军力量，这一点本身就非同寻常。

除了组建空中打击力量之外，中情局在印度支那还扩大了准军事行动的范围。1953年，法国政府财政赤字严重，但是印度支那的战争费用却逐年增加，法国对此无力应对。于是，法国向美国求助，请求美国在“特种战争”领域为法国提供军事援助，艾森豪威尔政府答应了法国的请求。

法国的特种战争力量主要是集中在越南南部的一些辅助性的部队，在越南北部的战线之后有一些游击队。越南南部有两个调和论的宗教运动，分别为“高台”教（the Cao Dai）和“和好”教（the Hoa Hao），还有一支力量，叫作平川派（the Binh Xuyen）。他们的军队得到了法国情报部门的资助。现在有证据表明，1953年12

月，法国把在越南实施的特种战争活动告知给一位在西贡的中情局高官，法国提出这名高官可以接管由法国控制的三个团体，作为回报，他必须向法国提供一定的资助。1954 年 3 月，法国向另外一位中情局高官提出了相同的条件，但是三个月之后被这位高官拒绝。尽管如此，在西贡有流言称美国与平川派的私军有联系，尤其是在 1953 年年底，有两位与美国大使馆有联系的女士在离高台教总部不远处的橡胶种植园身亡，自此之后更是流言四起。在另外一次事件中，美国大使馆的一位领事在一座桥上被捕，当时他停下来接受身份检查，结果他的轿车后备厢里的塑性炸弹被发现。出于外交方面的考虑，这次事件并没有对外声张。

美国的特种战争专家们在北越非常活跃。法国在这里的游击队有 1 万多人，划分为 19 个独立的团，分别在革命分子的战线后活动，美国则积极支持这些游击队的活动。从 1953 年开始，两名美国军官在北越的法国特种战争指挥部常驻，处理所有与设备有关的申请。法国指挥官是陆军少校罗杰·特兰基耶，他 1953 年访问韩国，去实地考察美国如何组织当地的游击队。1954 年 2 月 15 日，美国驻越南大使向国务院报告“我们已经对增长法国的‘非常规战争’的经验做出了贡献”。

艾森豪威尔总统对这些进展仍旧不太满意。1954 年 6 月，在写给老朋友、时任北约驻法国的指挥官阿尔弗雷德·M. 格伦瑟的信中，艾森豪威尔抱怨，法国断然拒绝了美国的帮助，“这些帮助将会使美国处于幕后，但是却非常有效。我的意思是，我们可以在这个地区组织一个优秀的游击队组织”。

在奠边府大败之后，法国在日内瓦和会上签订协议，很快从印度支那撤军，美国接手了在北越活动的游击队组织。在法国军队撤离时，美国曾想方设法偷运了一批武器和弹药给这些游击队，但是美国在此没有长期的基地，无法长期给游击队提供支持。因此，到了 1956 年，最后一支游击队伍也解散了。

在越南南部，美国的活动更成功一些，根据 1954 年的日内瓦协议，美国组建了“重新编制区”。1954 年 7 月，美国在此成立了一支军队，称为“驻西贡军事代表团”，为情报行动做掩护，这个组织由空军上校、政治行动专家爱德华 · G. 兰斯代尔（Edward G. Lansdale）领导。50 年代初，兰斯代尔曾因为在菲律宾表现优秀获得国家安全奖章。最初“西贡军事任务”只有几名军官和士兵，随着兰斯代尔和南越领导人吴庭艳搭上了关系，这个组织规模越来越大。

在日内瓦协议中，法国同意于 1956 年在越南举行全国大选，并统一南越和北越，但是这个协议却遭到了艾森豪威尔政府的拒绝，艾森豪威尔政府鼓励法国废除这个协议。兰斯代尔还说服吴庭艳宣布南越独立，自己当总统。

吴庭艳下达了最后指示，发动了第二次印度支那战争。在这次战争中，“特种战争”和中情局都大显身手。美国认为在“两个阵营”的世界冲突中，南越是自己在东南亚的新盟友，因此，美国的策划者们打算改造南越军队，帮助其对抗常规的军事威胁。在一份 1955 年制订的战争计划中，中情局的任务是在老挝阻拦任何军队的前进，与此同时，美国的太平洋舰队将会对北越发动沿海突袭，阻拦军队向前挺进。太平洋舰队中能进行特种战争的部门很多，包括海豹突击队、海军特种作战队以及各种突击队，这些特种战争部门都是从“二战”时的蛙人小组发展而来。自诺曼底登陆日之后，海豹突击队的数目已经达到 12 个，因此太平洋舰队认为自己有能力执行这个任务。但是当战争在南越再一次打响时，北越针对吴庭艳采取的却是游击战的形式，这让美国和南越都措手不及。

对于美国在欧洲的秘密战士们来说，1955 年也非常精彩，尤其是在心理战方面。美国的秘密战试图给苏联制造麻烦，并削弱苏联对东欧的控制，美国人还利用东欧卫星国内部自发的抵抗势力试图将铁幕“推回”。

在这个过程中，美国采取的不仅仅是宣传手段，美国和英国利用铁幕后的白俄和乌克兰人，还进行各种间谍活动和联合行动。美国陆军的第10特种部队还招募了一些东欧人，根据1950年的《洛奇法案》和《1951 年国家安全法修正案》，陆军为由东欧人组成的部队提供额外资助。在某种程度上第 10 特种部队也算是美国的海外军团。

除了为特种部队内部招募专家之外，陆军并没有采取其他的举动。尽管如此，苏联的宣传专家们还是大显身手。1951 年冬，弗兰克·威斯纳告诉特雷西·巴尔内斯，美国在宣传问题上备受打击，尽管国会曾给陆军拨款用于宣传活动，但是陆军并没有使用这笔资金。

艾森豪威尔担任总统之后，打算让陆军组建一支由东欧士兵组成的部队。他在陆军的老朋友们向他解释了他们认为组建这样的部队根本行不通的原因。

艾森豪威尔反驳道：“伙计们，告诉我，一个人的职务得有多高才能给陆军发号施令？”

陆军的将领们继续回避这个计划，不过他们对于组建一个特种部队倒是很感兴趣。

由于东柏林事件的发生，艾森豪威尔也逐渐对组建特种部队开始感兴趣。在东柏林，1953 年 6 月发生了暴乱。6 月 16 日，成千上万的东柏林人拥上街头，要求降低刚刚颁布的“生产标准”，并废除由秘密投票产生的选举结果。美军的对外宣传媒介是美占区内的电台（Radio in the American Sector，简称 RIAS），这个电台以同情的口吻将东柏林发生暴乱的消息快速地传播到整个民主德国。6月16日晚，中情局柏林情报站站长亨利·赫克歇尔（Henry Hecksher）请求美国给这些暴乱者提供武装，但是遭到拒绝，示威游行很快遭到镇压。根据美国国家安全委员会6月底的一份决议显示，在此期间，美国唯一的官方行动就是为示威者提供一些食物，而且还是通过苏联渠道。因为担心触发与苏联的战争，美国没有采取任何军事行动。

在1953年夏秋之际，艾森豪威尔政府研究了美国政府制定的所有战略，这个研究被称为“日光浴室”研究，因为这个研究小组的成员经常在白宫花园里的日光浴室碰头，研究的总结报告也是在这里出台。研究小组包括A、B、C三个特别小组，每个小组负责研究一个战略。“推回”战略属于“选择C”范畴，目的是增加苏联阵营内的不安定因素，削弱苏联阵营，采取公开和隐蔽的手段，在全世界范围内攻击“共产党机构”，不错过任何“迷惑和紊乱敌人”的机会。

特别小组C预测了美苏两国对核战争所做的准备，提出促进和平队的中欧洲移民干部项目的发展，并加快利用中国国民党军队，先进攻海南岛，再进攻大陆。据这个小组估计，在计划实施的前两年，美国为此支付的费用大约是每年600亿美元，随后下降到每年450亿美元。如果美国的行动引起朝鲜半岛再次发生战争，美国还需要花费50亿美元。

特别小组A的组长乔治·凯南则认为，“遏制”计划的花费少一些，由此引发的与苏联交战的风险也小一些。

艾森豪威尔接受了乔治·凯南的观点。当三个小组都汇报完自己的计划之后，艾森豪威尔跳了起来，说他想总结一下。他认为“推回”计划会使盟国感到焦虑，而且“背离了我们传统的战争与和平理念”，他本人选择限制军费，以避免核战争的爆发。

事实上，在“日光浴室”研究中，总统并没有选择某一个特定的战略。乔治·凯南提出的遏制战略融合在特别小组C提出的项目中，尤其是隐蔽行动中。1953年7月30日，国家安全委员会成员们热烈地讨论了“日光浴室”研究的结果，这也间接导致了中情局在危地马拉、伊朗和阿尔巴尼亚采取的行动。

艾伦·杜勒斯提出，中情局已经将一份关于阿尔巴尼亚的文件送达心理战略委员会，国家安全委员会需要制定针对危地马拉的全新的单边政策。

在讨论阿尔巴尼亚问题时，艾森豪威尔总统插话道：“必须得考虑谁受益，谁受害。”

在艾森豪威尔政府时期，国家安全委员会的一系列决议严格规定了美国需要遵循的战略。针对东欧制定的题为《美国利用卫星国的动荡局面的目标和行动》的NSC-143系列文件和NSC-158号文件，都与“日光浴室”研究同期出台。1955年2月出台了NSC-5505/1号文件，题为《利用苏联和卫星国的弱点》。1955年12月14日，评估NSC-5505/1号文件提出的目标的报告出台，在这之后，NSC对NSC-5505/1号文件提出的目标进行了修改。1956年7月18日出台了NSC-5608/1号文件，题为《美国针对东欧卫星国的政策》。根据各项文件和指令，美国在东欧采取了一系列行动，并导致东欧出现了新的危机。

但是1956年东欧发生的一系列的事件并不是华盛顿所造成的，相反，是莫斯科自己造成的，原因是斯大林的继任者赫鲁晓夫想要巩固自己的权力。在苏共二十大上，赫鲁晓夫做了《反对个人崇拜及其后果》的秘密报告，企图以此打击政治局内的其他对手。在这个政治策略中，赫鲁晓夫取胜了，但是中情局通过欧洲的一个共产党员得到了赫鲁晓夫秘密讲话的副本。1956 年 3 月，弗兰克·威斯纳拿到了这份副本。

赫鲁晓夫的秘密讲话造成了巨大的影响，苏联领导人承认苏联共产党的行为和领导存在重大失误，秘密讲话甚至讨论了斯大林对匈牙利和南斯拉夫事务的干涉，这最终导致苏南关系破裂，使南斯拉夫投入华盛顿的怀抱。此外，赫鲁晓夫还提出要提供可供选择的“社会主义合法性”。很显然，这个秘密讲话在政治上引起了轩然大波。

艾伦·杜勒斯下令要求认真研究这个讲话的内容，他在回忆录中写道，“我一直认为这是我的任期中最大的一个政变”。中情局的官员和苏联问题专家们对这份讲话做了细致的鉴定。艾伦·杜勒斯命令精于情报分析的动态情报处主任雷·克莱因（Ray Cline）鉴定这份讲话来源的可靠性。

但是，是否利用赫鲁晓夫的秘密讲话在中情局内部引起了意见分歧。雷·克莱因建议公开这个讲话，将其作为心理战的一个措施，以便使苏联统治者的声誉扫地。弗兰克·威斯纳倾向于有选择性地秘密利用这个讲话来调动东欧国家抵抗苏联的积极性。中情局很快就组建了一个与原来设想的由东欧人组成的部队相似的组织。如何利用赫鲁晓夫秘密讲话最终交由美国政府高层决定。

雷·克莱因回忆了他与艾伦·杜勒斯讨论杜勒斯将要发表的演讲的情形。那是在 1956 年 6 月 2 日星期六。杜勒斯打断了他，摇晃着他的椅子，认真地看着他。

“威斯纳说你认为我们应该把赫鲁晓夫的秘密讲话稿公之

于众。”

雷·克莱因在回忆录中写道：“老家伙眼睛闪闪发光，说道‘天哪，我得做出决策！’”艾伦·杜勒斯给威斯纳打电话，告诉威斯纳，在经过严肃考虑之后，他决定公开赫鲁晓夫的秘密讲话。

事实上，艾伦·杜勒斯做这个决定并不容易。三天前，也就是5月31日，他将赫鲁晓夫秘密讲话的副本给了国家安全委员会顾问狄龙·安德森，要求安德森对“推迟决定如何利用这个秘密讲话”保密。不可思议的是，安德森竟然没有将这样重大的问题向总统汇报。如果雷·克莱因在回忆录中确切地引用了艾伦·杜勒斯所说的话，那就只有一个可能性：艾伦·杜勒斯认为欺骗威斯纳很有趣。

1956年6月4日，美国媒体刊登了赫鲁晓夫秘密讲话的全文，这个秘密讲话一经公开，立刻在东欧引起了轩然大波。

中情局的电台此时发挥了推波助澜的作用。自由欧洲电台引进了一项新技术，称为“饱和广播”，这项技术可以对抗苏联的无线电干扰。在确定听众可以接收到广播节目后，自由欧洲电台进一步开展了有针对性的宣传活动，在1954年年初实施了“否决”行动，目的是鼓励东欧，尤其是匈牙利人进行的长期抵抗运动，随后又实施了“焦点”行动。除了广播节目之外，自由欧洲电台还大量地借助气球散发传单，这个活动在1954—1955年达到高潮，各类传单在“焦点”行动中发挥了重要作用。在这个时候，在慕尼黑和纽约都有自由欧洲电台的演播室和办公处，工作人员有1400名，其中有400—500位移民、150位美国人。在利用赫鲁晓夫的秘密讲话方面，自由欧洲电台拥有巨大的潜力。

自由欧洲电台发现东欧的新闻有许多看点可以报道。在赫鲁晓夫的“非斯大林化”项目之下，波兰的波兹南市发生了暴乱，随后，瓦迪斯瓦夫·哥穆尔卡（Wladyslaw Gomulka）重新掌权，在这之前，哥穆尔卡曾因为提出要走与苏联不同的社会主义道路而遭到清洗。苏联出动军队试图镇压波兰的暴乱，但是哥穆尔卡威胁说波兰要公开和华沙条约组织决裂，赫鲁晓夫不得已又召回了苏联军队。

这个消息极大地振奋了布达佩斯。10 月 23 日，匈牙利的年轻人举行示威游行，要求恢复纳吉·伊姆雷（Imre Nagy）的权力。在压力之下，匈牙利政府重新任命纳吉为政府总理，但是匈牙利共产党仍然被反对派所控制，匈牙利政府不得不请求苏联派兵恢复匈牙利国内的秩序。

匈牙利秘密警察逮捕了许多游行示威者，这进一步激发了暴乱。愤怒的人群在一个叫作马扎尔的村庄杀死了一个秘密警察小分队队员，然后 1 万名苏联士兵便出现在布达佩斯，不到三天，布达佩斯街头就发生了巷战，匈牙利各省都出现了抵抗运动。自由欧洲电台对此做了全面报道，电台的一些员工是匈牙利流亡者，在报道中这些人夸大了西方对匈牙利暴乱的支持，而进一步激起了匈牙利人对美国援助的希望。

中情局迅速召开会议讨论是否要对匈牙利暴乱者提供帮助。自从 1953 年以来，由于干涉东欧事务有可能引起苏联对西欧采取军事报复，因此艾森豪威尔决定不提供帮助。在匈牙利事件中，艾森豪威尔总统两次拒绝了向匈牙利空投武器的建议，第二次是匈牙利人自己在“自由匈牙利电台”中直接向中情局请求支援。在一次辩论中，艾森豪威尔断言：“匈牙利和西藏一样，是我们不能插手的地方。”

在匈牙利事件发生的过程中，计划处发现自己并没有一支力量可以在匈牙利采取行动，威斯纳的移民部队也没有组建好。10 月 4 日，苏联 20 万士兵和 2.5 万辆坦克进入匈牙利，11 月 8 日苏军重新占领了布达佩斯，到 11 月底占领了匈牙利其他地区。在此期间，艾森豪威尔政府的注意力被苏伊士运河事件分散了，没有精力认真关注匈牙利的形势。

但是弗兰克·威斯纳却不愿意只充当一名旁观者。在中情局驻维也纳情报站，威斯纳操着慢腾腾的密西西比口音，指挥他的下属，并会见刚从匈牙利来到这里的难民。在匈牙利暴乱失败之后，大约 19 万匈牙利难民来到维也纳。美国副总统理查德·尼克松（Richard Nixon）和前战略情报局局长多诺万也来到维也纳接待匈牙利难民。据估计，在这次暴乱中，共有 3 万人死亡，5 万人受伤。

艾森豪威尔的决定影响了秘密战士们的士气。计划处的官员们认为不参与匈牙利事件意味着“中情局的准军事行动能力到此为止了”。一些人认为美国本来可以进行干预，同时避免触发与苏联的战争。在拒绝干预这个事情上，比尔·科尔比（Bill Colby）回忆道：“当东欧人一个个倒下时，我们表现出的却是‘自由’不是我们的政策。”一位战后致力于搜集与苏联相关的情报的中情局人员哈里·罗西兹克（Harry Rositzke）写道：“很显然，西方从一开始就坚定不移地反对苏联继续剥削东欧人民，这样才能给自由欧洲电台的听众希望，才能使他们相信美国会帮助他们。”

在某种程度上，威斯纳因为匈牙利事件差点崩溃。一天晚上，他在匈牙利和奥地利边境线上过夜，看到苏联安全部队正在用机关枪对准无助的难民们进行扫射，试图制止他们拥向边境。他满怀痛苦地离开了奥地利，在罗马短暂停留了几天。中情局罗马情报站的站长比尔·科尔比以为威斯纳快要精神崩溃了。事实上威斯纳的确无法完成他的英国、法国、德国和希腊之行，因为他感染了肝炎，体温高达 106 华氏度，因此不得不住进了医院。在他住院治疗期间，他的副手理查德·赫尔姆斯（Richard Helms）代替他主持工作。

艾伦·杜勒斯收到白宫的命令，要求他正式对自由欧洲电台在匈牙利事件中扮演的角色进行回顾性分析，杜勒斯将这个任务分派给了科德·迈耶。从1954年起迈耶就一直在负责中情局的无线电台，接到任务后，他带领两个精通匈牙利语的专家全面分析了自由欧洲电台在这一时期的活动。结合匈牙利事件的发展过程，迈耶在调查之后得出了结论："我很满意，自由欧洲电台并没有策划、指导或试图引发匈牙利人的反叛。"

美国副总统尼克松在一天晚上也来到奥匈边境，在这里，他问来自布达佩斯的学生，自由欧洲电台对他们的反叛是否起到了鼓励的效果，学生们简单地回答"是的"。

11月20日，在尼克松的报告还没有准备好之前，艾伦·杜勒斯长达四页的报告就送到了白宫。报告为自由欧洲电台辩护道："调查中确实发现有几篇播音稿的内容偶尔超出了自由欧洲电台授权的限度，播报了匈牙利国内的爱国电台的诉求，认同了这些诉求，并督促匈牙利政府实现这些诉求。"此外，"有一些证据表明，自由欧洲电台为匈牙利的爱国人士们提供了一些战术上的建议，这些建议主要是关于反叛应该朝着哪个方向发展，以及最适合领导反叛活动的人选"。报告在最后总结道，尽管匈牙利的起义本身的导火索是苏联的镇压而不是自由欧洲电台的广播或传单，但是"自由欧洲电台超出了具体的权限"。

艾森豪威尔政府终止了像"焦点"行动类似的轻率的宣传项目，加强了对自由欧洲电台的决策的控制，并下令终止用气球散播传单的项目。

最后一个没有完结的项目是中情局组建的由移民组成的"解

放军”项目。这个部队还没有执行任何任务就被解散，其中有一些士兵加入美国陆军，被招募到特种部队中，很快就被派往老挝等国，其他人则回到欧洲。此时，在乌克兰国内，全国劳工联盟（NTS）和乌克兰民族主义者联盟的活动仍在进行中。在德国，1958年，一个神秘的组织正在迅速发展，这个组织的名称是“反不人道主义战斗群”。这个组织在得到大量资金支持，在民主德国境内发动了一些突袭，甚至试图炸毁魏玛市易北河大桥。这个组织在德国的行动引起了广泛争议，最终在1959年被解散。

匈牙利事件的后果是苦涩的。在中情局，比尔·科尔比这样说道：“不管中情局对华盛顿对此类事件的决议有什么疑问，现在都烟消云散了。”在白宫，人们意识到此类活动性质非常敏感，因此降低了心理战的重要性。匈牙利事件表明，某些类型的能力只要存在，就会引起争议，即使美国并没有运用这些能力。东欧人现在意识到，美国所声称的对抵抗运动提供帮助其实只是空话。

艾森豪威尔担心如何控制这些隐蔽行动，但是却仍然不遗余力地进行冷战。一切发生得太快，美国根本没有机会回过头去审视采取隐蔽行动的初衷，也没有机会去审核当初下的命令是什么。隐蔽行动的决策机制是由5412小组制定，每半年向总统汇报一次工作，这就使总统难以控制日常进行的隐蔽行动。5412小组表现出的主动权可以保护总统的利益，但是与许多官僚机构一样，通常5412小组只是对别的部门提出的建议做出反应，而不是实施积极的领导权力，因此真正的主动性仍然掌握在中情局手中。而在实现NSC–5412/2文件规定的目标时，中情局在世界各地发动了更多的冒险行动。

第八章　印度尼西亚

虽然中情局内部有一些人因为不能趁机在匈牙利危机中采取行动而感到遗憾，但是，从中东到中国沿海，再到东南亚的岛屿，中情局能做的工作还有许多，不仅有政治活动，还有隐蔽行动。只是与在伊朗和危地马拉取得的成功不同，在这些地区，他们遇到了更多困难。

尽管行动的结果令人失望，他们仍然热情高涨，乐此不疲。在艾森豪威尔总统从全局加强了对所有隐蔽行动项目的掌控以后，国务卿约翰·福斯特·杜勒斯（John Foster Dulles）和他的兄弟艾伦·杜勒斯（Allen Dulles）便一起监督这些行动的实施。约翰·福斯特·杜勒斯非常喜欢参加各种外交会议，他被誉为美国历史上旅行行程最长的国务卿。他对秘密战也表现出了同样的热忱，通过他的兄弟中情局局长艾伦·杜勒斯，他密切关注着隐蔽行动的发展。

艾森豪威尔政府强调实用主义，在这样的政府中，约翰·福斯特·杜勒斯显得尤为粗鲁和死板。他的优势主要在于他和总统的世界观一致，但是他的身体状况却不容乐观（1959年因癌症不治身亡）。匈牙利事件中发生的一系列危机严重损害了他原本就虚弱的身体。

中情局的新计划之一于苏伊士运河危机前的几个月制订。威尔伯·伊弗兰是中情局的一个合同聘用职员，为了掩护身份，他被指派到行动协调委员会。在一次英美情报会议上，军情六处的副处长乔治·K. 杨（George K. Young）把英国在中东的一个行动透露给他，代号为“迷路”。伊弗兰回到华盛顿之后，发现有一个叫作“欧米茄”的小组已经组建完成。由于伊弗兰不清楚各个部门的领导权限，他认为：“一场要在叙利亚发动的政变其计划却是由国务院主导的，这让我感到非常奇怪。我以为是由国家安全委员会制定政策之后，再由行动协调委员会协助实施。事实上，好像是国务卿在做决定，而‘欧米茄’的策划者们只负责跟进这个计划。”

1956 年 5 月 23 日，约翰·杜勒斯召集会议，讨论“欧米茄”计划的定稿。在这之后不久，由于熟悉中东事务，伊弗兰被派到现场去研究这个计划的可行性，期限为两个月。7 月，克米特·罗斯福动身去约旦执行另外一个任务。

美国人将“迷路”行动称为“觉醒”行动，这个行动最终彻底失败。行动的内容是由叙利亚军官们发动一场政变，目的是阻止叙利亚复兴民主党取胜。但是，英国人利用了中情局，将行动的时间安排在英—法—以对苏伊士采取联合行动之前。叙利亚政变失败之后，那些身处要职的叙利亚人和伊拉克人认为，美国人只是在帮助另外一场行动，也就是英—法—以对苏伊士采取的行动，而不是阻止叙利亚复兴民主党。

1957 年，美国重启了“觉醒”行动，这一次行动代号为“徽章”。中情局在贝鲁特协助一个隐蔽行动小组，组员来自军情六处、伊拉克、约旦和黎巴嫩的情报部门。中情局驻大马士革情报站的站长有自己的主意，他从苏丹首府喀土穆将熟悉政治行动的专家霍华德·斯通（Howard Stone）招募进来，在这之前斯通一直与克米特·罗斯福在伊朗活动。中情局联系上了叙利亚前总统阿迪卜·施舍克里。在1956年的政变中，中情局认为阿迪卜·施舍克里不足以作为盟友。这一次，中情局招募的叙利亚军官直接来到负责情报的陆军中校阿卜杜勒·哈米德·萨拉杰的办公室，说出了指使他们的中情局官员的名字，并上交了中情局给他们的钱。人赃俱获，美国特工霍华德·斯通和弗兰克·杰通遭到叙利亚媒体曝光，随后被驱逐出境。然而1957年8月26日这一期的《时代周刊》却将美国支持的政变说成是苏联的刻意宣传。

1956年中情局发生的新鲜事是中情局局长艾伦·杜勒斯的环球巡察。艾伦·杜勒斯带着高级助理雷·克莱因，乘坐中情局局长私人专机，在57天的时间里飞行3万英里。艾伦·杜勒斯的专机由军机DC–6改装，称为C–118。杜勒斯视察了位于欧洲、土耳其、巴基斯坦、印度、泰国、南越、新加坡、澳大利亚、菲律宾、韩国、日本等以及中国台湾的情报站。在这次突击视察之后，杜勒斯在夏威夷停留数天，撰写一份如何改进各情报站的报告。

杜勒斯的环球之旅表明华盛顿承认中情局的全球性角色，但这并不预示着秘密战的命运被改变。对于秘密战士们来说，冥冥之中，杜勒斯专机的命运预示了中情局在印度尼西亚行动的命运：1958年，由于一系列的巧合和不幸，这架专机误入苏联领空，被苏联军队击落，机上的9人中有4人身亡。

艾森豪威尔在他的总统生涯中有且只有一次提到印度尼西亚（以下简称印尼）总统艾哈迈德·苏加诺。当时，苏加诺和其他四国领导人请求美国和苏联举行峰会，但遭到艾森豪威尔的拒绝。艾森豪威尔说有好几年都没有见过苏加诺了，言下之意是自己拒绝苏加诺的请求也是正当的。

艾森豪威尔对苏加诺非常不满，这导致50年代后期美国对印尼采取了一项重大的隐蔽行动——推翻苏加诺政府，就像在伊朗和危地马拉一样。但是需要指出的是，1960 年苏加诺请求美国缓和与苏联的紧张关系，实际上是因为印尼被夹在美苏两个竞争对手之间，左右为难。

但在艾森豪威尔政府看来，苏加诺冒犯了美国，这完全不可原谅，因为他竟然拒绝美国提出的将世界划分成两个阵营的说法。苏加诺赞成的是第三种道路，即中立主义，他选择在冷战中既不站在美国一边，也不站在苏联一边。与其他同时代的领导人一样，如缅甸的吴努、埃及的纳赛尔、印度的尼赫鲁，苏加诺拥护的是一种全新的“不结盟”国家之间的联合。1955 年，一次意义重大的国际会议在印尼的万隆举行。在这次会议上，中华人民共和国得到了各国的广泛认同。

约翰 · 杜勒斯在担任国务卿期间，对不结盟运动始终持强烈反对的态度。杜勒斯出身教会家庭，对他来说，在冷战中选择一个阵营就好像是其他国家的一种道德义务。中国共产党通过中立主义运动摆脱了外交孤立，这让他尤为恼火。在 1954 年的日内瓦会议上，他甚至拒绝与中国外交部长周恩来握手。

这种性情让他错失了与中国缓和外交关系的机会。1957 年，缅甸总理吴努主动提出，在他对北京进行官方访问期间，将为缓和中美两国关系进行斡旋。吴努说到做到，在他的努力下，中国同意释放中情局特工约翰 · T. 唐尼和理查德 · 费克图，作为交换，中国并没有提出过分的要求，只是希望美方允许几位记者访问中国，对新中国进行报道。但是，中国的善意却遭到了约翰·福斯特·杜勒斯的回绝，而那两位中情局特工则滞留在中国的监狱，直到 70 年代才被释放。

鉴于中国参与了不结盟运动，约翰 · 杜勒斯担心苏联会利用中立主义进行宣传活动。因为苏加诺组织了不结盟运动，并主持了万隆会议，他成为杜勒斯的眼中钉，杜勒斯同意对苏加诺采取隐蔽行动。

由于印尼本国的文化和地理特征，这位总统显得有些脆弱。印尼曾沦为荷兰殖民地将近400年，印尼国内教派林立，其中包括伊斯兰教、佛教，以及各种原始宗教。印尼群岛由6个大岛和3000多个小岛组成，由于地理环境的因素印尼国内各个社会群体被相互隔开。“二战”后，通过反殖民运动，印尼才获得独立。对于印尼人来说，他们面临的最大问题是如何将一个万花筒似的社会变成一个统一的国家。

在“二战”中，苏加诺是一个重要的民族主义者。“二战”后，在反荷兰殖民运动中他表现卓越。在印尼独立之后，他自然而然就成为总统的最佳人选。苏加诺既是一个实用主义者，又是一个理想主义者，但绝不是一个共产主义者。事实上，1949年，在印尼共产党政变未遂之后，苏加诺就宣布印尼共产党是非法组织。在这之后，他转而与军方合作。1952年，在国防安全统筹部长、陆军上将阿卜杜勒·哈里斯·纳苏蒂安试图染指政权时，苏加诺又和军方拉开了距离。总之，在各个政治派别中，苏加诺处境艰难，步履维艰。

除了政治斗争之外，印尼的经济形势也不容乐观。橡胶、锡土和石油是印尼出口的主要产品，但是橡胶和锡土的价格在50年代前期波动很大，而石油产量也一直在下滑。到50年代中期，1951年的一点预算盈余已经变成了五倍多的预算赤字。而印尼政坛党派之争如此激烈，以至于1956年的时候，议会还没有批准1950年度、1951年度和1952年度的政府预算。

中情局在印尼的第一个行动是政治行动（即心理战）。印尼大选定于1955年9月29日举行，美国希望能够影响大选的结果。克米特·罗斯福为此制定了一个项目备忘录，要求国会给这个项目拨款100万美元。这个备忘录只有几段话，根本没有涵括此类项目必须列出的细节、计划和预期结果。出人意料的是，经过各部门审查之后，这个项目竟然获准通过。国会下拨了资金，同意支持印尼的穆斯林马斯友美党。中情局在香港黑市上将这笔钱兑换成印尼卢比，没想到还发了一笔小财，这笔钱从100万变成400万美元。但是让美国人失望的是，印尼共产党得到的选票却超过穆斯林马斯友美党，3400万张选票中获得了600万张。苏加诺在这之后的表现更是让美国忧心忡忡——1956年，苏加诺对中国、苏联和东欧国家进行了官方访问。面对苏加诺的这种表现，美国无法继续保持淡定，于是打算插手干预。

在这种情况下，弗兰克·威斯纳又一次掌握了主动。1956年年末的一天，他对计划处远东司的司长说："我认为现在是我们给苏加诺施压的时候了。"

威斯纳的这位下属回到远东司，带给远东司的命令是要优先考虑针对苏加诺的行动。据远东司印尼分处（FE/5）的一位官员回忆，他被告知"如果不立即制订这个计划，圣诞老人就要给我们的袜子里塞进更糟糕的任务"。当时远东司是计划处最大的部门，所以远东司司长有很大的自主权。

远东司的司长是阿尔弗雷德·C. 乌尔默（Alfred C. Ulmer），他相当了解准军事行动，但因为在这之前他一直在欧洲任职，所以对亚洲事务了解不多。中情局有一项规定是领导层要被调到远离其特长的地区工作，以便增加他们的经验。根据这项规定，乌尔默从欧洲调到远东司。此前乌尔默在海军任职，后来调到OSS，还因为作战英勇而获得过青铜星章。在中情局创建之前，他一直在 OSS 任职。在反情报队员的身份掩护下，他在维也纳和马德里进行活动，还曾经担任过中情局驻雅典情报站的站长。威斯纳对于他在希腊的表现很满意，1955 年将他调到中情局总部，担任远东司司长。

乌尔默要依靠印尼分处制订针对苏加诺的计划。就在这个节骨眼儿上，印尼国内发生了一件大事，正好为美国的活动提供了机会。1956 年 12 月，西苏门答腊和北苏门答腊的军队领导人对军队中的人事变动不满，因此宣布独立，宣称不再受国家军事指挥的领导。这些参与反叛的军官们还利用自己的部队和国家提供的武器，从新加坡进行大规模的走私活动。1957 年 3 月，反叛活动加剧。印尼南苏拉威西省万鸦老市的驻军宣布万鸦老实行紧急状态，并组建军政府取代了当地的国民政府。叛军在西里伯斯岛发布《共同斗争宪章》（印尼语的首字母缩略词为 PEMESTA）。这个词很快成为整个反叛活动的代名词。1957 年 4 月 6 日，叛军和国民军在西里伯斯岛发生冲突，叛军枪杀了 29 名国民军士兵。在这之后，PEMESTA 变成公开的反叛活动。

中情局有几种途径可以与印尼的叛军进行联系。据艾伦·杜勒斯的特别助理理查德·比塞尔回忆，在反叛前两年印尼人就联系了中情局。他说："我认为我们可以毫不谦虚地说，所有中情局联系过的人最终都变成了苏加诺的敌人。"这些人很可能是通过印尼驻华盛顿的军事专员与中情局发生了联系，这位专员后来叛变。此外，中情局的一位特工还与印尼的一位军官代表有联系。中情局曾经为印尼培训过警官，在这个过程中秘密招募了一批人为中情局服务。

1957 年 4 月，中情局等来了机会。印尼最著名的两位将军，中苏门答腊的艾哈迈德·侯赛因和曾经与纳苏蒂安竞选陆军参谋长时落败、现在北苏门答腊任司令的莫卢丁·辛布朗，要求与中情局人士私下见面。在一个周六的早晨乌尔默得到这个消息，当时他还在家里，一位司务员给他拿来雅加达发来的电报。乌尔默立刻指示这个事件是绝密等级，中情局内只有九人有权知道这个事件。

因为 5412 小组还没有批准针对印尼的计划，所以，在经过了一番犹疑之后，乌尔默请求艾伦·杜勒斯和威斯纳同意让他来负责与印尼的这两位将军保持联系。随后，会面如期进行，印尼人要求美国提供先进武器，这让印尼分处十分窘迫，因为当时此事还没有得到总统的批准。不得已，印尼分处私下安排了一次军火交易，但却没有成功，印尼分处决定取得适当的权力，以便推动在印尼的行动。

苏加诺的举动也刺激了艾森豪威尔政府，让其下定决心去帮助“PEMESTA”。1957 年 2 月，在完成了对社会主义国家的访问之后，苏加诺在国内发表演说，提出印尼将要实行“有领导的民主”（Guided Democray）。他坚信，“西方的民主”并不适合印尼。他宣布，考虑到国家利益，各政治党派应该自行解散，印尼应该实行总统独裁，由总统任命的咨询委员会进行协助。华盛顿认为苏加诺的演说是不加掩饰地主动将共产党和印尼总统联系在一起。让美国更加不能容忍的是，苏加诺随后邀请苏联最高苏维埃主席团主席克利缅特·伏罗希洛夫对印尼进行为期两个月的访问。5 月，苏加诺请求对华盛顿进行官方访问，遭到美国的断然拒绝。1957 年秋，美国政府内部对于应该对印尼采取重大行动已经没有反对之声。弗兰克·威斯纳带着一张单据来到中情局局长办公室，凭这个单据，他可以拿到 1000 万美元用于印尼的行动，艾伦·杜勒斯毫不犹豫地在这个单据上签了字。

印尼行动的活跃引起了印尼分处一些工作人员的不满。让计划处的官员们放弃对中情局特别小组的控制很不容易。虽然艾伦·杜勒斯将监督权委派给了他的副手、空军中将查尔斯·皮里·卡贝尔（Charles Pearre Cabell），但是他还是密切关注着印尼行动的发展。艾伦·杜勒斯任命比塞尔负责策划针对印尼的行动，并打算使用 U–2 飞机搜集相关战术情报，以便有针对性地制订计划。卡贝尔则开始计划一些实际可行的操作。

在计划处的远东司，人们群情振奋。乌尔默大声嚷道："我们要替代黎巴嫩，成为报纸头条！"印尼分处认为，一旦得到官方的许可，他们就可以利用太平洋舰队来运送武器。但是美国国务院却对此有一些限制，比如，在某个地区只能有一个小组进行活动，也就是说，只能有一个特工和一个无线电操作员与西里伯斯岛的军官们保持联系。乌尔默的副手德斯蒙德·菲茨杰拉德认为，这个限制可能会导致行动失败。他这样想并非杞人忧天，因为对远东事务他有非常丰富的经验，而且大部分计划都是由他制订。

约翰·福斯特·杜勒斯对秘密战的指挥权为印尼行动提供了特殊的支持。1957 年 9 月 16 日，国务卿在纽约参加联合国大会时，他的兄弟艾伦·杜勒斯打电话告诉他印尼计划最后的审核即将被批准。笔记员记下了约翰·福斯特·杜勒斯当时所说的话：

"那么，你得到了许可？"

"这是西边，而不是东边？"

"离我们很近吗？"

"好吧。"

9 月 22 日，国家安全委员会会议讨论的第一项议题就是一个跨部门委员会提交的对印尼行动的报告。报告建议"继续维持当前对印尼的官方关系，但是要调整我们的计划和活动，以便我们可以为外岛的非共产党力量提供更多的支持”。9月底，国家安全委员会出台了对印尼的官方政策，在这之后针对印尼的隐蔽行动最终得以实施。

从那时起，杜勒斯兄弟俩就一同密切关注着印尼行动。美国驻雅加达大使约翰·埃里森得知美国正在和印尼的军官们接触，他反对美国对PEMESTA提供支持。在中情局秘密支持在缅甸的中国国民党军官李弥时，美国驻缅甸大使并不知情。这次也一样，埃里森并不知道中情局在印尼反叛活动中的参与程度。但是约翰·福斯特·杜勒斯否决了埃里森的建议。

10月29日，约翰·福斯特·杜勒斯给他兄弟打电话，告诉艾伦·杜勒斯，埃里森发来了一份“非常不同寻常”的电报，在电报中，埃里森的态度发生了180度的大逆转，建议美国采取行动。约翰·福斯特·杜勒斯说道：“在那里发生的事情是，我们的特工一个个被消灭，我们的人员正在逐渐减少，虽然现在我们还有足够的人手，但是半年之后，我们的人手就不到现在的一半了。”

约翰·福斯特·杜勒斯对秘密战的指挥权在苏加诺遇刺事件中也有明确体现。有一次，苏加诺出席一所学校的筹款义卖会，当苏加诺和他的两个孩子正要离开时遭到了暗杀，凶手向苏加诺投掷了5枚手榴弹（此次暗杀与PEMESTA叛军无关）。苏加诺幸免于难，但是在这场暗杀中共有10人死亡，48名孩童受伤。事件发生后，在决定是否向死者表示吊唁，并祝贺苏加诺有幸逃脱时，约翰·福斯特·杜勒斯认为这样做是理智的。他告诉艾伦：“如果不这样做的话才显得很可疑，但是秘书说应该确保这件事按照惯例处理。”

在12月初，美国和英国发生了一些矛盾。中情局和军情六处在新加坡的情报合作已经维持了很多年，在印尼行动中，中情局认为最好对当地的情报站进行扩展，以便情报站可以进行实际的操作，因为新加坡是运送武器的最佳渠道，但是英国却拒绝了美国的建议。

在英国外交部官员访问华盛顿期间，艾伦·杜勒斯去找他的兄弟。约翰·福斯特·杜勒斯说道："如果事情发展成这样，我们就得等待不好的结果。"几分钟之后，约翰·福斯特·杜勒斯给他的秘书克里斯蒂安·赫脱（Christian Herter）打电话，告诉他："确保当地形势按照这样的方向发展，（如此）我们可以撤销对苏加诺政府的支持，进而承认苏门答腊的持不同政见者和陆军，以便保护当地的美国公民的人身和财产安全。可以用这个作为借口，引起当地发生巨变……这是一个绝佳的机会，以后不一定有这样的机会。"12月22日，国务院情报负责人小休·卡明告诉约翰·福斯特·杜勒斯，他希望国务卿"能够在印尼行动上说服英国人，军情六处想要采取行动，就得和中情局合作"。

对此艾伦·杜勒斯一直很乐观。1958年1月中旬，艾伦告诉约翰·福斯特·杜勒斯，"在世界的另一端，一切进展顺利"。从1月31日中情局对印尼行动的最后评估上也能看出他的乐观。这份长达14页的评估，认为印尼的四个主要政党中至少会有一个支持"巴东集团"，这个集团相信苏加诺的统治正在被削弱，并且认为能够得到"西方，尤其是美国的支持"。

情报部门报告："在当前的形势下，巴东集团认为它能够成功地抵制任何忠于中央政府的部队采取的军事行动。"中情局事先了解叛军的行动日程，并预计叛军将会在2月5日左右采取最后行动，但是却错误地估计了苏加诺的反应，认为短期内苏加诺不会向外岛施加压力。中情局估计，巴东集团将会在外岛处于优势，叛军至少会在爪哇发动比较广泛的游击战。但是对于战争的结果，报告指出“我们无法预测巴东集团在爪哇是否能够打败政府的军队”，而且，如果苏加诺得到苏联的军事援助，那么结局就更加难以预测。

在国务院，小休·卡明被约翰·福斯特·杜勒斯叫进办公室。杜勒斯国务卿说道：“我是这样认为的，在亲共产主义的、领土统一的印尼和领土四分五裂的印尼之间，我倾向于后者。”之后，在国务卿的授意之下，国务院的两位高级官员向卡明透露了更多细节。据他回忆，在这两位向他透露中情局的印尼行动之前，他就试图打断他们，但是最终他还是知道了这个计划。

远东司希望在 5412 小组批准这个计划之后，自己就能够得到政府其他部门的支持，从而把武器运送给巴东集团，但是海军部仍然在拖后腿。负责海军行动的阿利·伯克上将根本就不希望海军参与其中。2 月底，艾伦·杜勒斯和克里斯蒂安·赫脱都和阿利·伯克说过这件事，但是阿利·伯克还是没有松口。

与此同时，美国空军的侦察显示印尼正在苏门答腊北部的大纳土纳岛上修建一个供轰炸机起降的跑道。得到这个消息之后，在太平洋司令部，海军上将菲利克斯·史坦普担心印尼有可能允许苏联的轰炸机使用这个岛上的设施。于是海军改变了其对印尼采取行动的保留态度，三艘潜水艇立刻出发驶向印尼。

当美国驻雅加达大使馆收到消息得知美国开始向巴东集团运送武器时，大使约翰·埃里森感到非常尴尬，因为他提出的意见是美国应该和印尼中央政府和解，很显然他的意见被完全否决了。至于随后埃里森是自己提出调任还是被调离印尼，各方说法不一。总之在这之后，约翰·福斯特·杜勒斯派埃里森这个职业外交家去了捷克斯洛伐克。据埃里森回忆，苏加诺非常“厌恶”约翰·福斯特·杜勒斯。

去布拉格之前埃里森在华盛顿做短暂停留，当他在中情局汇报工作时，情报官员们听得都很认真，对他也非常客气。汇报完毕之后，中情局的一位高级官员送埃里森来到他的汽车旁边，对埃里森说道："我得告诉你，我们中有很多人都认同你从雅加达发来的报告和建议。我认为，事实将会证明你是正确的。"

由于印尼国内公开化的政治危机，中情局很难再继续对行动保密。中情局对印尼的计划类似于在危地马拉采取的计划，都包括一个很长的"停滞期"。在这期间，美国政府将会对苏加诺政府施加心理压力。约翰·福斯特·杜勒斯对此还有些疑惑，2月4日，他告诉艾伦·杜勒斯："在这个停滞期内，苏加诺政府将会得到许多东西。"

从1957年11月到1958年3月，在美国国家安全委员会的17次会议中，有14次讨论涉及印尼，好像只要一开会就要提到这个国家。2月27日的会议讨论了公开行动和隐蔽行动之间的界限。当天下午4点20分时杜勒斯兄弟俩的电话记录全文如下。这表明，美国政府已经不再坚持"合理推诿"，逐步开始从幕后走向幕前。

国务卿说他不知道今天上午的会议中就这个国家的讨论是否会导致更多的活动。艾伦说，到了某个程度，你就很难再隐于幕后去继续做更多的事情。国务卿认为，如果可能的话，我们可以冒险从幕后走到幕前。他们都认为这是最后一次机会。国务卿提出要从菲律宾买东西，艾伦说运输不方便，只能通过美国的方式把货物运进来。艾伦说他们正在这样做，一旦他们把东西收下，我们就准备喝倒彩。我们要大胆地向前推进。这是一个非常有魄力的计划，他们都很赞同这个计划，也很配合。国务卿只是想让艾伦知道，他认为我们不能过于谨慎，我们必须得冒险，因为在他看来这是我们最好的机会。艾伦很高兴福斯特能这样说。

当华盛顿还在酝酿阴谋的时候，印尼的政治形势已经不可避免地恶化。为了转移公众对PEMESTA叛军的关注，苏加诺与荷兰重启已经尘封六年之久的领土争端，争夺新几内亚的西伊里安。然后苏加诺离开印尼群岛，启程去旅行。苏加诺在日本的朝香停留期间，叛军军官们公开向苏加诺挑衅，派遣使者与他讨论解散内阁，并远离“有领导的民主”。PEMESTA提供了一份名单，上面列着几位他们选择的部长的姓名，并承诺如果苏加诺任命这些人为内阁部长，叛军就会转而支持苏加诺。

苏加诺拒绝了叛军的最后通牒。2月15日，PEMESTA宣布成立叛军政府，由苏门答腊、西里伯斯岛和爪哇岛组成，尽管爪哇并不太支持叛军。弗兰克·威斯纳认为叛军的这个举动是一个信号，由于酷爱现场指挥，他马上动身去新加坡，从那里指挥印尼群岛上的行动。

中情局为了开展对印尼的行动，特地加强了新加坡的情报站。但中情局在新加坡的人员配置，以及与英国和澳大利亚的合作到现在还是个谜。海军也不动声色地派遣两艘驱逐舰来到新加坡，等待保护身在印尼的美国公民。另外一个针对印尼群岛的重要基地是菲律宾，海军的潜水艇离开苏比克湾，随时待命。在克拉克空军基地的中情局管辖区，将要空投到西里伯斯岛的物资也在筹备中。中情局招募了300名到400名美国人、菲律宾人和中国国民党士兵，组成了一个小型运输机队，配备15架B-26轰炸机。这些轰炸机都是经过特别改造，专门执行地面支援任务。每架轰炸机除了有机头组件之外，还配备8支0.5口径的冲锋枪。

PEMESTA在万鸦老重新启动了“二战”时期的一个空军基地，一些飞机和机组成员后来来到这里，这些人就是所谓的“国际志愿者飞行组”。

与此同时，印尼中央政府开始采取强硬措施打击叛军。参谋长纳苏蒂安开除了六名参与反叛的陆军上校，并宣布有必要的话政府军将会采取军事打击，一周以后，一艘军舰在离叛军大本营巴东不远的地方开始耀武扬威地进行演习。2月21日，PEMESTA在巴东的广播电台和叛军政府的首府武吉丁宜遭到政府军的猛烈炮击。叛军的广播电台在一周之内都无法恢复正常工作，这给叛军的心理战计划造成了沉重的一击。

约翰·福斯特·杜勒斯尽力隐瞒美国在叛军中的角色。三四月份，杜勒斯在国会露面时，坚称美国只是在根据国际法行事，并没有干涉印尼内政。在记者招待会上，他告诉记者们PEMESTA反叛是印尼内部事务，美国不会向任何一方出售武器，印度尼西亚人应该“不受干扰地”处理反叛事务。

3月初，政府军在伞兵部队的增援下，在苏门答腊海岸登陆。纳苏蒂安集结三个纵队在巴东会合，打算展开一场决定性的进攻。由于在热带丛林中行军速度比较缓慢，一些叛军军官弃军而逃，一些士兵投降，许多士兵偷偷逃跑。4月18日，叛军和政府军又发生了一场有空军和两栖部队参与的战斗。

战局让身在新加坡的威斯纳饱受折磨。中情局尽其所能帮助PEMESTA叛军抵抗政府军。中情局原先的规定是一次只能有一个小组和叛军联系，现在这条规定被取消，4月和5月，由潜艇将另外两个小组送到苏门答腊。但是仅有白人面孔出现远远不够，叛军还是士气低迷。后来的特工之一，安东尼·泼舍尼，曾见识过中国西藏的游击战争，他发现印尼人相当温顺。另外一个中情局的准军事行动顾问也回忆了一个令人沮丧的典型插曲：一队PEMESTA士兵被派去接收中情局空投的武器，他们事先已经标注了飞机的降落区，也知道飞机到达的时间和大体飞行路线，但是在听到飞机引擎的第一声噪声时他们还是跑掉了。

印尼计划最大的错误在于，中情局过分依赖这个并没有凝聚力的反叛组织。PEMESTA军官们从爪哇岛反抗中央政府的统治，但是他们需要通过实施一个政治计划，才能实现个人利益。这个政治计划预期组织一个各地区之间的、松散的联邦，包括印尼的主要岛屿与群岛。各地区将保留大部分收入，只给中央政府缴纳一点税收。这个计划在军阀横行的旧中国行得通，但是并不适合印尼。

另一方面，中情局利用分裂主义促成了叛军的活动，而分裂主义也造成叛军不可能像联盟一样有序地运行。各个岛屿之间的距离也增加了叛军的困难，使叛军无法进行联合军事行动。同时，在中情局的秘密战士们的意识形态和叛军们不太高尚的目标之间也有差距。在危地马拉也曾出现过类似失误，但是在危地马拉，阿本斯惊慌失措，自乱阵脚，而苏加诺却立场坚定，而且还有阿卜杜勒·哈里斯·纳苏蒂安的大力支持。

另外一个重要原因是PEMESTA叛军和政府军之间实力差距悬殊。苏加诺拥有海军、空军、海军陆战队，还有伞兵部队。而叛军领袖们原先都是地区司令，手中只掌握着地区部队。美国通过潜艇和空投提供的轻武器和弹药并不能弥补叛军和政府军之间实力的差距。而且，为PEMESTA叛军提供武器可能会暴露美国。4月8日，《芝加哥每日新闻》刊登了一份报告，描述了美国给PEMESTA叛军空投武器的细节，这在华盛顿引起了恐慌。卡贝尔将军被派去珍珠港，以阻止消息进一步泄露，所幸的是媒体并没有深入挖掘这份报告，所以美国的角色暂未泄露。

美国仍然在想方设法支持 PEMESTA，甚至考虑正式承认叛军政府。约翰·福斯特·杜勒斯赞成这样做。在一次记者招待会上，他提出了这个可能性，4月5日也和总统讨论过这个建议是否可行。但是小休·卡明的手下整理出一份文件，表明如果这样做的话，美国在法律上根本站不住脚。

在这之后 PEMESTA 叛军在政府军的打击下逐渐溃败。4月17日午时，艾伦·杜勒斯给约翰·福斯特·杜勒斯详细地讲述了事情的经过。国务卿说，纳苏蒂安的反应比他预计的更有效、更快，也更精准。对于叛军的失败艾伦·杜勒斯并不感到惊讶，他警告道："我们必须非常小心，不要超出安全底线。"几天之后，艾伦·杜勒斯告诉国务卿，他认为这次失败出乎 PEMESTA 军官们的意料，然而"他们竟然没有内讧"。国务卿提出要承认"苏门答腊国"时，艾伦·杜勒斯建议再等一周。果然，到了4月28日，有消息传来，政府军发怒了。5月4日，苏门答腊叛军的首府武吉丁宜被政府军攻陷，叛军被迫转移到西里伯斯岛的万鸦老。

事实上，美国对 PEMESTA 叛军最明显的"秘密支持"是空军，但是印尼的空军一直忠于苏加诺政府，这就使叛军很难解释为什么一夜之间就有了一支空军部队。3月下旬，叛军发动了第一次空袭，目标是巴东，随后又进行了一系列行动，目标包括孟加锡、摩罗泰岛、巴厘巴板和安汶。在4月28日空袭巴厘巴板的供油港口时，叛军误击一艘英国油轮。还曾经在执行其他几次任务时，误击了过往船只。

美国又一次面临暴露身份的危险。3月23日，华盛顿的气氛又一次紧张起来。美国海军的一架飞机在执行侦察任务时被印尼空军击落，幸运的是这架飞机设法在一个亲美的基地着陆，飞行员杜撰了一个故事，总算没有引起灾难性后果。之后，叛军的两架 B–26 轰炸机被政府军击落，政府宣称，在突袭万鸦老时还摧毁了六架 B–26 轰炸机。

印尼政府的情报机构也了解到一些事实，于是利用这个情报揭露 PEMESTA 的真相。印尼媒体在多次报道中都提到美国曾为 PEMESTA 叛军空投物资，还有一次提到澳大利亚空军与 PEMESTA 叛军也有关联。印尼政府指责美国和中国国民党的“冒险分子”在操纵叛军的空军部队，并宣布要把这些冒险分子的名单提交给华盛顿。

在 4 月 30 日的记者招待会上，艾森豪威尔对印尼政府的指责做出首次回应。他重申在对印尼国内的冲突中美国保持中立，还补充道：“另一方面，据我所知，每次叛乱都有雇佣兵参与。”总统为自己在记者招待会上的精彩表现扬扬得意，于是忍不住给约翰 · 福斯特 · 杜勒斯打电话，分享他的喜悦，这是印尼行动中两人仅有的一次在电话中讨论此次行动。第二天，约翰·福斯特·杜勒斯在与媒体见面时称美国没有义务去控制雇佣兵的活动。

但是雇佣兵的说法却引起了巨大的麻烦。5 月 18 日，叛军的 B–26 轰炸机在空袭安汶时轰炸了一个农村集市，当时人们正在去教堂的路上。轰炸机被击中，右翼着火，机组人员跳伞之后被捕。投弹手是个印尼人，但是驾驶员是个美国人，名叫艾伦·劳伦斯·波普（Allen Lawrence Pope）。华盛顿当天就得知了波普被抓的消息，卡贝尔因此向国务卿求证。但是中情局对波普很有信心，因为波普曾在朝鲜战场和民航空运队服役过，仅在奠边府就执行过 57 次飞行任务。1957 年 12 月，他在西贡受到招募，参与到印尼行动中，1958 年 3 月首次执行此次飞行任务。

5 月 20 日，约翰 · 福斯特 · 杜勒斯在媒体面前侃侃而谈，宣称他国不应该干涉印尼的平叛行动。讽刺的是，苏加诺此时已经掌握了波普与美国官方的联系。中情局确信波普可以扛住严刑拷问，而且 B–26 轰炸机也经过严格的“净化”，所有与美国有关的证据都被消除。此外，飞行员每次执行任务前，都要脱光衣服接受检查，以保证他们不会随身携带任何可以证明他们身份的证据。但是让美国人没有想到的是，波普将他的证件藏在飞机上。自然而然，当印尼对飞机进行搜查时，搜到了波普的美国空军和民航空运队的证件、波普与此次行动所签的合同，以及克拉克空军基地的美国军中福利商店的优惠卡。5 月 27 日，在雅加达，印尼政府将波普本人和波普的证件一起展现在世界媒体面前，彻底揭穿了美国总统和国务卿赤裸裸的谎言。

印尼行动就此告终。艾伦·杜勒斯下令，要求在印尼活动的中情局人员停止一切行动，他明确地表示“我们必须得收手了”。一些美国准军事顾问不得不费力地穿过热带丛林到达海岸线，等待潜艇的接应。在此过程中，印尼海军侦察到了一艘英国潜艇的行踪，并展开攻击。6 月 26 日，政府军攻占了万鸦老，PEMESTA 反叛被彻底平定。事实上，反叛的最终结果反倒使印尼中央政府加强了对爪哇的控制。用历史学家布莱恩·梅的话来说：“美国的干预对苏加诺来说是个礼物。”

“群岛”行动也使美国和英国以及澳大利亚情报机构的关系恶化，但是中情局并没有解雇任何一个员工。最初与 PEMESTA 叛军接触的人面临几个选择，他最终选择了伦敦情报站。一个非常重要的密探选择去了阿尔及利亚情报站。甚至艾伦·波普的结果也不错。他在 1959 年受审，被判处终身监禁，最终提前出狱，出狱后仍然为中情局服务。但是，这场灾难却最终让弗兰克·威斯纳元气大伤：他的职务被理查德·比塞尔顶替，他本人去了伦敦情报站任站长。远东司司长小阿尔弗雷德·乌尔默被他的副手德斯蒙德·菲茨杰拉德继任，他本人去了巴黎情报站任站长。

在华盛顿，接下来发生的事情就与印尼没有多大关系了。经过这次惨败之后，总统勃然大怒，要求调整人员组织，但是这需要时间。5412 小组、计划处以及中情局和国防部之间的联系通道都进行了调整。

进行调整的大部分建议都是总统外国情报活动咨询委员会（President' s Board of Consultants on Foreign Intelligence Activities, 简称 PBCFIA）提出的，这个委员会也称赫尔委员会，因为委员会的主席是约翰·E. 赫尔（John E. Hull）将军。这个委员会的成员都由总统亲自挑选，成员们每个月在华盛顿会面一次，听取各个情报机构的工作汇报，每年向总统汇报一到两次。总统成立这个委员会还有一个目的是阻止国会成立一个监督情报工作的国会联合委员会。

在赫尔委员会的第一次会议上，中情局的汇报持续了 8 个小时，内容包括情报报告、分析，以及隐蔽行动。中情局的检察长莱曼·柯克帕特里克负责接待赫尔委员会。据他回忆，第一次工作汇报“野蛮不堪”，“事实上就是一个填鸭式的汇报”。此后，随着工作汇报变成了常态，委员会慢慢的有了时间进行思考和回顾，然后向总统提出自己的建议和意见。

1956 年 12 月，赫尔委员会提出，中情局冷战活动的批准程序“极其不正式，甚至有些专权”，而且，“冷战项目好像成了中情局的专属工作”。赫尔委员会认为，国务院和国防部应该更加密切地参与到行动的批准和实施过程中，而且国务院应该根据驻各国大使的意愿，告知他们美国在他们所在的区域采取的行动，除了5412小组全体成员同意不予告知的行动。

到了1958年，赫尔委员会的观点更加完善，10月30日完成了一份报告，并于12月6日亲自向总统汇报。赫尔将军将隐蔽行动列在第二位，他指出原先的隐蔽行动计划都是由计划处进行评估的，而“让这种类型的机构去评估它自己的工作是不合理的”。

中情局确实是这样评估的。莱曼·柯克帕特里克和计划处的新主任理查德·比塞尔开始对计划处的工作进行调查。

1959年2月，计划处的内部检查和评估部门被撤销。但是艾伦·杜勒斯在2月16日提交的备忘录中称，在进行所有冷战行动之前，中情局将任何情报都考虑到了，中情局一直都自觉地抵制自私自利的行为出现，而赫尔委员会对于计划处自治权限的评估过于夸张。有趣的是赫尔委员会的成员之一是杜利特尔，他曾经在1954年专门受艾森豪威尔委托研究过隐蔽行动。

事实上，对于中情局的行政控制比以往更加重要。朝鲜战争结束之后，计划处的规模不但没有缩小，相反倒扩大了很多。从1953年到1961年期间，计划处的人员增加了1000多人，在中情局内部的支持人员也增加了1000多人，计划处的预算占中情局全部预算的54%。到1958年，在中情局之外还有7000多名军事人员为中情局在世界各地的活动提供直接支持。

类似“群岛”行动的行动需要军方和中情局之间的高度配合，这就需要军方和中情局之间建立正式的关系。之前，五角大楼和中情局之间的联系通过5412小组进行，中情局为5412小组成员提供材料。1958年，赫尔委员会建议成立一个由五角大楼和中情局代表组成的联合组织。在12月份的会议上，艾森豪威尔总统明确指出，5412小组的会议要像“法庭”一样，小组成员只能从各自的机构得到最少的人员支持。

所以，一切都要靠 5412 小组。

一个总统的手下对于 5412 小组的事务尤其关心，这个人就是戈登·格雷。

格雷一度有望成为中情局局长，但是在杜鲁门政府任期结束之后，他的机会也消失了。他被指派作为听证会的成员，审判奥本海默案。在他任国防动员署署长期间，他的沉稳、能干和谨慎深深地打动了艾森豪威尔。所以，当艾森豪威尔总统的国家安全事务特别助理罗伯特·卡特勒辞职之后，艾森豪威尔任命格雷填补这个空缺，尽管格雷是个民主党人。就这样，格雷现在的职位比中情局局长还高，职责是帮助总统管理中情局。

作为总统的特别助理，格雷成为总统在 5412 小组中的代表。1958 年，他大部分时间关注的都是中情局对所管辖的行动的监督。尽管表面上中情局局长只是 5412 小组的顾问，但是 5412 小组本身却没有什么主动性，所以，主动性几乎全在艾伦·杜勒斯一个人身上。在 1958 年 12 月份的会议上，格雷、赫尔和杜利特尔公开地提出了这个问题，然后总统就委任他们调查 5412 小组和中情局之间的关系，调查的结果最终导致了 NSC–5412/2 的修订。

1958 年的圣诞节过后，总统直接与艾伦·杜勒斯和戈登·格雷会面，强调要加强对情报和秘密行动进行行政管理，由 5412 小组和赫尔委员会直接向他汇报，任何人都不得阳奉阴违，因为制定这个制度的目的是要“消除国会中的团体或国会人员插手情报和秘密行动的可能性”。

艾伦·杜勒斯毫不犹豫地做出了适当的保证，但是格雷却不太满意。5412 小组半年一次的报告于 1959 年 1 月 15 日送达总统，四天之后，格雷给艾伦·杜勒斯、约翰·福斯特·杜勒斯以及国防部在 5412 小组的代表一份备忘录，上面是他关于程序的一些“粗浅的想法”。事实上，格雷的“粗浅的想法”一点都不粗浅，他的想法包括以下几点：5412 小组前半年的审查中只讨论了四五个项目；5412 小组有必要更好地理解自己的职责；有关哪些问题应该提交 5412 小组讨论的标准模糊不清；5412 小组需要制订评估和审批项目的程序；还有“我强烈认为总统希望看到 5412 小组表现出更多的主动性”。

艾森豪威尔同意了格雷的建议。为了督促 5412 小组切实解决这些问题，1958 年 12 月 26 日，总统要求 5412 小组每周定期开会，而不是像以前那样偶尔开一次会。尽管如此，问题还是没有得到解决。几个月之后，1959 年 6 月 22 日，格雷将工作汇报交给总统时，总统指着一个项目说，本以为 5412 小组已经批准过这个项目了，格雷回答他说，在过去的七个月里 5412 小组根本没有批准这个项目。

五角大楼和中情局之间的关系一直广受争议。中情局实际上与五角大楼的三个不同部门打交道：代表国家安全事务的国防部长、负责军事行动的参谋长联席会议，以及负责协调和军事支持的国防部长特别行动助理。在整个艾森豪威尔政府时期，国防部长特别行动助理一直是格拉夫·B. 厄斯金中将，国防部长尼尔·麦克尔罗伊一直对他十分信任。麦克尔罗伊的继任者是小托马斯·S. 盖茨，他于 1959 年 12 月上任，一直担任这个职务直到艾森豪威尔政府任期结束。1945 年，盖茨在硫磺岛附近的海军预备役部队任参谋，当时厄斯金率领的是第三陆战师，两人是老熟人，因此盖茨给了厄斯金完全的行动自由。此外，必要时厄斯金还可以直接联系总统。

赫尔委员会批评了国防部，并建议由参谋长联席会议的几个人专门负责隐蔽行动的审批。艾森豪威尔断然拒绝，他反驳道，如果这样的话就意味着军方参与到政治中，而且让5412小组参与到隐蔽行动的实施过程中本身就是一个错误。所以，实质上，艾森豪威尔还是坚持了现有的对隐蔽行动的领导安排。

艾森豪威尔总统仍然在控制、安全和“合理推诿”这三者之间犹疑不决，难以做出取舍。问题太难，他无法解决。尽管在叙利亚和印尼的行动失败，以及国会对情报领域的监督机制施加的政治压力都促使他采取措施，但是5412小组好像还是不能发挥主动性。也就是说，没有人能够真正地“质疑”隐蔽行动。不论决策机制如何，只要政策制定者们相信冷战活动是有效的，这些活动就很容易获得批准。带着这种坚定的信念，秘密战士们在亚洲的高原上已经发动了一场异常艰难的准军事行动。

第九章　世界屋脊之战

印度的一个小村庄卡林朋安静地坐落在喜马拉雅山脚下。在地图上，这个村庄只是尼泊尔、印度、不丹三个国家边境线交会处的一个小点，根本不为外人所知。来这里爬山的游客可能会去尼泊尔首都加德满都，如果他们再冒险一些，来到卡林朋附近，他们就会看到另外一个小镇，这就是印度的茶业中心大吉岭。但是，来到大吉岭的游客却往往对另外一个地方感兴趣，因为这个小镇通向中国的西藏。

1955 年春，一个美国人以游客的身份为掩护，来到卡林朋。这个人实际上是来自美国政府的一个不明机构的一位不明身份的官员。或许，卡林朋也不像看上去那样是一个安静的小村庄。几十年来，它一直是印中冲突的焦点。不论事实如何，早在 1953 年 9 月，印度总理贾瓦哈拉尔·尼赫鲁（Jawaharlal Nehru）就曾在印度议会上说过，卡林朋是“间谍的老巢”，各国间谍云集在此，“有时候我甚至怀疑，卡林朋的大部分人口都是外国间谍”。

1955 年来的那个美国人有可能是个外交官，但更有可能是个间谍。讲述他的故事的人名叫乔治·N. 帕特森，是一个苏格兰传教士，长期住在卡林朋，一直在藏东传教。帕特森会说藏语，还写了几本有关西藏的书。帕特森对西藏非常了解，而且对这个地方非常着迷。帕特森在西藏政界非常有名气，甚至据说达赖喇嘛也跟他有交情。

因为帕特森熟知西藏事务，美国人就找上门来。实际上一年前印度情报官员就找到他，问他能否联系到愿意讨论反抗中国的西藏高官，也正是因为这个原因，美国人也找到了他。在为期四天的会面中，帕特森担任的是翻译的角色。

这名高官曾经向印度人列举了自己面临的困难，现在对美国人也重申了一遍。美国人向他表示同情，但是强调，如果穿越山脉提供武器和人力的话会面临重重困难，并指出西藏和印度的合作非常重要。美国人制订了一个为期 10 年的援助计划，并打算在第一个五年之后就推翻中央政府的领导。美国人还说，美国的某个特殊机构将会指派一个特工来到这里，专门处理西藏事务，但是这个行动与美国大使馆无关。在这个会议上，来自西藏的拉培巴丹桑点头表示理解。

在西藏，美国的秘密战士们也能够利用当地的反叛力量为美国所用。在中国共产党试图巩固在当地的地位时，反叛力量开始迅猛增长。保守的西藏在政治和文化上一直和汉人不同。尽管从元朝开始，西藏就正式纳入中国中央政府的直接管辖之下，但自从 1911 年清朝的统治落下帷幕之后，对西藏的统治就一直很宽松，于是，在西藏，军阀、地方统治者遍布各地。此外，印度与藏南接壤，这就使地区性势力互相竞争在拉萨的影响力。在某种程度上，西藏可以在各方势力中游刃有余，从而保持“独立状态”，或者至少保持自治。

但当时中国共产党和国民党之间的力量对比悬殊。国民党的力量根本无法和共产党匹敌，而且共产党的行动更加团结，更有决心。新中国有计划、有精力，还有解放军，西藏不可能长久地游离于内地之外。

世界屋脊是僧侣的世界，这里有 3000 多所寺庙，没有一点现代化的准备。牧民和小城镇的居民臣服于各级僧侣的统治，而少数商业上层人士则是他们的参谋。达赖喇嘛就是佛祖的化身，经过各种测试、考验和冥想，在他还是孩童时就被智者们挑选出来。在这片土地上，神的指示就是政策。

1950年夏季，解放军挺进西藏。拉萨方面试图用印度的军事援助组建一支军队，但是已经为时太晚。1950年8月，解放军第18军击败了一小股只能被称为封建性质的军队，这支军队只有几把老式手枪，人员包括达赖喇嘛的私人卫队、武装的僧侣和农民。在短暂的逃离拉萨之后，达赖喇嘛同意接受中央政府的领导。

中央政府的领导给西藏带来了天翻地覆的变化，包括经济的发展，工业生产的出现，甚至是货币的引进，这个以前一直是以物易物的原始社会，需要发生根本性的变化。

西藏面临的一个重大困难是完全缺少通信设施，这里没有铁路，没有公路，没有机场。中央政府很快就启动了两个公路修建项目，一条公路从青海湖开始，穿过安多，直达拉萨；另外一条公路从康定穿过康巴到达拉萨。这两条公路是工程学上的巨大突破。以康定公路为例，这条公路平均海拔2600米，穿越14座山，跨过7条大河，包括湄公河和扬子江的源头。1954年这条公路修到拉萨之后，拉萨的茶叶价格下降了30%，原来一盒火柴得用一群羊去换，现在只用两磅羊毛就可以换到。但是这些影响却是有的藏人不想看到的。

1953年，康巴的中国公路测量队人员开始谈论改革。为此，一个西藏的地方官员辞了职，但是却没有得到拉萨方面的支持，因为达赖喇嘛坚决回避与中央政府发生冲突。第二年，当中央政府开始在甘孜和理塘地区修建合作农场时，凶猛的游牧民族康巴人开始反抗。

1955年年初，一位名叫洛桑次旺的安多领导人公开反对这种政举，随后被中央政府逮捕，这在当地引起了一系列动乱。一队200人的解放军士兵来到果洛山区平叛，当地部族抓住这些士兵，收缴了他们的武器，砍掉他们的鼻子，然后把他们送回去，以示威胁。在这之后，这些人加入了酋长多吉巴桑领导的叛军。

在康巴地区，情况也在恶化。在巴塘，当地藏民武装反叛。康巴族的游击队员趁机在康定公路上设置了三个关卡，这进一步妨碍了解放军应对叛军的能力。

1956年，不安定因素继续扩展，甚至影响到了达赖喇嘛。达赖喇嘛本来同意领导一个由51个成员组成的“筹备委员会”，以监督西藏融入中国其他地区。1956年恰好是佛祖诞辰2500年，印度举办了声势浩大的大雄节，达赖喇嘛当然要参加这个盛会，于是带着50名官员和150名僧侣及随行人员来到印度。但是刚一到达印度，达赖喇嘛就向尼赫鲁请求政治避难。尼赫鲁向中国领导人通报了事态的发展，于是中国外长周恩来突然访问印度，并秘密会见了达赖喇嘛。

乔治·帕特森的说法只是引起中情局对西藏采取准军事行动的原因的版本之一，另外一个说法是，中情局采取的行动是扩充达赖喇嘛的二哥嘉乐顿珠建立的谍报网络。嘉乐顿珠住在印度大吉岭，以大吉岭为基地发展了一个谍报网络，这个谍报网络很可能在1951年就和中情局建立了联系。帕特森担任翻译的那些会谈可能只是代表了中情局最终决定在西藏插一脚，因此这两个版本都有道理。

本书不太可能详细地分析华盛顿对西藏的决策，因为相关档案仍然没有解密。事实上，如果没有美国最高法院插手的话，马凯蒂和马克斯的书《中央情报局与情报崇拜》中对西藏的讨论就很可能被中央情报局的审查员删掉。据曾经为厄斯金将军的特别行动处管理过秘密空军行动的空军上校弗莱彻·普劳蒂透露，西藏“被埋在中情局的传闻中，是中情局不便讨论的‘成功’之一”。

不情愿提起西藏无疑与随后中美关系的改善有关，因为现在我们认为在中国实施准军事行动以挑起麻烦是不理智的。中情局实施的准军事行动失败无数，而世界屋脊之战是为数不多的“成功”之一，至少在情报方面如此。但是具有讽刺意味的是，美国直到现在还拒绝公开针对西藏的档案。尽管中情局到现在还保持沉默，但是从政府机构的备案材料中还是或多或少能够收集到一些资料，因此也能够比较客观地还原中情局在西藏行动的原貌。

反叛运动的发展表明，中情局和西藏“反叛游击队”之间的正式合作始于 1956 年。1956 年 2 月，藏东的几个县同时发生了叛乱，涉及的范围很广，因此叛军之间没有进行过协调是不可能的。更重要的是，1956 年，用制作降落伞的材料制成的衣物开始在西藏出现，弥补了藏区棉花的不足。据说中情局的第一次空投发生在 1956 年，飞机从缅甸出发到达西藏，来到巴塘。除此而外，1956 年，美国的“自由亚洲协会”（表面上是一个私人游说团体，实际上受中情局暗中资助）邀请达赖喇嘛的大哥土登罗布去美国进行巡回演讲。土登罗布本人曾是一座寺庙的住持。他在演讲中公开支持反叛，并且在接下来的几年中对美国多次进行了类似的巡回访问。

除了进行空投之外，中情局还对叛军进行培训。中情局招募的叛军通常需要一个月时间才能通过西藏和印度之间的小道来到印度的卡林朋或印度东北部的阿萨姆邦。在二战期间，邦达兄弟们利用这些小道给蒋介石的军队走私武器，发了大财。也是在这期间，他们建立了组织严密的支持网络，甚至在卡林朋还建有一个仓库，现在这个仓库被重新启用。叛军士兵们坐火车来到印度的加尔各答，在那里会得到下一个联系地址。专用飞机会将这些人运送到中国台湾，途中飞机会在曼谷或者中国香港加油，但是在这期间飞机舷窗上的百叶窗一直是关闭的。

在营地里，从康巴和安东来的叛军士兵看到了一个崭新的世界，那里全是他们见所未见、闻所未闻的新式武器和通信设备。很快，这些人就变成了能熟练使用各种器械的士兵，他们拥有骑兵，但是藏语里面却没有“骑兵部队”这个词。他们本身都是熟练的骑手，在他们的语言里有30多个词汇描述马具的各个部分，但是却没有一个词能够描述完整的马具。他们用不同的词汇描述不同的物种，但是却没有“树木”这个词。在藏语中有几十个词来描述出神或冥想，却没有“睡觉”这个词。在见到了新的武器之后，他们发明了两个新词，即用“空中小船”来指代“飞机”，用“空中布料”来指代“降落伞”。

一些藏族叛军取得了巨大的进步，成为无线电专家或武器专家，甚至成为地空协调员，负责标记空投区域。在中国台湾受训的人员最终被分成三组，一组回到西藏去领导当地的“游击队”；一组留在训练营担任教官和翻译；第三组被挑选出来执行特殊任务，并进一步接受培训。在最初的几年中，中情局对第三组人员的特殊任务培训在另外一个岛上进行，很可能是在塞班岛上的中情局基地中。

在台湾进行的培训正好将西藏行动置于针对中华人民共和国的一个大的行动框架中。台北是中情局的一个重要活动基地，中情局的许多活动都从这里展开。在1954年到1955年的台湾海峡危机之后，“台北情报站”显得更加重要了。蒋介石仍然梦想着有朝一日要回到大陆。1958年的台海危机中，“驻台美军司令”

海军上校罗兰·N. 斯穆特（Roland N. Smoot）专程去参观了国民党特种部队的训练情况。台湾的特种部队大约有 5000 人，蒋介石的儿子蒋经国是负责情报事务的副手，他向穆斯特描绘了一个雄心勃勃的计划，打算让特种部队沿着海岸登陆，却遭到了穆斯特的拒绝。尽管美国拒绝帮助台湾进行这样大规模的行动，但是却答应用快艇或小型潜水艇将每组 12—20 名突击队员运送上岸，这个活动一直持续到 1962 年。一般美国的快艇从金门出发，潜水艇则从台湾出发。

从 1958 年年初到 1962 年 6 月，“中情局台北情报站”一直由雷·克莱因负责。在这期间，克莱因逐渐成为蒋经国的密友。通过这个渠道，中情局与国民党的特种部队建立了联系，并进行了人员交流和联合宣传活动。1960 年左右，台湾不再往大陆派送特工人员，而代之以高空侦察。通过一个军事援助项目，美国对国民党的飞行员进行训练，培训合格之后，这些飞行员就驾驶着美国“捐赠”的 U–2 飞机进行高空拍摄，拍摄的照片被送到中情局进行分析。对于在西藏的行动，台北情报站主要是为叛军提供培训。尽管台湾是中国的一部分，但是针对西藏的行动却由中情局印度情报站直接领导。

对于中国共产党来说，西藏战事的焦点就是对公路的争夺。在当时的条件下，公路不仅仅是基础设施，更是一种象征，象征着中央政府在藏区的存在。在康巴和安东，每隔 30 多公里就设置一个公路检查养护站，仅维护这个系统就需要投入 4 万多名解放军战士和 2 万多名当地民兵。

由于公路是重要的生命线，它们决定着解放军的军事实力，因此这些公路很快成为叛军的袭击目标。在康巴和安东，就连续发生了多起针对公路的大规模突袭和伏击活动。

这期间，中央政府的确撤出了一些干部，但是更多的专家和农民入驻西藏。而大部分解放军部队从西藏中部撤出，被派驻到康巴和安东。很快，解放军部队开始和当地的反叛“游击队”作战，1957年，解放军在拉萨开了一家卡车维修站，以保障解放军的后勤供应。

但是这些措施并没有削弱“游击队”的力量，尤其是康巴人的力量，1958年叛军宣称要将所有汉人从藏东南驱逐出去。在藏中，一位名叫安东来舍的人领导的“游击队”得到了美国提供的第一批武器和无线电设备，他的“游击队”在山南地区把持着从卡林朋到这里的小路，叛军主要靠这条路运送军火。据说安东来舍直接和台湾通过无线电保持联系。在安东和康巴，“游击队”切断了联系内地的道路。

武装反叛使西藏社会四分五裂，也带来了许多道德问题。传统上，信奉佛教的藏族人是温和的、非暴力的，但是现在这些人却选择用武力来对抗中央政府。解放军占领了理塘寺之后，僧侣们也开始选择政治立场。宗教领导人班禅喇嘛选择了共产党，最终成为受到中央政府承认的宗教领导人。也有许多喇嘛选择了叛军一边，西藏最大的寺庙之一哲蚌寺，仅在拉萨就有700座附属寺庙，理塘寺的一部分僧侣后来到了这里，哲蚌寺为这些人提供庇护。据哲蚌寺的一位僧人回忆:“我看到了叛军的武器，有机枪，有步枪，都是晚上来的，一晚接一晚。”

对于美国人来说，在1956年之后，把武器运进西藏就容易多了。在匈牙利危机时，艾森豪威尔总统说：“匈牙利和西藏一样，是美国势力无法进入的。这句话当时没错，因为当时美国还没有载重量很大的远程运输机。1956年12月，美国洛克希德·马丁公司制造的C-130大力神加入美国空军，极大地增强了空军的运输能力，使美国进一步扩张了在西藏的秘密战。大力神可以携带22吨重的物资从曼谷出发，飞行3800多公里到达西藏。

民航空运队在1959年3月并入美国空军之前还没有C-130大力神运输机，在其1961年之前对中国大陆进行的200多次飞行中，执行任务的主要是四引擎的C-54或PBY5A机型。在远东飞行的C-130大力神属于空军的315空军师，基地在韩国和日本的冲绳。飞机执行任务的情况由总部在华盛顿的国防部长办公室决定。在中国西藏、泰国、老挝和越南的秘密任务并不需要使用空军的资源。1961年3月，美国空军在日本冲绳的第21运兵舰队之内组建了E飞行小组，配备了C-130大力神运输机，并挑选专门人员来执行绝对机密的飞行任务。

对于西藏的任务来说，技术精湛的飞行员至关重要，因为飞行主要是在没有无线电信号指示的情况下，在夜间低空飞行，要越过喜马拉雅山脉，寻找偏远的降落地带。领航员必须得依靠恒星的位置才能确定飞行航向。在飞行任务中，一般飞机上装载着事先装在托盘上的货物，即将进行伞投的藏人，以及四个中情局控制分队的成员。由于中情局与印度达成了某种程度的合作，中情局的飞机可以在印度境内紧急降落。

中情局在印尼的行动失败给西藏行动带来了好处。到1958年夏天，中情局给印尼运送的武器和装备过多，于是这些武器和装备便直接被运到了西藏，支持这里的反叛行动。1958年6月16日，在离拉萨100多公里的草原上，“卫教军”成立了，这支军队的成立标志着西藏局势到了最紧张的阶段。

尽管“卫教军”是一支统一的反叛力量，但是西藏还没有达到全民抵制汉族的程度，“卫教军”的大部分士兵来自康巴和安东。

“卫教军”的领导人知道，要想组织有效的抵抗，就必须要争取得到达赖喇嘛的支持。1959年年初时，很多僧侣们都盲目地相信，第十四世达赖喇嘛丹增嘉措被囚禁在拉萨，因此许多人打算营救他。丹增嘉措在两岁半的时候经过一系列的神谕、异象、测试之后被确定为转世灵童。由于命运的转折，1939年，丹增嘉措被回族军阀马步芳绑架，后被赎回。

1958年年末，“卫教军”开始向藏中发展。他们没有采用往常的抢劫策略，而是开始直接袭击解放军的哨所。到了12月，拉萨周围40公里以内的解放军哨所都受到“卫教军”的袭击。到了1959年1月底2月初，叛军占领了离拉萨约50公里处的位于孜塘的解放军哨所，“卫教军”得以在离拉萨很近的地方设立据点。

1959年3月，解放军司令谭冠三邀请达赖喇嘛去军区礼堂观看文艺演出[①]，达赖喇嘛的一些高级顾问们在暗中支持“卫教军”，这些人认为解放军打算囚禁西藏的政教领导人，于是他们督促达赖喇嘛找借口不要去观看演出。

达赖喇嘛最终没有去观看表演。1959年3月10日，他当时的住所罗布林卡宫被一些藏民围住，这些人高喊口号，誓死保护他们的宗教领袖。解放军派来的一位调解人在街头被人投石致死。在接下来的几天，示威游行规模扩大，形势越来越紧张，解放军增加兵力，加强了对拉萨的防卫。据达赖喇嘛后来回忆，“我感觉自己好像站在两个随时都会喷发的火山之间”。

3月15日晚上，达赖本人、他的家人，以及他的高级官员们分成三组逃离。达赖喇嘛本人乔装成一个普通卫兵，为了避免引起注意，他们什么都没带。在接下来的几日，大约有8000到

① 在此之前，达赖本人提出了看戏的要求。——译者注

13000名藏民离开拉萨，哲蚌寺7000名僧侣中的500名也相继离开。

法国探险家和学者米歇尔·佩塞尔将这些事件描述为“近代以来最奇怪、最受误解的事变之一”。在“卫教军”的最高领导人恩珠仓·贡布扎西的带领下，“卫教军”进攻到离拉萨只有几公里的地方，正好掩护达赖喇嘛逃跑。在达赖喇嘛向南逃到印度的东北边境特区的整个逃亡过程中，“卫教军”还组建了一个后卫部队来殿后，同时在拉萨东北布置疑兵，牵制解放军部队。

1958 年 11 月 1 日，戈登·格雷给美国国家安全委员会的执行秘书詹姆斯·雷送去一张便笺，上面写道：“如果在共产党中国，新的社会实践导致了某种动荡，对于应该采取什么行动路线，我们的政策是否明晰？”

事实上，与在中华人民共和国采取的其他行动一样，华盛顿本来并没有期待这次行动会取得巨大的效果。在 1959 年夏季，负责远东事务的助理国务卿格拉哈姆·帕森斯给艾森豪威尔提交了一份秘密调查报告，详细评估了在中国发生叛乱的可能性。对于“西藏问题”，报告预测道：“如果西藏叛军在中国共产党的大规模打击下仍然能够维持抵抗运动，那么边境地区的其他少数民族就有可能有胆量进行类似的抵抗活动。但是，中国共产党很可能有能力阻止长期的反叛，也有遏制反叛的能力，除非是在非常偏远的地区。”

这份秘密调查报告同时预测，在华中不可能出现农民起义，国民党过分夸大了其干预大陆的能力。国务院相信，如果蒋介石打算对大陆实施突袭的话，那就“意味着自杀”。

5412 小组秘密地协商如何回答戈登·格雷的问题。1959 年 1 月 22 日和 3 月 3 日艾伦·杜勒斯递交给艾森豪威尔的备忘录就是有关西藏事务的，但至今这两份备忘录还未解密。3 月 23 日，艾伦·杜勒斯给总统的信中提到的还是“西藏问题”。在综合了中情局和国务院的情报机构的报告之后，总统的参谋长报告道：“西藏的‘反叛’很显然导致了中国在印度声誉大失。”

在西藏的反叛活动中，印度的立场尤其关键，因为尼赫鲁在1956年时曾拒绝了达赖喇嘛提出的政治避难的请求。1958年7月，中国在给新德里的外交照会中抗议卡林朋是西藏反叛活动的中心，但是此时尼赫鲁已经选择了立场，因此印度拒绝了中国的指责。达赖喇嘛到达印度之后，引发了印度议会的大辩论。中国指责住在卡林朋的藏人参与了西藏的反叛，尼赫鲁好几次特意为这些藏人开脱，并否认卡林朋是“卫教军”的“指挥中心”。

1959年4月2日的议会辩论尤其能说明问题。在尼赫鲁就卡林朋的发言结束之后，议员纳森·帕伊问道：“内政部就此做了些什么？内政部好像一点作用也没有。”

尼赫鲁回答道：“内政部和外交部一点都不担心这个情况。”

议员海姆·巴鲁阿难以置信地问道：“他们允许间谍在这里进行间谍活动？”

尼赫鲁回答道：“千真万确。”

在另外一次辩论中，尼赫鲁说，印度收到的第一个有关拉萨事件的消息是由总领事在3月10日传递的，11日才送达印度，但是印度的杂志《政治家》在3月2日那一期中就预测说拉萨将会发生事变，达赖喇嘛将于3月17日逃离拉萨，但是当时在拉萨什么还都没有发生。

在叛乱期间，美国驻新德里大使埃尔斯沃斯·邦克随时向华盛顿报告西藏形势的最新进展，但中情局提供的信息更有价值，中情局副局长查尔斯·卡贝尔以及德斯蒙德·菲茨杰拉德每天都和戈登·格雷通电话。

中情局消息灵通的原因是，中情局为叛军提供了一个无线电操作员，这个操作员隐藏于和达赖喇嘛一起出逃的人员中。这个操作员能帮助中情局给达赖一行空投物资，因为这些人当时什么都没有带，两手空空地从拉萨出逃。他还能和附近的“卫教军”联系，并且每天给中情局总部汇报达赖的行踪。当然，很可能还有其他中情局人员也隐藏在达赖集团中。中情局的“禁地”专家斯蒂芬·米德和准军事专家安东尼潜入西藏，将“卫教军”人员带出这个地区。

4 月 1 日，在达赖喇嘛一行进入印度时，艾森豪威尔收到了中情局的汇报：“我们已经通知了驻新德里的使馆，我们认为，美国对西藏的逃亡者不应该采取任何行动，这将减少西藏的‘叛乱’给印度带来的影响。”

4 月 2 日，达赖集团传来的消息证实他们已经成功，达赖请求美国：“你们必须尽快帮助我们，用飞机给我们运送能够武装 3 万人的武器。”这个消息在华盛顿引起了轩然大波。自从 1957 年 6 月 20 日起国家安全委员会就没有再讨论过“西藏问题”，这时突然开始热衷于此，3 月、4 月和 6 月就“西藏问题”进行了 4 次讨论。4 月 23 日，国家安全委员会召开会议之前，一份长达 13 页的中情局秘密报告、艾伦·杜勒斯给总统的信件，以及报告达赖喇嘛观点的电报都被送达国家安全委员会。与此同时，4 月 21 日，在解放军的猛烈攻势下，“卫教军”的战地指挥官贡布扎西下令放弃在山南地区的总部。

1959 年 5 月，艾森豪威尔政府做出了一个重要决定——扩大西藏项目，并开始在美国本土训练来自西藏的叛军。美国将从西藏的安多、康巴和卫藏三个地区挑选士兵，共计 500 人，分成 5 组，这些叛军受训完毕之后将回到西藏。

训练这些叛军的训练营就位于科罗拉多州的赫尔营军事基地，离莱德维尔市不远，在丹佛市东南方向160公里左右。这些人先乘坐C–124环球霸王大型运输机从西藏出发，中途在夏威夷加了一次油，之后直接到达科泉市以东10公里处的彼得森机场，然后乘坐蒙着窗户的汽车到达赫尔营军事基地。基地海拔3000多米，空气稀薄，非常接近西藏的环境。在“二战”期间，赫尔营军事基地曾被用于训练在阿拉斯加和意大利执行任务的山区部队，以及第99滑雪营，这个营曾为战略情报局（OSS）输送过一些在挪威服役的人员。“二战”之后，这个基地被德国俘虏破坏，留下来的设施不多，陆军用这些设施进行冬季演练，直到1956年这个基地关闭。对于中情局来说，这个基地正好用来训练这些叛军，而这些叛军一直不知道他们已经身在美国。

为了打消附近民众对此的好奇心，中情局编造了一个借口，声称要在这个基地进行“原子弹实验”。为此，1959年7月16日的《丹佛邮报》报道了这个故事。电话公司和公用事业公司被要求在派线务员去维修赫尔营军事基地的电线杆时必须提前一天通知基地。军警和受训的人则被告知，可以开枪射杀在营地遇到的任何未经许可进入的人员。

在秘密培训进行的过程中，达赖喇嘛一行来到联合国。联合国自从1950年以来就没有讨论过“西藏问题”。尽管美国支持达赖喇嘛，但是却不希望各国注意到自己对西藏事务的干涉，希望在联合国的辩论中躲在幕后，就像国务卿赫脱向大使亨利·卡伯特·洛奇建议的那样。但是这个外交举措的发展势头让美国国务院感到惊讶，赫脱担心联合国不会通过这个决议，而这样的话就会妨碍美国的计划。因此，他反对“承认西藏‘独立’或‘主权’的决议”，反而建议“对中国略予申诉”。赫脱告诉洛奇，他已经向英国大使声明“我们需要的只是让这个事件得到温和的解决”。美国人的利益和西藏叛军的利益并不完全一致，英国也不太支持联合国通过此项决议，表示对西藏作为一个“独立国家”的地位感到疑惑。达赖喇嘛的一个哥哥当时是所谓的“西藏在纽约的代表”，英国建议他接受一个比较温和的联合国决议。

1959 年 10 月 21 日，联合国大会通过了一项决议，表达了对所谓西藏的人权被侵犯的关注。这个决议得到 45 票同意，9 票反对，26 个国家弃权，弃权国家包括英国。苏联阵营的国家坚定地投票反对这个决议。

但是决议中根本没有提到叛军最关心的“独立”和“主权”问题。

在西藏，反叛仍然在继续。1959 年是藏历的猪年，解放军决定彻底切断从卡林朋到西藏的供应线。解放军在山南地区布置了 10 万兵力，历经两年半时间。

1959 年，艾森豪威尔对印度进行国事访问，当时达赖喇嘛就住在印度。但艾森豪威尔认为与达赖喇嘛会面并不理智，因此断然拒绝了达赖喇嘛的请求。1960 年，美国又拒绝了达赖喇嘛请求访问美国的签证。但是在新德里，艾森豪威尔接受了“卫教军”的领袖贡布扎西通过中情局渠道赠送给他的礼物，礼物是一把康巴刀、一个琪玛盒、一些藏族衣物，还有一封信。贡布扎西在信中总结了反叛的原因，结尾这样写道：“我们决心拿着现代战争的武器战斗到最后一刻，因为除了战斗我们别无选择。我们认为没有任何国家像美国一样能够给我们提供各方面的帮助，以便将西藏从红色中国手中‘解放’出来。现在形势非常严峻，就好像病人将死一样。在这样的情况下，带着沉重的心情，我们请求阁下向我们传达必要的指令，向我们表明最佳的道路。”艾森豪威尔口头接受了这些礼物，但是因为贡布扎西并没有通过“使馆渠道以便获得官方地位”，所以艾森豪威尔认为没有必要给他别的回复，仍然在玩弄“合理推诿”那一套政治手段。

尽管艾森豪威尔拒绝与叛军公开联系，但是秘密计划仍在进行中。1960 年 2 月 4 日，在国家安全委员会召开会议之前，艾森豪威尔和戈登·格雷、赫脱、艾伦·杜勒斯、卡贝尔、德斯蒙德·菲茨杰拉德碰头，商讨“西藏问题”。两周后，5412 小组召开会议，讨论“西藏问题”。

1960 年 6 月至 7 月，藏南地区的叛军仍然在负隅顽抗。在一次战斗中，解放军击毙了 800 名“卫教军”士兵，超过这支“卫教军”人数的 1/4。此时，另外一个影响整个情报界的事件的发生，使美国终止了对叛军的空中支援。1960 年 5 月 1 日，中情局的一架 U-2 侦察机在苏联境内被击落，飞行员弗兰西斯·格雷·鲍尔斯被当地农民抓住后送交苏联当局。这次事件导致四大国在巴黎召开的峰会流产，艾森豪威尔总统下令立即暂停一切对社会主义国家领空的侵犯活动，飞往西藏的 C-130 大力神运输机也包括在内。

艾森豪威尔的禁飞令一直持续到他卸任，在此期间，“卫教军”不断绝望地请求美国提供支援。在肯尼迪政府 1961 年 1 月 20 日上任之前，中情局就已经准备好了计划，打算改变运输途径，从陆路给叛军运送物资。

在艾森豪威尔的禁飞令实施期间，中情局在日本冲绳、中国台湾、泰国和老挝储存了大批武器。据估计，中情局武装了大约 1.4 万名“卫教军”士兵。没有 C-130 大力神运输机，中情局好像无法给“卫教军”提供物资，但是最终德斯蒙德·菲茨杰拉德又想出了一个办法。

1960 年 9 月 15 日，在联合国安理会即将召开之前，5412 小组召开会议，以便国防部长盖茨能够参加这个会议。一份会议记录这样写道："讨论的结果是，中情局局长说他将把他的思路在一定程度上进行调整，并重新提交一份建议。"两个月之后，中情局副局长查尔斯·卡贝尔就"西藏问题"和"古巴问题"给5412小组提交了一份工作报告。

有证据表明，大选结束之后，在1960年11月底，"西藏问题"就被移交给肯尼迪总统的过渡团队，尽管艾森豪威尔总统直到12月6日才正式与肯尼迪会晤。据艾森豪威尔回忆，艾伦·杜勒斯已经就国际问题，包括远东事务，向肯尼迪做了好几次工作汇报，包括中情局正在西藏进行的活动，当选总统肯尼迪给艾伦·杜勒斯下达了进一步的指示。

西藏行动由美国驻新德里的大使馆负责，肯尼迪政府任命的驻印度大使是哈佛大学的经济学家约翰·肯尼斯·加尔布雷斯。1961年3月27日，在加尔布雷斯赴印上任之前，理查德·比塞尔向加尔布雷斯通告了中情局在印度的行动。这两个人的会面颇具讽刺意味——一个是坚定的凯恩斯主义者，而另一个是彻底的反凯恩斯主义者，两人商讨的却是凯恩斯式的外交和军事援助，先是通过马歇尔计划，然后通过中情局。比塞尔给加尔布雷斯列了一个单子，上面全是中情局进行的活动，加尔布雷斯对单子上的许多活动都感到不满。

于是，加尔布雷斯打算终止一些他不喜欢的"令人毛骨悚然的行动"，包括西藏行动，他认为这里的"游击战士"是"非常不卫生的部族人"。他对新德里的工作人员下的第一批命令之一就是全面调查中情局的行动。在他的回忆录中写道，中情局印度情报站站长哈里·罗西兹克没有特地为正在进行中的行动辩护，"我倒不是因为开放式的思维而苦恼，可是我相信，大部分行动根本无法达到反共目标，相反，一旦暴露，会给我们造成巨大的危害”。

1961 年 5 月，加尔布雷斯回到华盛顿，发现中情局在其他地区遭遇的失败同样困扰着肯尼迪政府。加尔布雷斯和总统、罗伯特·肯尼迪，以及新任国家安全委员会顾问麦克乔治·邦迪（McGeorge Bundy）据理力争，然后将他的观点写成备忘录，提交给艾伦·杜勒斯、比塞尔和中情局其他高级官员。他告诉他们，他已经直接找了总统，总统也有同感。

但是加尔布雷斯并没有成功地让中情局取消在西藏的行动，因为“反叛游击队”已经成为美国的盟友，美国必须支持它。在中情局撤销了在印度的活动网络之后，在尼泊尔对这个网络进行了重组。1962 年中印边境自卫反击战之后，印度情报机构将遗留的叛军组织起来，实施了一个特别边境行动。

“卫教军”很快将主营地安置在尼泊尔首都加德满都西北部的山区要塞木斯塘，这里距离加德满都约 240 公里。中情局给尼泊尔情报站加派了人手，任命政治战专家霍华德·斯通为情报站站长，又在尼泊尔成立了一家私人航空公司，名称是尼泊尔航空公司，以便为中情局的隐蔽行动提供空中支持。从曼谷起飞途经印度抵达木斯塘的远程飞行都通过尼泊尔航空公司这个身份掩护进行，在加德满都周围进行的短程飞行则由轻型飞机进行。加尔布雷斯对此评论道：“我对这个疯狂的举动尤其感到困扰。”

加尔布雷斯以为他和罗伯特·肯尼迪的共同努力已经成功地制止了中情局在尼泊尔的行动，可是发生在 1961 年 12 月的一件事情清楚地表明，中情局的行动仍然在进行中。12 月 7 日清晨，赫尔营基地的一队叛军士兵在冰雪中来到彼得森机场，他们在夜间乘坐 C-124 运输机离开，到达时天已经亮了。当时，他们坐在彼得森机场的停机坪上，和 C-124 飞机一起受到了机场工作人员的围观。为了保护这些叛军的秘密，中情局以维护国家安全的名义，命令荷枪实弹的士兵用枪口对准47位美国公民，并严禁这些人谈论此事。第二天《科泉报》就报道了此事。《纽约时报》本来也打算对此次事件进行详尽报道，在国防部长罗伯特·麦克纳马拉的多方斡旋下，《纽约时报》才作罢。

彼得森机场事件后果很严重。美国的法律禁止中情局在国内进行活动，中情局没有权力将枪口对准美国公民，并对他们进行预防性拘留，以维护中情局的行动秘密。

在美国国内发生轩然大波的时候，在西藏，一队破坏安东公路的叛军游击队袭击了一队解放军士兵，在打扫战场时，他们发现了解放军指挥官的遗体，并截获一个文件袋。这个文件袋里装了许多文件，有1959年拉萨叛乱的报告，与中苏分裂有关的材料，还有一沓1961年1月到6月份的工作通讯。1963年8月，美国国务院将这些工作通讯翻译之后透露给了一些美国学者。对于美国来说，这些工作通讯是一笔“意外之财”，给美国提供了大量有关西藏行动的情报。

无论如何，1960年以后，西藏行动的模式完全改变。随着直接空投结束，解放军控制了从卡林朋到西藏的小径，叛军已经不可能发动实质上的“游击战争”。“卫教军”将基地重新安置在木斯塘，但是这个基地太偏僻，只能发动一些突袭，根本不可能采取任何持久的行动。贡布扎西被巴巴益西取代，但是巴巴益西手段笨拙，无法让在赫尔营军事基地受训过的第二代“卫教军”头目们信服。“卫教军”的人数减少至7000人，但抵抗运动仍然持续了几年。在印度的奥里萨邦和新德里的“卫教军”总部有两根特殊的天线，通过这两根天线，“卫教军”、中情局和印度情报机构的代表们每天都保持着联系。

“卫教军”中的军官对巴巴益西的不满日益增加，最终已故的贡布扎西的侄子嘎多旺堆取代了巴巴益西，成为“卫教军”的头目。嘎多旺堆是50年代中情局培训过的叛军中的唯一一个幸存者。在这个时候，“卫教军”在木斯塘的基地也粗具规模，看起来像是一个永久性的军事基地，里面有一座三层楼高的指挥中心，还有其他25栋建筑。基地划分成各个部门，有后勤、交通、弹药部门，甚至还有一个情报部门。这与当初“卫教军”刚来到木斯塘时已经截然不同，当初“卫教军”只有4000人，饥寒交迫，甚至差点饿死。

这些叛军一直在木斯塘活动，直到20世纪70年代。在此期间，他们时不时地发动对解放军的突袭。巴巴益西在离开“卫教军”之后便背叛了“卫教军”，在中美恢复邦交之后美国也抛弃了“卫教军”。1973年11月，尼泊尔国王访问北京时，双方达成协议，尼泊尔立即停止对“卫教军”的庇护。第二年，尼泊尔根据巴巴益西提供的情报对木斯塘的“卫教军”基地发动了进攻，共投入1万兵力，包括许多廓尔喀族士兵，这些人和康巴人一样，以英勇善战著称。中国人民解放军则在边境的这一边巡逻，以配合尼泊尔采取的行动。嘎多旺堆带着“卫教军”的档案和一小队卫队仓皇出逃，但是在不久后的一次伏击中被击毙。“卫教军”的其他七个领导人投降后，被囚禁在加德满都的监狱中，直到1981年才获释。反叛就这样结束了。

很显然，对于华盛顿来说，从一开始西藏的叛军对中国而言只是一个规模稍大一点的骚扰而已，为了达到目的，中情局许诺要“解放”他们，让这些人满怀希望和梦想，但是反叛却延续了这些人的痛苦。对于中情局的准军事专家们来说，西藏行动也是他们的一次痛苦的经历。

对于反叛的人来说，他们也许可以让自己慢慢地接受失败的伤痛。而在地球的另一端，在古巴，中情局的准军事行动在短短72小时之后就带来了永久的伤痛。

第十章　古巴Ⅰ：另一个加尔各答黑洞

1958年12月31日，富尔亨西奥·巴蒂斯塔·萨尔迪瓦（Fulgencio Batista Zaldivar）像往年一样举办了新年晚会，只是这次的晚会气氛有些压抑，与往常的喧闹场景大不相同。出席晚会的来宾大约有60人，全都沉默地吃着西班牙鸡饭，只有几个人喝了点香槟，大部分人喝的都是咖啡。侍者们都是士兵，身穿整齐划一的军装。巴蒂斯塔邀请的客人们全部来自古巴上流社会，非富即贵，而主人巴蒂斯塔实际上是古巴的独裁者，虽然他声称自己是"总统"。这是一个特殊的日子，是巴蒂斯塔当权的最后一天。一些客人知道这个情况，另外一些只是在暗地里猜疑，巴蒂斯塔的军官们都打算说服他放弃权力。

巴蒂斯塔政府的统治摇摇欲坠，起因是两年前在古巴东南部的马埃斯特拉山脉发起了一场革命运动。起初，政府军牢牢地把菲德尔·卡斯特罗（Fidel Castro）领导的游击队围困在马埃斯特拉山脉，但是由于巴蒂斯塔政府腐败无能，横征暴敛，逐渐失去了古巴民众的支持，民众纷纷参与卡斯特罗于7月26日发起的革命运动（也称为"M-26革命"）。尽管这次起义失败，但是游击队人数不断增加，到1958年，M-26游击队走出马埃斯特拉山脉，在古巴不少地方都建立了阵线组织。在几次交火中，M-26游击队大败政府军，巴蒂斯塔政府败局已定。

巴蒂斯塔不傻，他知道等待他的将是什么结果，因此在午夜时他短暂露面，把军队指挥官们召集在一起，宣布放弃权力，然后带着家人和亲信去了机场。1959 年 1 月 1 日，巴蒂斯塔一行人到达机场后分别登上两架飞机，飞机在凌晨 2 时 40 分起飞，飞往美国的迈阿密。

此时，距离哈瓦那最近的 M–26 部队还在 240 公里以外，正在阿根廷指挥官欧内斯特 · 切 · 格瓦拉（Ernesto Che Guevara）的指挥下，在古巴中部城市圣克拉克与政府军作战。在巴蒂斯塔离开古巴 7 个小时之后，格瓦拉正在他的汽车发动机罩上熟睡，他的手下叫醒了他，告诉他这个消息。格瓦拉立刻组织队伍向哈瓦那进发，经过一个晚上的行军，他们在第二天早上到达哈瓦那，直接来到卡巴那要塞。这里的驻军有 1.5 万人，与反政府军相比，政府军人数占绝对优势。

M–26 部队的一个指挥官走到卡巴那要塞的吊桥前站住，然后大声喊道："我们是切 · 格瓦拉的部队。让你们的长官来和我们谈判。"

几分钟之后，一辆政府牌照的吉普车从卡巴那要塞驶出，通过吊桥，从车里走下来一位陆军少校，他取掉手枪的枪套之后把手枪递给了格瓦拉，然后说道："我们对战斗并不感兴趣，现在已经没有必要了。"

于是，古巴内战就这样拉上了帷幕。

巴蒂斯塔在执政期间一直受到美国支持。1959 年 1 月 2 日发生的政府更迭对古巴人来说是一个新的开始，对华盛顿来说也是与哈瓦那建立关系的一个良机，但是美国却错失了这个良机。原因有两个：一方面，卡斯特罗政府上台后采取的政策不合美国心意；另一方面，艾森豪威尔政府在处理古巴问题上缺乏耐心，这导致了战后历史上最引人注目的隐蔽行动以失败告终。

随着时光的流逝，现在已经很难考据美国和古巴之间的敌意源起何处，但是值得指出的是，1959 年时，卡斯特罗还不是一个共产主义者，他的 M–26 政党也不是共产主义党派，而且在卡斯特罗上台时政府中也没有任用共产党官员。中情局 1958 年的一份报告指出，古巴共产党赞成的是大罢工战略，而不是 M–26 党实施的武装暴乱战略。古巴共产党的人数大约是 1.2 万，阿根廷、巴西、智利和墨西哥这几个国家都有共产党组织，而且共产党员人数都是古巴共产党人数的四五倍，卡斯特罗的 M–26 党党员人数也远远超过古巴共产党的人数。

菲德尔·卡斯特罗本人起初并不信奉共产主义，实际上他出身于上层社会，只是社会地位不太光彩。他的父亲是安赫尔·卡斯特罗，与家里的女佣出轨，生下了卡斯特罗兄妹五人。在与妻子离婚之后，安赫尔·卡斯特罗才娶了卡斯特罗的母亲。安赫尔·卡斯特罗在奥尔金省有一个占地 23300 公顷的庄园，据估计价值达到 50 万美元。菲德尔·卡斯特罗出生于 1926 年，在家里七个兄弟姐妹中（加上父亲的前妻生的两个孩子）排行老四。卡斯特罗上的是教会学校，中学毕业后进入哈瓦那大学学习法律。在大学里，他很快对政治产生了兴趣，并担任学生运动的领袖。1948 年 4 月，泛美会议在哥伦比亚首都波哥大举行，古巴和阿根廷学生来到波哥大开展抗议活动反对殖民者统治。卡斯特罗被认定是骚乱的幕后操纵者而遭到通缉，但他设法返回了哈瓦那大学。1952 年年初，卡斯特罗决定在 6 月的大选中角逐代表哈瓦那省的众议员。但是那一天没有到来。1952 年 3 月 10 日，巴蒂斯塔发动军事政变，将普里奥总统赶下台，开始了独裁统治。

卡斯特罗决定发动人民起义，他和同志们在哈瓦那大学和哈瓦那射击俱乐部训练了一批年轻人。1953 年 7 月 26 日，卡斯特罗率人攻打圣地亚哥蒙卡达兵营，但寡不敌众，被迫撤退。警方开展了对他的特别搜捕行动，他和另外两位同志在丛林中被捕。1954年年底，巴蒂斯塔当选新一任总统。第二年5月，在舆论压力下巴蒂斯塔宣布全国大赦。卡斯特罗和弟弟劳尔在松树岛被囚禁两年之后，离开古巴流亡到墨西哥，在那里认识了切·格瓦拉。很快，卡斯特罗就在马埃斯特拉山脉组织起了游击力量，与马克思主义相照应，宣布自己是“菲德尔主义”，并把自己塑造成“马克思主义领导人”的形象。如果卡斯特罗成立独裁政府，那么他和巴蒂斯塔没有什么区别，也不值得美国支持。

在和卡斯特罗政府打交道时，刚开始艾森豪威尔政府持观望态度，但是很快就发生了微妙的变化。中情局对古巴形势的评估是：巴蒂斯塔政府垮台是由于政权腐败，缺少公众支持。据说这个报告是由艾伦·杜勒斯重新撰写的。1959年2月，杜勒斯将这个报告提交给国务院，报告中对卡斯特罗政府没有丝毫赞美之词，称古巴的形势“动荡不堪”，M–26组织“缺乏有活力的、积极的领导能力”，古巴政府在“困境中挣扎”，“由于最高领导人太年轻，没有经验”而困难重重，因此“随着形势逐渐明朗，马埃斯特拉山脉和散乱的胡须的魅力正在迅速地消失”。

1959年4月，卡斯特罗访问华盛顿，并在美国报纸编辑协会的年会上发表演说。在访美期间，他没有见到艾森豪威尔，只见到了美国国务院的官员，并与副总统理查德·尼克松进行了三个小时的会谈。尼克松认为卡斯特罗为人真诚，但是他在报告中这样写道：“他（卡斯特罗）要么是太轻信共产主义，要么就是受到了共产党的约束。”国务院的分析中这样写道：“关于对共产主义和冷战的立场，卡斯特罗非常谨慎地暗示他会留在西方阵营。但是，他的立场仍未确定。他的声明表明，他的步子迈得太远，容易招致支持者中的激进派批评。”艾森豪威尔看过国务院的分析之后，在文件上批示的意见是“一年后再看”。

卡斯特罗确实遇到了麻烦，但麻烦不是来自激进派，而是来自保守派。古巴国内有钱有地的家族大部分都与巴蒂斯塔有联系，因为担心革命爆发，许多家族很快就带着家族财富离开古巴。到1959年12月，仅在美国就有10万古巴移民。随着这些技术人员、医生、律师们的离开，他们的财富也撤出古巴，这导致古巴的私人和公共资金匮乏，经济无法转型，无法摆脱单一的制糖业，而制糖业的市场主要集中在美国，美国政府通过配额制严格地控制着糖业市场。此外，在巴蒂斯塔统治时期，黑手党在哈瓦那的酒店业势力很大，哈瓦那赌博横行。卡斯特罗政府上台后禁止酒店进行赌博活动，这也导致大量资金流出古巴。

为了应对这种局面，卡斯特罗政府实施了没收充公政策，就像伊朗的摩萨台和危地马拉的阿本斯政府采取的政策一样。这个政策颇具讽刺意味，因为卡斯特罗的父亲安赫尔·卡斯特罗就曾经为联合果品公司工作过。1959年秋，卡斯特罗政府正式宣布了国有化法令，12月，美国的奥的斯电梯公司在古巴的一家子公司被征用，接下来甘蔗种植园和哈瓦那的酒店都遭到了相同的命运。雪上加霜的是，古巴政府并不给这些被征用的公司提供补偿。

美国担心古巴可能会试图向整个拉丁美洲输出他们的革命。美国搜集的情报表明，古巴已经组建了一个“军团”来达成这个目标。1959年到1960年间，一些小型武装团体袭击了巴拿马、危地马拉和多米尼加共和国，袭击方式和当初卡斯特罗乘坐小船潜入古巴，在马埃斯特拉山脉建立反政府军事基地的方式如出一辙。

这些反政府武装都是本国人，尽管有一些武装力量的确得到了古巴的资助，但绝对不是卡斯特罗煽动的。事实上，对多米尼加共和国的“入侵”是从波多黎各发动的，而波多黎各是美国的领土。无论如何，美国对古巴的厌恶不是源自对古巴支持武装革命的担心，而是源于对古巴征用美国资产的不满。

美国政府意识到了这一点，甚至中情局也意识到了。1959 年 10 月 5 日，中情局副局长卡贝尔向参议院司法委员会表明，中情局甚至古巴共产党都不认为卡斯特罗是共产党，古巴共产党并没有控制卡斯特罗政府，但是古巴共产党正在力图影响卡斯特罗。对于拉丁美洲各国的革命，卡贝尔认为古巴人并没有组织或控制这些革命。卡贝尔承认“反共产主义者对谣言很感兴趣，希望通过这些谣言增强我们对古巴共产党的警觉”。

同一天，国务卿克里斯蒂安·赫脱提交给艾森豪威尔总统的备忘录中提出了四点建议，希望美国在古巴采取更加有力的行动。这四点建议包括：不帮助卡斯特罗巩固政权；在拉丁美洲宣传美国的民主理念；在古巴和其他国家鼓励反卡斯特罗政府的活动，但是要避免造成美国给古巴施压的印象；维护古美共同利益和“改革过的”古巴政府。备忘录的结尾这样写道：“考虑到拉丁美洲国家对美国的‘干预’非常敏感，我建议当前的政策应该严格保密。”

艾森豪威尔接受了赫脱的建议。11 月 9 日，安德鲁·古德帕斯特通知赫脱总统接受了他的建议。在白宫，只有古德帕斯特、艾森豪威尔的儿子，还有一个机要秘书知道针对古巴的行动。1959 年 4 月份的时候，艾森豪威尔还愿意花一年时间来观察卡斯特罗将如何处理古巴面临的问题，但是仅仅过了几个月，艾森豪威尔就改变了主意，打算对古巴进行一场秘密战。

中情局内部很快就对古巴政策达成一致。12 月 4 日，中情局局长在一次公开演说中宣称拉丁美洲的共产党员们收到命令，要利用民族主义作为借口，试图割裂和美国的友谊纽带。一周以后，艾伦·杜勒斯收到计划处西半球司司长约瑟夫·考德威尔·金（Joseph Caldwell King）的报告，报告坚持认为不能让卡斯特罗的“极左派独裁”继续存在，否则这可能会鼓励美国在其他拉丁美洲国家的资产也遭到征用。金建议中情局采取四个措施，措施之一是“充分考虑消灭卡斯特罗……这将会加速现政府的垮台”。

在1960年1月13日的5412小组会议上，艾伦·杜勒斯提出了反卡斯特罗政府的计划，国务院的代表认为，在古巴国内还未出现坚定的反对力量的情况下，美国不能采取任何行动。艾伦·杜勒斯承认这有道理，但是他还是强调中情局的行动目标是使反对派领袖们能够得到一个立足之地，而不是立刻针对卡斯特罗政府，他特别指出，“美国是不会容忍卡斯特罗对古巴进行长期统治的”。

5412小组有条件地批准了这个计划，随后，1月18日，十几个中情局官员和约瑟夫·考德威尔·金开会讨论在中情局内部组建一个特别小组，这个特别小组是计划处西半球司的第四个分支，称为WH/4。

WH/4小组的组长化名为“克里夫”或“杰克·恩格勒”，他也是战略情报局（OSS）的老人手之一。从宾夕法尼亚大学毕业后恩格勒一直从事情报工作，曾经参与过“成功”行动，还负责过中情局在本宁堡的训练营。在被指派为WH/4小组组长前，他正在委内瑞拉首都加拉加斯的情报站任职。针对古巴的计划初期包括几个部分，启动计划是训练20—30个古巴人，让他们回到古巴国内以领导当地的游击组织，就与美国在中国西藏所做的相似。第二步是通过破坏活动干扰古巴的经济秩序，例如破坏几个重要的制糖厂。第三步是直接消灭菲德尔·卡斯特罗和他的弟弟劳尔·卡斯特罗，以及切·格瓦拉。

1960年3月9日，WH/4小组得知艾伦·杜勒斯准备了一个特别的政策文件，将在下一次 5412 小组会议上提交。这个文件设想用 6—7 个月的时间训练一支由古巴流亡分子组成的队伍，但是艾伦·杜勒斯担心，在队伍训练没有完备前，古巴可能会对美国租借的关塔那摩湾发动袭击。约瑟夫·金指出，除非一次性地消灭古巴所有高级领导人，否则美国的行动就会拖延下去，最终美国将不得不通过武力推翻卡斯特罗政府。

3 月 10 日，白宫召开会议讨论古巴问题。负责海军特别行动的阿利·伯克上将认为，美国需要推出一位领袖，以便将古巴国内的反政府力量统一起来。卡斯特罗身边的许多同僚比卡斯特罗本人更糟糕，因此，"美国必须实施一揽子计划，取代所有古巴高级领导人"。

艾伦·杜勒斯指出，古巴确实有反卡斯特罗的领袖，但是这些人中的大部分都不在古巴国内。因此，中情局正在制订一个针对古巴现状的计划。艾森豪威尔对此表示关注，只是担心"我们可能会在古巴遭遇另外一个加尔各答黑洞"。

实际上，古巴计划的主要行动并没有出现在国家安全委员会的审议意见中，1958 年 12 月在艾森豪威尔给戈登·格雷的指示中，艾森豪威尔并不希望国家安全委员会了解古巴计划的细节，在和总统以及戈登·格雷讨论时，艾伦·杜勒斯详细地解释了中情局的骚扰计划，即如何破坏古巴的制糖业。

艾森豪威尔听得很认真，他打断了艾伦·杜勒斯："艾伦，这个计划听起来不错，但是，如果你想要针对卡斯特罗采取行动，就不能只瞎摆弄制糖厂。我们得制订一个能够真正打击卡斯特罗的计划。"

艾伦·杜勒斯很干脆地回答："是的，先生。"

几周之后，艾伦·杜勒斯制订了一个新计划。1960 年 3 月 14 日，当5412小组审议完年度活动之后，艾伦·杜勒斯公布了这个计划。三天之后，艾森豪威尔总统罕见地在椭圆形办公室里会见了5412小组成员，共同商讨古巴计划，最终总统同意了这个计划。

1960年3月16日的一份备忘录展现了这个计划，这个备忘录题为《针对卡斯特罗政权的隐蔽行动项目》。备忘录指出，这个项目的目标是“以一种不会暴露美国的干预的方式，用更忠诚于古巴人民的真正利益、更为美国接受的政权替代卡斯特罗政权”。项目的核心是：“诱导并支持由美国选中的古巴人在古巴国内外采取直接行动……”，“在美国的隐蔽行动起效之前，任何激进的行动都会不可避免地引起危机，因此任何行动都需要提高美国应对危机的能力。”

计划处西半球司认为，他们可以在古巴之外组建一支“负责任的、有吸引力的、意见统一的反对派力量”，在这之后“以反对派的名义启动有力的宣传攻势”。为了削弱民众对卡斯特罗的拥护，并传播反对派的消息，中情局计划建立一个“灰色的”半隐蔽的广播电台，播送长波和短波节目。最初的计划将这个电台设立在天鹅岛。除此而外。中情局启动了在古巴境内的一个隐蔽情报和行动组织，以便“对反对派的命令和指示做出反应”。

这个计划代号为“冥王星”行动。尽管这个准军事行动的计划很详细，但是计划的大部分细节至今尚未解密。为实施这个计划而下拨的预算远远不够，因为最终反对派的数目极大地超出了美国的预计。

在“冥王星”行动的备忘录中，一段关于准军事行动的话很有意思。这段话全文引用如下：

（中情局）已经开始着手准备，包括在古巴境外组建一支准军事力量,在古巴境内组建可以为隐蔽行动提供后勤支持的网络。第一阶段,严格地筛选一批领导人员,并对他们进行培训。第二阶段,在美国境外对一些准军事领导人员进行训练,以便他们可以在一两个抵抗中心成立之后立即返回古巴境内,以便组织、训练、领导在古巴境内招募的反政府力量。

尽管中情局报告称"已经拥有小规模的"空军力量,并且增加空军力量很容易,但是"冥王星"行动的准备工作还将耗时6—8个月。在行动开始两个月之后,中情局打算在别的国家用隐蔽的方式组建一支空军力量。

在古巴境内,中情局的宣传计划和另外一些活动也在进行中,此时尚未发生反卡斯特罗的武装起义。中情局扩大了"冥王星"行动的规模,增加了招募的流亡分子的人数。8月,中情局完善了原先的计划,向总统提交了一份新的备忘录。8月18日,艾伦·杜勒斯、5412小组、参谋长联席会议主席、财政部长在白宫举行会议讨论古巴行动。会后,总统批准了新计划中新添的内容。

新增加的内容之一是"冥王星"行动的预算。起初的预算是1300万—1500万美元。1960年夏季,艾伦·杜勒斯拜访了预算署署长莫里斯·施坦斯(Maurice Stans),请他将这笔钱算在中情局1962年度的预算申请中。

杜勒斯说:"我们需要这笔钱在某个中美洲国家支持和训练一些流亡人士,这些人准备通过游击战来推翻卡斯特罗政府。"

莫里斯·施坦斯要求杜勒斯提供具体的支出计划,但是遭到杜勒斯的拒绝。杜勒斯愤怒地说:"这跟你无关!如果你想要质疑我的权威,你去找总统问吧。"

于是莫里斯·施坦斯去找总统,总统安慰他道:"我授权杜勒斯花那笔钱，但是我没有授权任何反卡斯特罗的古巴人采取具体军事行动，这是以后的事。我现在不会同意采取军事行动，除非我确信军事行动是有必要的，且不会失败。”施坦斯回到办公室之后，将“冥王星”行动的预算写进了预算申请。

很多年以后，艾森豪威尔可能会为这一天的决定感到后悔，但是在1960年8月18日的内阁会议上，他还是批准了“冥王星”行动的预算。尽管他禁止任何美国士兵参与具体的军事行动，他还是指示国防部配合中情局对古巴流亡分子进行训练。很显然，“冥王星”行动得到了美国政府高层的支持。

在得到白宫的支持后，中情局立刻忙开了。在WH/4小组办公室里，艾伦·杜勒斯制定了“冥王星”行动的纲领，迪克·比塞尔补充了具体的细节。计划处心理战和准军事行动部门的主管特雷西·巴尔内斯负责监督在古巴的行动小组，在会议上他还讲了许多需要注意的问题。与以往不同的是，行动处副处长理查德·赫尔姆斯一言不发，只是不停地在看他的手指甲。这次会议之后，赫尔姆斯就再也没有参加过与“冥王星”行动有关的会议。

赫尔姆斯厌恶和反对“冥王星”行动，因此他将精力主要放在了中情局的秘密情报活动上，根本不太关注“冥王星”行动。与赫尔姆斯不同，比塞尔坚信“冥王星”行动会成功，其他人也对此深信不疑。杰克·恩格勒负责整个WH/4小组，安排日常活动。大卫·艾德礼·菲利普斯曾参与过“成功”行动，在巴蒂斯塔执政时期，他以记者身份为掩护，在古巴工作了三年，现在他负责的是针对古巴的心理战。负责政治行动的是E.霍华德·亨特（Howard Hunt）和格里·多勒（Gerry Droller），亨特在危地马拉行动中负责的就是政治行动，多勒则一直在欧洲活动，没有在拉丁美洲工作的经验，也不会说西班牙语。

“冥王星”行动的第一个要素是心理战。菲利普斯和比塞尔商量要建立一个“黑色的”广播电台，向古巴播送无法确定来源的反卡斯特罗的节目，他需要六个月时间进行宣传，以便在采取准军事行动之前打好心理基础，但是比塞尔只给他一个月的准备时间。幸运的是，心理战人员在联邦德国找到了一个美国陆军的富余的中波无线电发射器，这个发射器功率高达 50 千瓦，陆军本来打算把它送给美国之音，中情局设法拿到了这个发射器，然后把它运到了加勒比海的天鹅岛，为此美国海军在天鹅岛专门修了一座码头。5 月 17 日，对古巴的广播节目正式启动，正好在比塞尔限定的一个月内。

政治行动进行得不太顺利。“冥王星”行动的政治基础是古巴国内对卡斯特罗的积极反抗，但是中情局很快就发现，在美国制定“冥王星”行动的几个月时间里，古巴国内的抵抗力量几乎被政府消灭得一干二净。因此，美国要么从与巴蒂斯塔有联系的流亡者中招募人手，要么从反对巴蒂斯塔但却不支持卡斯特罗的流亡者中招募人手。总统在批准“冥王星”行动时就明白，在行动中不能启用巴蒂斯塔的支持者，一些中情局高级官员也相信只能利用“第三种力量”，也就是说，利用温和派的 M–26 运动的支持者，这些都是在卡斯特罗集团偏左时已经与其决裂的人。结果，中情局就在第二类流亡分子中招募人手，但是政治战指挥者们之间存在意见分歧。

霍华德·亨特一直以极度保守著称。在“冥王星”行动中，他非常不乐意与任何曾支持过 M–26 运动的温和派合作。与亨特相反，格里·多勒是一个机会主义者，他并不在意这些人的政治色彩。因此，对于应该招募哪些人，这两位指挥者分歧很大，很快亨特和多勒就两看两相厌。

为古巴政治行动寻找代理人的活动主要在迈阿密进行，中情局很快就成立了一个特别小组负责这个任务。为了掩盖这座大楼里严格的安保措施和大量通信设施，这个小组的对外身份是一家从事政府采购的电子公司。亨特担任驻迈阿密的行动指挥，多勒的身份则是一位来此参观的钢铁大亨。到5月底，中情局已经建立了充分的政治联系，支持古巴民主革命阵线（FRD, Cuban Democratic Revolutionary Front，西班牙语为Frente Revolucionario Democrático，简称FRD）的成立，古巴民主革命阵线统一了5个流亡者团体。后来，在"冥王星"行动失败之后，有批评指出，这一举措将其他116个流亡者团体排除在外，而且古巴民主革命阵线是一个非常不合格的盟友。

差不多与此同时，中情局也开始准备准军事行动。5月份，在佛罗里达迈尔斯堡附近的尤斯巴岛上，中情局开始对20名无线电操作员进行培训，为这些人日后潜入古巴与叛乱者合作做准备。比塞尔去了一趟巴拿马运河区域，检查将要用于训练游击队领袖的设施。首批受训的游击队领袖们于6月2日离开迈阿密，来到尤斯巴岛，然后到达巴拿马运河区域，在古利克堡的中情局军事管辖区接受为期8周的训练。古巴流亡分子日后的领袖何塞·佩雷斯·圣·罗马、曼纽尔·阿蒂姆、何塞·布兰科就在这批人中。

最初的游击队计划在这时显出了弊端。中情局打算将招募的流亡者增加几百人，这就需要一个较大的训练场地，于是中情局想到了危地马拉。1954年，中情局在这个国家不费吹灰之力就推翻了不合美国之意的政府。中情局通知危地马拉情报站站长罗伯特·K. 戴维斯在当地找一个合适的场地，戴维斯和危地马拉商界联系紧密，很快就找到了场地。危地马拉驻华盛顿大使的哥哥罗伯托·阿莱霍斯主动提供了他在太平洋海岸的马德雷山脉中的咖啡种植园，这个种植园名叫“赫尔维西亚”。阿莱霍斯的要求很简单，他希望中情局给他提供几台冰箱，这使中情局喜出望外。

一些中情局之外的官员对于计划的改变感到很迷惑，尤其是总统。6 月 29 日，总统告诉戈登·格雷，他想不起 3 月 17 日 5412 小组的审议书上的细节是什么。戈登·格雷提醒总统艾伦·杜勒斯所提交的报告中有哪些内容，并告诉他各种行动的时间表。几周以后，艾森豪威尔在罗得岛的纽波特度假期间，戈登·格雷告诉他中情局打算增加招募的人员数目，使用危地马拉的训练基地，以及增加预算等事宜。

8 月份，危地马拉的训练基地已经准备妥当，中情局将这个基地叫作“特拉克斯营”。22 日，首批受训的人员从古利克堡来到这里。在此前一个月无线电操作员就已经安置妥当。8 月 29 日，首批流亡分子的空军飞行人员也到达此地。一周以后，一位专职医生也来到基地。

但是训练活动还不能立刻进行，首批来到这里的人得给后来的人先建造营房。8 月 27 日晚，一大批古巴流亡分子来到这里，接下来又有 160 人到达。9 月下旬，大批武器运送到了营地。培训教官们是 20 名中情局的合同聘用人员，包括东欧人、墨西哥人等，甚至还有一个菲律宾人，名字叫作何塞·莱里亚诺，他在几年前就开始在爱德华·兰斯代尔手下工作。

随着“冥王星”行动所招募的流亡分子人数不断增加，教官人数也在增加，中情局编造的故事再也无法自圆其说了。起初流亡分子们声称自己是雇佣军，与美国政府没有任何联系，随着特拉克斯营的规模逐渐扩大，营地里的活动逐渐被人所知。流亡者们与巴拿马和危地马拉的美国官员们联系也日益密切，美国已经难以继续否认与流亡组织的联系。8月底，古巴人掌握了很多关于这个行动的情报。《纽约时报》的记者塔德·肖尔茨当时正在哥斯达黎加报道美洲国家组织（Organization of American States, 简称OAS）的外长会议，他从一位古巴朋友那里得知了“冥王星”行动的消息之后，向美国国务院求证此事，但是国务院警告他不要对此事做任何报道。

在佛罗里达，“冥王星”行动的消息也差点泄露。在一个农庄附近，居民们看到许多古巴人在训练，也听到了广播的声音。有人恶作剧向农庄里扔了一串鞭炮，古巴人以为有人攻击他们，于是迅速从营房里冲出来，向外开火，混乱中有一个恶作剧的人被子弹击中。之后，好几个古巴人被捕，但是当地人仍然不依不饶，联邦政府不得不秘密下令，最终才使当地官员撤销了对古巴人的指控。迈阿密的一家报纸听到风声，采访后也知道了中情局和这些古巴人的联系。艾伦·杜勒斯不得不在华盛顿接见了这位记者和报社的主编，最终让他们同意不再刊登这篇报道。

在“冥王星”行动中，空军是一个重要因素。在佛罗里达和危地马拉之间的空中运输非常重要，但是如果使用美国空军的飞机，就有可能泄露秘密。1960年7月15日，艾伦·杜勒斯批准成立一家属于中情局的私人航空公司。8月初，中情局以非常低的价格收购了美国南方航空运输公司（Southern Air Transport, 简称SAT）的所有流通股，总共只花了307506.10美元。这家航空公司有一块占地4英亩的机场，有一架C-46运输机，另外还租借了一架。从美国航空公司调来的飞机和机组人员很快就加强了迈阿密航线，将招募的古巴流亡分子从佛罗里达奥帕洛卡空军基地运送到危地马拉。

佛罗里达的航线主要是用于运送后勤物资，中情局为此组建了一支流亡分子的空军力量，将物资运送到古巴，同时为流亡分子提供空中支持。这个任务由迪克·比塞尔全权负责，比塞尔指派了 14 个下属，并由斯坦利·贝利上校管理这个任务。起初贝利负责的是计划处的 U–2 飞机项目，由于飞行员弗兰西斯·格雷·鲍尔斯在苏联领空执行侦察任务时被苏联空军俘虏，艾森豪威尔总统下令终止 U–2 项目。比塞尔和贝利没有受到 U–2 事件的影响，可以集中精力进行“冥王星”行动。比塞尔命令危地马拉情报站站长戴维斯建立一个空军基地为“冥王星”行动做准备。

这个空军基地建在雷塔卢莱乌，离特拉克斯营约 50 公里。特拉克斯营里的古巴流亡分子将雷塔卢莱乌的空军基地叫作“希尔顿”。比塞尔要求戴维斯在一个月之内将机场的跑道建好，戴维斯联系了一家在危地马拉承包工程的美国建筑公司，但是夏季雨水太多，工程无法实施。此外，修建基地的花费严重超出了预算，起初的预算是 90 万美元，实际花费已高达 180 万美元。最终基地 9 月底建成投入使用。基地有 15 架 B–26 轰炸机、5 架 C–46 运输机，还有 7 架 C–54 大型运输机。基地的设施可供一个小型分遣队使用，流亡分子中有 5 位 C–46 飞机飞行员和技术人员，17 位 B–26 轰炸机驾驶员和技术人员，还有 2 位美国顾问，都是从美国空军退役的飞行员。

远在华盛顿的中情局空军人员认为，雷塔卢莱乌空军基地的飞行人员不够，于是开始招募更多人手。他们在迈阿密审查了 92 名古巴流亡分子，但是很多人并不符合条件。艾森豪威尔总统曾命令严禁美国空军人员参与古巴行动，中情局打算阳奉阴违。他们向阿拉巴马空中国民警卫队的乔治·R. 多斯特少将求助，45 天之后，多斯特便招募了 80 位有驾驶 B–26 轰炸机和 C–54 运输机经验的美国人。就这样，美国人也加入雷塔卢莱乌空军基地的古巴人中。

在“冥王星”行动中还包含暗杀卡斯特罗的计划。对此中情局做了一些咨询，技术服务部门也做了一些准备，但是没有什么效果。于是中情局和黑手党联系，黑手党打算以中情局的名义暗杀卡斯特罗。7月份，中情局总部给哈瓦那情报站发去一封电报，建议考虑这个行动的可行性。特雷西·巴尔内斯是发电报的人，比塞尔也知情，但是他们俩严守秘密，直到1960年秋才将这个行动计划告知艾伦·杜勒斯，这时另一个更加广泛的战斗计划已经取代了暗杀计划。

为了使“冥王星”行动顺利进行，流亡分子们还需要海军力量。他们已经可以很好地执行空投任务，但是没有足够的飞机来运送特拉克斯营里的大量地面部队，也没有办法为这些人提供后勤支持。此外，在登陆前他们还需要将一些领袖人物秘密送入古巴境内。于是中情局又在佛罗里达群岛成立了一个矿物运输公司。为此中情局专门派遣了两艘大船，一艘是“芭芭拉·J”号，另一艘是“布拉加”号。这两艘船都是由“二战”期间的步兵登陆艇改装而成，每一艘都可以装载250吨货物和200名士兵。这个矿物运输公司由中情局的两名外聘人员负责，其中一人是格雷斯顿·林奇，他曾是陆军特种部队的军官，曾在老挝服役；另外一个人是里普·罗伯森，他曾因为在“成功”行动中允许中情局的空军人员轰炸英国的商船而被解雇，很显然事后中情局又私下里雇用了他。

艾森豪威尔批准“冥王星”行动是为了反对所谓的左倾的、共产主义的菲德尔·卡斯特罗，但是可笑的是，在他批准这个行动时，古巴和苏联还没有建立外交关系。1960年2月，在美国拒绝向古巴贷款之后，苏联外长阿纳斯塔斯·米高扬邀请卡斯特罗访问苏联，并提出给古巴提供 1 亿美元的长期贷款，卡斯特罗接受了米高扬的邀请。1961 年夏季，在“冥王星”行动进行过程中，古巴才开始和苏联互派了外交使节。

在此期间，古巴发生了许多怪事。2 月 19 日，一架由一位美国驾驶员驾驶的飞机在马坦萨斯省的西班牙制糖厂上空盘旋时突然爆炸。3 月份，在马坦萨斯附近，第二架飞机被击落，两名美国人被俘，其中一人名叫威廉·L. 谢尔普尔斯，另一人名叫霍华德·朗德奎斯特。这两人因为受伤被送往医院。在审问中，一人的供词是古巴政府雇用他们执行飞行任务，这个供词有可能是真的，就好像美国媒体一直在进行的虚假宣传一样。

在哈瓦那港也发生了一起事故。在哈瓦那港的泛美航空公司的码头当时已经被古巴政府收归国有，3 月 4 日，一艘跨大西洋法国公司的内燃机船“拉库布尔”号正在这个码头卸货，货物有一些一般物品，还有古巴政府从比利时购买的弹药，突然之间，“拉库布尔”号发生爆炸，船尾和上层构造都被炸飞，堆放在一起的弹药被火苗吞没，又引起了二次爆炸。哈瓦那几乎所有的消防车都被调来灭火，以防止火势蔓延到附近的塔雅皮埃德拉电厂。事故造成 100 多人伤亡。卡斯特罗指责是美国人引起了这次爆炸，美国矢口否认。唯一可以确认的事实是跨大西洋法国公司损失了一艘商船。一周以后，古巴政府首批征用了 3 家制糖厂。

上文提过，古巴国内的所有抵抗力量在“冥王星”行动开始之前都被古巴政府消灭。在这些抵抗力量中，最大的一支是由乌贝尔·马托斯（Huber Matos）领导的队伍。在卡斯特罗还在马埃斯特拉山脉组织游击队反抗巴蒂斯塔政府时，马托斯是卡斯特罗的指挥官之一，由于反对革命过于偏激，马托斯于 1959 年 10 月辞职，第二天，卡斯特罗亲自带人在马托斯的家里逮捕了他。另外一支比较大的队伍由阿基诺·迪亚兹带领。据说迪亚兹在关塔那摩外的山脉中有一支队伍，但是这支队伍从来没有和卡斯特罗的军队打过仗。迪亚兹称自己人手太少，很快便去了迈阿密和那些流亡分子混在一起。在奥尔金省，工厂主曼纽尔·弗朗西斯科·阿蒂姆博士组织了一支地下队伍。当他的辞职信刊登在哈瓦那报纸的头版后，他不得不逃亡，请求中情局将他偷运出境。工程师曼纽尔·雷曾经是M-26在哈瓦那的领导人，后来又担任卡斯特罗政府公共工程部长，据说他也组织了一个反对派组织，并请求中情局提供帮助。

中情局负责政治行动的人员将所有的援助都提供给了古巴民主革命阵线，这就意味着古巴流亡分子们控制一个统一的阵线成为重中之重。尽管这个阵线一直避免各个派别之间出现分歧，但分歧最终还是出现了。霍华德·亨特一直对曼纽尔·雷印象不佳，因此中情局一直都是在半心半意地支持曼纽尔·雷实施的政治行动。同样，由于亨特与格里·多勒一直意见不合，在他的运作下，除非得到许可，否则WH/4小组的政治行动负责人多勒无权来迈阿密的基地进行视察工作。中情局每个月都要给古巴民主革命阵线提供至少11.5万美元的援助，围绕这笔钱产生了许多矛盾。

在中情局的官员们钩心斗角时，古巴国内仅存的那一点抵抗力量也消耗殆尽了。曼纽尔·雷手底下至少还有一批人，中情局没能够和他很好地合作，这就给“冥王星”行动的失败埋下了巨大的隐患。在奥尔金省的坎布雷山脉还有一支游击队伍，由在马埃斯特拉山脉曾经与卡斯特罗共事过的曼纽尔·比顿领导。比顿的队伍大约有300人，但有人诋毁这支部队，认为这支队伍充其量只是比顿的亲朋好友团。10月初，中情局的C-54运输机给坎布雷山脉的游击队带来了第一批物资，不幸的是，飞机在抵达时被击中，一个引擎着火，最终不得不紧急迫降在墨西哥境内。于是，“冥王星”行动又一次面临暴露的危险。

给坎布雷山脉空投物资的任务主要由雷塔卢莱乌基地训练的空军执行。在“冥王星”行动进行期间，中情局安排此类飞行共68次，其中只有7次行动成功，在其他行动中，执行任务的飞机不得不紧急迫降在牙买加或开曼群岛。1961年春，卡斯特罗的军队封锁了坎布雷山脉，游击队物资严重匮乏。

另一个向古巴渗透的主要方式是从海上登陆，这个任务主要由两艘改装过的步兵登陆艇承担。“芭芭拉·J”号和“布拉加”号作为母舰尽量停泊在公海上，古巴流亡分子们乘坐摩托艇或者橡皮筏靠近古巴海岸后伺机登陆。比塞尔的回忆录中称，当时许多流亡分子从古巴的北海岸潜入境内，但是在登陆一两天后这些人就会被古巴军方发现并逮捕。1961年年初，古巴从苏联进口了快速巡逻艇和沿海雷达，中情局的海上行动进一步受到限制。

“冥王星”行动的最后一步是选定执行准军事行动的领导人。中情局最终确定了一位执行别动任务的海军上校，由他负责处理军事问题，中情局一方的负责人是理查德·德雷因（Richard Drain），在此之前他在雅典的情报站任副站长。10月1日，德雷因接到了任命。

在对局势做出充分研判之后，准军事行动的两位负责人认为应该增加“冥王星”行动的人员，将流亡者人数扩充到一个营的规模，大约800人左右。于是迈阿密的基地继续招募工作，但是效果却不太理想，到了11月份，危地马拉的基地只补充了420人。当古巴国内的活动面临失败时，WH/4小组的准军事行动部门还在监督训练基地的建设，其中一个是设立在路易斯安那州的庞恰特雷恩湖的登陆人员训练基地，另一个是波多黎各以东21公里处的别克斯岛建立的蛙人训练基地。

在此期间，中情局情报总部的分析人员完全被排除在“冥王星”行动之外，根本不知道中情局在古巴的行动计划，因此，他们也无从为准军事计划人员提供有效的情报支持。情报部门的主任分析员罗伯特·艾默利甚至不知道“冥王星”计划的存在。

10月30日，危地马拉城的日报报道了特拉克斯营的存在，以及在此处训练的古巴流亡分子的情况。斯坦福大学的罗纳德·希尔顿博士对此进行调查之后，写了一篇题为《西班牙美国人报告》的时事通讯。这份报告引起了《民族报》的重视，1960年11月19日，该报就此发表了一篇社论。

使形势更加复杂的是，中情局故意用特拉克斯营的古巴流亡分子们干涉危地马拉的政治。11月14日，危地马拉的一些陆军军官发动起义，反对总统米格尔·伊迪格拉斯·富恩特斯（Miguel Ydigoras Fuentes），原因是总统允许中情局在危地马拉活动。在中情局的授意下，特拉克斯营的古巴流亡分子们来到危地马拉城和东部港市巴里奥斯港，解除了起义部队的武装。美国海军也参与其中，派遣海军来到加勒比海，包括海军第10两栖中队、直升机航母“拳击者”号、5艘驱逐舰，还有200人的海军陆战队分遣队。美国的参与拯救了伊迪格拉斯，作为回报，中情局获得了在危地马拉的特权。但是，中情局军事干预的副产物之一是再也无法隐瞒古巴反政府军的存在了。

除了危地马拉事件之外，中情局自身的一些行为也导致了“冥王星”行动的曝光。为了吸引更多的古巴流亡分子，霍华德·亨特想出了一个好主意，让人拍摄了特拉克斯营的照片。这些照片被广泛流传，被《迈阿密先驱报》发表，后来古巴的中央宣传部也得到了这些照片，将其发表在哈瓦那的一家报纸上。

因此，1960 年 11 月之后，“冥王星”行动在艾森豪威尔政府中已经不再是秘密，唯一庆幸的是行动的大部分细节还未曝光，但这个行动已经无法出其不意地打击卡斯特罗政府了。

艾森豪威尔总统十分不满 “冥王星”行动的计划一而再、再而三地彻底改动，不仅如此，行动秘密也接连曝光，这使他很难团结其他国家对古巴实行贸易制裁。1960 年春季，艾森豪威尔总统对南美洲国家进行国事访问时，对于制裁古巴表现出强烈的兴趣，但是南美洲国家的领导人却对美国的建议无动于衷。1960 年 8 月，美国企图使美洲国家组织通过一项支持在古巴行动的决议，但是以失败告终。

古巴征用了美国公司的资产之后，美国开始采取报复措施，这时美国就可以在经济领域随心所欲地采取行动了。鲍勃 · 安德森（Bob Anderson）负责协调美国的贸易制裁，艾森豪威尔对安德森的表现感到很满意。3 月中旬，美国废除了已经颁发的向古巴出售直升机的出口许可证。两个月之后，美国终止了所有正在进行的援助项目。7 月，在国会对法律做了修正之后，美国大幅度减少了古巴食糖的配额。在此期间，古巴也没有坐以待毙。到 10 月 14 日，古巴所有的制糖厂都收归国有。1960 年 10 月 19 日，美国政府下令对古巴实行全面贸易禁运。

随着美古两国之间贸易的取消，两国政治关系急剧恶化。1960 年，美国两度召回大使菲利普 · 邦萨（Phillip Bonsal），以此惩罚古巴。在卡斯特罗要求美国撤回半数外交人员之后，1961 年 1 月 3 日，美国终止了与古巴的所有外交联系。

在此期间，“冥王星”行动的规模又一次扩大。在 1960 年大选结束一周之后，艾伦·杜勒斯在他的办公室里召开了一次“冥王星”行动的全体人员会议。会议决定放弃用游击队方式进行渗透，相反，将采取传统的两栖登陆方式；古巴流亡分子们将建立一个滩头堡；古巴民主革命阵线将宣布成立一个临时政府，随后这个临时政府将公开请求美国提供支援。11月4日，特拉克斯营开始从一个游击队训练营改造成传统的训练营，用以训练60名古巴流亡分子。

中情局于11月6日将传统入侵方式的计划提交给5412小组，27日提交给当选总统约翰·F.肯尼迪，29日提交给艾森豪威尔总统。艾森豪威尔命令下属们加快进度，但是对于是否采取传统的入侵方式并没有做出最后决定。

11月29日的会议上，艾森豪威尔总统问与会人员，考虑到“合理推诿”的需要，“冥王星”计划是否具有足够的想象力，是否足够大胆，各项事务是否在有效地进行。他还重复了威廉·D.波利的问题。波利是一位商人，他对古巴民主革命阵线的政治性质和活动规模极为关注，认为古巴民主革命阵线过于左倾。艾森豪威尔表达了他对现状的不满，考虑到即将到来的权力交接，他指出他不想“在危机不断发展期间移交权力”。

大部分与会者们都赞成将“冥王星”行动的人数增加到2000—3000人。艾伦·杜勒斯指出，如果要增加人数的话，特拉克斯营远远不够，必须相应地增加训练基地。至于古巴民主革命阵线，艾伦·杜勒斯坚定地认为只有这个组织才能将古巴的反对派们组织在一起。

12月8日，5412小组又一次召开会议讨论古巴行动。中情局汇报了将会采取传统方式入侵古巴的计划，以及计划的最新进展。中情局埋怨国防部一直拖后腿，没有全心全意地支持中情局的工作，特别是没有派遣特种部队人员协助训练古巴的流亡者。

事实的确是这样。从8月份起，特种行动办公室在向国防部副部长建议时都提出了对“冥王星”计划的反对之词。在这些会议上代表国防部的是副部长詹姆斯·H.道格拉斯，格拉夫·厄斯金和爱德华·兰斯代尔都表达了自己的批评意见，兰斯代尔的意见尤其尖刻。12月8日的会议中，道格拉斯同意派遣27名特种部队的顾问帮助训练古巴人，但是他明确指出，这绝不意味着国防部支持中情局的计划。

艾森豪威尔总统担心参与“冥王星”计划的各部门之间步调不一致，于是12月7日，他批准任命中情局和国务院的特殊代表统一指挥行动。比塞尔挑选了特雷西·巴尔内斯做他的全权代表。国务院的代表是怀丁·魏劳尔，因为魏劳尔在“成功”行动中表现出色，在危地马拉政变期间洪都拉斯的基地一直由他负责。

1961年1月3日，负责古巴秘密战的领导们又一次开会，讨论终止与古巴的外交关系，以及“冥王星”行动的进展。比塞尔汇报，危地马拉总统伊迪格拉斯要求在3月1日前将危地马拉境内的古巴人转移出去，如果在3月1日前美国还不采取行动的话，这些古巴人的士气就会低迷不振。魏劳尔同意比塞尔的观点，他指出美国与美洲国家组织之间也存在问题，一个解决危地马拉问题的办法就是将这些古巴人转移到美国本土的基地上进行训练，但是这个建议遭到拒绝。戈登·格雷对于这些古巴人相当看好，他引用了一个观察家的报告，称那些受训的古巴人是拉丁美洲最好的军队。莱曼·D.雷姆尼泽将军同意格雷的看法，但是他指出这些古巴人还缺少军备。

最后，艾森豪威尔总统总结道：唯一的选择是支持古巴流亡分子在3月份采取行动，否则美国就必须彻底放弃这个计划。

一周以后，塔德·肖尔茨撰写的在危地马拉对古巴流亡分子进行训练的详细计划出现在《纽约时报》的头版头条。

艾森豪威尔总统是否将“发展中的危机”遗留给了他的继任者？

在古巴行动进行期间艾森豪威尔政府卸任，在肯尼迪就职前两天，艾森豪威尔的顾问又发现了古巴行动中存在的问题，但是这些问题只能留给下一任政府去解决了，也就是说，美国要么支持古巴流亡分子在3月份采取行动，要么彻底放弃“冥王星”行动计划，对于新总统来说这是一个艰难的抉择。

为了避免做出抉择，艾森豪威尔将问题留给历史去解答。中情局在猪湾的失败通常被认为是肯尼迪政府的失误，因为他们不问缘由地信任秘密战士们。但是需要指出的是，艾森豪威尔浸淫秘密战八年，他更了解情况。他了解5412小组面临的困难，知道中情局不愿意别的部门插手计划的实施，也清楚军方和政府的情报机构之间的矛盾。此外，他还了解“冥王星”行动的现状，以及计划实施过程中遇到的各种具体困难。1月3日，或者在肯尼迪就职前的任何一天，本来他可以用几句话就终止这个计划，但是他并没有这样做。

最新解密的1960年12月和1961年1月的有关“冥王星”计划的备忘录表明，肯尼迪同意继续该计划的言辞都是事先商量好的。在肯尼迪就职前，许多政府高官都意识到中情局的计划中存在许多不足之处，卡斯特罗的军队要比流亡分子们组织的军队更强大，而且，1月3日国务院也指出，因为入侵的条件还不成熟，美国军队将不得为古巴叛军提供支持。

在肯尼迪就职的当天早晨，在礼仪车队上，艾森豪威尔还建议肯尼迪采取一切措施以确保古巴行动的成功。

艾森豪威尔相信秘密战，所以他的政府不断努力，提高隐蔽行动的效率，扩大隐蔽行动的范围，维护总统对隐蔽行动控制权和“合理推诿”的权力，但是这些目标过于庞大。在实际行动中，失败和成功的概率一样高，泄密事件也时有发生。此外，维护“合理推诿”权的机制也逐渐弱化，以至于实际上总统是古巴行动中主要的参与和策划者之一。

隐蔽行动的费用也表明政府对于此类活动的控制远远不够。现有的一些数据表明，在这一时期，没有任何一项重大隐蔽行动的花费能控制在预算之内。针对伊朗的“阿贾克斯”行动最初的预算是 10 万—20 万美元，但实际花费是 1000 万美元。“成功”行动最初的预算是 1000 万美元，最终的花费高达 2000 万美元。在古巴行动最终失败之前，原先的 1300 万—1500 万美元预算已经远远不够，实际花费高达 1 亿美元。种种迹象表明，一旦国务院接受了某个隐蔽行动的目标，就可以把必要的预算控制置之度外。

美国军队直接参与到“冥王星”行动中也表明政府对于隐蔽行动的控制环节出了错。任何美国人都不能参与到此类战斗中是最基本的原则之一。美国在印度尼西亚遭遇失败之后，艾森豪威尔下令任何美国公民都不能直接参与到隐蔽行动中，但是在他的任期结束之前，美国飞行员却在古巴叛军的空军中执行任务，中情局的特工在指挥叛军的母舰。

在肯尼迪总统遇刺两年之后，在媒体的访谈中，以及在他的回忆录《缔造和平》中，艾森豪威尔称他从未批准一个具体的入侵计划，因为流亡分子们始终没有一个统一的政治领导人。据他所言，入侵行动只是一个“项目”，而不是一个“计划”。他的说法得到了他的儿子和一些政府官员的证实。但是值得关注的是，中情局计划在特立尼达拉岛附近进行传统方式入侵的计划上显示的日期是 1960 年 12 月 6 日，还有入侵的日期，是 1961 年 3 月，以及与入侵有关事项的具体时间表。

也就是说，艾森豪威尔的记忆仅仅在技术层面是正确的：他当时并没有批准入侵计划，因为他的顾问们发现了计划中存在问题。但是无论如何，艾森豪威尔同意了这个计划，而且他也知道肯尼迪并不了解“冥王星”行动的细节。因此，没有终止这个计划就等同于批准了这个计划——唯一的一点是登陆地点有所改变。

据戈登·格雷回忆，在有关“冥王星”行动召开的无数次会议中，总统一直在重复同一句话：“伙计们，如果你们不打算详细说明的话，那咱们就不要再讨论这个了。”

第十一章　古巴Ⅱ：从“冥王星”到“猫鼬”

约翰·菲茨杰拉德·肯尼迪自信满满地上任，几乎使人们忘记了在1960年大选中他仅以微弱优势胜出的事实。肯尼迪政府推出了“新边疆”政策，为美国在冷战中赋予了新的角色，废除了艾森豪威尔政府建立的国家安全委员会体制（这一体制曾使艾森豪威尔政府备受批评），但是新一届政府对古巴的政策一点都没变，中情局的领导层也没有任何变动。

秘密战还在继续进行，唯一不同的是，肯尼迪政府暂时取消了艾森豪威尔政府建立的对隐蔽行动的监督管理机制。肯尼迪政府继承了艾森豪威尔政府在东南亚和古巴实施的行动。不久，古巴的行动出现了危机，这表明，废除对情报机构的管控是一个巨大的失误。

古巴流亡群体引起的问题与日俱增。迈阿密和哈瓦那的报纸，以及《纽约时报》都披露了古巴流亡者的内幕。特拉克斯营也存在许多问题。中情局认为五角大楼不愿意与中情局合作，一直在拖中情局的后腿，如果国防部不派特种兵训练古巴人的话，在1961年年底前这些古巴人根本无法准备就绪。

这些古巴流亡者本身就是最大的问题。在雷塔卢莱乌空军基地，古巴飞行员们讨厌执行飞行任务，讨厌被排除在基地的小团体之外。他们发动了一场罢工，企图用这种方式来抗议工作条件。在特拉克斯营，古巴人抱怨和住在山顶的罗伯托·阿勒西农庄里的美国教官相比，他们的生活条件太糟糕。此外，他们试图选举自己的领导人，但是美国人坚持认为，随着流亡者人数不断增加，古巴人应该先选出一个指挥官。随着矛盾不断激化，1961 年 1 月，古巴流亡者们企图发动一场兵变。

由于形势严峻，美国人选中的最高指挥官人选何塞·圣·罗马不得不辞职，重新降为二等兵的身份。在危机发生期间，美国要求古巴人上缴武器。大约有 230 名流亡者，包括整个第 2 和第 3 营都打算集体辞职。在危机解决之后，仍然有 100 人态度坚决，不肯收回辞呈。霍华德·亨特和几名古巴民主革命阵线的领导人飞往特拉克斯营，竭力劝告士兵们不要冲动。在各方的共同努力下，危机暂时平息。中情局也意识到，必须让这些古巴人采取行动了。

在这期间，古巴人遭遇了第一次训练伤亡。一名代号为 2506，名叫卡洛斯·罗德里格兹·桑塔纳的新兵，在一处山间瀑布丧生。为了纪念他，古巴人将突击队命名为 2506 旅。圣·罗马继续担任指挥，这批队伍最终壮大到 1400 人。2506 旅分为 6 个营和 1 个重型武器组。第 1 营是伞兵，第 4 营是装甲兵，配备 5 辆 M-41A2 坦克外加 0.5 口径的机关枪。武器装备有 4.2 英寸迫击炮、3.5 英寸反坦克火箭筒、57 毫米和 75 毫米无后坐力炮。每营 167—185 人不等，比标准的美军步枪营人数少一些。另外还有一支由 168 人组成的突击队，在大部队登陆的同时，这个突击队将从古巴的另一处海滩登陆，以转移敌人的视线。

理查德·比塞尔打算从入侵一开始就向 2506 旅的滩头堡增派援军。约 300 名新兵在迈阿密地区集结，其中 162 人将被转移到中美洲的基地，最后确定的援军总人数大约有 500 人。4000 名古巴人登陆所需的武器也将准备就绪。

古巴流亡者的空军名义上是由空军少校曼纽尔担任，空军由

150 名古巴人和 150 名美国人组成。他们既是机组人员，也是地勤人员。作战力量包括 16 架 B–26 轰炸机、8 架 C–46 运输机和 6 架 L–54 运输机。不幸的是，“冥王星”行动的机密又一次遭到曝光：1961 年 1 月 27 日的《时代周刊》上刊登了一张照片，上面是一架古巴流亡者的飞机，正停靠在危地马拉的雷塔卢莱乌基地上。

在《时代周刊》刊登照片的当天，肯尼迪总统在华盛顿参加一个古巴计划的全体人员会议。在总统竞选期间，艾伦·杜勒斯两次向肯尼迪简要介绍国际形势，包括古巴问题，但是肯尼迪一点也不知道“冥王星”行动中有关隐蔽行动的计划。正因为如此，10 月底，在肯尼迪随行中发生了一件令人恐慌的事。当时，肯尼迪在一次演讲中宣称，美国应该训练和帮助反对卡斯特罗的“自由斗士”。训练和帮助古巴人反抗卡斯特罗是“冥王星”计划正在做的事情，而且在这个计划中，这些古巴流亡者们正是被称作“自由斗士”。

事实上肯尼迪并不了解“冥王星”，他的演讲稿是由作家理查德·古德温准备的，而且古德温本人也毫不知情，他将演讲稿这样写也只是想使竞选声明更加生动有力。1960 年 11 月 27 日，艾伦·杜勒斯和比塞尔与肯尼迪在棕榈滩会晤时，第一次向他提起了“冥王星”行动。比塞尔概述了计划，之后艾伦·杜勒斯带着肯尼迪到后花园进行密谈，很可能是希望提前得到总统候选人对该计划的同意。尽管外人无从知晓谈话内容，但是霍华德·亨特很快从特雷西·巴尔内斯处得知肯尼迪同意“冥王星”行动按计划进行，于是在艾森豪威尔任期的最后几天，“冥王星”行动的各项计划如期进行。

棕榈滩会晤是粗略的且带有试探性质的，1 月 27 日在白宫举行的会议就更加具体详细了。此次会议的重点不在于讨论传统的入侵方案，而是将这个计划与其他六个选择进行比较，包括经济战和经济封锁。国家评估办公室在此前并不知道“冥王星”行动的存在，该办公室的一份情报总结道，卡斯特罗已经成功地巩固了政权。肯尼迪下令中情局加强针对古巴的政治行动、破坏行动、飞行任务等；下令参谋长联席会议审批中情局的计划；并下令国务院制订一个反对卡斯特罗的计划，以便在整个拉美地区实施。

尽管肯尼迪起初的命令显得相当克制，但是接下来，他却撤销了艾森豪威尔建立的管控机制。5412 小组的审批权力被肯尼迪亲自主持的会议取代，很多事务直接与新任国家安全委员会的官员对接，而且肯尼迪根本就不愿意咨询艾森豪威尔的白宫秘书安德鲁·古德帕斯特，尽管古德帕斯特对相关情报了如指掌。肯尼迪还解散了总统外国情报顾问委员会，而这个顾问委员会是唯一一个负责情报监督的机制。最终，2 月 8 日，由怀丁·魏劳尔和特雷西·巴尔内斯领导的国务院—中情局的特别小组不复存在，这对各部门在“冥王星”行动中的合作产生了特殊的影响。

肯尼迪废除了国家安全委员会内部的各种工作人员办公室，他认为，在艾森豪威尔政府任职期间，这些办公室妨碍了政府的行政权力，最终他以这种方式满足了对直接行使权力的渴望。但是他忽略了这一机制的积极作用。与艾森豪威尔政府不同，肯尼迪政府没有设置可以独立完成任务的跨部门办公室，除了他自己的顾问之外，也没有什么委员会能够给总统提供不同的意见和建议。

于是形势慢慢朝着不好的方向发展。在肯尼迪下令几天之后，中情局给参谋长联席会议简要地介绍了一下以传统方式入侵古巴的方案。中情局选定了坎布雷山脉和特立尼达拉岛附近的海域作为登陆地点。经过几天的研究之后，参谋长联席会议出台了JCSM57-61号文件，题为《对中情局在古巴的准军事计划的军事评估》。

这份文件的第17条结论表明参谋长联席会议仍然对“冥王星”行动存在分歧。一方面，军方认为空投会成功，因为卡斯特罗需要好几天才能够召集革命武装力量应对流亡者的登陆，因此尽管中情局的计划存在缺点，但是还是有很大的胜算机会；另一方面，他们认为古巴军队最终会削弱流亡者的滩头阵地。

军方对于滩头堡的军事警告表明很有必要从登陆地点突围，但是中情局对此的观点却截然相反。中情局认为在美国公开干预的最佳时机到来之前，2506旅应该坚守滩头阵地。中情局的观点体现在1961年1月4日给格里·多勒的题为《关于反对古巴政府的罢工决策》的报告中。事实上，中情局的政治战专家们原来计划是，在古巴叛军坚守滩头阵地的第一个月，美国将把流亡者的政治领袖们空投在古巴境内，由这些人宣布组成临时政府，同时后勤人员将安排物资登陆。可以看出，军方和中情局的观点分歧太大，无法达成一致，但是由于肯尼迪总统撤销了各种顾问委员会，因此没有人告诉总统真实情况。

美国的干涉显然是一个敏感话题。中情局的准军事人员明白卡斯特罗的革命武装力量可能会阻止流亡者登陆，也知道有必要摧毁卡斯特罗的革命武装力量。为此，中情局计划的一个环节就是启用大规模的空中打击，因为在这之前中情局就获悉卡斯特罗的军队拥有喷气式战斗机，而古巴叛军没有这类飞机。如果美国向古巴叛军提供喷气式战斗机的话，就明显表明美国在干预古巴，中情局和怀丁·魏劳尔都提到了这个情况，但是总统的想法却不同。

2月9日，美国海军大西洋舰队司令罗伯特·L. 丹尼森上将在和总统的会见中问道：“我们应该加入空投行动吗？”

“不，”总统回答道，“如果出现任何问题，流亡部队可以退回到内陆上，这样的话我们就不会暴露。”

第二天，丹尼森就收到来自参谋长联席会议主席莱曼·雷姆尼泽将军的指令，对美国海军的参与做出了界定和限制，很显然参谋长联席会议希望海军的参与越少越好。

到了2月中旬，情况表明“冥王星”行动不能按照原计划于3月5日实现登陆，计划不得不推迟一个月。中情局不得不要求危地马拉在这段时间内收容古巴流亡者。军队则利用这段时间派出三名上校去巡视特拉克斯营和雷塔卢莱乌基地。他们的评价是：叛军整体来说训练有素，但意外获胜的概率不大，失败与获胜的比率是17∶3。他们对叛军空军的评论是，卡斯特罗军队配备的0.5口径机关枪的轰炸机可以击沉大部分，甚至全部入侵的舰队，所以不出意外的话，行动不可能成功。

总统如何解读这两份观点冲突的报告呢？一天，总统把艾伦·杜勒斯叫到他的椭圆形办公室，问他获胜的概率有多大。艾伦·杜勒斯拐弯抹角地提到了在危地马拉采取行动前夕他与艾森豪威尔的谈话，暗示这次“冥王星”行动将会成功。杜勒斯说：“当时我就站在艾克的桌前，告诉他危地马拉计划准会赢。现在，总统先生，这次行动的前景比上次行动还要好。”

尽管肯尼迪心存疑虑，在考虑了国家安全委员会参谋长麦克乔治·邦迪的观点之后，他还是得想办法让“冥王星”行动取得成功。3月11日，比塞尔正式提出了特立尼达拉岛登陆的计划，肯尼迪总统反对这个看似壮阔的入侵行动，希望能够采取其他方式，但最终还是批准了31号国家安全行动备忘录（National Security Action Memorandum，简称NSAM），同意了入侵计划。

在接下来的几天里，WH/4 小组匆忙制订出新的登陆方案，选择在特立尼达拉岛以西 100 多公里处的猪湾登陆。两天之后，中情局的准军事计划人员就将这个计划递交给参谋长联席会议，3 月 15 日，参谋长联席会议召开，讨论该计划。当天晚些时候，关于两份方案的提要就都交到了肯尼迪手中。肯尼迪再次拒绝了在特立尼达拉岛登陆的方案，认为这是"'二战'时期的入侵行动"，不适合作为准军事计划，同时命令将猪湾登陆时间由黎明改为夜晚。在这之前，没有人告诉过总统，美国从未在夜间发动过入侵行动。3 月 16 日，这个计划最后审定通过后，总统任命了一个跨部门的工作小组监督"冥王星"行动的执行情况。

受到中情局的准军事专家们的感染，肯尼迪总统认为军方同意了这个计划，但是却没有意识到实际上军方对这个计划根本没有多少发言权。军方对这个计划的反对之声不少，如拉美政策顾问兼历史学家阿瑟·施莱辛格、新政府的副国务卿切斯特·鲍尔斯、杜鲁门政府的国务卿迪安·艾奇逊，以及肯尼迪在参议院时的同事 J. 威廉·富布莱特。但是，为了表现他的强硬作风，肯尼迪拒绝听取所有人的提醒。

值得一提的是美国在国际舆论中的形象。为了使领导人否认美国参与了隐蔽行动，"合理推诿"非常重要。世界舆论的一个重要论坛是联合国大会，当时联合国大会正在纽约召开，古巴问题也在大会的日程上。肯尼迪派阿德莱·史蒂文森担任驻联合国大使，相信史蒂文森人品正直，在这个世界性论坛上将会无懈可击。之后肯尼迪又派阿瑟·施莱辛格担任史蒂文森、中情局和国务院之间的联络员。

不幸的是，施莱辛格 4 月 8 日早晨才抵达史蒂文森下榻的华道夫·阿斯多里亚酒店，此时已经为时太晚，中情局的特雷西·巴尔内斯已经将情况介绍完毕。根据中情局的“按需知密”原则，巴尔内斯只给史蒂文森简要地介绍了一下计划的梗概，没有涉及计划的细节，所以史蒂文森也无从得知。史蒂文森当时怀疑，在批准这个入侵计划时总统是否经过慎重的考虑。也许正是史蒂文森的疑惑促使了巴尔内斯保持沉默，没有透露更多的细节，而几天之后，沟通不足的后果便显现出来。

在史蒂文森参加联合国大会时，“冥王星”行动在加速进行。在这期间发生了两件事，使得入侵计划不得不推迟到4月17日。4月1日，丹尼森上将接到参谋长联席会议的JCSM365-61号指令，指令中要求海军加强对关塔那摩的防御，防止卡斯特罗发动突袭，并派出航空母舰“埃塞克斯”号，为空军打击做掩护。与此同时，驱逐舰“伊顿”号和“默里”号将携带精良的航海设备，从集结地将叛军的船只运送到猪湾，两栖战舰“圣马克斯”号将转载着登陆艇和一些物资停泊在猪湾附近。另外一艘潜水艇将在古巴海岸的另外一处出现，以转移古巴军队的注意力。指令还要求丹尼森的舰队避免公开与古巴流亡军队的船只联系。

入侵本身不是从危地马拉发动，而是从尼加拉瓜的卡萨贝斯港发动，代号为“蹦床”。4月初，古巴叛军开始在卡萨贝斯港集结，包括中情局的两艘步兵登陆艇“芭芭拉·J”号和“布拉加”号，中情局还承包了加西亚船运公司的5艘商船用来运送2506旅的士兵。4月10日，古巴流亡部队开始从特拉克斯营和其他基地向卡萨贝斯港汇集，一支316人（包括159个美国人）的队伍帮助古巴人在此地登陆。4月11日，第一艘船出发，13日，快艇出发。14日，特雷西·巴尔内斯和一位高级准军事官员又一次来到纽约去通知古巴的流亡者领袖们。

此时肯尼迪总统还保留着最后的决策权，仍然可以选择在行动开始前 24 小时内取消“冥王星”计划。肯尼迪派去巡视的一位军事人员报告说，整个场面一片混乱，船只不足。但是总统的最后一丝顾虑还是被一位海军上校发来的电报打消了。这封电报这样写道：

我的观察使我坚信，这支队伍不但有能力完成初步任务，而且能够实现最终的目标——推翻卡斯特罗政府。指挥官们对行动计划了如指掌，热情高涨，他们年轻，精力旺盛，聪明无比，他们对开始战斗怀有狂热的追求。他们说他们了解自己领导的士兵，而且坚信，一旦他们对卡斯特罗军队取得初步成功，那么接下来的成功将会接踵而至……他们的自信心也感染了我……在某些方面，这些部队比美国步兵配备的武器更先进、更精良，而且他们的实战经验也比美国士兵丰富。他们的严肃态度深深地打动了我。

总统下达了最后的命令。当一切结束，流亡士兵们被从监狱释放出来以后，一位研究这项计划的记者将这封电报给士兵们看，他们都坚称直到登陆的最后一刻，没有人告诉他们半个字，他们根本不知道计划是什么。

因为卡斯特罗的革命武装力量的空军会给入侵计划造成严重威胁，因此“冥王星”行动最关键的一步是摧毁卡斯特罗的空军力量，包括 6 架 B–26 轰炸机、4 架由 T–33 教练机改装成的战斗机，还有 2—4 架英国制造的海怒战斗轰炸机。革命武装力量的主要基地在哈瓦那和圣地亚哥。根据计划，在入侵的前两天，叛军的飞机会发动突袭，以摧毁卡斯特罗的飞机，在叛军登陆以后，天一亮，所有剩余的飞机都将被炸毁。这个计划完美无缺，但是现实却不尽如人意。

根据计划，为了掩盖古巴流亡部队发动空袭的事实，中情局将宣称这是由背叛卡斯特罗的飞行员发动的突然打击。为了达到这个目的，中情局派遣了另外两架 B-26 轰炸机，任务是从尼加拉瓜飞到佛罗里达，然后这两架轰炸机的飞行员在佛罗里达公开自己的身份。至于真正的空袭，中情局派出了 11 架轰炸机去空袭 6 个古巴空军基地，之后缩减为 6 架轰炸机空袭 3 个主要军事基地。

4 月 15 日黎明，中情局派出的飞机如期对革命武装力量的飞机进行轰炸，让飞行员惊讶的是，他们很快就摧毁了卡斯特罗一半的空军力量。

但是很快，中情局的掩饰行动就露馅了。执行掩饰任务的两架飞机按计划抵达佛罗里达，一架降落在奥帕洛卡，另外一架降落在迈阿密国际机场。在迈阿密国际机场，飞行员马里奥·苏尼加向媒体讲述了事先编造好的故事。一位记者拍下了他的飞机的照片，这些照片被立刻传到纽约，而此时联合国大会正在讨论古巴问题。

这些照片清晰地显示出中情局故意在飞机上喷涂的革命武装力量的标志。阿德莱·史蒂文森将这些照片展示给与会者，并借此否认美国与古巴流亡者的行动有任何关联。但是这些照片显示的信息太多了：这架 B-26 轰炸机配备的机头装置是 1958 年美国为印尼行动而设计的；而古巴的 B-26 轰炸机是塑料机头，是投弹手的工作区域。一位记者发现，这架轰炸机的机关枪是被胶带封住的，根本不可能开火。而且更加让人无法相信的是，一群叛变者居然能同时对不同军事目标发动联合袭击。此外，当时驻哈瓦那的合众国际社记者亨利·雷蒙德曾经见过执行空袭的飞机，却没见上面有任何标志。所以很显然，阿德莱·史蒂文森在说谎，史蒂文森本人也很快意识到特雷西·巴尔内斯根本没有对他全盘托出计划的细节。

形势急转直下，这让总统感到十分尴尬。他决定派麦克乔治·邦迪去纽约给史蒂文森做进一步解释，但是，对于接下来的计划却无能为力——一个牵制性的登陆已定于当晚在奥连蒂省进行，现在已经错过了取消这个计划的最后时刻。

但是这个登陆计划却未能如期进行。168 人搭载加西亚船运公司的“拉普拉塔”号，在尼诺·戴兹的带领下登陆，企图让卡斯特罗误认为他们这些人是真正的入侵者。一周前，在一次手榴弹爆炸事故中，受过特殊训练、将要带领这些人登陆的小组在事故中死亡，于是中情局又派了一组新人带领这些人靠岸。这些人靠近关塔那摩以东 50 公里左右的海岸，却发现古巴军队正在严守海滩，而且海岸地形复杂，也增加了登陆的难度。第二天夜里的登陆也因为海上风浪太大失败了。

在登陆计划进行的同时，中情局空军行动中心的斯坦利·贝利上校也展开了新的空袭行动，试图摧毁古巴空军剩余的飞机。在贝利和他的助手从最新的 U-2 飞机拍摄的照片中挑选进攻目标时，命运之神再一次捉弄了美国人，这一次是借中情局副局长查尔斯·卡贝尔之手。

为了掩饰中情局插手古巴流亡者的入侵行动，艾伦·杜勒斯决定赴约去波多黎各演讲，杜勒斯不在的那一周由卡贝尔负责中情局的事务。卡贝尔穿着宽松的运动衫，刚打完网球回来，贝利便告知他最新的轰炸计划，卡贝尔问贝利这个计划是否已经批准，因为他清楚地知道美国在联合国的尴尬处境。尽管贝利坚称一切都好，卡贝尔还是向国务卿迪安·腊斯克（Dean Rusk）核实情况。几分钟后，腊斯克通知了麦克乔治·邦迪，而邦迪给卡贝尔打电话说总统决定，在 2506 旅没有控制古巴境内的机场作为流亡部队的轰炸机基地之前不能发动任何空中打击。

这时理查德·比塞尔也打了电话，比塞尔和卡贝尔直接请求腊斯克，都被腊斯克拒绝了。他们两人激烈抗议，腊斯克同意向总统致电转达两人的意见，但肯尼迪再次否决了空袭的计划，卡贝尔也不愿意与总统当面讨论此事了。飞行任务受到严格限制，飞机只能在海滩上空提供直接支援。当天共出动 13 架 B–26 轰炸机，但都没有轰炸革命武装力量的基地。卡斯特罗的空军因此有了喘息的机会。

现在一切就只能靠 2506 旅了。按照计划，运送车辆和人员的登陆艇抵达猪湾附近，但古巴流亡者乘坐的都是玻璃钢船，行驶速度缓慢。里普·罗伯森和格雷斯顿·林奇带着潜水员上岸去海滩上做标记，这违反了美国人不能直接参与准军事行动的规定。

第 1 营顺利地跳伞登陆，他们占据的位置可以阻止卡斯特罗向科瓦东加和一个叫作“中澳大利亚”的甘蔗种植园加强兵力。主要登陆地点是吉隆滩（也称作蓝滩）。此前中情局中经验丰富的相片判读人员并没有发现近海的暗礁，一些流亡人员曾经在吉隆滩度过假，很了解此处的暗礁，但是中情局却没有采纳这些人的意见。结果，登陆时一些船只被暗礁撞毁，在退潮时，卸货也没法进行。

黎明时分，大部分古巴人上了岸，但是带上岸的物资远远少于原计划的 72 吨。本来要撤退的船只也还停泊在原地，原因是卡斯特罗的空军在早上 6 时 30 分和 9 时发动了两次袭击，海怒战斗轰炸机炸沉了“休斯敦”和“里约·埃斯肯迪多”号船。“休斯敦”号船上当时还有许多物资，第 5 营的 130 人还在船上。幸存者不得不逃离海岸，游过海湾，来到萨帕塔半岛的沼泽，在逃离期间他们无法携带任何设备。“里约·埃斯肯迪多”号船则与船上的通信车和供吉隆滩机场使用的飞机燃油一起沉入海底。

另外一个主要登陆地点在拉尔卡海滩，也被称为红海滩，陆上距离猪湾大约 50 公里。在这里登陆的第 2 营的士兵和 2506 旅失去了联系，几个小时后才和指挥官圣·罗马取得联系。登陆后，第 2 营向北前进，与在“中澳大利亚”种植园附近跳伞登陆的第 1 营士兵会合，但是在这之后他们就没有收到任何命令。在圣·罗马和这些人用无线电设备联系上之后，中情局却又犯了一个错误。

在整个行动的计划阶段，一个重要的设想就是卡斯特罗需要几天时间才能对登陆行动做出反应。流亡的官员在出发前被告知，在猪湾不会碰到任何抵抗力量。革命武装力量的军队直到他们入侵两天之后才会组织起有效的反击。比塞尔和其他计划者们一再做出这个设想，考虑到他们对古巴的实际情况一无所知，他们强烈的自信感让人惊讶。早在 1960 年 12 月，丹尼森在自己的计划中就列出了一个清单，其中 90 个问题与卡斯特罗的军队有关，29 个问题与古巴抵抗运动有关，但是能答出来的问题不到 10 个。

中情局的准军事专家们没有发现吉隆滩的暗礁，他们也没有预料到在登陆地点会遇到卡斯特罗的军队。事实上，在吉隆滩和附近海滩，大约驻守着 100 名民兵，驻守在“中澳大利亚”种植园附近的革命武装力量第 339 民兵营的人数更多，此时已经给拉尔卡海滩北部的伞降部队造成了巨大的压力。

早在 1960 年 12 月，由于担心流亡者入侵，革命武装力量进行了大范围动员，在当时造成了巨大的恐慌。随着恐慌不断加剧，卡斯特罗的防御力量不断得到加强，而且，流亡部队空军的突袭也给了卡斯特罗预警，卡斯特罗用两天的时间将军队部署到位。从流亡部队出发的第一天起，卡斯特罗就部署了包括装甲车在内的大批军队。到第二天早上，也就是 4 月 18 日，流亡部队就被迫撤离到“中澳大利亚”种植园和拉尔卡海滩，革命武装力量的坦克驶向吉隆滩，在科瓦东加附近的桥头堡斜对面设置路障的伞兵部队也在撤退中。

计划指挥部也犯了一个错误，就是错误地估计了将会加入2506旅的人数。计划指挥部的报告称大约有3000—5000名游击队员在进行积极抵抗，但是国家评估办公室和情报部门的评估认为，抵抗力量并没有这么大的规模。当时确实有几个游击队存在，在此期间，他们所做的有意义的事情就是纵火。4月14日，他们在古巴最大的埃尔恩坎托商场纵火，破坏了被收归国有的伍尔沃斯商店和好时公司的仓库。这些破坏活动和意外爆炸让卡斯特罗心生警觉，卡斯特罗下令，警察可以逮捕任何可能反抗政府的人员。总之，在古巴国内，根本没有发生大规模的起义，大约只有50人加入了流亡部队。

2506旅根本没有机会。第二天，圣·罗马的部队从前线败退。在登陆日损失了两架飞机后，空军也士气低落。为了鼓舞士气，比塞尔下令让签约的美国飞行员参战。4月18日取得的最大胜利是打击了从拉尔卡海滩挺进的政府军。但是当日派出的9架飞机都只能在猪湾上空盘旋20分钟，空中打击力量极大受限。政府军还击中了两架由美国飞行员驾驶的B–26轰炸机，赖利·桑伯格、韦德·C.格雷、威拉德·雷和里奥·F.贝克丧生。肯尼迪总统在4月12日的新闻发布会上说，这是一场古巴人之间的战争，美国根本没有参与，但是这些美国人就死在这场“美国没有参与”的战争中。

第三天，也就是4月19日，2506旅耗尽了弹药。载着物资的船只不但士气低落，而且四处分散，最终丹尼森的海军舰艇不得不将他们围堵起来。“芭芭拉·J”号和“布拉加”号上载着中情局官员，还比较遵守纪律，但是它们装载的物资很少。在圣·罗马和中情局的一再请求下，肯尼迪总统最终决定直接干预。美国的直升机不断从航空母舰“埃塞克斯”号上起飞，驱逐舰“伊顿”号和“默里”号受命靠近海岸，准备救援幸存者，最终找到了26人，还有22人搭载一艘帆船在墨西哥上岸，最终幸存下来。2506旅剩下的人包括圣·罗马、政治顾问曼纽尔·阿蒂姆、最优秀的指挥官埃内多·奥利瓦，他们逃到了沼泽中，最终遭到政府军的围捕。卡斯特罗的军队在战斗中有1700人死亡，2000人受伤，共俘虏1214名流亡士兵。

猪湾事件之后，华盛顿召开了一系列会议，讨论如何减少这次失败带来的危害。比塞尔说，不要再提起义会推翻卡斯特罗的统治了，2506旅还没有准备好进行游击战争，这让参谋长们感到非常惊讶。肯尼迪总统尴尬万分，一边摸着鼻子一边承认“我们已经受够了游击战了”。

有两个人对古巴行动的结果尤为感兴趣，一个是前总统艾森豪威尔，另一个是1960年大选中败给肯尼迪的理查德·M.尼克松。尼克松打算在芝加哥发表政治演说，在这之前已经通过肯尼迪总统安排好要听取中情局的工作简报，根据安排，4月19日，艾伦·杜勒斯将来尼克松家中会面。当晚，艾伦·杜勒斯比原定时间晚了一小时到达，显得非常焦虑

尼克松问他是否需要喝杯水，杜勒斯答道：“我当然得要——我确实需要一杯，这是我一生中最糟糕的一天。”

尼克松问他发生了什么事情，杜勒斯脱口而出：“一切都完了，古巴行动完全失败了。”

在冲动中，杜勒斯向尼克松简要介绍了古巴的最新情况，他

指责肯尼迪的“紧张的助手们”让总统对计划做出变动，例如放弃空袭。杜勒斯说，“我本来应该告诉他，我们不能失败。”杜勒斯盯着地板说：“我本来要说的，但是却没有。”

“这是我这辈子最大的错误！”

在接下来的电话通话中以及白宫的会议中听到了肯尼迪自己的版本。

4 月 21 日，星期五，艾伦·杜勒斯不得不鼓起勇气面对艾森豪威尔。艾森豪威尔相当善解人意，试图安慰备受打击的杜勒斯。在这之前，艾森豪威尔一家受到肯尼迪的邀请，打算在戴维营共度周末。第二天，一架直升机将艾森豪威尔和妻子玛米从葛底斯堡接到戴维营。一见面，肯尼迪连一句寒暄都没有，就开始和艾森豪威尔谈正事，两人来到白杨小屋的阳台。

肯尼迪没有为中情局推卸责任，他告诉艾森豪威尔，失败的主要原因是“情报沟通的障碍，还有转载物资、时机的选择和战术上的错误”。

在危难时刻，尼克松和艾森豪威尔用各自的方式，鼓励肯尼迪继续针对菲德尔·卡斯特罗的行动。尼克松建议寻找一个“适当的合法的借口”，然后以此为据反对卡斯特罗。艾森豪威尔则表示自己会支持“在西半球进行的，所有阻止共产主义势力的侵略以及巩固军事基地的行动”。

很显然，美国的新老政府都不明白，美国对古巴的敌意正在对古巴产生错误的影响，正好把卡斯特罗推向苏联的怀抱。

六周以后，艾森豪威尔的朋友威廉·D. 波利从一个 2506 旅的逃兵处得知了猪湾事件的详细经过，并将此事告诉了艾森豪威尔，波利还告诉艾森豪威尔在行动的计划阶段他从白宫会议中得到的各种消息。在日记中，在提到肯尼迪 1956 年出版的书《当仁不让》

时，艾森豪威尔写道："如果情况属实，这本书的书名应该叫《胆小犹豫者传》。"

艾森豪威尔将这句话和一张地图一起装进信封密封起来，直到多年以后，研究艾森豪威尔文件的档案员才发现了这个信封。

肯尼迪告诉艾森豪威尔，他会对古巴行动失败的原因进行调查。事实上，这次失败如此惨烈，进行调查是必不可少的。这个调查委员会称为"格林委员会"，由麦斯威尔·D. 泰勒将军担任主席，罗伯特·F. 肯尼迪代表其兄肯尼迪总统，艾伦·杜勒斯代表中情局，阿利·伯克上将代表海军。委员会举行了 20 次听证会，参与听证的包括中情局的人员、军方人员，从比塞尔一直到古巴逃亡者和古巴政客。

解密文件显示这是一次非常谨慎的调查。调查一遍又一遍地审核空袭的细节，反复比较猪湾登陆计划和特立尼达拉岛登陆计划，反复研究军方对中情局的计划的建议和意见。但是，调查委员会却根本没有触及一些核心问题。

调查的结果将失败归因如下：NSC–5412/2 号文件提到的"合理推诿"不可能在这样大型的行动中实现；各机构之间缺乏协调；行动的总指挥部设在华盛顿，无法对行动进行远程指挥。调查委员会的结论是，古巴流亡者组成的部队无法进行游击战，而且，"冥王星"行动本身"具有局限性，且这种局限性不断增加"。参谋长联席会议没有否决中情局的计划，这就意味着批准了这个计划，所以它也要为这个行动的失败负一定程度的责任。美国政府的各个部门没有尽力确保这个计划的成功实施，因此都有错。

如此一来，中情局要负的责任就减轻了许多。调查委员会没有指出的是，从这个计划的制订到实施仅用了一个月时间，而且在计划确定两天之后就发动了入侵，这有多么荒谬。调查委员会也没有指出，1500名古巴流亡分子在57公里宽的滩头堡上进行军事行动是否可行。调查委员会的报告承认美国的情报机构并不完美，“我们确实感觉情报上的失误导致了行动的失败”，卡斯特罗军队的效率“超出了预期”。

调查委员会建议成立一个由参谋长联席会议主席、中情局局长、副国务卿、副国防部长组成的“战略资源组”（这无异于艾森豪威尔时期组建的5412小组）；由军方主要负责准军事行动，由参谋长联席会议向总统提供咨询意见；对美国的准军事能力进行清查。

6月底，肯尼迪在国家安全行动备忘录NSAM-55和NSAM-56文件中参考了上述建议。NSAM-55任命参谋长联席会议主席担任和平时期和战时的首席军事行动顾问。NSAM-56下令清查进行秘密战的能力。根据这个命令，在国家安全委员会成员沃尔特·W.罗斯托的推动下，肯尼迪命令理查德·比塞尔领导一个小组进行跨部门研究。研究的结果促使肯尼迪政府开始重视反暴动的方法。肯尼迪恢复了一个监督机构，不是原来的5412小组，而是总统外国情报顾问委员会（President’s Foreign Intelligence Advisory Board，简称PFIAB），组员包括克拉克·克利福德和戈登·格雷等。从1961年5月到12月，这个委员会召开了不少于25次会议，提出了180份建议，一些建议是在猪湾行动失败后总结出来的经验，据说90%的建议都被总统采纳了。

尽管在泰勒–罗伯特的报告中，中情局没有那么丢脸，但毋庸置疑，古巴行动的失败还是使中情局褪下了光环。肯尼迪之前认为艾伦·杜勒斯是间谍大师，是政府的宝贵财产。在“冥王星”行动失败之后，在与阿瑟·施莱辛格和吉姆·莱斯顿吃饭时，肯尼迪转变了话锋，说“杜勒斯是个传奇人物，可与传奇人物很难共事”。但是他并没有立刻撤销杜勒斯的职务。等中情局在弗吉尼亚的兰利建造的总部竣工之后，才让杜勒斯离职。

杜勒斯卸任后写了一本书，书名叫《情报的艺术》，书中只有寥寥几行提到了猪湾计划。后来，施莱辛格和西奥多·索伦森写的肯尼迪回忆录出版之后，杜勒斯感到非常气愤，写了几百页的反驳，只是无一发表。根据政治学家吕西安·S. 范登布鲁克的分析，杜勒斯的这些反驳说明中情局有意使总统忽视“冥王星”行动计划中的缺陷，这样的话，万一行动失败，总统就会不遗余力地去拯救古巴流亡者。

在猪湾事件之后，肯尼迪便将情报部门牢牢控制在手中。他告诉助理们，他希望将中情局“撕成碎片，让其随风飘散”。但是对中情局的实际整顿没有那么极端。理查德·比塞尔曾经是接任杜勒斯职位的最佳人选，但是现在他被要求辞职。比塞尔拒绝辞职，结果遭到降职。1961 年年底，他离开中情局，去担任国防分析协会的主席。特雷西·巴尔内斯被调任，成为新成立的国内行动处的处长，副手是 E. 霍华德·亨特和汉斯·托夫特，基本上没有多少事情可做。格里·多勒升任西半球司的特别政治行动助理，杰克·恩格勒担任政治行动处副处长。只有几十个官员退休，没有一个人遭到解雇。

尽管很多人对于这次行动失败的处理方式提出抱怨，但猪湾行动的失败并没有停止美国反卡斯特罗的步伐，相反，肯尼迪政府似乎加大了行动的力度。在罗伯特·肯尼迪的推动下，国家安全委员会成立了一个特设委员会，直接监督实施了一个新行动，代号为“猫鼬”行动，也被称为“肯尼迪的报复”。

猪湾事件之后，国家安全委员会的指令是让国防部负责对特殊行动建言献策，但是国防部的权力实际上很小。爱德华·兰斯代尔是五角大楼的联络员，处理“猫鼬”计划的事宜，安排和保管国家安全委员会特设委员会的日程，协调军方对此次行动的支持，这个特设委员会实际上取代了 5412 小组，监督秘密行动。

在“猫鼬”计划中，中情局扩大了在迈阿密的情报站，情报站仍然设在迈阿密大学南校区的一幢殖民风格的建筑内，对外身份是一家电子公司。中情局从柏林调来西奥多·G. 夏克立（Theodore G. Shackley），让其担任迈阿密情报站站长。很快，夏克立就开始负责“猫鼬”行动。这个行动是中情局最大规模的行动之一，每年的预算超过 5000 万美元，租用的车辆超过 100 辆，手下有几千名古巴特工，还有 300 多名美国雇员。这个公司名称叫作顶点科技公司（或称为 JM/WAVE），比之前支持猪湾入侵行动的规模还要大。中情局现役步兵登陆艇停泊在迈阿密和佛罗里达群岛附近待命，还有一支由几百艘摩托艇组成的舰队随时增援。

现在，反对卡斯特罗的准军事行动几乎是公开进行的，只有在迈阿密工作的政治团体做了掩护。因为行动在全美展开，所以中情局不得不与联邦、州和地方政府建立联系，包括警方和海关。在国内开展“猫鼬”行动，就免不了触犯法律，如《国家安全法案》中关于中情局的条款，以及《中立法案》，违法内容包括非法持枪或伪证罪。顶点科技公司的日常活动之一就是保释或者设法营救因为犯法而被羁押的中情局人员或古巴人。

利用反卡斯特罗的政治团体是一把双刃剑。随着准军事行动一个接一个的展开，很显然大部分行动都超出了流亡团体的能力，因此伪装很快就要露馅了。这些古巴流亡团体很享受与美国政府的秘密联系带来的声望，但长期下去，这种联系使它们很难维持独立团体存在的政治合法性。卡斯特罗政府后来指控这些流亡团体是“中情局阵线”。

一个更直接的问题是，中情局与古巴流亡团体的联系，以及对这些流亡团体提供的帮助，使美国放松了对秘密战的管控。古巴人私自开展一些行动，希望换取中情局的信任。中情局已经取消的一些行动很快又被古巴人捡起来，因为古巴人很生气，认为美国剥夺了他们打击卡斯特罗的机会。有时候很难判断某个行动到底是不是由中情局授权，例如“第2海军游击队”和“阿尔法66”这些团体发动的突袭根本就没有经过中情局的同意。但是，一旦中情局为古巴人提供了训练和武器，卡斯特罗政府就有理由指责这些反政府突袭的幕后推手是美国。

在猪湾登陆失败之后的第18个月，“猫鼬”行动达到高潮。在此期间，中情局的特工多次试图潜入古巴，但大多都失败了。刺杀卡斯特罗的方案也都失败了，一些方案甚至与黑手党有牵连。古巴蔗糖在圣胡安、波多黎各和其他港口受到化学物品的污染；准备运往古巴的机器配件遭到破坏；古巴的铁路、炼油厂、制糖厂和其他厂也遭到了突袭。

这些隐蔽行动也加剧了美国和苏联之间的紧张局势。在猪湾入侵之后，苏联增加了对古巴的军事援助，赫鲁晓夫试图将古巴囊括到苏联的核保护伞之下。苏联加强了在古巴的军事部署，这一方面是苏联出于对军事战略的考虑，但是，如果没有美国的威胁，卡斯特罗很可能不会同意苏联将核武器部署在古巴的土地上。

肯尼迪总统并没有亲自参与这个准军事行动，但是他的弟弟罗伯特·肯尼迪却活跃在前线，督促策划者们制订计划，鼓励国家安全委员会的特殊委员会采取行动，甚至亲自去佛罗里达巡视中情局的设施。他的热情推动了秘密战，也得到了对“冥王星”

行动失败感到不满的人们的支持。支持者中就有对政治知之甚少、绰号为“牛仔”的里普·罗伯森。罗伯森一直瞧不起政客们，在猪湾事件之后，他接受泰勒委员会的调查时见过罗伯特·肯尼迪，回来后他告诉古巴流亡者们肯尼迪是正确的，后来罗伯森一直参与到反卡斯特罗的隐蔽行动中。

1962年1月30日，爱德华·兰斯代尔列出了32项任务，这就是“猫鼬”行动的雏形。到了2月20日，这个初步计划得到完善，一份详细的时间表制定出炉：任务分为六个阶段分别进行，最后一个是年底进行的公开反卡斯特罗的起义。兰斯代尔成为这个计划的领导，他手下的中情局人员被称为W小组，由威廉·K.哈维（William K. Harvey）带领。哈维从兰利的中情局总部监督西奥多·夏克立在迈阿密的活动。由于组织方面的压力较大，行动进展缓慢，9月时行动还停留在第一阶段——情报收集阶段。

在某种程度上，古巴流亡者自行发动的一次袭击迫使美国政府不得不采取行动。一个古巴流亡团体得到情报，据说捷克斯洛伐克和苏联的军官每周五都在哈瓦那的布兰基塔酒店举行晚会。这个流亡团体打算对布兰基塔酒店进行突然袭击。六个古巴人挤上了一艘快艇，拿着两挺0.5口径的机关枪，一门20毫米口径的加农炮和一门无后坐力炮。8月24日，这几名流亡者进入米拉玛港口，靠近了布兰基塔酒店，甚至能够看到舞厅里闪烁的光亮和穿制服的官兵，然后这些人就开炮了。

自从古巴人开始自行发动袭击之后，中情局就难以管理在W小组工作的古巴人了。9月初，国家安全委员会特设委员会下令行动升级到第二阶段，开始对古巴发动突袭。中情局精心准备，打算对古巴的一个电厂发动突袭，但行动却失败了。10月4日，在讨论“猫鼬”行动的会议上，爆发了激烈的争论。中情局新局长约翰·麦科恩（John McCone）言辞激烈地指责国家安全委员会妨碍了这些古巴流亡团体，罗伯特·肯尼迪反驳说，特设委员会“一直坚持执行兰斯代尔的组织制定的行动”，国家安全委员会从来没有否决过任何具体行动。会议最终总结道，“今后将会实施更多‘富有活力’的行动”。

10天之后，中情局的一架U–2侦察机从古巴飞回，带回来的照片上展示出苏联的核导弹设备，“猫鼬”行动被古巴导弹危机的热潮取代。肯尼迪和他的兄弟以及其他官员连续召开国际安全委员会特设“执行委员会”会议，讨论如何通过外交途径解决苏联问题，如何入侵古巴，如何封锁或者引爆古巴的导弹。

秘密战士们对于新出现的古巴危机有自己的解决办法。在国务院，古巴事务特殊助理罗伯特·A.赫维奇建议派古巴飞行员驾驶无标识的飞机，在表面上假装轰炸炼油厂，实际上轰炸导弹。在中情局，W小组确实朝着“实施更多富有活力的行动”迈出了一步，他们派出了十组突击队前往古巴，每组由六人组成。比尔·哈维认为，这些突击队登陆古巴之后，可以为美国的入侵部队担任向导。三支突击队出发前往古巴北海岸之后，一个古巴人想要确定这样做是否得当，于是他给罗伯特·肯尼迪打了电话。面对有可能一触即发的核战争，此时这位曾经热切支持秘密战的人却犹豫了。10月30日，国家安全委员会下令停止“猫鼬”计划的全部行动，并派遣兰斯代尔去关闭中情局的迈阿密情报站。此后，再也没有人提出轰炸古巴港口的计划了。

古巴导弹危机发展到最后，成为美苏两个超级大国之间的博弈。苏联从古巴撤出了进攻性武器，美国也拆除了部署在土耳其的导弹系统。那批整装待发的隐蔽力量，中情局受命对其进行重组。准军事行动经验更加丰富的德斯蒙德·菲茨杰拉德取代了威廉·哈维，担任W小组的指挥。就在中情局削减了对古巴的行动时，1963年，形势又一次发生了变化。

猪湾登陆失败后，古巴俘获了许多参与行动的流亡者，将他们关押在监狱中。由于1961年1月起，古巴遭到美国的贸易禁运，卡斯特罗提出愿意用这些战俘换取药品、拖拉机、配件和其他此类物品。1961年到1962年期间，美国和古巴断断续续进行了多次交易。在导弹危机之后，卡斯特罗降低了筹码，但是美国政府的筹码却增加了，打算用价值5300万美元的医疗器械、药品和婴儿食品交换更多战俘。这次交换由律师詹姆斯·A.多诺万负责，多诺万在1962年曾成功地在美英之间斡旋，用美国抓捕的苏联间谍鲁道夫·亚伯来交换被苏联俘获的U–2飞机的飞行员弗兰西斯·格雷·鲍尔斯。

1962年12月22日，美国和古巴就囚犯的交换达成一致。2506旅的1179名战俘返回美国。在这场游戏中，中情局的刺杀项目计划人员买了一件带呼吸器的潜水衣，打算以多诺万的名义送给卡斯特罗作为礼物。在中情局的科技处，科学家给这件潜水衣注入会引起慢性皮肤病的真菌，给呼吸器里注入结核杆菌。这件衣服由一位不知情的律师约翰·诺兰交给了多诺万。多年以后，在1970年代，当国会对暗杀事件进行调查时诺兰才得知当年的这个阴谋。

“你可以想象吗？”诺兰回忆说，“我是说，简直不敢想象。吉姆·多诺万已经成功地完成了一次使命，现在又得到古巴人的信任，现在要达成交易，正在艰难地讨价还价，正在进行微妙的讨论，所有事情都要做得光明正大，因为卡斯特罗掌握着王牌，而现在却陷害多诺万，甚至不告诉他，在他毫不知情的情况下，要给卡斯特罗送一包全是细菌的大礼。”

幸运的是，不知道多诺万是否知情，总之，他相当谨慎，用自己买的潜水衣换掉了原先的那件。

卡斯特罗遣返了2506旅的战俘，另外还有20名中情局特工。但是，古巴政府的声明尖锐地指出，他们担心规模更大、武器更先进的流亡者的新一轮入侵。尽管美国否认有上述计划，但是实际上，从1961年7月起，根据一个古巴志愿者项目，美国军方就已经组织了另外一个古巴流亡者组成的队伍，并一直在对其进行训练。1963年年初，这个项目每周都要应对拥入的200名古巴流亡者。1963年1月25日，国家安全委员会讨论如何处理这个古巴旅，副总统林登·约翰逊总结道："最基本的问题是是否该直接或间接支持对古巴的入侵。换言之，是否通过严重挑衅或制造事端来寻找借口。只要对上述问题做出决策，如何处理古巴旅就容易多了。"

国家安全委员会最终的决定是限制"猫鼬"行动之后对古巴的挑衅，古巴旅就没有了存在的理由。1964年年初到1965年4月底，只有128名古巴人志愿参加特殊任务，而与此同时，共有2947名古巴人参加了这个志愿者项目，其中2659人已经完成了训练任务，最终只有61人继续加入美军服役。1965年11月，这个古巴志愿者项目最终取消。

直到1963年针对古巴的突袭还在继续进行，如何控制和管理这些独立的突击队伍成了一个问题。例如，在1962年，尽管有几百艘船只都搭载游客，但是美国海关、海岸警卫队和其他部门还是准确地逮捕了4艘船只和50名古巴人。很显然，逮捕这些人就是为了给古巴流亡者一个警告，让他们听从中情局的指挥。1963年3月，突击队的活动严重破坏了从奥连蒂省出发的苏联商船，这引起了苏联的外交抗议。3月29日的国家安全委员会会议上，国务卿迪安·腊斯克说：“我很担心古巴流亡者发动的突袭会损害我们的国家利益，近来频繁发生的袭击可能会给我们带来无法掌控的麻烦。”

随着对古巴流亡者的管控问题变得越来越敏感，古巴行动渐渐减少。来自美国的官方支持只会鼓动流亡者。直到1965年年底，古巴国内还会时不时地发生突袭事件，国家安全委员会偶尔会讨论一下古巴问题，但是政府的注意力已经从古巴转向了东南亚。中情局在迈阿密和佛罗里达群岛的基地接连关闭。

结束中情局的秘密战并不意味着结束了在古巴的所有的准军事行动，流亡团体继续零星地发动反对卡斯特罗的战斗。1965年左右，一家美国杂志甚至资助了一次行动，目的只是为了得到独家报道。古巴流亡团体不断重组、分裂，招募新成员，并对成员展开训练。到了1970年代，一个新的叫作欧米茄7号的流亡团体甚至对反对派展开暗杀行动，刺杀古巴驻联合国的外交官。

古巴行动的结果是美国成功地培训了一批具有丰富军事技巧的战士们，而且即便当初的组织已经不存在，这些战士却仍然存在。后来，古巴飞行员驾驶B-26轰炸机，在刚果为中情局工作，在非洲的其他地区为葡萄牙人工作。在1960年代末针对海地的未遂入侵中也有古巴流亡分子参与。1972年，在导致尼克松总统下台的“水门事件”中共和党也雇用了古巴人。6月份，在水门酒店被捕的一名古巴人是伯纳德·巴克，曾参与过“冥王星”行动，当时在霍华德·亨特手下任中尉，另一位名叫罗兰多·马丁内斯，在古巴行动中曾执行过354次任务。直到1980年代初，还有参与猪湾事件的老兵起诉美国政府，希望得到经济补偿，享受退伍老兵的待遇。

近年来，美籍古巴人一直是尼加拉瓜反对军推翻桑地诺政府的主要资金来源，并为尼加拉瓜人提供准军事训练，而且很有可能与中情局一起参与了 1983—1984 年尼加拉瓜港口布雷事件。

第十二章　冷战与反叛乱

古巴行动代表了美国准军事行动的巅峰。1961 年，弗兰克·威斯纳对担任伦敦情报站站长这样的仪式性角色感到厌倦之后退休，这标志着政策协调处的狂热时代和中情局的早期时代已经结束。在威斯纳时代，准军事计划频繁地涉及针对外国政府的庞大计划。而在肯尼迪时代，准军事行动发生了明显的变化：美国开始和外国政府合作，而不是推翻它们。

这些变化都是在古巴行动失败之后发生的，因为古巴行动的失败让美国明白自己想要推翻的政府是多么坚韧。当第一批潜水员在吉隆滩登陆时这种转变还没有发生，当政府高层转变观念之后，准军事行动的重点才出现了转变。在肯尼迪对游击战争非常感兴趣时，他曾经回应别人对他的军事战略的质疑。他对游击战争的兴趣对中情局的行动以及中情局和军方在准军事行动领域的平衡产生了深远影响。中情局在古巴惨败之后，军方在肯尼迪的支持下肩负起了更多责任，很快就开始扩大特种作战部队。

艾森豪威尔执政期间，国家安全政策包括中情局积极发动的准军事行动和“新面貌”军事政策。这个军事政策相当激进，政策依据是美国必须拥有大量核武器，并假定未来的战争将会是核战争。艾森豪威尔担心如果长期面对巨额的军事预算，美国经济会被拖垮。艾森豪威尔政府对国防开支设定了严格的上限，在强调加强核力量的同时要求削减军费支出，因此军方只能在常规军队方面削减开支，这也是艾森豪威尔任期内陆军和海军陆战队进行大量裁员的原因。

艾森豪威尔提出的“新面貌”政策受到了各方面的反对。1955年，参谋长联席会议的一位成员因为反对这个政策宣布辞职。陆军中除了少数将领之外，大部分将领都纷纷表示反对。但是，艾森豪威尔总统巧妙地得到了海军和空军的支持，任命了一位支持他的人担任参谋长联席会议主席。因此在艾森豪威尔任期内，只有陆军反对这个政策。

中情局和陆军在发动有限战争方面有共同利益。准军事行动就是有限战争，可能会在应急情况下动用常规部队。早在1955年，中情局就开展了一项“局部战争”研究项目，目的是对影响“外围战”的政治、心理、经济、社会因素进行详细研究，研究由麻省理工学院国际研究中心的经济学家马克思·米立根主持。“局部战争”项目虽然只是中情局与麻省理工学院签署的一系列研究协议之一，但却是关于有限战争的第一次大型研究。

在一份关于“局部战争”项目备忘录的复印件上，艾森豪威尔的参谋长联席会议主席评论道：“我认为这个研究对于（战争的起因）的解答过于简单，这个研究就是在浪费钱。”

1958年年初，在艾森豪威尔下令对有限战争和全面战争进行跨部门的政策评估时，中情局也希望加入。约翰·福斯特·杜勒斯不想让兄弟加入，就告诉艾伦·杜勒斯中情局应该关注的是情报，而不是“行动”，并许诺日后会让中情局参与“行动”的某些方面，艾伦·杜勒斯这才罢休。

随着对有限战争的研究继续深入，中情局最终加入研究中，但是政府之外几乎无人知晓。陆军官员则逢人便反对“新面貌”政策，尤其是参谋长麦斯威尔·D. 泰勒（Maxwell D. Taylor）将军。

泰勒坚持认为大规模核报复战略并不能与有限战争对抗，美国应该采取“灵活反应”战略以便应对任何层面的冲突。中情局认为准军事行动可能造成冲突不断升级，因此暗中支持陆军的观点。

在这个围绕有限战争的辩论进行期间，肯尼迪在马萨诸塞州任参议员，这个辩论对他造成了极大的影响，他明确地将自己和“新面貌”政策的反对派们划入同一阵营。在 1959 年 10 月 16 日，肯尼迪在路易斯安那州的查尔斯湖进行竞选演说时说道：“我们的核武器……不能威慑共产党的侵略，因为这些侵略规模有限，不足以发动一场原子战争。利用当地的游击力量也不能确保中立国不被共产党接管，核武器不能用在所谓的‘有限战争’的外围战中。”因此，肯尼迪认为美国应该采取有限战争的应对方式。

但是军方和肯尼迪所持观点也有不同。陆军认为有限战争就像朝鲜战争一样，是非大规模的传统冲突。年轻的肯尼迪总统则更关注游击战和对抗游击战的手段，即“反叛乱”手段。1961 年 2 月 1 日，肯尼迪第一次参加了国家安全委员会会议。在会议上，肯尼迪下令让国家安全委员会更多地关注“反游击战部队”的发展。两天之后，在肯尼迪政府的第一份国家安全行动备忘录 NSAM-3 中重申了他的意图。为了让军方做出相应的改变，肯尼迪挑选麦斯威尔·泰勒作为他的私人代表。

泰勒当时刚刚担任纽约的林肯艺术中心主席，也许正因如此，泰勒对肯尼迪更有吸引力。在肯尼迪看来，泰勒是一位有文化的将军，写过书，反对过艾森豪威尔的军事政策，而且还是一位“二战”英雄，他曾经作为伞兵参加过多次重大的空降行动，还在两次重大行动中担任指挥官。朝鲜战争期间，泰勒是第 8 军团的最后一位司令，还是西点军校的教官。肯尼迪认同泰勒提出的“灵活反应”战略，因此对他印象非常深刻。

据泰勒回忆，在肯尼迪总统就职几天之后，请他担任美国驻法国大使一职，但被他谢绝，因为他和林肯中心刚刚签订了一份为期五年的协议。由于他的工作性质特殊，他不能长期居住在某一个地方，所以他的家人多次跟着他搬家，最近刚从墨西哥城搬到纽约，他不想再次搬家了。在纽约，泰勒从报纸上读到了有关猪湾行动的报道，感到非常困惑。在吉隆滩登陆失败两天后，肯尼迪总统亲自打电话，请求泰勒担任调查小组组长，对猪湾事件进行调查，于是泰勒来到华盛顿。

在调查期间，罗伯特·肯尼迪几次私下问泰勒是否愿意来政府任职。泰勒继续拒绝罗伯特·肯尼迪的恭维，但是他很佩服罗伯特·肯尼迪的才智和调查能力，也很欣赏肯尼迪总统所做的工作。泰勒称赞罗伯特·肯尼迪，认为他在“二战”中很有可能成为第101空降师的精英。在调查接近尾声时，罗伯特·肯尼迪告诉泰勒，总统准备让泰勒接替艾伦·杜勒斯的职务。

在泰勒考虑是否接受这个任命期间，1961年6月23日，泰勒与艾伦·杜勒斯一起乘坐直升机前往葛底斯堡，向艾森豪威尔汇报猪湾事件调查的结果。上一次泰勒与艾森豪威尔见面时，两人就防御政策和军费预算存在巨大分歧，所以泰勒想让杜勒斯先去探探口风，观察一下艾森豪威尔的反应。

那天艾伦·杜勒斯并没有给泰勒帮这个忙，猪湾行动搞砸之后，他在面对前总统时也很不自在。

其实他们俩的担心是多余的，见面时艾森豪威尔非常热情，只对调查报告中少数几点表达了反对意见，他对肯尼迪取消了5412小组对隐蔽行动的监督体制尤为抱怨。但是在泰勒的报告中，有一条主要建议就是要求建立这样一个部门，泰勒称之为“战略资源组”。

泰勒回到华盛顿之后，拒绝了总统请他担任中情局局长的好意。尽管如此，他还是没有躲过情报部门的邀请。在他拒绝担任中情局局长之后，肯尼迪总统立刻提出让他担任白宫的特别军事代表。泰勒从葛底斯堡回来三天之后，肯尼迪总统就签署命令，委派他对军务提供咨询和帮助，以及“在情报领域和冷战政策的制定中担负类似顾问的职责，尤其是在柏林和东南亚问题方面”。

肯尼迪给予泰勒的权限非常广泛，实际上将泰勒放在了国家安全委员会特设委员会主席的位置上。泰勒起草了一份指令，1962 年 1 月 18 日经肯尼迪总统批准，这份指令将特别程序固定下来，反叛乱特种机构（Counterinsurgency, 简称 CI）就此成立，其职能是制订有关冷战和反叛乱的计划，之后提交总统审批。

参与“猫鼬”计划的军事人员记得泰勒像罗伯特·肯尼迪一样强烈坚持采取行动。泰勒曾经是一名伞兵，在当时，伞兵不仅被看作是军事精英，更被看作是有思想的头脑灵活的军官。基于这样的空军出身，泰勒与典型的陆军军官有所不同。在 1950 年代，传统的陆军军官变得越来越保守，一直在阻挠特种部队的发展。

从 1952 年 6 月起，在北卡罗来纳州的布拉格堡，第 10 特种部队已经整装待发。1953 年 9 月，这支部队得到美国第 77 特种部队的增援。第 77 特种部队驻守美国本土，第 10 特种部队的 782 名军官前往联邦德国，驻扎在巴伐利亚州的巴特特尔茨的一个前德军基地。同一时期，朝鲜战争的老兵也回到美国。

在这之后，特种部队以蜗牛般的速度在发展。在“新面貌”政策下，军费紧缩，焦头烂额的陆军将领们尽力在预算之内维持着传统兵力，因为他们对于非常规战争根本没有兴趣，而钱都花在向核战争的转型上。

特种部队的发展虽然缓慢，但是一直很平稳。第 10 特种部队派驻德国是一次巨大的飞跃。在德国，第 10 特种部队为东欧的游击队制订作战计划，并开始在北约的军事演习中发挥作用。在美国国内 1956 年的军事演习中，特种部队完胜其他部队，甚至渗透到对手的战术指挥无线电网络。美国派出特种部队的分遣队去国外训练当地的士兵，在远东建立了永久性的军事基地，1956 年向夏威夷派遣临时部队，第二年又向日本冲绳派遣临时部队。1957 年 6 月 24 日，美国在冲绳成立第 1 特种部队，先前派到这里的临时部队成为第 1 特种部队的核心力量。1959 年开始，特种部队就开始在老挝执行任务，1960 年 5 月，又加入对越军事援助指挥部麾下，在南越总统吴庭艳的邀请下，开始培训南越的别动队。

在陆军中，特种部队是一个新型组织。后方基地是特种部队的一个组成部分，任务是为所有团队服务，在技术上这个基地称为“作战分遣队”。在特种部队的总部，C 队为某个特定国家的所有地区提供情报和控制支持，B 队则在地区内部做同样的事。

特种部队的基础作战部队是 A 队，由一小队美国人组成，指挥战斗并且为大型非正规军提供建议。为了提供技术和医疗支持，A 队必须有大量专业技术人员，特种部队为此招募了经验丰富的军官和军士，从中选出最优秀的人员，然后对他们进行交叉培训。最初的规定是每队有 2 名军官和 13 名军士，但是因为军费紧张，许多分遣队只有 8 人，甚至只有 6 人。交叉训练的目的是让所有 A 队队员都能有效发挥作用。

特种部队的指挥分为国家和区域两个层面。A 队作为作战部队，最初只是为了抵抗敌军。但是由于 A 队队员个个身怀特长，他们也适合对友军进行训练，或者在友好领土上指挥非正规的友军。通过采取这些反叛乱措施，特种部队最终在越战中明确了自己的角色。

起初特种部队的角色定位并不明确。艾森豪威尔对匈牙利叛乱没有采取任何措施，中情局对此很失望，特种部队也一样。陆军当局下令禁止佩戴半官方的绿色贝雷帽，令这些非常规战专家们非常伤心。尽管奉献精神对于特种兵们来说是一种必备的品质，但那时留在特种部队需要的是巨大的无私奉献精神。截至 1960 年，特种部队人数增加了 3 倍，尽管如此，总人数也仅有 2000 人，远远少于 1952 年陆军给非常规作战部队制定的人员配额。

肯尼迪当选总统之后，特种部队终于迎来了翻身的机会。在新总统就职几天后，国家安全委员会成员沃尔特·W. 罗斯托（Walt W. Rostow）质疑陆军对反游击战的训练不够充分。那时特种部队正在布拉格堡接受反叛乱训练，训练科目强调了战争的经济、社会、政治和心理根源。特种部队一时成为焦点话题，肯尼迪总统发现，特种部队具备的局部战争知识具有重要作用。

几个月后，罗斯托受肯尼迪委托，来到布拉格堡特种作战中心，向这里的学生发表演说。罗斯托发现特种部队的核心力量只有几百人。而在肯尼迪就职前两周，赫鲁晓夫刚刚宣布苏联将要支持“民族解放战争”，因此做好准备应对一场全球战争势在必行。

在罗斯托的演讲中，他将游击战置于全球欠发达的背景之下，他认为美国可以利用这个现代化进程中的危机。尽管罗斯托建议学生们阅读列宁、格瓦拉和毛泽东的著作，他认为早在俄国革命前游击战就已经打响了。罗斯托说：“游击战并非共产党创造的军事和心理奇迹，相反，我们在欠发达地区面对的游击战是共产党有目的地给这些国家的现代化进程造成的社会顽疾。”美国的中心任务是“保护正在进行中的革命的独立性”，因为“只有在我们不强加我们的意愿时，游击战才是最强大、最有效的”。

1961年年末，罗斯托又一次来到布拉格堡，这一次是陪同肯尼迪总统参观特种作战中心。特种部队的司令威廉·亚德波哈准将在迎接总统时故意戴着被禁止佩戴的绿色贝雷帽。总统当然看出了亚德波哈的小心思，对他说了些支持的话，回到白宫后便开始默默地支持特种部队的发展。1962年4月11日，总统向陆军颁布了一项命令，将绿色贝雷帽称作“杰出的象征、勇气的勋章、为自由而战的标志”。从这以后，特种部队也被称为“绿色贝雷帽”，官方还规定了帽子的大小、颜色及佩戴方式。

从肯尼迪执政起，特种部队就开始迅速扩张。1961年3月，陆军的特种部队人数就翻了一番。不同部队负责不同的区域：第10特种部队驻扎在欧洲；第1特种部队驻扎在亚洲；第8特种部队驻扎在拉丁美洲；第3和第6特种部队驻扎在非洲和中东。第77特种部队被重新编制为第7特种部队。每个特种部队的人数都增加到1500人，包括36支A队、9支B队和3支C队。心理战部队也得到扩充，1965年年初达到3个营2个连，外加数支分遣队。截至1964年11月30日，美国陆军特种作战部队人数达到11343人。

驻扎在德国的第10特种部队任务之一是向苏联集团内部渗透。根据英国新闻界的揭露，1962年，在一份代号为OPLAN10-1的战区作战计划中，第10特种部队将在东欧国家进行6次破坏行动，开辟49个游击战区域。根据欧洲特别任务作战部队的估计，每支A队每月可以动员一支500人的游击队，在6个月之内，动员的游击队人数可以达到74500人。

第10特种部队的工作重心是敌后活动，这与驻扎在世界其他地区的美军特种部队不同，这些部队更关注的是“反叛乱”和提供军事援助。陆军发言人在一次信息发布会上说：“这在美国历史上是第一次，这种（组织游击战和心理战的）能力在作战前就有了准备。借助这种能力，美国陆军就具备了一种新式‘武器’，可以在任何战争中区别应用。” 特种部队的未来一片光明。

美国空军也有特种部队。空军的特种部队主要是提供空中支持，尤其是以空中补给和通信的形式空运物资。空军将特种部队称为“空军突击队”，“二战”中这批队伍曾在缅甸为克钦族人和战略情报局的特工提供服务。一支空军突击队几乎配备了所有设备，包括中型和轻型运输机，外加战斗轰炸机。这样的队伍可以为游击队提供物资，在游击队的掩护下发动空袭，由于直升机可以在小型简易跑道上降落，因此还可以在战斗中进行实际联系。在缅甸的战略情报局准军事人员就从空军突击队得到了许多帮助。

在艾森豪威尔执政期间，由于空军预算紧缩，空军突击队规模逐渐减少。面对核时代昂贵的轰炸机和导弹项目，空军的将领们对反叛乱失去了兴趣，战术司令们对超音速喷气式战斗机更感兴趣，而负责运输的指挥官们更喜欢 C–130 大力神运输机或 C–141 运输机。在空军各个不同职能部门中，突击队的定位显得模糊不清。

尽管困难重重，1950 年代末，空军还是成立了一个小型的秘密组织。就像陆军的特种部队一样，肯尼迪时代的到来也鼓舞了空军特种部队的发展。1961 年 3 月，肯尼迪指示每个军种都要审查自己如何为反叛乱做出最大的贡献。美国空军总部命令空中战术指挥部根据以往的空军突击队的经验，成立一个试验性质的反叛乱机构。

很快，1961 年 4 月 14 日，在佛罗里达埃格林空军基地，在本杰明 · H. 金上校的领导下，空军成立了第 4400 作战机组人员训练中队，中队的飞机降落在附近的赫尔巴特机场。起初这个中队有 16 架 C–47 运输机、8 架 B–26 轰炸机，还有 8 架由螺旋桨驱动的 T–28“得克萨斯人”教练机，这种教练机经过改装后用以运输炸弹、火箭和机枪。第 4400 作战机组人员训练中队绰号是“丛林吉姆”，包括 124 名军官和 228 名空军人员，肩负着训练本国空军和实际作战的双重任务。

对于绝密性质的长途飞行任务，军事空运司令部在特定的 C–130 空军中队成立了特殊的 E 机队。例如，远东部队的冲绳第 21 运兵舰中队的 E 机队成立于 1961 年年末，配备有 4—5 架 C–130 大力神。必要时，这些飞机将会借给中情局，由中情局特聘的飞行员驾驶。

1962 年 4 月，在佛罗里达埃格林空军基地的特种空战学校，空军重启了 1944 年 3 月于缅甸成立的第一空军突击队，之后这个突击队不断壮大，增加了作战训练中队及一个战斗保障支队。这些都由美国空军总部的特种作战处管理，特种作战处则由负责计划和行动的副参谋长负责。在这之前，“丛林吉姆”就已经投入到在东南亚的行动中。

国防部长办公室内部也发生着变化。猪湾行动之后，国防部撤销了特别行动处（OSO）。像爱德华·兰斯代尔这样的特别行动处代表不断反对“冥王星”计划，参谋长联席会议由于计划失败受到指责，国防部长罗伯特·麦克纳马拉对现有体制也不满意。尽管格拉夫·厄斯金管理严格，但这个部门负责的事务太多了，无法尽善尽美。

当时，特别行动处是情报部门的焦点，它不仅联络秘密行动，而且还负责所有其他事务。从派遣军事人员执行别动任务，到安排秘密行动，再到参与侦察卫星的进展，所有这些事务都由特别行动处负责。有人曾经建议麦克纳马拉不要指派特别助理来处理这些事务。在猪湾登陆失败后，突然之间，特别行动处的大部分人员就被指派去接受其他军事任务。

据一些官员讲，那时特别行动处内部很担心兰斯代尔会行使特别助理的权限，毕竟他的职位仅次于格拉夫·厄斯金，而且他还是反叛乱行动最重要的支持者之一，但是人们怀疑他对卫星知识以及其他的技术和情报问题并不熟悉。

其实特别行动处的官员并不需要担心。撤销特别行动处之后，麦克纳马拉将技术事务指派给国防研究和工程处的主任负责，伪装任务指派给了海军特别计划处。兰斯代尔只负责特别任务，并没有接替特别行动处。国防部成立了一个新的部门，叫作反叛乱和特别行动助理（Special Assistant for Counterinsurgency and Special Activities, 简称 SACSA）来行使特别行动处的职责。

原来特别行动处由一名海军上将领导，现在反叛乱和特别行动助理也由一位海军将领领导。为了迎合白宫，海军陆战队将这个职位交给了一位"二战"期间曾经和肯尼迪一起在南太平洋服役的军官，就是被人叫作"野人"的维克多·克鲁拉克少将，他的助理是杰克·L. 霍金上校。这两个人都声称自己曾经质疑过"猫鼬"计划，但是在反叛乱事务中，SACSA 表现得很积极，尤其是在东南亚地区。

尽管在古巴遭遇挫败，中情局的准军事行动实力仍然在稳步增长。1957 年签署的五角大楼和中情局的谅解备忘录规定，中情局必须和军方进行跨部门合作。计划处仍然是中情局中最大的部门，比艾森豪威尔刚上台时强大一千倍，计划处的预算占整个中情局预算的 54%。在 1959 年到 1963 年期间，非洲的情报站增加了 55%，西半球司的人员在 1961 年到 1965 年之间增加了 40%。

现在计划处的工作重心转向了东南亚。

迪克·比塞尔也是反叛乱的倡导者之一。1961年夏季，他领导了一个研究小组，成员包括沃尔特·罗斯托在内。但是他过错太多。接替他的是理查德·赫尔姆斯（Richard Helms），中情局的间谍专家之一，一位专家中的专家。1958年，赫尔姆斯超过了原先的预期，迅速升至中情局的高层。从肯尼迪时代到尼克松—基辛格时代，赫尔姆斯一直高踞中情局局长的宝座。

赫尔姆斯是少数几位没有受到猪湾行动失败牵连的高级长官之一。尽管他担任过行动处的行动长官，之后担任比塞尔的副指挥，但是他几乎没有出席过猪湾计划的会议，也没有参与过这个计划的实施。10年的历练之后，他担任了计划处处长。赫尔姆斯起初只是一名海军预备役中尉，之后服务于战略情报局（OSS）、战略情报部（SSU）、中央情报组（CIG），然后是中情局，并成为熟悉中欧事务的间谍专家。在中情局成立之初，威斯纳的“沃利策”光芒四溢，掩盖了赫尔姆斯的间谍部门。现在赫尔姆斯终于有了机会。

在赫尔姆斯接管计划处时，计划处的规模正在扩大，但是同时陷入了自我怀疑当中。在赫尔姆斯就职几周前，中情局的法律总顾问劳伦斯·休斯敦就冷战活动的法律依据发表了自己的观点。休斯敦承认“法律没有授权任何机构实施这样的活动”，但是休斯敦补充道，也没有法律明确禁止实施这样的活动，如果从广义的角度解释《1947年国家安全法》，“一些隐蔽的冷战活动与情报有关”。

在核对《1947年国家安全法》使用的语言时，休斯敦承认《1947年国家安全法》没有将准军事行动包括在内，其中的一句话是“其他的职责和功能”，而这句话很明显与“影响国家安全的情报”有关。

因此，休斯敦在 1962 年 1 月 15 日的备忘录中写道："即使情报和反情报活动对于这些行动至关重要，但是，把危地马拉和古巴牵扯进来似乎过分扭曲了（法律中的原话）。"

休斯敦的结论是："因此，总统领导下的行政部门是在没有法定授权的情况下实施行动的，而被挑选出来实施行动的部门就是中情局。"

为了给政府实施准军事行动进行辩护，休斯敦写道："我们可以说国会知道资金被划拨给了中情局，也知道一部分资金被用于秘密活动。在这个程度上，我们可以说秘密行动得到了国会的批准。"据此，我们可以得出结论，国会没有批准过准军事行动，准军事行动没有专门的授权，准军事行动只有一个借口，即国会通过划拨资金而批准了中情局实施的准军事行动。值得注意的另外一点是，国会通过向越南战争划拨资金而同意美国向越南宣战，但是后来美国最高法院宣判这个行动无效。

休斯敦认为应该由政府决定冷战活动的本质及范围。国家安全委员会特设委员会在罗伯特·肯尼迪和麦斯威尔·泰勒的推动下，于 1961 年 1 月至 1963 年 11 月间批准了 163 项隐蔽行动，而艾森豪威尔执政的 8 年期间只批准了 104 项。即便如此，内部审计后来发现，这个特设小组审批的只占 1961—1962 年间美国政府发动的隐蔽行动项目的 16%。

赫尔姆斯还面临一个困难，也就是说，中情局情报站享受的自治权被削减了。在艾森豪威尔执政期间，美国大使对中情局在当地行动的管控程度一直是个敏感话题。美国驻印度大使切斯特·鲍尔斯、驻缅甸大使威廉·席波和驻印度尼西亚大使约翰·艾里森都曾面临这些困难。1958 年，艾森豪威尔给了中情局完全的自治权，并命令大使们不要再干涉情报活动。

肯尼迪政府上任之后取消了艾森豪威尔的这个命令。国务院官员 U. 亚历克西斯·约翰逊为此起草了一封信，总统在上面签了名，1961 年 5 月，这封信以电报形式被交到了美国驻各国的大使手中，艾森豪威尔的政策就这样被撤销了。在信中，肯尼迪提出了建立“国家团队”的概念。中情局和其他部门都可以参与大使馆的高级委员会，但是所有人都必须听从大使的命令。尽管如此，驻印度大使约翰·肯尼斯·加尔布雷斯和中情局之间的冲突表明，在对中情局的隐蔽行动进行控制方面国务院还有很长的路要走。

第三个问题是如何管理快速发展的情报帝国。中情局的掩护人员和联络人员分布在报业、广播电台、商界和学术界。仅在五角大楼内部，就有 700—1000 人为中情局提供掩护和支持，任务从设置邮箱、监听电话，直到组建全部人员和设备。截至 1961 年，在中情局内部，在其他部门工作以支持计划处的工作人员就比杜勒斯时代的人数多 1000 人。

令中情局异常头疼的还有资产的安排问题。1961 年 11 月，约翰·麦科恩接任艾伦·杜勒斯成为中情局局长，开始对中情局资产的产权进行最后完善，并将其发展成一系列保险公司和投资公司，这些公司属于计划处的国内行动处，负责处理古巴行动中签约人员和幸存者的权益问题。

还有民航空运队的问题也令人头疼。1959 年，在台湾当局修订了“航空法”之后，民航空运队进行了重组，合并了特拉华州的一家控股公司——太平洋公司，公司总部设在华盛顿，在台北设有办事处。中情局的空军被重新命名为美国航空公司，使得表面听上去像一家私人航空公司。在台湾的设施也被分离出去，成立了一家子公司，称为亚洲航空公司。民航空运队遗留在台湾的部分也组成了一家航空公司，太平洋公司是这家公司的控股公司。

如果财产数额不大的话，产权也不算什么，但是太平洋公司的雇员在人数最多时超过 2 万人，仅美国航空公司就雇佣了 5600 人，如果算上公司的后勤人员，美国航空公司的雇员人数达到 8000 人，拥有 167 架飞机。

美国南方航空虽然规模比较小，但是却很重要。随着它的不断壮大，这个公司取得了在大西洋和太平洋行动的半自主权。美国南方航空配备了 DC–6 四引擎驱动运输机、波音 727 喷气式飞机和洛克希德 · 马丁公司制造的 C–130 大力神民用运输机。美国南方航空很快签署了一份 370 万美元的航空协议，通过岛际线路将物资和人员运到远东。

处理产权问题是一项艰巨的任务。在这些公司里工作的不但有各种相互关联的董事会，还有利用公司身份做掩护的特工。1963 年 2 月 5 日，麦科恩下令成立一个执行委员会来清理空军的产权，以便至少可以对空军的一部分行动进行监督。这个委员会被称作 EXCOMAIR，由劳伦斯 · 休斯敦担任主席，成员包括计划处处长和审计办公室的代表。休斯敦在 1954 年夏领导了一个小组，对空军产权的管理进行研究，1956 年，在国家安全委员会特设委员会考虑要清算民航空运队时，休斯敦提出应该保留民航空运队作为反叛乱行动的资产。

中情局新局长约翰 · 麦科恩是一位来自加利福尼亚的商人，他没有找借口插手中情局的内部管理。休斯敦和赫尔姆斯等专家都非常了解自己的工作，所以比起在杜勒斯任局长时期，他们得到的自由更多一些。在赫尔姆斯担任计划处处长期间，尽管强调间谍工作，他也意识到反叛乱行动的重要性，并鼓励计划处在非洲、拉丁美洲和东南亚投入更多的精力。1965 年左右，在赫尔姆斯手下工作的计划处人员和整个联邦政府工作人员人数一样多，计划处的人手占中情局总人数的1/3以上。据中情局人员估计，计划处隐蔽行动科的工作人员大约有1800人，情报和反情报科的工作人员有4200人。大部分准军事人员属于特种行动部门，大约有4800人被派往各地区办公室，其中派往远东的人数最多，多达1500人，派往非洲的人数最少，仅有300人。仅计划处就花费了中情局60%的预算（除过中情局局长处理意外事件的基金），计划处派往海外的人员多达5000名。

军方和中情局合作的机制可以通过中情局在刚果进行的活动来展示。这是非洲历史上悲惨的一页。刚果曾经是比利时的殖民地。刚果危机从艾森豪威尔执政后期开始，一直持续到肯尼迪政府时期。当时刚果国内政治冲突严重，比利时人还存有殖民野心。就在这样的背景下，美国展开了行动。

1960年6月30日，刚果宣布独立，困难就接踵而来。比利时人在这之前几乎没有为刚果的独立做任何准备，刚果军队中仅有13名大学毕业生，而原政府中竟然一个刚果本土官员都没有。欧洲各国都承认了刚果的独立，因为他们认为刚果将会请求比利时人帮助管理和运行刚果的各个政府部门。刚果军队的比利时指挥艾米尔·让森斯将军在和刚果士兵开会时再三强调“独立前=独立后”，并且将这句话写在黑板上。因此，尽管刚果宣布独立，但是与比利时的殖民关系仍然存在。

独立五天后，刚果的一支军队开始在距离首都90英里的蒂斯维尔发动叛变，这支军队的官方名称是“公共力量”，在公共力量的主要基地哈代营，许多比利时人被捕。在首都利奥波德维尔和伊丽莎白维尔发生了许多强奸和抢劫事件，驻扎在这两个城市的军队也开始出现动荡。7月8日，英国和法国大使馆都下令撤离非工作人员。在反叛武装的船只封锁河面之前，几千名欧洲人穿过刚果河前往布拉柴维尔。

叛乱迫使新成立的刚果政府不得不做出反应。刚果总理帕特里斯·卢蒙巴（Patrice Lumumba）试图与叛变者谈判以恢复秩序。他撤销了让森斯将军以及刚果军队中的1135名比利时军官的职位，提拔了一些本国士兵。

卢蒙巴是刚果民族解放运动的领袖，是一位具有泛非洲情结的黑人青年，也是刚果仅有的13名大学毕业生之一。在1960年5月的选举中，卢蒙巴创建的政党——刚果民族运动党获得35个席位，成为议会中最大的党派。比利时人不希望卢蒙巴组阁，但是政府不可避免地要与最大的议会党联合。

在魅力超凡的卢蒙巴获得广泛支持时，叛军允许比利时人宣布刚果政府无效，并且在1960年7月10日利用比利时伞兵部队进行干预。卢蒙巴和刚果总统约瑟夫·卡萨武布（Joseph Kasa-Vubu）呼吁联合国对刚果提供保护，刚果内阁请求美国提供帮助，卢蒙巴则以总理的身份请求苏联提供援助。在美国的支持下，联合国通过一项决议，同意援助刚果。之后联合国派遣一支安全部队前往刚果，联合国维和部队的人数不断增加，最终达到19000人，士兵们来自欧洲、亚洲和非洲不同国家。

美国和苏联提供的援助将这两个国家卷入当地局势之中，实际上也将冷战带到了非洲。

艾森豪威尔政府不支持卢蒙巴，因此尽力地鼓动反对者，尤其是温和派的卡萨武布总统。美国在利奥波德维尔的外交官从负面报告了卢蒙巴的意图。1960年8月18日，中情局驻刚果情报站站长劳伦斯·戴尔文（Lawrence Devlin）发电报说，大使和情报站都认为刚果正在经历“一场典型的共产党企图接管政府”的运动。

在这之后，美国对刚果的政策强硬起来。

美国决心对卢蒙巴采取行动，此时比利时人仍然占领着刚果最著名的矿产资源大省加丹加省。受到比利时人的鼓动，加丹加省的官员莫伊兹·冲伯宣布加丹加省独立，这更进一步激化了国内矛盾。由于联合国部队集结比较慢，部队到达刚果时，这个国家已经到了内战的边缘。

1960 年 9 月，卡萨武布总统利用持续的国内危机解散了卢蒙巴内阁，刚果国内的政治分裂进一步加剧。美国人选择的是卡萨武布总统，在刚果政变前几天，5412 小组批准了对卡萨武布的经济支援。面对总统的发难，卢蒙巴的反应是宣布罢免总统，最终议会宣布总统和首相的行为都属无效。

约瑟夫·蒙博托（Joseph Mobutu）的出现改变了一切。蒙博托时年 29 岁，曾经当过记者、陆军军士、卢蒙巴的刚果民族运动党的党员。在刚果军队发生叛变之后，蒙博托成为上校，卢蒙巴任命蒙博托担任新组建的军队的参谋长。之后，美国外交官和中情局官员，包括劳伦斯·戴尔文，对他进行了为期几周的培训。9 月 14 日，蒙博托发动了一场军事政变，宣布直到年底之前，卡萨武布、卢蒙巴和其他所有官员的政治活动都是无效的。

蒙博托此举主要的打击目标是卢蒙巴，他希望借助美国的帮助取代卢蒙巴，这与艾伦·杜勒斯不谋而合。在艾伦·杜勒斯看来，卢蒙巴背景“可怕”，且毫无疑问受到了共产党人的“收买”。在中情局计划处，之前只是负责非洲几个地区的一个小部门，现在却突然升级为刚果任务小组。9 月底，当中情局的顶级科学家拿着剧毒药水来到利奥波德维尔计划刺杀卢蒙巴时，刚果情报站站长劳伦斯·戴尔文才突然意识到非洲的重要性。就像反卡斯特罗的计划一样，这个计划的参与者们坚决拒绝总统批准这个计划。

但是1970年代参议院的调查充分表明，不论总统批准与否，中情局迟早都要暗杀卢蒙巴。

中情局花了几个月时间对付卢蒙巴，但是消除他在刚果的影响却需要几年。被监禁了一段时间后卢蒙巴被联合国维和部队释放。在这之后，他来到东方省的斯坦利维尔，和他的支持者们又成立了一个独立的政府。12月1日，根据中情局提供的情报，蒙博托的部队俘虏了卢蒙巴。1961年1月17日，卢蒙巴在加丹加省身亡。至于中情局在杀害卢蒙巴的行动中参与了多少仍在争论中。

卢蒙巴身亡四天后，肯尼迪宣誓成为美国第35届总统。卢蒙巴逝世的消息在加丹加一直是最高机密。肯尼迪在2月13日得知卢蒙巴的死讯，他既震惊又愤怒。但是，事实是，在总统得知这个消息之前，总统的顾问已经提出了一个激进的建议，而且总统已经通过了这个建议。

蒙博托对刚果政治活动的禁令在新年时到期。很快卡萨武布总统任命了新的总理和内阁，但蒙博托在军队中的实力仍然很强大。这个危机四伏的联合政府勉强维持了5年之后，蒙博托从幕后走向台前，发动了军事政变，最终确立了他在刚果长达20年的统治。

美国的目的达到了——利奥波德维尔政府成为美国的盟友，但这却是以刚果的分裂为代价的。在南部的开赛省成立了一个独立政府之后，刚果出现了四个“国家”。在蒙博托的军队通过武力统一国家之前，美国的角色就是支持利奥波德维尔政府，联合国维和部队也因为维护美国的利益频繁发动行动而受到批评。

刚果行动规模巨大，因此需要中情局和国防部展开密切合作。1961年5月之前，空军运送到刚果的联合国维和士兵人数是

20460人，运送的物资达5953吨；海军运送的联合国维和士兵人数是5096人，遣返的人数是2655人。美国对刚果的直接援助包括18架直升机、10架C-47飞机、5架C-119运输机以及小型武器、弹药和军事顾问。1961年秋，联合国部队对莫伊兹·冲伯发动打击，莫伊兹·冲伯雇用了许多欧洲雇佣军，双方在伊丽莎白维尔发生了一场激战。

1961年，西里尔·阿杜拉（Cyrille Adoula）政府成立，这是中情局的政治行动专家们支持并资助的一个新的政党，这个政府得到了中情局的大力支持。中情局的准军事行动专家们为此提供了更多C-47飞机，并雇用了古巴飞行员，他们是第一批在刚果为中情局工作的古巴流亡分子。在中情局的帮助下，蒙博托的军队在1961年年末重新占领了东方省。

分裂运动持续了数月，1963年夏，刚果还未重新统一，一场新的叛乱就开始了。这个时间点对利奥波德维尔政府非常不利——蒙博托的军队战斗力不强，而联合国军队在此时撤军。刚果军队中最好的部队是白人雇佣军，尤其是来自比利时和英国的雇佣军。

中情局的空军和雇佣军联合行动，充当反起义行动的先锋，和起义军进行了长达五年的战斗。1964年年末，在东方省的欧洲人被当作人质的三个月期间，美国空军载着比利时的伞兵部队来这里解救人质。当时中情局曾考虑是否利用美国特种部队，但后来被否决，麦克·霍尔上校甚至认为没有必要雇佣比利时人，他的五支雇佣军突击队在比利时伞兵部队空降的那一刻到达斯坦利维尔。行动解救了2000多名外国人，将这些人撤离到利奥波德维尔。1965年，蒙博托发动政变，次年将利奥波德维尔更名为金沙萨，1971年10月将刚果民主共和国更名为扎伊尔。

通过这次行动，中情局的空军成为蒙博托的重要资源，因为蒙博托没有自己的飞行员。1965 年左右，美国以为切·格瓦拉在刚果帮助起义军，于是美国的特种部队开始为蒙博托提供军事顾问，并在刚果部署了临时部队。有一次，中情局情报站站长本杰明·希尔顿·库欣（Benjamin Hilton Cushing）甚至提出中情局愿意资助刚果整个雇佣军部队，但遭到拒绝。

任何一名参加过猪湾行动的老兵，或来自丛林吉姆的美国空军一定会对中情局的空军非常熟悉，这里有 10 架 C–47 运输机、8—9 架 B–26 轰炸机、8 架轻型 T–28 战斗轰炸机。比利时飞行员和维护人员负责养护运输机，战斗机由西方国际地勤组织（Western International Ground Maintenance Organization，简称 WIGMO）修理，WIGMO 是一家位于利希滕斯坦的公司，雇用了 50—100 名技工。在雇佣军开始在唐卡尼卡湖上巡逻之后，WIGMO 也开始维修海军的舰船。一家迈阿密的公司也雇用了古巴流亡分子做飞行员，这些飞行员被麦克·霍尔称作是古巴最好的队伍。1966 年 6 月，刚果空军仅有 12 名古巴飞行员，但这些人却是刚果空军的主力。

根据这一时期在刚果参加行动的一名特种部队军官塞勒斯·万斯的陈述，1966 年年初，中情局决定逐渐减少在刚果的行动，直到 18 个月之后，行动才完全终止，但计划处在非洲的行动并没有终止。1966 年，中情局加纳情报站正在致力于推翻夸梅·恩克鲁玛的行动。一些古巴雇佣空军也在非洲其他地区的殖民战争中为葡萄牙人作战。中情局的另一家航空公司——山间航空公司被指控非法向葡属非洲出口 B–26 轰炸机，因此这些古巴流亡分子到底是不是私下行动值得怀疑。在法庭要求劳伦斯·休斯敦做证时，他拒绝承认中情局与军火出口有任何关系，只是承认中情局在 B–26 飞机转让的前五天才得知这个消息。

在刚果进行的秘密战全面展开，秘密战计划在杜鲁门政府时期确立，经艾森豪威尔政府加强，由肯尼迪政府继续跟进，并受到了反叛乱战略的影响。到1960年，一切力量已经准备就绪，世界各地发生的“叛乱”正等待美国去利用这些力量。在这场全球性的“战争”中，刚果只是第一场战役，古巴是第二场战役，与这两场战役同时发生的是在越南进行的第三场战役。越南的战役更持久，更引人注目。

第十三章　越　南

虽然爱德华·兰斯代尔和麦斯威尔·泰勒不是同一类人，但是他认为自己也算是一个理论家。在五角大楼负责“猫鼬”行动以及支持秘密行动根本不是他的兴趣所在，他最初感兴趣的是反叛乱。10年前，菲律宾发生新人民军运动（即所谓的“胡克”反叛），在这期间，他来到菲律宾帮助“平叛”。在这之后，他热衷于心理战和其他反叛乱行动。他口中的“通俗”策略，尤其是针对民意的做法，其目标在本质上和“争取心灵与思想”的说法类似。

在五角大楼的特别行动处，兰斯代尔会抓住机会时不时地宣传他的观点。1959年起，艾森豪威尔授权空军C-130大力神运输机向老挝的一些高地村庄提供特别援助，也就是空运建筑设施，兰斯代尔抓住这次机会到菲律宾和越南进行访问。访问结束后，他写了一份长篇报告，内容是将“公民行动”作为反叛乱的手段之一。兰斯代尔相信美国只要利用一些策略就可以获得当地民众的支持，比如帮助村民们建造医院、药房、学校等。

兰斯代尔充满热情地为他的想法进行辩护，在这一方面，他居功至伟：第一，是他一手成功地推动了反胡克运动，也因而获得国家安全奖章；第二，尽管他是美国人，却推动了南越总统吴庭艳成功上位。尽管兰斯代尔热情高涨，但是他的策略还是引起了极大争议。即便在中情局这样一个只是将政治行动看作是技术手段的地方，人们更喜欢的是直接的而不是间接的行动。但肯尼迪当选给兰斯代尔提供了一个千载难逢的机会。

1961年年初，在肯尼迪就职几周前，兰斯代尔去南越进行新的评估。他很快就发现政府对农村的治理越来越弱，越来越无效，与此同时，游击战却变得越来越广泛，而军队似乎并不能应付这些游击战。文官控制军队的结果是，一个广受欢迎的伞兵上校在两个月前发动了一场军事政变，吴庭艳差点在政变中身亡。1954年到1956年期间，兰斯代尔曾在美国军事顾问团任职，但是这个顾问团规模太小，而且受到的限制太多，因此无法对南越军队产生很大的影响。

兰斯代尔在南越停留了两周，在这段时间里，他和吴庭艳以及其他政府和军队要员会晤，也和美国大使馆的官员交谈过。在回程的飞机上他就开始马不停蹄地撰写报告，并于1961年1月17日提交了报告。在报告中，他以规劝的方式提出了一种愿景："应该对美国在南越的工作方式进行一些行之有效的改变，使美国人可以自由地去做那些需要做的工作。"

在西贡，美国和南越官员的态度让兰斯代尔想起了1953—1954年期间河内的越南官员和法国官员的态度，他认为越南正在遭受一场"剧烈的心理攻击"，1961年将会是决定命运的一年，"越南正处在关键时刻，我们应当视其为冷战的战场之一，一个需要紧急对待的地区"。

在兰斯代尔看来，美国的应对方式就是"挑出最佳人选，就是那些经验丰富的中坚分子，那些真正了解并喜欢亚洲和亚洲人民的人"，并赋予他们自由行动的权利。兰斯代尔建议国务院应该马上派遣一位新的驻南越大使，这个人应该是"一位成熟的美国人"，以便在南越实施"政治行动，使具有越南特色的政府更加民主"。

这份报告在华盛顿引起了一些轰动。2月2日下午，沃尔特·罗斯托把这份报告呈递给肯尼迪，但是总统很忙，并不想通读报告，罗斯托建议他应该读完。读完之后，肯尼迪抬起头问道：

“这是我们收到的最差的报告，是不是？”肯尼迪对此感到很好奇，“你知道吗，艾森豪威尔从未提到过越南。他详细地谈论了老挝，却从未说起过任何关于越南的事情。”

国防部长罗伯特·麦克纳马拉读完这份报告之后，把兰斯代尔叫到办公室，让兰斯代尔详细地说明一下他的建议。兰斯代尔利用了一些手段，夸大了越南的形势。他收集到了一堆沾满血渍和泥污的叛军武器，如尖竹棒之类的，并试图鼓励特种部队开放一个武器博物馆。他直接把这些东西扔到了麦克纳马拉的红木办公桌上，解释说叛军正是用这些工具打败了拥有美国装备的南越人。兰斯代尔认为只有这样才能最好地利用他和国防部长五分钟的会面时间。

“不知怎么回事，我发现他是一个很难交流的人，”兰斯代尔后来回忆道，“看他的表情，我感觉他并没有理解我说的意思。”

五角大楼最终打乱了肯尼迪总统打算任命兰斯代尔做美国驻南越大使的计划，据说是因为麦克纳马拉以辞职相威胁。接下来好几次试图将兰斯代尔派到越南都未成功，直到 1965 年亨利·卡伯特·洛奇大使力排众议，兰斯代尔才得以成行。兰斯代尔在 1963 年退休时已官居少将。有他在越南坐镇，心理战无疑会成为传统的作战方式的补充。

兰斯代尔的报告得以通过官僚机构的审查，要归功于其中的一条建议，即在华盛顿层面提升处理越南事务的能力。肯尼迪总统组建了一个委员会，任务是详细调查是否还有其他可能性。五角大楼是越南事务的最大参与者，鉴于其重要地位，委员会由麦克纳马拉的副手罗斯韦尔·吉尔帕特里克来领导就不足为奇了。兰斯代尔在白宫的拥护者沃尔特·罗斯托提名让兰斯代尔参加这个委员会，但五角大楼再一次拒绝了。

吉尔帕特里克委员会举步维艰，因为大部分成员都随着新政府刚刚任职，还处在一种寻求平衡的状态。吉尔帕特里克回忆道："我们当中对该地区负有责任的人，没有一个对这个问题有丝毫的准备。我们当时没有想到越南人根本没有能力去理解我们的理念，像我们那样去思考（问题）和组织（政府）。"尽管如此，吉尔帕特里克的团队仍然在 1961 年 5 月 6 日向肯尼迪总统提交了一份报告，上面列举着 40 多个选项。

肯尼迪这次所做的决定为接下来美国在越南的经历埋下了伏笔。在无所作为和借助美国的武力之间，肯尼迪的选择是逐渐增加美国的兵力，而这将是一个恶性循环。对于吉尔帕特里克的建议，肯尼迪总统在 5 月 11 日签署的 NSAM-52 文件中批准了其中的一部分。根据这份文件，美国将会扩大军事顾问团，并为南越军队增加的 3 万士兵支付开销。尤其重要的是关于秘密战的计划，NSAM-52 文件计划在越南部署一支 400 人规模的绿色贝雷帽特种部队，任务是"扩大情报、非常规战争和政治—心理活动"。

肯尼迪同时也在寻求一种战略构想，以便应对不断升级的冲突。反叛乱理论意味着要重新安置人口，如此一来就需要设置许多"战略村"，并考虑其他的变数。在地理上可以封闭南越边境，这样可以防止武器或人员从北越或老挝渗透进来。早在 1961 年 5 月，中情局的情报分析员罗伯特·科莫就开始大肆吹捧边境控制理论。在整个越战期间，美国采取的策略一直是双管齐下，对战场一方面进行绥靖，一方面进行孤立。

1961 年夏秋之际，肯尼迪打算向东南亚派遣战斗部队。从老挝的形势考虑，派遣战斗部队是可行的，从越南人的立场出发也是可行的——美国占领老挝的狭长地带有助于封锁胡志明小道（北越人在1959年开辟了这种小道，用以向南方输送人员和补给物资）。

11月，麦斯威尔·泰勒和沃尔特·罗斯托建议向越南派遣美国常规部队。当时他们受总统委托，去越南对当地形势进行综合评估之后刚回到美国。在这之前，罗斯托和兰斯代尔一起调查了美国非常规战争的资源。泰勒—罗斯托的报告同时建议大量增加绿色贝雷帽的人数以及“在北越、南越和老挝增加隐蔽行动”。

肯尼迪总统批准了几乎所有的建议，包括增加隐蔽行动，但却再一次拒绝了派遣军队去越南。

抵达南越的秘密战士人数在不断增加，就在肯尼迪派遣泰勒和罗斯托去西贡的同一天，他下令出动了一支空军战斗部队去轰炸越共的补给线。这支部队是第4400作战机组人员训练中队，也就是俗称的“丛林吉姆”。“丛林吉姆”于1961年11月16日开始执行秘密空勤任务，任务代号是“农场之门”。

这只是美国向越南增派的一部分军队。美国的援越部队在肯尼迪就任时还不到700人，到1962年6月，美国在越南的士兵人数已经超过1.2万人。美国的军事顾问、援越补给小分队、直升机分队、特种部队、海军、空军和海军陆战队源源不断地来到南越。除了“农场之门”一直保持着它的秘密性质之外，还有许多半秘密性质的空军力量也参加了行动。“骡队”负责的是短程空中运输，“牧场之手”（最初叫“冥帝”）负责喷洒有毒化学物质让树叶脱落。美国在越南的部队已经超过了“分遣队”的规模，因此这些部队被整合到“对越军事援助指挥部”（Military Assistance Command Vietnam, 简称MACV）麾下。MACV规模持续扩大，

1963 年增加到 1.5 万人，1964 年高达 2.2 万人。

尽管美国提供了如此规模庞大的援助，南越的形势还是在不断恶化。南越军队似乎总是无法抓住行踪飘忽的越共分子，政府官员们在农村地区总是会遇到危险。显而易见的是，到 1963 年，吴庭艳失去了大部分政治支持，在他的弟弟吴庭儒开始用武力镇压佛教徒资助的示威游行时，情况变得更糟糕。军人们认为政治危机使他们很难发动对抗越共的战争。有关政变的谣言在西贡悄然四起。

对于美国人来说，刚来到越南的日子里每天都像是冒险，就跟几年前他们在韩国时一样。初到南越，兰斯代尔费尽心思与吴庭艳和高官们建立了友好关系。兰斯代尔 1956 年年底离开时，维持与南越政坛的联络成了中情局西贡情报站的主要活动。

随后西贡情报站的任务又扩大了几分。除了保持联络之外，中情局还想要在南越政客和利益集团之中发展线人。到 1960 年，除了越共的情报网之外，中情局可以提供除了总统府之外的任何情报。在 1960 年的一次未遂政变中，中情局全程都与政变策划者保持着联系，后来被吴庭儒发现了，这给情报站站长威廉 · 科尔比带来了不少麻烦。

此时中情局又多了另一个任务，就是利用南越特种部队（建于 1958 年）或其他由特种部队 A 队组建的准军事部队向北越渗透。陆军上校吉尔伯特 · 莱顿被派遣到西贡监督这项工作。到了 1961 年，西贡情报站已经组建了 4 个小组，每组 8 人，但是小组实施的任务仅限于南越境内。利用突击队突袭北方的建议遭到了美国情报专家们的反对，专家们更倾向于在发动袭击之前先在北越发展情报网络，他们认为贸然袭击只会使得北越加强安全防御措施。

直到1963年，当肯尼迪总统询问准军事部队在北越登陆的计划时，国家安全委员会顾问麦克乔治·邦迪才告诉他，对抗北越的任务就像在其他“禁区”一样，也遇到了很多困难。

在南越，莱顿上校、科尔比以及其他中情局官员们实施的准军事行动取得了一些成功。他们在中央高地的少数民族部落尝试组建军队，最开始只是为了防御，就像是“战略村”一样，但是随着边境控制政策受到支持，这些部落组建的军队逐渐成为战斗力量的基础，可以用来阻止越共的补给物资进入南越。

泰勒－罗斯托的报告建议正式考虑在部落组建军队的计划。部落军队将被称为民间防卫队（Civilian Irregular Defense Groups，简称CIDG），其大本营和领导支持都来自绿色贝雷帽。从1961年到1965年，美国在南越建立了大约80个大本营或区域发展中心。特种部队的参与程度急剧上升，1961年年底时绿色贝雷帽只是执行一些临时医疗任务，1962年2月从冲绳派遣了第一支特种部队A队，到1968年，在越南执行任务的特种部队人数最高达到3480人。1962年11月之前，CIDG计划由中情局全权负责，从那时起直到1963年夏季，作战指挥权逐渐转移到“对越军事援助指挥部”（MACV）手中。1963年，在一次代号为“过山车”的行动中，中情局逐渐出局，军方开始全权负责所有事宜。

那时科尔比已经离开西贡回到华盛顿，去接任德斯蒙德·菲茨杰拉德做计划处远东司的负责人，菲茨杰拉德则调任去处理古巴事务。来自陆军反情报队的约翰·H.理查森接替科尔比担任西贡情报站站长。“黑猩猩”理查森是一个真正的间谍英雄，1944—1945年在意大利抓捕臭名昭著的德国特工卡拉·罗西的过程中，他发挥了至关重要的作用。战后理查森在反情报队待过一段时间，然后是中央情报组，再接着是中情局。他曾派驻过意大利的里雅斯特、奥地利维也纳，现在是从马尼拉调到西贡，成为西贡情报站站长。理查森是一位资深的秘密战士，在阿尔巴尼亚活动结束时他曾奉命收拾残局。

理查森的处事风格和中情局局长约翰·麦科恩一样，只要部下不惹怒他，他就能允许他们按自己的想法去行事。但是，在西贡基地，大家的想法各有不同，不再是比尔·科尔比在 1959 年时领导的那个齐心协力的 40 人团队了。准军事人员拧成了一个圈子，间谍人员组成了另外一个圈子。随着越南形势不断复杂化，从 1961 年起，西贡情报站又来了一群通信情报人员，这些人也组成了自己的小团体，然后是分析人员和政治行动人员，各自都抱成了团。

在吴庭艳让位的过程中，中情局一位政治行动人员发挥了非常重要的作用，他就是吕西安·科奈恩（Lucien Conein）。表面上，科奈恩被派到了南越内政部，实际上他负责的是联络南越的军官。科奈恩出生在法国，跟比尔·科尔比一样都加入了战略情报局（OSS），并且在同一个训练班受训。“二战”后他一直在东欧执行特工任务，被人亲切地称为“卢卢”或“黑色路易吉”。科奈恩还是“耶德堡”成员，1945 年参加在法国的突击队，在北印度支那执行过任务。此外，科奈恩还参加过兰斯代尔 1954—1956 年的情报任务，负责与南越军队建立联系。

当然，中情局西贡情报站内部权力最大的还是理查森本人。按照惯例，站长本人需要维持某些特定的关系，特别是与所在国的情报机构负责人之间的联系。因此，科尔比离开之前将自己与吴庭儒的关系拱手相让给理查森，吴庭儒现在已经是南越情报和特种部队的首脑。理查森在接收西贡情报站之后和吴庭儒相处得很融洽。理查森是一个善于社交的人，会说四五种语言，包括法语，而法语在越南是不可缺少的。此外，理查森还曾是理查德·尼克松在惠特学院的同班同学。

但是，理查森面临的问题并不是越南人，而是美国政府。美国政府坚信吴庭艳的时代已经终结，因此不顾一切地想要吴庭艳做出让步，以便扩大美国的影响力。负责这个任务的是远东事务助理国务卿罗杰·希尔斯曼和大使亨利·卡伯特·洛奇。1963 年 8 月发生了一件丑闻。当时希尔斯曼很显然得到了初步授权，在肯尼迪总统不在的时候，起草了一份电报，坚称吴庭儒非撤职不可，如果吴庭艳不撤销他弟弟的职务，美国将不得不寻找新的替代人选。吴庭儒的特种部队刚刚对佛塔进行了一系列血腥袭击，受到了广泛谴责，这封电报就是压垮他的最后一根稻草。

虽然洛奇反对任何形式的最后通牒，但他对这份电报却很感兴趣。理查森通过中情局渠道向美国国内发回一份报告，称大使洛奇把这份电报看作是支持政变的命令，但是他对此表示反对。在兰利收到这份报告后，比尔·科尔比表示支持理查森。中情局局长约翰·麦科恩当时正在度假，知道这件事后马上表示他也反对任何政变。但是，8 月 26 日，约翰·麦科恩却发了一封电报，指示科奈恩和中情局官员阿方索·G. 斯佩罗把希尔斯曼的电报内容告诉南越军官们，并告诉他们如果他们有足够的把握夺取政权，而且不用美国军队参与的话，美国就不会反对他们发动政变。

表面上麦科恩继续表示反对政变，很快，泰勒、麦克纳马拉和副总统林登·约翰逊也加入了反对阵营，希尔斯曼的电报最终销声匿迹。

洛奇认为约翰·理查森削弱了他在南越的影响力，因此坚决要求撤换情报站站长。结果理查森在西贡只待了一年多就在 10 月 5 日被突然召回。南越军官们曾做出短暂让步，但就在理查森被召回的两天前，科奈恩从一名南越军官处得知政变正在酝酿当中。1963 年 11 月 1 日，政变最终发生。吴庭艳和吴庭儒被密谋者羁押，死于政变后的第二天。吴庭儒的妻子尽管和丈夫一样不受待见，却成功逃脱。幸亏有科奈恩，中情局才能积极参与到政变的计划当中，就算没有得到准确的时间，也好过大使馆只是在政变发生四分钟前才得到消息。1963 年 11 月，刺杀就像瘟疫一样蔓延开来。短短三周之后，肯尼迪总统在得克萨斯的达拉斯被一名狙击手刺杀身亡。

大约 20 年以后，在被问到关于美国支持南越政变的看法时，爱德华·兰斯代尔回答道："我认为我们根本就不该做这件事。我们摧毁了南越的宪法，不是我们，而是和我们一起共事的人把宪法丢进了垃圾桶。"在 1967 年阮文绍将军和阮高祺中将掌控了西贡政府之前，南越还会发生几次政变。

政变之后不久，比尔·科尔比就出发去西贡收拾残局。在离开华盛顿的前一天晚上，他邀请"黑猩猩"理查森共进晚餐。科尔比此行的首要任务是替换西贡情报站站长，他推荐的是皮尔·德·席尔瓦（Peer de Silva）。德·席尔瓦最近被派驻香港，在这之前，他在韩国情报站担任站长多年，也亲眼见证了一次政变。德·席尔瓦对在"禁区"，特别是针对苏联进行间谍活动方面资历颇深，他还曾经负责过原子弹计划的安保任务。德·席尔瓦担任西贡情报站站长之后，美国的准军事行动明显升级。

当然，升级准军事行动的命令来自林登·约翰逊总统。在肯尼迪遇刺身亡之后，约翰逊继任坐镇美国总统办公室。林登·约翰逊比肯尼迪更乐意接受在越南增加兵力的建议。1961 年，沃尔特·罗斯托提出攻击北越的"第六计划"，遭到肯尼迪反对。在约翰逊就职四天之后，他就通过了 NSAM-273 文件，指示国防部研究向越南增派部队的可行性，包括对北部造成损害以及“合理推诿”的声明。他还命令要求深入老挝境内 50 公里实施军事和其他行动，以便帮助南越人。在接到命令后，五角大楼很快就制订了 OPLAN 34-A 作战计划，并于 1964 年 1 月由约翰逊总统批准通过。

由于总统需要“合理推诿”的借口，因此很快中情局就被卷入其中。德·席尔瓦接到命令，要求他加倍努力，从 4 月份开始空投特工到北越，以便向北越渗透。麦克纳马拉以为中情局每周进行一次空投，但是 7 月 24 日，麦克乔治·邦迪告诉约翰逊总统，到目前为止空投共进行了 8 次，他们还算是比较成功的，渗透到北越的特工有一半保持着无线电联系。

中情局负责的另一个秘密战计划更有野心，其任务是对北部沿海的目标发动突袭。中情局从挪威采购了一批速度非常快的快艇——“飞舟”，并在这些“飞舟”上配备了武器等装备，还购买了一批速度相对较慢但是武器装备更精良的“钝舟”。南越特种部队的突击小队将在美国顾问团的指导下，用“飞舟”进行突然袭击。因为这些任务需要绿色贝雷帽和海豹突击队，“对越军事援助指挥部”（MACV）在 1964 年 1 月又组建了一个研究与观察组（Studies and Observations Group，简称 SOG），负责进行非常规战争。

34-A 作战计划的任务包括空中任务和海上任务，其中包括发送传单和“礼品包”、沿北越的道路实施破坏活动、从安培和老街省对红河谷的铁路实施破坏等。到 7 月下旬，只有三次海上任务取得成功：炸毁 1 号公路的桥梁、炸毁部分储藏区、暂时关闭一个抽水站。在 7 月的最后一个夜晚，一艘“飞舟”突袭了北越，轰炸了雷达站，以及东京湾（即北部湾）的湄岛和纽岛上的设施。

对湄岛的突袭与美国的另一个情报任务不谋而合，即在东京湾进行的“德索托”巡逻行动。“德索托”巡逻由美国海军舰艇执行，目的是对通信进行拦截和监听。执行这些任务的舰艇都配备了无线电拦截、方向定位和流量分析等设备。美国很早就开始在中国、苏联、朝鲜等国家的海岸线外进行“德索托”巡逻，肯尼迪总统也批准了对北越的计划，第一次巡逻于1962年开始执行，第二次是在1963年。1964年3月驱逐舰“克雷格”号在北部湾进行了一次拦截巡航。有证据表明，1964年7月还进行了另一次“德索托”巡逻。在驱逐舰“马多克斯”号抵达北越海岸时——它正在执行“德索托”巡逻任务——发现四艘“飞舟”从它旁边经过向南驶去，那实际上是34-A作战计划的突袭分队正在返回基地。当晚，“马多克斯”号就驶离了近期遭到炮击的岛屿。

北越派出鱼雷艇，于次日下午在公海袭击了“马多克斯”号，其中一艘鱼雷艇沉没，其他船只受损，北越的船只被迫撤退。约翰逊总统下令让“马多克斯”号在驱逐舰“C. 特纳·乔伊”号护航之下返回东京湾。

两个晚上之后，两艘驱逐舰竟都因误读仪表读数而遭受第二次攻击。

约翰逊总统派出舰载机空袭北越，进行报复。最初的报告误以为敌军有6艘舰艇、9—10艘鱼雷艇，因此约翰逊不得不请求国会通过一项决议以支持他的行动。国会于1964年8月7日批准了《东京湾决议》，后来约翰逊总统便用这份决议作为派遣美国军队去南越战斗的宣战书。

麦克乔治·邦迪的当务之急是如何处理“德索托”巡逻。作为侦察计划，“德索托”巡逻要经由国家安全委员会特设委员会批准。在NSAM-303文件中，约翰逊总统将国家安全委员会特设委员会重新命名为303委员会，由邦迪担任委员会主席。本来“德索托”巡逻要由邦迪决定，但是由于林登·约翰逊对越南事务极度敏感，因此这个问题便直接由总统亲自处理。

华盛顿在进行政策讨论时，“德索托”巡逻和34-A作战计划都暂停了。参谋长联席会议建议采取公开军事行动，轰炸北越，并放宽对美国军队参战的约束。刚于7月份上任的美国驻南越大使麦斯威尔·泰勒对此表示支持，但提出得等到12月份，观察南越政治形势是否稳定以后才能决定是否采取行动。和肯尼迪一样，林登·约翰逊接受了次佳选择，也就是说，恢复“德索托”巡逻和34-A作战计划任务，并派遣重型B-57轰炸机加强“农场之门”行动。“德索托”巡逻和34-A这样具有挑衅意味的任务被突然批准通过，并不是因为它们本身具有多少优点，而是别的任务比它们更具挑衅意味。

9月10日，约翰逊总统在NSAM-314文件中特别批准恢复了海军巡逻。第一次“德索托”巡逻完成之后，34-A作战计划也会马上恢复。

9月18日早上9点15分，在“德索托”又一次发出假警报时，麦克乔治·邦迪正在他的办公室。这个新的巡逻队由驱逐舰“莫顿”号和“帕森斯”号组成，巡逻队认为北越的四艘鱼雷艇向他们展开夜间袭击，他们已经向鱼雷艇开火。参谋长联席会议的第一反应是美国应该立刻攻击北越空军基地以及河内—海防地区的油气设备，但当下他们还是冷静了下来。当天下午以及第二天发回的情报清楚地表明，虽然北越的舰艇可能在海上活动过，但并没有发动任何预先谋划的进攻。

10月初，美国又派来两艘新的驱逐舰执行另一个“德索托”巡逻，并特地在这两艘驱逐舰上配备了“照明弹”，即影像和录音设备，用以提供有形的记录。这两艘驱逐舰还被派往友好水域进行巡逻演练，并利用岘港的部分“钝舟”进行日间和夜间攻击的模拟演习。

如果最初的“德索托”巡逻做了类似的准备，东京湾的意外事故或许永远不会发生。由于类似事件在303委员会的权限范围之内，我们不难看出国家安全委员会特设委员会到底有多么关注“德索托”巡逻和各种秘密任务。

至少中情局觉得自己已经处在严密的控制之下。1967年2月中情局的一份备忘录这样写道：“政策制定者们已经在质疑和修改中情局的报告，甚至有时直接否认我们的建议。有记录显示在某些情况下，国家安全委员会特设委员会/303委员会完全推翻了局长的反对意见，并指示中情局去实施某些特定活动……国务院对中情局的许多建议持反对意见，如选举、空军的资产、对外国政府的支持计划……303委员会提出有些区域需要隐蔽行动，并且决定应该由政府的另一个部门来实施这些行动，甚至警告或驳回大使提出的中情局行动的具体建议。”

国务院在303委员会的代表U.亚历克西斯·约翰逊也认为国家安全委员会特设委员会的管控过于严格，尽管约翰逊本人就因为频繁行使否决权而被戏称为“否决博士”。即使如此，1963年11月到1967年2月期间，303委员会依然批准了142项隐蔽行动计划，平均每月批准5.25项，而肯尼迪执政时平均每月批准4.8项。鉴于303委员会一般每周只会晤一次，并且提议一般得提前上交以供讨论，因此，很多任务可能止于审批通过，最终并没有实际实施。

肯尼迪总统从猪湾事件中获得的经验和教训很快就被抛之脑后。邦迪回忆道：

1961 年，我带着初学者的易信态度倾听着猪湾计划制订者们的高谈阔论……接下来的两年多时间里，在肯尼迪政府持续向中情局施压，要求更多更好（哪怕更小）的隐蔽任务时，我的怀疑态度一直在增加。

我认为最终我的角色无足轻重，肯尼迪总统从自己的经历中学到的知识更重要，他意识到隐蔽行动根本就不起作用，甚至造成的麻烦更多。

肯尼迪的死亡以及约翰逊的继任终结了改革隐蔽行动政策的可能性，上面列出的 303 委员会批准的数字无疑说明了一点。邦迪没能阻止隐蔽行动被继续批准、继续实施，许多隐蔽行动日后都会在越南进行。

华盛顿的政策制定者们对远在南越的中央高地鞭长莫及。在这里，特种部队企图封锁边境，截断越共的补给线路，因此战争进程缓慢。不同于“对越军事援助指挥部”（MACV）其他方面的工作，民间防卫队（CIDG）的计划需要美国人直接参与，而不是仅仅作为南越人的顾问。实际上，低地越南人与山地部落人（法语中的山民；美国口语表达中的“yards”）之间的关系并不密切，因此在一开始就任由中情局和特种部队的人放手去干。

山地计划于 1961 年 10 月在埃地族人中间展开，这是越南的 18 个主要山地部落之一。一个叫作本伊佬的村庄的村民同意接受美国的武器和训练。南越特种部队（Airborne Special Forces in South Vietnam，越南语 Luc Luong Dac Biet，简称 LLDB）从一开始就加入到这些任务中，据说是来领导这些村民的，但实际上更多的时候他们只是观察者。在本伊佬，南越特种部队的人数比美国人多，但是埃地族人却只服从绿色贝雷帽。到 1961 年 12 月，从本伊佬开始扩散，山地人开辟出了一块“飞地”，包括 40 个村庄和 1.4 万名部落居民。美国人将 975 名埃地族人武装成村庄守卫者，将另外 300 多人武装成灵活的突击队员，取名“迈克军团”。一年后，飞地内的村庄数量多达 200 个，埃地族人数增至 6 万人，其中 1.06 万人都是武装力量，1500 人参加了“迈克军团”。中情局还将这个方法用于其他部落，包括“卓越的战士”色登族和赫耶族，“效率很高的”布鲁族，以及“能力较好的”麻族。到 1963 年 12 月，村庄的民兵数量达到 43376 人，突击队人数达到 1.8 万人。1964 年 10 月，被派往 CIDG 的绿色贝雷帽人数达到 951 人。

越南中部海滨城市芽庄是这次部落战争中反抗越共的枢纽。“农场之门”的飞机以此作为基地，向飞地内的村庄和 CIDG 营地输送物资，并提供一些空中援助。MACV 想要给特种部队提供一些飞机，但遭到拒绝，特种部队的指挥官表示自己宁愿雇佣美国航空公司的飞机。在这之后，中情局的空军给芽庄调来了更多飞机，基地规模迅速扩张。南越突击队在这里训练，浅水的港口也进一步挖深，主要物流设备逐步建立，机场也得到扩建。美国在南越的特种部队的总部于 1963 年 3 月在这里组建，1964 年 10 月，在南越的特种部队重新命名为第 5 特种部队。

第 5 特种部队的主要资金来自中情局，因为它的采购系统与军队的系统不同，需要利用当地便捷特殊的渠道去购置特种部队需要的物资。在 1963 年中情局将“山地计划”的控制权交给 MACV 之后，在名为“急转太阳伞”的安排之下，第 5 特种部队仍然继续使用中情局的会计方法长达 9 年时间。与 MACV 的其他成员相比，第 5 特种部队可用的资源更多。

美军在南越有两个军火库，其中一个就建在芽庄，而这个军火库就属于第 5 特种部队。据说，这个军火库的弹药储备可以为 4 万人提供持续战斗 6 天的军火补给。

支援 CIDG 营地以及将物资实际送达并不像储存那么容易。在大多数情况下，营地甚至根本不在道路网络上。即便在，道路也经常被越共破坏或封锁。南越军队在中央高地分布稀疏，根本无法支援 CIDG 营地。南越军团的指挥处和基地也在芽庄，和第 5 特种部队面临着同样的地理障碍。

在遭受敌军进攻的情况下，对 CIDG 营地的军事支持变得极为重要，这就是组建“迈克军团”的根本原因。除非预备役可以马上展开反击，否则很难影响到战争的结果。不久，民族解放阵线（National Liberation Front, 简称 NLF）就意识到边境控制战略的潜力并开始解决中央高地问题。早在 1963 年，两名特种部队的官员就在一次伏击中被俘。1964 年，民族解放阵线占领了普拉空。同年 7 月，他们在进攻南洞的一个营地时失败，CIDG 的突击队和绿色贝雷帽纯粹是凭借着决心才守住了这个营地。队长罗杰·唐隆因为在南洞行动中的顽强表现获得了美军在越南的第一枚荣誉勋章，他手下有两名绿色贝雷帽阵亡，获得杰出服务十字勋章。

对第 5 特种部队的指挥官约翰·H. 斯皮尔斯（John H. Spears）上校来说，仅仅是英雄主义还不够。在制订 CIDG 营地的防御计划时，斯皮尔斯需要依靠某些武装力量，“迈克军团”就是最好的选择，但就整体而言，它的扩张速度远远比不上 CIDG。1965 年 10 月，突击队的人数是 30400 人，其中“迈克军团”占 1800 人；到 1966 年年末，突击队的人数是 34800 人，“迈克军团”占 3200 人。到 1967 年，突击队人数是 34346 人，其中 5733 人在“迈克军团”。因此，尽管“迈克军团”在持续扩张，到 1969 年

10 月时有 9326 个本土突击队员，但是总人数却在下降。

早些时候，“迈克军团”由于规模不够大或者不够灵活而分身乏术。所以斯皮尔斯上校将部分“迈克军团”的成员重组为“鹰飞小队”，从而解决了这个问题。小队人员经由空投可以到达任何遭受攻击的 CIDG 营地。每个“迈克军团”里包括 12 名绿色贝雷帽和 149 名突击队员，加上规模适当的直升机部队，空投就有可能实现。1966 年，弗朗西斯 · J. 凯利（Francis J. Kelly）上校指挥第 5 特种部队时，仍然在使用这种战术。当时凯利上校的新副手刚下飞机，甚至连胡须都没有剃，凯利就告诉他如果任何 CIDG 营地受到威胁，他会下令芽庄的“迈克军团”出动伞兵，并让副官带队。

美国在快速反应部队里补充了一些具有特殊能力的行动小组，其中最早的当属“三角洲”行动，前身是“跳跃的莱娜”行动，由第 5 特种部队和南越特种部队联合管理。“三角洲”行动提供的小型侦察，可以发现民族解放阵线小队通过炮兵部队、空投炸弹或者地面部队等发起的攻击。后来，“三角洲”行动还新加了南越的游骑兵营，可以提供小型战斗小队以应对民族解放战线，弥补其他部队被调离后的空缺。这个计划由特种部队第 B–52 分遣队执行，在队长查理 · 贝克卫斯的磨炼下逐渐成形。“三角洲”行动的最终人数包括 93 名绿色贝雷帽、187 名突击队员、185 名南越特种部队士兵和 816 名游骑兵。

凯利上校还新增了另外两个特别小组，称为“西格玛”行动和“阿尔法”行动，分别由第 5 特种部队的第 B–50 和第 B–56 分遣队执行。每个计划包括 127 名绿色贝雷帽和 894 名 CIDG 士兵，他们受雇于美方，接受训练，听从指挥。这些小队分成实地的“路行者”小组，包含 4 至 6 名突击队员和绿色贝雷帽，与“三角洲”

行动相似，这些行动使美国具备了远距离地面侦察的能力。

空中力量是特种部队战略的核心要求，飞机和直升机在向CIDG营地输送补给、加强营地、反击敌人和插入“路行者”小组或者对其增援等方面必不可少。芽庄基地就像是一个大熔炉，充斥着各种类型的特殊战争，而绿色贝雷帽和空军突击队就像是那个时代俗称的“幽灵”。1962年，美国陆军派遣12架UH-1伊洛魁直升机，再加上第23特战航空支队来到芽庄，负责利用配备武器的轻型飞机发动空袭。1964年，空军新加了“钓鸭”行动，由6架特别装备过的C-123运输机组成的小队执行，此后，这个小队规模持续扩大，直到具备两个中队的力量，接着又合并成第1空中突击联队。第14空中突击中队是越南第一支武装运输机小队，配有32架AC-47“神龙帕夫”飞机，也驻扎在芽庄。为了完整布局，芽庄也被用来实施深入北越和老挝的绝密任务，关于这点，下文将会详述。

芽庄的重要性不断增加，基地也随之扩张。经过一段时间之后，在这个严格限制的区域先后建立了一个港口、一个大飞机场、几个供需品仓库和特种部队宿营地。美国军方的工程师和特种部队以及空军雇用的菲律宾建筑工人之间的合作并不总是那么愉快。1965年，军方的工程师预估雨季快要到来，于是花费数周时间为一个供需品仓库挖凿排水沟。但随后空军承包商挖了一些水沟给机场排水，造成仓库排水系统完全瘫痪。经过调查后各方得出结论，“只有将工具和人力迅速分配，重新装好排水设备，才能阻止一场大洪灾的发生”，而且这项工程必须在雨季来临的前一天晚上竣工。

尽管困难重重，但中央高地的特殊战争是越战中最成功的。尽管如此，也或许正缘于此，对越军事援助指挥部（MACV）其他部门的美国人总是以怀疑的眼光看待特种部队。

美国人与南越人之间的关系也极度敏感。在CIDG的行动开始成功时，越方就想要接管这些行动。1964年9月，在南越军方试图将CIDG小队整合进自己的军队时，还在高地引起了一场政治危机。埃地部落和其他部落的人在6个CIDG营地发动叛乱，他们中的一部分人向省会城市班梅索特进军，并将班梅索特占领了一个晚上。60多名南越士兵被杀，其他人在美国顾问的斡旋之下才得以幸免。在部分营地，绿色贝雷帽被关在他们自己的驻地内，尽管美方是支持这些山民的。

短暂占领班梅索特的山民是扛着“南越解放被压迫民族联合阵线”（Front Unifié pour la Libération des Races Opprimées，英语为Unified Front for the Liberation of Oppressed Peoples in South Vietnam，简称FULRO）的三星旗前进的，FULRO是越南山民独立运动的法语缩写。南越方面在1965年3月的宣言中做出了政治让步，给予部落更多的自主权。1965年9月，“迈克军团”的突击队员发动了另一次叛乱，叛乱失败后，FULRO的领袖伊巴姆逃往柬埔寨，在那里成立了他自己的地下山民组织，被南越政府视为敌人。即使如此，有证据表明中情局向柬埔寨的FULRO提供援助。

1969年，在美国开始撤退并使战争“越南化”时，第5特种部队开始精简，CIDG突击队员的数量也相应减少。从1970年6月开始，CIDG的组成部分，特别是“迈克军团”，也被变成南越游骑兵小队。越方最终得偿所愿。

无论是越南少数民族之间的分裂还是西贡的政变都没有打破约翰逊政府深化越南战争的承诺。在“东京湾事件”（又称“北部湾事件”）之后，强大的 B-57 轰炸机被派来强化“农场之门”的实力，34-A 作战计划也得以恢复。民族解放阵线的活动也使美国更多地参与到越战中。1964 年 11 月，为了报复对东京湾的空袭，越共的迫击炮轰炸了停靠在边和市的 B-57 轰炸机。那年的圣诞之夜，民族解放阵线轰炸了美国单身军官们在西贡的驻地。1965 年 2 月初，越共又用迫击炮和火箭炮向波来谷的美国空军基地发动了一次毁灭性的打击。麦克乔治·邦迪当时正好在西贡，在这次袭击事件发生后，他也建议约翰逊总统轰炸北越作为报复。

尽管在一个月之前约翰逊总统刚否决了一个类似的提议，但现在他选择了针锋相对，立刻出击，这很快演变成一个协调一致对抗北越的轰炸行动。为了保卫空军基地，从 1965 年 3 月 8 日起，美国开始派遣作战部队前往越南。

作为回应，民族解放阵线于 3 月 30 日在西贡的美国大使馆外引爆了一颗汽车炸弹。中情局西贡情报站站长皮尔·德·席尔瓦是这次爆炸中的众多重伤员之一。

34-A 作战计划的秘密任务继续补充着美国的公开行动。仅在 1 月 19 日到 2 月 2 日的这段时间里，绿色贝雷帽和突击队员就尝试了三次空中打击和九次海上行动。1 月 20 日晚，一架飞机空投下了“莱姆斯”小组的四名特工和四个包裹，一名特工在着陆时死亡，另一名折断了一条腿。一次海上任务由于引擎故障而中止；1 月 26 日，两艘全副武装的“钝舟”在试图炮击一座沿海观察哨所时相撞，任务不得不中止，但仍然成功地炮击了五处目标，其中一处目标遭到两次炮击。

到目前为止，中情局已经在越南建立了庞大的情报网络，共有 400 名特工，西贡已经超越迈阿密成为中情局最大的情报站。中情局在头顿市还有一个训练中心，在岘港有一处 34-A 作战计划的海军基地，还有一支由中情局武装和训练的勇猛的侬族突击队。

1965年3月，作为约翰逊总统的越南方案的一部分，中情局局长约翰·麦科恩提交了一份关于政治行动的12项计划，由计划处的理查德·赫尔姆斯制订。这份计划打破了中情局固有的不提倡政策的形象，提到“应该加强或倡议秘密政治行动领域”……“部分行动在传统意义上是保密的，是无法查到其来源的，其他行动是由中情局公开实施的，但由于我们的灵活性和卓越能力，我们能够很快地适应形势并绕开烦琐的政府机制。”

在这个计划被采用的20年期间，中情局12项计划中的7项一直属于绝密。其他要点如下：在有争议的地区扩大政治行动小组的规模；用“灵活机动”的方式组织南越山民的突击队；为自愿对抗民族解放阵线的当地游击队伍提供援助；扩大在民族解放阵线区域活动的骚扰小组的规模；发展小型、非常规小队去追踪、渗透、攻克敌人的通信中心。

中情局当然认为以上这些手段比直接军事手段更加微妙。但在政府内部，并不是所有人都同意这个观点，特别是在五角大楼，国防部长罗伯特·麦克纳马拉就喜欢对各种选择进行量化和分析。作为资深官员，麦克纳马拉六次出席在檀香山进行的视察访问和指挥会议，也定期听取中央情报局的工作汇报。在这期间，赫尔姆斯升职为中情局副局长，德斯蒙德·菲茨杰拉德则接替他成为计划处的处长，负责向麦克纳马拉汇报工作。

在他们某次会面之时，麦克纳马拉对德斯蒙德·菲茨杰拉德说：“你知道的，这场战争让人费解。”

“部长先生，事实和数据是很有用的，”菲茨杰拉德回答道，“但是你不能用它们去评价一场战争。你必须要有一种直觉、一种感受。我的直觉就是我们目前的处境比你的事实和数据所显示的要更加艰难。”

“你真的这么想吗？”麦克纳马拉问道。

“是的，我真这么想。”

但当麦克纳马拉进一步询问他此番言论的依据时，菲茨杰拉德只是重复道：“这就是一种直觉，一种感受。”

后来，菲茨杰拉德将这段对话告诉了他的记者朋友斯图尔特·奥尔索普。随后奥尔索普发表了一篇文章说麦克纳马拉对于量化这场战争十分执着，他认为菲茨杰拉德就是信息的源头。此后菲茨杰拉德就再也没有向国防部长汇报工作了。

中情局的计划被采用，但是就我们所知，这些行动是由特种部队实施的，而非中央情报局，且就在约翰·麦科恩离开政府之后不久。

通过 MACV-SOG，即所谓的研究与观察组，军方接手了在北越安插特工的任务。尽管中情局已经开始相信这个计划是徒劳的，但仍然将五个已经设法安插到位的特工小组移交给了军方，SOG 成功地安插了另一个小组。在特种部队高级军官查尔斯·辛普森看来，这些特工很可能都被北越控制了，就像 20 世纪 50 年代阿尔巴尼亚人和俄国人将美国安插的特工小组策反了一样。

SOG 在巅峰时期有 2000 名美国人和 8000 名南越人，还有第 90 特种作战联队和“钓鸭”行动提供的空中支援。尽管如此，1964 年 10 月分配给“钓鸭”行动的五项任务中，只有一项成功地在 11 月底完成。

除了“钓鸭”行动之外，另一个空勤任务叫“金凤花”，据说是利用在别的国家注册过的 C-130 大力神运输机在中国至少空投了一次。海上任务包括袭击沿海目标的“汀布莱克”和“魅力”行动，目的是破坏北越的渔业。还有许多任务是穿越边境来到老挝和柬埔寨境内。

南越军方也参与到一些行动中。1965 年年底，两架直升机成功将“罗密欧”小组空投到北越的非军事区。但是，在 1966 年的第一季度，越南的 C-47 伞兵运输机未能完成分配给他们的 12 项任务中的任何一项，在那之后，A-1 攻击机承担了这些任务，在一年之内完成了 5 次空投物资的任务。1966 年 12 月 25 日，“钓鸭”行动的 C-123 运输机完成了一项支援和补给任务。

MACV-SOG 发动的秘密战在 1967—1968 年达到巅峰。仅在 1967 年第一季度就成功实施了 7 次“钓鸭”飞行任务。从那之后到 1968 年 11 月美国的轰炸任务终止之前，又完成了另外 10 次任务。在两年时间内，任务完成率大约是 1/3。1967 年 9 月到 10 月，在计划安插的 6 支 SOG 小组中，只有 3 支成功着陆。一架 C-130 大力神运输机 11 月在着陆后失去联系，另一架载有 11 人的 C-130 大力神在 1967 年 12 月 29 日失踪。

美国的另一支特种空战小队驻扎在泰国，代号为“小马快递”，于 1967 年 1 月开始在北越执行任务。1967 年，“小马快递”完成了 37 项任务中的 8 项，在 9 月还成功地救回一支 SOG 小组。与此同时，南越空军的效率进一步降低。1968 年，南越空军只完成了 32 项任务中的 3 项。最后，美国空军不得不出动在岘港的 F-4 战斗机去北越的红河三角洲地区支援 SOG 小组。1966—1968 年，F-4 战斗机共成功地完成了 15 项这样的任务，成功率大约是 20%。

在北越的行动消耗了大量资源，但得到的情报或宣传价值却微乎其微。除了老挝，纵观整场战争，北越军队自始至终都没有因非常规战争或本土的其他威胁而受到严重阻碍。

MACV-SOG 的军事价值只体现在老挝、柬埔寨和南越，而不是体现在北越，因为北越的干部和村民们更有凝聚力。在老挝、柬埔寨和南越这些地方，在大量的物资支持和空军援助下，加上 MACV 的鼎力支持，SOG 和各种“行动”具有强大的突袭和侦察能力。在印度支那这场战争的舞台上，中央情报局和绿色贝雷帽是当之无愧的主角。

第十四章　高　原

美国的秘密战在老挝崎岖的山脉和高原上迎来了高潮。作为越南的邻国，老挝是一个被陆地包围的国家。在老挝，美国的准军事行动和政治操纵达到了前所未有的高度。在以前的准军事行动中，中情局总是受到这样或那样的阻碍：因不愿表现出插手他国事务从而导致行动受阻，如在古巴和阿尔巴尼亚；无法招募到真正受欢迎的本土组织，如在印度尼西亚和中华人民共和国；缺乏适合的基地，如在中国西藏。除了中情局之外，五角大楼也在南越活动，军方称自己可以更好地执行命令，中情局即便是在伊朗和危地马拉取得了成功，那也靠的是政变而不是长期的准军事行动。

老挝与其他国家不同的是，在某种意义上，老挝就是封锁南越边境线的前沿阵地。美国在南越和泰国都有许多基地，但是 1954 年日内瓦协议中关于印度支那的条款将美国的军事指挥排除在外，只允许法国军事人员为老挝王国政府（Royal Laotian Government，简称 RLG）做顾问，因此美国在老挝没有军事基地。在这种情况下，中情局在老挝一家独大，美国军方必须支持中情局的行动，而不是像在朝鲜和南越那样，中情局必须得支持军方。

1954 年日内瓦协议签订之后，老挝迎来了获得独立与稳定的绝佳机会。老挝国土面积不大，政治精英人数较少，所有领导人彼此之间都非常熟悉，大部分甚至还有亲缘关系。最主要的领导人是拥有皇室血脉的两位亲王——苏发努冯亲王（Prince

Souphanouvong）是老挝共产主义运动的领袖，他的兄弟梭发那·富马亲王（Prince Souvanna Phouma）是介于东方和西方之间的中立主义者。法国在老挝还残留着一些影响力，但在日内瓦协议签订之后，美国就取代了法国，其影响力在50年代缓慢发展。

艾森豪威尔政府根本不会接受一个中立主义的解决方案。就像对待苏加诺、尼赫鲁和纳赛尔那样，艾森豪威尔坚持老挝必须在冷战中加入西方阵营。J. 格拉哈姆·帕森斯大使花了两年时间阻止老挝组建联合政府。从1955年开始对老挝提供援助到1960年，美国已经提供了2.5亿多美元，其中2/3用于维持老挝王国政府的全部武装力量。

中情局老挝情报站在政治行动中扮演了重要角色。在1958年的选举中，苏发努冯亲王的党派及其盟友赢得了多数席位，苏发努冯亲王本人也在全国所有选区内大获全胜。在这之后，美国重新显示出对"第三种力量"的偏爱，支持那些在1958年选举中受挫的老挝人组建了一个亲美的国家利益防御委员会（Committee for Defense of National Interests，简称CDNI）。组成CDNI的年轻人称作"青年"。在老挝的首都万象，CDNI的这些青年大部分都是通过青年商会发展起来的，他们多数是改革者和反共主义者，具有得天独厚的优势，并很快就通过传统部落和政党路线联合起来。在万象，美国在背后支持CDNI已经成了公开的秘密。

1958年的选举理应完成老挝重建的过程，当时老挝正处在不同军阀的控制之下，社会主义的老挝人民阵线（Lao People's Front，老挝语为Neo Lao Hak Xat，简称NLHX），特别是其上级机构老挝共产主义阵营或者巴特寮，控制着丰沙里省和桑怒省。1958年11月，苏发努冯亲王接受了国王的授权，管辖这两个省份，随即巴特寮的军队被整合进老挝皇家军队（Royal Lao Armed

Forces，简称 RLAF），而 NLHX 则在梭发那·富马亲王的领导下组建了一个中立主义的联合内阁。在 1958 年 2 月的一次仪式上，大约 1500 名巴特寮士兵加入 RLAF，另外 4284 人被遣散。1958 年 7 月，在梭发那内阁解体时，这个协议也随之失效。

于是，突然之间 CDNI 就站在了政治舞台中央，尽管 CDNI 的四位大臣在竞选中落败，但是这个组织开始在 8 月新组建的内阁中赢得席位。与此同时，两名巴特寮大臣被免职，组成巴特寮的两支队伍开始反叛，重新点燃老挝内战，RLAF 内部的麻烦也接踵而至。

1959 年，当老挝组建的似乎是中立主义政府时，美国减少了对老挝的财政援助。但是在老挝内战复燃之后，美国重新增加了援助。1960 年，内战双方的冲突加剧时，美国再一次增加了援助。其间，作为美国联系 CDNI 的渠道，设在美国大使馆内的中情局情报站就变得特别重要。

然而在万象，美国大使馆却诸事不顺。贺拉斯·史密斯大使声称支持梭发那·富马亲王的中立方案，但是他认为中情局影响了他的政策。中情局情报站站长亨利·赫克歇尔拒绝向史密斯透露中情局的活动情况。1959 年年初，史密斯向艾伦·杜勒斯申述，要求将赫克歇尔调往别处。艾伦·杜勒斯对赫克歇尔的傲慢早有耳闻，但他也知道赫克歇尔足智多谋。赫克歇尔曾在苏联工作过，在危地马拉执行任务时表现突出。杜勒斯表示支持赫克歇尔，当赫克歇尔在老挝的任期结束之后，杜勒斯将他派到了泰国东北部，在那里继续控制着部分需要穿越边境去老挝实施的任务。如果将这个情况考虑进去的话，赫克歇尔在老挝的任期实际上超过了史密斯。1960 年夏季，温思罗普·G. 布朗就取代了史密斯。布朗以前是华尔街的律师，曾担任过美国驻印度大使。

布朗上任仅三周之后，万象的亲美政府就在一次政变中被孔乐上尉领导的伞兵部队推翻了。孔乐是参加过奠边府战役的老兵，对于大多数美国人来说，孔乐显得高深莫测，他们似乎不相信孔乐的中立宣言，反而坚信孔乐是一个共产主义者，要么就是所谓的“同路人”。抛开美国人的认知不谈，孔乐在老挝也是一个强权人物，他要求梭发那·富马组建一个新政府。布朗大使和他的前任一样，打算与梭发那·富马进行合作，新任中情局情报站站长戈登·L. 乔根森和他的观点一致。

到了1960年秋季，华盛顿仍然不支持中立主义，他们选择了陆军上校富米·诺萨万，一个来自RLAF的“青年”。富米曾将CDNI作为权力跳板，先当上了将军，后来又成为国防部长。中情局在很早以前就开始培养富米，甚至还给他指派了一个私人顾问——约翰·海西。海西是战略情报局和法国外籍军团的退休老将，可以通过秘密渠道与华盛顿沟通，不必经过地方的情报站。海西主张增加对富米的支持，用富米代替万象政府。

华盛顿决定在表面上选择万象政府，但私下里秘密支持富米，并加强了与海西的联络。1960年10月，已经晋升为远东事务助理国务卿的帕森斯返回万象，要求梭发那·富马恢复与巴特寮的所有关系，并立刻放弃中立主义。

梭发那·富马拒绝了帕森斯。

在那之后不久，5412小组成员约翰·N. 欧文作为负责国际安全事务的国防部副部长，代表五角大楼访问了老挝南部，与富米·诺萨万进行了直接对话。在肯尼迪上任之前，欧文又对老挝进行了第二次访问。美国开始绕过万象政府，直接对富米的军队提供军事援助。此外，美国捏造了许多北越入侵老挝的报道，以便为进一步军事援助寻找借口。

富米谴责了梭发那联合政权，辞去了在内阁的职位，并下令他的军队占领首都。但是，孔乐的军队让富米遭受了几次失败的耻辱，9月中旬，富米的军队被迫从万象撤退。到此为止，中立主义者们几乎被迫投入了巴特寮的怀抱。梭发那·富马和苏发努冯于1960年11月18日成立了联合政府，将富米排除在外。两周之后，11月4日，苏联开始空投，给孔乐—巴特寮势力提供军备，接着巴特寮开始了自己的攻势。

政治阴谋将老挝这个百万只大象的栖居地变成冷战的战场之一。

美国决定支持富米之后，很快就开始在老挝采取行动，在这之前中情局就做好了随时待命的准备。1960年夏季，面对老挝危机，华盛顿决定疏散在老挝的600多名美国人，其中的大部分人都肩负着使命，或者在私人救援组织中工作，如国际志愿服务组织。

美国在老挝行动的特点之一就是军事代表并不仅限于使馆专员。一位美国军官领导了一个军事顾问小组，只是官方没有公开承认这个小组。根据日内瓦协议，这个军事顾问小组也被称为评估办公室（Program Evaluation Office，简称PEO），表面任务是监控美国的计划在老挝的实施效果。PEO于1955年12月在万象成立，有6名工作人员。从1956年年初开始，PEO派遣顾问小组到RLAF，顾问小组一般配有泰国翻译，负责将英语翻译成老挝语。

从1959年夏季开始，艾森豪威尔政府陆续给PEO增加了107名绿色贝雷帽，以便为“白星”行动服务。“白星”行动就是将这些绿色贝雷帽分成几个机动训练组，帮助训练RLAF的12营士兵。这些绿色贝雷帽来自布拉格堡的第7特种部队，训练并指挥老挝步兵团。

这些绿色贝雷帽穿着便装，利用 PEO 掩饰了真实身份。陆军中校“公牛”亚瑟·D. 西蒙斯（Arthur D. Simons）是第一任“白星”指挥官，由于需要取悦太多的上司，他的工作并不那么容易。他的上司包括 PEO 的首长、中情局情报站站长、美国大使、老挝政府，甚至包括法国军事代表团。早期的“白星”老将包括格雷斯顿·林奇和查理·贝克卫斯，林奇后来参加了猪湾行动，贝克卫斯后来和英国特种空勤队的精英一起训练，并去了越南，在那儿指挥“三角洲”行动。执行“白星”行动的人员处在一个敏感又危险的境地，他们训练的老挝士兵不止一次临战脱逃，使他们暴露在敌人面前。

老挝行动还包括在山区的部落中组建准军事小分队，这项行动甚至早于在南越成立 CIDG（民间防卫队）。1960 年 8 月，在发现北越的高级干部和补给物资通过老挝的狭长地带输送到南越以后，中情局就开始着手这项工作。在这片区域，山地部落栖居在安南山，这座山将越南和老挝隔开。黎族就居住在狭长地带最南端的波罗芬高原上，毗邻南越和柬埔寨边境。“白星”行动的触角很快就伸到这里。

中情局在老挝秘密战的群众基础是赫蒙族，也就是旧称的苗族人。中情局与苗族的联盟始于 1960 年秋季，当时这个部落就开始从富米·诺萨万那里获得军用物资，这很可能就是出于中情局的授意。在富米的军队占领万象以后，苗族公开宣布和富米结盟。

与苗族的结盟使富米在短时间内避开了一次危机。富米的军队良莠不齐，而苗族人个个都是勇敢的战士。苗族人在面对巴特寮—孔乐的军队时，不仅抵抗住了敌人的攻势，而且还有些许还击之力，甚至还占领了一个阵地，要知道当时巴特寮—孔乐的军队配备有苏联支援给北越的 105 毫米口径的大炮。富米的军队却在遭遇敌军的那一瞬间便抛弃了战略基地石缸平原（因老挝祖先用其作为埋葬之地而得名），以至于中情局不得不动用三架飞机去撤退“白星”顾问们，其中一架飞机还被防空炮火击中。其他两个 PEO 小组也在情势稍缓时才得以撤退。中情局的签约飞行人员报告说看见了七架苏联飞机，这很有可能是苏联给巴特寮空投物资的飞机。

“白星”顾问们在战斗中暴露身份，这并不令人感到意外。PEO 的副指挥和 30 个美国军官服务于富米的总部，大部分骨干都在前线和战斗队伍在一起。绿色贝雷帽们看不起文案工作，都想要投入到热战中。富米把第 15 机动组的指挥权交给了一位 RLAF 的上校，这位上校负责了一段日子之后便遇到了绿色贝雷帽的“顾问”，不过不是在他的战地指挥所，而是在战斗最前线。这位上校非常震惊，于是向他的上级询问缘由，他被告知那些人属于“白星”行动。据这位上校说，所谓的“机动训练”任务与美方几乎没有任何联系。

在与第 15 机动组一起参加战斗时阵亡的绿色贝雷帽队长穆恩，以及被炸毁的美国军用飞机上的乘客和机组人员，可能是首批死于这场实际存在但从未被正式承认的战争中的美国人。

艾森豪威尔总统不仅实施了“白星”计划，还做了某些其他决定，这些都清晰地表明他实际上将老挝的冲突看作是秘密战。他批准 B–26 轰炸机进驻泰国，但 B–26 轰炸机起初并未在老挝实施轰炸任务，原因是在老挝很难招募到身份适当的机组人员。艾森豪威尔还批准在老挝使用 T–6 轻型攻击机，由老挝飞行员驾驶，但最开始并未配备炸弹，只配备了机关枪，而且飞机本身也是由泰国提供的。作为补偿，美国给泰国提供了同等数量的更加现代化的飞机。截至 1961 年 1 月 4 日，美国航空公司已经着手制订计划，打算在万象安排机械工程师，以便为 T–6 攻击机服务。

在肯尼迪上任之前，美国就已经给 RLAF 间接提供了 10 架攻击机。这是老挝空军的第一批攻击机，使 RLAF 的实力有了质的提升。艾森豪威尔还下令出动一支海军陆战队，准备在老挝进行干预行动，美国海军的备战等级也提高到 DEFCON3 级。

在肯尼迪就职前的白宫聚会上，艾森豪威尔和肯尼迪就老挝事务进行了详细的讨论。艾森豪威尔向赫鲁晓夫发出警告，声称美国要确保老挝“合法政府”继续执掌政权。在 1960 年 12 月 31 日的早会上，艾森豪威尔在讨论老挝事务时开玩笑说，或许是使用战略空军的空中警戒计划的时候了。在早会结束时，他对其他人（包括艾伦·杜勒斯、戈登·格雷和 J. 格拉哈姆·帕森斯）说，“即使是发动战争，我们也绝不能让老挝落入共产党手中”。

美国在老挝的行动就是要逐步打破这个国家脆弱的政治平衡。在美国看来，孔乐和巴特寮结盟是可预见的最糟糕的可能性之一。梭发那·富马已经被迫逃往泰国，美国已经对他不抱任何幻想。格拉哈姆·帕森斯说，从扩展美国政策的角度看，“他（梭发那·富马）对亚洲和老挝一无所知”。

富米·诺萨万的军队曾经成功俘获了巴特寮的杰出领袖苏发努冯亲王，将他关进了监狱，虽然时间很短。然而在老挝流传的英雄事迹中，苏发努冯策反了守卫，走出了监狱，再次成为自由人。

肯尼迪总统并不认为老挝是进行大规模战争的地方。在他执政期间，他利用美国军队，很快将 PEO 变成一个公开的军事咨询组织，但他的目标是通过国际协议使老挝达到中立状态。在埃夫里尔·哈里曼、罗杰·希尔斯曼和迪安·腊斯克的帮助下，肯尼迪在 1962 年的日内瓦协议中完成了他的目标。在富米·诺萨万变成阻碍之后，美国撤销了对他的援助，连带着他和中情局之间的联络员杰克·海西也被撤了回来——据说德斯蒙德·菲茨杰拉德和比尔·科尔比强烈反对，但也无济于事。

终止对富米的援助是哈里曼提出来的。作为资深民主党政客，哈里曼对肯尼迪具有一定的影响力，他想要不惜一切代价地在老挝建立一个可以信赖的中立政府。哈里曼的目标很明确，以至于当中情局官员们在万象向他汇报对老挝政治的评估以及民众对“青年”的支持时，这位脾气暴躁的总统特使在会议进行期间就关掉了他的助听器。

哈里曼最终将老挝问题拿到日内瓦会议上进行讨论，美国和北越签订了协议，但双方都未能遵守。北越声称已将所有军队全部撤离，美国对此表示不屑，因为只有 40 名北越士兵通过了国际委员会的边境检查站。但美国自己也同样公开地违反了协议，继续武装和指挥苗族部落。

老挝的苗族山民也称为赫蒙族，这个部落没有边境概念，在老挝、中国和北越都有分布。法国和美国的秘密战士们都知道，苗族是一个刀耕火种的农业民族，他们骄傲但很友善。他们在山间河谷里建造村庄，还种植罂粟提炼鸦片。

苗族人被卷入美国的战争或许是不可避免的。自从反法斗争开始，他们种植的罂粟就对印度支那战争有非常微妙的效果，苗族人大多时候选择站在法国一边。苗族的领导人是杜比·李峰，一位很有名望的亲法领袖，也是部落中第一个大学毕业生。在杜比领导下，苗族成为法国的一支重要辅助力量。1954 年，在法国企图经由陆路拯救奠边府的尝试中，苗族人是法国军队中的骨干力量。

在这次徒劳的远征中，有一位名叫王宝（Vang Pao）的年轻军官领导了一支法国突击小队。王宝 1945 年第一次参加战争时只有 13 岁，当时的任务是给空降到石缸平原的法国士兵充当翻译。1947 年他加入战斗部队，并在 1950 年老挝皇家军队成立时当上了军官。在日内瓦协议签署后，王宝继续留在军队，并得到晋升，成为 RLAF 第 10 营的指挥。这个营的士兵大多数都是苗族人。杜比・李峰是部落酋长和政客，而王宝则是军队指挥官。

在新的老挝战争中，选择阵营对苗族来说十分重要。杜比觉得自己年纪太大，已经不适宜再应对另一场战争，于是只是扮演一种类似于年长政客的角色，而把主要的领导责任交给了王宝。当部分苗族人选择巴特寮（氏族领袖费伊荡成为老挝人民阵线的中央委员会委员）时，杜比和王宝却选择了与中情局结盟，不过他们并没有直接支持富米，而是发动了另外一场战争。

从 1960 年秋季开始，王宝的军队就开始接收美国提供给老挝的一部分军事援助。当时有 15 架美国航空公司的 C-46 和 C-47 运输机驻扎在曼谷，每个月都要给在沙湾拿吉的富米运送上千吨补给物资。苗族军队自称为"秘密军"，他们侵扰过巴特寮的驻地，也突袭过丰沙里省和桑怒省。据说王宝的军队里驻有八支"白星"绿色贝雷帽小队。

就在这个时候，孔乐的部队从万象撤退到石缸平原的苗族人区域。王宝失去了他的村庄，被迫撤退到附近的山里。最糟糕的是，石缸平原机场失守，这严重威胁到给苗族的物资输送。雪上加霜的是，巴特寮也加入对石缸平原的进攻中，更是给整个苗族部落造成了严重威胁。

1961 年春夏之际，苗族从石缸平原大规模迁徙。所有村庄都搬走了，7 万多苗族人去大山里建造他们的新家园。但是地里没有一粒粮食，苗族人面临着饥饿的威胁。

两个美国人的努力避免了苗族的灭顶之灾。这两个人组建了一个体系，在接下来的 11 年里为秘密军提供了大量粮食。其中一人是美国国际开发署（U.S. Agency for International Development，简称 USAID）的艾德加 · M. 比尔（Edgar M. Buell）。比尔在老挝是个传奇人物，他最开始在山里空投大米时是随意“盲投”，因为有三个月的时间没有人知道苗族人的具体位置在哪里。后来，比尔离开大使馆办公室。他来到大山中，在森林中穿梭多日，终于找到了苗族部落的村庄。经过协商，中情局同意为那些效忠王宝的村庄定期空投大米、种子、工具、医药等物资。

另外一个美国人是空军少校哈利 · C. 阿德霍尔特（Harry C. Aderholt）。在 1959 年到 1960 年间，阿德霍尔特是冲绳空军小型非常规战争分遣队的指挥官，他的职责之一就是给在东南亚执行空勤任务的中情局人员提供建议。1960 年年初，阿德霍尔特来到万象，打算在海拔 1800 米的山峰上修建一条从万象到丰沙里的轻型飞机跑道。为了建成一个跑道网络，阿德霍尔特和王宝一起勘察了老挝北部的大部分区域。跑道网络最终命名为“利马网”，而阿德霍尔特在老挝花了两年时间监督这个网络的建设。

在老挝高地，美国航空公司提供的补给网络极大地增加了民众对王宝军队的拥护。秘密军从 RLAF 的六支苗族核心军队中秘密地抽离了许多小队，RLAF 的军官发现以后大为震怒。此举使秘密军的人数从 1960 年年末的 1000 人增加到 1961 年春的 8000 人，同年夏天又增加到 9000 人。兰斯代尔的一篇备忘录中明确指出，中情局万象情报站站长控制着苗族军队，和这些苗族军队一起工作的有 9 名中情局专家、9 名绿色贝雷帽、99 名来自泰国空中补给警察部队（Police Aerial Resupply Unit，简称 PARU）的合约特工。PARU 从在缅甸执行支持李弥的行动时就开始接受中情局的训练。

从石缸平原撤退之后，王宝在高原南部的最高峰富比亚山山脚下建立了新的苗族部落聚居地。比尔在石缸平原周围活动了 58 天，将苗族人全都带到了这里。1961 年 12 月，苗族在更靠西的地方建了两个新基地——龙腾（代号 LS–30/98）和三通（代号 LS–20）。王宝的总部驻在龙腾长达 10 年时间，在这期间，龙腾成为重要的商业中心和苗族人聚居点，三通成了行政、医疗和教育中心。

中情局用了将近 5 年时间来巩固这个新的苗族的避难所。1962 年的日内瓦协议对中情局几乎没有什么影响，中情局十分巧妙地满足了"撤出"外国军队的要求，将工作人员召回到泰国的基地，但是他们可以搭乘美国航空公司的早班飞机，轻而易举地就回到老挝继续执行任务。在停火日期到来之前，巴特寮多次发出警告，但中情局却置之不理。因此，1962 年的谈判过后，老挝的冲突持续发酵就不足为奇了。美国人仍然不能接受中立主义的解决方法，而对北越来说，这个解决方法也越来越难以接受了。

因为美国的无线电操作中心"大空"就设在龙腾，龙腾成了中情局秘密战的神经中枢。此时利马网的飞机跑道和着陆技术已经非常完善，C–130 大力神运输机可以在低空飞行过程时倾倒出所有的托盘化货物。美国航空公司的小型飞机随后把货物送到利马网的外围区域。每天早上，当运输机队进入老挝领空时，"天空"将任务分配给它们。有时飞机会满载乘客而来，有时会载着利马网的储备燃料，或者需要分配的额外物资。"天空"则每天频繁地将多达四个或五个连续的飞行任务分配给轻型运输机。

在老挝秘密战中，"天空"的空勤任务表现出一种充满活力、随心所欲的风格。这种风格的精髓也被另一位传奇式的美国人表现出来，这个人就是安东尼 · 波西芬尼，代号 UPIN。他是一个完全符合中情局“牛仔”形象的人物，自称托尼·波。不管他去什么地方，兜里都装着拳击手的护牙托，随时准备迎接战斗。1963年，托尼从中情局在泰国的大型基地塔克里来到龙腾，成为王宝的高级顾问，以及“天空”的指挥官。他曾经穿越柬埔寨边境，在那里与柬埔寨反政府武装一起活动。在印尼 PEMESTA（共同斗争宪章）运动反叛期间，他是美国的准军事指挥官之一。此外，托尼曾经在中国西藏广泛活动过，甚至进入过中国腹地执行任务。

在龙腾，托尼·波负责强化秘密军的战斗力。于是，王宝在1963年打出了最强一击进攻。在一次突袭中，他炸毁了巴特寮的补给线路上长达1公里的道路，还造成其他路段从山坡上坍塌。

如今秘密军更加强大，兵力达到3万。王宝和托尼·波随即制订了一个计划，利用小队模式以提升苗族士兵的战斗力，就像南越 CIDG 的“迈克军团”一样。1万多苗族人被安排到特种游击队（Special Guerrilla Units，简称 SGU）中。SGU 是一个营，由一个总部和三个连组成，配备反坦克火箭筒和少量重型迫击炮。这些 SGU 变成王宝的秘密军的常规力量。随后这些 SGU 又配备了75毫米和105毫米口径的山炮。105毫米口径的山炮通常是由美国航空公司的直升机从一个山头运到另一个山头，在使用时，从高处向下面的目标开炮。

秘密军的这些进步并不是自发产生的，进步的过程也并非一帆风顺。从1963年到1965年，USAID 的项目增加了对王宝的援助。有些村庄的男人们外出参加战斗，美国的飞机便给这些村庄空投大米。在三通，美国人建立了一家现代化医院，还专门为苗族孩童建立了一所初中。在龙腾，美国人开办了一家苗族人的贸易公司，龙腾因此成为一个商业中心。渐渐地，王宝给人的印象是他正带领着他的部落走向新时代。

对中情局而言，苗族项目成为“民族建设”的典范，成为培养民间机构的政治行动方法，美国期望心怀感激的受助者会反过来支持美国的政策。20 世纪 50 年代，这一战术被爱德华·兰斯代尔运用在菲律宾以及南越的吴庭艳身上，似乎也比较成功。但苗族的“民族建设”与越南山民一样，给美国带来了一个新的政治问题。在中央高地和石缸平原周围，中情局实际上创造出了一个“国中国”。但是，只有中央政府愿意将自主权交给部落人民时，美国才可能实施类似在龙腾和三通的活动。西贡就是因为打算减少中央高地部落的自主权，才触发了 1964 年到 1965 年的山民政治危机。中情局与王宝取得的成功也是老挝王国政府太过衰弱，因而无力对苗族施加更多权威的结果。从美国对印度支那战争的战略角度来看，在面对培养能够打败巴特寮的那种民族政府这个需求时，保持万象政府的虚弱地位，以及给予苗族秘密军自主权，都要退居次位。为了表示对苗族自主权的承认，王宝在 RLAF 里的级别被不断提升，他的地位等同于军区指挥官，杜比·李峰也成了老挝王国政府的部长大臣。尽管有这些象征性的东西存在，低地老挝人却从未完全相信过苗族人。

建立秘密军极大地加快了对苗族人的动员过程。对秘密军的军事援助就隐藏在送到泰国和 RLAF 的援助中。美国航空公司与 USAID 签订了合约，承担了大部分空运任务。对秘密军提供的资金则隐藏在军事援助、USAID 和中情局的预算中。

事实上，中情局遇到的唯一障碍正好是资金。如果没有大量资金援助的话，秘密军在 1964 年以后就无法继续扩张。尽管中情局的预算很隐秘，但为了能让国会批准更多预算，就必须启动国会中的中情局小组委员会。

为了说服国会，中情局希望国会能够承认自己在反叛乱中的角色，以及在老挝和泰国取得的重大成就，当然中情局这样做也没有夸大其词。兰利的司务员拉夫·麦吉在一次实地考察回国之后，就开始在总部负责处理泰国事宜。据他回忆，有一天，远东司司长科尔比邀请他去向国会展示中情局的事迹，他倍感荣幸。在得到计划处处长德斯蒙德·菲茨杰拉德的批准之后，科尔比和麦吉来到国会，请求国会对100多支秘密军小队提供资金支持。实际上，王宝当时只有十几个排，但是在兰利，麦吉和其他计划处的官员却在纸上对秘密军进行了重组，一夜之间，秘密军就从十几个排变成了100多个排，尽管每个排只有几个人。麦吉对这样弄虚作假感到很后悔，但国会却被中情局对苗族的成功动员惊艳到了，并批准了秘密预算。除了军事委员会中的中情局小组委员会以外，其他参议员和国会议员都不知道这个预算。整个国会从未仔细考虑过老挝的请求，它只对相关机构的预算进行讨论。中情局打算在老挝打一场真正的战争，唯一的问题是这个秘密能维持多久。

麦斯威尔·泰勒打算让威廉·H. 苏利文在南越担任一项任务的参谋长，这使苏利文差点错过了担任驻老挝大使的任命。作为美国驻南越大使，泰勒负责指挥美国在南越的所有行动，包括对越军事援助指挥部（MACV）。约翰逊总统说服泰勒放弃参谋长联席会议主席的职位，继续担任大使，指导越南战争。约翰逊总统认为这样就可以将他的第一波团队安排到位。

苏利文几乎无法拒绝这次召唤。因为不管是在约翰逊总统任期还是肯尼迪总统任期，泰勒都是总统的人，而苏利文只是国务院的代表。苏利文不得已只得去了西贡，但他设法让泰勒答应他在西贡的职位只是暂时性的。1964年12月苏利文来到万象，隔一段时间就会回到越南待几个月。

苏利文急切地想要在万象开始行动。苏利文是美国在老挝的"国家队"的领袖，他有权指挥中情局万象情报站，并负责实施华盛顿对老挝做出的两项决定中的第二项。第一项是在日内瓦协议签订之后，科尔比劝说埃夫里尔·哈里曼支持他继续援助苗族。第二项决定就是强化老挝战争，这是1964年春约翰逊总统基于苏利文的建议做出的决定。这个计划包括在老挝的狭长地带进行"防御反应"空袭，从南越实施跨边界突袭，以及对苗族提供更多支持。

作为美国在万象的"大老板"，苏利文相信这些事情值得去做，而苏利文的前任莱纳德·昂格尔（Leonard Unger）却不这样认为。昂格尔一直对大规模的部落军队将信将疑，在刚开始对苗族提供援助时他曾提出这个项目随时可以终止。苏利文与昂格尔相反，他毫不犹豫地投身到这个项目中。据苏利文回忆，昂格尔干得"很勉强"，要知道"指挥这场战争是一项特别费时费力的任务，我一天24小时都在干这个"。

苏利文的副手是中情局万象情报站站长。在60年代中期，站长是37岁的西奥多·夏克立，他精力充沛，曾经任迈阿密情报站站长，组织过反卡斯特罗的行动。夏克立利用老挝来实践他自己的反叛乱理论，为此，他开办了鱼塘、养猪场、合营零售商店、职业技术学校。夏克立注意到那些商店特别受到苗族人欢迎，也意识到花言巧语和宣传并不管用。

第一个养猪场建在山里，是由两名中情局员工设计的。这个养猪场让苗族人对美国人忠心耿耿，也彻底改变了老挝的军事形势。

正如理查德·赫尔曼所说，"在石缸平原，中情局正在竭尽全力地培养苗族部落的军事力量"。

竭尽全力工作的大约有250个美国人，这些人要么驻扎在老挝，要么每天从越南坐飞机过来执行任务。此外，苏利文还从空军调来人手帮助龙腾的情报人员，给老挝的预算也增加到一年 3 亿美元。为了保守秘密，苏利文下令严禁美国人参加战斗，并警告道："如果我发现有人故意违反命令，我会马上把他调走。"尽管苏利文下了命令，但中情局的情报站却似乎并没有对托尼·波那样的"牛仔"采取任何措施。据说他在大大小小的交火中负伤十余处，还有一次竟然带着一个受伤的当地人跋涉了 50 公里。托尼的行动范围越来越广泛，在老挝最北边，他甚至领导了一支瑶族部落的武装力量，跨越边境，深入缅甸和中华人民共和国执行任务。

美国的这些行动得以运转很大程度上要归功于美国航空公司。美国航空公司在东南亚的活动能力惊人。仅在南越一处，截至 1965 年年底，美国航空公司每个月要用 50 多架飞机运送 1650 吨货物。运输机队包括 20 多架 C–45、C–46 和 C–47 运输机。1967—1968 年，每月运送的货物增加到 2500 吨。

泰国对老挝的重要性不言而喻。美国航空公司在曼谷、塔克里和乌隆都有设施，在万象和乌隆有飞机维护点。乌隆是中情局的重要基地。1961 年 3 月，中情局在乌隆召集了 16 架空军 H–34 直升机，美国航空公司的直升机队就此诞生。到了 1966 年，以泰国为基地，美国航空公司在南亚执行任务的飞机包括 21 架直升机、12 架"海力欧"U–10 轻型飞机、20 架中型运输机。直升机除了日常的飞行任务以外，还要执行重要的空中营救任务。在美国开始轰炸的前两年中，美国航空公司营救的坠机人员是空军的 4 倍。

美国航空公司的飞行员在执行常规任务之外还必须执行营救任务。飞行员们的收入很高，缴的税又少，一年的收入可达 4 万美元，这在当时是一笔相当可观的巨款。但是飞行任务很危险，他们经常会突然遇到云层、迷雾和大雨，目的地也通常是又小地势又复杂的机场。

在泰国有一个极度敏感的基地塔克里，代号是“胡椒研磨机”，这里有一个“幽灵”之地，停放着执行绝密任务的飞机，包括U-2和SR-71侦察机，以及C-130无声运输机。美国航空公司没有C-130大力神运输机，美国空军从冲绳的特别空战E航班中抽调了几架。在20世纪60年代中期，所有接受过C-130大力神运输机训练的四组美国航空公司机组人员中，只有一组活到了1970年。

苗族武装力量的中枢“天空”设在龙腾，坐落在一个幽深的峡谷中。这里也有一个日益发达的空军基地：一条很长的铺着沥青的跑道、精良的无线电导航设备、一个适应各种天气的着陆系统、数名空中交通管制员。每隔几秒钟，就有飞机在这里起降。跑道的两边都有航线，一边是飞机，另一边是直升机。“天空”还有一个精密的远程通信中心、一个安装了空调的美国军官俱乐部。除此而外，龙腾还是救援直升机和RLAF的T-28战斗机的中转站。

这个基地周围是一个人口已经增加至4万人的苗族城镇。城镇里没有宽阔的街道、明亮的街灯，但是有一个商品特别丰富的市场。在王宝进口了第一辆闪亮的凯迪拉克以后，一条连接“天空”和三通的公路在山脊上修建了起来。不仅王宝把他的总部设在龙腾，“老挝各民族联合广播”电台也设在这里。

随着秘密战加剧，美国航空公司的规模也随之增长。比较而言，飞虎队曾是美国航空公司成立时最大的机队。到1968年时，飞虎队有28架飞机和2068名人员，而美国航空公司有差不多200架飞机以及4倍于飞虎队的人员。1969年2月，美国航空公司在泰国的机队有29架直升机、20架轻型飞机以及19架中型运输机，单就这一个小队的规模都比飞虎队大得多。

在老挝的行动中，对飞机吨位的需求使秘密战出现了一个反常现象——一家私营公司竟然和美国航空公司展开了竞争。美国航空公司的一个总经理被美国大陆航空公司挖了墙脚，靠着这位经理的关系，大陆航空公司从 USAID 也拿到了一些合同。一旦任何公司起诉美国航空公司实施垄断，都有可能暴露幕后的中情局，因此大陆航空公司也得以在老挝展开业务。大陆航空公司 1966 年在泰国组建了一支拥有 21 架飞机的机队，3 年后增加到 25 架，包括 10 架中型 C–46 和 C–47 运输机。除此之外，USAID 还将部分合约给了以曼谷为基地的伯德航空公司，这个公司成立于 1967 年年底。中情局和 USAID 一起给王宝买了两架旧 C–47 运输机，好让这位苗族领袖拥有他自己的私人飞机。

“美国航空公司的工作非常出色，”比尔·科尔比评论道，“但它不是一支战斗类型的空军力量。”苗族的战斗机是美国空军提供的，由“丛林吉姆”特种空战队驾驶 T–28 教练机实施任务。美国空军也给了 RLAF 几架 T–28，以便掩盖美国插手的事实。第 56 特种作战联队的 T–28 机队最终有 100 架战斗轰炸机，后来还配备了大量武装直升机，包括 AC–47 幽灵、升级版的 AC–119 炮艇机以及 AC–130 空中炮艇。

在所有这些活动中，泰国扮演了极其重要的角色，其中的一个角色早在 20 世纪 60 年代初就开始了。当时中情局泰国情报站站长是罗伯特·詹特伦（Robert Jantzen），他曾被德斯蒙德·菲茨杰拉德称作“美国在东南亚最具价值的人才”。在大使 U. 亚历克西斯·约翰逊和肯尼斯·T. 杨的帮助下，詹特伦和泰国建立了合作关系。泰国不仅给美国提供港口和空军基地，还派出了驾驶 T–28 的飞行员以及签约人员和中情局进行合作，甚至还为秘密军提供新兵。詹特伦因为在行动中表现出色还获得了一枚奖章。

1964 年，苗族的特种游击队（SGU）在雨季期间和老挝皇家军队（RLAF）合作，雄心勃勃地在石缸平原对巴特寮的东翼发动了反击，代号为“三角”行动。由于需要空运的物资数额巨大，不得不提交给约翰逊政府进行审批。在美国航空公司和 T–28 战斗机的支持下，RLAF 在 11 月雨季结束之前重新占领了石缸平原的战略要地。并且在巴特寮和北越军队撤退过程中，苗族的 SGU 还不断发动突袭。

“三角”行动成为老挝的战斗模式。在旱季时，巴特寮会发动攻击。雨季来临时，RLAF 会利用美国飞机和直升机越过巴特寮的战斗小队，直达关键位置，将巴特寮和其北越盟友赶走。在 1962 年日内瓦协议签订之后，中情局组建的“特种需求办公室”取代了“评估办公室”，美国大使馆和需求办公室共同为老挝提供支持。参与攻击的 RLAF 的小分队首先会被送往泰国接受特种训练，以便绕过日内瓦协议中外国军队不得在老挝训练的禁令。这些受过特种训练的 RLAF 战斗力爆棚，北越很快就不得不在老挝北部常驻两个师的兵力。

1964—1965 年间在老挝取得的成功极大地满足了华盛顿，苗族计划成了约翰逊政府炫耀的典范。为了显示对老挝取得的成果的认可，1964 年 8 月林登·约翰逊总统在白宫大张旗鼓地接见了比尔。到 1965 年年末，USAID 报告称用“村镇健康项目”的 160 万美元预算建了 140 家医院和药店，每月诊治 15 万名病人，还培训了 268 名医生。培训医生的工作由菲律宾的医疗组织“兄弟运动”进行，由 USAID 支付费用。

在老挝战争中，封锁南越边界的行动进展得不太顺利。这次行动包括三个组成部分：“洋基队”进行空中侦察、轰炸北越目标、

MACV-SOG 发起跨境侦察和突袭。

“洋基队”的任务彻底失败。北越的高射炮向美国侦察机开火，紧随着侦察机的战斗机展开了回击，这导致了第一次轰炸，也就是所谓的防御反应攻击。尽管战斗机的火力支持很猛烈，但是结果仍然令人失望。1965 年 6 月，苏利文与老挝空军指挥官花了一整天时间，听取关于北越利用胡志明小道将第一支常规军渗入南越的详细汇报。在发回华盛顿的报告中，苏利文注明：“我们在这个地区所有的‘洋基队’侦察任务都没发现一条正儿八经的胡志明小道。”

“洋基队”很快加入了老挝的常规空军力量。1964 年 12 月，美国的战机得到授权，除了“洋基队”进行的空中支援任务之外，新添“武装巡逻”任务，由此在老挝展开了空战。1965 年春季，美国空军增加了战机每日的飞行次数，南越也开始引进战机。1965 年 3 月，空战分成两部分，在狭长地带针对胡志明小道的轰炸任务叫作“铁虎”，在老挝北部对王宝的空军提供支持的任务叫作“滚桶”。据估计，1965 年到 1971 年期间，在“铁虎”任务中投掷的炸弹有 115 万吨，在“滚桶”任务中投掷的炸弹有 49.4 万吨。截至 1973 年年初，在巴黎签署和平协定时，美国投掷在老挝的炸弹重量超过了在“二战”中投掷的所有弹药的总和。

从南越跨过边境来到老挝执行任务是 MACV-SOG 的日常工作。1964 年，南越官员代表美国和老挝高级将领达成协议，允许南越和美国在老挝执行这些任务后，美国更加有恃无恐了。

最早的跨境任务是进行侦察，同时将特工小组安插到北越境内。南越直升机在夜间把八人组成的特工小组空投到老挝境内，这个任务代码是“跳跃的莱娜”。在四支特工小组几乎全军覆没，只有四人活着逃回南越之后，美国不得不重新评估这个行动，对计划做了一些调整。之后，第 5 特工小组空投到老挝境内，但是带回来的情报几乎没有什么用处。

参与早期跨境任务的还有中情局的侬族队伍。侬族不是第一次参加战斗，早在 1961 年到 1962 年，中情局就将一支编号为第 111 特种营的小队秘密加入到 RLAF 中，当时这些人被误认为是中国人。他们就是中情局的侬族游击队。

MACV–SOG 跨境侦察任务代号是“闪亮的黄铜”，南越特种空战部队在芽庄对侬族游击队进行了最后的训练。1965 年，侦察任务广泛展开，“闪亮的黄铜”也改为“燎原之火”，行动还包括在南越边境利用特种部队进行陆上渗透。这些侦察任务找到了胡志明小道的路线，并将其标识出来，以便“铁虎”任务对这些目标进行轰炸。此外还有一项任务是“道路监察”，也就是由侦察队员找到北越人的具体位置后，发出信号，再由美国飞机对这些目标进行空中打击。在泰国，美国空军派出了一支特别空战直升机分遣队，代号为“小马快递”，专门运送实施“道路监察”的队伍。1967 年，“燎原之火”执行任务 250 多次，包括深入老挝境内 20 公里进行侦察。到了 1968 年，除了第 5 特种部队的绿色贝雷帽之外，还有 598 名美军参与了“燎原之火”行动。

对苏利文大使来说，跨境任务最大的问题就是 MACV 的指挥官威廉·C. 威斯特摩兰（William C. Westmoreland）。西贡想要在老挝的狭长地带进行更多军事行动，要么是通过友军占领此处，要么是南越军队入侵此处，目的是封锁胡志明小道。1966 年 9 月，MACV 为南越入侵制订了计划，1968 年再次制订了计划，但苏利文坚决反对这样做。据一位美国官员观察，“比尔·苏利文就是不想让威斯特摩兰染指老挝”。

1971 年，苏利文和威斯特摩兰两人都返回华盛顿之后，南越军队入侵了老挝的狭长地带，行动代号为“蓝山 719”，但是最后却惨遭溃败。

老挝北部的地面战争仍在持续。1966 年年初，巴特寮对利马网展开攻击，美国给泰国首次配备了 AC-47 武装直升机，但是到年中就有三架坠毁。那段时间也是苗族武装的巅峰时期，甚至老挝国王和外交使团都出席了苗族武装的新年庆祝活动。那一年巴特寮的旱季进攻肃清了桑怒省，但苗族武装和部分 RLAF 的非常规军占据了附近的小山，开始进行游击式的反抗。中情局不动声色地放弃了对中立部队的支持，转而支持孔乐的一个副官，孔乐被迫逃到泰国避难。中情局还在万象实施了一次阴谋政变，但没有成功。1966 年年底时，媒体报道美国人在和老挝军队一起行动，这使约翰逊政府更加不可能进行“合理推诿”。

衡量美方和老挝王国政府的军事力量的一个好办法就是每个月空运物资的吨位。1966 年，老挝空军平均每月空运物资 400 吨，而中情局每月空运物资的吨位是 6000 吨，外加 1.6 万名乘客，并且仅 1966 年一年美国空军就出动攻击机 7316 架次。

由于要封锁胡志明小道，秘密军又增加了一项新任务，就是对空战提供支援。精准轰炸需要精确的导航，于是美国空军在桑怒省的苗族圣地蒲帕提山山顶上设置了无线电信号塔，后来又增加了雷达，并在中转区驻扎了用于营救和搜寻任务的直升机。蒲帕提被称为“404 项目”，变成了利马网的 85 号机场（LS-85）。“小马快递”向安置雷达的地点运输了 150 吨器材，十几名美军在此操作这些设备，王宝的军队则受命保护这些设备。

桑怒因此成了老挝战争的前线。尽管巴特寮在 1968 年的旱季攻势中明确表示要肃清桑怒省，但“小马快递”还是用直升机将器材运到蒲帕提。1967 年 12 月，一架“小马快递”的 CH-3 直升机在着陆时中弹坠毁。但几个月内，老挝政府军就被赶出了桑怒省的大部分地区。

蒲帕提也没能幸免于难。为了摧毁安置在这里的无线电信号装置，北越发动了多次攻击。1968 年 1 月，两架配备了炸弹的苏式 AN–2 运输机在轰炸 LS–85 时被击落。1968 年 3 月 11 日晚，北越又发动了一次大规模的地面攻击，击毙了在海拔 1600 米的蒲帕提山顶上保护美国无线电设备的苗族守卫，另有 13 名美国士兵在战斗中身亡。

老挝政府军在雨季来临时返回桑怒，并再次收回了部分地区。美方挑选了一个新的无线电信号基地取代 LS–85，并于 1968 年 7 月建成。但当他们再次撤退时，也随之失去了这个新基地。

王宝的秘密军在这个时期达到了巅峰，兵力达到 4 万，大部分都是当地的防御部队，还有由 1.5 万士兵组成的 SGU。王宝的兵力和北越旗鼓相当。

美国的间谍系统监控了老挝全境的电话，空中到处都是摄像侦察机。特德 · 夏克立不止一次地提到，中情局在巴特寮的军队里安放了无线电信号器，因此巴特寮的一举一动都在中情局的监视之下。MACV 的情报评估显示，在 1967 年 12 月到 1968 年 8 月之间，北越和巴特寮的军队从 5.1 万增加到 11 万，包括 3.4 万人的战斗部队、6000 名顾问，以及 1.8 万人的后勤部队。另外，还有 1.3 万名工程兵在修建道路，以便为 1968—1969 年的大规模旱季攻势做准备。

战果很不理想。在 3 个月之内，RLAF 和苗族军队就被永远赶出了桑怒省以及石缸平原周围的据点。1 月 10 日到 15 日期间，美国航空公司和“小马快递”的直升机携手，将困在桑怒省附近的 5000 多人运送出去，利马网 36 号机场也被炸毁，人员不得不撤出基地。在这次旱季攻势中，利马网共有 34 个机场沦陷。

美国对此的回应是增加了空中打击力量，用第 14 特种作战联队的 AC–47 武装直升机进行报复。第 14 特种作战联队的指挥官小威廉 · H. 吉恩上校与王宝会面，向他解释了空军支援系统，并承诺不会再有利马网基地沦陷。第 14 特种作战联队给苗族军队提供频闪闪光灯，以便在夜间确认他们的位置，待命的武装直升机紧接着就可以对周边地区展开行动。5 月，北越的进攻失败，但是在 6 月，利马网 108 号基地沦陷，这迫使美国航空公司和美国空军再一次紧急撤离，基地人员乘坐直升机撤回到龙腾。但是在这一次战斗中，王宝并没有丢失很多阵地，甚至反而成功地收回了几个利马网基地。

北越和巴特寮 1969 年的旱季攻势非常强劲，比尔 · 苏利文不得不全力支持。苏利文的副手威廉 · P. 邦迪说："空投到老挝的大米，没有一袋是他不知道的。"但是万象只是一个试练岗位，在苏利文干了四年之后，1969 年春，新上任的尼克松政府召回了他。回到华盛顿之后，苏利文才得知他还是要在原来的那个越南反叛乱委员会任职，他感到很失望，但也无计可施。

苏利文回国之后，万象的美国大使馆人员做了一些调整。特德 · 夏克立去了西贡任情报站站长。他的原职被刚从刚果回来的劳伦斯 · 戴尔文取代。G. 麦克默特里 · 戈德利接任苏利文大使一职，在这之前戈德利是驻刚果大使。戈德利特别要求将戴尔文调到老挝担任他的麾下。戈德利与前任苏利文不同的是，他更热衷于参与战争的日常管理活动，从而赢得了"陆军元帅"这个绰号。

理查德 · 尼克松与前任肯尼迪一样，也支持大使们在各国行使最高权力，所在国的所有美国人员都必须听命于大使。

华盛顿和老挝都发生了重大转变，尤其是中央情报局。当深感绝望的弗兰克·威斯纳在1965年春天用猎枪朝自己的脑袋开枪时，一个时代就出人意料地结束了。1966年6月，间谍活动专家理查德·赫尔姆斯成为中情局的新一任局长。1967年2月，中情局遭受了另一次真正沉重的打击，德斯蒙德·菲茨杰拉德在他家的球场上打网球时突然晕倒，之后他被追授国家安全奖章。他的接任者是托马斯·卡拉梅辛斯（Thomas Karamessines），是赫尔姆斯的门徒之一，也是间谍活动专家，此后秘密战士们就没法指望和以前一样得到来自中情局最顶层的支持了。

据中情局官员维克托·马尔凯蒂所说，中情局普通员工对老挝的行动也不那么迷恋了，不是因为他们反对参与印度支那事务，而是因为这些行动很笨拙，一点都不巧妙，更谈不上隐秘。

对不断增加的损失军方有些人十分担忧。直到1969年，空军都很幸运——只有3架直升机在老挝被击中之后坠毁，15名机组人员中有14名成功获救。如今幸运女神不再眷顾美国人了。在一年之内，6架大型空军CH-3直升机坠毁，还有一架在地面上被炸毁。

或许这些突如其来的巨大损失与民心的变化有关系，特别是与国会的支持有关。国会中对印度支那战争的支持，尤其是对老挝的政治支持正在减少。

密苏里州参议员斯图亚特·赛明顿（Stuart Symington）是中情局小组委员会的成员之一，因此他的支持就显得尤为重要。

赛明顿一度支持过老挝战争。在1966年对老挝和泰国进行的访问中，赛明顿还对飞行员和大使馆的人员说起过秘密战的好处，还鼓励中情局进行大力宣传。1967年10月5日他在军事委员会旁听西奥多·夏克立的汇报。当时夏克立就怎样打仗、在哪里打仗以及花了多少钱做了长达两小时的汇报，当时赛明顿得出结论，认为在老挝战争中，中情局的花费要比军方在南越的花费低很多。

仅仅两年之后，斯图亚特·赛明顿就改变了态度。1969 年 10 月，在有关美国的政策目标的听证会上，他要求中情局给民众一个解释，称美国在老挝“发动了战争”，而且战争已经持续了多年，现在“是时候告诉美国民众更多的事实了”。

在这次听证上，赛明顿成功地使得威廉·H. 苏利文承认，美国对老挝的苗族并没有承担正式的责任和义务。

中情局局长赫尔姆斯在证词中拒绝透露事实，只是重复中情局行使的是《1947 年国家安全法》规定的“类似的其他功能”。1969 年 10 月 30 日，在给赫尔姆斯的备忘录中，法律总顾问劳伦斯·休斯敦说，中情局在老挝“并没有那样的战士……就我所知，没有什么定义可以将我们在老挝的行动看成是‘发动战争’。……在我看来，《1947 年国家安全法》的法定权威并没有要求我们中止准军事行动……我认为你引用《1947 年国家安全法》中的原话是非常正确的”。

很显然，赛明顿被中情局的不诚实行为激怒是有原因的，就像他在证词中所说：“我从未见过哪个国家像美国这样参与了这么多不正当的事业。”

而赫尔姆斯指责赛明顿改变态度是由于他为人不诚实。在 1981 年的一次采访中，赫尔姆斯说：“当斯图亚特·赛明顿站起来开始谈论‘秘密战’时，他知道的远远比他表现出来的要多。”

幸运的是，毒品交易将中情局从窘境中挽救出来。老挝的苗族许多年来一直在种植罂粟，罂粟加工之后可以制成鸦片、海洛因、吗啡，或其他强效药物，这些制品中有些是致幻的，大部分是可令人成瘾的。由于利润巨大，在老挝、缅甸北部和泰国毒品交易都十分普遍。实际上，也正是因为这个原因，这个区域被称为“金三角”。

中情局刚一决定在老挝北部展开战争，毒品交易就随之而来，根本不可避免。来自缅甸的中国国民党将领李弥的组织，购买了部分罂粟并用篷车将其运出边境。低地老挝人和泰国人买得更多。中情局和美国航空公司来到这里的时候，更是为毒品交易带来了高效的运输工具。

到了 20 世纪 60 年代中期，中情局官员在进行常规汇报时，往往会补充关于毒品走私的情报。这些消息也传到了禁毒部门，但禁毒部门并没有采取什么措施。有一次，赫尔姆斯将中情局的汇报告诉给军事委员会主席、参议员约翰·斯滕尼斯（John Stennis）。

斯滕尼斯顿住了，摇了摇头，说道：“我不确定你们是否应该参与到那样的事情中，我不知道那对你们来说是否适当？”

“嗯，主席先生，”赫尔姆斯回答道，“我们这个国家本身就面临着可怕的毒品问题，我们怎么可能会不帮助美国政府？”

赫尔姆斯声称中情局确实为毒品走私提供过帮助，但是他们对此的态度比较矛盾。托尼·波曾威胁说要把任何携带毒品的人扔出他的飞机，但是在他管辖的区域，他并没有对篷车交易或者制毒工场采取过任何行动。中情局也无法阻止苗族部落的人使用毒品，因为他们的文化中是接受毒品的。中情局也曾鼓励苗族人种植其他经济作物取代罂粟，但与罂粟相比，种植土豆的回报太低，因此替代工作也就不了了之。有报道说中情局官员在他们的区域摧毁了毒品工厂，但是却遭到纪律处分，只是这些报道未经证实。

从 1957 年开始，美国航空公司就出台了禁止本公司的飞机走私毒品的政策。但是对毒品运输进行检查的权力仅仅掌握在飞行员手上，携带毒品的乘客被发现后唯一的惩罚就是飞机在最近的机场降落，将其赶下飞机。而且美国航空公司自己的机组人员也走私毒品。直到1972年年初，美国航空公司才启用了安全检查业务。

各方就毒品走私也存在竞争。据说RLAF的一些高级军官也参与到毒品走私中，将毒品用RLAF和其他私人飞机运送出境。美国航空公司的机组人员每天都面临着巨大的诱惑，在偷运小包毒品所带来的巨额利润面前进退两难。

1972年夏秋之际，一本书名为《东南亚海洛因政治》的书出版上市，书中详细披露了中情局在毒品走私中的活动。中情局试图禁止该书出版，但没有成功。书中对中情局的指控非常严重，中情局除了进行官方调查之外别无他法。一组检察人员开始在香港进行调查，在11家中情局情报站花了两周时间，对100多名中情局、国务院、USAID、五角大楼、美国航空公司的员工和其他职员进行访谈。调查报告《东南亚毒品形势调查》称没有发现中情局或其任何高级官员曾经“在政策层面”批准过毒品交易，虽然确实有个别人员走私毒品，但这些人一经发现就马上受到了处分。

尽管没有人承认自己参与了走私，但毒品走私仍然在进行，这直接指向了秘密任务的致命弱点：与当地团体的结盟不可避免地将这些团体的特征带到中情局中，哪怕中情局只是受到了当地团体的牵连，但是这都会使中情局的计划以及美国的政策目标失去信誉。

在反对老挝秘密战时，参议员赛明顿等人反对的是其他因素，而不是基本的军事行动。毒品在美国的确是一个重大问题，且对南越具有真正的军事影响，在南越吸毒成瘾的美国士兵人数在不断上升，那些相信老挝的军事形势可以和其他因素分开的官员们根本就是大错特错。

1969 年北越的旱季攻势伴随着 6 月末芒叟（LS–108）的陷落达到了高潮。芒叟是老挝北部最大的机场，从“三角”行动开始，芒叟就一直是老挝王国政府的地盘。一连几个晚上，北越的 7 个营在轻型坦克和强大的炮兵支持下发动了进攻，甚至连 AC–130 幽灵武装直升机的火力也无法阻止。老挝的地面部队多次请求空袭敌军坦克，但是直升机却无法发现任何坦克的踪迹，政府军最后突围逃走。其间，3 架美国空军的飞机和 11 架来自龙腾“天空”的直升机营救了一支队伍。第二天早上，北越军队和滞留在芒叟的政府军又发生了几次激烈交火。

美国对芒叟的沦陷有两种反应：一种是宣传，外交部发布了一份白皮书，控诉北越违反了 1962 年的日内瓦协议。白皮书中描述了北越参与战斗的事例，列出了北越战犯的名字，并分析了在老挝的北越军队的规模和组成部分，这和以往假装 1962 年的协议仍然有效的做法背道而驰。

但是宣传的目的只是为进一步深化战争进行辩护。戈德利大使下令准备反攻。在戈德利的迫切要求下，美国开始为老挝军队在石缸平原上的行动提供补给和空中掩护，从“三角”行动开始，美国就拒绝这样做，但如今却同意了。而此时石缸平原上几个最大的城镇都已经被炸弹摧毁。

在高原上展开的进攻由王宝的秘密军负责实施。王宝为此来到万象以便协调进攻计划，这个计划的代号是“彻底改变”。8 月，秘密军转移到北方，美国航空公司的直升机将苗族的 SGU 运送到关键地点。

选择王宝来执行这个任务是因为 RLAF 缺乏主动性和进攻能力，尽管 RLAF 人数不少，兵力达到 5 万；况且王宝深得中情局信任，他本人也信任中情局。1968 年，王宝将苗族的一支华丽的古董级别的鸟枪作为礼物赠送给了约翰逊总统。作为奖赏，美国安排王宝两次到美国进行秘密访问。在其中的一次访问中，被美国人热情地称为“苗族指挥官”的王宝参观了布拉格堡的绿色贝雷帽训练中心。在另一次访问期间，王宝参观了殖民时期建造的威廉斯堡和迪士尼乐园。这位苗族首领有六位妻子安置在龙腾，因此访问期间还安排了许多购物环节。为了酬谢王宝的礼物，在迪士尼乐园，中情局送给他一套仿制的佐罗服饰。

几个月后，王宝重新穿上了军装，领导苗族人加入“彻底改变”行动。秘密军 1.5 万人组成的 SGU 分散在石缸平原的山间。根据老挝的线报，中情局给王宝提供了 3 名军官、30 多名训练教官，还有数人参加了苗族的 SGU，人数从 4 人到 12 人不定，这些人大多数都有绿色贝雷帽背景。除了龙腾，在老挝还有其他 3 处中情局训练基地，在泰国至少有 1 个大型训练基地。据估计，参与的中情局官员少则 50 人，多则几百人。在官方层面，美国驻老挝大使馆只有 70 多个“军事助理”。另外，在老挝还有大陆航空公司的 73 名员工和美国航空公司的 207 名员工。

在美国的支持下，苗族军队取得了巨大成功。到 9 月底，SGU 已经前进到了北越边界，并在行进过程中收复了芒叟。在战斗进行中的某个关键时刻，身材矮小壮实的王宝穿上了他的佐罗服饰去石缸平原观光。

但是这个成功却具有欺骗性。“彻底改变”行动是苗族在秘密战中的全胜时刻，在下一次的旱季进攻中，巴特寮和北越军队长驱直入，来到秘密军的基地，以至于石缸平原以及周围山区的要塞均受到了威胁。秘密军已经不像从前了，他们不断地雇用与中情局签约的泰国佣兵，再也没有苗族那种献身精神了。到了

1970 年，整个 SGU 都由泰国雇佣兵组成，而王宝则在招募 13 岁或 14 岁的苗族少年。

第一个失守的是石缸平原。尽管王宝手下有 1500 人，还有大炮支持，但还是被赶出了川圹。此次失利是苗族士气减弱的一个重要标志，因为尽管老挝政府声称有 6000 名北越士兵攻击了川圹，但实际上大多数人都去搬运补给物资了，真正的战斗部队人数并不多。在大约 400 名北越士兵到达川圹前，苗族人就已经撤退了，留下了 2 门大炮、13 门无后坐力炮、5 辆俄造坦克和 7 辆卡车。其间，美国航空公司的直升机飞行员，来自得克萨斯州沃斯堡的 J.C. 马尔科，在深入平原提供补给任务中被狙击身亡。

在万象和华盛顿，情势看起来相当严峻。1 月底，大使戈德利请求出动 B-52 八引擎喷气式轰炸机进行大规模空袭。然而，华盛顿这个时候正在对老挝战争的“秘密性”争吵不休。参议员赛明顿要求公开老挝听证会的全部记录，尼克松政府则删除了大量记录以误导民众，于是赛明顿又拒绝将其公之于众。因此，戈德利的请求正巧遇上了紧张的政治形势。

由于担心五角大楼会泄露关于老挝的 B-52 轰炸机的消息，国防部长梅尔文·莱尔德指示他的代表去“反对”戈德利的请求，以便制造一项拒绝此计划的记录。国务卿威廉·P. 罗杰斯也反对此计划。但据尼克松总统的国家安全顾问亨利·基辛格说，莱尔德想要实施轰炸，但是要保证行动在绝密的情况下，在绝密情况下一般的官方记录都是伪造的。类似的 B-52 轰炸任务已经在柬埔寨实施过。

国会的不断抗议和敌人的不断成功加剧了华盛顿的问题。华盛顿的政策制定者基辛格说道：“国会中一类官员觉得有义务保护自己的军队，另一类则喋喋不休地指责前一类官员，我们夹在中间进退两难。”

2 月中旬，老挝王国政府首次请求美国出动 B-52 轰炸机，之后又提了几次。在一次与总统、莱尔德、赫尔姆斯和参谋长联席会议代理主席的会议中，基辛格建议实施轰炸。尼克松总统命令，如果巴特寮进军到芒叟就可以实施轰炸。2 月 17 日深夜到 28 日凌晨，三架 B-52 轰炸机开始执行任务，接着又实施了更多的轰炸行动，但几天之后，王宝就放弃了他在石缸平原的最后一个据点。

按基辛格的话来说，B-52 轰炸行动足以“引起国内的强烈抗议”。参议员尤金·麦卡锡和弗兰克·丘奇以及参议院多数党领袖麦克·曼斯菲尔德都反对将战争升级。到了 2 月 25 日，赛明顿、曼斯菲尔德、查尔斯·马赛厄斯、阿尔伯特·戈尔、约翰·谢尔曼·库伯、查尔斯·波西等，要求公布老挝听证会的全部记录。

几个小时之内，老挝战争便不再是个秘密了。事件的败露不是在华盛顿而是在龙腾，而且是在全世界的媒体上遭到曝光，然后一发不可收拾。新闻记者们在大使馆的帮助下，租赁了一架美国航空公司的飞机来到 USAID 的驻地三通。秘密战士们为他们的公民行动计划感到自豪，纷纷想要炫耀这个地方：1000 多名老挝护士和医生在这里接受过训练，三通还有一家有 200 张床位的医院、一所初中和一所高中。对于大山部落的文化来说，这些设施当然是令人惊艳的。

但是三位记者对秘密军的主要基地龙腾更感兴趣。这三人离开三通，沿着小路来到龙腾，将官方组织的参观大部队落在身后。其中一位名叫汤姆·奥尔曼，是《纽约时报》和《泰国邮报》的特约记者，居然走进了秘密军的主基地并参观了两个小时，直到一名老挝上校将他拦住，然后他受到了一个美国人的审问。其他两位记者分别是法新社的马克斯·考夫艾特和《时代生活》的约翰·萨尔，这两人也被拘留。之后这三位记者都被押上了飞往万象的飞机。

得知情况之后，大使戈德利勃然大怒。他宣布，“由于今天下午发生的事情，我们已经失去了帮助任何媒体的兴趣”。

然而，想要制止记者揭露事实已为时过晚。奥尔曼已经向《洛杉矶时报》发回了报告。外界开始第一次关注龙腾。每一分钟都有从利马基地起飞或着陆的飞机，停机坪上还有 12 架运输机、10 架轻型飞机、12 架未标记的 T–28 攻击机、3 架侦察机和 3 架大型直升机。空中交通过于繁忙，以至于各类飞机和直升机在着陆之前，不得不形成一条等待航线。在龙腾随意游荡的记者们数出了拥有大量无线电天线却没有窗户的建筑数量，以及穿着便装却携带自动武器的高个子人员。当奥尔曼发现基地里有一个装了空调、带着全景玻璃窗的美式军官俱乐部时，奥尔曼就确定了这些人的国籍。

关于龙腾的报道就像洪水冲破了大坝，一发不可收拾。在处理这次突发事件中，白宫立刻宣布尼克松总统将会公布一部分美国在老挝的信息，并发表声明承认美国的确在那里打过仗。三天之后，国务院发言人声称美国在老挝战争死亡人数共包括 25 名签约人员以及 1 名随从。随后，一位记者写了一篇军事人员死亡的报道，写的是乔瑟夫·布什上尉在 1969 年 2 月 10 日死于芒叟。紧接着，媒体接连不断地揭露了其他几起美国士兵阵亡的事件，包括蒲帕提雷达驻地的战斗。在查看记录之后，尼克松政府发表了一份新的声明，宣称 200 名美国人牺牲、193 名失踪。美国派遣到老挝的人员包括 228 名军事人员、388 名政府工作人员以及 424 名签约人员。

在参议院，赛明顿要求政府召回麦克默特里·戈德利，让他在委员会面前做证。外交关系委员会主席 J. 威廉・富布莱特毫不犹豫地将政府曾经想要遮掩的信息公之于众：中情局局长赫尔姆斯在证词中已经承认中情局在老挝利用 USAID 作为掩护实施别的行动。富布莱特补充道，大使馆的农村发展部负责招募和训练游击队士兵和本地特工，而神秘的特种需求办公室则负责处理后勤及军事援助事宜。持续的政治压力迫使政府公布 1969 年的国会证词，于是 1970 年 4 月，尼克松政府对证词又增加了一些细节。

在尼克松下令侵略柬埔寨之时，美国已经失去了所有控制损失进一步扩大的机会。参议院外交事务委员会进一步安排了针对老挝事务的听证会。愤怒的参议员们不允许尼克松的官员们在秘密会议上做证，所有记录都会公之于众。这些政治事件加上老挝的军事发展，标志着秘密战浪潮中的最后一次变化。

老挝苗族高地的形势恶化最为明显，难民潮突然之间增加了两倍。北越人似乎无处不在，无所不能。在石缸平原，王宝的特别游击队在面对两到四辆敌军坦克时都会变得惊慌失措，如今更是有流言说北越的坦克来到了山里，龙腾和三通似乎都受到了威胁。

撤离的命令随即下达。约 11 万苗族人开始逃难，带着他们能带走的任何东西。三通被抛弃了，10 年战争期间苗族取得的大部分成就就这样成了幻影。一个新的大型难民营在半山（LS–272）临时搭建起来。苗族战争以来，龙腾不得不第一次为防御做准备。王宝缩小了总部的规模，将行政部门派到了其他苗族据点。一些苗族贵重物品以及许多担惊受怕的部落民众也离开了。

现在美国航空公司成了行动的主力，将 16 名美国人、200 名病人和 2000 名苗族人和老挝人送出了三通，同时给王宝带来了增援部队，就是刚训练完毕的两支泰国雇佣军队。美国空军本身也开始利用特别空战 E 中队的 C–130 大力神运输机每天从“胡椒研磨机”飞到“天空”，这实际上已经打破了惯例，因为美国空军的飞机从来没有由美国航空公司的机组人员驾驶过。4 月，一架 C–130 坠毁，当时机上载有 13 名美国人，这也是在老挝战争中坠毁的唯一一架 C–130 运输机。

事实上，北越带来的威胁并没有想象中那样严重。在他们 1.2 万人的军队中，有整整 1 万人的工作是运送补给物资。战斗部队的 2000 名士兵并没有攻击龙腾，而是占领了三通，炸毁了美国人居住的房屋，烧毁了医院和 USAID 的仓库，之后就撤退了。几周之后，苗族人重新占领了这个地方。那个夏天，在“跳蛙”行动中，秘密军收复了部分失地，但是老挝局势已经摇摇欲坠。王宝不再像他 1969 年执行“彻底改变”任务时那样成功地保卫他在“跳蛙”行动中取得的阵地。与此同时，北越因为有了新的补给线路而变得空前强大。在 1971 年的旱季攻势中，他们迫使苗族人永远地放弃了三通。龙腾也再次受到了威胁，并在一年后的攻势中第三次受到了威胁。

苗族人的力量开始了不可逆转的下降。一支拥有 2.7 万人的军队听起来坚不可摧，但 SGU 中苗族人的比重已经跌至 20%，泰国雇佣军在秘密军中的数量大约是 1.2 万人，已然成为 SGU 中最大的团体。老挝军官将 SGU 中的泰国人描述为一群只接受了短期训练、没有丝毫动力的流浪汉、失业者、文盲。到 1974 年，泰国雇佣军的人数暴增至 1.7 万人，当这些人离开时，王宝的军队只剩下 6000 人。

当然美国并没有对这一切袖手旁观，中情局竭尽全力去稳固游击部队的力量。此时万象情报站站长是休 · 托瓦（Hugh

Tovar），戴尔文已经返回兰利就任计划处非洲司司长。托瓦也是战略情报局的资深人物，“二战”结束时曾跳伞到老挝执行过任务，在 1965 年时他曾担任过印度尼西亚情报站站长，当时一次成功的军事政变推翻了苏加诺政府。托瓦帮助中情局维持了和印尼军方的友好关系，印尼军方负责给美国提供关于苏联的情报和设备的样品。托瓦是那种中情局非常青睐的活动家，但是这一次在老挝，托瓦遇到了前所未有的麻烦。

托瓦和戈德利大使可使用的资源比以往都要充沛。媒体对秘密战的揭露使尼克松把对老挝的军事援助归回到五角大楼的预算中，也因此公开地资助老挝战争，并增加了资金的数额。在 1971 财政年度，美国用于军事援助的支出达到 1.62 亿美元，用于 USAID 的支出达到 5200 万美元；据说中情局用在当地的花费是 7000 万美元。在老挝战争中，中情局和五角大楼给泰方的资金支持与给老挝的一样多，而用于空战的预算无疑达到数十亿美元。

但是再有钱也无法弥补苗族力量的衰退。在 1971 年通过一项禁止种植罂粟的法律后，中情局又批准使用除草剂来对付苗族的这些罂粟，这进一步加剧了王宝的困境。暴怒的苗族人开始责怪王宝，秘密军的强制征兵队不得不威胁要摧毁苗族村庄，以便为王宝的军队招募人手。

1971 年年底，参议员赛明顿发起了拨款提案的修正案，将美国所有花费在老挝的资金上限设置为 3.5 亿美元，1972 年还是这个上限，但是到了 1973 财政年度，这个上限就增至 3.75 亿美元。当时，印度支那的和平协定正在全面协商中，最终于 1973 年 1 月在巴黎签订了协议。就老挝而言，协议的结果是组建了一个联合政府，这正是 1958 年时老挝的打算，只不过此时巴特寮的实力强大到无可比拟。可笑的是，美国进行了 14 年的战争，但是却没有达到任何一个最初设定的政策目标。

协议签订之后，王宝是最大的输家之一。这个协议结束了美国对秘密军的空中支持，停火协议将在1973年2月22日正午生效，当时王宝正面临着北越新一轮的攻势，只是这一次他不得不独自承担守卫龙腾的任务。在停火协议临近生效的时候，他的多个前哨基地都遭到了攻击。

王宝向中情局提交了最后一次申请，希望美国继续提供空中支持。“天空”的指挥官给他发来了一条消息：“正如我们之前所讨论的那样，美国空军将在2月22日正午停止一切支持行动。我今天和‘蟋蟀’交谈之时确定了这个消息（‘蟋蟀’是这个区域的空中指挥机）。美国空军接到的命令是撤离老挝领空。”

王宝对此感到厌烦，他跺了跺脚，将消息递给旁边的一位记者看。

在最后一批美国指挥机离开老挝的时候，其中一架飞机发来一个道别：“拜拜，下一场战争再见。”

两个半小时之后龙腾的一个前哨基地就沦陷了。最后一名中情局顾问乘坐美国航空公司的飞机离开了。王宝孤身一人，面对他的只有一条道路：流亡。

秘密战没有给老挝的苗族带来国家地位，相反，给他们带来的是三次艰辛的迁徙。战争非但没有把他们联合起来，结果倒将苗族弄得四分五裂。大约3万人滞留在泰国的难民营，而且不断有新的难民从老挝来到这里，大约5.5万苗族人在美国重新定居。王宝本人成为蒙大拿州的一个农夫。还有少数苗族人分散在费城、明尼阿波利斯市、夫勒斯诺市等。

老挝战争的直接损失仍然不明确。100多万老挝人在一段时间内成了难民，占整个国家人口的1/3。轰炸带来的破坏也无法估量。战争中死亡的美国人只有极少数得到中情局和国务院的承认，五角大楼声称大约一半损失来自空战，但是列出的阵亡人数超过400人，在行动中失踪的人数更是高达556人。仅在1970年到1973年之间，美国航空公司在飞机失事或战斗中的死亡人数是17名美国人加上17名当地人。从这些数据碎片来看，超过1000名美国人在老挝阵亡。

从1973年开始，新的老挝王国政府对美国航空公司施压，要求其停止一切业务。因此，美国航空公司关闭了大约350个机场，还把12架C-123运输机移交给老挝空军。美国航空公司乌隆基地的许多员工被解雇。在那儿工作的250名美国人中，包括100名飞行员，其中42人于1973年离开。在老挝禁止其营运之后，美国航空公司于1974年6月关闭。乌隆的设备被泰国航空公司飞机维修公司接管。

中情局如何评价老挝战争外人无从得知。一位长期在老挝和越南服役的中情局高级官员——道格拉斯·布劳法布（Douglas Blaufarb）提供了一种观点。1971年布劳法布在大使馆工作期间，面对媒体的批评，他为老挝的苗族做过辩解，现在他仍然认为部落人民有权为未来而战，他认为美国误解了苗族人的战斗，部分原因就是战争的秘密性。在动员苗族之时，美国承受了一种“不容置疑的道义上的责任”，但是美国根本就不可能完成这种道义上的责任。布劳法布还认为，美国军方在东南亚太强势，这妨碍了战争取得的成就，因为军方经常威胁到大使及其职员的独立性。最后，布劳法布认为，秘密战的临时性导致了一场开放式的战役，除了美国在印度支那的总体目标之外，这场战役并没有一个清晰明确的目标。

老挝秘密战对不同的人而言具有不同的意义。对一部分人来说，它是一个检验反叛乱手段的实验室；对其他人来说，它是处在越南的混乱局面边缘的一场政治困境。对一些美国人来说，老挝象征着在掩饰不合法的活动时政府的秘密性。对安东尼·波西芬尼这个没有回国的人而言，老挝是一次极致的冒险之旅：他爱上了一位瑶族公主，留在泰国东北，成了一位乡绅。

第十五章　全球影响力

林登·约翰逊是一个热衷于国内政策的总统，他为自己创立的所谓“伟大社会”的诸多社会项目深感自豪，而且将外交事务看成是伴随着他的工作而来的问题。约翰逊总统对印度支那的战争深感失望，此战消耗了太多时间、精力以及他期望致力于“伟大社会”的经济资源，也消耗了美国年轻人的理想主义，更重要的是，这场战争可能已经改变了美国。

对战争的争议以及反对之声不断增长，最终给约翰逊的政治前途投下了阴影。1968 年春，约翰逊总统决定不再竞选连任。在最后的自由竞选中最有力的候选人，也是 11 月大选中的最终得胜者是理查德·米尔豪斯·尼克松。

跟约翰逊一样，尼克松准备将他的权力发挥到极致，甚至不惜争权夺利。这导致政治分析家们将尼克松执政时期称为“帝王式总统”的时代。跟他的前任不一样的是，尼克松对外交政策怀有莫大的兴趣，但是，他对官僚主义持怀疑态度，想要将决策权掌握在白宫手中。

比较矛盾的是，尼克松本人对政策细节感到厌倦，这就使智囊团的选择极其重要，特别是国家安全事务助理以及国家安全委员会成员。事实证明，选择亨利·A. 基辛格（Henry A. Kissinger）作为国家安全委员会顾问非常明智。基辛格是哈佛的教授，不但精于官僚主义的权谋，而且善于在华盛顿的政治圈中战斗。

尼克松对美国外交政策的掌控在两年半以后被基辛格的政策

取代。然而，在尼克松执政初期，他的力量和权威是毋庸置疑的，举世瞩目的政治回归只是美国全球性角色不断增长的前奏。

尼克松担任艾森豪威尔的副总统为期 8 年，在这期间，他深刻地理解了隐蔽行动的技巧。如今，尼克松开始负责指挥美国在东南亚正在进行的计划，并且在近东和拉丁美洲开展新的行动。

尼克松早期的隐蔽行动之一并不是真正的准军事行动，而是秘密升级正在进行的从越南到柬埔寨的跨境行动。

美国在柬埔寨的活动为时已久。据诺罗敦·西哈努克亲王（前国王、首相和反对派领袖）所言，自从尼克松就任副总统那天起，柬埔寨与美国的关系就开始逐渐下降。而尼克松早在 1953 年就在金边拜访过西哈努克，他本人对事态的发展也相当了解。

1954 年日内瓦协议签订之后不久，美国就着手建立一个区域性的联盟，称作东南亚条约组织（Southeast Asia Treaty Organization，简称 SEATO）。美方似乎并不在意日内瓦协议中明令禁止柬埔寨以及其他取代法属印度支那的国家加入任何多边联盟的规定，约翰·福斯特·杜勒斯鼓励柬埔寨加入东南亚条约组织，但遭到了西哈努克国王的拒绝。艾伦·杜勒斯在 1955 年访问期间重申了这项提议，但被再次拒绝。

西哈努克在整个 20 世纪五六十年代都是柬埔寨政府首脑。尽管选择阵营的压力陡增，但他始终保持中立地位。美国人提供过一些援助，但是他们往往把任何实质性的援助都与加入东南亚条约组织相挂钩。西哈努克十分执着地反对柬埔寨加入，在他看来，柬埔寨人对美元的欲望是一种致命的疾病。1965 年，他再一次拒绝了美国援助，两国之间的外交关系就此破裂。

美国想要改变事态的努力超越了外交活动的范畴，以至于西哈努克将他对这一时期的回忆录命名为《我与中央情报局的战争》。在外交关系破裂之前，高棉情报局认定美国大使馆中的中情局官员人数达到了 27 人，西哈努克国王认为这份名单并不完整，他认为 50 年代中期到末期，美国大使罗伯特·麦克林托克也来自中情局。尽管麦克林托克在法国战争期间曾在印度支那就职，并且对特殊战争和军事行动很感兴趣，但几乎没有其他证据表明他也是中情局官员。但是，艾森豪威尔确实任命了在危地马拉指挥“成功”行动的约翰·普里福伊做了柬埔寨的邻国——泰国的大使。

美国在泰国和南越开始秘密地支持西哈努克的反对派，具体来说，就是通过“高棉解放”（the Khmer Serei）和“下高棉”（the Khmer Krom）运动。到 20 世纪 50 年代末，这些组织对柬埔寨发动了突然袭击。在越南战争期间，“高棉解放”和“下高棉”被并入中情局 / 绿色贝雷帽特种部队的“迈克军团”，这一事实明显证明美国和这些组织之间的相互勾结，但是这种勾结的起源仍然隐藏在秘密任务的阴暗历史之中。

1958 年到 1959 年间，一个更加清晰的、有迹可循的阴谋出现了，当时美方试图与柬埔寨军队的地区指挥官达春建立直接关系。他们期望把在印尼已经失败的策略重新改造之后用于柬埔寨，促使达春将军发动一场政变以推翻西哈努克政权；即便政变未能成功，也可以退而求其次，建立一个可以得到美国认可和援助的独立政权。

从美国来的高级访问者突然之间异常青睐达春，竟然没有时间会晤柬埔寨政府首脑，这引起了西哈努克国王的怀疑。来访的美国人包括爱德华·兰斯代尔、一位担任美国驻南越大使的将军、美国太平洋战区指挥官以及太平洋舰队指挥官。与达春的会晤由金边大使馆的一位名叫维克多·松井的美国人负责协调，据说他在这方面的花销超过了 100 万美元。

1959 年春，西哈努克派遣陆军参谋长朗诺去逮捕达春，在行动中朗诺杀死了达春，阴谋就此破产。在达春的别墅，朗诺发现了两名南越无线电话务员以及他们的设备，这两人竟伪装成了中国的电影制片人。

维克多·松井继续为中情局工作了一段时间，并试图向北越渗透。随后他来到巴基斯坦。1966 年，他因为间谍行为被巴基斯坦当局驱逐出境。

与此同时，越南战争已经从小规模游击行动升级为双方常规力量的战斗。作为胡志明小道的延伸，柬埔寨对于北越而言变得至关重要。西哈努克继续维持严格的中立地位。

从 1967 年年中开始，美国利用从柬埔寨实施的跨边境侦察对北越展开反击。就像在老挝执行的侦察任务一样，侦察队一般包括 3 名美国人和 9 名本土人员，由直升机空投到柬埔寨境内，任务完毕后徒步返回。侦察行动由 MACV–SOG 负责，代号为“丹尼尔·布恩”。在中央高地脚下的班梅苏奥特，MACV–SOG 于 1967 年 11 月建立了一支名为“南部指挥及控制”小组以协调“丹尼尔·布恩”行动。南部指挥及控制小组包括侦察小组、大型“Hachet”侦察队以及 4 支战斗连队。在美国媒体揭露了“丹尼尔·布恩”行动之后，这个行动被重新命名为“塞勒姆之屋”。SOG 小队还试图在柬埔寨边界地区组建特工网络。1967 年到 1968 年间，SOG 在柬埔寨实施了 400 项任务，在 1968 年到 1970 年间，SOG 实施的任务超过了 1000 项。

理查德·尼克松在 1969 年 1 月就职宣誓总统时，美国的跨境任务仍在进行当中。一个月后，南越出现了战斗高潮。作为报复，尼克松决定秘密轰炸柬埔寨，但在表面上继续尊重其中立地位。“塞勒姆之屋”行动将负责寻找目标以及评估轰炸的结果。

B-52 轰炸机对柬埔寨进行了轰炸，这种轰炸机是美国军火库中最具杀伤力的武器，轰炸任务代号是“菜单”行动。因为要轰炸的是与美国关系友好的国家，尼克松下令这个行动为前所未有的保密级别。常规的五角大楼记录本身就是机密的，尽管如此，尼克松还是下令对这些记录进行伪造，以便显得这次轰炸任务的目标是南越而不是柬埔寨。执行任务的飞行员被告知飞往越南，但是在最后一刻改变航向，飞往柬埔寨境内的目标。在仅一年多时间之内，B-52 就出动了 3060 架次，向柬埔寨投下了 10 万多吨炸弹。

但是，“菜单”行动的轰炸几乎没有什么显著效果，根本没有肃清北越在柬埔寨的基地。“塞勒姆之屋”小组成员们发现敌军不但没有被吓蒙，相反倒被激怒了。特种部队队长比尔·奥斯曼带领的一支评估轰炸结果的侦察队几乎被全军歼灭，为此 MACV 不得不派另一个小组去执行相同的任务，但这个小组却拒绝前往，最终这个小组的一部分人被拘捕。MACV 不可能因这些士兵拒绝侵犯柬埔寨的中立地位而将他们交由军事法庭进行公开审判，因而此次事件最终不了了之。

尽管如此，绿色贝雷帽的士气还是由于军事法庭的其他审判受到了影响。在一项在柬埔寨进行的代号为“樱桃”计划的情报活动中，指挥官小约翰·J. 麦卡锡上校因被怀疑杀死了疑似敌方双重间谍的柬埔寨翻译官而遭到指控，于是这项活动不得不于 1968 年 1 月终止。另外一次颇具知名度的审判发生在 1969 年，当时包括第 5 特种部队的小组指挥官陆军上校罗伯特·B. 雷尔特在内的八名绿色贝雷帽，被指控谋杀另一名疑似的双重间谍。这名间谍一直以“黑胡须”行动为掩护，“黑胡须”行动是罗伯特·F.

马拉斯科上校掌控的美国在柬埔寨的间谍网络。马拉斯科上校发现，在那名间谍死后，他在柬埔寨的情报来源逐渐枯竭。中情局官员拒绝在军事法庭审判中做证，之后，军事法庭撤销了对军方的指控。“绿色贝雷帽事件”之后，在华盛顿的最高美国情报委员会曾罕见地召开了一次会议，但没有任何下属机构参与，会议也没有留下任何记录。

尽管特工网络残缺，“塞勒姆之屋”效率低下，但尼克松坚持在柬埔寨继续行动。美国强烈的行动意愿鼓舞了那些反对西哈努克中立态度的高棉人，尤其是首相朗诺、他的助理施里玛达，以及“高棉解放”运动的领袖山玉成。1970 年 3 月 18 日，西哈努克国王身在国外之时，朗诺发动了一次军事政变，推翻了西哈努克的统治，将柬埔寨直接卷入了印度支那战争。

在朗诺政变中，美国的参与程度长久以来备受争议。官方的版本说美国根本没有参与政变，但西哈努克却认为中情局是主要的教唆者，然而事实或许介于这二者之间。对美国官方版本的怀疑来自三个因素：“高棉解放”的行为、美国与朗诺之间的越南联系人、中情局对金边政变的先见之明。

无论朗诺有任何说法，“高棉解放”所获得的地位毫无疑问归功于中情局后台支持，从西哈努克到朗诺自己的军队指挥官们都同意这一点。美国对泰国的组织提供资金支持或多或少都是在隐蔽中进行的，但“高棉解放”却是为中情局的“迈克军团”公开招募的。最奇怪的是，整个 1969 年，不断有小股人员从泰国的“高棉解放”“叛逃”到柬埔寨：1 月有 200 人，5 月有 300 人，到年底时，从泰国“叛逃”到柬埔寨的人数可以组成整整 3 个营。作为首相以及西哈努克的军队指挥官，朗诺将一些人并入了警察部队，将另外一些人并入了金边卫成部队。

发动政变之后，朗诺立即请求美国提供援助。两周之内，在柬埔寨的“迈克军团”的“高棉解放”组织人数就达到1800人，其中一部分是被空运到边境的。在年底之前，4000名“高棉解放”和“下高棉”组织的人员都加入了朗诺的军队。

“当时据我们所知，”柬埔寨将军萨索沙康回忆道，“就是这些‘特种队员’在南越是处于美国直接指挥之下的。”

早在1970年2月中旬，特种部队负责南越肖阿塔尔营地的队长就接到过命令，要求他派遣两个连的由山地人组成的打击部队到波巴营地去替代“高棉解放”，在西哈努克被赶下台之后，这些“高棉解放”的人将会转移到柬埔寨。

亨利·基辛格在他的回忆录中也展示了官方版本。他指出：“我们既没有鼓励推翻西哈努克，也没有预先知晓。几个星期以来，我们甚至都没有领会到它的意义。”据基辛格所说，直到政变发生的那一天，中情局的一份报告才在华盛顿流传，预测柬埔寨有可能发生政变。

然而事实上，早在3月1日，一名美国空军飞行员就将一行约60名美国外交官和军官运往金边去进行秘密对话。这位飞行员认为这次绝密任务的目的就是商讨柬埔寨的中立地位，但之后在西贡的一间酒吧，他遇见了来自大使馆的人，并发现他们对此次金边飞行了如指掌。这位飞行员被告知他很愚蠢，美国人实际上是在与一名愿意用行动反抗西哈努克的柬埔寨将军对话，西哈努克很快就要被推翻了。

在同一时期，“高棉解放”运动的领袖山玉成也与朗诺见了面，国防部长梅尔文·莱尔德证实了这件事。针对此次会晤，中情局的比尔·科尔比告诉记者威廉·肖克罗斯：“朗诺可能是被美国与山玉成合作的事实所鼓舞。我不清楚美国到底给了他什么明确的保障，但鉴于南越和老挝的政治形势，很显然美国将会支持他。”

在肖克罗斯对柬埔寨进行研究的其他访谈中，MACV 副指挥官威廉·罗森将军告诉他，美国军队早在十几天前就得知朗诺将要发动政变，朗诺还请求美国提供援助。国防情报局（Defense Intelligence Agency，简称 DIA）也证实在西贡的中情局分析员弗兰克·斯奈普与朗诺有过联系。

或许正是亨利·基辛格自己，在无意中提供了最明显的证据：基辛格给尼克松的备忘录上面的日期显示，朗诺打算扩张柬埔寨军队的计划制订于 1970 年 3 月 17 日，也就是政变的前一天。

尼克松当然十分愿意帮助朗诺。在他自己的回忆录中，他表达了对政变的惊讶，并引用了当时问国务卿威廉·罗杰斯的话说：“兰利的那些小丑们到底都在外边干了些什么？”但是基辛格的回忆录中却这样写道，尼克松下令“让我们制订一个计划去援助新政府吧”。几天以后，尼克松指示基辛格，“我需要中情局局长赫尔姆斯制订并且实施一项计划，给柬埔寨的亲美政府提供最大化的援助”。尼克松还命令基辛格不能对其他官员或者监控隐蔽行动的国家安全委员会特设委员会透露半个字，对柬埔寨的援助事宜将按照“菜单”行动的空袭任务那样去处理。

在美国正式考虑对柬埔寨提供军事援助之前，中情局提供的提前打包好的并无法追溯来源的武器就已经运往金边。

紧接着，在 4 月下旬，尼克松与南越一起，发动了对柬埔寨边境区域的大规模侵袭，从而点燃了美国国内的政治风暴。

尽管理查德·尼克松从艾森豪威尔总统那里学到了大部分的领导艺术，但这两个人之间仍然有本质上的差别。艾森豪威尔善于不露声色地通过隐藏手段进行操控，而尼克松更倾向于做出出人意料的决策。在入侵柬埔寨初期，一个类似的出人意料的计划被送到总统办公室。

这个惊人的计划就是试图从北越中心位置的一个营地解救美国战俘。这个营地叫作山西战俘营，距离河内市中心只有30多公里。自从1966年开始，美国曾经尝试过在南越、柬埔寨和老挝营救战俘。对山西战俘营的突袭将是第91次营救任务，但却是最有野心的一次，也是在北越实施的第一次。以前的营救任务只有20次取得了成功，解救了318名南越士兵和60名平民。只营救过一名美国士兵，而且被解救出来之后不久便伤重不治了。即便这样，在发现山西战俘营之后，五角大楼立刻就开始考虑营救任务。

对山西战俘营的突袭计划是陆军准将唐纳德·D. 布莱克本（Donald D. Blackburn）的智慧结晶。布莱克本曾于1970年任职于莱尔德办公室反叛乱和特别行动助理（SACSA），他尤其热衷于特种战争。布莱克本在“二战”中是一名伞兵，与日本人战斗过，并从战斗中脱颖而出，年仅29岁就晋升上校。他曾在西点军校任教官，在越战中担任顾问，在布拉格堡任一支特种部队的指挥官。1960年时，布莱克本的任务是在老挝执行“白星”行动。在SACSA的任期结束之后，他于1965年返回越南，担任MACV-SOG的指挥官。布莱克本曾在北越为SOG工作过，SOG的勇士基地准备了特工小组打算向北越渗透，布莱克本认为这些特工小组或许对山西战俘营的突袭有些用处。

在收到战俘营的情报之后，SACSA和DIA就开始对营救任务的可行性进行研究。1970年7月10日，参谋长联席会议接受了一份提议，其主席托马斯·摩尔上将委托布莱克本制订计划，进行准备工作。8月8日，一个联合应急小组建成，决定在空军准将勒罗伊·J. 马诺尔的带领下实施突袭。地面部队的指挥，布莱克本选择了特种部队上校“公牛”亚瑟·D. 西蒙斯。和布莱克本一样，西蒙斯也是一个传奇人物，两次负责“白星”行动，一次是为 MACV–SOG 服务，帮助制订入侵老挝的应急计划，另一次是指挥特种部队对拉丁美洲实施行动。布莱克本对西蒙斯最近在韩国表现出的心脏问题感到担忧，但西蒙斯说他一天可以做 250 个俯卧撑，于是布莱克本就放心地把任务交给了他。

计划于夏末进入最后准备阶段。当莱尔德将计划的要点呈递给尼克松时，特种部队已经开始实际演练了。尼克松批准了这个计划，突袭山西战俘营的行动被命名为“象牙海岸”。

这项惊人的任务计划得十分细致，他们甚至在佛罗里达州的埃格林空军基地建立了一个村庄模型，用以模拟演习。每次演习都极其隐秘，在估计苏联的侦察卫星可能会在空中出现时，这个村庄模型都会被拆掉之后藏起来。演习进行了 100 多次，而用于撤离战俘的 HH–53 直升机则进行了大约 368 次演练飞行，空中演练共计达到 1107 个小时。马诺尔将军还于 10 月 7 日夜晚进行了一次完整的“带妆彩排”。

第二天，布莱克本、马诺尔、西蒙斯、约翰·沃格特上将给基辛格呈递了一份详细的情况汇报，建议“象牙海岸”行动于当月晚些时候实施。参谋长联席会议成员、莱尔德、理查德·赫尔姆斯都已经知道了事态的进展。但是由于越南和平协议的签订，突袭推迟了一个月。

11 月 18 日，托马斯·摩尔上将到白宫汇报“象牙海岸”的进展情况，与会者包括尼克松、莱尔德、基辛格、赫尔姆斯以及国务卿威廉·P. 罗杰斯。摩尔将军要求总统必须在 24 小时之内做出决定，否决就得将突袭推迟到 1971 年春季。尼克松保留了这份工作汇报以备检查，并及时批准了“象牙海岸”行动。

尼克松的命令通过电报迅速传到了“胡椒研磨机”——这个位于泰国塔科里的“幽灵”基地。在那里，西蒙斯、58人组成的突击队以及直升机正在随时待命。收到命令之后，突袭部队转移到了乌隆，将在11月21—22日夜间执行“象牙海岸”行动。HH-53直升机的空中突击、搜索和营救只花了27分钟，没有一个绿色贝雷帽伤亡，最严重的伤是踝关节扭伤，甚至另一架为分散注意力而故意坠落在场地的直升机上的空军机组人员也逃了出来。只有两件事玷污了这场完美的表演。

一件是情报上的巨大失误——山西战俘营竟然没有囚犯！在最初策划营救任务的时候，这的确是一个正在使用中的营地。但是，夏季时这个营地受到了附近红河的洪水威胁，营地的人员已经撤离了。美国的SR-71高纬度侦察机曾在10月3日拍摄到相关照片，但11月SR-71拍摄了更多照片，显示这个营地又被重新启用了。营救人员已经被安排到各个建筑中。要命的是，原定安排在突袭前一天进行的无人侦察机飞行由于天气恶劣而被取消了。

事实是，尽管山西战俘营被重新启用，但它已经不是一个战俘营。突袭之前的大约一个星期，河内的一名特工将战俘营名单和战俘人数传送给美国人，但是山西战俘营的名字并未出现在名单上。相反，一个靠近洞海市的新营地被标注出来。国防情报局（DIA）收到了这条消息，并将这个消息告诉了摩尔上将和布莱克本将军。SACSA连夜在DIA召开会议，但没有人能够确定这个消息是否可靠，摩尔上将认为这个特工的情报含糊不清，而最先进的SR-71飞机三次侦察发回的又都是边缘地带的照片，或者根本没有任何影像。

“那个疯子布莱克本，”另一位官员回忆道，“他打算入侵北越，好让‘公牛’西蒙斯可以在一个空荡荡的战俘营着陆。”

在早上6点的会议中，布莱克本确实建议摩尔上将继续实施突袭。

摩尔上将让梅尔文·莱尔德做决定，但是此时莱尔德已经无计可施，因为执行命令已经发出去了。西蒙斯和马诺尔将军只能自己去探索美国人是否还被关押在山西战俘营里。

西蒙斯的突击队员们没有发现美国战俘，但是却遇到了其他人，这是发生在山西营的第二件不顺利的事。一架HH-53攻击直升机错误地在一个距离目标地点大约600米的中学着陆，这个中学此前已经改造成了一个兵营，随后就发生了一次短暂、激烈的交火，绿色贝雷帽大约击中了100个或200个敌人。然而，这些敌兵个子很高，不太像是越南人，现在有人认为他们很可能是苏联人或其他人。“象牙海岸”行动很可能会演变成一场重大的国际事件，而尼克松政府根本没有做任何准备来应对这种突发事件。幸运的是，对方并没有做出明显的反应。

山西营的故事尾声是对国会和美国大众的欺骗，这是由尼克松本人在无意间透露的。那晚对北越目标的空袭是为了转移对“象牙海岸”行动的注意力，这些已经被人知晓，但莱尔德最开始否认进行了轰炸，随后声称空袭是对两个星期前坠毁的海军侦察机的“防御性反应”。

尼克松早就计划好为从华盛顿地区的军队医院出院的残疾退伍军人安排一场感恩节晚宴，根据计划，那些被营救出来的战俘也将出席这场白宫晚宴，但是“象牙海岸”却连一个战俘都没有营救出来。感恩节到了，总统与几个军人同桌而坐。尼克松一边忙着在白宫的纸板火柴盒上亲笔签名，一边开始谈论山西营，包括为约束北越的防御而发动的空袭。这个故事传到了《华盛顿邮报》负责感恩节期间本地新闻的一位年轻记者耳中。

莱尔德部长小心翼翼的故弄玄虚被他的老板给暴露了——亨利·基辛格坚持说他是在突袭失败之后才得到了山西营已经被关闭的情报。

在战争结束之前，美国还将实施另外28次营救任务。从1966年到1973年共实施的119次任务当中，98次都是突袭，但是只有一名美国战俘得到营救。突袭可能会出其不意，但它们决定不了越南战争的结果，只有在南方进行的地面战斗才能决定战争的走向。

在南方实际上有两种战争，一种是战斗部队进行的阵地战，另一种是旨在赢得越南民众的忠诚的绥靖战争。第一种战争是军方的事情，第二种则是中情局的事情。中情局在1965年提出了一项综合绥靖计划，也参与了随后的许多绥靖计划制订过程，并出动了多名专家对行动进行援助。

约翰逊总统反复地与绥靖政策较劲，他不想把绥靖行动全部交给军方。在檀香山和马尼拉的会议上，在决策文件和大量电话交谈中，约翰逊坚持"另一个战争"才是真正的战争。约翰逊的兴趣很大一部分要归因于一名对绥靖问题给予长久关注的白宫官员，具体来说，是一位与国家安全委员会一起执行派遣性任务的中情局官员——罗伯特·W.科默。约翰逊认为科默的工作使他很快成为白宫的麻烦终结者。1966年，科默担任了几个月的国家安全委员会代理顾问。当约翰逊决定他需要一名华盛顿协调员来处理绥靖计划时，科默无疑成为最佳人选。

一年以后，约翰逊总统认为成立一个最高级别的西贡指挥处对绥靖行动来说至关重要，他再一次选择了科默，并且答应给科默所需要的任何东西。西贡的这个组织被称为"民事行动与革命发展人员"（Civil Operations and Revolutionary Development Staff,

简称 CORDS），“喷灯鲍勃”（卡伯特·洛奇大使所称的那些没有耐心但却很聪明的中情局人员）们也积极行动起来，为那些已经到位的计划注入活力。

中情局很快就意识到了科默在白宫的影响力到底有多大。1967 年年末时，理查德·赫尔姆斯认为对计划处远东司进行改革的时机已经到来。赫尔姆斯召来远东司司长威廉·科尔比，给他提供了苏联司司长的美差，科尔比自然接受了这一职务。在收到第一批工作汇报之后，科尔比得知了科默要求他去西贡担任 CORDS 副指挥的消息。在总统的常规“周二午餐”决议会上，约翰逊转向赫尔姆斯，突然下令要他派遣科尔比去帮助科默。赫尔姆斯对科默的请求一无所知，只能满含歉意地重新给科尔比委派任务，他说道“鲍勃·科默消息可真灵通啊”。

CORDS 时代导致了越南战争中最具争议的绥靖计划之一。为了对付越共的核心人物以及村庄的领导集团，科默决定利用一个大规模的情报计划去搜集那些疑似越共人员的信息，然后由南越的安全部队对这些人进行“无效化”。起初这个项目被命名为“情报协调与开发”的缩写“ICEX”（Intelligence Coordination and Exploitation），于 1968 年付诸实施。1969 年，南越方面建立了一个称为“Phung Hoan”的平行行动，ICEX 计划随之改名为“凤凰”。

“凤凰”行动的规模逐渐扩大，在南越 235 个地区和 44 个省份都有审讯中心，每个审讯中心都有卡片目录和电脑化的文件。行动拥有 50 人到 100 人的特别打击力量，叫作省级侦察小队（Provincial Reconnaissance Units，简称 PRUs）。还有南越国家警察部队中的特种部队为之服务。为了加强常规警察力量，50 多万本地民兵部队承担了警察部队的部分责任。美国也派遣人员对“凤凰”行动提供支持，大约 600 人来到南越，其中大部分是军方的人，也有国务院的人，以及 20 个到 40 个中情局专员。

在“凤凰”行动步入正轨之后，科默立刻离开南越，动身去土耳其担任美国大使。比尔·科尔比接替他成为 CORDS 指挥官。在科尔比任职期间，美国对“凤凰”行动的资金逐年增长。尽管“凤凰”行动由 CORDS 负责，并不是中情局的项目，但中情局仍然给地方民兵组织提供武器，给西贡的电脑文件支付开销，给 PRUs 提供资金和训练，并把情报传递给“凤凰”组织。

“凤凰”计划积累了一些令人叹为观止的数据。仅在 1969 年，凤凰就“无效化”了 19534 名疑似越共分子，他们之中有 6187 人被杀害。1971 年，科尔比在一次参议院听证会上说有 20587 人被杀，28978 人被囚禁，17717 人被策反成西贡的特工。南越政府不甘示弱，自称杀死了 4 万人。有人对这些任务的合法性产生质疑，认为即使是在南越的法律下，这些行动也是非法的，这个时候，当权者们迅速地采取了另外一个说法，声称 87% 的疑似越共核心成员是在常规军事行动期间阵亡的。

围绕“凤凰”行动的另外一个主要争议是：“凤凰”行动是否是一个暗杀行动？ CORDS 指挥官们说它从来都不是暗杀行动，但许多参与“凤凰”行动的退伍美军却认为事实正好相反。无论真相是什么，科尔比自己觉得必须要在 1969 年发布一个指令，禁止暗杀行动以及其他违反战争法的行为。具有讽刺意味的是，1970 年年初，两名分配到“凤凰”行动的陆军中尉——弗兰西斯·T. 莱特迈耶和迈克尔·J. 科恩，在使一位联邦法官相信他们受命每月保持 50 个越共分子的“杀戮定额”之后，成功地以“因良心难安而拒服兵役者”的身份光荣退役。

“凤凰”行动迅速使南越监狱羁押的犯人泛滥成灾，监狱的状况也极其糟糕，美国的反战人士将这个问题单独拿出来质问。

科尔比在回忆录中这样写道，它是“我们工作的明显疏漏”。

对“凤凰”行动最严重的指控是这个行动利用异端邪说，甚至恶意的谣言，蓄意地去压迫一部分人。利用世仇、政治操纵，甚至像绑匪似的敲诈“保护费”，都是“凤凰”行动惯用的伎俩。南越军事法庭通常只是在拷问之后供认不讳的基础上行刑，但是在一个刑期可以无限延长，甚至超过法庭判决的世界里，“凤凰”行动批准的监禁刑罚守则意义十分有限。无辜的人因“凤凰”行动受尽折磨，一些人因此丢掉了性命。

毫无疑问，绥靖行动产生了一定影响。北越的外交官和官员们自从战争开始就在访谈中说，他们的大部分军队被迫进入柬埔寨和老挝的基地，而他们也被迫使用常规军事策略以应对 1972 年的复活节攻势。那些赞同“凤凰”行动中所使用方法的人都乐于用行动取得的成功来为自己辩护。比尔·科尔比曾多次讲述他是怎样每周两次会在某个“郊区”过夜，以及到 1972 年时他可以如何在愉悦的环境中度过夜晚时光，而不是封闭在某个堡垒中。科尔比愉快地回忆自己曾在晚上与越南的传奇人物约翰·保罗·范恩一起，骑摩托车或驾船独自出行。

或许“凤凰”行动的成功更多的是与北越的战略选择有关系，是北越自己在 1968 年的新年攻势中一点一点地消耗了大量骨干人员和本土力量，削弱了自己的群众基础。这个结果与“凤凰”行动其实没有任何关系。

北越将其兵力集中在一起，并不仅仅是由于绥靖行动。一旦尼克松政府采取美国人撤退加上“越南化”的政策，另一方就会有一个明确的军事动机，要在美国撤军前避免战斗，直到美国军队全部撤离。此外，北越在瞄准巴黎和平协议的同时，很明显做了某些重新部署。“凤凰”行动或许加速了敌人的选择，但它不太可能是一个决定性的因素。在这种情况下，“凤凰”行动就显得毫无价值，因为尽管群众基础已经被破坏，但北越军队的整体规模在 1968 年到 1972 年间几乎没有改变，而从理论上讲，群众基础遭到破坏本应减弱敌军维持军队的能力。同样也让人很难相信的是，绥靖行动是迫使北越转向常规战争的唯一因素。美国军方的老练和技术手段毫无疑问迫使对手去使用同等的能力以取得地面战争的胜利。

最后，在“凤凰”行动中运用的政治控制措施进一步中断了任何在南越发展“第三种力量”的可能性。本来“第三种力量”或许会给予西贡政府政治合法性，使它能更有效地与北越战斗。

尽管绥靖计划取得了明显的成功，对柬埔寨和老挝发动了袭击，对老挝进行了轰炸，还支持了苗族的秘密军，以及其他许多工作，但到了 1972 年，北越仍然为一场重大的常规攻势做足了准备。尼克松下令恢复了对北越的轰炸，包括在海防港布雷，在圣诞节时用 B–52 轰炸机对河内进行轰炸等，最终迫使北越停止攻势，并于 1973 年签订巴黎协议。根据巴黎协议，美国将最后的战斗部队撤出了越南，只给西贡提供一些残余的军事援助，以及一些美国附属团体和签约人员。

其后，越南战争又持续了两年多时间。尼克松向西贡派遣了一位新大使——格雷汉姆·马丁。战争期间马丁任美国驻泰国大使，他和中情局情报站站长托马斯·波尔格眼睁睁地看着西贡不断衰弱，而北越的力量不断强大。1975 年，北越又发动了一次攻势，使西贡军队完全崩溃。中情局和其他美国团体不得不紧急撤退，直升机直接从美国大使馆的屋顶起降。美国人走了，只留下大批南越员工、特工和大量重要文件，而这些人面临的只能是被北越人抓捕的命运。

1968 年，在尼克松聘请亨利·基辛格担任国家安全委员会顾问之前，基辛格曾撰写过一篇文章，建议为美国从越南撤出选择一个“体面的时间”。然而，中情局西贡高级分析员弗兰克·斯奈普却对美国最后抛弃越南盟友深以为耻，他觉得自己根本找不到一个合适的词去形容这场溃败。

1969 年 3 月 7 日下午，理查德·尼克松乘坐直升机来到兰利，和理查德·赫尔姆斯一起，在兰利的大礼堂向中情局的高级官员们致辞。就像在一般仪式上的激励性讲话一样，总统极尽赞美之词，他这样描述了中情局的角色：“我认为这个组织不是进行冲突或战争所必需的组织，或者随便你怎么称呼它，但它归根到底……是我国政府的一个伟大机构，致力于维护和平、避免战争、促进社会发展……”

不管这些话语多么动听，却无法掩饰白宫下令在世界范围内实施的一系列隐蔽任务。在兰利发表的演说中，尼克松或许指的是在这场“随便你怎么称呼它”的战争中，中情局提供情报和情报评估的角色。

关于这一点，尼克松说道：“我认为美国人民需要理解对这种外交政策的需求。”

但是在 1969 年时，民众对隐蔽行动的态度已经不像尼克松还是副总统时民众对猪湾行动以及越南行动的态度那样宽容了。1967 年，媒体揭露了中情局为自由欧洲电台（Radio Free Europe，简称 RFE）、自由电台（Radio Liberty，简称 RL）和许多青年团体、劳工组织、媒体、非营利组织以及公益团体提供资金支持的事实，这进一步加剧了民众对隐蔽行动的争议。从尼克松执政的那一刻起，中情局提供给自由欧洲电台（RFE）和自由电台（RL）的慷慨拨款就开始逐渐耗尽。

起初，尼克松继续为它们提供资金支持，资金连续两年由国会公开拨款。但是1971年1月，已故的新泽西州参议员科里福德·P.凯斯将中情局对RFE和RL提供的资金支持详细罗列出来，并宣布只有在法律许可下，它们才能作为独立单位直接得到资金支持。尼克松和基辛格为此做了大量工作，国会于1972年3月30日通过这个法律，在1972财政年度为这些电台提供了3600万美元的资金。资金由国务卿管理，中情局与电台的直接联系被切断，只有一些间接联系，如流亡组织和个人。

伊拉克是感受到尼克松政府的隐蔽行动造成的压力的国家之一，尤其是库尔德斯坦的库尔德人。而实际上，这场秘密战是美国帮了伊朗的沙阿一个忙。

库尔德人是一个游牧民族，是一个由40多个部落组成的宽松的部落联盟，他们急切地渴望获得独立的国家地位。库尔德人分布在5个国家的边界，包括伊拉克、伊朗、叙利亚、土耳其和苏联。早在1948年，中情局的一个情报评估就写道：“被称为库尔德人的山地部落现在和将来在近东事务中都是一个重要因素。”库尔德人不断与土耳其人、伊拉克人和伊朗人战斗，以期获得自由——自由在库尔德语中叫作“萨巴斯提”。第二次世界大战后不久，库尔德人与苏联人合作，在伊朗北部建立了一个昙花一现的“共和国”。1958年巴格达发生政变后，库尔德人的自治受到伊拉克人的威胁。库尔德人又一次加入游击战中，其间只有几次短暂的停火。自1945年毛拉·穆斯塔法·巴尔扎尼成为部落首领以来，库尔德人一直是战斗的主力军。最后，伊拉克人和库尔德人都筋疲力尽，于1970年年初达成了一项包括15点的解决方案。

除了伊朗之外，其他国家都重新恢复了和平状态。伊朗与伊拉克有好几处边界纠纷，其中就有一处是在底格里斯河分界线上，这个分界线改变了航线，把伊拉克人使用的主要航道划进了伊朗。沙阿不是巴格达的朋友，他担心库尔德战争的结束将会造成伊朗和伊拉克之间更多的直接对抗。因此他并不介意挑起事端。

沙阿给库尔德人提供钱和武器，让他们重新开始战斗。虽然库尔德人对伊拉克人实施1970年协议的态度感到不满，但是他们也不相信沙阿。巴尔扎尼的回应是：只有当美国人保证不允许沙阿突然中断对库尔德人的供应时，他才会考虑这个提议。

德黑兰将库尔德人的请求传递给了美国人。1972年5月，莫斯科峰会后，尼克松与基辛格对伊朗进行了一次正式访问。在莫斯科峰会上美苏首次达成了战略武器限制协议。在德黑兰，尼克松的亲密伙伴约翰·B.康诺利告诉沙阿，美国愿意帮助库尔德人。而中情局则通过在德黑兰的情报站负责处理美方事务。

基辛格在华盛顿设立了一个负责库尔德人秘密战的机构。在库尔德人的请求下，基辛格的军事助理理查德·肯尼迪上校与中情局官员一起，会见了巴尔扎尼的一个儿子。

起初中情局提供了缴获的价值100万美元的苏制武器和弹药，随后援助增加到500万美元，最终到1600万美元。其实，从1965年开始以色列人就一直在帮助库尔德人。但这些帮助与沙阿的援助相比相形见绌，据说沙阿提供的援助高达数亿美元。有了这些援助，从1972年8月开始，库尔德人招募了10万人的游击队伍，比穆斯塔法·巴尔扎尼在战场上指挥过的所有军队都要庞大。库尔德人用6.5万人的部队、500架坦克、200门大炮，与伊拉克军队展开了战斗。

14个月之后，在阿拉伯国家和以色列之间发生的“十月战争”

中，伊拉克和其他阿拉伯国家结盟。伊拉克的两个装甲师和两个步兵师中的一部分被调遣至叙利亚，这几乎占到了巴格达全部军力的一半。为了减轻以色列军队在叙利亚前线的压力，以色列准军事部队的顾问给库尔德人建议说，对伊拉克进行大规模进攻的时机已经到来。巴尔扎尼认为这是一个好主意，但白宫却不这样认为。1973 年 10 月 16 日，基辛格指示赫尔姆斯，让他告诉库尔德人不要发动进攻。于是，巴尔扎尼妥协了。

对沙阿而言，库尔德人只不过是他与伊拉克交易中的一枚棋子。“十月战争”之后，德黑兰和巴格达修复了关系，于 1975 年 3 月达成了临时协议。同一时间，沙阿停止了对库尔德人的援助，关闭了中情局武器输送的自由通道，并且对巴尔扎尼的人封锁了边界。第二天，伊拉克人就开始对库尔德斯坦进行大规模进攻。

3 月 10 日，库尔德人通过中情局的渠道愤怒地请求：“我们的人民命运处在前所未有的危机之中，灾难当头。而这一切没有得到任何解释。我们依据你们的承诺，恳请得到你们（原文如此）以及美国政府的干预。”巴尔扎尼也给基辛格寄了一封私人信件，此时基辛格除了是国家安全委员会的顾问之外还是国务卿。巴尔扎尼在信中写道：“我们认为……美国对我们的人民有道义和政治上的责任，因为我们的人民已经将自己交付给你们的国家政策。”

中情局在德黑兰的情报站站长转达了库尔德人的请求，询问兰利是否就这个问题与基辛格办公室取得联系。他进一步提醒道：“如果（美国）没有巧妙地处理这个情况，给库尔德人留下我们正在抛弃他们的印象的话，那他们就有可能将事情公之于众。伊朗的行为不仅打碎了他们的政治希望，也威胁到了数千人的性命。”基辛格没有对巴尔扎尼的请求做任何回应。中情局情报站站长本来还提出了一些可行的建议，说“这是正确的做法”，但最终还是一无所获。

美国不得不承受抛弃库尔德人的压力，一位高级官员向一名国会调查委员会成员反驳道，“隐蔽行动不应该与传教工作相混淆”。

专栏作家威廉·萨菲尔隐晦地暗示亨利·基辛格就是那位冷酷无情地抛弃了库尔德人的高级官员。

具有讽刺意味的是，10 年后，在 20 世纪 80 年代，美国已然转换了阵营，秘密地支持伊拉克对阵伊朗。库尔德人在 1975 年的危机和与土耳其和伊朗的战斗中幸存下来，仍然执着地坚守在伊拉克北部，如今对巴格达造成了前所未有的威胁，而且没有任何理由去尊重美国。毛拉·穆斯塔法·巴尔扎尼已经在 1979 年去世，但他的儿子们以及他们的盟友们仍然在战斗，而且他们的记性都很好，不会轻易忘记这一切。

另一个遭遇中情局隐蔽行动的国家是智利。智利位于拉丁美洲南部，是美国多年来的盟友，为自己一个多世纪以来的民主传统感到自豪，而且从 1925 年起未发生过一次政变。1970 年 9 月 4 日，马克思主义的候选人萨尔瓦多·阿连德·戈森斯（Salvador Allende Gossens）在他的第三次竞选中获得了多数席位。阿连德对尼克松而言，就像肯尼迪眼中的卡斯特罗。

尽管美国通过官方和私人途径全力阻挠，阿连德还是当选了。在 1964 年的选举中，中情局为基督教民主党候选人爱德华多·弗雷的支持者提供了 400 万美元的支持，在那一年阿连德竞选失败。展望 1970 年的竞选，国家安全委员会特设委员会给中情局 1969—1970 年的行动批准了 70 万美元。如今作为国际电话电报公司（International Telephone and Telegraph，简称 ITT）主席的约翰·麦科恩，将击败阿连德的秘密选举资金增加到100多万美元。ITT公司与中情局协调了选举计划，为此公司高层与西半球司司长威廉·V.布恩进行多次会晤。安纳康达和肯尼科特公司由于担心他们在智利的铜矿被没收，也为竞选提供了部分资金，资金由中情局情报站站长亨利·赫克歇尔和美国驻智利大使爱德华·科里亲自监督。尽管各方在如何使用资金方面存在着策略上的分歧，但在阻止阿连德上台这一目标上，大家却是一致的。

智利行动与在其他国家开展隐蔽行动的共同背景是：美国担心自己的跨国公司在智利的子公司会面临国有化的威胁。在古巴、危地马拉和伊朗采取的隐蔽行动有一个共同的特征——美国的资产被征收或者美国的资产有被征收的风险。

阿连德坚持走“和平道路”通向社会主义，并通过一场完全民主的选举取得了胜利。他的人民团结联盟（Unidad Popular，简称UP）运动是一个左翼联合阵线。

智利共产党自身分裂成许多派别，分别支持哈瓦那、北京或莫斯科。中情局在选举前和选举中的情报评估都预测阿连德有一半获胜的概率，但他们认为阿连德的获胜将不会给全球势力均衡或者战略布局造成任何影响。

华盛顿对智利的事态发展一点都不感到惊讶。从尼克松就职典礼到阿连德当选期间，国家安全委员会特设委员会召开四次会议讨论针对智利的战略，批准在智利大选期间花费的资金。和太多其他的例子一样，基辛格将一切都归因于官僚体制。首先要怪国务院，科里大使一直在提醒美国需要留意候选人阿连德，但国务院却反对干预。其次要责怪中情局的傲慢自大，尽管赫尔姆斯早在1969年春就曾告诉国家安全委员会特设委员会，如果美国打算在智利选举中选择阵营，就必须尽早采取行动。

基辛格用一段有趣的言论为自己辩解：“如果在1970年春夏之际，我相信了阿连德非常有可能取胜，我就会负责任地告诉总统，请他考虑实施1964年那样的支持某个候选人的隐蔽计划。我很气愤，甚至在没有被讨论的情况下，这个选择就已经被排除在外了。”

事实上，根据特设委员会的备忘录，在智利大选的两个多月前，基辛格告诉隐蔽行动的管理者们：“我不明白为什么我们要袖手旁观，看着一个国家由于自己的人民不负责任而走向共产主义。”

阿连德在9月的选举中并非大获全胜，他的人民团结联盟取得了多数席位，但不是绝大多数，因而将选举推向了智利国会，最终投票的日期定为1970年10月24日。但是第一轮选举的结果迫使华盛顿不得不尽全力去阻止他们所担心的结果发生。基辛格煽动中情局和国务院立即采取行动，尽管一年前他曾对智利的外交官说过，“我对比利牛斯山以南的国家既不感兴趣，也一无所知”。

尼克松对西半球出现的第二个马克思主义国家感到心烦意乱，不管它是不是民主国家，阿连德是不是共产党，这都不重要。几年后，在一次大卫·福斯特主持的著名电视采访中，尼克松分析道，古巴加上智利很可能会将拉丁美洲变成一块“红色三明治”。

9月5日，尼克松与保守派智利报纸《信使报》的出版商奥古斯汀·爱德华兹见面，爱德华兹是尼克松的朋友、百事可乐的首席执行官唐纳德·肯德尔的老熟人。爱德华兹对选举结果非常不乐观，尼克松觉得自己不得不采取行动，于是当天就召集赫尔姆斯和基辛格去讨论采取行动的可行性。尼克松当时打算“采取强硬措施”，他认为结果才是最关键的，如果需要的话，中情局可以拿到1000万美元，且不用考虑行动的风险。中情局应该安排最优秀的人去从事这项工作，也不必向圣地亚哥的美国大使馆请示。尼克松下令赫尔姆斯使智利“经济哀鸣”，他要在48小时内拿到中情局的计划。

“总统的命令十分强势，”赫尔姆斯在 1975 年 7 月对参议院的调查员说，“那天在总统办公室里，我差点都想撂挑子了。”

9 月 18 日，赫尔姆斯带着计划和他的计划处处长托马斯·卡拉梅辛斯回到了总统办公室。特设委员会曾于 9 月 8 日和 14 日考虑利用政治操纵去影响智利国会投票。赫尔姆斯不认为这会起作用,但科里大使和大使馆可能会尝试叫作“鲁布·戈德堡策略”或“第一策略”的方式。中情局的秘密计划是诱导军事政变,这被称为“第二策略”。尼克松批准了中情局的计划。卡拉梅辛斯将担任中情局与白宫之间的联络员，他在接下来的一个月与基辛格见了 6 次到 10 次面。

第二策略在兰利紧锣密鼓地进行。中情局组建了一个智利特别行动组。有人建议将这个特别行动组直接设在卡拉梅辛斯的办公室外，但是这样有可能会泄密，因此行动组转而设置在了邮件收发室。宣传专家和智利问题专家大卫·艾德礼·菲利普从里约热内卢被召回，以领导行动组。赫克歇尔收到了通知，圣地亚哥的军事专员保罗·维默特上校做了中间人，但中情局圣地亚哥情报站的 12 个人却被忽略了，情报局另派遣了 4 名卧底人员来到智利处理直接行动。科里大使只知道第一策略是美国在智利采取的所有行动。赫尔姆斯、卡拉梅辛斯和菲利普后来都证实，白宫希望尽快看到结果，他们的确受到了来自白宫的巨大压力。

然而，第二策略并没有导致任何军事政变。10 月 22 日，中情局的联系人煽动部分智利官员去刺杀智利的军队指挥官雷内·施奈德将军，这次行动在圣地亚哥引起了强烈的反对。两天后萨尔瓦多·阿连德被确立为智利总统。

对施奈德的暗杀发生在白宫下令停止任何这类行动大约一周

之后。基辛格想要公众相信这个命令结束了美国在智利的隐蔽行动，但事实完全相反。卡拉梅辛斯证实道："就我所知，我们被告知继续行动，保持警惕，尽一切所能，以便最终实现第二策略的目标和意图……我不认为第二策略已经结束了。"

中情局的智利行动小组原地待命。国家安全委员会特设委员会在这之后批准的隐蔽行动资金使其他之前花费在大选上的开支相形见绌：1971 年拨款 280 万美元，1972 年拨款 290 万美元，1973 年拨款 168 万美元。中情局在这一时期实际花费 750 万美元。特设委员会为 1974 财政年度批准了 110 万美元，但中情局在 1973 年 9 月 11 日推翻阿连德时只支出了 23.1 万美元。想要了解这些资金的去向，可以关注一下圣地亚哥的《信使报》。中情局一直认为《信使报》是友好的，智利行动组组长菲利普早期也曾在《信使报》工作过，在阿连德政府时期，中情局对《信使报》的补助增加了 3 倍。

赫克歇尔在反对阿连德的同时也警告政策制定者们不要利用智利军队，他的职务被雷·沃伦取代。科里大使的职位也被另一位职业外交官纳撒尼尔·戴维斯取代。美国停止了对智利的经济援助，美国国际开发署的援助资金也逐渐枯竭。此外，美国还阻止世界银行向智利提供贷款，甚至阻断私人资金流往智利。另一方面，美国继续并逐渐增加对智利军队的资金支持，这对官员们而言是一个明显的暗示。

美国的行动使智利的政治形势两极分化，使中产阶级转而反对阿连德，并侵蚀了军队传统上的政治中立地位。阿连德全力以赴应对各方的诘难，但他也不可避免地犯了错——继续进行工业国有化，从而加剧了美国的敌对态度。美国中断了对智利的出口，智利的工厂无法得到美国的零配件，这给经济造成了严重后果。

1972年秋季，动荡的局面达到了狂热状态，卡车司机工会开始了一系列全国性的大罢工，智利的交通几乎连续数月陷于瘫痪状态。

卡车司机们的罢工成为戏剧开场前的序幕，然后美国的第二策略便粉墨登场了。10年之后，我们仍然无法说明卡车司机们是如何不顾生计，维持了长达一年时间的罢工。当时的谣言说美国或巴西给卡车司机们提供了资金支持。美国国务院和中情局的官员向国会否认参与罢工，并坚持说自己与罢工没有丝毫关系。中情局西半球司司长大卫·A. 菲利普1973年从委内瑞拉回到华盛顿之后也否认中情局参与了此次罢工。令人奇怪的是，卡车司机工会并没有收取大量会费，也没有数量可观的罢工资金。

尽管形势混乱，阿连德的人民团结联盟仍然在1973年3月的选举中获得了多数席位，在国会胜出8个席位，得到43.4%的支持率，而1970年时阿连德的支持率仅是36.3%。

直到1973年，在参谋长卡洛斯·普拉特将军这位严厉的立宪主义者领导之下，智利军方仍然保持克制，政府军于6月29日摧毁了一次未遂政变。两个月后，军方的不满情绪以军官们的妻子在普拉特家门外示威的形式浮出水面。普拉特随即辞职，奥古斯托·皮诺切特取代了他的位置，在1973年9月11日发动了一次军事政变，成为执政团的首领，将控制权从政府手中抢了过来。萨尔瓦多·阿连德在拉莫内达宫总统府的办公室身亡，总统府在政变期间遭到轰炸和袭击。

基辛格和纳撒尼尔·戴维斯都断言是阿连德自己制造了反对派。尽管人民团结联盟运动在短期内引发的社会变革确实触发了智利民众的恐惧和猜疑，但那样的结论却回避了美国参与事件的实质。美国的资金引起了智利媒体接二连三的批评，使右翼反对团体的联合执政成为可能，右翼团体祖国和自由党就是反对阿连德的先锋力量。据美国驻智利前大使科里估计，美国的第二策略导致了九起不同的暗杀阴谋，包括一起针对阿连德本人的暗杀。

此外，智利的结局最终取决于武装力量的态度，而智利军方被无比明确地告知，如果他们支持立宪政府，就不可能拥有美国的友谊。很明显，美国军方在智利政变中也插了一脚，与智利军队一起参与了政变。当时，多艘美国海军舰艇停靠在智利海岸，参与 UNITAS（美国和拉丁美洲的国家参与的年度军事演习），据说其中一艘舰艇将一支海豹突击队送到智利登陆。在这一次演习中，美国派遣 32 架飞机降落到附近的阿根廷的门多萨基地。在政变发生的当天，曾有一架美国电子侦察飞机飞越安第斯山脉。据多方报道，当时这架飞机正在为政变策划者们传递信息，或者为美国情报部门进行录音。如果没有事先通知，政变最后是不可能发生的。

皮诺切特军政府上台后立刻宣布进入戒严状态，并开始进行声势浩大的镇压运动。至少有两位美国公民死于智利军方之手，他们的名字是查尔斯·E. 霍尔曼和弗兰克·特鲁奇。和他们一起被迫害致死的还有大约 5000 位到 25000 位智利公民，但是军政府却宣布只有 1000 人死亡。美国政府在 1973 年 9 月 29 日承认皮诺切特军政府之前，根本没有采取行动为美方的死者家属寻求解释、道歉或赔偿。3 年后，1976 年 9 月 21 日，皮诺切特利用在华盛顿大街上放置的汽车炸弹，直接深入美国去刺杀被智利流放的前国防大臣和驻美大使奥兰多·莱特利尔。在这次爆炸中死亡的还有另一名美国公民罗尼·K. 莫非特。同样地，卡洛斯·普拉特将军和他的妻子也于 1974 年在布宜诺斯艾利斯被枪杀。

尼克松在 1972 年获得连任之后，任命赫尔姆斯为驻伊朗大使，巧妙地将这位前中情局局长请出局，究其原因，是因为赫尔姆斯没能在第一时间采取激进措施阻止阿连德。

尽管如此，赫尔姆斯却不得不在1973年初向参议院外交关系委员会的跨国公司委员会多次做证。这个委员会的主席是弗兰克·丘奇（Frank Church），负责调查美国在智利的行动。赫尔姆斯一直对指挥系统十分忠诚，他也为自己懂得如何与总统友好相处而自豪，他在宣誓证词中否认中情局曾经试图推翻智利政府。4年后，理查德·赫尔姆斯被指控做了伪证。他对指控没有异议，被判有罪，缓期两年执行，并处以2000美元的罚款。

非常具有启示意义的是，基辛格后来被迫向国会调查委员会承认中情局参与了智利的政变，但是在回忆录中，他继续谴责那些官僚们没有充分执行他下达的命令，而最初正是他本人拒绝承认下达过这些命令。

从杜鲁门政府开始实施隐蔽行动以来的20多年间，美国对不同国家实行双重标准的做法一直存在。这就是"合理推诿"概念的本质所在。但是推诿的基本原理是防止隐蔽行动被那些目标国家识破，推诿的意图从来都不是拒绝向美国政府的决策者们提供信息。尼克松政府将双重标准提升到了事实上的行事准则。

自从开始实施隐蔽行动以来，如何掌控这些行动就成为一个棘手的问题。我们已经见证了杜鲁门、艾森豪威尔、肯尼迪和约翰逊为此所做的努力，尼克松也做了一些改变。一位参与了1968年外交关系委员会座谈会的人曾将303委员会描述为"行将就木"。据基辛格所言，303委员会并不是因为这个原因而需要变革，而是因为它在1969年的一个新闻报道中被指认出来。

基辛格的理由也不是很明确。事实上，重组以后的国家安全委员会特设委员会扩大到将司法部长也包括在内。约翰·N.米切尔是尼克松政府的司法部长，也是尼克松的好朋友，他加入特设委员会很有可能是作为总统的私人代表去留意基辛格，因为尼克松并不是完全信任基辛格。其他特设委员会的成员都找不到将米切尔包括在内的理由，而米切尔也很少在会上发言，总是在鼓捣他的烟管。

变革在 1970 年 2 月 17 日正式确定下来，这体现在尼克松政府的国家安全决议备忘录 NSDM–40 号文件中。特设委员会也因此成为 40 委员会。NSDM–40 号文件同时撤销了 NSC–5412/2 号文件中关于反对苏联的隐蔽行动的根据。NSDM–40 号文件这样写道："我决定，美国政府公开的外交活动继续由隐蔽行动加以补充，这对于美国的国防和安全以及世界和平来说是至关重要的。"

在 NSDM–40 号文件的指导下，特设委员会负责从政策上审批所有主要的、政治上敏感的隐秘行动计划，包括那些由中情局以外的部门建议的行动；负责安排联合侦察任务；负责隐蔽计划的年度审查。为实现制订计划的角色，在中情局，计划处的计划和设计科负责制定行动和目标备忘录并交由 40 委员会审批。一个新的隐蔽行动科取代了先前的心理和准军事科。

在仔细地设置了这个框架之后，尼克松和基辛格继续经常忽略它。40 委员会的国务院代表 U. 亚历克斯·约翰逊写道："在尼克松政府时期，总统和中情局就敏感话题经常绕过委员会，这是事实。"在尼克松下达他的第一个在柬埔寨行动的命令时，他指示基辛格不能对 40 委员会透露半点风声。在智利行动中，特设委员会的每个人，甚至连国务卿都被有意排除在第二策略之外。同样地，关于库尔德人的问题，总统也没有向 40 委员会咨询。

40 委员会讨论的大多数是关于情报搜集的决定，比如高空和卫星侦察任务，以及"格罗挑战者"号试图将苏联的导弹潜艇从太平洋底升起的尝试。40委员会所做的为数不多的一个实际的隐蔽行动决定是花费1000万美元去影响1972年的意大利大选，这和批准用于智利的预算类似。40委员会的大部分会议都在讨论半年度或年度活动的现状报告，因此40委员会似乎被用于处理日常决定，而不是关键事宜。

基辛格担任40委员会的主席。在一位中情局工作人员的协助下，他负责设立各项会议和议程，只有负责人才能参加，基辛格本人是最后的仲裁者。中情局1972年编写的第一份关于秘密行动的官方手册指出，只有约1/4的行动由40委员会审议，排除在外的不仅是许多次要的或者不重要的行动，也包括几乎所有重大的、敏感的行动。

基辛格采用的将委员会的影响力最小化的策略就是尽可能少召开会议。他喜欢通过电话咨询委员们对某个问题的看法，他的依据是这样能节省委员们的宝贵时间。值得注意的是，电话通话只能够保存很少的记录，不召开会议也能防止委员们之间交流意见，而交流能使委员们得到更多的信息，从而意识到正在发生的事情。在1973年和1974年，特设委员会一共通过了40项决定，但却没有召开一次会议去讨论过任何一个实际的隐蔽行动方案。

特设委员会从来没有像在尼克松—基辛格时代那样“行将就木”。

理查德·尼克松失去了行使权力的能力，哪怕是在总统办公室。“水门”是来自尼克松时代的一个污名，是他1972年再次竞选时的产物。

“水门事件”对中情局很重要，因为窃听的团队包括猪湾的老兵，不仅有古巴流亡分子（签约人员），如伯纳德·贝克，也有中情局的官员，如霍华德·亨特。中情局安全专家小詹姆斯·W.麦克德也参与了窃听行动。中情局曾给亨特提供物质援助，在白宫的要求下准备了部分美国人的心理档案。在白宫的指示下，“水门事件”的原班人马曾实施过其他非法窃听。这些事实被揭露以后，中情局知道自己摊上了大麻烦。在弗农·A.沃尔特斯将军于1972年到1976年任中情局副局长期间，他一直在“水门事件”的调查和后续调查中为中情局辩护。

这一时期同样也是秘密战士们变革的时期。被选择替代赫尔姆斯的人是詹姆斯·R.施莱辛格，一个除了在1970年为尼克松从事过管理研究之外，再无任何情报经历的国防分析专家。施莱辛格在兰利任职仅五个月之后就转职去当了国务卿，但就在那几个月之内，他负责进行了一些重要的改革。

施莱辛格认为计划处养了一大批闲人，于是计划处开始裁员。大约有1000人被要求退休、辞职或者被解雇，这些人大多数都是准军事行动专家。隐蔽行动的预算也直线下降。从老挝行动开始，中情局隐蔽行动的预算就开始由国防部负责。计划处重新命名，改了一个更合适的名字——行动处（Directorate of Operations，简称DDO）。汤姆·卡拉梅辛斯被比尔·科尔比替代，科尔比成为行动处副处长。之后威廉·尼尔森接任科尔比，他是科尔比的门徒之一。

赫尔姆斯发起的另一项变革在施莱辛格的带领下继续进行，在施莱辛格离开中情局后，又由新一任局长威廉·E.科尔比最终完成。这牵扯到中情局主要的航空企业。1972年赫尔姆斯下令只将美国航空公司保留到印度支那战争结束，并出售美国南方航空运输公司（Southern Air Transport, 简称SAT）。SAT原来的所有人打算收购，并提出560万美元报价。在赫尔姆斯任中情局局长的最后一个月，他批准了这次收购，SAT 的董事会也进行了最终确认。但是这个收购案却遭到其他航运公司的反对，在施莱辛格任中情局局长的最后几天，其中一家公司提出了 750 万美元的报价，遭到施莱辛格的拒绝。代理中情局局长的科尔比于 1973 年 7 月 31 日下令 SAT 进行停业清算，但是原所有人随后又一次还价打算收购南航。交易在 1973 年的最后一天结束。稍后，这位新主人自己继续清算 SAT，违反了合同中有关意外利润的条款。在后续的法律诉讼过程中，中情局正式承认了对 SAT 的所有权，并在共计 690 万美元的交易中，获得了 130 万美元。在这个过程中的输家是中情局在 SAT 的雇员，他们的工作就这样凭空消失了。

中情局自己对美国航空公司进行了清算。到 1975 年，母公司太平洋公司的职员从 11200 人减到了 1100 人。亚洲航空公司被卖给了得克萨斯的 E 系统公司。亚洲航空公司的飞机和其他资产也被单独出售。中情局告知丘奇委员会，清算将于 1976 年 6 月 30 日完成，中情局有望实现共计 2000 万美元的收益。

这些变革在中情局代理局长威廉·科尔比的带领下进行。随后，科尔比被任命为新一任中情局局长。在任职时的参议院听证会上，以前的西式“通缉”海报一夜之间出现在华盛顿的大街小巷，这是一种改良过的手段，曾经在“凤凰”行动中广泛使用过。海报以一张黑桃 A 为底色，黑桃 A 是美国人在越南使用过的，指代的是死亡或者杀戮，在那上面是一张科尔比的脸部素描。科尔比调查后确认这不是中情局的安全办公室搞的鬼。科尔比的中情局仍然具有全球影响力，但其权柄已经不再那么强大了。

第十六章　复活的“恶象”

“水门事件”对比尔·科尔比的影响远远超过了他的预期。事件暴露了中情局向白宫的国内政治行动提供帮助，从而揭开了在冷战保护下中情局的那层神秘的面纱。国会对此大为不满，不仅是因为反感中情局干涉内政，而且更加担心对情报系统的监督逐渐减少。此外，美国政府在解释老挝和智利行动时明显不诚实，“水门事件”更进一步加深了国会的担忧。科尔比就任中情局局长时正好面对这突然爆发的一切不利局面。

中情局在伊拉克的秘密战当时正在实施，甚至还需要去非洲执行隐蔽行动，可是此时正值国会调查最紧张的关头。科尔比和他的继任者不得不约束美国的秘密战士们，尽管后来中情局的准军事能力又一次复活，但“水门事件”引发的政治争端给中情局带来的是为期 10 年的动荡。

这场政治风暴的导火索是一通简短的电话。这通打给科尔比的电话发生在 1974 年 12 月 18 日，打电话的是《纽约时报》的一位记者，名叫西摩·赫什（Seymour Hersh）。赫什是一位出名的调查记者，早期曾因写过关于越南的报道获得过普利策奖。在电话里他告诉科尔比，他已经从多处掌握到情报，知道中情局已经对反越战人士展开了大量调查活动，包括非法闯入、邮件拦截、电话窃听、视频监控。

科尔比约见了赫什，并试图向他解释他所发现的信息实际上只是若干个事件相互牵连所导致的扭曲的结果，每个单独的事件都符合中情局的规定。科尔比认为此类行为已经停止，1973年制定的指令也明确说明中情局会严格遵守法律的规定。科尔比还坚持认为赫什有点夸大其词。

可是赫什却不以为然。12月22日，他的文章刊登在《纽约时报》的头版，占据了三个版面。文章的标题是《尼克松时代中情局对反越战势力和其他持不同政见者有大动作》。

科尔比承认“水门事件”导致的直接后果就是一场“媒体和政治大爆炸”。对他来说，“这些事件不仅毁了他今年的圣诞节，也毁了来年所有的节日”。

这个问题非常严重，因为自从1947年以来，历任总统都成功避免为中情局的责任、义务和限制制定更多的法律规范。总统们更喜欢法律的模糊性，这样他们就能够有更多的行动自由。但是每一次白宫避过情报改革，压力就会转移到国会身上，情况越演越烈，直到1974年糟糕到极点。所以，比尔·科尔比流年不利与白宫和媒体都脱不了干系。

这场政治争端的一个要点就是对情报机构的立法监督。1955年，行政部门也曾提出过这个问题。应艾森豪威尔的要求，胡佛委员会下属的一个情报研究小组提出应该设立一个国会联合委员会以负责情报监督工作，类似于执行原子能项目监督的联合委员会。国会很快便出台了一系列议案，其中一个是蒙大拿州参议员迈克·曼斯菲尔德提交的，联合倡议者超过34名。

尽管艾森豪威尔总统最初要求胡佛委员会提交报告，但是他并没有同意这个委员会的建议，后来转而反对曼斯菲尔德法案。艾森豪威尔的双重应对方案是：既建立“总统外国情报活动咨询委员会”（PBCFIA），后来改名为“总统外国情报顾问委员会”

（President’s Foreign Intelligence Advisory Board，简称 PFIAB），又支持在国会设立一些秘密的军事小组负责审批情报预算。在这之前情况比较特殊，预算只能由国会议员和参议员批准。曼斯菲尔德法案以 27∶59 票未能在参议院通过。最初联合倡议这个法案的 34 人中有 14 人转而反对，军事情报委员会的所有成员都投了反对票。在随后的几年中，每次国会会议上都不断有类似法案提出，但是都被搁置或当场未能通过。

这些秘密的小组委员会组织结构更正式一些，但是这种安排仍然算不上是监督。情报系统没有义务和 PFIAB 合作，从严格意义上讲，PFIAB 只是总统的一个咨询小组，职能是使国会的各个委员会能够充分并及时了解情报活动。中情局局长可以提出预算请求，中情局会回答别的部门提出的具体问题，但是不会有人主动提供任何信息。

工作简报上提出了大量关于情报分析的问题，但与此相反的是，在情报计划这个问题上几乎没有任何交流。根据官方记录，1955 年到 1956 年期间，参议院军事情报委员会只召开了一次情报汇报会，1957 年没有召开过一次。从 1955 年到 1964 年的 10 年间，平均每年召开的次数不超过两次。1960 年猪湾事件发生之前的几个月内，参议院拨款委员会和军事委员会未与中情局官员召开任何会议商讨应对计划。

这种简报会议受到阻碍的表面原因是中情局沉迷于自我保护，坚持对“情报来源和方法”保密，但是真实原因有时候却截然相反。20 世纪 50 年代初，由于苏联成功地渗透到中情局的一项隐蔽行动中，艾伦·杜勒斯认为中情局可能会受到强烈质疑，他告诉计划处的处长们，“我觉得我必须捏造一点事实”。艾伦·杜勒斯的眼睛里透出愉悦的光芒，他自信地说，他会毫无保留地告诉小组委员会主席一切真相，“如果他想知道的话”。还有一次，杜勒斯对他的助手说，“我会告诉他们一些战场上发生的事”。

如果设立小组委员会有任何作用的话，那就是让情报官员们的工作变得更轻松，那些资深的国会议员认为这种安排让他们能有机会接触到这个秘密的世界，但是他们并不想改变现状。马萨诸塞州的共和党议员莱弗利特·索顿斯托尔的态度颇具代表性，他指出：“问题不是中情局不想和我们交流，而是我们不愿意交流。作为国会议员和公民，我本人并不愿意去了解我最好不知道的事情。”

1965 年，小组委员会合并了军事委员会以及拨款委员会，但是中情局仍然保持沉默。中情局局长在证词中拒绝回答参议院外交关系委员会提出的某些问题，但是承诺如果相同的问题由秘密小组委员会或 PFIAB 提出，他将会做出回答。外交关系委员会主席、阿肯色州参议员威廉·富布莱特得知中情局向个人提供信息，但是却不向当选议员提供，他非常愤怒，于是强烈支持明尼苏达州参议员尤金·麦卡锡的提案，呼吁外交关系委员会对中情局进行调查。提案在外交关系委员会通过后提交到了参议院。

麦卡锡提案向现存的立法监督机制提出了挑战。迈克·曼斯菲尔德是参议院现任多数党领袖。1956 年，林登·约翰逊担任多数党领袖期间曾反对曼斯菲尔德提出的联合委员会提案，但是他现在坐镇白宫。作为多数党领袖，曼斯菲尔德愿意做出让步，但是身为蒙大拿州参议员和共和党员，他必须支持麦卡锡的提案。曼斯菲尔德和军事委员会主席理查德·拉塞尔以及富布莱特会面，拉塞尔是路易斯安那州参议员，也是中情局下属委员会的主席。在会谈中，曼斯菲尔德表明了立场，表示如果无须做出让步，他将支持麦卡锡的提案。

有人建议约翰逊总统不要插手此事，但是和艾森豪威尔一样，约翰逊一直隐在幕后维持现状。早在1965年秋，约翰逊总统就颁布了一项总统令，重新确立了PFIAB的职能。如麦克乔治·邦迪所说，“一旦我们对情报系统的监督工作出现问题，我们将视情况而定”。但是问题如果真的出现，总统令其实起不了作用，因为PFIAB能够获得国会无法得到的信息支持，富布莱特等人因此感到非常愤怒。

国家安全委员会助理沃尔特·罗斯托取代了邦迪的职位，他在给约翰逊总统提交的报告中说，富布莱特对此事极为不满，他不理解为什么外交关系委员会无法获得信息。而约翰逊总统在报告底部随意写的几个字一语道破了天机：因为他们会泄露机密。

约翰逊总统不但插手了，而且发挥了积极作用，他坚决支持威廉·雷伯恩。1966年6月2日，曼斯菲尔德和富布莱特等会面的第二天，总统轮流会见了曼斯菲尔德和参议院少数党领袖、伊利诺伊州共和党人艾弗雷特·德克森。总统反对让中情局向参议院汇报工作。值得注意的是，约翰逊总统没有任命国家安全委员会顾问罗斯托和中情局的皮特·杰瑟普处理此事，而是选择了他的助手哈里·麦克弗森。几周之后，赫尔姆斯接任中情局局长一职，白宫仍未停止提出意见，这次是通过政治助理比尔·莫耶斯。

麦克弗森和参议员拉塞尔商量好了对策。他们对麦卡锡的提议做了一些修改，删掉了有关员工、预算和汇报的条款。在此期间，富布莱特又写了一封信，但中情局再一次拒绝向外交关系委员会提供任何信息。拉塞尔强烈反对麦卡锡提案，他和麦克弗森决意通过投票决定是否通过这个提案，否定了所有试图搁置或推迟提案的建议，最终这个提案在1966年7月以28∶61的票数未被通过。为了安抚国会的情绪，第二年拉塞尔邀请富布莱特以及外交关系委员会的首席共和党成员来到国会山，和秘密下属委员会的成员会面，中情局则赴国会山向外交关系委员会详细汇报了在老挝的活动。尤金·麦卡锡后来成了赫尔姆斯的好朋友。

这段小插曲发生之后，中情局和国会关系和好如初，二者之间召开的会议也在慢慢增多。1965 年到 1974 年之间，中情局向参议院军事委员会做简报次数为平均每年三次，向参议院拨款委员会做简报平均每年四次，向众议院军事委员会做简报平均每年四次。国会依旧是一副无精打采的懒散态度。1971 年到 1972 年期间，众议院未召开任何会议。1967 年，某国会议员前往兰利对预算报告进行审查，由此中情局拨款委员会得到了参议院和众议院的认可。

中情局继续利用这种局面。1966 年，赫尔姆斯在科技处副处长的陪同下前往国会山，还携带了一些精选的间谍装置，成功地回避了对一些重大问题的讨论。同样，在他的越南事务特别助理乔治·卡弗首次前往国会山之前，赫尔姆斯向他建议："不要含糊其辞，漫无边际，也不要猜忌。如果你感觉在某个领域你无法插话的时候，一定要提出来，而且回答问题的时候，一定要简洁明了，切忌答非所问。"难怪赫尔姆斯在 1973 年的证词中在智利问题上故意误导国会，但却表现得极为自信。

尼克松政府执政后期，国会的态度开始发生转变。反越战活动引发了对许多政策的质疑，包括情报政策。参议员斯图亚特·赛明顿和其他参议员揭露美国干涉老挝事务，再一次把中情局抛上风口浪尖。这一次的问题是战争权力。在国会没有宣战便发动了战争的情况下，为了弥补后果，参议院纽约州共和党人雅各布·贾维茨、密苏里州共和党人托马斯·伊格尔顿、密西西比州共和党人约翰·斯滕尼斯共同提出两党联合立法，目的是限制总统在没有国会许可的前提下发动军事行动的权力。之前类似提案未能通过是因为没有通过两院和会议委员会，但是这次的国会投票势在必行。参议院 S440 号《战争权力法案》得到很多人的响应，可以保证提案获得通过，也足够推翻总统的否决权。

当大多数参议员关注于常规军事行动的时候，托马斯·伊格尔顿认为现代战争并不一定始于大型入侵，他担心中情局的秘密战会演变成公开战争，越南战争和老挝战争就是活生生的例子。于是，伊格尔顿提出对 S440 号法案进行修正，增加一个条款，将限制延伸到美国政府的公务人员，目标直指中情局。伊格尔顿相信在 1973 年 7 月之前可以找到足够多的支持这个条款的人，当时，富布莱特的外交关系委员会迈出了史无前例的一步——拒绝尼克松任命麦克默特里·戈德利大使担任负责远东事务的国务卿助理。戈德利参与老挝秘密战是他的新任命遭到一致反对的重要原因。

然而，伊格尔顿试图制约中情局战争权力的努力却进展得并不顺利。伊格尔顿刚一提交修正案，现任军事委员会主席、中情局小组委员会的负责人约翰·斯滕尼斯就要求伊格尔顿撤销修正案。斯滕尼斯更青睐于将限制条例作为中情局规则的一部分，和战争权力法案区别开。贾维茨对此也表示反对，而参议院领导人、缅因州民主党人埃德蒙·马斯基却表示同意。马斯基在参议院辩论期间收到斯滕尼斯的来信，这封信最终决定了伊格尔顿修正案的命运——以 34∶53 的票数未获得通过。这个变故，再加上法案内没有明确的定义，伊格尔顿从原来的立法支持者变成活跃的反对者。法案最终还是通过了，但遭到尼克松总统的否决，随后国会又推翻了总统的否决。然而，虽然《战争权力法案》成为法律，但是并不能阻止秘密战的发生。

中情局一直以来都非常幸运。1974 年以前提出的超过 200 项旨在监督或限制中情局的立法措施中，没有一项通过。过去的一年里，国会对这个问题有很多负面情绪。参议院政府行动委员会也在暂时考虑某些立法。在所有努力取得成果之前，比尔·科尔比接到了西摩·赫什打过来的电话。

杰拉尔德·福特总统当时正在前往科罗拉多州威尔滑雪场度假途中，科尔比给他打了电话，提醒他赫什所写的中情局参与国内事务的报道即将传开。福特立即要求提供报告。不久，媒体的调查不断深入，福特一一做出了回应，并发表了一份公开声明：总统已命令国家安全委员会顾问亨利·基辛格向威廉·科尔比索要报告。在讨论期间，中情局局长和总统对话时言辞非常谨慎。总统当时正在空军一号上，用无线信号连接白宫总机，和科尔比通过开放线路进行电话交谈。

比尔·科尔比的噩梦从圣诞夜开始了。那天晚上，科尔比从兰利出发，穿过波托马可河，前往国务院拜访基辛格。赫什的文章发表两天后，科尔比准备了一份备忘录，指出《纽约时报》的报道夸大其词。但是，所谓无风不起浪，科尔比不得不承认赫什的报道确实揭露了中情局存在权力滥用的情况，这从吉姆·施莱辛格回应“水门事件”的报告中也能够暴露出来。中情局监察长的报告中包含了接近700条中情局内部员工提出的指控，所涉及的问题非常敏感，以至于被讽刺成“家丑”。

碰巧的是，基辛格从来未被告知所谓的“家丑”，这份报告是在科尔比取代施莱辛格的权力交接期间完成的。现在我们可以理解科尔比为什么会爆发了。

最终，科尔比读完了报告，也递给了基辛格一份副本。报告中包括对中情局企图刺杀外国政治领袖的控告，这些领袖包括卡斯特罗、吴庭艳以及多米尼加独裁者拉斐尔·特鲁希略（Rafael

Trujillo）。基辛格快速浏览了一遍各项控告，当他看到刺杀那一部分时慢了下来。他抬头看着科尔比。

“比尔，赫什的文章第一次发表的时候，我认为你可以很果断地否认，”基辛格说，“但是现在，我明白你当时为什么没有那样做。”

基辛格拿着科尔比这30页的报告前往威尔给福特总统看。白宫方面没有做出否认，福特也没有发表任何支持中情局的声明。科尔比也没有否认，中情局也未做出官方声明。

唯一否认赫什的人是理查德·赫尔姆斯。赫尔姆斯在圣诞夜指出，赫什的报道缺乏可信的信息来源。科尔比本人希望拯救中情局，但是他并不准备撒谎或者做任何违反法律的事情。这意味着接下来的事情就是静候一场无法避免的调查了。

1975年4月，福特总统宣布政府不会容忍中情局的违法行为，他还说，科尔比已经向他担保此类行为不会再次发生，并宣布成立委员会，以副总统纳尔逊·洛克菲勒的名义对权力滥用行为进行调查。

国会非常迅速地成立了自己的调查委员会。参议院在1月27日以82∶4票通过了S.21号决议，决议名称是《成立特别委员会调查政府行动中的情报活动》。委员会由爱达荷州民主党人弗兰克·丘奇统一领导，由14名成员组成。2月，众议院也成立了由10名成员组成的委员会，但是遭到质疑，5个月之后被一个规模稍大的情报工作特别委员会取代，新的委员会由纽约州民主党人奥蒂斯·派克领导。由此，众所周知的“情报年”拉开了帷幕。

福特总统在他的回忆录《医治有时》中指出，“情报年”的出现应归咎于包括西摩·赫什在内的调查记者以及什么事都想调查的国会委员会，“水门事件”的发生加强了调查的力度。福特在这点上无疑是正确的，但是中情局的权力滥用绝不是偶然的。

自从福特总统第一次接触“家丑”以来，情报泄露成为他主要的担忧。这种担忧在他的回忆录中也多次提及。在他执政期间也一直思考此事。事实上，为了避免调查刺杀他国领袖等敏感问题，福特总统为洛克菲勒委员会制定了详细的授权调查范围，但是最后都徒劳无功，期待委员会能够避开国会的调查只是幻想。

很显然，如果没有搜集到证据，调查就不可能进行，而如果调查委员会需要报告这些证据的话，他们就不得不泄露机密。隐瞒文件和证据，或者对证词进行限制势必都会激起调查人员的愤怒，这只会导致机密的泄露。而且，中情局拒绝提供信息，这已经被媒体公开报道，甚至都不需记者去调查。最糟糕的例子发生在亨利·基辛格和派克委员会之间，派克委员会被迫在众议院全体成员面前汇报，以获得传审基辛格的权力。众议院投票通过了派克委员会的决议，但是当基辛格即将因蔑视国会而接受传讯的时候，他交出了材料。“情报年”结束之前，众议院投票产生了七张传票，但是政府只接受了其中的四张。政府拒绝的三张传票中，第一张是要求基辛格提供 1961 年 1 月 30 日以来国务院提交给国家安全委员会的所有隐蔽行动，第二张传票也和隐蔽行动有关，第三张和战略武器限制协议的情报报告有关。

福特认为，派克委员会对基辛格“过于苛刻”。在咨询了司法部长之后，福特于 1975 年 11 月 19 日开始干预此事。他在写给奥蒂斯的信中说，传唤文件已经通过合法渠道得以扣押。派克委员会的回应是以蔑视国会的名义投票传审基辛格，这个举措会牵涉到众议院全体成员。白宫后来做出了让步，提交了一些材料。

1976 年 1 月初，白宫发起了反击。白宫助理告诉派克委员会，如果他们将来希望以监督委员会的身份获取情报资料，就必须严格裁员，而且要加大对泄露机密的处罚力度，处罚方式包括从国会开除。中情局出于国家安全的考虑，建议删除派克委员会报告中的大部分内容。派克委员会同意删除一部分内容，但是拒绝删除其中的150条内容，尽管派克委员会事先同意对这些内容保密。福特政府说服了众议院不公开派克委员会的报告。投票的结果是，246名众议员赞同封存派克委员会的报告，而124名众议员则赞同公开。

记者丹尼尔·肖尔在众议院发言人托马斯·奥尼尔接受电视采访时，问及他对此事的反应，奥尼尔说：“今年是大选年，他们对秘密泄露的行为大肆抨击，要为退伍军人协会投票。”

但是，事与愿违，派克委员会的报告还是被泄露，大部分内容两次连载在纽约的周报《乡村之声》上。后续调查证实在报告泄露时，200多份复印件就已经扩散到国会和行政机构中。尽管报告最初泄露到丹尼尔·肖尔手中，但是最后并没有找到泄密的罪犯。

颇为讽刺的是，福特本来可以和最初的众议院委员会领导团队合作得更好。这个委员会主席的最初人选是密歇根议员吕先·尼齐，他不仅和总统来自同一个州，还一直担任情报委员会的主席。比尔·科尔比曾就刺杀外国领导人那部分活动向尼齐汇报过，尼齐没有将此事告诉任何同事，当这个事情曝光之后，尼齐的领导地位开始动摇，他被迫辞职，由派克接任他的职务。

弗兰克·丘奇是一位有着总统抱负的自由民主党人。一些观察者认为，丘奇企图借情报调查的机会，在全国获得声誉，进而使自己成为1976年选举中的一匹黑马，也为1980年的总统竞选打下坚实基础。不管怎么样，参议院调查平静有序地进行着，福特政府和派克委员会之间惯有的争执很少出现。

尽管参议院丘奇委员会也不断受到无根据的指控，声称委员会隐瞒了事实，但是弗兰克·丘奇从未放弃，他知道从何处开始调查。1966 年时，丘奇还是外交关系委员会的一员，委员会遭到中情局的蔑视。他参加过 1967 年和 1969 年的老挝事务听证会。丘奇也曾经是跨国公司下属委员会的主席，在该委员会对中情局卷入智利的事件进行调查时，理查德·赫尔姆斯撒了谎。不论丘奇有何雄心壮志，他都打算将后续调查进行到底。

和其他调查一样，丘奇从国内权力滥用问题着手。类似于派克委员会的做法，丘奇的团队调查了情报分析、情报机构的历史、预算等。丘奇的工作最为突出的地方在于对隐蔽行动的调查，对象包括 1961 年以来发生的 900 次重大隐蔽行动和 700 次小型隐蔽行动。

调查极为深入彻底。仅是关于刺杀情节的临时报告，丘奇委员会就安排了大量采访，召开了长达 60 天的听证会，宣誓证词累计达到 8000 页。根据调查后期揭露的信息，一些证人接受了二次采访。为了对隐蔽行动进行综述，委员会听取了 14 次中情局的汇报，对 120 人进行了访问，其中包括 13 名前任大使，以及数十位情报站站长。调查原计划于 1975 年 9 月截止，但最终直到 1976 年 4 月才结束。调查总计召开了 250 次秘密听证会，进行了 800 次采访，文件记录累计长达 11 万页，有 60 名专家协助委员会进行调查。

丘奇委员会随即公布的报告分为六卷，包括详细的内部研究报告。另外还有七卷听证会报告，一份关于刺杀情节的临时报告，以及对智利隐蔽行动的案例分析。此外，有六卷关于隐蔽行动的案例分析应中情局的要求保密。

所有这些数据都指向一个非常重要的结论：未能给情报行动在宪法框架内提供必要的法规。总统已经过度地利用了隐蔽行动，有时甚至弄巧成拙，国会没有对情报预算给予足够的关注。最本质的问题是如何在保密和民主之间寻求平衡。

在丘奇委员会长达数百万字的听证会记录、研究和报告中，有句话让福特和其他听过的人记忆犹新。有一天在听证会上，丘奇说出了自己心中的疑惑——中情局是否不再是那只“恶象”？中情局多年以来一直设法摆脱这个侮辱性的绰号。

调查完成之后，弗兰克·丘奇得出的结论是：美国政府实施隐蔽行动的权力应该受到严格限制。但是丘奇的同事大部分却都不愿意这样。

丘奇在报告中也提到了隐蔽行动的战士们，他说：“我们绝对不需要一批从事隐蔽行动的间谍人员，通过在全世界策划阴谋去赢得军功和晋升，这是一种不断自我提拔的事业。”丘奇认为，总统有适当的权力，但是权力带来的压力是巨大的。“在很大程度上，这种激进主义行为应归咎于我们幻想自己有权力通过秘密操纵他国内政来达到控制他国的目的。这也部分导致了总统心中的‘美国无所不能’的幻想，这个幻想引诱着总统，并让其陷入困境。”

中情局实施的另一个冒险活动无疑再一次强化了这种“美国无所不能”的观点。在非洲实施这次隐蔽行动时，华盛顿的调查已经进入了尾声。这次非洲冒险代号是“特色”行动，和此前的刚果行动类似，“特色”行动的目的在于扭转非洲某殖民地企图独立的局势。这次的目标是葡萄牙殖民地——安哥拉。

安哥拉事件起于殖民国家葡萄牙。1974 年 4 月发生的左派军事政变推翻了长期的独裁统治。葡萄牙一直都在开展反叛乱战争，镇压安哥拉和其他非洲殖民地的独立运动。但是葡萄牙的新政府对反叛乱战争并不感兴趣，于是葡萄牙军队宣布从非洲撤离。葡萄牙决定允许安哥拉在 1975 年 11 月 11 日宣布独立。葡萄牙和三支反叛势力进行协商，并达成协议，为成立一个联合政府做选举上的准备。

安哥拉是欠发达殖民地的一个典型例子。由于葡萄牙殖民者不希望在独立问题上过多参与，致使安哥拉国内局势异常复杂。每一支反叛势力都有自己的武装力量和政治组织，都想和其他势力一决雌雄。每个反叛势力都有自己的部落，因此政治竞争中也包含种族因素。安哥拉人民解放运动（Popular Movement for the Liberation of Angola, 葡萄牙语首字母缩略词是 MPLA）、安哥拉民族解放阵线 (National Front for the Liberation of Angola，葡萄牙语首字母缩略词是 FNLA)、安哥拉民族独立运动全国联盟（National Union for the Total Independence of Angola, 简称 UNITA）三者都模糊地信奉社会主义意识形态，都是左派或者中间派，都接受社会主义国家提供的金钱和武器援助。MPLA 大部分由姆邦杜族组成，成立于 1956 年，拥有最好的政治组织，是安哥拉共产党的衍生物。FNLA 由巴刚果族组成，大约有 70 万成员，其中超过半数在反抗葡萄牙战争早期逃至刚果，于 1954 年由霍尔顿·罗伯托创立。罗伯托是个基督徒，出身是农民，但受过良好的教育。1966 年，罗伯托的主要助手若纳斯·萨文比（Jonas Savimbi）突然离开 FNLA，在更大的奥温本杜族中组建了 UNITA，其 200 万部落居民居住在安哥拉南部的本格拉平原。三支队伍都和葡萄牙人战斗过，但是从来没有以任何形式联合过。

如果不是出于冷战的缘故，安哥拉可能早就悄无声息地实现独立了。在安哥拉革命期间，中情局与安哥拉和葡萄牙双方周旋。中情局一方面资助霍尔顿·罗伯托，使其为自己提供情报，另一方面向葡萄牙出售 B-26 轰炸机，同时允许葡萄牙招募古巴流亡分子中的飞行员驾驶轰炸机。在葡萄牙发生军事政变时，中情局组建特遣部队，但是目的不在于安哥拉，而在于影响葡萄牙各方面的事务。

安哥拉联合协议达成后的数天内，美国的 40 委员会通过了一项提议，同意给霍尔顿·罗伯托增加 30 万美元的补贴，但同时拒绝了向萨文比提供 10 万美元的建议。福特总统随即确认了这两项决议。罗伯托因为这额外的资金帮助而感到振奋，决定对 MPLA 采取强硬政策。2 月，他命令 FNLA 军队向位于安哥拉首都罗安达和安哥拉北部的 MPLA 的小股部队发起攻击。3 月初，又有 50 名未携带武器的 MPLA 激进分子遭到枪击。这些武力冲突都终结了联合的可能性。

在这种情况下，苏联开始插手，它恢复了 1973 年时中止的对 MPLA 的援助，其中包括向罗安达空运武器装备。MPLA 和卡斯特罗之间一直维持着友好关系，在苏联空投武器之后，古巴也派遣了一支小规模的顾问代表团。

在华盛顿看来，是苏联阵营的援助让安哥拉成了冷战的战场。现在一个迫切的问题摆在面前——美国该如何应对？美国政府组建了一支跨部门的任务小组，由新任命的非洲事务助理国务卿纳撒尼尔·戴维斯领导，对这个问题进行研究。按照戴维斯自己的说法，他已经建议基辛格取消对萨文比的秘密支持，萨文比此时正在到处征兵。戴维斯警告称，美国将不得不处理“可能的信息泄露”，他认为“我们至多只能利用有限的资源，取得一点效果”。

戴维斯领导的跨部门小组的建议是：美国不能干预，应坚持通过外交手段，鼓励安哥拉的三个派别找到政治解决方案。安哥拉问题只是非洲问题，而不是冷战问题。军事干预会带来很大的风险，有可能给安哥拉，甚至全非洲，以及和葡萄牙的关系带来消极影响。相反，军事干预产生的结果将非常有限，还可能会导致苏联和其他大国更多地卷入安哥拉事务中。

派克委员会对安哥拉隐蔽行动详细研究之后，“按照国家安全委员会助理的命令”，删除了戴维斯团队的建议，只将他们的提议作为政策选择之一提交给国家安全委员会，其他的政策选择包括袖手旁观和进行军事干预。总统最终选择了军事干预。

采取军事行动的选择最后又反馈到了40委员会，委员会和之前一样还是由亨利·基辛格把持。在7月14日的会议上，40委员会命令中情局在40小时内制订一份隐蔽行动计划。这就是“特色”行动。中情局上层似乎并不同意这次军事干预，于是又提醒干预会带来巨大的风险，预计会花费1亿美元，而且这笔支出无法从局长的应急基金中划拨。但是“特色”行动却得到了40委员会的批准。7月17日，福特总统批准了1400万美元的经费。美国在智利采取行动时，中情局曾反对“第二策略”，在库尔德人的问题上，中情局也曾提出过反对意见，但是都无济于事。这一次，在安哥拉行动中，尽管中情局提出了反对意见，但是得到的依然是冷冰冰的行动命令。令人意想不到的是1976年在参议院做证时，基辛格正是利用中情局制订的计划为自己辩护：“中情局建议了这次行动，并支持了这次行动。”

比尔·科尔比对这个行动态度冷淡的原因之一可能是他知道事态的复杂性，而且中情局也没有做好充分准备。行动处非洲司在各个部门中依然权限最小，而且忙于监控50多个国家的动态。

但詹姆斯·波茨取代劳伦斯·德夫林担任非洲司司长后，一反常态，反而成为“特色”行动的强烈支持者之一。此外，基辛格削减了由准军事专家组成的特别行动队，而且他们也没有在非洲活动的经验。更重要的是，中情局在越南失败后，仍然在舔舐自己的伤口，这时执行“特色”行动有些不合时宜。

“特色”行动非常紧急，因此得以优先执行。事实上，在中情局还没有将行动队组建好之前，一架满载武器的飞机就已经出发，途经扎伊尔，将武器运给 FNLA。8 月 9 日前，又有两架 C-141 运输机飞往安哥拉，与此同时，一艘轮船正在装载物资，随时准备启航。

派往安哥拉的特遣部队和常规的中情局配置有点区别。起初任命的队长是约翰·斯托克维尔（John Stockwell），一位具有 12 年工作经验的中情局老兵，具有在非洲作战的丰富经验，曾参与过中情局在东南亚的行动。斯托克维尔在中情局的职位相当于陆军的上校，这项任务一般由上将担任，因此斯托克维尔资历尚浅。基于斯托克维尔对特别行动的陈述，队长将由非洲司司长波茨担任，而不是由行动处副处长威廉·尼尔森直接担任。但是按照中情局正常的任命程序，这个行动应该由尼尔森领导。

斯托克维尔和吉姆·波茨一起努力准备详细的计划，正好在最后关头赶上局长科尔比参加 8 月 8 日召开的 40 委员会会议。会上，他们的计划得到了高层的许可。而当纳撒尼尔·戴维斯得知中情局不顾他的反对，执意在安哥拉采取行动时，他选择毅然辞职。

随后，中情局主要负责人在行动处办公室开会，对计划和跨部门工作小组进行复审。波茨的助理建议考虑中情局应该如何参与。

尼尔森说道：“各位，我们有责任在身，请大家不要再搓自己的手指了。”

约翰·斯托克维尔被派遣到扎伊尔和安哥拉进行为期两周的实地调查，并拜访罗伯托和萨文比。事实表明，萨文比是MPLA最大的竞争对手，7月份，他成功地将另外两股势力驱逐出罗安达。8月20日，在斯托克维尔对FNLA和UNITA进行调查期间，福特总统又批准了1070万美元的经费。

斯托克维尔回到兰利时，“特色”行动已开始进行。蒙博托是此次行动的关键。因为中情局输送过去的武器将在技术上取代扎伊尔的兵工厂，而蒙博托又将自己军队的武器转送到霍尔顿·罗伯托手中。中情局和FNLA以及蒙博托的关系由中情局金沙萨情报站站长负责处理。从理论上讲，任何美国人都不被允许在安哥拉国内工作。

为了解决FNLA没有空军的窘境，美国提出一个权宜之计，如果有叛变的飞行员驾着飞机来投靠，美国将会给他们提供巨额奖励。通过租用、征用以及改造，中情局给FNLA搞到了8架不同类型的轻型飞机。8月30日，美国货船“美国冠军”号从波士顿的查尔斯镇启程驶向非洲，船上载着2艘“飞舟”、140辆卡车、300台无线电广播设备、70门迫击炮。运到扎伊尔的物资还包括数十辆M-113装甲运兵车、1.7万多支现代化的自动步枪。从扎伊尔运输至FNLA和UNITA的物资中不包含装甲运兵车，只有7000支自动步枪，以及1.2万多支老式M-1.30毫米口径的卡宾枪。蒙博托成功地利用这次机会重新武装了他的军队。当霍尔顿·罗伯托的军队在安哥拉北部失去打击力量时，蒙博托愿意派2个伞兵营和10辆潘哈德装甲车组成的分遣队去和罗伯托的军队作战，以便与中情局交换更多的武器。

卷入这场战争的不仅仅是美国，南非国防军（South African

Defense Force，简称SADF）和国家安全局（Bureau of State Security,简称BOSS）也卷入进来。南非国家安全局悄悄地给UNITA提供资金、武器、训练。1975年夏季，南非派装甲车和相关后勤部队进入安哥拉作战，成为萨文比的先锋部队，在与MPLA的战斗中大获全胜。

中情局和南非国家安全局协调了战略，允许与在华盛顿的南非国家安全局官员进行高级别的情报协商，并通过南非渠道给UNITA输送武器装备。此外，中情局还为帮助萨文比作战的南非国防军（SADF）装甲车提供汽油。中情局还打算给SADF提供一架C-130运输机和若干直升机，用于给UNITA运输补给物资。10月，南非请求中情局提供一些155毫米口径的炮弹用于安哥拉。

斯托克维尔汇报中认为波茨抱有加强与南非合作的想法，任何这样的想法都遭到了国务院坚决反对而被扼杀在摇篮里。外交部主张在南非奉行肯尼迪政府的武器禁运政策，反对一切主张紧密合作的建议。那年秋天，外交部的观点得到了证实。有美国记者发现南非部队和UNITA在一起。这件事迅速引起了公众对受到西方扶持的安哥拉派系的强烈反感，这也在政治上给“特色”行动造成了不可挽回的打击。

极具讽刺意味的是，小弗兰克·威斯纳竟是逼问中情局安哥拉计划的外交官之一，他就是为隐蔽行动做出巨大贡献的某位传奇的秘密战士的儿子。另外一位谨慎的外交官是爱德华·马尔卡希，他是跨部门执行委员会的一名众议院议员。他私下要挟波茨，如果波茨仍然在南非采取行动，他将辞职以示抗议。

在安哥拉战场上，南非士兵都非常优秀。他们的行动代号是“祖鲁”，为UNITA提供了强大的后援，轻松地攻占了纳米比亚的几处水力发电设施。萨文比的确具有非常强的调遣能力，同时也是一位有个人魅力的演说家和鼓舞人心的领导者。萨文比所领导的政治组织都是由草根组成，非常有能力。相反，罗伯托的大多数支持者都居住在金萨沙和扎伊尔的难民营。靠着南非“祖鲁”的武装力量，UNITA 重新收回了本格拉省的大部分领土，给洛比托的重要港口和本格拉铁路带来巨大威胁，而本格拉铁路是安哥拉为数不多的主要交通系统之一。

由于受到威胁，MPLA 向盟友苏联和古巴请求帮助。莫斯科方面增加了武器运输的规模，允许 MPLA 的军队在夏秋季节使用威力强大的 122 毫米口径的火箭弹。另外一艘船则载着古巴顾问于 8 月进入安哥拉。自从安哥拉独立以来，古巴一直向 MPLA 提供大量援助。当时安哥拉有 2600 名古巴人。在代号为“卡洛拉”的紧急空运和海运行动中，古巴派遣了大量常规部队，仅 12 月就派遣了 5000 名士兵，到 1976 年春古巴士兵的总数超过 1.5 万名。估计苏联的援助到 1975 年年底时已达 1 亿美元，到 1976 年 3 月更是又翻了两番。1976 年年初运进来的武器包括 T–54 坦克和苏制米格式喷气战斗机。一直以来苏联都有能力提供这种大规模的援助，但是一直避免直接干预，直到苏联的代理人看起来确实受到了威胁。

美国 6 月份的跨部门研究中已经预计到了事态的发展。在安哥拉北部，FNLA 未能获得卡宾达的孤立飞地，卡宾达是安哥拉的石油产地。古巴军队和 MPLA 武装力量开始将 FNLA 的部队逼退。霍尔顿 · 罗伯托试图组建雇佣伞兵团，他出价 100 万美元雇佣伞兵团，让雇佣兵约翰 · 班克斯在英格兰招募兵员。在美国，负责招募工作的是大卫 · 弗洛伊德 · 巴弗金，他以前也是一名飞行员，曾在加利福尼亚驾驶飞机喷洒农药。据多方人士透露，他从罗伯托或者中情局那里直接拿到了钱。

雇佣兵招募通过小道消息和报纸广告进行。巴弗金还出现在电视节目和《雇佣兵》杂志的广告中。罗伯托的伞兵团最终招募到 140 名英国人和 7 名美国人，其中一些没有战斗经验，一些只在非战斗任务中当过志愿者。23 人因迟到被遣送回家，另外一批人由于不适合从军而遭到拒绝。

与此同时，中情局也前往葡萄牙进行招募工作，并把招募到的 300 人派遣到了 FNLA。法国情报机构也支援了一些军火、4 架直升机及特工。通过法国情报机构，中情局和雇佣老兵罗伯特·德纳尔德取得了联系，并由德纳尔德为 UNITA 招募到 20 名雇佣兵。另外 40 名雇佣兵由南非国家安全局送至 UNITA。禁止美国人在安哥拉境内工作的命令遭到了多方漠视，包括总部位于安布里什的 FNLA 机动部队训练队、与 FNLA 和 UNITA 一起工作的中情局通信指导员和观察员。

华盛顿紧张地关注着安哥拉形势的恶化。11 月底，中情局向 40 委员会提供了一份不同计划的清单，这些计划分别耗资 3000 万、6000 万、1 亿美元。助理国务卿马尔卡希亲自将这份计划清单交给基辛格，然后前往执行一项为期 10 天的外交使命。

后来，马尔卡希无法告诉跨部门工作小组基辛格做了什么决定。马尔卡希说：“他看完之后，嘟哝着走出了办公室。”

“嘟哝？”波茨怀疑地问道。

“是的，就像是在叹气。”

工作小组还是搞不明白这是一种什么样的声音。

当时，他们最终决定不要让中情局的顾问卷入战争。福特总统又批准了 700 万美元用于军事援助，这几乎用光了中情局局长的应急基金，如果再需要钱的话就只能由国会提供了。

在“情报年”期间，国会不再像以前那样没有主见。1974 年颁布的规定要求中情局定期汇报工作，相比之下，国会对“特色”行动有了更多了解。在对外援助法案（公法 93–559，第 32 部分）修正过程中，爱荷华州参议员哈罗德 · 休斯和加利福尼亚州国会议员利奥 · 莱恩提出一项议案，要求将重大的隐蔽行动报告给相关的国会委员会，这个议案随即获得通过。如此一来，8 个委员会的 163 名成员和高级官员就可以得知重大的隐蔽行动。在评价休斯—莱恩修正案时，福特总统没有提及对隐蔽行动进行监督的优点，而是再一次关注泄密的危险。

无论如何，由于休斯—莱恩修正案的提出，国会得知了“特色”行动计划。艾奥瓦州参议员迪克 · 克拉克听取了科尔比关于安哥拉计划的汇报之后不久，于 1975 年 8 月前往非洲进行实情调查。克拉克是外交关系委员会非洲事务下属委员会的主席，他对这次行动背后的意图表示怀疑。实地考察期间获得的信息让克拉克怀疑美国与南非勾结在一起，回国之后他决心就安哥拉一事继续调查下去。

由于科尔比的汇报是保密的，公众无法在第一时间了解到事件的真相，国会也郑重保证不会透露 1975 年至 1976 年期间中情局局长所做的 35 份汇报的内容。触发这次事件的是媒体关于南非和此事有牵连的报道。12 月初，正值行政部门要求国会向安哥拉行动拨款的时候，克拉克提出终止向安哥拉提供援助的提案。

在这个关键时刻，“特色”行动的面纱被揭开了。第一次媒体报道是在 9 月底，发表在《华盛顿邮报》和《纽约时报》上。在这之后，科尔比在国会的会议上继续坚称中情局从未向安哥拉游击队直接提供过武器，也没有美国人在安哥拉一带活动。但是政府的诡计在一次意外中被拆穿。12 月 5 日，外交官爱德华 · 马尔卡希在参议员克拉克的下属委员会的听证会上迟到了。中情局的证人，行动处副处长威廉·尼尔森首先发言，他承认美国和安哥拉有牵连一事属实。比尔·尼尔森一直受到科尔比的庇护。大约一个月前，福特总统突然将科尔比叫过去，要求科尔比辞职，尼尔森大概知道了他自己在中情局的日子也不多了。无论如何，那天马尔卡希迟到了，之后当他开始做证时，他说了一个大家一致同意的证词，将美国的行动减少到最低。克拉克用尼尔森的证词和马尔卡希对质，让政府陷入了撒谎的窘境。毫无疑问，国会终止了中情局在安哥拉的隐蔽行动。

根据克拉克修正案的内容，除了情报搜集以及政府换届之时的账户调整以外，严禁中情局把钱用于安哥拉。修正案还阻止国防部向“特色”行动提供基金，这决定了“特色”行动的命运。克拉克修正案在1975年12月19日以54∶22票在参议院通过。两天之后，《纽约时报》的头版又刊登了一篇挑衅性文章，这一次西摩·赫什对“特色”行动和戴维斯辞职一事都有详细的描述。

1976年1月，克拉克修正案在众议院通过。同日，基辛格在莫斯科举办的超级大国军备控制大会上，未能提出安哥拉问题。1976年2月9日，在重重疑虑之下，福特总统签署克拉克修正案，使之正式成为法律。有史以来第一次，隐蔽行动因为国会的命令而终止。

最后的受害者是FNLA的雇佣兵。雇佣兵内部混乱无章，由一个自封的“陆军上校”领导，这个人是英国伞兵团的老兵，称自己是科斯塔斯·乔治乌。他的雇佣兵战友对他的评价褒贬不一。FNLA雇佣兵的战斗给安哥拉北部带来了无休止的谋杀和暴乱，数十名雇佣兵因擅离职守和不端行为受到指控，由战友执行军事处决。

其他雇佣兵在与古巴和MPLA部队的战斗中身亡。MPLA有一位名叫乔治·培根三世的真正的准军事专家，很受中情局官员的欢迎，在1968年到1969年期间，培根在MACV-SOG服役，1972年到1973年期间，他继续为中情局服役，在老挝的苗族人中间执行代号为“独木舟”的情报任务。因为在老挝行动中表现出色，培根获得中情局授予的情报勋章，并继续接受中情局的训练，但是后来因为厌恶美国对南越的“背叛”而停止训练。培根是中情局传统中“牛仔”式的人物，对安哥拉行动热情高涨。

随着一支由多人组成的侦察队被安哥拉人抓获，雇佣兵战斗接近尾声。这支侦察队中有乔治乌和五名美国人。MPLA在罗安达对这些雇佣兵进行了审判。那位自封的“陆军上校”、美国人丹尼尔·吉尔哈特和另外两名美国人被判处死刑。三名雇佣兵被判处30年有期徒刑，另外三名被判处24年有期徒刑，还有三名被判处16年有期徒刑，其中包括美国人古斯塔沃·格里洛，曾参加过顺化战役的美国海军陆战队老兵，以及参加过越南战争的老兵加里·埃克。后来，国务院不愿承认这些美国战俘的状况，在战俘家属申请释放这些人时也不愿意提供帮助。直到1982年，安哥拉和南非相互交换战俘，格里洛和埃克才得以获释。

幸存的雇佣兵对中情局发放的解雇费表示非常不满。蒙博托直接将中情局给罗伯托和萨文比的钱装进自己口袋。南非和UNITA继续在安哥拉活动，破坏稳定局势。中情局官员约翰·斯托克维尔对此事彻底失望，辞职之后将安哥拉行动的所有细节公之于世。有了这次最新公布的惨败，参议员丘奇在他的最终报告中显示出对隐蔽行动有如此强烈的不满也就不足为奇了。

“情报年”发生的一切触发了对情报机构的约束。“监督”只是这个游戏的名称，行政部门称“监督”力度过大，相比国会来说，行政部门在这场游戏中比国会更老练。国会山的立法者们首先通过休斯—莱恩法案提出汇报工作的要求，然后用国会两院的长期特别情报委员会取代中情局秘密小组委员，从而达到加强监督的目的。

但是监督并不意味着隐蔽行动的终结。1976 年 2 月 15 日，福特总统签署克拉克修正法案(国际公法 94–329)为法律之后的几天，也就是乔治 · 布什（George Bush）取代比尔 · 科尔比成为中情局局长一个月之后，乔治 · 布什便拒绝透露美国是否已经终止向安哥拉提供援助。在福特执政期间，美国在葡萄牙和马达加斯加都实施过隐蔽行动。据报道，美国驻马达加斯加大使曾是中情局官员，他由于一系列纠缠不清、接连发生的军事政变而被驱逐出境。所谓的“监督”指的是将此类行动报告给国会，并由总统颁布“总统调查令”证明其合法性。休斯—莱恩修正案明确提出，中情局应该汇报所有非情报搜集性质的重大活动或计划执行的活动。

行政部门试图尽可能地减少监督，尤其是涉及隐蔽行动的问题。1975 年 12 月，中情局特别法律顾问米切尔 · 罗戈文向众议院情报委员会提交了一份报告，中情局在报告中详细解释了其立场，以及所有行动的法律依据。法律依据是所有情报行动都在总统的权力范围之内。总统早在中情局成立之前就开始组织此类行动，因此此类行动并不是代表总统要主张新的权力。罗戈文也提到了《1947 年国家安全法》中关于中情局的“其他职能”的条款。他还提到，以前国会从未反对过中情局的任何行动，而且从来都是批准中情局预算的。

然而，这些观点却和中情局法律总顾问劳伦斯 · 休斯敦自从 1947 年以来多次提出的法律意见有所不同。国会委员会得到了一份 1974 年为法律总顾问办公室准备的文件复印件，文件中的立场和劳伦斯 · 休斯敦的立场大致一样：《国家安全法》中的条例将中情局的职能限制在情报搜集方面，如果将职能扩大到隐蔽行动就是滥用法律。文件中还指出，隐蔽行动是对政策的执行，是宪法赋予国会和总统的权力。

自相矛盾的是，休斯—莱恩修正案提出应该定期汇报隐蔽行动，这就可以解释为这个修正案以国会的名义授权执行隐蔽行动。

1976 年已过去一大半，但是国会才刚开始着手制定情报监督机制。卡特政府在 1978 年和 1980 年都考虑过在立法中许可进行情报活动，但是都未获得国会的通过。在卡特政府执政中期，赞成对情报活动进行管制的呼声达到了高潮。听证会上讨论情报许可的时候，中情局绝大部分专家都反对过度限制隐蔽行动。听证会上的证人包括乔治·布什、约翰·麦科恩、理查德·赫尔姆斯、比尔·科尔比、亨利·诺奇、理查德·比塞尔、汤姆·卡拉麦辛斯、大卫·艾德礼·菲尔普斯、理查德·史迪威上将等人。

相比于动作缓慢的国会，政府则迅速掌握主动开展情报改革。1976 年年初，福特总统颁布第 11905 号总统令，这是第一个对情报机构的职能进行描述和限制的公共规则。这个命令禁止刺杀行动，重申了科尔比在 1973 年颁布的内部命令。根据这个指令，行动顾问团取代了原来的 40 委员会，隐蔽行动由内阁级别的官员决定，并取消了他们副手的决定权。原来的委员会成员中保留了司法部长，增加管理和预算办公室主任为观察员。隐蔽行动的定义被阐述为在国外推进美国政策。

总统吉米·卡特在 1978 年签署的第 12036 号总统令中继续执行对情报活动的监督。总统令依然禁止任何刺杀行动，隐蔽行动的决定权移交至国家安全委员会的特别协调委员会，但基本保留原有成员。隐蔽行动狭义的定义为“在境外实施的”支持国家对外政策目标的行动。在这一阶段，决策机构批准的典型活动包括向埃及和苏丹总统提供特殊通信设备以保护其人身安全，以及在非洲之角（非洲东北部地区，包括吉布提、埃塞俄比亚、厄立特里亚和索马里等国家）进行反古巴宣传运动。

卡特政府对隐蔽行动并没有多大兴趣，因此推迟了检验国会监督和行政权力成果的日子。但是在隐蔽行动一事上卡特总统却试图捍卫其至高无上的行政权力。1980 年，他支持中情局减少向国会的两个特别情报委员会汇报工作。卡特也充分利用了基辛格和福特首次采取的一个策略，他为情报委员会颁布了一项普遍适用的总统调查令，提前证明所有和恐怖主义、毒品、反间谍活动有关的隐蔽行动的合法性。从监督的角度来看，一旦这个策略开始执行，带来的弊端是其他领域的问题也会被总统调查令所涵盖。

卡特总统执政期间处理的很多事情当中，让他感到挫败的是他选择的第一位中情局局长。他最初选择的是西奥多·索伦森，但是由于提名遭到国会的强烈反对，索伦森不得不退出。后来，卡特选择了阿德米拉尔·斯坦斯菲尔德·特纳，特纳是一名海军正规军军官，当时正在意大利担任海军最高指挥官。特纳和卡特在安纳波利斯时是同班同学。尽管按规定，特纳如果选择接受卡特的任命，他就不得不从海军退役，但特纳还是选择前往兰利市接受中情局局长一职。虽然初次接触情报工作，但特纳展示出很强的领导能力和缜密的思维能力。

尽管门外汉特纳有优秀的领导能力，但是在中情局仍然不受欢迎。由于预算限制，特纳被迫进行裁员（reduction in force，简称 RIF），这使他再一次失去了被中情局员工接受的机会。据特纳回忆，尽管实际裁员并不多，大多数都是提前退休或自然减员，但是裁员文件和通告显得他自己非常冷酷无情。尤其是因为缺乏经验，他没能密切注意裁员一事的执行方式。

值得赞扬的是，在争议面前特纳始终如一，尽自己所能让中情局积极响应并承担责任。他提拔了行动处两位非常靠得住的官员威廉·威尔斯和约翰·麦克马洪，并竭尽全力操持中情局这个庞然大物。特纳回忆道："对控制这个机构有信心与将其完全置于自己的控制之下是截然不同的两件事。"

中情局的裁员，也就是所谓的兰利"万圣节大屠杀"，进一步削弱了中情局的准军事能力，但是在特纳看来，这个举措实际上改善了间谍活动的来源。在专家们致力于探索人力情报搜集的时代，特纳更信任的是高科技情报搜集系统，即机器间谍。至于国会监督，特纳认为这项举措能给中情局带来积极的影响，很显然这种观点在兰利并不常见。

特纳也强烈反对向国会提前通告任何消息的建议。他还提倡应该限制中情局向情报委员会汇报工作的要求，而且要严厉惩处泄密行为。国会在《1980 年的情报监督法》中对这些都做出了让步，修订了 1981 年情报财政预算，以此取代休斯—莱恩修正案。国会坚持"充分地及时被告知"的权利，并规定将一些要素纳入总统调查令中。那些支持对情报许可进行综合立法的参议员们被迫放弃。所以，1980 年时，对中情局的态度已经由限制"恶象"转变成"解除限制"。

国际局势对大众观点的转变起到了巨大的推动作用。关于隐蔽行动的作用以及如何控制隐蔽行动的争论尤其受到了三个重大事件的影响，即恐怖主义升温、伊朗国王下台、苏联入侵阿富汗。卡特政府对恐怖主义采取了强硬的态度，这重新引发了人们对特种部队的关注，并结束了越战后对特种部队采取的削减政策。越战结束之后，特种部队只剩下 3600 名士兵，分为三支部队，全部部署在美国，只在欧洲和远东地区派有分遣队，另外还有一营兵力部署在巴拿马。预备役部队和国民警卫队成为特种部队的主要作战力量，总人数为5800人。和肯尼迪时期的反叛乱一样，反恐怖主义行动为中情局找到了一个新的理由。在参谋长爱德华·迈耶的支持下，陆军不顾那些倾向于特种部队保持传统职能的军官们的反对，毅然组建了两支突击队，代号为“蓝灯”和“三角洲”。这些反对恐怖主义的自发行动受到了卡特总统的国家安全事务助理兹比格纽·布热津斯基（Zbigniew Brzezinski）的关注和支持。

第二件大事是伊朗国王下台及其后续影响。华盛顿的决策者们和情报分析家们要么不愿承认伊朗国王的王位日渐不保，要么对如何应对无法达成共识。卡特向特纳、布热津斯基、国务卿塞勒斯·万斯抱怨他收到的政治情报质量过差。众议院情报委员会也在公开场合提出了更具体的批评，媒体和舆论领袖也在不断抱怨。在这种情况下，采取更多的隐蔽行动势在必行。

与此同时，伊朗人质危机（1979—1981年）的结束也对美国特种作战能力提出了质疑。外交部无法和阿亚图拉·霍梅尼领导的伊朗伊斯兰共和国达成友好关系。1979年11月4日，数名伊朗学生激进分子接管了美国大使馆，获取了大使馆档案，并扣押了63名外交官员。事件发生时，另外3名外交官员，包括代理外交官布鲁斯·莱茵金正好在伊朗外交部，因此被当场扣押。第二天，美国国家安全委员会顾问布热津斯基命令制订一份紧急营救计划，他希望除了外交方案以外，还能向卡特总统提交一项军事行动计划。国务卿万斯则强烈反对用武力解决伊朗人质危机。

正当万斯想尽一切外交策略来化解危机的时候，卡特总统则在设法解决如何处理伊朗国王这个微妙的问题，最初正是因为接纳伊朗国王才引发了这次人质危机。军方忙于制订一项与“山西战俘营突袭”类似的营救计划。迈耶将军非常重视营救任务，挑选美国陆军特种作战分遣队“三角洲”作为突击部队。“三角洲”突击队由陆军上校查理·贝克卫斯组建和训练，贝克卫斯上校曾在越南领导第5特别行动队执行“三角洲”计划。突击队开始进行集中训练，准备执行接管大使馆和附近的足球场，营救美国人质的任务。参谋长联席会议也为此组建了一支联合特遣队，为营救计划提供C-130运输机和直升机。

在德黑兰人质事件发生两周之后，伊朗激进分子释放了13名黑人和妇女人质。除了加拿大人以美国人的名义发起过一次近似的隐蔽行动以外，外交努力没有起到任何作用。当抓捕行动发生时，有6位美国人躲进了加拿大大使馆。1980年1月29日，这6位美国人使用加拿大护照从德黑兰成功逃离。据报道，这是卡特执政期间，中情局局长特纳没有将情报提前通知国会情报委员会成员的例子之一。这6位美国人逃离德黑兰5小时后，国会情报委员会才听取了此事的报告。

中情局的主要工作就是协助营救计划——“鹰爪”行动。来自老挝的前美国航空公司专家解决了一些后勤难题。一架中情局的飞机夜间在伊朗沙漠上的一个提前计划好的秘密空军基地“沙漠一号”着陆后，提取了土壤的样本。行动处的军事辅助部门为执行任务的海军陆战队直升机提供并安装精准的导航系统。根据媒体的报道，营救行动前几个月，至少有七名特工在伊朗工作，他们在当地弄到一队卡车，往返于突击队员的藏身处和大使馆之间，接送突击队员。

特种部队在“鹰爪”行动中扮演着主要角色。在陆军少将詹姆斯·沃特的领导下，联合特遣队进行了六次以上的大型操练。白宫方面定期更新通报最新情况。4月初，卡特总统由于在外交努力上的失败而感到受挫，做出采取军事行动的决定。在卡特做出这个抉择时，国务卿万斯正在度假，这个决定使他感到暴怒，觉得除了辞职以外没有别的选择。

在4月16日召开的国家安全委员会全体会议上，万斯做了最后一次尝试，试图劝阻同事们停止军事行动。但是他没能改变任何人的观点。万斯发言之后，沃特和贝克卫斯做了关于突袭的报告。随后，卡特总统做出最后的批准。之后的一周，“鹰爪”行动突击队出发前往埃及的中途补给基地，之后登上停在印度洋的航空母舰。营救计划于4月24日晚开始行动，八架RH–53直升机在尼米兹航空母舰上起飞。

令人遗憾的是，“鹰爪”行动最终以失败告终。三架直升机由于机械故障，不得不返回尼米兹航空母舰，或直接放弃。随着第三架直升机的失败，“沙漠一号”已经没有足够的直升机为后期任务提供安全的空运保障。贝克卫斯、万斯和其他几位联合特遣队的指挥官们不得已取消了余下的计划。在撤离时，一架直升机和一架C–130运输机发生碰撞，直接导致七名美国士兵死亡。

“沙漠一号”的伤亡迫使卡特不得不通过国防部长哈罗德·布朗以及参谋长联席会议公开了这次营救任务。卡特政府因而受到多方批评和嘲笑。塞勒斯·万斯本来有资格批评卡特，但是他非常仁慈地保持了沉默。尽管如此，卡特政府依然坚持军事行动是化解人质危机的必要尝试。

于是，吉姆·沃特继续指挥联合特遣队执行更大的行动计划，他的手下都是非常优秀的隐蔽行动人员。空军部队指挥官由准将理查德·西科德（Richard Secord）担任，西科德曾负责美国给伊拉克库尔德人的空中补给任务，他的特别行动经验可追溯到“丛林吉姆”，具体经验还包括1975年至1978年期间担任伊朗空军顾问组组长。沃特的首席行动策划官是上校罗伯特·达顿，达顿获得过三枚杰出飞行十字勋章，在越南战争中驾驶攻击机成功从泰国驶离，还曾在西科德的伊朗空军顾问组供职。尽管国防部内存在意见分歧，但联合特遣队上下一条心，希望成功营救出人质。

一些反对“鹰爪”行动的人批评该行动计划不周全，包括直升机数量不足、动用部队妨碍了国防部招募最优秀的飞行员、演习从来没有将行动的各个阶段全部包括在内，等等。所以，沃特试图弥补旧计划的种种缺陷，并给这个新计划取名为“蜜獾”。

但是新计划的情报问题比旧计划更为严重。伊朗方面一发现“沙漠一号”就立即分散人质，并加强了警戒。然而在绝望中，美国人却看到了一丝光明，军方找到了一些伊朗移民，他们非常乐意提供帮助，并主动和伊朗国内保持联系。其中一人名叫艾伯特·哈基姆，他甚至把他在德黑兰经营的“百科公司”完全交给美国。许多伊朗人认为哈基姆表现出了强烈的爱国情怀，实际上是哈基姆看到了有利可图的商业机会。西科德让哈基姆和美国空军情报机构联系。

哈基姆和其他人提供源源不断的情报，据西科德回忆，这些情报大概有几百份。但是美国还是无法确定人质的所在地，因为这些情报的可信度无法证实。这种不确定性一直延续到了秋天，其间联合特遣队不断与中情局交流情报。10月，中情局突然宣布获得了新的情报，并做了一次关于人质情况的详细汇报。西科德给这个汇报取名“尤里卡”（希腊语，意为“我发现了”），因为中情局突然声称找到了所有答案，但是这些极可能是某个人的突发奇想。联合特遣队也没有获得任何与中情局一致的情报。西科德将这起情报争执一级一级汇报到了白宫，这让卡特政府的决策者们意识到军事行动带来的情报问题非常难以解决。

相比而言，军方的实际情况好得多。1980年8月，“蜜獾”

行动准备启动。不管情报问题什么时候能够达成一致，达顿和行动成员都会制订一项新计划。沃特的联合特遣队按照“蜜獾”营救计划，进行了至少六次大型演练。军方也开始着手填补德黑兰现场有利条件的空缺，成立境外行动小组（Foreign Operations Group, 简称 FOG），加强美国的潜伏计划。配备有在沙尘暴条件下提供导航的航空电子设备的空军 HH-53 直升机取代了“鹰爪”行动中采用的海军军舰。

随着准备工作的进行，行动费用迅速增加，但是沃特直到特遣队把经费用完，才告之政府行动欠了多少钱，他的目的是要求国会追加拨款。可是到头来，“蜜獾”行动却没能实施，原因是美伊两国通过外交手段达成了和解。1981 年 1 月 20 日，人质在被囚禁 444 天之后最终获释。联合特遣队的情报处处长后来做任务汇报时意外发现“尤里卡”提供了错误的情报。

伊朗人质营救行动的惨败明确表明美国需要加强特种作战能力。正如斯坦斯菲尔德·特纳所说：“中情局具有执行隐蔽行动的大赋，并且必须保持。”

特纳希望中情局的这种能力应该保留以待后用，而不应该浪费在不重要的行动中。特纳更希望行动能有高水平的指挥，就像在非洲东部某国家执行的一次搜寻被击落的飞机仪器的行动，这是中情局副局长弗兰克·卡卢奇监督的在也门实施的准军事行动。

正值华盛顿开始恢复隐蔽行动的时候，另外一起国际事件的发生给隐蔽行动的复活提供了一个绝佳机会，这就是发生在 1979 年 12 月的苏联入侵阿富汗事件。兰利方面迅速制订了在阿富汗采取行动的计划，并提前告知了国务院安全委员会。1980 年 1 月 9 日，中情局第一次就这个问题做了公开报告，中情局的代表正是弗兰克·卡卢奇和行动处副处长约翰·麦克马洪。

第十七章　隐蔽行动新浪潮

据吉米·卡特回忆，苏联入侵阿富汗对“渴望和平的世界”造成了巨大冲击。在新年前夕，当卡特总统被记者问到这一问题时，他说苏联的行动是他执政期间发生的最重大的事件。对此，他的反应之一就是通过隐蔽行动帮助阿富汗对抗苏联。正如卡特在1982年对亚特兰大埃默里大学的学生们说的那样，隐蔽行动是对苏联最好的惩罚，因为这会使它认识到“战争是不可行的”。

卡特在阿富汗实施了一次大规模准军事行动，同样，他的继任者罗纳德·里根也在阿富汗广泛地使用了隐蔽技术。里根总统不但在阿富汗进行秘密战，还开辟了新战场，从尼加拉瓜到乍得，再到利比亚，到处都有秘密战士们的身影。在这些旷日持久的行动中，中情局重新发挥了它的隐蔽行动能力，美国军方也重新发挥了特种作战部队的军事能力。除非不得已，美国政府不会对国会的监督让步。同时，美国政府试图把公开利用隐蔽行动作为外交政策的工具。

里根在任期间，“合理推诿”彻底破产。白宫和国家安全委员会在幕后操作的黑手已经暴露，这彻底改变了隐蔽行动的定义。在这个过程中，里根的秘密战揭示了问责与管控的新问题，并导致国会和行政机关在具体的隐蔽行动上出现了前所未有的对抗。

苏联对阿富汗的入侵并不像那段时间新闻报道中描述的那样是突然袭击，而是一次计划良久、缓慢进行、结果却陷入困境的军事干预。美国政府对此并不感到惊讶，因为他们对苏联的一切进展已经密切监测了好几年。美国情报部门对苏联驻阿富汗军事顾问的人数、人数增加的情况及顾问们的活动都有一定的掌握。1979年12月，苏联入侵前的几周，美国发现苏联军队开始集结，同时苏联伞兵进入阿富汗首都喀布尔。更早些时候，在1979年夏季，国家安全委员会顾问布热津斯基就警告过卡特总统，苏联有可能会支持政变，推翻喀布尔政府。

12月中旬，第一支苏联空降部队调往喀布尔以外的巴格拉姆空军基地。从12月20日开始，陆续有更多的伞兵登陆，直到圣诞节，政变和入侵才开始。信奉马克思主义的总统哈菲佐拉·阿明（Hafizullah Amin）的办公室发生了枪战，而他本人在苏联特工和阿富汗人员的对战中身亡。自从他的前任穆罕默德·塔拉基被推翻以来，阿明只享受过几个月的完整权力。现在阿明又被另一个阵营打倒，这个新阵营由巴布拉克·卡尔迈勒（Babrak Karmal）领导。卡尔迈勒担任总统职务之后，立即要求苏联提供大量援助，这一要求成为苏联进行干预的正式理由。在喀布尔北部，一支8.5万人的苏联军队开始穿越边境。值得注意的是，这支军队的战术安排为行军，而不是战斗。与此同时，大量物资空运至巴格拉姆，在12月27日至28日间，共有215个航班飞到巴格拉姆。截至那时，苏联已经在喀布尔及其附近驻扎了8000名至1万名士兵。

在国际政治方面，苏联对阿富汗的入侵并没有带来任何改变。没有哪个国家改变阵营，苏联也没有在联合国得到什么好处。1978年4月阿富汗政变之前，议会政府建立了一个联盟，在这之前的10年间，阿富汗一直是苏联的盟友。苏联采取此次行动的目的似乎是为了避免失去盟友。刚上台的政府和1979年12月被推翻的政府都是共产主义政权，此次夺权的主要影响是加深了阿富汗各共产主义派别之间的敌意。

吉米·卡特写道："入侵阿富汗是苏联武装部队对爱好自由的人民的直接侵略。"尽管事实并不像卡特所说的那么简单，但总统的愤怒足够让他发起一系列行动以改变美苏关系：美国大幅削减对苏联的粮食销售、抵制1980年在苏联举办的奥运会、从参议院批准程序中撤销美苏第二阶段限制战略武器限制协议。在1980年1月的国情咨文中，总统进一步阐明了所谓的卡特理论——帮助南亚、中东和非洲之角国家以对抗苏联的侵略。

阿富汗本来就有反对喀布尔控制的部落抵抗运动。阿富汗反叛分子于1978年开始与政府打仗，很快就占据了山区。尽管苏联增加了援助，包括几千名军事顾问、1.5万名军人和警察，总共武装了14万人，但阿富汗政府仍然只控制了大乡镇和城市，这种安全局势的明显恶化是导致苏联决定入侵的主要因素之一。

苏联的干预引发了国际上激烈的谴责浪潮，苏联在联合国受到公开谴责。在这种政治形势下，美国请求埃及联合行动，援助阿富汗叛军。埃及总统安瓦尔·萨达特在1981年证实，在苏联入侵之后，美国便立即提出实施隐蔽行动。美国想从该国购买苏式武器。

埃及为阿富汗叛军提供了充分的武器援助，还帮助训练抵抗军的部队。萨达特把阿富汗人民看作是对抗苏联的伊斯兰弟兄，他在1980年的春季发表声明，只要阿富汗有需要，埃及定会援助。一些来自阿富汗军队的零散报告还表明，埃及很可能提供了基地，以便从阿曼将物资空运到巴基斯坦。

据美国前国家安全事务助理兹比格纽·布热津斯基称，虽然在阿富汗问题上，美国和苏联之间从来没有直接对抗，但美国一直不遗余力地在制造麻烦，让苏联的情况变得更复杂。布热津斯基指出，在圣诞节后的几周内，他主要关注的是"确保苏联为他们的入侵行为付出代价”。中情局的政治行动专家们想到了一个计划，打算将一些阿富汗游击队员带到纽约，并让他们在联合国做证。这一想法十分不可取，因为美国的法律明令禁止中情局在美国国内活动。

苏联人确实为入侵阿富汗付出了代价，因为在那里占领的每一天都有人流血牺牲。苏军的作战原则迅速变为常规的镇压叛乱——沿着前进的道路发动突袭、在库纳尔和潘西尔山谷以及靠近凯伯山口处发动大规模袭击、占领城市。事实上，阿富汗的形势与苏联入侵之前并没有什么不同，只不过阿富汗的正规军在派系内战后瓦解，只留下 3.5 万名士兵和 2 万名警察能够补充苏联远征军的兵力。

火力是苏联战术中的一个关键因素，正如美国在越南作战时一样。制空权使苏军变得更加灵活，能够帮助地面部队同时轰炸叛军据点。那些可能藏匿叛军的村庄遭到大规模轰炸，以至于大量阿富汗人被迫逃到巴基斯坦南部寻求庇护。据估计，当时难民们在越过边界时踩出了大约 230 条小路。到 1982 年年底，阿富汗几乎 1/6 的人口沦为难民。这 280 万阿富汗人生活在巴基斯坦的 339 个村庄中，许多村庄在边境附近。苏联的迫击炮会越过边境进入巴基斯坦，偶尔会击中难民村庄。仅在 1984 年巴基斯坦官员就报告了 63 起此类入侵。

苏联对巴基斯坦难民保持警惕是正确的。这些村庄是阿富汗叛军的基地——新兵来自村里，叛军在对阿富汗发动袭击的间隙会回到村里休息，武器和弹药常常在村里的市场就可以买到。有些村庄甚至像老挝战争中的龙腾那样变大了规模。在巴基斯坦，仅巴拉卡一处的人口就增长到 14 万，已初具城市规模。许多营地散落在巴基斯坦白沙瓦城周围的丘陵地区。

抵抗力量来自6个主要政治集团和许多部落叛军，这是一个结构比较松散的联盟，并不是一个紧密的阵线。联盟中的活跃分子人数大约在9万和12万之间，而支持者总数为25万至30万人。通常，大约1/3的游击队员在前往战区或执行完任务返回的途中，剩下1/3在村庄里休息。在阿富汗的隐蔽行动实际上就是为这些大型叛军军队提供军需物资。

阿富汗人的抵抗使苏联陷入僵局，再也不是当初设想的闪电战了。在入侵后不久，苏联就不得不替换了入侵的部队，因为这个部队的士兵来自与阿富汗普什图人关系密切的族群。从那时起，苏联就经常周期性轮调作战部门，避免任何部队长期驻扎在同一处。远征军的人数逐渐增加到10.5万，1984年可能是11.5万，1986年年底是11.8万，也有人推测苏联在阿富汗的兵力高达14万。苏联驻阿富汗军队的核心是10个摩托化步兵师，部队的前沿力量包括两个空降师外加斯皮特纳斯，也就是苏联的特种部队。

长年战争给阿富汗带来了灭顶之灾，战争还有可能蔓延到巴基斯坦。苏联的伤亡人数也在增加。到1985年，苏联的累计伤亡人数大约在4万至6万之间，其中死亡人数为1万多。根据美国的情报，截至1986年年底，苏联军队的伤亡人数应为3.5万，其中1.2万人死亡。喀布尔的亲苏政府仍然不稳定，陆续发生了几起政变。战争的成本不太确定，但可能在每年50亿到70亿美元之间。

打开武器运输通道能帮助阿富汗充分利用地形优势，弥补战斗力的不足。1980年1月初，卡特总统开启了武器运输计划。1月中旬，关于中情局隐蔽行动的谣言传到了白宫。一个月之后，埃及国防部宣布援助阿富汗。2月15日，《华盛顿邮报》揭露中情局和武器运输有关联。白宫官员确认国家安全委员会特别协调委员会已做出援助阿富汗的决定。

早期的武器援助显得非常谨慎，只提供苏式武器并偷运至巴基斯坦，而且其中很多都是老式武器，并不提供包括防空导弹在内的尖端武器。情报官员对于成功运输至黑市的武器比例表示怀疑，不愿意让敏感技术，尤其是美国的敏感技术暴露在危险之中。

1980年年底，当选总统罗纳德·里根（Ronald Reagan）的过渡团队中负责情报事务的成员鼓励里根加快执行阿富汗计划，过渡团队的成员们一致认为美国需要进行更多的隐蔽行动。威廉·凯西（William Casey）是1980年里根竞选团队的负责人，也是里根的中情局局长候选人，他也接受了团队的观点，尽管他基本上不理睬团队的报告。凯西是里根的朋友，也是里根私人顾问团的成员。和前任局长们不一样的是，凯西毫不顾忌地向总统提供政策建议。从各种迹象来看，凯西非常喜欢这个职务，阿富汗行动就受到了这种影响。

在1980年的竞选中，里根就发表过援助阿富汗的言论。他主张向阿富汗提供更多尖端武器，如便携式反坦克导弹。在卡特执政时期，美国就已经开始尝试提供更多尖端武器。里根发表就职演说前的一周，有报道称，由于叛军的武器先进，苏联不得不将原来停落在巴格拉姆机场跑道上的飞机和直升机挪到离附近山脉最远的一侧。1981年年初，苏联有报道称，苏军发现有游击队员使用无壳地雷，导致金属探测器无法探测，这种相对尖端的科技有可能来自西方国家。

里根援助阿富汗的言论导致了一项大规模的计划，这也是美国有史以来花销最大的隐蔽行动。卡特政府在1980年向阿富汗抵抗运动援助了大约3000万美元，沙特阿拉伯也差不多援助了这么多资金。1981 年，里根政府提供的援助比卡特政府还要多，从那年开始，援助持续增加。截至 1984 年，美国一共提供了 6.25 亿美元，其中国防部拨款 4000 万美元。1985 年美国给阿富汗的预算是 2.8 亿美元，1986 年是 4.7 亿美元，1987 年达到 6.3 亿美元。如果战争一直持续下去，预计在 1989 年年底之前，美国向阿富汗的拨款将高达 10 亿美元。沙特阿拉伯在 1984 年到 1986 年期间的援助可能达到 5.25 亿美元。此外，截至 1972 年，美国一共支出 2.17 亿美元用于援助在巴基斯坦的阿富汗难民，相当于平均每天支出 100 万美元。25 亿花费让阿富汗计划成为美国发动的最昂贵的隐蔽行动。

奇怪的是，中情局并不赞成花费这么多钱。兰利对援助资金没有直接控制权，资金流动由一个巴基斯坦将军们组成的委员会负责，以避免伤害巴基斯坦人。但事实上，这个委员会的流水账记得很差，委员会不用对援助行动负责，他们几乎到了贪污的地步。在这种情况下，行动处副处长麦克马洪告诉国务院监督委员会，中情局对苏联占领军只会起到破坏作用。麦克马洪的观点遭到其他官员的反对，包括联合国大使弗农 · 沃尔特斯和国防部副部长弗雷德 · 伊克尔。有人批评中情局有一种“统计个人功劳的心态，就像是在越南战争中统计死亡人数时的心态一样”。威廉 · 凯西不久就提拔麦克马洪为中情局副局长。麦克马洪得到晋升，但是却离阿富汗行动的指挥权越来越远。同时，中情局负责武器流动的伊斯兰堡情报站和开罗情报站成为两个最大的基地。

在冷战“搅局”行动的框架下，美国的钱都变成了阿富汗的武器装备。但是有时候事情并不像听起来那么简单。在阿富汗战争中，最引人注目的问题是防空作战能力。苏联的军事行动严重依赖制空权，包括在苏联基地间飞行的 400 架固定翼飞机，在阿富汗战场上的600—900架飞机和直升机，以及苏联空军。因此，叛军最需要的是能够抵御苏联空军的武器。

然而，提高叛军的防空能力需要耗时多年。很长时间以来，叛军的常规防空作战武器都是12.7毫米口径的机关枪，这款武器是标准的苏联制造，制造时间可追溯到“二战”之前。由于国际武器市场缺乏合适的武器，美国征购小型地对空导弹的行动受到了阻碍。1983年秋季，得克萨斯州国会议员查尔斯·威尔逊提出修正国防预算法案，重新规范国防部资金的使用途径，使之可以用于购买新的国外制造的重型防空加农炮。而最终，这些武器会通过中情局渠道输送给阿富汗的游击队。

威尔逊的提案引发了里根政府内部的担忧。国防部负责情报事务的理查德·史迪威将军曾在中情局下属的政策协调处度过一段激动人心的时光，后来还在越战中指挥过美国军队，他认为加农炮不适合阿富汗，因为加农炮的弹药非常昂贵。众议院情报委员会批准了这笔资金，但要求中情局提供防空加农炮的报告。问题是中情局从未测试过这种炮弹，仓库内也没有储存，参议院情报委员会随后将这个计划搁置至1984年4月。麦克马洪向两院情报委员会提出，中情局赞成进行现场武器测试。参议院情报委员会主席、亚利桑那州共和党人巴里·戈德华特撤销了他对加农炮的反对意见，最终在1985年春季，中情局对九门重型防空加农炮进行了测试。

中情局的现场测试结果并未公开，但是很明显的是叛军已经明确地将苏联的空中力量定位成攻击的目标。1984年到1985年期间，苏联和阿富汗的空军基地接连发生一系列的蓄意破坏、突袭、炮击事件，巴格拉姆和辛达德基地内共有20多架飞机被摧毁。1985年，叛军俘获了两架苏联最先进的Mi-24雌鹿武装直升机，把它们送给了美国，这对美国来说是一笔意外收获。叛军使用防空导弹的报道不断出现。加农炮现场测试可能已经在1985年10月中的某两天之内完成。据喀布尔方面称，穆斯林游击队击落了苏联的2架喷气式战斗机和4架直升机。截至1985年11月，苏联在阿富汗失去的飞机数量达到了约700架；到1986年，总数达到近1000架。1987年年初，苏联和巴基斯坦的飞机还在边境地区频频发生撞机事故。巴基斯坦随后要求按照军事援助计划向其出售或租赁配备有雷达预警装置的飞机。

美国输送的大部分武器都不算特殊武器，包括栓式枪机、自动手枪、枪榴弹发射器、火箭炮、迫击炮、无后坐力炮，但武器输送意义重大。在1982年时一个游击队只有13挺机关枪，到1984年时已经有了250挺，但是数量依然不够。据阿富汗的华盛顿说客透露，从1981年到1983年夏季发生的6次政治运动中，美国共提供了1.1万支轻武器，大约130挺机关枪、450枚火箭推进式榴弹发射器和30门迫击炮。轻武器中超过7500支都是老式的李－恩菲尔德步枪。1985年1月，一位美国记者在跟随一支200人的叛军队伍采访时，发现这支队伍只配备了1门迫击炮和1挺机关枪。

阿富汗叛军的武器援助损耗可由以下两个例子得以证实，而二者又相互关联，因为它们都涉及防空武器这个热议的问题。1985年1月，中情局花费5000万美元用以购买40门瑞士制造的厄利康20毫米口径的防空加农炮。两年后，只有11门真正到了叛军手中。大约在同一时间，也就是1987年1月，阿富汗已经用光了美国提供的所有尖端的“毒刺”地对空导弹（surface-to-air missiles，简称SAMs）。美国在1986年解除了对这项技术的限制，并提供给阿富汗。至于“毒刺”，叛军只收到了150枚程序化地对空导弹中的100枚，以及28枚便携式发射器——并非50枚。叛军1987年又提出需要600枚导弹，美国在当年2月份又给其运输了新一批地对空导弹。在武器输送问题上存在很多隐患，中情局最开始保持沉默的原因之一就是，这些地对空导弹很可能从阿富汗的渠道落入了恐怖分子手中。

如何将物资输送到适当的地方至关重要。在物资输送到终点白沙瓦之前，会有很多中转步骤，因此为盗窃、贪污以及其他转移手段提供了机会。巴基斯坦官方对类似冲突持中立意见，偶尔还会故意重申自己的中立态度。1983年2月，一位名叫尤金·雷·克莱格的美国自然课教师在巴基斯坦被捕，军事法庭以走私步枪罪判处他10年徒刑，据称该教师走私步枪给自己的学生。然而入狱后仅一周时间，克莱格就神秘失踪，并逃离巴基斯坦。

官方的中立态度引发了一系列发生在阿富汗武器供应路线上的贪污事件，而贪污的成本很低，就像"做买卖的成本"一样。据中情局最乐观的估计，美国援助的武器20%被偷走。而据一些阿富汗组织估计，损失比例可能高达85%。双方估计的差距如此之大，表明记账工作存在很大缺失，没有人真正知道隐蔽行动资金的具体去向。

之所以这么多资金得到批准，部分原因是支持阿富汗的美国游说团努力的结果。安德鲁·艾瓦（Andrew Eiva）就是例子，他曾是西点军校培养的军官和陆军特战队队员，1980年，他放弃职务，来到阿富汗。艾瓦自称训练了在联邦德国和巴基斯坦的阿富汗人，至少去过五趟巴基斯坦，还因涉嫌过分干涉在巴基斯坦遭到监禁。

在华盛顿，艾瓦总是不断地夸大阿富汗的武器需求并批评援助进度，他靠一己之力引起国会对"阿富汗有效援助决议"的注意。这项国会决议在1984年10月通过，决议反对任何向穆斯林游击队提供数量仅足以维持战斗的武器的提议，并且阻碍阿富汗行动进展的计划。但是里根政府并不真的希望只是在阿富汗搅局，因此让国务院出面反对这项立法。据说此后艾瓦因违反美国中立法而受到联邦执法官员的调查。

虽然国会通过关于阿富汗有效援助的决议并没有多大意义，但是却给里根政府带来了一定的政治压力，迫使其加强行动力度。即使国务院和中情局仍然持反对意见，里根政府还是在1985年4月批准了NSDD-166号文件，宣称美国将想尽一切办法将苏联逐出阿富汗。后来向阿富汗提供“毒刺”地对空导弹的决定也是根据这一文件进行的。

随着为阿富汗秘密战付出的财力越来越多，美国政府开始关注隐蔽行动以及与行动相关地区的政策问题。1987年春季，国会开始对行动的执行情况进行调查。2月25日，众议院预算委员会正式要求审计总署对阿富汗援助行动的账目进行检查。中情局拒绝任何此类调查，认为审计总署对隐蔽行动一无所知，审计员没有获得参加隐蔽行动的安全审查资格。有报道披露伊朗武器的资金也通过中情局在瑞士为阿富汗援助而开设的账目中流通，在1987年1月，两院情报委员会开始相关调查。与此同时，美国的军事援助持续流向巴基斯坦，尽管美国法律规定禁止向发展核武器项目的国家提供帮助，而巴基斯坦被国际上广泛认为正在发展核项目。

安德鲁·艾瓦事件突显出一个严重的问题，就是如何处理前秘密战士们的问题。和越南战争的退伍老兵一样，中情局和特种部队的退伍老兵经常面临的难题就是无法重新融入平民生活中。

这个问题最早被认为只会出现在签约特工的身上，而不包括情报人员和军官。艾伦·杜勒斯曾对约翰·肯尼迪说，“处理”这些特工的问题是决定发动猪湾事件的原因之一。但是这次行动不仅没有解决古巴签约特工的问题，反而导致中情局无限期地卷入古巴流亡分子的问题中。古巴人参加了“猫鼬”行动、扎伊尔行动和安哥拉行动，一些人在“水门事件”中被捕时依然在中情局的工资名单上。两位古巴人涉嫌受雇于智利情报部门，参与刺杀流犯奥兰多·勒特里尔。在七八十年代，至少有5人以不同的身份受雇并执行刺杀利比亚人的行动。虽然中情局只雇用了几千古巴人，但是其他隐蔽行动给美国带来了更多流亡分子，其中包括5.5万老挝的苗族人、10万柬埔寨人、10万南越人，未来尼加拉瓜叛乱的幸存者也可能会逃到美国。

行动执行人员和特工们的处境一样。退休的情报人员和军官们维持着许多关系，退伍后还可能在类似领域做类似工作，尤其是特种部队。西蒙斯在执行完越南“山西营突袭”行动之后便退役，成为安全咨询顾问。1979年，他组织了一次大胆的营救计划，救出了两名被拘禁在伊朗的美国商人。因为营救行动发生在伊朗人质事件之前，因而还加剧了局势的紧张气氛。1982年，为了寻找在印度支那失踪的美国人，越战中美国第5特种部队的传奇人物、上尉詹姆斯·格莱茨组织了一支侦察队，在美国官方的支持下，从泰国进入老挝，这一行动使美国和泰国的关系变得更加复杂。

另外一位传奇人物是少校理查德·梅多斯，他在老挝曾参与过多次突袭行动，多次前往北越执行任务，曾受命去伊朗实地考察人质营救行动的可行性。他和人质营救行动的指挥官查理·贝克卫斯一样，也开了一家自己的安全咨询公司。

情报人员也会从事安保工作，例如因“水门事件”而出名的霍华德·亨特和詹姆斯·麦考德。更典型的例子是中级军官麦克·阿克曼和路易斯·帕隆博，他们曾在迈阿密情报站任职。大约 20 名前中情局官员受雇于多家大公司。更高级别的前行动处副处长威廉·尼尔森在安哥拉行动之后离开中情局，成为加利福尼亚建筑工程跨国企业福陆公司的安保处副处长。

退休的情报处官员经常会选择从事国际金融工作，因为这些工作偶尔会涉及一些秘密行为。理查德·赫尔姆斯创办了自己的公司，和伊朗人联合经营。伊朗国王下台之后，赫尔姆斯继续从事其他合作项目。比尔·科尔比通过他的法律公司向一大批国外人士提供代理服务，也为跨国公司做风险分析。非洲司司长劳伦斯·德夫林回到了他的故乡扎伊尔，给一位矿产大亨当私人代表。弗农·沃尔特斯 1981 年年初在摩洛哥给弗吉尼亚一家公司做销售，赚到了 30 万美元。

做雇佣兵则是另外一个选择。有一个明显的例子是，1978 年到 1979 年间，尼加拉瓜独裁者安纳斯塔西奥·索摩查·德瓦伊莱（Anastasio Somoza Debayle）最后一次执政时，他雇佣了迈克尔·埃切尼斯、查克·桑德斯和另外两名绿色贝雷帽以加强国民警卫队。这些人训练索摩查的部队，和巡逻队一起巡逻，也参与刺杀行动的讨论。埃切尼斯还是国民警卫队情报部门的首领。他曾收到过国务卿塞勒斯·万斯写来的一封信，万斯在信中要求他不要违反人权法，避免伤害平民。在这些雇佣兵的眼里，万斯的意思就是：“你们是美国的耻辱。”查克·桑德斯在 1978 年 9 月发生的一起飞机事故中死亡，一起遇难的还有国民警卫队的上将和一名越南雇佣兵。

万斯可能就此事进行过控诉，但是没有人想到应制定法律规定赔偿标准，直到媒体公开了另外一起更加严重的伤亡事故。对事故进行报道的又是西摩·赫什，另外还包括《纽约时报》记者菲利普·陶布曼和杰夫·格斯、《华盛顿邮报》记者帕特里克·泰勒、专栏作家杰克·安德森。这便是威尔森—特皮尔事件，由前中情局官员埃德温·威尔森和弗兰克·特皮尔的行动进一步发展而来。

通过之前给中情局的行动提供掩护时学到的技术，威尔森在美国和欧洲建立了很多进出口公司。他向国外甚至苏联出口敏感的美国技术，并从中赚取了数百万美元的利润。1976 年，威尔森和穆阿迈尔·卡扎菲达成一笔交易，向利比亚情报和军事部门提供培训和技术支持，在这之后，大批秘密战专家产生。

威尔森不仅训练利比亚军队的破坏能力和近距离作战能力，还向他们提供美国的塑性炸药和定时器。九名前陆军特战队队员和一名现役队员也受到威尔森怂恿，签约了训练计划。威尔森还招募了机组人员驾驶利比亚运输飞机，招募了技术人员维修飞机。五名古巴人为卡扎菲执行特殊任务，一名前陆军特战队队员尤金·塔弗亚因企图谋杀利比亚代表在卡罗来纳被捕入狱。前美国空军飞行员罗伯特·希契曼担任威尔森在特里波利的副手。

威尔森和中情局依然保持着联系，他的关系网又吸引了几位现役中情局官员。斯坦斯菲尔德·特纳得知了威尔森的事情之后，解雇了帮助威尔森进行招募工作的帕特里·卢米斯，以及协助威尔森制造炸药的威廉·威森伯格。特纳还发现一位高级官员，即刚刚提升到行动处副处长助理一职的西奥多·夏克立和威尔森有联系，而且觉察出了他恶毒的行为，因为夏克立告诉司法部他没有被解雇，而是被特纳调到兰利的一个敏感职位上去了。

在“猫鼬”行动期间，夏克立负责迈阿密情报站，也就是在那时，他认识了威尔森，当时威尔森还是个中级官员。夏克立在迈阿密的副手托马斯·克莱因也和威尔森有接触，他扮演的是中间人的角色。70 年代中期，克莱因退休之后成为威尔森公司的贸易伙伴。

1979 年，夏克立也退休之后，克莱因雇用他做了顾问。当威尔森终于受到了正义的审批时，克莱因和夏克立却幸免于难，逃过了刑事控诉。

对美国来说，最大的耻辱发生在里根政府早期，当时中情局在威廉·凯西的领导下，向乍得的亲利比亚政府发动了一次隐蔽行动，并计划对卡扎菲采取军事行动。于是利比亚人介入乍得内争，向乍得的同盟军提供了支持，结果威尔森的秘密叛变行动反而给中情局的隐蔽行动造成了麻烦。

威尔森—特皮尔事件造成了非常尴尬的局面，美国政府不得不做出反应。1981 年秋季，众议院情报委员会召开听证会，考虑制定立法，禁止退休情报官员与外国进行交易。弗农·沃尔特斯告诉众议院情报委员会，制定这样的禁止性法案会限制个人的自由。他认为禁止退休人员在退休之后两年内与国外进行交易就足够了。比尔·凯西不同意国会的措施，并向中情局法律总顾问咨询应如何修改雇佣合同才能避免此类事情再一次发生。到最后，国会没有就此立法，中情局也没有透露雇佣合同是否增加了保护性条例。

1977 年到 1981 年期间，大约 2800 名情报官员退休。威尔森—特皮尔事件生动地表明少数害群之马也能带来严重的后果。1982 年，美国雇佣兵古斯塔沃·格里约从安哥拉的监狱释放，当被问到他将来的计划时，他回答说打算在安哥拉从事进出口贸易来赚点钱。

没有哪位总统和中情局局长能像罗纳德·里根和威廉·凯西那样紧密合作，也从来没有哪位中情局局长能像凯西那样，在总统执政的第一年，就为总统付出了如此多的时间。凯西被大家评价为一位忠诚、强硬、能干的情报顾问。里根总统也赞赏凯西的政治运动工作和他杰出的个人成就。

凯西曾是华尔街的律师，他通过投资和提供税收建议而不断积累财富。他不仅是一位业余的历史爱好者、进出口银行行长、联邦证券和交易委员会的主席，也是前秘密战士之一。“二战”期间，他被任命为海军预备役军官，在战略情报局（OSS）担任局长怀尔德·比尔·多诺万的助手。多诺万派遣凯西到伦敦，协助组织“耶德堡”计划。1944 年 12 月，凯西取代多诺万担任 OSS 局长，负责欧洲战场的秘密情报。因此，他有权力对“第三帝国”末期流入德国和澳大利亚的几百名美国特工进行筛查。“二战”结束以后，威廉·凯西和 OSS 的退役老兵之间的联系依然活跃，杰拉尔德·福特总统任命凯西为外国情报顾问委员会成员。新当选的里根总统正在寻找中情局局长一职的人选，凯西自然是最佳人选。

凯西在初期面临的一个难题是他缺乏公共演讲的天赋，这使他不能在听证会上给参议员留下深刻的印象。凯西可以提前准备证词，这很容易。但是在听证会上，突发情况一件接着一件发生，凯西表现的机会受到了严重威胁。

里根—卡特竞选团队的一篇政治报道发酵成了一个重大的丑闻，当时的时事评论员称其为“辩论门”事件，相当于一起小型的“水门事件”。里根和卡特总统一起出现在多次电视辩论中，辩论设计成了联合记者招待会的形式，由美国妇女选民联盟主持。在就对外政策进行辩论之前，卡特政府秘密制作了一份简报并交给共和党。里根的竞选团队窃取了这份简报，就卡特可能谈论的问题提前为里根做好了准备。里根竞选团队的负责人比尔·凯西一直将这个臭名昭著的简报保存在办公室的保险箱中。

另外几篇报道对新当选总统的诚信提出了质疑。根据“水门事件”发生之后制定的法律，凯西的个人财政公开报表并不完整，必须进行修订。另外，凯西代表印度尼西亚政府的时期内，并没有注册成为外国代理人，这违反了法律的要求。接下来发生的事大家都知道，这位未来的政府官员试图继续管理个人的股票投资组合，对于一个中情局局长来说，这种情况可能会带来利益冲突。

1981 年夏天，凯西的审计听证会结束之后，如何就后来发生的“休格尔”事件进行审判引发了争议。这件事和凯西的助理马克斯·休格尔辞职有关，休格尔经凯西介绍进入中情局，后来因参与内部股权交易而遭到指控。休格尔刚晋职为行动处副处长之后仅仅两个月就收到了要求其辞职的命令。事件首次披露的时候，凯西坚定地支持休格尔，声称在他认识休格尔的 20 年中，休格尔一直是一个诚实的人。但当休格尔泄露商业机密的录音带公开之后，凯西马上改口说休格尔只是他的一个不算亲密的朋友，并且他认识休格尔还不到两年。随后，马克斯·休格尔被中情局抛弃。

如果不是因为里根总统对他十分尊重，比尔·凯西可能早就被撤职了。凯西尽力改善和别人的关系。他同意将股份交付保密委托，并在财政的公开声明中列出了 70 名前客户，声称他不记得任何关于“辩论门”的事情。在中情局内部，凯西把所有高层领导召集到礼堂，打消他们的疑虑。里根总统为凯西进行了辩护，认为别人对他的批评都过于片面。最终，1981 年 8 月，参议院情报委员会通过了一项推荐书，认为“凯西不适合担任中情局局长一职的结论没有事实依据”。

凯西转而打算挑选下一任行动处副处长来消除专业情报官员的疑虑。马克斯·休格尔过去一直是个商人，没有情报工作的背景，取代他的是之前里根过渡团队推荐的行动处副处长人选——约翰·亨利·斯坦。斯坦是一位 48 岁的情报官员，曾担任行动处副处长助理，在中情局工作了 20 年之久。1970 年到 1972 年，他担任金边情报站站长。除此之外，他还有在扎伊尔和非洲其他地方的工作经历，包括70年代中期在利比亚的特里波利任情报站站长一职。

比尔·凯西给新任行动处副处长下令，要求他把精力集中在秘密的准军事和政治行动上，间谍管理工作可以交给副处长助理。但是，凯西的真实意图是强调情报部门必须发挥重要作用，他需要中情局的官员们明白他们的工作对于国家安全有多么必要。凯西建议重新恢复中情局的隐蔽行动能力，他预料国会会进行监督，但是他也相信中情局可以巧妙地避开监督。

中情局官员们尽全力配合局长的领导，加大了员工招聘的力度，导致员工总数增加了1/3，接近越南战争时期的员工总数。约翰·斯坦重新召回1977年至1980年期间离开的800名官员，签订短期合约，以此保存了隐蔽行动的实力。尽管隐蔽行动的经费已经下跌，仅占中情局预算的2%，但是预算的基数却也增加了两倍以上，而且情报部门的总预算也比1981年到1984年同期增长了25%。另外，其他情报部门的额外花销也补充了中情局的预算，尤其是军方，而给军方的无线电装备拨款的是国务院。

以前，对航空公司的所有权曾给中情局的隐蔽行动能力提供过保障，在比尔·凯西任职期间，这一保障尤其重要。但是至今还没有证据表明这些航空公司是国家所有，或是国家依靠众多的私人化企业实体掌控这些航空公司。这些公司的许多举措对美国的行政部门和中情局都提供了巨大帮助，航空公司一如既往地给美国提供最有用的服务。

中情局在对美国南方航空运输公司（SAT）进行清理的时候，把公司卖给了曾是该公司经理的斯坦利·威廉姆斯。尽管大部分资产都被出售，SAT依然承担一些运输工作，尤其是为伊朗空军提供服务，这占到其 1978 年业务的 42%。伊朗国王的下台给 SAT 带来了巨大打击。仅 1978 年，SAT 在伊朗的损失就高达 272928 美元。没有了伊朗国王，SAT 和伊朗也就没有了交易。1979 年，威廉姆斯把 SAT 卖给了律师詹姆斯・巴斯蒂安，使之从困境中摆脱了出来。在 SAT 还属于中情局的那段时间里，巴斯蒂安是 SAT 的法律顾问，后来，巴斯蒂安一直保持着对 SAT 的所有权。

SAT 保留了它在迈阿密的总部和运营中心，此后缓慢地恢复。到 1982 年，其营业收入总计 980 万美元，获得利润 628700 美元。后来巴斯蒂安聘请威廉・兰顿担任公司经理。兰顿曾分别在飞虎航空公司和长青国际航空公司两家货运公司工作过。到 1984 年，SAT 和国防部军事空运司令部签订了 910 万美元的承包合同，一年后合同金额上涨到 2340 万美元，总营业额达到 3890 万美元，占公司总资产的 60%。

SAT 最大的私人业务是向安哥拉—爱尔兰合资公司 IAS-Guernsey 提供分包服务，该公司雇用 SAT 为其向安哥拉政府提供飞行保障。仅在 1984 年 6 月到 12 月期间，SAT 飞往安哥拉的就有 296 趟航班。1985 年，由于一架 C-130 飞机遭到游击队袭击而坠毁，和 SAT 有竞争关系的一家包机航空公司退出了安哥拉，此后 SAT 的营业额不断提高。那一年，SAT 共有 579 次航班从安哥拉出发，105 次航班从美国出发，飞往安哥拉港口城市本格拉。国务院一度警告 SAT 禁止在安哥拉境内运输古巴士兵，但是据说 SAT 拒绝服从。

SAT 也继续为美国政府提供服务。1986 年时，国防部军事空运司令部平均每天调动 8 架 SAT 的 L-100 飞机往返于美国空军基地。SAT 还和国务院签订合同，每月为其安排飞往哈瓦那的航班，向美国哈瓦那办事处提供服务。SAT 同时也签订分包合同，为洪都拉斯的尼加拉瓜叛军提供人道主义援助。后续将陆续提到 SAT 进行的其他性质敏感的飞行任务。

SAT 至今依然保持了强大的实力。从 1983 年的三支机队发展到 1986 年的 8 架波音 707 飞机、17 架 L–100 飞机，以及 C–130 民用飞机。迈阿密总部招聘了共 540 名员工，其中包括 96 名飞行员。在 SAT 历史上最严重的事故是两起致命的坠机事件，第一起发生在 1986 年 10 月 4 日，另外一起发生在 1987 年 4 月 8 日，这两次都是飞往军事空运司令部的 L–100 飞机。

中情局的另外一家航空公司是顶点航空（Summit Aviation），专营飞机代理和改装，公司在特拉华州的米德尔顿有自己的机场，但是就连公司以前的员工都不确定公司的经营状况。据传，20 世纪 70 年代末尼加拉瓜革命期间，顶点航空曾为独裁者安纳斯塔西奥·索摩查·德瓦伊莱训练了数名飞行员。80 年代期间，顶点航空为中情局提供飞机，在萨尔瓦多和洪都拉斯执行任务，还为尼加拉瓜叛军提供飞机，以反抗索摩查的继任者，此外，还为 SAT 提供飞机改装。1984 年 6 月，顶点航空突然收到联邦航空管理局的许可，允许加长米德尔顿机场的跑道长度，这为顶点航空使用多引擎飞机提供了可能。

第三家航空公司是位于加勒比的圣卢西亚航空公司。这家公司拥有或租用了两架波音 707 飞机和一架 L–100 飞机。美国向伊朗秘密运输武器事件披露之后，舆论焦点转移到了这家航空公司。有报道称负责向德黑兰运输武器的飞机中，有一架是带有圣卢西亚航空公司标志的波音 707 飞机。然而公司拒绝承认和此事有关联，并称有可能是由其他公司的飞机伪装的。但是媒体调查却揭发了更多的内幕：圣卢西亚公司的另外一架飞机将美国武器从以色列转运至伊朗。1986 年 1 月到 4 月期间，公司还有另外四趟航班从美国军事基地出发，前往扎伊尔机场，该机场是中情局给安哥拉民族独立运动全国联盟（UNITA）的叛军提供物资补给的地点。公司负责人措辞谨慎，同样否认安排过任何飞往安哥拉的航班，且只字未提扎伊尔。

和SAT一样，圣卢西亚航空公司也和国防部军事空运司令部签订了合同，为其提供航空服务。

靠着自身的能力，以及对私有或专有航空公司网络的控制，中情局得以替里根政府执行隐蔽行动。中情局局长凯西赞成在政府各个部门之间执行一项强有力的计划。在这一点上，他得到了里根总统的绝对支持，里根总统曾公开宣布他支持那些反对既定政治制度的自由战士，并为美国执行隐蔽行动进行辩护。凯西好几次都公开拥护隐蔽行动，但是兰利的官员却私底下贬低这些计划。据报道，作为行动处处长，约翰·斯坦反对扩大在尼加拉瓜的行动。凯西1983年以后的副手约翰·麦克马洪反对在阿富汗行动和部分利比亚行动中付出太多精力，并认为应恢复对UNITA的支持。比尔·凯西赞成这些计划，而且在大多数情况下他的建议都被采纳。

里根总统试图改善行政部门内部关于隐蔽行动的风气。他重新设立了卡特废除的外国情报顾问委员会，并引进了一批极度保守的成员，这些成员都对激进主义行为持支持态度。里根还重组了国家安全委员会，设立国家安全规划组（National Security Planning Group，简称NSPG），该小组是国家安全委员会中更加机密的下属委员会，成员包括副总统乔治·布什、国务卿、国防部长、中情局局长、国家安全委员会顾问、最高政治助理。司法部长以及管理和预算办公室主任曾经都是卡特政府国家安全委员会特别小组的常规成员，但他们现在的地位被降低，只是偶尔受邀加入规划小组。

里根政府的副秘书委员会，在秘密战中发挥核心作用的 40 委员会改名为 208 委员会，以他们每周在行政办公楼开会的房间号命名。中情局的提议一般以决策文件的形式提出，所有的决定都是由 NSPG 直接商讨得出，决策文件会前发给每位参会成员，会后重新收回。里根总统本人首次加入隐蔽行动的决策小组中，这削弱了传统的特别小组对总统决策的屏障作用。

里根总统继续通过总统调查令对情报行动进行监督管理。1981 年 12 月 4 日颁布的 12333 号总统令重申了禁止执行刺杀活动的法令，对隐蔽行动的定义进行了扩充，称其为“特别行动”，命令还特别提出，除了战争时期或者有总统的特殊命令外，中情局全权负责“特别行动”。但是该总统令的国内情报条例却引起了广泛关注，因为文件明确指出国家安全委员会是特别行动的最高审查部门，有权指导及指挥行政部门。

根据现有的程序规定，里根总统应签署总统调查令，证明每一次隐蔽行动的合理性，从政策的高度批准每一次隐蔽行动。总统在政府的授权文件，也就是国家安全决策指令（National Security Decision Directive，简称 NSDD）中做出了一些一般性的决策，这些决策也影响了中情局的角色。1981 年 11 月，NSDD-17 号文件批准了在尼加拉瓜执行隐蔽行动的计划。大约一年后，NSDD-75 号文件命令发起全球隐蔽行动，组织世界各国接受“古巴模式”。NSDD-77 号文件批准了一项“公众外交”运动，其中就包含一些秘密因素。

里根总统从前任那里接手了一项计划，或者说是一个难题，那就是伊朗问题。美国人质在总统就职日那天回国，但是那时有大量侨居美国的伊朗人和中情局保持着联系，尤其伊朗前国王，只希望能回到德黑兰。曼苏尔·拉菲扎德（Mansur Rafizadeh）是一名前伊朗特工，1983年以前一直和中情局保持联系，在他眼里，里根政府对待伊朗的行为极度自相矛盾。拉菲扎德认为美国的决策者过早地就将命运押在霍梅尼身上，希望宗教激进主义运动能够成为帮助美国抵御中东共产主义的最好武器。

据拉菲扎德叙述，1981年9月，比尔·科尔比向罗纳德·里根提交了一项"双轨计划"，并得到了试行一年的许可。中情局联系并资助伊朗流亡组织，与此同时，美国支持向霍梅尼运输武器。两项举措的目的都是为了收集情报。

目前还不能证明中情局向伊朗销售武器取得了成效，除非拉菲扎德所指的向以色列运输武器一事得到了美国的默认。另外一方面，事实证明中情局非常擅长通过在流亡组织中间制造竞争从而获取情报。中情局负责联络的是乔治·凯夫，他擅长波斯语，以前是德黑兰和沙特阿拉伯的情报站站长。

主要的伊朗流亡组织有六个到七个，中情局和他们全部取得了联系。海军上将阿哈默德·迈达尼是伊朗帝国海军的前司令官，他领导的流亡军来到德国，据说他从中情局手里拿了几百万美元，但是依然坚持全权指挥自己的行动，中情局认为他过于不受控制，因此取消了和他的合作关系。很多流亡军因忙于内部争斗而一事无成，但是据说在1982年，中情局给伊朗解放阵线（Front for the Liberation of Iran，简称FLI）每月支付10万美元，该组织由身处巴黎的阿里·阿米尼领导。这笔钱包括每月2万—3万美元用于埃及的"自由"无线广播，广播至少从1982年10月就开始运行，每天播报4小时，内容包括反霍梅尼的节目。伊朗国王的儿子雷扎·巴列维和FLI有来往。在一档11分钟的伊朗电视广播中对此事进行了报道，1986年9月5日9点，在一档向伊朗播出的两个频道中，节目暂时中断了11分钟，雷扎·巴列维向听众展示了FLI取得的最新成就。很明显，中情局提供了小型电视转播设备，否则这档节目不可能播出。

与此同时，中情局正在巴结霍梅尼。1982年年底，一位身在伊朗的高级苏联特工叛逃到英国，随后中情局对此事进行了汇报。这位间谍名叫弗拉基米尔·库兹其金，他提供了伊朗杜德共产党的详细信息，包括100—200位杜德党组织者的名单。中情局设法把名单交给了伊朗政府。在1983年4月4日宣布杜德党为非法组织之前，这个名单上的大部分人已被执行了死刑。据拉菲扎德称，中情局对很多流亡组织也做了同样的事，把他们在伊朗的联络人名单交给了霍梅尼的安全部门，结果，1000多人被伊朗政府被逮捕或执行死刑。

我们尚不明了这些行动是否是为了执行“双轨”政策而有意为之，但至少曼苏尔·拉菲扎德认为事实就是如此，但也有政府人士认为美国采取的一系列行动是在“摸黑前行”，并不是执行某项政策。

当美国和伊朗的关系问题以及伊斯兰共和国政府支持黎巴嫩恐怖主义的问题被放在一起时，美国政策的无条理性引发了强烈的关注。在里根政府宣布放弃在黎巴嫩内部派系斗争问题上的中立态度时，贝鲁特的什叶派民兵组织开始反对西方国家，尤其是对美国展开恐怖主义运动。从什叶派民兵组织的行动看得出来，他们和德黑兰联系密切，和“邪恶撒旦”（美国）之间的关系也没有缓和的迹象。在1983年4月18日发生的一起自杀式袭击中，来人闯入戒备森严的美国驻贝鲁特大使馆，并引爆了随身携带的炸药。当时，中情局的一次地区性会议正在此召开。17名遇难者当中包括中情局中东问题首席分析师罗伯特·艾姆斯，以及其他3位中情局官员。这对中情局来说是一个巨大的打击。

1983年10月23日，在美国海军和法军在贝鲁特的军事管辖区又同时发生了两起更严重的卡车爆炸袭击，导致58名法国士兵和241名美国士兵死亡，100名士兵受伤，其中多人受重伤。美国驻科威特大使馆和美国在以色列的军事总部也发生多次爆炸袭击。1984年9月20日，美国驻贝鲁特大使馆又一次遭到卡车爆炸袭击，导致14人死亡。1984年3月16日，什叶派穆斯林再一次直接向中情局发动袭击，刚到任的中情局情报站站长威廉·巴克利（William Barkley）遭到绑架。

中情局知道贝鲁特是个危险之地，但是仍然需要在黎巴嫩迅速重获地位，以便在紧张的局势中保持主动。巴克利曾为埃及总统安瓦尔·萨达特训练过安保人员，为人十分谨慎。他并未结婚，因此不用担心家庭成员成为恐怖袭击的目标。在出发前，巴克利对一位朋友说，他并不喜欢这项任务。尽管安保措施齐全，巴克利依然在贝鲁特的大街上遭到绑架，被恐怖分子监禁了一年多，成了六名被真主党绑架的美国人质中的第一个。

美国政府非常关心所有人质的安全，中情局更关心巴克利的状况。恐怖分子接连绑架并囚禁情报站站长是对比尔·凯西的公开侮辱。对于行动处处长克莱尔·乔治来说，这件事更难以接受。他自己也曾在1975年到1976年期间担任贝鲁特情报站站长，当时正处于黎巴嫩内部党派斗争初期，两名美国外交官员遭到绑架并被囚禁了四个月。

为了应对恐怖主义，华盛顿于1984年4月3日颁布了NSDD-138号文件。文件中没有排除对准备发动袭击的恐怖分子实施先发制人的打击，原始文件中的态度甚至更加强硬，但是在国家安全委员会政治军事事务办公室制定草案时，中情局副局长约翰·麦克马洪担心这个命令过于宽泛，因此在他的一再坚持下，美国政府在草案中的态度稍许缓和。

1984年夏季，里根总统签署了一项总统调查令，命令中情局训练并支援几支反恐部队。最终，中情局训练了黎巴嫩情报部门的一支特种部队。这支特种部队于1985年3月8日在真主党领袖法德拉拉家门外引爆了一枚汽车炸弹。法德拉拉当时并不在家，但是爆炸致使80位无辜民众不幸遇难，并毁坏了不少居民的住所。中情局的这类行动被迅速制止，参议院特别情报委员会还对此进行了调查。之后，兰利方面发表了简洁的声明，称自己对黎巴嫩情报部门的行动事先并不知情。

华盛顿越来越重视伊朗问题，并试图利用霍梅尼处理黎巴嫩什叶派问题。1984年10月，一项跨部门研究得出结论：只有霍梅尼的继任者才能和美国建立新的关系。1985年4月，国家安全委员会顾问得知伊朗想要购买美国的武器。5月，中情局开始介入此事。负责中东国家情报的官员格拉哈姆·富勒给比尔·凯西发了一份简报，他认为在伊朗问题上，只有制定更加大胆更加冒险的政策才能确保美国在接下来将会发生的事情上拥有更大的发言权。富勒的简报本来打算只在中情局内部流通，但后来被凯西交给了白宫。1985年5月，在评估伊朗的情报中，中情局的官方立场则更加悲观："改善霍梅尼和美国的关系当前并不是一个政策选择。"

两个月之后，以色列外交部官员大卫·金奇向国家安全委员会顾问罗伯特·麦克法兰（Robert McFarlane）询问美国是否愿意向伊朗销售武器。在得到否定答案后，金奇又接着问道，美国是否同意以色列销售部分美国武器给伊朗，进而通过继续向美国购买武器补充库存。8月8日，NSPG在白宫召开会议讨论金奇的请求，尽管成员们意见不一，但是最终似乎同意了金奇的请求。

与伊朗的一系列交易随之而来，包括和德黑兰恢复关系，以及释放黎巴嫩扣押的美国人质。大部分交易都是经由伊朗军火商人马努齐耳·葛班尼法之手，葛班尼法和伊朗、美国、以色列等国的情报部门都有过神秘的交易历史。1985年9月和11月，在以色列发生过两起军火交易。第二起交易进行的时候，以色列把运输工作搞砸了，他们从葡萄牙出发，但是并没有得到官方许可，以色列不得不向美国求助。美国政府最后做出了让步，麦克法兰亲自和葡萄牙外交部长进行交涉，并要求中情局提供一架飞机，飞机事实上来自SAT。

中情局副局长约翰·麦克马洪反对在没有总统调查令的情况下向以色列提供帮助。同时，麦克法兰在12月辞去了他在国家安全委员会的职务，由海军上将约翰·波因德克斯特接任。在圣诞节前后，中情局仍然向波因德克斯特索要相应的总统调查令。中情局的法律顾问斯坦利·斯伯金也要求调查令事后能够证明中情局在11月卷入此事。中情局和国家安全委员会联合草拟了一份调查令，并于1986年1月17日得到批准。调查令中有一条是这样写的：国会并不知道此次行动，此次行动是个人以美国政府授权的特工身份执行的。执行该任务的人便是上将理查德·西科德，他也出席了1月11日在白宫战情室召开的起草会议，并被介绍给中情局的要员们。

1986年，西科德一直就武器交易进行谈判，向伊朗安排武器运输，并对武器交易提供支持。麦克法兰被召回，参与了1986年5月和德黑兰的伊朗人直接交涉的任务。但是交涉过程中出现了一个基本的分歧，美国官员以为伊朗会释放所有人质，但是伊朗人却不这么想。1986 年夏季，西科德的团队一直都在尝试开辟联系伊朗的第二条通道，从而绕过葛班尼法，因为这个人实在是靠不住。

随着第二条通道的建立，美国和伊朗又进行了一次武器交易。但是这惹恼了葛班尼法，他的回击就是公开了伊朗和美国武器交易的内幕。不仅在德黑兰散布的传单中讲述了麦克法兰前往德黑兰的全过程，而且几周之后此事还出现在了黎巴嫩杂志 *Al Shiraa* 上。伊朗武器交易的暴露，以及在尼加拉瓜发生的几起事件，在美国掀起了轩然大波，甚至危及了里根的总统地位。

伊朗最终释放了三名美国人质——牧师本杰明·韦尔、神父劳伦斯·詹科、大卫·雅各布斯。而美国向伊朗销售了 2008 枚反坦克导弹、备用零件以及 HAWK 防空导弹。在贝鲁特的大街上，恐怖分子又抓捕了四名美国人质和一名英国的人质调解人特里·韦特。中情局贝鲁特情报站站长、可怜的比尔·巴克利，被恐怖分子严刑拷问了几个月，要求他提供中情局隐蔽行动的信息和行动方式。巴克利死于 1986 年夏天，留下了一份据说长达 400 页的供词，中情局因此严重受挫。与此同时，国家安全委员会负责监督武器销售的海军陆战队中校奥利弗·诺斯向伊朗提供了一份情报样本，声明伊朗只有和美国政府合作才能得到这份情报。

格拉哈姆·富勒 1985 年的一份报告提出了美国可能向伊朗发出的几个信号，他告诉比尔·凯西，通过向伊朗的激进同盟利比亚发动攻击，可以向伊朗表明美国的决心，而且还可能除掉利比亚的独裁者穆阿迈尔·卡扎菲。富勒的建议和里根政府向利比亚发起的战争不谋而合，这场战争既是公开的，又是隐蔽的，但无论怎样都是肮脏的。

美国和利比亚两国之间的实质性问题牵涉海洋法和领空法。利比亚提出的对地中海的控制范围远远超过了美国的允许范围。美国的侦察机自从 1972 年开始就一直在利比亚上空侦察，希望能查到苏联运送武器给卡扎菲的证据。1973 年，美国的侦察机在执行外围任务时发生过几次飞行事故。此外利比亚还干涉了乍得内战，对美国来说，这不仅是一个问题，还给苏丹和埃及带来了威胁。里根政府给乍得提供援助以反抗利比亚，向苏丹提供雷达飞机，还和埃及建立了紧密的军事关系。美国还安排了一系列挑衅性的海军巡洋舰进入锡德拉湾，即美国和利比亚争夺的地中海海湾。

1981 年 8 月，在美国海军巡航期间发生了一次危机，两架利比亚拦截机来势汹汹接近锡德拉湾，被美国海军战斗机击落。里根随即重申了美国在国际海域的立场。从那以后，第 6 舰队每年都在利比亚附近出动舰队，以显示美国海军的存在。

1981 年年底，有报道称卡扎菲派了一支五人刺杀小分队，企图谋杀罗纳德·里根。这篇报道促使华盛顿采取了一系列安全防范措施。白宫、国会大厦、国防部等政府机构都采取了反恐措施，国防部大楼的公共区域首次禁止外人入内。关于刺杀的报道似乎是可信的，因为美国得知卡扎菲在暗中支持一项恐怖主义运动，目标直指利比亚流亡分子中的反对者。从 70 年代开始，这项恐怖主义活动可能导致了 20 多次事故。但是事实上，这次的情报却是假的，是伊朗军火商人马努齐耳·葛班尼法故意散布的，至于葛班尼法意图何在尚不清楚。美国轻信了刺杀报道，是因为它符合里根政府先入为主的看法，那就是“国家主导的”恐怖主义。至于葛班尼法是如何设法让国家安全委员会官员相信他在武器交易过程中是一位可信的中间人，那肯定是一件颇具讽刺意味的事。

在隐蔽行动方面，和对待伊朗的做法一样，中情局也和利比亚流亡分子中的众多反对派有过接触。据说法国情报部门在1981年主动向中情局建议向利比亚发起联合行动，沙特阿拉伯也向中情局支持的一个流亡分子反对派资助了700万美元。约翰·斯坦在1972年到1974年期间一直担任特里波利情报站站长，当时卡扎菲正在巩固他的统治地位，斯坦认为联合行动计划不会出差错，尽管麦克马洪对该计划并不抱有太大希望。沙特阿拉伯从将近20个反对派联盟中推荐了一个叫作“拯救利比亚民族阵线”的组织。1981年10月7日，该组织首次公开发表声明，号召全民推翻卡扎菲统治。几年以后，该组织策划了一起刺杀卡扎菲并接管政府的计划。计划在1984年5月8日实施，但该组织的军事领导人由于试图从突尼斯越界进入利比亚而遭到逮捕，并在两天后被杀。同时，在离卡扎菲的总部不到1公里的特里波利发生了一起长达5小时的枪战，叛军最终遭到镇压。据报道，卡扎菲政府逮捕了2万多名利比亚市民，并对他们进行审问，事件平息之后200多名利比亚市民被杀。在整个过程中，中情局很明显忽视了一位更加合法的反对派领袖，那就是阿卜杜勒·穆奈姆·于尼，他曾是卡扎菲以前的革命指挥委员会的成员之一。

此后，里根政府开始实施公开行动。一份评估报告于1984年6月18日完成，报告得出结论：任何不能促使卡扎菲下台的行动都不会对利比亚政策带来重大和持久性的改变。1985年夏天，一份特别的国家情报评估又一次对利比亚和恐怖主义分子之间的合作关系提出了警告。中情局高级情报分析师罗伯特·盖茨在一份文件中评论道：美国和埃及对利比亚进行联合行动可能会重新勾画北非的政治地图。比尔·科尔比便下令制订一份针对利比亚的详细计划。国家安全委员会随后考虑发起一项联合行动，代号为“鲜花”。9月初，海军上将波因德克斯特和另外一位国家安全委员会高级官员前往埃及，和胡斯尼·穆巴拉克总统商讨联合行动计划。但是这时埃及却没有采取合作态度。据报道，穆巴拉克对波因德克斯特说："上将先生，如果我们决定了向利比亚发起攻击，行动决定权归我们，也要听我们的时间安排。"

10月初,美国媒体报道,里根批准了对卡扎菲采取的某项计划，但是军方对"鲜花"计划并不满意。参谋长联席会议做了一份分析报告，认为打击利比亚的行动将会动用9万士兵，这是完全做不到的。但是，12月底在罗马和维也纳机场发生的恐怖袭击事件坚定了里根总统的决心。1986年1月初，海军第6舰队在锡德拉湾再一次举行军事演习。2月，参谋长联席会议的资深政策制定者戴尔·韦瑟尔中将再次来到埃及谈判，并得到承诺，埃及将在夏天和美国一起在锡德拉湾进行海空联合军事演习。

3月，第6舰队继续在利比亚附近进行军事演习。3月24日，利比亚向美国飞机发射了五枚防空导弹，但都没有击中目标。美国随后向利比亚的几处导弹基地和两艘巡洋舰发动袭击进行报复，击沉了这两艘巡洋舰。4月5号，柏林发生了一起恐怖袭击事件，一家美国士兵经常光顾的迪斯科舞厅发生了爆炸，这起事件怀疑和利比亚恐怖分子有关。里根号召采取更加强硬的措施，向恐怖主义的源头发起袭击。大使弗农·沃尔特斯之后前往欧洲，试图得到欧洲盟国的支持。4月15日，美国发动"黄金峡谷"行动，美国空军F-111战斗轰炸机和海军A-6E攻击机联合向特里波利的三处目标发起攻击，包括位于阿齐齐耶兵营的卡扎菲总部和另外两处班加西附近的军事目标。一架F-111战斗轰炸机和两名机组成员在战斗中失踪。

特里波利轰炸行动结束几天后，美国国务卿乔治·舒尔茨（George Shultz）非常乐观地表示，利比亚动荡不安的局势可能会威胁到卡扎菲的统治。这一猜测在兰利引起了共鸣，兰利官员向凯西提议发动一场“政治和心理战”。凯西派中情局副局长理查德·科尔和中东行动处处长托马斯·特威滕前往白宫，向海军上将波因德克斯特提出这一建议，并由国务院情报与研究局的理查德·克拉克和国务院近东事务局的阿诺德·拉斐尔、迈克尔·阿瑟利做进一步的审查。1986 年 8 月 6 日，国务院的审查人员做了一份七页的审查报告，提议进行一系列“真实和迷惑性的行动”，诱使卡扎菲向军队施压，进而促使军队反抗卡扎菲。次日，国家安全委员会危机事前规划小组就该计划进行了讨论，计划只遭到了军方的反对。8 月 14 日，NSPG 就该计划召开会议，里根总统出席了会议。

会议的结果是正式向利比亚采取行动，散布虚假情报。行动包括中情局伪造新闻并发布在外国媒体上，第 6 舰队继续进行海军演习，以及弗农·沃尔特斯再次前往欧洲游说。随后，美国利用和埃及的联合军事演习，暗示将暂缓向利比亚发动进攻。但 8 月底《华尔街时报》发表文章，一针见血地指出美国有可能和利比亚发生冲突。记者们追根溯源，竟发现了美国的虚假情报计划，并认为在该计划中，美国媒体受到了政府的操纵。于是，对利比亚采取的最新行动又因此崩溃，而且里根政府很快就发现自己不得不焦头烂额地处理新的麻烦。

安哥拉行动是另外一个值得简要评价的隐蔽行动。美国自从“特色”行动失败后便从安哥拉撤离，但是里根政府总把自己当成全世界反苏行动的赞助人，这一立场上升到了“里根主义”（里根的外交政策原则）的高度。若纳斯和安哥拉民族独立运动全国联盟（UNITA）在南非的支持下，继续打击安哥拉人民解放运动(MPLA)，并希望美国能重返自己的联盟。UNITA 雇用了华盛顿一家极有能力的游说公司（名称为 Black, Manafort, Stone, and Kelly）负责公关工作。1986 年年初，萨文比前往美国，引起了媒体的高度关注。尽管背负着和南非勾搭的骂名（南非的内部矛盾甚至比 20 世纪 70 年代还要突出），但是里根政府无法拒绝这个诱惑。里根政府的初步隐蔽行动计划包括资助 1000 万到 1500 万美元，并向 UNITA 提供 50 枚“毒刺”防空导弹，这些物资将通过扎伊尔东南部的卡米尔机场进行运输。

毫无疑问，隐蔽行动受到了里根政府的好评。原计划在苏里南和毛里求斯执行的隐蔽行动由于国会的反对或行动暴露而不得不取消。尽管如此，中情局仍然执行了大量行动。据说在 1984 年以前，共有 50 多项隐蔽行动在进行中，其中一半发生在南美洲和中美洲，行动包括准军事行动和间谍活动。这表明，里根政府进行的隐蔽行动总数比卡特政府最后一年进行的行动总数增加了 5 倍。

中情局并不是唯一一个受到里根政府的政策刺激而采取行动的部门。国防部在接受政府财政拨款后，也在全面增强军备。建设“600 艘军舰的海军”，加大“数年”飞机购买力度，增加陆军“轻型师”以执行反叛乱任务和“小型战斗”，都是国防部长卡斯帕·温伯格（Caspar Weinberger）的计划中比较著名的建议，但其不被人熟知的建议还包括扩充特种作战部队。

里根总统执政早期制订的计划导致军队人数不断增加。1981 年，国防部长温伯格制定的国防指导指令要求海陆空三军增强特种作战能力。陆军部长约翰·马什批准了陆军特战队增加 1200 名队员的计划，并高度赞扬了国防部政策事务副部长、上将理查德·史迪威的倡议。

1984 年，时隔 10 年之后，陆军第一特种作战部队在华盛顿路易斯堡重新恢复现役，并在日本冲绳部署了一个营的兵力。四支现役陆军绿色贝雷帽人数达到了 4000 人，还有另外四支预备役部队。陆军在两条海岸线上都部署了常规特战部队，在布拉格堡建立了特种作战指挥部。此外，还有两个特种作战营（称为“三角洲”和“蓝灯”）、一个民政营、四支部队的数十个心理战作战营。陆军对两个游骑兵营在 1983 年入侵格林纳达战争中的表现印象深刻，又增设了第 3 游骑兵营，由团级指挥部指挥。根据国防部的计划，在 1989 财政年度还将组建另外一支特种作战部队。

陆军特种作战部队的地面作战能够获得 101 空中突击队航空分遣队的支援，航空分遣队的总部位于肯塔基州的坎贝尔堡。分配到 160 特遣队士兵的绰号为“暗夜潜行者”，他们穿着普通人的衣服，执行“黑色”任务。他们像空军突击队员一样，驾驶各种各样的直升机，包括 UH-60“黑鹰”直升机和重型 UH-47“切努克”直升机。

160 特遣队执行过多次夜间飞行任务和绝密行动。1983 年，陆军承认特遣队飞行员遇难比例达到 50%，即在 35 次飞行任务中有 17 次遇难事故发生。如果美国空军有应对措施，160 特遣队的作用将会变得更加重要。美国空军特种空中作战驾驶的直升机经常用于支援陆军非常规作战部队。作为 1984 年实施的海陆空三军联合行动计划的一部分，美国空军希望将自身的战略防御武器移交给陆军，并放弃原有的职能。1985 年 9 月，美国空军试图移交部分作战责任给陆军，但是该计划遭到了国防部副部长威廉·霍华德·塔夫脱四世的反对，塔夫脱命令陆空两军都要保持长距离特种作战的能力。

尽管开支大幅增加，但是 1985 年特种飞行部队可用的飞机数量比1980年还要少（1980年是卡特政府执政的最后一年）。美国空军能够长距离执行战斗命令的直升机数量已经减少到整个佛罗里达州的赫尔巴特基地仅有的七架MH–53直升机。因此，空军部队接到命令，要增强空军的作战能力，并在MH–53直升机上增加了航空电子设备。陆军则对CH–47直升机进行改进，使其能够在飞行状态下补给燃油，这是一种非常有效的“自展式”能力。这道命令的目的可能是要给美国各个战区的总司令派遣一支部署在前沿的重型直升机特遣队，并和自身的特种作战指挥相结合。

毫无疑问，这些命令都是为了避免发生在“山西营突袭”和伊朗行动中出现过的部队行动临时拼凑在一起的情况。根据军事分析师理查德·加布里埃尔对战情的详细重现分析，这一问题在美国入侵格林纳达的时候再一次重现。国防部袭击加勒比岛的行动也叫“紧急狂暴”行动，这次行动对特战队来说可能是一场溃败。正因为如此，“紧急狂暴”行动是160特遣队执行过的最机密的支援行动。

格林纳达在被入侵之前正处在一场政治运动中，该国各派系之间出现内斗并企图发动政变，里根政府认为该政治运动对美国来说非常不利。“紧急狂暴”行动让人想起了1965年林登·詹姆斯命令发动的对多米尼加共和国的干预事件，行动的目标是保护美国公民，尤其是格林纳达两所大学里的美国医学生。这其实是一种借口，但是却是非常有必要的，因为作为一个国土面积只有344平方公里、总人口只有11.2万的岛国，格林纳达不太可能会对美国的利益造成严重威胁。里根政府的战略讨论围绕着两点：第一，古巴可能会利用格林纳达扩大自己的影响范围；第二，苏联和古巴可能在格林纳达建大型机场，作为他们先进的飞机基地。

不管合理与否，“紧急狂暴”行动在一周之内便完成了计划和部署，并于1983年10月24日至25日夜晚执行。但是行动一开始，特战部队就遭到了失败。对于特战部队来说，这次行动很明显就是在一系列的不幸和中途失败的袭击中，从一个危机到另一个危机的过程。

登陆的第一步是“三角洲”突击队利用降落伞降落到目标区域。一支35人到40人的伞兵队受命提前对格林纳达圣乔治机场进行侦察和部署，一个混合突击营计划在黎明时分在此登陆。伞兵部队驾驶一架没有任何标志的C-130直升机从巴巴多斯出发进入格林纳达，按照计划进行渗透，但是地面上的士兵被发现，和古巴士兵以及机场附近的建筑工人发生了交火。“三角洲”突击队受到了牵制，无法清理跑道上的敌人，导致突击营被迫伞降。据加布里埃尔估计，在突击营能够击退古巴士兵之前，“三角洲”突击队员的伤亡人数已经达到一半以上。

“三角洲”突击队的另外一支小分队计划在凌晨利用直升机登陆，攻占里士满监狱。里士满监狱位于圣乔治机场以外的半山腰上，由弗雷德里克堡军方负责监视，并配备有军事设施。而特种部队突袭圣乔治机场之后，格林纳达的防御部队一直处于警戒状态。当突击队员开始从直升机降落并登陆时，由于登陆区域地形不利，他们不得不借助绳索，但是遭到了上方敌人直升机的火力攻击，一部分直升机不得不落荒而逃。

逃离的直升机属于160特遣队，至少有一架被击落，这一幕被居住在格林纳达的一位美国人拍摄到了。在行动期间拍摄到的其他照片清楚地显示是休斯-500直升机，陆军从来没有官方购买过这种直升机，其他直升机也早在多年前从库存清单中除掉了。陆军发言人后来承认至少有一名160特遣队队员在格林纳达行动中牺牲，就是机长基思·卢卡斯，但是坚称其他16名队员都是在飞行训练中牺牲的，他们都是飞行营的两个连队的成员。次年，国防预算中需要增加的直升机数量和陆军申报的损失不一致，表明陆军隐瞒了10架损失的直升机，这其中有一部分可能属于160特遣队。

不幸也降临到了海豹突击队身上，海豹突击队在“紧急狂暴”行动中也发挥了重要的作用。在其中一个行动中，22名海豹突击队队员在政府大厦降落，试图将格林纳达总督保罗·斯库恩斯撤离到停靠在海边的“关岛”直升机航母上。然而，古巴和格林纳达的军队早已包围了大楼，让撤离行动无法进行。海豹突击队被围困了两天之后，海军救援部队才抵达围困地点。据报道，超过半数的突击队员在行动中受伤。

同时，两支四人海豹突击队乘船去往圣乔治机场西面的岸边，干扰格林纳达自由电台的广播。其中一支突击队遇到了猛烈的火力攻击，导致两名队员牺牲，其他队员负伤。第二支突击队只解救出了幸存者，随后乘船逃离。另外两支四人海豹突击队试图侦察珍珠港的海军登陆区域，但遭到了全力阻止。其中一支突击队遇到了登陆事故，队员全部溺水死亡，而另外一支突击队由于舷外发动机出现故障，使得橡皮登陆艇无法运转，因而无法到达海岸。几个小时之后，一艘海军军舰前往营救。只有一个任务取得了成功，那就是一支16人的小分队成功占领了岛上的柴油发电站。

伊朗营救计划失败后，“紧急狂暴”行动的所有非常规战斗部队都由特别行动联合指挥部统一协调。值得注意的是，“紧急狂暴”行动结束几个月之后，行动指挥部大部分成员都被调职。国防部拒绝承认“海豹”突击队、“三角洲”突击队、160特遣队在格林纳达行动过，尽管国防部从未否认过加布里埃尔关于入侵格林纳达的叙述。加布里埃尔还透露“三角洲”突击队员试图控告一名160特遣队队员临阵脱逃，却遭到了阻止。国防部对160特遣队在中美洲执行的其他行动也同样守口如瓶。还是在美国广播公司的新闻频道(ABC)公开了机长卢卡斯的直升机被击落的视频之后，国防部才最终承认卢卡斯死亡的消息。

关于其他特种部队在中美洲执行的行动，国防部表现得更加配合。这些特别行动由南方司令部统一指挥。司令部总部位于巴拿马运河区域，第7特种部队第3营还在此开设了一个丛林战训练学校，学校的机动训练小组和萨尔瓦多政府武装直接合作，训练他们如何应对本国叛军。萨尔瓦多和洪都拉斯的武装部队也由陆军特战队队员在洪都拉斯的训练营训练，特战队队员几乎都参加了在这两处进行的所有训练。

"三角洲"特种作战营在查理·贝克卫斯的领导下，一直是一支训练有素的部队。部队多次部署到反恐怖主义行动中，但从未正式执行过任务，直到1985年10月"阿奇里·劳罗号"事件发生。当时巴勒斯坦极端主义分子挟持了一艘意大利游轮，杀害了游轮上的一名美国乘客，恐吓其他乘客。埃及官员说服恐怖分子离开游轮，并承诺给予其突尼斯的通行证，但是里根政府坚持认为应该将巴勒斯坦恐怖分子绳之以法，于是里根总统命令军方采取行动。美国空军F-15战斗机拦截了劫持者所在的埃及客机，并命令埃及客机改变方向，飞往位于西西里岛西格奈拉的北约空军基地。

与此同时，"三角洲"特遣队已经驾驶空军C-141抵达西格奈拉。埃及客机着陆之后，"三角洲"特遣队立即包围了客机，并准备歼灭巴勒斯坦恐怖分子。但是，意大利官方却认为罪犯应该由他们关押，因为"阿奇里·劳罗"号是意大利的游轮，而且西格奈拉也是意大利的基地。意大利警卫部队在C-141周围停靠机场专用车辆进行拦截，并出动部队包围"三角洲"特遣队。同为北约的士兵，美国特遣队和意大利部队在机场的柏油跑道上发生了一次场面壮观的对峙，最终美国同意由意大利部队逮捕恐怖分子。

“三角洲”特遣队在另外一起事件中又一次吸引了公众的注意，不过这次事件的背景却不太光彩。陆军审计员在核算 1981 年到 1983 年期间的所有隐蔽行动的经费时，发现了很多不合理的账目。一方面，“三角洲”突击队新补充的大约 300 名队员中超过 1/4 都受到了谴责。隐蔽行动的参与者嘲笑调查人员试图用标准的成本核算手段去计算隐蔽行动的花费。另一方面，计划进行的隐蔽行动要求购买的项目中却包括了一辆劳斯莱斯汽车和一架热气球飞行器。调查结束之后，至少发生了四次秘密军事法庭审判和一次民事刑事审判。

民事刑事审判发生的原因在于，陆军中校戴尔·邓肯提供了虚假的证明，他认为他的国际商业安全公司的费用都是合理的。这家公司表面上是一家民事安全咨询公司，由邓肯在 1983 年创立以便为陆军的隐蔽行动做掩护。不合理的账目总数相当于陆军提前 6 个月预付给该公司 15.8 万美元中的 1/3。邓肯否认了这些控告，但是 1986 年 4 月联邦法院依然宣告其有罪。后来联邦上诉法庭推翻了邓肯的罪行，但邓肯依然必须接受陆军军事法庭的审判。另外一名国际商业安全公司的员工，陆军特战队队员、军士长雷蒙·巴伦由陆军军事法庭于 1985 年 12 月宣告无罪。但是陆军特种作战师的成员、陆军中校詹姆斯·朗霍弗却被押上了法庭。1986 年 4 月，陆军军事法庭宣告朗霍弗有罪，并判处两年监禁。

一些有问题的经费很明显是由个人为了陆军的隐蔽行动私底下完成的。1981 年到 1983 年期间，通过陆军隐蔽行动账户的 1.5 亿美元当中有多少和个人有关还无法断定。很显然，大规模地利用这种方法作为掩护受到了新的陆军实体的支持，该实体便是美国情报支援行动队（Intelligence Support Activity，简称ISA）。邓肯的公司用“黄果”为代号，也可能隶属于ISA。“黄果”在瑞士银行的账户可能涉嫌资助尼加拉瓜的叛军。同样，一些和尼加拉瓜叛军勾结的个人也以一家巴拿马公司提供的电话号码为掩护进行隐蔽行动，而这些号码都属于国防部安全办公室。

上将理查德·史迪威像是国防部情报部门的幕后操纵者，他极大地促进了ISA的发展。该部门最初由陆军在伊朗危机时期组建，当时名称是“境外行动小组”（FOG），成立一年多以来一直向国防部长隐瞒，也没有得到总统调查令的许可，此后便一直存在。ISA还和作战行动有关联，包括詹姆斯·戈登向老挝突袭行动提供情报援助，从意大利恐怖分子手中解救出上将詹姆斯·多齐尔德，1982年在萨尔瓦多采取行动，以及为尼加拉瓜叛军搜集情报等。ISA还多次参与营救黎巴嫩美国人质的行动。ISA的一个行动部门是反恐怖主义联合特遣部队，人数不超过20人，总部位于布拉格堡。

海军也提高了两支特种作战部队的作战能力。每支特种作战部队由两支特别分遣队组成，每支分遣队又由三支中队组成。三支海军特种作战部队一共包含五支海豹突击队和两支海豹投送运输部队。1984年，新增第6海豹突击队，将海豹排（相当于陆军绿色贝雷帽的一个队）的总人数由41名提高到了约50名。海军未来计划再组建两支海豹队，大致相当于特种部队的一个营。1984年12月，两位现役海豹突击队员在洪都拉斯训练时发生的一次爆破事故中不幸遇难。

1986年，海军制订了未来五年的特种作战行动的总体规划。1987年组建的海豹突击队扩充到2927名队员，尽管部队总数量保持不变。第6海豹突击队人数在175人至200人之间，专攻反恐怖主义行动。另外两支海豹突击队部署在两条海岸线上，从1983年开始，重新组建成为水下爆破队。根据新制订的计划，海军将派遣小型海豹突击队前往波多黎各、苏格兰和夏威夷。海军在安提瓜岛、波多黎各、夏威夷还会新建军事设施，海军作战部长办公室还会设立特种作战指挥部。

对于水下渗透，可通过将干船坞的井栅舱连接至潜水艇，或者利用水下运载工具将海豹突击队队员运往近岸水域。1991年，海军将有七艘潜水艇用于装载士兵，其中六艘带有遮盖物，另外还将有第一艘先进的水下运载工具。地面作战可使用短程或中程登陆艇。短程登陆艇于20世纪80年代就开始秘密设计并生产。1984年5月，位于加利福尼亚州纳雄耐尔的RMI公司接到了一份设计中型登陆艇的合同，中型登陆艇的速度将高达29米每秒。海军计划在1990年秋天配备19艘中型登陆艇，并支付2.42亿美元。但是由于缺少设计说明，导致在生产过程中出现了不合格的产品，该计划面临失败的危险。RMI公司在1986年8月申请破产。海军接管了气垫船的样品，花费是原计划的2.5倍，却只完成了任务的60%。海军似乎不太可能在这一领域达到自己的要求。海军陆战队却认为，海军陆战队的士兵和特种作战部队的士兵一样，会本能地全力支持“海豹”先遣登陆部队。

空军组建的是特种作战联队，联队由五支空军中队和一支直升机特遣队构成。另外三支空军中队编入美国空军预备役部队，接受两个空军指挥部的指挥。1984年，空军提出了一个重要的倡议，打算为特种作战人员组建一个空军师指挥部，并提高空军的地位和指挥的跨度。空军主要的计划包括：升级EC-130E“独翔”二代战斗机，生产22架新的MC-13“战斗爪”战斗机和大批HH-

60D“夜鹰”战斗机。新的战斗机配备有尖端电子导航系统，具备夜间和恶劣天气下低空精准导航能力。与此同时，尽管里根政府军费开支不断增加，但是 1984 年特种作战部队能够使用的空军现役战斗机数量却比 1980 年还要少。

国防部正尝试集中管理大约 1.5 万名特战队队员和 12 亿美元的军费预算，并设立了参谋长联席会议的下属部门——联合特种作战处，该部门负责各军种之间的研究和发展事务，联合训练和教导，以及战略计划的制定，但不具有指挥权力。很多人对此并不满意，国会倡议重建国防部的重大计划也迫使特种作战部队进行改革。1987 年国防财政预算通过了一项立法，对特种作战部队实行统一指挥，其地位和空军战略指挥部以及快速部署部队的地位相当。1987 年 4 月，陆军上将詹姆斯 · 林德赛当选为第一任总司令，司令部位于佛罗里达州坦帕市的麦克迪尔空军基地。

把特种作战部队的司令部所在地选在麦克迪尔让特种作战政策咨询委员会（Special Operations Policy Advisory Group，简称 SOPAG）的成员大失所望。SOPAG 认为司令部应选在华盛顿，原因在于华盛顿的政治敏感性，这样一来，司令部便可以和其他部门以及国家安全委员会相互来往。国防部长卡斯帕 · 温伯格未能按照国防部重建法案的要求为特种作战部队提名助理部长一事也引起了 SOPAG 的抗议。1987 年 3 月，SOPAG 的六名成员写了几乎一模一样的反对信，而且还有另外两封信态度更加坚决。

1984 年 3 月，温伯格的办公室带头建立了 SOPAG。在此之前，国防部政策事务副部长弗雷德 · 伊克尔完成了一项小规模作战的小组研究，建议执行反叛乱任务时减少使用武力，要增加对行动小组的训练，还要重视人权知识的培训。小组研究由上将约翰 · 辛洛布主持，研究报告在国家安全委员会全体会议上向里根总统进行了汇报。SOPAG 成立的目的是继续完成辛洛布团队的工作，该团队除了辛洛布本人，还包括理查德·西科德。此刻 SOPAG 成员包括上将罗伯特·金斯顿、上将爱德华·梅尔、陆军中将塞缪尔·威尔森、陆军中将理查德·亚伯洛、陆军中将勒罗伊·马诺尔、准将唐纳德·布莱克本、专家理查德·舒尔茨、上将理查德·史迪威。

里根政府为特种作战未来的发展做了关键性的决定，但是关于特种作战部队的发展方向的争论远没有停止。国防部行动拖延，中情局竞争激烈，未来的走向如何还很难确定。有人认为，由于隐蔽行动具有国家性质，因此需要来自中央的权力控制，也因此需要建立一支新的军队。一部分人认为当前的军队设置已经很高效了。还有一部分人赞成将特种作战的职能全部交给中情局或者国防部。美国的政策仍然没有解决，在第三世界实施的秘密战仍然在进行。随着美国陷入他国的冲突，滥用职权的现象不断出现，最终导致了类似于“水门事件”和丘奇委员会调查事件的发生，最典型的秘密战就是在尼加拉瓜的隐蔽行动。

第十八章　比尔·凯西的战争

尼加拉瓜行动的激烈程度令人震惊。在这里，秘密战士们实施了全面的准军事行动，特种部队、正规军和中情局相互合作，给这个第三世界小国施加了巨大压力。在行动中，绿色贝雷帽和海豹突击队提供的是专业技能，中情局则负责购买武器并承担领导责任。这次行动还充分利用了其他国家的援助，并结合了准军事行动和政治行动中的经典要素。

尼加拉瓜行动的激烈程度是显而易见的，因为中情局对于尼加拉瓜行动的可行性与必要性并没有达成明确共识。分析家们预测，马那瓜政府不会被推翻。甚至连中情局的首席秘密战士——行动处副处长约翰·斯坦也屡次反对采取隐蔽行动。

凯西就尼加拉瓜问题的看法与里根总统一致。里根总统不仅做出了必要的决定,还对隐蔽行动的成员施加了个人影响。事实上，为了胁迫尼加拉瓜，这一“特别活动”一点也不隐蔽。白宫实施这场行动的坚定决心最终使国会不得不加强了对情报组织的监管力度。此外，由于这次行动的性质十分特殊，以至于美国在国际上处境尴尬，这也从一个侧面反映了行动的危险性。

里根总统就职后不久就开始接触隐蔽行动。1981 年 3 月，他签署了一个总统调查令，指出有必要采取行动，制止武器流向萨尔瓦多的游击队。萨尔瓦多是尼加拉瓜的邻国，美国当时正在给萨尔瓦多政府提供军事援助，帮助其抵抗一起叛乱活动。国家安全规划组（NSPG）批准了这份文件，五角大楼和国务院也都对此表示支持。

为了招募志同道合的盟友，中情局官员开始联系尼加拉瓜反政府组织，因为如果没有基地的话，美国什么也做不了。洪都拉斯与尼加拉瓜北部接壤，洪都拉斯政府一直追随美国的政策，因此对美国实施的各种反尼加拉瓜行动视而不见。位于尼加拉瓜南部的哥斯达黎加紧随洪都拉斯之后站在了美国一边。最重要的加盟者是阿根廷，在与里根政府的大使弗农·沃尔特斯进行讨论之后，阿根廷政府也同意提供训练和顾问人员。

1981年秋季，大部分准备工作就绪之后，比尔·凯西给总统提交了一个具体的隐蔽行动方案。11月中旬，国家安全委员会对这个计划进行了讨论，11月23日，里根总统签署NSDD-17号文件，批准了这个计划。根据计划，中情局需要征用一支500人的军队，然后由1000名经阿根廷训练过的尼加拉瓜反抗军作为补充力量，行动的初步预算为1900万美元。为了使行动不受军队人数和资金的限制，计划还允许反抗军在尼加拉瓜境内搜集情报，并实施政治行动和准军事行动。尽管这个计划是中情局针对特殊目标直接实施的准军事行动，但是行动的主力都不是美国人，行动的目标是在尼加拉瓜消除所谓的“古巴存在”和古巴—尼加拉瓜的“支撑结构”。

要解释美国为什么要在尼加拉瓜实施隐蔽行动，就必须提到古巴。像约翰·肯尼迪一样，里根政府也将卡斯特罗视为眼中钉。里根总统认为，萨尔瓦多内战是由于古巴干预而导致的，而尼加拉瓜就是古巴向萨尔瓦多提供支持的渠道。亚历山大·黑格领导的国务院表示支持总统的观点。由于美国不能直接打击古巴，于是便想通过尼加拉瓜“拦截”古巴对萨尔瓦多内战提供的援助。从某种意义上来讲，在尼加拉瓜采取行动是美国长期敌对卡斯特罗政权的一个新表现。

美国在批评这个中美洲国家的政府时使用了极为粗暴的语言，这也是它决心对付尼加拉瓜的一个明显的表现。尼加拉瓜政府由左派的桑地诺民族解放阵线（Frente Sandinista de Liberación Nacional，简称 FSLN）领导，这个党派在带领民众发动革命，推翻了安纳斯塔西奥·索摩查之后当权。索摩查领导着国民警卫队，在俯瞰首都马那瓜的山坡堡垒上与 FSLN 进行了长期的斗争，失败之后才放弃了政权。在尼加拉瓜本地语中，革命者被称为"桑地诺主义者"（Sandinistas），国民警卫队及其盟友被称为"索摩查主义者"（Somocistas）。在隐蔽行动中，中情局军需物资输送的对象，就是曾与桑地诺政府战斗过的索摩查主义者的核心团体。桑地诺主义者是由五个反对索摩查的抵抗组织组成的联盟，而不是由同一个团体组成的共产主义组织，也谈不上是马克思主义政党，只是由于意识形态上的一些共性，这些抵抗组织暂时抛开传统的政治冲突而联合在一次，从而促成了桑地诺革命。

革命成功后，马那瓜的官员们充满希望地谈论着"混合经济"，但政府对价格和大部分物资的控制，再加上尚未被革命彻底根除的贪污腐败行为逐步削弱了中产阶级对 FSLN 的支持。中情局利用的正是这些反 FSLN 的力量。最早的反桑地诺主义团体在革命成功一年多后就形成了。在迈阿密，保守派劳工领袖何塞·弗朗西斯科·卡德纳尔和其他人组建了尼加拉瓜联合民主党（Unión Democratica Nicaraguense，简称 UDN），并筹集资金，在当地购买了 200 支枪支。经过武装的志愿者开始与古巴的反卡斯特罗流亡分子一起在南佛罗里达州的营地参加训练。另外，如果索摩查的前国民警卫队队员们能够接受平民的领导，他们也可以加入。值得一提的是，这个团体的参谋长是一名美国空军退伍军人。

9.15 军团与索摩查主义者关系更加密切。1821 年 9 月 15 日，尼加拉瓜从西班牙的统治下获得独立，这就是 9.15 军团名称的由来。这个军团成立于 1981 年 5 月，由 308 名前国民警卫队队员组成，据说它得到来自索摩查的表兄弟帕勒赖斯·德巴伊莱的几十万美元资助。UDN 在洪都拉斯成立以后，开始在尼加拉瓜边境协调各种反桑地诺主义活动，这时 9.15 军团也变得活跃起来。

与此同时，一些尼加拉瓜反抗军领导人前往阿根廷，在军事学院会见了阿根廷情报局局长助理马里奥·达维科上校（阿根廷情报局也称作“601 情报大队”）。据报道，这些尼加拉瓜反抗军领导人收到了 5 万美元，每一张钞票都是崭新的 100 美元。他们被告知如果 UDN、9.15 军团和几个较小的反桑地诺主义团体组成一个联盟，他们将会得到更多的资金和训练。随后他们在迈阿密再一次召开会议，化名为“胡里奥·比列加斯”的阿根廷上校何塞·奥拉上校告诉这些尼加拉瓜人，美国、阿根廷和洪都拉斯已经达成了一项三方协议，以便帮助这些反抗军。1981 年 8 月，反抗军联盟组成，称为尼加拉瓜民主力量（Fuerza Democrática Nicaraguense，简称 FDN）。50 名反抗军成员来到阿根廷接受训练，训练结束后成为反抗军在洪都拉斯营地的教官。比列加斯担任阿根廷方面的后勤部长，奥斯瓦尔多·里维拉上校担任作战部部长，负责管理来自洪都拉斯和哥斯达黎加的大约 50 名顾问。

反抗军的最高军事指挥官是 47 岁的恩里克·贝穆德斯，他是一位前国民警卫队上校，也是 9.15 军团的主要创始人之一，贝穆德斯顺理成章地成了 FDN 部队的副指挥官。一个桑地诺发言人注意到，贝穆德斯在革命前从未参加过战争，从时间上来说他也不可能参加过战争，因为 1975 年贝穆德斯被送往华盛顿的美国国防学院进修，并作为大使馆专员在美国待了三年多。1979 年，在过渡政府时期，桑地诺的军队和国民警卫队曾经短暂联合过，当时贝穆德斯担任这个联合军队的领导人。

这个时间问题很重要，因为这涉及美国的准军事行动开始的时间。贝穆德斯在与记者雪莉·克里斯坦的谈话中称，美国准军事行动开始的时间是1980年年底，当时约80名9.15军团的士兵在阿根廷接受了训练，并接受了30万美元资助。据贝穆德斯称，阿根廷方面的活动从1981年6月就开始了。根据前美国大使劳伦斯·佩祖洛的说法，1981年8月，美国失去了与尼加拉瓜共和国建立外交关系的机会。作为谈判的先决条件，美国要求马那瓜政府停止向萨尔瓦多输送武器，而这一要求对马那瓜政府来说有些过分和傲慢。本来，只要尼加拉瓜在五个地区做出让步，美国就会同意对反抗军保持中立态度，但是由于桑地诺政府对此反应非常消极，因此美国一直没有做出正式答复。

1981年3月，美国中止了对尼加拉瓜的大部分援助，这和里根总统对隐蔽行动的调查令签署的时间一致，此举目的是制止尼加拉瓜向萨尔瓦多输送武器。同年9月，美国取消了所有援助。桑地诺政府不但不承认向萨尔瓦多运送武器一事，反倒接受了古巴的援助，这进一步激怒了美国。卡斯特罗很快派出2000多名教师和医生前往尼加拉瓜，在里根总统批准NSDD-17号文件的时候，有报道称古巴向尼加拉瓜派出了军事顾问。因此，从时间上来分析，美国是在1981年制订的反桑地诺政府行动方案，而不是在这之前。

在反桑地诺政府的行动开始之前，反抗军还没有正式卷入进来。行动一开始，美国就有可能实施一些真正的准军事行动，因此对反抗军提供秘密援助具有重大意义。反抗军很快就发生了显著的改变，由佩德罗·奥尔蒂斯·森特诺领导的9.15军团精英在早期只有十几人配备了猎枪和0.22毫米口径的手枪。作为前国民警卫队“响尾蛇”营的一名中士，奥尔蒂斯·森特诺的化名是“自杀”，他特别喜欢夸耀他的部队如何潜过边境去刺杀选定的尼加拉瓜官员，但也有人说，反抗军因为抢劫和懒散而臭名昭著。从1981年1月到1982年7月，尼加拉瓜政府记录在案的枪战只有45次，但是偷牛事件却高达234起。

据FDN后勤部长阿曼德·洛佩兹上尉回忆，1982年年初他们收到了中情局提供的第一批武器，包括92支比利时制造的自动步枪、4挺机关枪和2门迫击炮。洛佩兹回忆说：“我们都忘了军衔的不同，激动地抱在一起。我们亲吻着那些武器，那种感觉就像做梦似的。”

1982年3月中旬，FDN就发动了第一次大规模行动，炸毁了尼加拉瓜北部的两座公路桥，第二天桑地诺政府宣布进入紧急状态。3月底，政府指责FDN共策划实施了6起蓄意破坏事件，包括1981年12月在墨西哥城炸毁一架尼加拉瓜客机。

马那瓜政府面临的威胁似乎很严重。在尼加拉瓜的大西洋沿岸，印第安部落的米斯基托人、苏马人和拉马人一直生活在这里，但这些少数民族并没有很好地融入国家的政治生活。在反抗军积极活动的同时，印第安人也出现了一些问题，但是尼加拉瓜政府在处理问题时犯了一些错误，甚至监禁了一些著名的印第安领导人。1982年1月，政府将可可河沿岸村庄里约2万印第安人安置到远离洪都拉斯边境的营地，这引起了印第安人的强烈不满。印第安人组建了两个小型反桑地诺主义团体，分别称为米苏拉和米苏冉萨塔。米苏拉最初是一个由桑地诺主义者组成的政治团体，后来被米斯基托人斯特德曼·穆勒策反。穆勒曾在索摩查的国民警卫队服役，在他的这一段经历被曝光之后，他就来到洪都拉斯，开始组建武装团体。

更让马那瓜政府头痛的是自己的统一战线最终解体，一些尼加拉瓜官员，甚至一些桑地诺领导人也投向敌方。其中一个叛离者是阿方索·罗韦洛，他以前是桑地诺国家安全局的九位局长之一。另一位是高级将领伊登·帕斯托拉·戈麦斯，他曾以化名“指挥官泽罗”与索摩查的国民警卫队进行过战斗并闻名。叛离之后，罗韦洛和帕斯托拉来到哥斯达黎加。1982 年 4 月，帕斯托拉宣布成立一个新的反对团体，名称是民主革命联盟（Alianza Revolucionaria Democrática，简称 ARDE）。还有其他政府官员选择辞职或变节，但这些主要是因为尼加拉瓜国内政治混乱的缘故，而不是出于美国的隐蔽行动。

在美国看来，尼加拉瓜存在诸多问题，如内部的分歧、经济的衰退、少数民族的不满、在尼加拉瓜北部和南部边境活动的反抗军等。为了一击致命，美国在广泛的外交和军事行动框架内组织了这场反桑地诺运动。美国禁止其他国家向尼加拉瓜提供贷款；限制拉丁美洲国家“孔塔多拉”（Contador）集团调解各方之间的冲突；美国海陆空三军在洪都拉斯和尼加拉瓜水域进行了一系列演习，特种部队也广泛参与其中，工程部队还建造了大量基础设施，包括在埃尔阿瓜卡特建造了一个专供中情局使用的飞机场。根据美国审计总署的报告，美国的军用飞机多次向各处的反抗军运送军需物资。

但是，正当美国的准军事行动如火如荼地展开的时候，美国却失去了阿根廷这个盟友。1982 年，阿根廷和英国就马尔维纳斯群岛展开争夺，在美国国务卿亚历山大·黑格调解失败后，里根政府选择站在英国一边。5 月，阿根廷宣布从中美洲撤出其军队和人员，包括 601 情报大队。在这之后，由此产生的空白似乎被其他国家所填补，但是相关证据并不充足。有报告称日本与米斯基托人合作，以色列似乎也积极地向反抗军提供援助。以色列人当时公开向洪都拉斯出售武器，这可能是通过洪都拉斯向反抗军提供援助的方式之一。根据相关文件的记载，阿根廷的参与一直持续到1982年年底，当时601情报大队官员赫克托·弗朗西斯曾在哥斯达黎加对阿根廷的活动做证。

无论是否有其他国家支持，美国都有大量的资源实施反桑地诺行动。中情局最初的预算一再提高，1983财政年度的预算是2100万美元，1984财政年度提高到2400万美元。在中情局的资金链中断前，中情局给反抗军提供的援助总额高达8000万美元。美国驻洪都拉斯大使约翰·内格罗蓬特曾是基辛格的助手，他负责美国在洪都拉斯的任务。大使馆配置了149名人员，有176名军事人员协助洪都拉斯武装部队，还有50名美国空军专家控制着一个空中搜索雷达基站，这个雷达从埃索珀山上的一个被称为“胡萝卜顶”的地方监视着尼加拉瓜全境。数百支美军军队，特别是从事建设任务的工程兵，在一连串的军事演习中穿过洪都拉斯。据报道，1983年夏季，在洪都拉斯执行任务的绿色贝雷帽人数是114人；1982年年底，驻洪都拉斯的中情局官员大约是150人；在萨尔瓦多驻扎的士兵人数更多，但其中只有一部分人参与尼加拉瓜行动。

虽然马那瓜政府困难重重，而反抗军在资源、盟友和基地方面几乎没有遇到什么困难，但反抗军在1982年并没有取得什么进展，只是在建立武装力量方面取得了一些成就。到1983年春季，FDN称在洪都拉斯的部队有7000人，但有人认为只有5000人。此外，在洪都拉斯大概有2000名米斯基托人，伊登·帕斯托拉在哥斯达黎加有700名士兵，这些部队被分成多个“特遣部队”，轮换着驻扎在营地或者袭击尼加拉瓜。反抗军的基本计划是在尼加拉瓜境内占领地盘,然后宣布成立临时政府,但这似乎从未实现。

内部不和是阻碍反抗军取得进展的真正障碍。帕斯托拉和ARDE拒绝接受索摩查的前国民警卫队成员，FDN也面临同样的问题。各派之间矛盾的焦点是领导人应该由平民担任还是军官担任。FDN和米斯基托人之间也关系微妙，据说米斯基托人一直在骗取物资，以便组建更大的组织。在洪都拉斯的FDN军队中，贝穆德斯上校要求绝对的忠诚，并威胁了那些他认为没有提供全部信息的人。到1982年年底，虽然贝穆德斯在洪都拉斯边境的营地待的时间不长，但是他却毫无争议地成了军事指挥官。

在这个阶段，中情局开始进一步扩大反桑地诺联盟。中情局最初确定的领导人必须是既反对古巴又反对索摩查的尼加拉瓜民族主义者。但作为前国民警卫队成员，贝穆德斯上校并不满足第二个条件。

1982年11月，中情局官员联系了一些颇具影响力的尼加拉瓜反对派，在迈阿密召开会议，讨论选择反抗军领导人的问题。一个反对派领导人维奥莱塔·查莫罗会见了自称“史蒂夫·戴维斯”和“托尼·费尔德曼”的美国军官。查莫罗建议组建一个类似于代表大会的领导模式，包括21个领导人，贝穆德斯只是领导人之一。12月初，反抗军在迈阿密召开新闻发布会，宣布成立了一个新的FDN领导委员会，委员会包括8名平民和5名军事人员。查莫罗出任外交部公关主任，但所有流亡分子的领导人都是事先由中情局人员在一家旅馆内指定好的。《纽约时报》引述了当时查莫罗说的一句话：“我们想给尼加拉瓜的民主一个机会。”

在洪都拉斯，FDN委员会并没有足够的控制能力，他们仅以集体的形式访问过一个营地，更多的时候，他们都是以个人身份前往洪都拉斯。随后他们作为使团成员出现，而贝穆德斯则镇守当地。曾经有一次，三名反抗军情报人员告诉FDN代表，贝穆德斯和他的情报部长里卡多·“奇诺”·劳（也是贝穆德斯最好的朋友）正密谋要杀掉他们。FDN委员们对于这些指控也无能为力，贝穆德斯轻而易举地否认了这些指控，而他们也不能做任何调查。

关于反抗军军官们侵犯人权的指控实际上表明，贝穆德斯在1983年年初派出了一个600人和一个800人的部队扩大了FDN行动规模之后，虐待行为变得很普遍。1981年，尼加拉瓜境内发生了12起失踪案件；1982年是11起；而仅在1983年2月，失踪事件就有22起，几乎所有类似事件都发生在洪都拉斯营地邻近的省份。有人说，FDN的普遍做法是杀死被俘的桑地诺士兵和民兵。也有报告记录了针对咖啡豆采摘工、教师、官员以及在车辆里发现的任何人实施抢劫和强奸的恐怖主义行动。一些观察家将这些做法归因于阿根廷的建议，即采用阿根廷1970年代的“肮脏战争”作为反抗军的发展模式。其他人则认为，恐怖主义是由前国民警卫队的主导地位造成的，因为他们在索摩查—桑地诺内战期间已经习惯了残忍的行事作风。

反抗军对于那些称他们与国民警卫队相互勾结的指控非常敏感。他们一直否认这些指控，声称只有一小部分反抗军是前国民警卫队成员。从数学角度来看他们是正确的，因为前国民警卫队成员们并不是FDN的主体。1983年，FDN部队人数实际大约2000人，但当时公开声称有7000人。1984年6月，FDN称士兵人数为1.5万人，但实际上约有6000人。1987年春季，反抗军领导人宣称有1.6万名士兵。而索摩查的警卫队人数最多时达到8000人，且其中近5000人在内战结束前就被桑地诺主义者俘获。有报道称，几千名前国民警卫队队员们仍然被关在尼加拉瓜的监狱里。因此，综合分析，FDN 部队中前国民警卫队成员的比例大约是 20%。

这些总体数字掩盖了前国民警卫队队员在FDN中的领导作用，贝穆德斯就是一个明显的例子，但这仍然只是冰山一角。1983 年春季，记者克里斯托弗·迪基访问 FDN 的营地时，他采访的五个纵队指挥官中的四个不仅是前国民警卫队队员，而且还来自同一个“响尾蛇”营。纵队指挥官森特诺也是“响尾蛇”老兵，他负责指挥 2000 名士兵。他还恬不知耻地向记者吹嘘他的谋杀行为和其他不法行为。里卡多·劳是 FDN 的情报负责人，他在国民警卫队服役时就因行事残忍而臭名昭著，现在甚至成为阻碍 FDN 政治团结的因素之一。伊登·帕斯托拉认为里卡多·劳是索摩查残余势力最恶劣的例子，并拒绝将 ARDE 与里卡多·劳参与的任何统一战线相结合。在FDN宣布里卡多·劳辞职几个月之后，艾德加·查莫罗这样写道：“晚上最后一个和贝穆德斯说话的人是里卡多·劳，早上第一个和他说话的也是里卡多·劳。”1984 年年底，洪都拉斯当局要求里卡多·劳离境。尽管如此，前国民警卫队队员的参与仍然是反抗军的致命硬伤。

在 FDN 委员会的所有成员中，艾德加·查莫罗（Edgar Chamorro）是真正了解情况的人。许多委员们忙于宣传，以便为反抗军赢得支持，特别是阿道夫·卡莱罗·波尔图卡雷罗（Adolfo Calero Portocarrero），他仿佛一个能源塔一般，每天工作 16 小时，经常前往欧洲、美国、波多黎各等地，为 FDN 吸引更多的资金和关注，他还将中情局和流亡分子们看作是 FDN 的支持者。还有一些委员们留在迈阿密。查莫罗一直待在洪都拉斯首都特古西加尔巴，成为 FDN 的对外发言人，他给各媒体写新闻稿，并组织记者们访问FDN营地。仅宣传FDN的民主形象一项，查莫罗的办公室每个月就要花费2000美元。

查莫罗的一个项目是他的手册《蓝白皮书》，手册讨论了社会正义和民主的意义，营地的FDN士兵人手一本。查莫罗认为，这本手册所代表的政治教育有助于中和军官们的残暴和过度战争。士兵们还可以从诸如FDN广播或查莫罗同时经营的周刊《突击队》等其他途径接收信息，这必然限制了他的手册产生的影响。

1983年夏季，一位记者问及查莫罗FDN的暗杀事件，查莫罗知道营地里的士兵们经常谈论谋杀或其他事件，因此他承认一些士兵的做法是有些过分。这给FDN招来了更多人权方面的批评。1983年6月，比尔·凯西访问洪都拉斯之后，中情局再次采取了直接行动，制定了另一本供反抗军使用的手册。与此同时，FDN也通过惩罚一些行为过分的军官来整肃队伍。

反抗军内部强烈地批评了查莫罗的坦白态度，但查莫罗认为FDN正是因为他的坦率而赢得了信任。然而，中情局的手册却带来了一个大麻烦。这本手册名称是《游击战中的心理战》，是由一位笔名叫“约翰·柯克帕特里克”的中情局雇员写的，他在特古西加尔巴与查莫罗待了几周，每天一起工作几个小时。“柯克帕特里克”是一名前特种兵，也是朝鲜战争和越南战争的老兵。他总是喝醉，之后就开始谴责FDN高层，赞扬普通士兵。查莫罗认为他很像间谍作家格雷厄姆·格林小说中的一个人物。

柯克帕特里克的手册取材于他在越战中的经验和经典的反叛乱方法，这本手册逐字翻译了据称是1968年在布拉格堡用于培训特种部队的三个课程计划。手册中并不回避采取恐怖主义手段，其中一个章节提到雇用专业罪犯来进行某些活动；另一个章节讨论了制造“烈士”以帮助大业，如果必要的话还可以安排反抗军自己人死亡；其他章节涉及选择性地使用暴力，如谋杀桑地诺官员来使村民就范。后来的调查显示，中情局行动处大约十几名中低级别的官员审查了这本手册，并删除了那些他们认为可能会引起反对意见的材料，但是没有人删除关于暗杀的材料，尽管总统和中情局局长一再重申禁止暗杀行动。

1983 年 11 月，大约 2000 份《游击战中的心理战》复印本被送至查莫罗在特古西加尔巴的办公室之后，查莫罗对柯克帕特里克的怀疑得到了确认。查莫罗发现了手册中有关雇用罪犯和杀死反抗军自己人的内容，他生气地将手册锁在房间里，之后雇了两个男孩把那些印有冒犯性内容的页面剪掉，再粘上内容相对无害的页面作为替换。

在战场上，反抗军的战争还在继续。FDN 部队离开洪都拉斯的营地，以 80 人的巡逻队和 200 人的纵队进驻尼加拉瓜。森特诺已经成为最高战斗指挥官，领导着五个纵队。米斯基托人也很活跃，ARDE 收到了第一批中情局提供的援助，包括通信设备、物资和 500 支 AK–47 冲锋枪。伊登·帕斯托拉和阿方索·罗韦洛在年底前召集了将近 2000 名 ARDE 军队，米斯基托人组成的反叛力量也在当年达到了 3000 人。

贝穆德斯上校大部分时间都待在特古西加尔巴，FDN 总部设在那里，那里还有一个广播电台和一所医院。他计划在夏季和秋季采取大动作，行动代号是“马拉松”。在中情局，西半球司负责人杜安·卡瑞基认为两架 C–47 足以给 FDN 纵队的袭击提供再补给，因为党派战争一直以来都耗资不大，卡瑞基和尼加拉瓜行动的总指挥凯西关系非常亲密。

1983 年下半年，中情局开始大幅度地加大活动力度。首先，它帮助 FDN 部队的人数增加到 1.2 万至 1.5 万人；其次是为 FDN

制作游击行动的指导手册；再次是为 FDN 和 ARDE 提供空军装备，并开始准备独立运动，通过在港口布置水雷，切断外国给尼加拉瓜提供的援助。

“马拉松”行动的进展并没有预期的那样迅速。尽管 FDN 一直处在增长势头，但同时也在利益冲突中逐渐分裂。在营地中，士兵们对于总部与前线距离遥远颇有怨言，同时军队内部也因嫉妒而不和。这些问题在森特诺的营地里最为严重，“克里尔”是森特诺的一个纵队的指挥官，他公开谋杀了另一个纵队的指挥官。在此之后，FDN 最大的作战组织森特诺部队便四分五裂了。

为了重振纪律，FDN 在贝穆德斯之下设置了一名战地指挥官。森特诺和克里尔都被捕了，在接受审判之后最终被处死。同一时期，在战场上，“马拉松”行动并没有进展。反抗军的领导人阿道夫·卡莱罗在 9 月份的宣传活动中竭力粉饰，声称新兵正以每周 300 人至 500 人的规模拥入 FDN 部队。一年后，也就是在 1984 年秋季，有人声称 FDN 部队的人数高达 2 万人。一个类似的代号为“暗月”的计划也不太成功。

这些行动中使用的都是由中情局通过私人公司采购的飞机，这些公司可能是中情局新一代的私有公司。有五架飞机是通过弗吉尼亚州麦克莱恩市的一家名为“空中武器租赁”的公司购买的，这个公司在杜勒斯国际机场有一个虚构的公司地址。这五架飞机中有三架是军用 O–2A 型，是塞斯纳飞机公司生产的轻型飞机。1983 年 12 月，塞斯纳公司突然宣布产品过剩，将三架 O–2A 飞机送给了“象群”（“象群”是参谋长联席会议的一个执行多业务的组织），以便给特殊活动提供掩护。另外两架来自纽约空中国民警卫队的 O–2A 飞机也同时被卖给萨尔瓦多。1984 年 2 月，这几架飞机在特拉华机场由山峰航空公司配备了火箭吊舱。

加利福尼亚州拉霍亚的一家名为 Armairco 的公司与在尼加拉瓜境内撞毁的两架 O–2A 飞机有关——一架在 1983 年 9 月突袭马那瓜时坠毁，另一架在 1984 年对圣克拉拉的一次袭击中被击落。据悉，Armairco 从塞斯纳飞机公司那里直接购买了 O–2A 飞机。Armairco 公司由一名前陆军少校建立，在东海岸还有一个名叫“谢南多厄河空中武器租赁”的分公司，这个公司也承认他们“完全有可能”在中美洲执行机密任务。

FDN 还得到了两架珍贵的 C–47 运输机，至于捐赠方则信息保密，ARDE 也至少得到了一架这样的飞机。艾德加·查莫罗对这些飞机不屑一顾，他告诉一位同事，去华盛顿时一定要参观国家航空航天博物馆，在那里他就可以看到一架一模一样的飞机挂在天花板上。的确，C–47 飞机已经飞了 50 年，但仍有 1200 架飞机在服役，没有这种中型运输机的话，重大的补给任务很难进行。很快，查莫罗的担忧就应验了。1984 年 3 月，ARDE 的一架 C–47 运输机在哥斯达黎加北部坠毁，飞行员身份不明，但很有可能是中情局的人手。

1984 年 10 月，一架双引擎 O–2A 飞机在萨尔瓦多的伊洛潘戈军事机场外坠毁，经证实机组人员都是中情局人员，包括一名官员和三名签约人员。这架飞机装满了设备，一直在夜间飞行，以便收集有关桑地诺的通信和空中活动的情报。据报道，其他飞行任务由陆军航空兵部队执行，代号“皇家公爵”，与洪都拉斯机场那些使用比奇飞机的美国空军飞行任务有关。

反抗军的空中作战只能说是漫无目的，充其量只能算作是骚扰，根本没有真正起到封锁作用。因此，虽然马那瓜遭受了几次突袭，尼加拉瓜港口遭受的突袭更多，但是都没有造成重大损失，反倒是FDN至少损失了两架飞机。1984年9月1日，一架直升机在袭击圣克拉拉时坠毁，两名美国志愿者小达纳·帕克和詹姆斯·鲍威尔三世死亡。这两个美国人来自一个名为“民用军事援助”的私人组织，自1983年秋季以来，这个组织一直活跃在洪都拉斯，向反抗军运送服装和医疗物资，一些来自该组织和其他团体的物资都是由军用飞机运送的。

在尼加拉瓜的行动间接导致了洪都拉斯地区其他美国军事人员的死亡。1984年1月11日，陆军准尉杰弗里·施瓦布死亡，当时他正驾驶直升机准备前往埃尔阿瓜卡特，却偏离航线，进入尼加拉瓜领空，被桑地诺士兵击落。在接下来的一个月里，演习导致四名美国人死亡，六人受伤，包括几名绿色贝雷帽，当时他们的直升机撞上了一架运输机。1984年12月，两名海豹突击队队员在一次演习事故中丧生。军事死亡还包括六名美国人和八名外国记者。1981年至1984年，尼加拉瓜境内的伤亡人数超过1.2万人，而这个国家的人口总数仅为300万。反抗军的伤亡人数至今不详。

尼加拉瓜战争一直是比尔·凯西的战争，也是里根总统的战争。里根制定政策，由凯西执行，而凯西是一个优秀的代理人。凯西监督中情局的计划，推翻了行动处反对扩大行动规模的意见。在战场上，凯西负责监督项目主任对下属人员的安排，这位项目主任对FDN自称是“杜威·马罗尼”。1982年夏季，凯西至少对特古西加尔巴进行了一次访问，当时FDN刚刚开始投入工作。在这一时期，他又去过一次日本。大约一年后，有报道称日本人参与了米斯基托反抗军。由于反抗军侵犯人权的行为引起了巨大争议，1983年夏季，比尔·凯西再次前往洪都拉斯，也就是在那个秋季，中情局开始为 FDN 制定《游击战中的心理战》手册。

在坚定地实施尼加拉瓜隐蔽行动的同时，比尔·凯西以一种对中情局局长来说前所未有的方式，与美国国会发生了冲突。在向国会保证他会向情报委员保持公开态度之后，凯西逐渐取消了在卡特任期时的各种常规报告活动。凯西非常蔑视国会对于中情局的监督，这在中情局不是什么秘密，毫无疑问，在国会对中情局的行动进行审批时凯西忍受了各种痛苦，这使他的蔑视更加强烈。

经过两年的激烈对抗，反抗军还是无法取得任何持久的成功。据报道，中情局的一个时间表要求反抗军在 1983 年年底之前建立“解放区”，但这个时间表根本没法实现，在这两年里，FDN 军队没有夺取或控制任何城镇。凯西尽力地掩盖这个事实，1983 年他告诉国会，桑地诺政府将会在一年内被推翻，但是他的话遭到了中美洲军事总指挥的反驳。同时有消息称，各种情报评估都不支持凯西的断言，之后凯西不得不声称这些都是误解。

美国政府最高层很快就知道了秘密战士们遭到挫败的消息。NSPG 开会讨论如何打破反抗军效率低下和军事失败的死循环，在讨论中，比尔·凯西、国防部长温伯格和国务卿乔治·舒尔茨都意识到马那瓜严重依赖进口，尤其是苏联的武器和外国的石油。美国在中美洲的军事演习已经将海军特遣部队调离了尼加拉瓜海岸，如今 NSPG 成员们重新提到了古巴导弹危机时肯尼迪的表现，然后决定开始对尼加拉瓜实行封锁。但是这涉及公开使用武力，是一种战争行为。政府仅仅为使国会批准给中情局提供资金就已经大费周折，所以向尼加拉瓜宣战几乎是不可能的。罗伯特·麦克法兰回忆道，经过至少两次 NSPG 会议之后，为了避免将美国卷入军事行动中，他们决定在尼加拉瓜港口布置水雷。

麦克法兰认为布雷是比尔·凯西的建议。NSPG 召开会议之前需要做一些准备工作，但是分析工作并不到位，根本就没有对布雷进行风险成本研究。美国的水雷击沉了一艘苏联船只，对布雷的反对意见也浮出了水面。最初的决定是布置不能击沉大型船只的水雷，尽管这不符合布雷的基本原理，但罗纳德·里根还是做了这个决定。麦克法兰称这对于里根政府的决策者来说“并不是一个令人开心的插曲”。

1983 年秋季，凯西开始实施布雷计划，以此隔离尼加拉瓜，同时使反抗军的人数增加了一倍，又建立了一个南部战线，并向反抗军提供空军武器。在尼加拉瓜港口布雷由中情局直接进行，为此，中情局购买并改装了一艘看起来很普通的货船作为母舰，装配了简单却很有效的水雷，也就是塞满了炸药的下水管。中情局在海军水面武器中心对水雷的设计进行了试验，之后在洪都拉斯完成了水雷的装配，有报道称共装配了 600 枚水雷。

中情局在 1983 年夏季租了这个母舰，快速地进行了改装。这艘母舰配备了通信和导航装置，还有能够发射一个全副武装的小型高速汽艇舰队的装备。母舰就是指挥部，能载着突击小组去更远的目标。同时母舰上还有一架武装直升机，可以为突袭提供支持。突击小组主要由 FDN 士兵组成，还有一些骨干成员是拉丁美洲人以及中情局的签约人员，他们负责的是水下拆除和其他专门任务。签约人员有时会驾驶直升机。中情局官员对行动有完全的指挥控制权。1983 年 10 月 10 日，这艘母舰在太平洋海岸科林托港的一次袭击中首次投入使用。

这次袭击有力地推动了已经开始的行动。自 9 月初以来，桑地诺港就已经遭受了两次袭击，这个港口是尼加拉瓜的石油接收点。另一起袭击发生在丰塞卡海湾一个小镇的码头，这个码头很有可能是一个向萨尔瓦多提供物资的转运点。

伊登·帕斯托拉几乎没参与港口布雷计划，但他支持了9月8日对马那瓜的空袭。在这次空袭中，两架飞机轰炸了马那瓜机场，其中一架飞机发生了事故，因为它飞得太低，所以被自己发射的炸弹冲击波炸毁，两名ARDE空军士兵死亡。中情局局长威廉·凯西鼓励两名美国议员到尼加拉瓜亲自视察那里的状况，但他们差点成了马那瓜爆炸的受害者。在袭击发生的时候，参议员加里·哈特（科罗拉多州民主党员）和威廉·科恩（缅因州共和党员）正在前往马那瓜的飞机上。要不是航班延误，他们当时就会正好出现在马那瓜机场。第二天，一架T-28飞机轰炸了太平洋海岸科林托港的储油罐，但是没有造成什么损失。大约十几架T-28飞机在洪都拉斯空军服役。10月3日，一架FDN补给机在尼加拉瓜北部被桑地诺士兵击落，一名飞行员死亡，两名被俘，这两人都曾是国民警卫队队员。

一周后，中情局的母舰动用了两艘快艇在科林托港发动了另一场袭击。快艇紧紧跟着一艘入境的韩国油轮，在靠近岸边时点火之后迅速离开。共装有349万加仑石油的8个大型储油罐燃烧起来，一艘装有食用油的货船遭受轻微损坏。在那之后不久，艾克森石油公司就命令自己的油轮远离尼加拉瓜水域。10月21日，卡贝萨斯港（上一代间谍都知道的猪湾登陆中的作战基地）也发生了一场袭击，港口布雷行动蔓延到了大西洋海岸。

中情局发动的秘密战使尼加拉瓜一个村庄的百姓一下子回到了原始状态。

10月下旬，作为回击，桑地诺政府宣布划出一个25英里的近海安全区域，外国军用飞机或船只需要提前两周申请才能进入。虽然美国海军在多次执行“德索托”巡逻任务时都小心翼翼地遵守领海限制，空军 SR-71 侦察机却肆意穿越尼加拉瓜边境，在人口聚集的中心地区发出超音速飞行器的音爆，使人紧张不安。面对汽油日益短缺的状况，桑地诺政府被迫将石油配给比例从 10% 提高到 30%。在科林托港，2.5 万位居民因为石油大火被迫暂时离开家园。

布雷的目的是给尼加拉瓜港口网络致命一击。1983 年，尼加拉瓜港口吞吐量是 1.1 万吨。布雷具体是从哪一天开始还不是很明确，1984 年 1 月 3 日，马那瓜政府首次在无线电广播中对此事发出谴责。艾德加·查莫罗回忆道，1 月 5 日凌晨 2 点，他被一位中情局官员叫醒，这位官员给了他一份美国准备的新闻稿，上面称 FDN 对布雷一事负责。几天后 FDN 声称尼加拉瓜的所有港口都是“危险区”。

1 月 3 日，一艘挂着日本国旗的船在驶离科林托港口时被水雷击中，不得不被拖回港口。这只是第一艘船，之后还有其他十几艘来自六个不同国家的船只在布雷行动中遭到损坏。丰塞卡海湾的波托西港在九天内也遭到了六次袭击，在至少一次袭击中，一位中情局签约人员驾驶着休斯 - 500 武装直升机参与了战斗。桑地诺港也遭到三艘快艇袭击，当时还有三架直升机支援那些快艇。

1983 年 9 月，中情局向国会提交的总统调查令中称所有这些活动都是合法的。这项调查令在当时引起了反对意见，因为一些国会议员认为这些活动的范围过于宽泛。比尔·凯西又进行了重新修订，限制了某些行动的范围，并称这些活动的目标是终止桑地诺政府向外输出革命。

在尼加拉瓜行动迅速发展的几年期间，国会对于这一行动越来越不满，因为对反抗军活动无限制的支持与调查令里表达的模糊有限的目标并不一致。亚利桑那州共和党人巴里·戈德华特领导的美国参议院情报委员会并不是不支持里根政府的目标，但是自从与总统在任命凯西一事上发生争议之后，情报委员会和中情局的关系就恶化了。众议院特别委员会对尼加拉瓜行动更加怀疑。1980年换届选举之后，众议院特别委员会仍由民主党把持，在1982年和1983年分别启动立法，禁止美国政府给推翻尼加拉瓜政府而进行的活动提供资金。这一限制被称为“博兰修正案”，以众议院特别委员会主席爱德华·博兰（马萨诸塞州民主党议员）的名字命名。这一修正案被通过之后，成为1983年财政拨款的一个秘密条款（公法97–377，第793条），也是1985年国防预算法案（公法98–473，第8066条）的修正案。

博兰修正案的限制使中情局在尼加拉瓜的行动如履薄冰。在那一段时间，众议院三次投票否决了对尼加拉瓜准军事行动的预算，尽管两院联席协调会最终同意提供资金。为了促成尼加拉瓜行动，里根表现得非常积极，不但大张旗鼓地支持反抗军，而且还要求国家安全委员会成员进行协调。

尽管困难重重，但是比尔·凯西并没有灰心。值得指出的是，根据查莫罗的回忆，中情局是在国会讨论博兰修正案时才找到了组成联合阵线的办法。在给尼加拉瓜港口布雷时，中情局在向国会提供信息时非常谨慎，几次重要的汇报都是比尔·凯西亲自进行，他的策略就是尽量少向国会监督委员会提供信息。

从本质上来讲，中情局利用了与反抗军的关系来掩盖布雷行动，同时也以此误导国会。在筹备布雷行动时，中情局向国会报告说一些反抗军正在接受布雷技术的培训，这样国会就可能误认为布雷行动是由FDN、米苏拉和ARDE进行的，但实际上这却是中情局采取的单边行动。为了逃避国会的预算限制，为布雷行动购买的母舰是直接用中情局局长应急基金支付的，直到科林托大袭击发生五个月之后，中情局才承认这艘母舰的存在。同样，1984 年 1 月和 3 月进行的空袭中都有中情局签约飞行员参与战斗，但中情局几个月后才承认这个事实。1984 年冬季，因为担心在给参议院委员会的汇报中会出现这些信息，中情局请求推迟汇报。众议院委员会提了一些尖锐的问题，才多多少少知道了一些情况。为了回避事实，在两个多小时的汇报中，中情局只有一句话提到了布雷行动。

中情局的布雷行动公然违反了国际法，这不仅妨碍了公海自由，而且根据 1856 年的《巴黎条约》以及 1899 年和 1970 年的“海牙公约”，布雷行动很显然可以被界定为战争行为。这也反映出一个问题，即在 1973 年《战争权利法》的框架下，中情局是否有权进行此类活动？1984 年 3 月 20 日，苏联油轮“卢甘斯克”号在科林托港外围被水雷击中，五名俄罗斯海员在爆炸中受伤，这使得以上这些问题变得更为突出。在应对这一紧张局势时，FDN 领导人查莫罗被告知要否认这次事故是由反抗军布雷活动造成的，而告诉他这些的正是上次指示他对布雷行动负责的那位中情局官员。

由于水雷对商船造成的危险日益增加，国际哗然，来自美国国内的批评也愈发激烈，国会压倒性地通过了一项谴责美国政府行动的决议。尼加拉瓜在国际法院对美国提出诉讼。里根政府突然意识到必须扭转美国长期承认国际法院审判权的政策，而这对世界舆论进一步造成了不利影响。在那些提出抗议的国家中，除苏联之外，还有美国的传统盟国英国和法国，法国甚至考虑要派一艘扫雷舰去帮助尼加拉瓜清除水雷。

美国布下的水雷给尼加拉瓜造成了巨大损失。截至 6 月底，尼加拉瓜有5名渔民死亡，30人受伤，13艘渔船损坏。尼加拉瓜进口量暂时减少，而出口收入则损失约430万美元。尼加拉瓜的渔民承受的风险最大，因为扫雷任务是由渔民们承担的。通常，他们会用两条船一前一后拖着链条在海面上行驶，链条从海底穿过从而触发水雷。截至5月份，科林托港共有30多个水雷被引爆，两个简易扫雷艇沉没，光是科林托港的损失大约就有900万美元。而在联合国，因为美国大使弗农·沃尔特斯的一票否决，安理会并未能通过谴责美国的决议。

在这个关键时刻，参议院情报委员会要求中情局对布雷行动进行解释，并声称它没有收到任何相关的汇报。随后的披露显示，众议院情报委员会，也是两院中相对知情的一方，在3月27日才知道中情局布雷行动的详情，而这是在两名国会议员不断提问下才迫使凯西承认的。比尔·凯西对参议院委员会同样谨慎：3月8日的简报内容超过84页，但其中只有一个包含27个字的句子提及布雷行动。这一句话也只是说，水雷已经被美国支持的团体安放在尼加拉瓜的港口。实际上，中情局的内幕已被提交给国会的监督委员会，委员会主席巴里·戈德华特措辞强烈地批评了中情局，委员会副主席丹尼尔·帕特里克·莫伊尼汉（纽约州民主党议员）则辞职以示抗议。

起初凯西对这些反对意见并未采取任何措施。1984年4月2日，凯西和参议院发生了一场非常激烈的争论，八天后，凯西本来应该对布雷行动做一个正式的解释，但他仍然拒绝提供全部细节。凯西和参议院的关系变得非常糟糕，中情局副局长约翰·麦克马洪不得不为他的老板求情。4月26日，凯西再一次与参议院委员会成员会面，他向他们道歉并承诺会纠正以前的做法。经过劝说，莫伊尼汉也收回了辞职的决定。6月，经白宫批准，中情局与国会达成谅解。国会要求中情局在报告时提供更多信息，中情局同意会提前通知国会总统调查令不包括的行动、需要国家安全委员会或总统批准的行动，以及国会委员会感兴趣的行动。

因为中情局对公众以及在中情局内部所做的陈述都偏向中情局自己的利益，各方都不确定中情局的汇报是否全面。在这里需要回顾一下重要的时间点。1 月 31 日，凯西对众议院情报委员会做了简要汇报，但是时隔两个月依旧没有明确告知委员会布雷的情况。3 月 27 日，众议院不停地逼问“谁在指挥布雷行动”，凯西不得已才承认“我们在指挥”。参议院对此事的兴趣是被凯西在 1 月 12 日写的一封信激起的，凯西在信中说中情局希望立即从核准的预算中取出全部的 2400 万美元。于是众议院拨款委员会主席罗伯特 · R. 西蒙斯在 2 月初安排了一次简报会。凯西的国会联络人克莱尔 · 乔治试图让众议院拨款委员会将简报会延期，但是没能成功，于是凯西亲自打了一个电话，把日期推迟到了 3 月 8 日。在那次以及 3 月 13 日的简报会上，凯西重点强调中情局补充的预算要求，而对于关键问题很少提及。过了一段时间之后，鲍勃 · 西蒙斯看到了 3 月 30 日凯西写给参议员克莱本 · 佩尔（罗得岛州民主党议员）的一封信，信中有“单方面控制的拉丁美洲资产”这样的内容。作为一名在中情局行动处工作了十几年的资深官员，西蒙斯立刻察觉到事情不像凯西所说的那样简单，于是要求凯西在 4 月 2 日做一个全面的汇报，也就是在那次汇报上凯西和参议员们发生了争执。事后，戈德华特这样写道：“在这次事件中，中情局不向委员会汇报，这违背了法律的要求。我告诉凯西先生，这样可行不通。”

关于总统调查令的问题也导致里根政府制定了关于隐蔽行动的一般程序，这体现在 1985 年 1 月签署的 NSDD-17 号文件中。

这份文件规定：所有隐蔽行动均应得到书面调查令的授权，所有正在进行的隐蔽行动必须定期由高级官员审查，除非总统另有规定，否则由中情局负责任何隐蔽行动的实际操作和控制。但是后来局势的实际发展表明，这些规定只是空谈，并没有人遵守。

在凯西面临国会的指责时，反抗军也遇到了重重困难。FDN失去了米斯基托人这个盟友，因为米斯基托人基本上退出了战争。布鲁克林·里维拉领导的印第安人派别也与马那瓜政府达成和解。而斯特德曼·法格斯·穆勒失去了对米苏拉的控制，米苏拉已经停止接受反抗军的物资供应，法格斯本人最终也被洪都拉斯驱逐出境。1984年秋季，愤怒的国会议员们投票，决定停止中情局6个月的所有项目支出。在这之后，贝穆德斯上校的空军严重受挫，两架C-47运输机中的一架在飞离埃尔阿瓜卡特时被击落，一架C-54由于缺少零件不能飞行，只剩下最后一架C-47，被艾德加·查莫罗称为“生锈的鹈鹕”。

ARDE也遭受了严重损失。ARDE是伊登·帕斯托拉和阿方索·罗韦洛组建的反桑地诺集团，革命地位相当于马那瓜政府的FSLN。帕斯托拉建立了自己的武装部队，并拒绝与前国民警卫队成员合作。哥斯达黎加的ARDE拥有一个广播电台、一个制作军服的车间、几个仓库和一个约有150辆车的车队。但哥斯达黎加在尼加拉瓜战争中持中立态度，并采取了一些措施加强其中立立场。1983年年底，哥斯达黎加逮捕了100多名ARDE成员；缴获了一艘来自迈阿密的船上的难民援助物资，因为在衣服里发现了枪支；将17名古巴裔美国人驱逐出境，因为他们可能正要去加入帕斯托拉的组织。尽管如此，ARDE仍有大约3000人的军队。1984年年初，帕斯托拉入侵尼加拉瓜，夺取了北圣胡安的小镇，但是在桑地诺主义者重新部署他们的部队以后，“指挥官泽罗”

又被逐出小镇。1984 年 5 月 30 日，帕斯托拉和死神擦肩而过——当天深夜，他正在灌木丛中举行一个新闻发布会，一个录音机里面放了一颗炸弹，差点炸死了他。而 FDN 和桑地诺主义者都有暗杀他的动机。当帕斯托拉恢复健康之后，ARDE 已经士气大败。一年后，帕斯托拉再次成了受害者，这一次是在直升机坠机事故中受了伤。

中情局可以切断对 ARDE 的援助，但是却无法让 FDN 变得高效。布雷行动结束后，凯西对中情局要员进行了人事改组，将其国会联络人克莱尔·乔治任命为行动处副处长，约翰·斯坦改任监察长。

比尔·凯西本以为他给了斯坦一个闲职，但事实并非如此。1984 年 10 月，中情局编写的反抗军手册《游击战中的心理战》被媒体公开，手册中关于“无效化”暗指的是刺杀行动。手册受到了国会议员爱德华·博兰的谴责，在里根再次竞选期间引发了批评的浪潮。里根被迫命令 PFIAB(总统外国情报顾问委员会) 和中情局监察长约翰·斯坦迅速进行调查，众议院情报委员会和情报监督委员会也都参与其中。比尔·凯西的决定再一次受到了质疑。对此，凯西谴责了数名下属，以此转移压力，这些下属包括杜安·克拉里奇的副手乔伊·费尔南德斯，以及手册的指导者雷多提。结果，克拉里奇晋升至行动处欧洲行动的负责人。

1986 年 6 月 27 日，国际法庭最终在布雷事件上做出了对尼加拉瓜有利的裁决，法院还判定美国政府无权推翻桑地诺政府。只有美国、英国和日本不同意国际法庭的部分决议。里根政府对裁决不予理睬，并否决了安理会制定的执行国际法庭裁决的决议。

反抗军手册事件成了压垮中情局的最后一根稻草。国会投票反对给准军事行动增加 1400 万美元额外经费的要求，并修订了博兰修正案，禁止国防部和情报部门向尼加拉瓜反抗军提供援助。在洪都拉斯，中情局的供应开始中断。截至 1984 年 6 月，中情局的行动经费只剩下 100 万美元左右。

尼加拉瓜反抗军的供应只能仅供糊口。一连数月，在反抗军的营地里，不断有士兵排成长队，等待给他们下发再一次巡逻需要的物资。但是里根总统并不想放弃这个隐蔽行动。他的努力导致白宫内部，即国家安全委员会官员进行的一场隐蔽行动，而最终的结果是一段充斥着意识形态狂热、贪婪和背叛的离奇故事，由此导致的纷争也不断侵蚀着里根政府的权力。

第十九章　“民主”行动

在尼加拉瓜港口布雷行动失败之后，尼加拉瓜反抗军仍对战局持乐观态度，尽管“尼加拉瓜民主力量”（FDN）一直以来都没能占据军事要地。在1400万美元的准军事行动援助被驳回后，反抗军领导人阿道夫·卡莱罗表示：“虽然美国国会拒绝资助我们，但我们会顺利度过这一危机，对此我充满信心。”

但实际上，反抗军面临的局面十分糟糕，这并不仅仅是因为美国国会撤销了援助。中情局几乎把筹集到的所有资金都投入布雷行动之中，可以说是倾其所有，然而随着非杀伤性水雷的使用得以通过，这次布雷行动几乎没有任何军事价值。米斯基托人的不满和伊登·帕斯托拉的离开，消除了反抗军内部的政治对抗，但是同时也为政府扫清了南部的威胁。此时哥斯达黎加境内再也没有反抗军，尼加拉瓜军方才能抽出身来将重心布置在洪都拉斯边境。随着政府在北部加强了兵力，反抗军开始面临着军备不足的危机。

卡莱罗当时可谓身陷窘境，他有什么理由对战局保持乐观？

1984年4月，当时正值布雷行动的风口浪尖，卡莱罗和美国官员在洪都拉斯会面，卡莱罗向美国官员表达了自己的意图。美国官员来自中情局和国家安全委员会，其中一位是中情局的特遣队队长杜安·克拉里奇。他将国家安全委员会海军陆战队中校奥利弗·诺斯（Olive North）引荐给了卡莱罗。诺斯与卡莱罗进行了会谈，他传达给卡莱罗的信息是，里根政府期望能为尼加拉瓜反抗军重新赢得资助，美国并不会放弃反抗军。这无疑给了卡莱罗一颗定心丸，使他重振信心。

当时诺斯的承诺仅仅是基于一种愿景，但这一愿景却是来自里根总统，而里根总统在华盛顿举足轻重。诺斯的上司是国家安全顾问罗伯特·麦克法兰，他实际上是奉上司的命令而来。诺斯、罗纳德·福捷和麦克法兰的助理得到命令，要竭力使国会顺利通过对尼加拉瓜反抗军的援助拨款。福捷组建了一支精英团队，随时待命查看援助拨款的申请进程。诺斯则主要负责管理反抗军，使他们为美国效力。阿道夫·卡莱罗投身于募集美国、波多黎各和欧洲的私人援助，捐款的主要团体之一是古巴流亡分子。古巴流亡分子乌贝尔·马托斯对尼加拉瓜反抗军的热情出人意料，马托斯曾与菲德尔·卡斯特罗在革命战争中并肩作战，后来作为政治犯被关押了25年，出狱后他来到洪都拉斯，为FDN训练士兵。许多古巴流亡分子都像马托斯一样志愿加入了反抗军，但是反抗军仅凭一己之力无法募集到大量资金。据卡莱罗估算，FDN每月需要100万美元用于自身的运转，另需150万美元用于军队扩张。这笔钱数额庞大，反抗军单靠自己是无法募得的。经卡莱罗同意后，反抗军承诺他们将会在40天内，从洪都拉斯边境到哥斯达黎加边境建立一条坚不可摧的战线。

FDN的分支尼加拉瓜联合反对派（United Nicaraguan Opposition，简称UNO）在华盛顿与众多游说集团周旋，以获取公关援助。格雷公司（一家咨询公司）提出FDN也进行一些公关活动，但是卡莱罗认为此举所要耗费的财力过多，而且那些声名显赫的游说集团也心存疑虑，所以公关活动的想法只能作罢。虽然与游说集团的接触并没有什么成效，但格雷公司的一位雇员罗伯特·欧文却对反抗军的事务十分热衷，并对援助计划持有自己独到的见解。

欧文 1982 年在参议院任职时和诺斯相识，于是欧文将他的计划告知了诺斯。诺斯鼓励欧文去中美洲实地考察一番。1984 年 5 月，欧文前往哥斯达黎加和洪都拉斯，与尼加拉瓜反抗军首领就资金的问题进行了商谈，之后将情况汇报给诺斯。诺斯的办公室位于旧行政大楼，与白宫只有一步之遥，而这恰恰是双方密切关系的开始。

奥利弗·诺斯的工作强度很大，他每天工作 12 个小时，甚至 16 个小时，这对他来说已经习以为常，有一次他还向上司抱怨晚上只睡了两个小时。他大方地承认热爱自己的工作。1984 年，诺斯被选中去美国国防大学进行短期学习，在这期间，他却不遗余力想要延长自己在国家安全委员会的任期。诺斯在此期间成绩斐然，他帮助国防大学安装了一套危机管理程序，推出美国绝无仅有的先制攻击制裁政策以应对恐怖主义。同时，诺斯也成了国家安全委员会入侵格林纳达闪电行动的核心人物。

在国防大学为期一年的进修本是为诺斯担任更高职位进行的培训，他本来有望成为营长、高级官员、指挥官或星级上将，但他却偏偏想要在国家安全委员会留任，甚至理查德·西科德将军好言劝说也无济于事。他并不想在国防大学进修，在诺斯的一再坚持下，麦克法兰批准了他的留任。

诺斯虽先前宣誓效忠海军陆战队，但他对国家安全委员会的满心热忱可谓人尽皆知。1961 年夏季，诺斯在大学念完英语专业一年级后加入了海军陆战队后备役。新兵训练营激发了诺斯的军事热情，之后他进入海军军官学院，在那里他常常说自己十分渴望能够效忠海军陆战队，安纳波利斯毕业年鉴上记录下了他当时对加入海军的渴望之情。在军官学院，诺斯进行跑步训练、拳击练习，很快在学员中脱颖而出，成了36位连长中的一位。诺斯的同学詹姆斯·韦勃是一名战绩显赫的海军陆战队队员，会写小说，还是里根总统的第二任海军部长，而在一场拳击比赛中诺斯却完胜韦勃。

诺斯加入海军的愿望却几经波折。他在安纳波利斯的第一年里，和四名同学驾车前往纽约北部，却在途中与一辆拖车迎头相撞。诺斯在车祸中膝盖和后背严重受伤，他不得不休学一年。1968年毕业时，为了打消海军选拔委员会对他的疑虑，他向委员会播放了一段他与詹姆斯·韦勃拳击比赛的视频，于是，诺斯便顺利地成了一名海军陆战队少尉。

诺斯被派往越南广治省，在海军陆战队第3师担任排长。在那里，诺斯总是会系紧自己头盔的扣带，这可能是他在经历了车祸后养成的习惯，虽然他的士兵们很少有人会这样做，但他还是要求他们系紧头盔。在1969年2月和5月，诺斯先后获得了两枚勇士奖章、一枚铜星奖章和一枚银星奖章，还因在战斗中受伤而获得了两枚紫心勋章。他一直在越南效力，直到1969年11月，他才结束了在参谋部的初级军官生涯。

离开越南后，诺斯在位于弗吉尼亚州匡蒂科的海军陆战队训练基地担任教官，他的工作强度很大，跟他担任排长时一样。1973年至1974年间，诺斯前往日本冲绳，掌管北方训练营，海军陆战队第3师的800名士兵在这里接受生存技能的培训。在1974年年底，诺斯住院治疗，病因不明，有些人说是因为压力所致。此后，他便在华盛顿的海军陆战队总部处理一些人事工作，后来在北卡罗来纳州勒琼基地担任军事参谋。

诺斯与上校罗伯特·麦克法兰两人是在总部任职时相遇的，那时麦克法兰也是海军陆战队的军官。1980年诺斯与西科德将军相识，诺斯经选拔成为海军陆战队分队的队长，奉命去土耳其东部执行伊朗人质营救任务。之后，诺斯前往美国海军战争学院学习，撰写了有关战舰在现代战争中的实用性的论文，得到了里根总统第一任海军部长约翰·雷曼的关注。后来他被选中参与国家安全委员会的派遣性任务，就是在这次任务中他与西科德将军再次共事，与沙特阿拉伯进行武器交易。

1981年，诺斯是被派遣至国家安全委员会任职的军官中最年轻的，但是却在委员会任期颇久，仅次于海军中将约翰·波因德克斯特。诺斯的工作性质是他任期如此之久的原因之一，他在外交军事事务局任参谋一职，日常工作就是处理武器交易和各种危机。作为海军陆战队的军官，诺斯似乎是处理恐怖主义问题的绝佳人选，而政府当局当时也正开始构思对待恐怖主义的政策，诺斯正好赶上了这个空缺，成为国家安全委员会的核心之一。

诺斯能有如此长任期的另一个原因在于罗伯特·麦克法兰。麦克法兰初次调到国务院是担任亚历山大·黑格的参事一职，后于1982年经由威廉·克拉克推荐，进入国家安全委员会担任国家安全事务副顾问一职。1983年10月，克拉克调往美国内政部工作，麦克法兰接任了国家安全委员会参谋一职。麦克法兰对诺斯很偏爱，就像对待自己的儿子一样。因此，麦克法兰便让诺斯主管拉丁美洲的武器交易，之后还把尼加拉瓜的事务交给他一并处理。诺斯是处理这些事务的合适人选，因为在海军军官学院学习国际关系时他对拉丁美洲有过深入研究。

尽管诺斯具有丰富的学习经历和工作经验，他仍旧对别人心存戒备，仿佛需要不断向大家证明，自己能够不受身高的局限（约175厘米），不被旧伤所拖累。诺斯在一次军事法庭审判中，为自己的战友做品行证人，他谎称自己是医科大学预科班的学生，而实际上他读书时几何学和三角学连及格分数都未达到。还有几次他声称自己在日本冲绳率领过特种作战训练队，但显然这个训练队根本不存在。一些同事认为诺斯不过是个狐假虎威的鼠辈。另外一些人对他并没有什么意见。一位女士曾经与诺斯共事，她主要负责一些帮助反抗军获得民众支持的工作，她认为诺斯不过是“一群狂妄自大者中的贪慕虚荣之徒……总是一副趾高气扬的样子”。

诺斯一度趾高气扬，这似乎是合情合理的。他不管什么事情都要插手。1985年，他精心策划了一场空中拦截，捕获了劫持“阿基莱·劳伦”号游艇的巴基斯坦劫匪。而提到“二战”时期美国拦截并射杀过一名日本海军指挥官时，诺斯甚至夸口说“我们可以解决掉山本上将”。他还曾经鼓励利比亚人反抗卡扎菲的统治，而且他还是美国与伊朗进行秘密武器交易的关键人物。除过这一切外，诺斯还负责处理与尼加拉瓜反抗军相关的事务，他将这一行动称作“民主”行动。

诺斯的计划并不总是一帆风顺。例如，在安纳波利斯的海军学院学习时，诺斯用他在车祸后得到的保险金买了一辆谢尔比眼镜蛇427跑车，车的颜色是和海军陆战队训练服一样的绿色。当海军学院派人前往匡蒂科定期了解工作时，诺斯很鄙夷学院提供的车，坚持要开自己的车。诺斯的跑车在高速路上没油了，结果他多半时间都耗在了半路上打电话请求援助。诺斯的“民主”行动恰如他的匡蒂科之行一样不尽如人意。

“民主”行动并非只有奥利弗·诺斯一人操刀，他的上司罗伯特·麦克法兰直接效命于总统。罗纳德·里根总统声称，自己与运输武器援助尼加拉瓜反抗军一事绝无关系，同时他也表示自己确实是支持反抗军的，而且作为总统，他并不受博兰修正案的约束。里根总统在很多场合都表示支持反抗军，包括每周的电台演讲和国会演讲，他还接见了反抗军的首领，并在反抗军的资金筹集会上致辞。罗伯特·麦克法兰称自己受总统的全权委托，而里根总统对他下达的命令与对诺斯和罗纳德·福捷下达的命令一样，都是要求他们三人竭尽全力，使下轮反抗军援助提案的投票顺利通过。此外，他们还需要维持现有的反抗军力量，而这一任务便落在了奥利弗·诺斯肩上。

麦克法兰一直扮演着中间人这一重要角色。在与其他国家的国家安全顾问们举行例会时，麦克法兰提到反抗军的资金问题是美国政府面临的一个难题。据说一些国家试探性地鼓励以色列对反抗军给予关注，但被以色列果断拒绝，反而是沙特阿拉伯对美国的隐蔽行动计划不断给予资金支持。之前，沙特阿拉伯并未对中美洲局势表现出任何兴趣，也没有与中美洲任何国家建立外交关系。

1984 年夏季，诺斯会见了阿道夫·卡莱罗，这次见面不过是他们 50 多场公开会谈中的一次。此次会面中，诺斯给卡莱罗留下的印象是他正在着手募集资金，他还向卡莱罗索要了银行账户以便日后转账。卡莱罗满怀期待地提供了一个开曼群岛银行的账户。7 月，有 100 万美元的存款到账用于支持 UNO，直到年底每月都会有 100 万美元的资金流入。在第三次汇款后，卡莱罗开始对资金问题放下心来，UNO 也开始展开了自己的行动计划。

在处理跨部门事务上，里根政府的中美洲政策由秘密跨部门小组（Restricted Interagency Group，简称 RIG）中的高级官员把控。诺斯代表国家安全委员会出席了一系列 RIG 的会议，最初这些会议由国务院代表兰霍恩·莫特利主持，后由艾略特·艾布拉姆斯（Elliott Abrams）主持。诺斯是三人核心小组中的一员，类似于 RIG 的核心。尽管这个三人小组受到了艾布拉姆斯的质疑，但是 RIG 已经向国会联合委员会的“尼反门”事件调查小组提供了宣誓证词。核心小组的第三位成员是中情局主管中美洲特遣部队的长官艾伦·怀尔斯。艾布拉姆斯的办公室日志显示，1985 年至 1986 年期间，这三个人在他的办公室举行了 7 次会议，仅仅在这个时间段内，RIG 就举行了 18 次全体会议。

不管这个 RIG 核心小组是否真实存在，助理国务卿艾略特·艾布拉姆斯承认自己确实曾与诺斯、菲尔会面商谈过。事实上，艾布拉姆斯还发现诺斯和菲尔之间存在着某种竞争关系。这一竞争关系有可能使诺斯成为比尔·凯西的耳目，因为诺斯和比尔·凯西私下也算相识。凯西是第一个在旧行政大楼保留了一间办公室的中情局局长，那间办公室就在诺斯 302 号办公室的楼下。凯西至少去过诺斯的办公室两次，还有一次凯西带了一位想要给反抗军捐款的啤酒商乔·库尔斯来到诺斯的办公室。在诺斯的劝说下，这位啤酒商为购买莫尔轻型飞机捐款 6 万美元。诺斯就这样多少次轻易地进入中情局局长办公室，我们不得而知，他们互通了多少次电话，我们也一无所知。在证言中，麦克法兰没法保证诺斯是否按照自己的指令或是凯西的指令开展“民主”行动的工作。凯西为了达到自己的目的，建立了很广的人脉，这一做法引起了同事们暗地里议论不休。例如，凯西将 1982 年至 1984 年期间的中情局驻马那瓜负责人小本杰明·威科姆调回，担任特别助理一职，安排他处理一些反抗军的外派事务。诺斯本来也能成为凯西的一个渠道，作为中情局中美洲特遣部队以外的一条人脉。由于博兰修正案明确限制了中情局对反抗军的援助，所以如果凯西希望展开在尼加拉瓜秘密战的话，像诺斯这样的渠道对中情局来说是十分必要的。

不论诺斯是否效命于比尔·凯西，阿道夫·卡莱罗都希望他能够帮助自己。卡莱罗对外界的帮助来者不拒。退役的约翰·辛洛布将军和理查德·西科德将军也都向卡莱罗的开曼群岛银行账户捐过钱。辛洛布3月份来到洪都拉斯，他对FDN的军营印象颇深，他也知道反抗军急需现代防空武器装备，于是，他便自愿为UNO筹集资金，成了卡莱罗最好的武器供应来源。

除了秘密的捐款渠道，还有一个公开的筹集资金的机制，这一机制由保守派的筹款人卡尔·舍奈尔（Carl Channell）运作，他成立的国家自由保障基金会筹集了600多万美元。舍奈尔百般取悦那些富有的捐款人，因为他们在做出承诺后有能力支付钱款，而且舍奈尔这一做法收效甚好。在白宫的帮助下，舍奈尔为主要捐款人安排了一系列国家安全委员会办公室会议，里根总统两次出席会议，其中一次是在1986年1月30日于白宫罗斯福厅举行的会议，艾略特·艾布拉姆斯就美国政策的总方针发表了讲话，奥利弗·诺斯就中美洲的局势做了简报，就在这两人一前一后讲话之际，里根总统在会议上露了面。

舍奈尔制定了一套组合策略，用于应对可能发生的状况。首先，国家安全委员会就当前消极的局势做出简报，之后舍奈尔和他的同事们会请求捐款人捐出一定数量的钱款用于采购卡车等物资，或用于购买莫尔轻型飞机和英国吹管地对空导弹，捐款人并不清楚自己所捐钱款其实是用于维持日常运营的，从账目上看，有35%甚至更多的钱是用作此目的的，而大部分的捐款都投入到电视广告中（广告中的故事梗概图并没有得到艾略特·艾布拉姆斯的认可），还有约220万美元汇入了一个名为“玩具”的账户中，捐款人知道这个账户是直接用于援助反抗军的。这些资金流转至一个名为国际商务交流的机构，后又转至UNO和理查德·西科德的莱克（Lake）资源公司名下。奥利弗·诺斯很欣赏舍奈尔的做法，还为他向国家安全委员会写了一封表彰信。舍奈尔和他的同事后来承认在反抗军事务中他们曾故意逃税。

在白宫，公共关系处为媒体和感兴趣的团体做了几十次简报，这一大规模的活动进一步增加了舍奈尔在捐款人中所产生的影响力。诺斯上校是首选的发言人，据悉在1984年至1986年间，他就中美洲事务进行的简报和演讲多达数百次。诺斯利用地图和幻灯片给观众们讲述了大致的情况。他展示的图片平淡无奇，但他的言辞却夸张无比，不切实际。1986年5月，诺斯对一个来自纳什维尔的观众说桑地诺支持者和美国移民有牵连，他谴责他们压迫天主教徒，并指责反对援助反抗军是“继阿道夫·希特勒以来，在我国见到的最精心策划的虚假情报和宣传活动”。在一次对教会团体的简报中，诺斯用幻灯片展示了一座坟墓，称桑地诺支持者们冒犯了死者。显然诺斯并不知道，传教活动在中美洲已经进行了几十年，教徒们很清楚尼加拉瓜人对死者持有的崇敬之心。诺斯还告诉这个教会团体，他曾去过安哥拉，他自认为这样很有说服力，他还透露自己与里根总统私交密切。即使是像教会团体这样的反对者也对诺斯的话印象深刻。白宫公共关系处的一位工作人员写道，“所有人在听完诺斯的简报后都为之动容”。

罗纳德·里根总统不断地赞叹和劝勉整个反抗军的援助关系网。1985年2月，里根又称反抗军为“兄弟”；3月，他称卡莱罗的领导班子“地位等同于国父”，并对美国人说“我们必须对他们伸出援手”。之后，他还谈及苏联在尼加拉瓜的“桥头堡”，并在7月称桑地诺领导人丹尼尔·奥尔特加是“戴着精致眼镜前往莫斯科的小独裁者”。为了向尼加拉瓜政府表明态度，3月1日，里根总统下令对尼加拉瓜强制采取贸易禁运措施，全面断绝了与尼加拉瓜的经济往来。

在下一次国会拨款到账前，最亟待解决的还是资金问题，也就是所谓的过渡费。在沙特国王法赫德对美国进行国事访问之前，麦克法兰与沙特阿拉伯又一次商讨资金问题，对局势发展起到了关键作用。沙特国王在美国受到了特别款待，被安排在 1985 年 2 月与里根总统进行了私人会谈。会议内容并没有记录留存，但是不久，国家安全委员会获悉沙特阿拉伯将增加对 UNO 的援助，捐助的费用甚至翻了一番。一个月之内，反抗军收到了总计 2400 万美元的三笔转账，加上沙特阿拉伯的援助款，一共约 3200 万美元。这一数目和中情局在初期援助反抗军的钱款基本等同，多亏沙特的援助，才让反抗军得以维持兵力。

除了官方渠道，一些私人筹款渠道也对卡莱罗提供了帮助。私人筹款主要由约翰·K. 辛洛布（John K. Singlaub）运作，他是世界反共联盟和美国世界自由理事会的主席。在卡特政府执政时期，辛洛布是驻韩美军副司令，卡特总统曾考虑要从韩国撤回部分美军，他对此公开批评。因为与卡特总统意见不合，辛洛布最终被调回美国，之后他便退役了，但是他仍然继续追求着自己的政治信仰。

辛洛布将军擅长特种作战。入伍初期，他被派到中情局工作，掌管中情局在中国沈阳的军事基地。在那里，他与中国国民党建立了联系，后来他利用这种联系为反抗军筹集钱款和物资，特别是空军物资。在朝鲜战争期间，辛洛布担任中情局韩国情报站副站长。在越战中的 1966 年至 1968 年这一战事关键阶段，他负责指挥 MACV-SOG。此外，他还兼任陆军部长顾问一职。他曾经不止一次向比尔·凯西提议开展循环军火交易，让某个共产党国家介入进来，为中情局提供苏制武器装备。

辛洛布与诺斯的“民主”行动密不可分。他直接与台湾方面接洽，之后诺斯和麦克法兰委派了另一位国家安全委员会的官员加斯顿·J. 西古尔，为 UNO 募到了两笔资金，每笔 100 万美元。要不是艾略特·艾布拉姆斯插手，辛洛布本来可以筹集更多钱款。但是他在美国国内高调地宣传私人募捐并没有多少成效，在两年时间里只筹到区区 40 万美元。辛洛布给了诺斯一份反抗军需要的武器清单，这份清单是舍奈尔集团用来进行资金筹集的。尤其值得一提的是，辛洛布手下有联络人，可以负责向卡莱罗低价提供武器和弹药，FDN 通过别的渠道也可以轻松购得这些武器和弹药。

最终，由于受到里根总统的鼓舞，许多小额捐款者也纷纷掏腰包，给反抗军捐了款，里根总统赞扬他们是西班牙内战中亚伯拉罕·林肯营一般的存在。这其中就包括国际难民救济组织和民间军事援助组织，前者捐赠了一批药品，后者派人前往洪都拉斯帮助 FDN 训练士兵。在美国，许多来自古巴的移民十分希望能够为反抗军提供支持，至少有一个古巴移民团体参与了反抗军的武器运输。

辛洛布与诺斯口中那些单纯的“个人爱国者”完全不同。就像辛洛布曾跟诺斯说过的一样，媒体的注意力全都放在了自己的身上，关注的焦点从中情局转移到了民间军事援助组织这样的团体上。虽然辛洛布将军和其他政府官员对自己的爱国之情自信满满，但是打个比方，他们所做的事情跟利比亚的威尔森和特皮尔并无本质上的差别，秘密战使自由职业的牛仔得以出现，之后“民主”行动便完全走样了，总统办公室直接与普通民众一起开展隐蔽行动。

很快秘密战便转换了性质。贝穆德斯将军的 FDN 纵队从战场撤离，帕斯托拉也率领 ARDE 退出战斗。反抗军不仅未能布置一条战线，而且在南面战场也没有自己的武装力量。自从中情局的资金供给链断开以后，反抗军不得不转为消极应战模式，对私人捐款的依赖使战局也染上了私人色彩，因为这些捐款人的目的与 UNO、里根总统或国家安全委员会官员的目标不尽相同。

这一问题早在博兰修正案正式生效前就初露端倪。阿道夫·卡莱罗早已展开了对贝穆德斯率领的反抗军的私人援助计划。民间军事援助组织向反抗军输送军靴、军服和其他捐赠物品。截至 1984 年 8 月，共有九名美国士兵以小组为单位来到 FDN 的军营，主要负责肉搏、枪械使用和射击的教学。之后还有一个六人小组被派遣至洪都拉斯，组员包括来自孟菲斯市的詹姆斯·P. 鲍威尔三世和来自亨茨维尔的德纳·H. 帕克。鲍威尔在越战期间驾驶过直升机，曾被三次击落。UNO 在阿瓜卡提基地有一架武装休斯 500-D 战机，有人便提议让他驾驶。

反抗军的指挥官们考虑发起一次对桑地诺军事基地的轰炸行动，以此展示自己仍然保有实力，中情局和国家安全委员会都获悉了这次计划。8 月底，奥利弗·诺斯和杜安·克拉里奇与阿道夫·卡莱罗会面，劝阻他推迟此次轰炸计划。美方表示休斯战机是 UNO 唯一的直升机，贝穆德斯不应该贸然使用 2.75 英寸的火箭，至少要等到后续补给到来之后。卡莱罗表面上接受了提议，并承诺会下令推迟这次空袭。

但是，9 月 1 日，反抗军还是进行了空袭。反抗军指挥官们选择了圣克拉拉作为目标，因为他们怀疑这里有古巴顾问。反抗军空军以三架装备有极峰飞机公司（Summit Aviation）火箭发射器的 O-2A 战机和吉米·鲍威尔驾驶的休斯直升机对圣克拉拉进行了空袭。反抗军称击毙了四名古巴人，马那瓜当局则表示死者为一名基地的厨师和三个孩童。休斯直升机在战斗中被击落，美国人鲍威尔和帕克，还有一名反抗军士兵坠机身亡。诺斯向上级报告道，民间军事援助组织对反抗军指挥官施压，使轰炸计划如期展开。UNO发言人对外坚称，直升机是在紧急救援行动中出了事故。

一个月后，也就是10月1日，也即新财年的第一天，博兰修正案正式生效。最后一批73名中情局的教官也于10日从洪都拉斯撤离。中情局对各地情报站的命令如下：

停止对此次行动中与我们共事的人员或组织提供一切形式的帮助，无论是直接的还是间接的援助。今后与这些人员或组织的一切联系只能是，再重复一遍，只能是进行与美国利益相关的情报和反情报活动。

在这样的情形下，中情局的行动极大受限。中美洲事务负责人罗伯特·威克士，以及特遣部队队长艾伦·怀尔斯再也无法获悉某些情况了。在博兰修正案生效后不久，诺斯邀请怀尔斯参加与卡莱罗的会议，怀尔斯以博兰修正案为由拒绝了诺斯。

然而，比尔·凯西始终按照自己的想法进行着计划。凯西在公共场合拒绝与约翰·辛洛布将军谈话，私下里也不和他谈及反抗军的事情。凯西还拒绝和他的朋友乔·库尔斯谈论反抗军，但是他却毫不迟疑地让库尔斯到楼下诺斯的办公室去捐赠购买一架飞机的钱款。凯西和诺斯打趣道，他自己个人就贡献了100万美元。1985年3月，凯西与麦克法兰会面，特别谈到了在第三国为反抗军融资的计划。几个月前，凯西意图向国会证明中情局与反抗军的游说活动毫无关系。诺斯效命于凯西，而他所扮演的具体角色人们还并不清楚。人们只知道1984年至1985年间，凯西和诺斯与UNO的代表在华盛顿和中情局展开了一系列秘密会谈。随着“民主”行动不断推进，空运量需要进一步增加，凯西听取了诺斯的建议与西科德将军会面，之后诺斯还邀请西科德与凯西一同出席了一场会议。在会议上，凯西请求西科德利用自己在中东的人脉，为反抗军筹款。

与此同时，卡莱罗继续组建他的资金供应网。日常物资的购买由身在新奥尔良的卡莱罗的弟弟马里奥负责。武器由与卡莱罗签约的经销商负责运送。诺斯的法律顾问表示，只要不用美国的资金，不由美国银行经手，不购买美国的武器，一切都会顺利展开。

1984年10月，卡莱罗完成了他的第一笔武器交易。他从迈阿密RM设备公司赊账订购了5000支G3自动步枪。该公司拿到的是伪造的管制品使用者证书，声称武器是供洪都拉斯方面使用的，之后在葡萄牙境内销售了这批自动步枪。

卡莱罗最大的一笔武器订单是与莱克资源公司签订的，这家公司与理查德·西科德将军和美籍伊朗商人艾伯特·哈基姆有关。1984年年底，西科德和哈基姆是斯坦福国际科技贸易集团（Stanford Technology Trading Group International，简称STTGI）的合伙人，可能是受诺斯之命，向反抗军出售武器。西科德找到哈基姆，告诉他自己受命参与此事以帮助美国总统达成目的。西科德邀请哈基姆一同加入，并确保将利润提高20%到30%，哈基姆同意了，由此成立了莱克资源公司。卡莱罗从西科德处得知武器将会按成本价出售，并且西科德会分担1130万美元的订购额。这笔交易包括1万支苏联制造的自动步枪（AK-47和AKMS）、火箭推进式榴弹、迫击炮和其他武器装备。西科德的手下设法拿到了危地马拉的管制品使用者证书，从1984年12月起，开始从葡萄牙和东欧购买武器。

卡莱罗最理想的武器贸易还要数与辛洛布将军的交易。辛洛布与芭芭拉·斯塔德利合伙经营 GeoMilTech 公司。在 1984 年 3 月洪都拉斯之行后，辛洛布主动要求提早安排交易。卡莱罗用 530 万美元购买了 1 万支 15 发子弹的 AK–47 步枪和部分 SA–7 肩扛式防空导弹，这些武器很可能产自朝鲜。西科德的报价比 RM 设备公司要略低一点，辛洛布的报价却更少，几乎是前者的一半。后来在回忆录中卡莱罗认为斯塔德利可能做的是赔本买卖。确实，这笔交易并没有任何利润可言。

然而，找武器销售商和将武器运送至洪都拉斯的反抗军手中，远比购买武器困难得多。西科德第一次的武器运送速度之慢，甚至使反抗军产生了一种它永远都不会到岸的错觉。卡莱罗在“艾瑞雅”号抵达前，迫于无奈请求了两次空运，由美国 SAT 在 2 月和 3 月份各运输一次，而“艾瑞雅”号则直到 1985 年 5 月 11 日才到岸。

辛洛布面临的问题是竞争，特别是与 RM 设备公司在洪都拉斯分部的代表马里奥·德拉米克的竞争。1985 年 7 月，辛洛布的货船到岸之时，德拉米克来到船边，声称自己将会代理洪都拉斯负责货运交付的军官一职。德拉米克拿到了货运的文件，看到辛洛布的武器十分便宜，他便试图让辛洛布以同样的低价将武器出售给自己。在辛洛布生气地拒绝了他之后，他便威胁说今后不放行辛洛布的货船进入洪都拉斯。德拉米克还将西科德的武器价格记录下来，扬言说莱克资源公司漫天要价——一个成本 3 美元的手榴弹竟然卖 9 美元。德拉米克对辛洛布的廉价武器货源虎视眈眈，他甚至造访了苏联大使馆，要求苏联以同样的价格将武器卖给他。这些武器销售商之间的竞争最后甚至闹到了白宫。

在这种情况下，诺斯、西科德、辛洛布和卡莱罗召开会议，商讨反抗军的防空武器问题。贝穆德斯非常想得到肩扛式防空导弹，西科德的报价是 18 万美元一件英国吹管飞弹装备，而辛洛布的报价是 16.5 万美元，但他无法提供装备操作的训练员。这笔订单最后交给了西科德。辛洛布将此事报告给了诺斯，并承认自己确实报价更优惠。在这次公开较量之后，辛洛布再也没有接到过 UNO 的任何武器交易订单。

国家安全委员会官员尽力为贝穆德斯和卡莱罗提供运营和情报支持。诺斯以“铁锤”作为自己的代号，以“威廉·P. 古德”作为自己的化名，这是他在与伊朗打交道时用的各种代号之一。卡莱罗的代号是“火花塞”，化名是“巴纳比”，取自先祖的名字。卡莱罗与诺斯见面的次数超过 50 次，而与代号为“比尔叔叔”的比尔·凯西见面的次数可能只有 6 次。在卡莱罗与里根总统的 4 次会面中，3 次都有诺斯的身影。诺斯和卡莱罗之间还有一个中间人——罗伯特·欧文，他是卡莱罗于 1984 年 10 月聘请的，月薪 2500 美元外加补助。欧文和诺斯会面超过 40 次，其中 20 多次都是在白宫外秘密进行的。欧文将文件和情报带给卡莱罗，给他传递重要信息，在诺斯的指导下进行现金交付，兑现卡莱罗提供给诺斯的旅行支票，并将现金从纽约转至华盛顿支付给西科德。欧文的代号为“TC”，意思是“信使”，化名为“阿曼多”。

白宫的现金基金这一问题成为“尼反门”事件的重要一笔。卡莱罗说服了开曼群岛银行，为他提供了 300 万美元未签名的旅行支票，供 UNO 支付各种现金开销。之后诺斯告诉卡莱罗，他需要现金用于一项正在黎巴嫩展开的人质营救行动，卡莱罗向诺斯提供了 9 万美元的支票。现有数据显示，实际约有 5 万美元用于黎巴嫩的营救行动，而罗伯特·欧文把 3 万美元分给了反抗军首领们。诺斯还将2500美元给了托马斯·道林，因为道林谎称自己是罗马天主教神父，将会在国会上反驳反抗军侵犯人权的问题（诺斯还为道林与里根总统安排了媒体拍照，舍奈尔集团名下的国际商务交流公司给道林提供一笔资金，请他写一本手册）。此外，诺斯还给自己的秘书福恩·霍尔60美元，让他周末去海滩放松一下，更是将2400美元的支票留为己用。还有很多钱款也是这样被消耗了，包括美国SAT在白宫捐赠的1.6万美元，诺斯家免费安装的价值1.4万美元的安保系统，还有在诺斯于德黑兰执行麦克法兰的任务期间由艾伯特·哈基姆为他设立的20万美元的抚恤金账户。

反抗军与美国国家安全委员会之间最显著的联系纽带便是情报的互换，然而博兰修正案生效后情报互换被迫停止。1984年10月,苏联的武装直升机抵达尼加拉瓜,对FDN纵队造成了新的威胁。卡莱罗想要对埃尔布鲁夫发起袭击，因为那里是雌鹿武装直升机着陆、装配和安置的基地。诺斯请求麦克法兰批准自己获悉有关埃尔布鲁夫的情报，并造访美国南方司令部官员保罗·F.戈尔曼将军和中情局负责拉丁美洲的情报官员罗伯特·威克士以获取情报。诺斯将情报装在一个文件袋里，并于12月由罗伯特·欧文带给身在洪都拉斯的卡莱罗。

卡莱罗认真地考虑了袭击埃尔布鲁夫的计划。11月5日，他与诺斯通了保密电话，之后他前往华盛顿与诺斯见面。除过在政治上与阿方索·罗韦洛和阿图罗·克鲁兹联合外，卡莱罗还跟诺斯提到，希望从洪都拉斯空军“借”一架T-33飞机用以打击埃尔布鲁夫。一架飞机的战斗力毕竟十分有限，洪都拉斯方面是否愿意合作也无从知晓。因此，这一计划便暂时搁置了。

12月，一位英国准军事行动专家，前第22特种空军团指挥官大卫·沃克与诺斯会面，提议对埃尔布鲁夫进行突袭。诺斯和卡莱罗书信商讨了此事，他还询问辛洛布对这次突袭的看法，当然卡莱罗并没有向辛洛布透露此次行动的细节。有消息透露，沃克的一位同事已经进入尼加拉瓜境内实地考察路线，他发现埃尔布鲁夫四周的安保十分严密，突袭任务恐怕无法进行。卡莱罗便打消了突袭埃尔布鲁夫的念头。虽然沃克的突袭提议并没有被立即采纳，但是他却为自己谋得了一个职位，因为"民主"行动当时正需要发展空运。

1985年2月，诺斯再次让欧文带情报给卡莱罗，包括几张地图。欧文与诺斯在白宫战情室外碰面，两人发现中情局特遣部队将地图绘在硬纸板上，欧文这位秘密信使根本无法携带这种地图。欧文回到诺斯的办公室，诺斯打电话给艾伦·怀尔斯委婉地说明了情况。中情局表达了歉意，并派一位工作人员去杜勒斯国际机场，把修改好的地图交给了欧文，让他带去洪都拉斯。

之后便发生了"蒙尼伯"事件。诺斯听到风声说尼加拉瓜"蒙尼伯"号商船涉嫌从朝鲜偷运武器。在2月6日诺斯写给麦克法兰的备忘录中记载，诺斯给卡莱罗提议出资拦截"蒙尼伯"号商船，并将武器转运给反抗军，这样一来就需要美方提供情报，并与友国展开特遣小队的合作。在将这一备忘录交给麦克法兰之前，波因德克斯特上将还在上面写道，美国需要对"蒙尼伯"号展开行动，第二天他还要将此事在国家安全委员会的危机预期规划小组会议上进行讨论。在与第三方国家合作失败后，军火交易计划被迫搁浅，麦克法兰对此的说辞是他从未对这些建议采取任何行动。

诺斯对军火十分关注，欧文曾称他为"反抗军的军需官"。2月的行程结束后，欧文又带回来了另一份所需武器清单。3月，诺斯写信给美国驻洪都拉斯大使，要求他给辛洛布签发多次入境签证，理由是这样有利于两国的共同利益。同时，辛洛布也建议贝穆德斯提供更为细致的武器清单。然而武器的运输依然是个令人头疼的难题。在2月10日欧文写给诺斯的信中，欧文描述了最近发生的一次空运安全故障：飞机在哥伦比亚的毒品检查中被扣押，因为极峰飞机公司仅在货运箱外刷了一层新漆，并且部分机组人员还有犯罪前科。

诺斯还策划了一次军事行动，旨在使反抗军取得胜利。这包括让FDN占领尼加拉瓜的部分领土，对外宣称成立临时政府，之后长久地占据此地。卡贝萨斯港是一个理想的目标，这也使得这个港口第三次经受战火洗礼。反抗军的这种阿拉莫战役式的抵抗可以激发对里根总统的政策的支持，使美军在海上封锁尼加拉瓜，这样一来马那瓜政府便会垮台。这一计划其实是由艾略特·艾布拉姆斯的RIG提出的，但是美国国防部和中情局都认为这一计划很荒谬而拒绝通过，诺斯只好与舍奈尔集团的潜在捐款人威廉·欧波义耳共商此事。

在1985年年初收到沙特阿拉伯的一大笔捐款后，诺斯便忙着给反抗军提建议，告诉他们用这笔钱都可以干些什么，他还提醒卡莱罗钱马上就会到账。4月，欧文又带给了卡莱罗一批情报，诺斯向麦克法兰报告说贝穆德斯计划在6月组织UNO发起一场大型攻势。反抗军称自己现有1.2万至1.4万兵力，组成了40个特遣队，归为8个军区。尽管反抗军兵力充沛，卡莱罗也购得了不少武器装备，但6月在哥斯达黎加边境发生的一起枪击事件，却并无充分证据显示是FDN所为。

因为贝穆德斯和反抗军毫无成效，美国方面与反抗军于7月在迈阿密机场酒店召开了一场军事会议，与会者包括卡莱罗、贝穆德斯、诺斯和西科德。西科德认为如果没有空中支持，反抗军很快就会“败下阵来，被各个歼灭”。之后，西科德便被推举组建反抗军的空中作战能力。虽然他的朋友都劝他不要插手太多，但他还是接下了这一任务。

尽管诺斯默默地做着自己的本职工作，但媒体却得到风声，进行了大量报道。一些国会议员看到了媒体的报道，也纷纷质问他。而国家安全委员会方面，麦克法兰受到了众议院情报委员会的李·汉密尔顿和外事委员会拉美分会主席迈克尔·巴尔内斯的调查。

国会的调查在国家安全委员会内部引起了一阵骚动。应议员汉密尔顿的要求，麦克法兰签署了一份由诺斯起草的信件，信中称他们“坚信”任何一位国家安全委员会成员都不会违反博兰修正案。当巴尔内斯的信送到时，麦克法兰正在白宫面见总统。他回到华盛顿后又审核了一遍诺斯的备忘录，发现一半以上的事务都涉嫌非法行动，特别是“蒙尼伯”行动、埃尔布鲁夫计划、情报转移、辛洛布的签证干预事宜等。

诺斯设法说服了麦克法兰他的一切行动都是合理的，于是，麦克法兰又签署了一封由诺斯起草的给巴尔内斯的信函。信中写道：“我和我的工作人员所采取的行动都完全遵从此中所述和法律规定。”此后，麦克法兰不顾巴尔内斯的请求，拒绝向巴尔内斯的手下提供与诺斯有关的文件，但他邀请巴尔内斯在白宫与他会面，还表示如果巴尔内斯愿意的话，他可以再审查一遍这些文件。之后麦克法兰和巴尔内斯进行了20分钟的交流，给巴尔内斯做出了口头保证。6个有问题的备忘录都与其他文件牵扯甚多，巴尔内斯议员并没有要求查看这些文件。诺斯侥幸脱险。

几乎与此同时，巴尔内斯的信引起了情报监督委员会（Intelligence Oversight Board，简称IOB）的质询，这个委员会的主要职责是给总统提供独立的法律建议。在与诺斯进行了5分钟的交谈，并且单独与国家安全委员会法律总顾问保罗·汤普森进行了45分钟的会谈后，IOB的法律顾问布雷顿·G.夏罗内决定相信麦克法兰对国会做出的保证。汤普森拿给夏罗内看的文件并不包括那些有问题的备忘录。基于现有的材料，IOB认定国家安全委员会的行动是合法的。

自此，有问题的备忘录都被精心地掩盖了起来。诺斯把国家安全委员会收录的文件的位置逐一记录下来，并把清单粘在了他的电脑旁边。几个月后，要进一步调查时，诺斯对这些文件做了手脚，把它们借了出来，进行替换，这就是福恩·霍尔修改后的版本。即使不考虑IOB的观点，诺斯自己也意识到他的行动是非法的。IOB的观点免除了国家安全委员会的罪责，这正是诺斯求之不得的。他将IOB的观点打印在没有标注信头和日期的普通纸张上，只要有任何人怀疑他的行动合法性，他就能随时出示这一份“文件”。

在一场质询中，国会打算停止国家安全委员会对反抗军的支持，麦克法兰为诺斯做了辩护。基于此，一些与会者认为这是“民主”行动过程中重要的一步。这是创建空运部队的第一阶段，中情局的这个准军事行动需要私人捐助者们的大力支持。

缺乏物资仍然妨碍着反抗军的军事行动。令卡莱罗最头痛的问题是怎样买到武器并把它们运到洪都拉斯。对贝穆德斯和FDN负责后勤的指挥官阿里斯蒂兹·桑切斯来说，洪都拉斯营地和战地的供给问题也很棘手。阿道夫的兄弟马里奥·卡莱罗从新奥尔良给他们运去日常用品，大部分食物则必须在当地采购。

供给特遣队的物资是通过人力或骡子运到尼加拉瓜的。人力无法运输很多货物，而没有军事行动保护的骡车队也无法大量运载，因为 FDN 没有安全的后方。在战场上，这就意味着他们无法进行长期的巡逻。贝穆德斯本来可以派遣几个分队深入尼加拉瓜，但是他们一旦到达指定地点，通常所做的就是进行一两场伏击，埋设一些地雷，然后就返回洪都拉斯的基地。反抗军承受的不是来自敌人的相对稳定的军事压力，而是各种惊慌失措和长途跋涉。南方司令部的参谋长保罗·戈尔曼认为，在可预见的未来，反抗军是没有能力推翻马那瓜政府的。

卡莱罗和贝穆德斯想到一个办法来解决他们的战略困境。他们的解决方案是做出一些惊人之举，通过实施一些不寻常的行动，以获得关注，并强调反抗军的存在。对圣克拉拉的轰炸就是这些行动之一。另一次是特遣队在化名为"麦克·利马"的指挥官领导下，展开突袭，成功地占领了埃斯特利省的一个城市一个早晨的时间。如果埃尔布鲁夫计划和"蒙尼伯"行动能得以实施的话，也将是不同凡响的。

然而，投机任务的成功在很大程度上与个人的奉献精神和技能相关，即使是像中情局这样的机构都很难保证员工的技能，更何况是依赖私人捐助的反抗军，对于他们来说，情况只会更糟糕。1985 年夏季还发生了一场由反共冒险家山姆·霍尔（Sam Hall）牵头的、旨在发起一场他称之为"彩虹任务"的大规模米斯基托行动。这一行动由四支到五支部队组成，他们将深入尼加拉瓜，分别攻击各个分散的目标。霍尔建议不仅要训练部队通过合作达成计划，还要保证任务的执行。辛洛布将军起初给了霍尔一些经济支持，如今评价这一计划时称"其业余性和野心令人敬畏"。但令霍尔气馁的是，他在洪都拉斯见到了罗伯特·欧文，欧文直接给了他买回程机票的钱。事后欧文说道："山姆的本意是好的，他只是缺乏判断力。”

与其依赖投机的行动相比，扩展自己的势力范围并搅乱桑地诺的战略局势更能振作反抗军，这意味着要直接将物资空运到前线，也意味着要在哥斯达黎加做出行动，因为那里的反抗军势力已经土崩瓦解。

直到 1985 年，只有米斯基托组织和 ARDE 在哥斯达黎加展开行动，但是这两个组织都没有采取实际行动。米斯基托组织内部产生了分歧，因为他们感觉自己被 FDN 利用了，还成了马那瓜政府的眼中钉。ARDE 由于企图暗杀帕斯托拉，加上一些指挥官因通过贩毒为活动筹资而面临着指控，因此也受到了严重打击。中情局和 FDN 都不喜欢帕斯托拉，所以二者都可能为那场差点杀掉帕斯托拉的爆炸行动负有责任，也因此在南部战线引起了新麻烦。尽管阿方索·罗韦洛加入了 UNO，但是作为 ARDE 的主席，他只带来了少数右翼人士，并没有带来军队。没有了帕斯托拉，ARDE 军队逐渐瓦解。其实，如果当时 FDN 有任何介入的想法，都会得到 ARDE 的效忠。

卡莱罗早期曾尝试重启南部战线，他和一名支持反抗军的美国农场主约翰·赫尔商定，以每月 1 万美元的租金使用他的土地。后来，尤其是在前桑地诺支持者罗韦洛和阿图罗·克鲁兹加入 UNO 后，卡莱罗不遗余力地拉拢 ARDE 各个派系的首领。一个自称为阿曼多的人（许多人认为他可能来自中情局）给参战的军队提供武器。辛洛布将军去了哥斯达黎加首都圣约瑟进行谈判，并签署了一份关于提供设备、武器和训练人员的协议。这份由路易斯·A. 塔姆斯大使通过中情局非正式渠道操作的协议激怒了艾略特·艾布拉姆斯，因为这份协议竟然打算让美国承担责任。

费尔南多·查莫罗（Fernando Chamorro）最吃奉承话这一套，

他同意恢复行动。查莫罗被认为是在 1983 年的一次事件中发起这场秘密战的人，当时面对桑地诺支持者的炮火，他穿过哥斯达黎加边境，给中情局打电话，要求中情局给他提供迫击炮。借助卡莱罗的旅行支票基金，查莫罗的组织拿到了 23 万美元，他自己将 5 万美金收入囊中。但南部战线的情况仍旧不是很乐观，反抗军穿过圣胡安河，驻扎在一个小岛上不挪窝，这个岛屿在尼加拉瓜边境内几英尺的地方，所以从技术上来说他们是积极主动的。

指挥官们总是抱怨设备匮乏，只有空运才能解决这个问题。空运负责人西科德认为，若要有效地将物品运到南部战线，就需要在哥斯达黎加建造一个飞机场，方便飞机执行完任务后着陆，或者作为一个紧急着陆点。这个想法是在 1985 年 8 月提出的，距做出空运决定的时间不到一个月。

实施这个计划的困难是哥斯达黎加政府必须进一步参与。圣约瑟方面对于反抗军的活动大部分情况下都是睁一只眼闭一只眼，只在出现最恶劣的情况时酌情实施逮捕或捕获行动，官方对于反抗军战争的立场仍旧保持中立。允许反抗军建造机场，并掌握实际使用权是一种积极的信号，也是一种委任行为。但是在这方面，哥斯达黎加人只接受美国大使的请求。

1985 年夏季，路易斯・塔姆斯大使来到圣约瑟。在他离开华盛顿之前，塔姆斯和诺斯进行了一系列的谈话。诺斯代表 RIG 交给塔姆斯的主要任务是让南部战线活跃起来。尽管艾略特・艾布拉姆斯并未做出这样的指示，舒尔茨部长的书面指示也没有这样写，但是塔姆斯大使还是认为诺斯上校的命令是可靠的。有一次他在圣约瑟遇到了中情局情报站站长乔伊・费尔南德斯，费尔南德斯告诉他飞机场项目是在“点西”，塔姆斯去找哥斯达黎加人理论，称建造飞机场对他们有利，因为使反抗军回到尼加拉瓜能减少哥斯达黎加的问题。圣约瑟方面表示同意。

这一计划全面启动后，西科德和哈基姆公司的一个子公司“尤德尔公司”，直接与哥斯达黎加政府谈判。他们的协议规定，未装载货物的飞机可以在机场加油，在机场过夜时也不收取费用。8月，诺斯派欧文再一次到哥斯达黎加，费尔南德斯向他提供了两个可选的地点，包括有关土地所有者的信息。欧文向费尔南德斯借了一台摄像机，对这些地点进行了调查和拍照，并制作了一幅地图。他带着这些信息回到华盛顿，华盛顿方面选中了圣埃伦娜。

圣埃伦娜的土地所有者是美国农场主约翰·汉密尔顿。当尤德尔公司来找他买地时，汉密尔顿去了美国大使馆以确认这个公司是否可信。路易斯·塔姆斯咨询了费尔南德斯之后给汉密尔顿讲了一通这个公司的好话，汉密尔顿以100万美元的价格立即出售了这块土地，附加条件是三年后尤德尔公司另外支付400万美元。

在此期间，西科德将军请来前空军特种部队的理查德·加德上校对圣埃伦娜的现场准备工作进行监督，这个项目代号是“种植园”。加德上校的一家公司和雄鹰航空公司承担了这个工程，报价10万美元。“种植园”是一个没有装饰的基地，只有最基础的设施，包括一个长达1988米满是泥土的跑道，跑道边缘参差不齐，布满了植被；一个能容纳30人的兵营；还有一个露天的货棚。从一开始，“种植园”就存在着安全漏洞——这个机场的位置非常醒目，在采用标准太平洋空中航线的飞机上可以清楚地看见这个“秘密的”简易机场。

1985年秋季还出现了一次安全失误。起因是助理国务卿艾略特·艾布拉姆斯访问圣约瑟。艾布拉姆斯与塔姆斯一起，听取费尔南德斯和两个下属对在哥斯达黎加进行的行动的汇报。在一小时的汇报中，费尔南德斯和两个下属只字未提“种植园”的事情，后来艾布拉姆斯问道："机场怎么样？"听到这个问题，费尔南德斯面色通红，艾布拉姆斯和塔姆斯还以为他得了冠心病。费尔南德斯把艾布拉姆斯叫到一旁，表示他的手下对机场并不熟悉，并在地图上为艾布拉姆斯指出了"种植园"的位置。

当时"种植园"预计将在1986年春季完成，只有远程飞机，如C–130运输机，才可以用于空中任务。加德曾吹嘘"给我一个账号，我可以在任何地方执行任何任务"。事实上他确实也做到了，他曾经将特遣部队160架直升机移动到巴巴多斯以便入侵格林纳达，并执行"三角洲"行动的演习和任务。在西科德向他求助之后，他安排SAT的5—6架民用C–130运输机（即L–100运输机）帮助反抗军。1985年，里根政府要求国会为反抗军提供军事援助，但遭到国会否决，但在这之后，由于桑地诺领导人丹尼尔·奥尔特加·萨韦德拉的一系列不可思议的过错，里根政府得到了2700万美元的"人道主义援助"。尽管国务院有人反对，但是里根仍然委派国务院管理这笔援助基金，并为此组建了一个尼加拉瓜人道主义援助办公室（Nicaraguan Humanitarian Assistance Office，简称NHAO）。诺斯上校派NHAO与SAT接洽，安排给反抗军的空运物资事宜。

加德和诺斯在建立私人捐助者支持的空运项目方面发挥了重要作用。加德在经过一番考察之后，打算先从委内瑞拉空军购买一些运输工具，包括两架加拿大制造的C–7驯鹿运输机，以及一架C–123K运输机。但是这架C–123K是另外一个安全漏洞，之前美国政府就是用这架飞机将桑地诺政府卷入贩毒疑云中。为了驾驶和维护这些飞机，加德雇用了九名飞行员、三名装卸长和七位机械工程师。1985年9月，诺斯在萨尔瓦多的伊洛潘戈找到了一个基地，拉拢了猪湾行动中的老兵菲利克斯·罗德里格斯（Felix

Rodriguez），并与萨尔瓦多空军指挥官拉斐尔·布斯蒂略将军密切合作。罗德里格斯让萨尔瓦多人驻扎在伊洛潘戈的空军基地，这个基地的代号是“岛”。罗德里格斯成为当地的联络员，飞行员和机组人员每月薪水是3000美元。

这个空运小组具有丰富的经验。首席飞行员是威廉·J.库珀，他有2.5万小时的飞行记录，是美国空军在泰国乌隆的C-123运输机首席飞行员，在老挝为支持王宝执行飞行任务。库珀的副手约翰·麦克雷尼，有1.9万小时的飞行记录。麦克雷尼和其他成员都曾是美国航空公司的飞行员。当被邀请参加这个项目时，麦克雷尼打电话给中情局的一个朋友，这位朋友告诉他中情局知道这次行动，但是这不是中情局管辖的，并建议他小心。飞行员约翰·帕瓦蒂和艾蒙·贝克都参加过越战，贝克还曾在北越的监狱待了五年。最小的飞行员是布兹·索耶和大卫·约翰逊，只有三十几岁。麦克雷尼开玩笑称机组人员都青春已逝，人到中年了。还有一组是由英国人组成的分队，有刚刚够装卸长资格的大卫·沃克，刚刚够资格驾驶美国飞机的飞行员伊恩·克劳福德，还有个副手。三个美国装卸长中，尤金·哈森福斯与库珀一起在老挝执行过任务。这些人表面上都受雇于宾夕法尼亚州的一家航空公司，住在萨尔瓦多最繁华的街区上。

菲利克斯·罗德里格斯对西科德和加德与伊洛潘戈基地的联络员格林先生印象不太好。“格林先生”真名是拉斐尔·金特罗，曾参加过猪湾行动和“猫鼬”行动，他和托马斯·克莱因关系亲密，参加过一些埃德温·威尔森负责的项目。后来罗德里格斯（化名为马克斯·戈麦斯）得知克莱因也与西科德进行武器交易，赚了约100万美元。罗德里格斯担心这些人不光彩的往事会影响“民主”行动，认为这只是“威尔森一帮人在做生意”。但罗德里格斯自己却带来了另一个可疑的人，也就是深得他信任的路易斯·波萨达·卡里莱斯，卡里莱斯涉嫌参与了1976年在委内瑞拉首都加拉加斯的爆炸事件，当时古巴航空公司的一架飞机爆炸，导致73人死亡。尽管美国公民在外国部队服役是违法的，罗德里格斯还是被委任为萨尔瓦多空军的中尉，这也意味着牵扯到私人方面的行动都不只是单纯的军事行动了。

1986年2月，第一架飞往伊洛潘戈的C-7飞机发生引擎故障，在丢弃携带的货物、备用发动机，甚至是修理手册之后还是不能降落到基地，最后不得不强制着陆。媒体报道了此次事故，这是在空运开始时的又一次安全漏洞。

不久，基地里就发生了一个小插曲。2月5日，加德打电话给罗德里格斯，要求他去接一个即将到达的新机械工程师。他派了一个人去接人，回来后那人告诉他，那家伙老得都能进养老院了。那天晚上，这位新机械工程师喝了一整箱啤酒，第二天又喝了36瓶，醉了之后他开始抱怨岛上的住宿条件，吹嘘自己贩毒的光荣历史。装卸长弗农·休斯告诉了罗德里格斯这个人的行为，于是这个机械工程师在还没有了解清楚情况之前就被遣返回家了。

西科德将军支持罗德里格斯关于遣返这位机械工程师的决定。“民主”行动似乎是一大问题，另一个大问题是中情局只是在有保留地提供情报支持。2月初与比尔·凯西会面时，西科德说他们两人都太老了，不能再兜圈子了，他说“我们希望能够得到你的全力支持，但是你却质疑我们这个公司的性质”。凯西并没有做出任何承诺，据西科德和一些同事回忆，在“民主”行动过程中，中情局的合作在逐渐减少，直到消失。

1986年3月，空运正式开始。一个桑地诺轻步兵部队跨越尼加拉瓜边界，袭击了FDN的营地。美国设法让洪都拉斯政府请求援助，为这次行动划拨了2000万美元紧急军事援助资金，南方司令部派出14架直升机和50名机组人员，将一个洪都拉斯步兵营运送到遭到入侵的地区。在试图对战斗区域进行调查时，一架直升机失事，一名中情局的飞行员严重受伤。

在袭击发生两天之后，“民主”行动的飞机携带物资进入阿瓜卡提，这是反抗军在洪都拉斯的机场。在库珀及机组人员使用的无线电代码中，洪都拉斯的代码是“锤洞”。索耶的航班日志显示，从3月24日到28日，从阿瓜卡提出动了10架次飞机。在尼加拉瓜，SAT的一架L-100运输机在首次执行任务时未能成功地进行无线电联系，但在第二天晚上成功地完成了第一次补给任务。

3月24日晚，又有另一架SAT飞机飞往阿瓜卡提。NHAO雇用的罗伯特·欧文起草了一封信，并由卡莱罗、罗韦洛、克鲁兹签署。欧文负责监督NHAO物资的运输，因为洪都拉斯政府不允许美国官员在场。L-100运输机满载医疗用品从杜勒斯机场出发，到达后在欧文的监督下将货舱清空。完成这些后，欧文认为他就自由了，可以做任何他想做的事情。事实上，他还有其他目的。L-100运输机计划在阿瓜卡提装载给FDN提供的武器，飞往伊洛潘戈，然后在第二天晚上，将这批武器空投到南部战线。因为SAT的雇员不认识FDN的联络人，所以诺斯派欧文去帮助他们。

这个任务从一开始就混乱不堪。欧文在阿瓜卡提没有发现任何由L-100负责运输的武器。他找到中情局在阿瓜卡提的两个联络人，但他们却说自己对武器的事情一无所知，反抗军的代表们也只是耸耸肩，他们根本不知道还有这回事。欧文又找到詹姆斯·斯蒂尔上校，请他打电话给洪都拉斯情报站站长，以便利用他的影响力让FDN交出这批武器，但是欧文却遭到拒绝。最后欧文搭乘一架什么物资都没有装载的 L–100 抵达伊洛潘戈。第二天，欧文、罗德里格斯、拉斐尔、詹姆斯·斯蒂尔上校和驻萨尔瓦多的美国军事顾问组在伊洛潘戈开会，他们给加德、西科德、诺斯打了电话。斯蒂尔上校之前拒绝欧文的请求，现在他同意打电话给洪都拉斯情报站站长。最终，他们不得不仓促地通知南方战线的部队，取消这次空投。

4 月 9 日，另一架 L–100 运输机从新奥尔良将一批物资送到伊洛潘戈之后，打算将一批武器空投给南部战线。飞机起飞后联系不到南部战线的反抗军，斯蒂尔上校眼看着飞机起飞，又眼看着神情沮丧的机组成员们飞回。第二天，西科德想尝试让飞机提前一小时出发，斯蒂尔坚称必须先与反抗军的无线电台建立联系，否则不执行飞行任务。西科德表示，“这简直太蠢了，没有一种黑色行动这样做过。”后来，在欧文的坚持下，飞行正常进行，空投也取得了成功。

中情局有一个特别重要的基地，在那里，私人捐助者可以得到他们需要的所有帮助，这就是哥斯达黎加，中情局哥斯达黎加情报站站长费尔南德斯自圣埃伦娜简易机场项目开始以来便一直参与其中。1985 年 3 月，罗伯特·欧文带给费尔南德斯一个复杂的编码装置，称为 KL–43，由国家安全局制作并提供每日的磁带。KL–43 是诺斯派给他的，费尔南德斯在 4 月 12 日使用这台装置成功报告了 L–100 运输机给南部战线空投武器的任务。

费尔南德斯向塔姆斯大使报告说，上级给他配备了 KL–43 装置，塔姆斯允许费尔南德斯参与诺斯建立的网络。这个网络上的其他节点是诺斯、西科德、加德、卡莱罗、SAT、拉斐尔·金特罗和罗德里格斯。费尔南德斯随后提供了有关桑地诺的空中防御和布置、天气条件和地方联络的情报。1985 年的《情报授权法》

的一条规定允许与反抗军开展情报合作，但费尔南德斯不仅提供了情报，还成了南部战线指挥官们的联络人，为他们安排空投物资，甚至做了军事规划。费尔南德斯于4月12日向诺斯发出的KL–43信息显示，还有一架L–100向米斯基托人空投了物资，并运送了80名新加入的UNO成员，还有一些藏匿的有毒物品。费尔南德斯宣称：“我的目标是建造一个2500人的部队，可以打击西北方，形成一个巩固的南方战线。同样，也可以从大西洋海岸或海上进行补给，对抗强大的敌人。”

对于“民主”行动来说，中情局在南方战线的合作可能是当时最好的情况。空投的状况仍旧不容乐观，发生了许多事故，也执行了许多无效的飞行任务。西科德认为他需要把事情弄清楚，所以带着诺斯和加德飞往伊洛潘戈。他在萨尔瓦多库珀的家中给飞行员们召开了一次会议，向他们保证，英国机组人员将会把飞机开往尼加拉瓜，这样一来，无论发生什么，美国侨民都不会被抓住。在那之后，西科德和诺斯又与反抗军的指挥官贝穆德斯上校及罗德里格斯进行了会谈，商讨如何得到可以对抗FDN的防空导弹。西科德认为，如果罗德里格斯可以拿到萨尔瓦多的管制品使用者证书，他就可以从一个南美国家买到10个发射器和20枚英国吹管导弹。罗德里格斯再次向诺斯求证，诺斯向他做出保证。贝穆德斯抱怨空军的飞机太落后，速度太慢。诺斯反驳道，如果他有足够的钱，他自己就可以买一架L–100运输机，目前的飞机都是捐赠的，反抗军只能接受，没有道理挑三拣四。这次会谈引发了严重的后果。罗德里格斯开始认为西科德给反抗军提供的飞机都是反抗军的财产，而这最终导致了“民主”行动的曝光。

几个月过去了，这项游戏在华盛顿的名义依然是“过渡性”

援助。这是一次人道主义援助，有效日期到 1986 年 3 月，而一项新的 1 亿美元的资助只能在 10 月 1 日新财政年度开始之后生效。1985 年，沙特阿拉伯曾慷慨捐赠，但这种好事似乎不会再有了。

库珀的工作人员通过广播节目想方设法寻找新的捐助者。辛洛布将军想到了一个远东国家，他此前和这个国家有过非常成功的合作。在和那个国家的最高级别会议即将召开之前，他被艾布拉姆斯叫去执行任务，不过那个国家确实向 UNO 捐赠了 100 多万美元。

诺斯建议把向伊朗出售武器得来的资金转给尼加拉瓜反抗军，目标算是实现了，但是最后只转了大约 350 万美元，而不是诺斯预期的 1200 万美元，诺斯本来打算用这笔钱购买西科德的飞机并修建圣埃伦娜机场。1986 年 11 月 21 日，司法部的律师在诺斯的保险柜里发现了建议转移资金的备忘录，从而引发了官方调查，最终将白宫拖入泥潭。

根据 5 月 16 日国家安全规划组（NSPG）会议所做的决定，美国政府官方的途径是从第三国征集“过渡性”援助。所有当事人都在场，包括里根、布什、凯西、舒尔茨、温伯格、政治顾问詹姆斯·贝克和其他人。诺斯和负责中美洲事务的雷蒙德·伯格代表国家安全委员会出席了会议。波因德克斯特上将表示形势对反抗军有利，但随时可能改变，因为他们的资金所剩无几。波因德克斯特提出关于募资的建议，如向国会争取，请国会重新安排其他预算资金，或寻求第三国的捐助。国务卿乔治·舒尔茨（George Shultz）起初不同意争取他国援助，比尔·凯西问是否尝试过这样做。实际上舒尔茨并不知道沙特所提供的巨额资金，直到 6 月，麦克法兰给他打了通电话，告诉他已经采取了一些措施，但并未成功，他才知道此事。与会者中知道沙特提供了援助的人都认为寻求第三国帮助是可行的。NSPG 决定让舒尔茨列出一份符合条件的候选国的名单。

舒尔茨把这个任务交给了艾略特·艾布拉姆斯。自从 1985 年 9 月以来，舒尔茨就已经开始关注这个行动，他还曾经指示艾布拉姆斯监督诺斯。而现在，他也准备寻求第三国的捐助了。他对艾布拉姆斯的指示是，避开那些由独裁者统治的国家，和那些依靠美国援助的国家。艾布拉姆斯认为捐助国必须是一个石油巨头国家，因为只有这样的国家才会拥有大量的现金。他去找了中东事务助理理查德·墨菲，墨菲告诉他没有符合条件的国家。除了这些国家之外，艾布拉姆斯唯一能想到的石油国就是文莱，这是位于印度尼西亚婆罗洲北部海岸的一个小苏丹国。于是艾布拉姆斯向文莱发出提议，文莱欣然接受了这一提议。

起初的计划是乔治·舒尔茨去访问文莱时，向苏丹提出请求。但在飞机飞行在太平洋上空时，舒尔茨和他的高级顾问们展开了深入讨论，其中包括加斯顿·J. 西古尔。西古尔原是国家安全委员会成员，现出任东亚及太平洋事务助理国务卿。西古尔和其他顾问说服舒尔茨在和苏丹国王提出要求之前，先和美国大使沟通，后来又说服他不要在访问期间就提出请求。

舒尔茨决定应该由艾略特·艾布拉姆斯提出请求，时间就定在 8 月 8 日。艾布拉姆斯乘飞机来到伦敦，并化名为“肯尼沃斯先生”，在旅馆内和一位文莱高级官员取得联系，两位外交官在公园内一同散步。艾布拉姆斯先就中美洲的情况发表了看法，类似的话想必他已经讲过几百次了，然后提出需要文莱提供过渡性援助。苏丹的特使问他需要多少资金，艾布拉姆斯估计 NHAO 每月开销约 300 万美元，于是他回答 1000 万美元。特使说他目前身在国外，无法运作这么大数额的资金，必须回国后才能安排转账交易。他问艾布拉姆斯，提供该项援助能给苏丹带来什么好处？据艾布拉姆斯说，他当时回答道，他所能奉上的除了总统和国务卿的谢意，别无其他。艾布拉姆斯和苏丹特使在公园里的对话就此结束。艾布拉姆斯最后给特使递上一张长约 8 厘米、宽约 13 厘米的文件卡，上面是一家日内瓦银行的账号。

谁都没想到的是，助理国务卿艾布拉姆斯的文件卡竟使美国陷入了极大的外交尴尬之中。艾布拉姆斯需要提供汇款地址和账号，因此他分别从中情局的艾伦·怀尔斯以及诺斯处要来了银行账号。但中情局提供的是反抗军在巴哈马群岛的银行账户，而国家安全委员会提供的是理查德·西科德的莱克资源公司（Lake Resources）在日内瓦开设的账户。艾布拉姆斯决定用诺斯上校提供的账户，但是福恩·霍尔在键入账号时，疏忽之下颠倒了两个数字。然而，苏丹没有想到账号有误，他在 8 月 19 日就给这个账号汇入了 1000 万美元。

8 月底，文莱方面询问美国是否已收到汇款，当时艾略特·艾布拉姆斯正在度假。9 月初，他回来后打电话问诺斯汇款是否到账。诺斯对此并不知情，几天后他回电话说还没有收到钱款。随后艾布拉姆斯定期查询账户情况，每次都被告知没有收到汇款。在一封没有发出去的电报中，艾布拉姆斯称他怀疑这笔汇款可能被挪用了。文莱的外交官确定这笔钱已经转出去了，可能还需时日才能到账。

12 月 1 日，美国政府秘密支持尼加拉瓜反抗军，以及与伊朗暗地进行武器交易的事情被公之于众，因此国务院给文莱发电报，称如果还没汇款的话，现在已经不需要再汇了。美国大使传达了这一消息，当文莱的官员得知美国以为文莱还没有汇款后，整个身体都在颤抖。

最后查明，这1000万美元汇入了瑞士一位医生的账户。这件事不仅未给美国与文莱的关系带来任何好处，反而增添了难堪和不悦。虽然汇款退给了文莱，但也无法为“尼反门”事件洗白：艾略特·艾布拉姆斯的判断是错误的，中情局提供的那个账户涉及的黑幕比国家安全委员会提供的账户黑幕更多。

理查德·西科德的商业帝国经营内容繁多，业务范围宽泛。艾伯特·哈基姆和西科德将军合作，建立公司网络，各司其职。有些公司只负责收款，有些只负责付款，有些只提供服务或买入武器，还有一些只负责持有设备。尤德尔公司旗下有圣埃伦娜和伊洛潘戈基地的飞机。莱克资源公司是这些公司背后的靠山，靠它们赚钱，并且与伊朗方面进行交易。飞行任务由STTGI负责，SAT以及理查德·加德的公司经常跟莱克资源公司签署服务合同，互利共赢，皆大欢喜。

西科德的公司业务范围确实非常广。西科德在欧洲建立了汇报网络，在以色列建立了一个基地，每次向伊朗输送武器都需汇报。1986年年初，为了执行另外一项隐蔽行动，公司安排“艾利亚”号货船驶过波罗的海、地中海、大西洋以及加勒比海。与此同时，在地中海东岸的塞浦路斯岛上，美国缉毒局全力营救被困在黎巴嫩的人质。这件事本与西科德的公司无关，但西科德却派托马斯·克莱因去配合该项工作，并借机寻找机会。随后，自然就有了中美洲空运基地。这一行为很好理解，理查德·西科德充满雄心壮志，想借机回到政府，负责中情局的行动。

西科德还尽其所能地和产业链相关的部门保持关系，协调金钱、武器、船只以及飞机的运作，具体的管理任务则分配给属下去做。克莱因负责将武器运送到中美洲。加德掌管中美洲的空运事务，但是1986年春天他已经力不从心。因此，当西科德听说他的朋友罗伯特·C.达顿上校将要退休时十分高兴。达顿上校是空军第23军副参谋长，负责美国空军特别行动及救援工作。达顿曾和西科德一起执行过解救伊朗人质的任务，他非常听从西科德的意见。达顿退休后，西科德马上邀请他到STTGI出任“民主”行动空运部门的主管。

达顿5月初上任，薪水是每月5000美金。第一次见面时，西科德跟他说明了公司的合法性。西科德出示了一份由布雷顿·夏罗内所写的IOB合法性意见书，西科德认为这份文件足以打消达顿对公司行动是否合法的疑虑。西科德命令他不得违反《中立法》，也就是不得在美国领土上行动，只能运送武器，不得涉及人员。达顿遂即动身前往萨尔瓦多，与空运人员见面，并查看设备。直到5月23号，西科德才抽出一下午时间陪达顿。他把合法性意见书夹在腋下，与飞行员见面时向他们重申了《地面管理条例》。达顿强调，威廉·J.库珀是在圣萨尔瓦多的负责人，拉斐尔·金特罗只是后勤主管，菲利克斯·罗德里格斯负责协助当地事务。达顿起初认为菲利克斯很不错，但是后来觉得他爱管闲事。飞行员们向达顿汇报他们的任务，达顿又将汇报转送给西科德和诺斯，他认为两人都是“民主”行动的指挥官。

最初的规定是在尼加拉瓜执行飞行任务的人员必须来自第三国，但是在6月中旬，这个规定就废止了。一方面是因为雇用的英国飞行员只有过操作直升机的经验；另一方面，他们在圣萨尔瓦多的逾矩行为，使很多人开始关注这批外国人，詹姆斯·斯蒂尔上校还曾批评过这些人。还有一次，英国雇员胡作非为，导致圣萨尔瓦多人阻拦库珀的人进入伊洛潘戈空军基地。因此，大卫·沃克手下的英国雇员逐渐从“民主”行动中淘汰出去，诺斯和西科德决定派遣美国人执行任务，这随后引发了另一项安全漏洞。

私人通信网络使用了国家安全局的绝密装置 KL–43，却没有得到许可，这也是一个安全漏洞。1983 年，因西科德涉嫌威尔森事件，又没有签署保密协议，他出入五角大楼的许可也被撤销了。比尔·库珀、金特罗以及罗德里格斯也都没有获得 KL–43 的使用许可证，尽管使用 KL–43 设备给操作带来了便利，却是完全违法的。

除了秘密使用编码装置之外，美国政府还在多方面协助这些私人的活动。斯蒂尔上校向他们提供了一些情报及天气信息，在“民主”行动的人员被拦在伊洛潘戈之外时，多次出手干预，还允许罗德里格斯使用 KL–43 设备，给他提供军方车辆，以及军事顾问的身份，并数次任命他为助理，解决与私人捐助者有关的问题。从美国大使塔姆斯那里，菲利克斯·罗德里格斯得到了一个强大的无线电广播设备，用于和执行任务的飞机保持联络。工作人员还给罗德里格斯修房子。塔姆斯给拉斐尔·金特罗的货物及人员调动大开绿灯。费尔南德斯也与他们展开重要合作，经金特罗之手，把空降区的目录转给 STTGI，有时甚至直接发给 STTGI。

中情局的参与对西科德和诺斯非常有利，他们希望中情局能尽量多参与他们的行动。5 月 16 日，诺斯给波因德克斯特上将递交了一份备忘录，认为“民主”行动涉及飞机、飞行员和武器运送，这项行动越公开，民众就会越好奇。诺斯写道，“我们必须把中情局牵扯进来”，还开玩笑说，他忙得晚上只能睡两到三小时。但是，就在此时，中情局却突然不想插手了。5 月 21 日，达顿从 KL–43 设备上收到金特罗发的消息，称中情局在深入咨询过法律总顾问之后，认为他们不能和西科德的员工联系（包括比尔·库珀的员工金特罗），并专门强调禁止费尔南德斯再次帮忙。西科德为此去找了诺斯，诺斯拜访了中情局。此后一段时间中情局的态度仍然十分冷漠，但在夏季却又恢复了与西科德的联系。

也正是在这个时候，诺斯、西科德与比尔·凯西一道参加了一个会议。在西科德看来，这次会议是诺斯和凯西之间交易的一部分。诺斯抱怨收到的捐赠越来越少，并说西科德在某个中东国家有联络人，可以向其寻求帮助，还好几次提到他自己无法做出这样的请求。西科德拒绝了诺斯，因为他并不是美国政府官员，他的联络人也不会愿意和普通公民打交道。这与 1985 年西科德向卡莱罗保证的截然不同，他当时声称，沙特的捐款一部分要归功于他。西科德被问到维持空运业务运转需要多少钱，他估计了一下，说 1000 万美元。可能是因为这件事，使得诺斯把莱克资源公司的账户记在文件卡上，给了艾略特·艾布拉姆斯。

西科德公司的设备也频频出错。圣埃伦娜机场的排水状况很差，雨季的时候跑道特别潮湿。比尔·库珀第一次搭乘 C–123K 运输机降落在那里时，飞机沉入了泥泞中。6 月 10 日，波因德克斯特得知诺斯上校要来找他。一周后，预计投送到南部战线的空投失败了，因为诺斯和费尔南德斯无法联系到反抗军司令部。6 月中旬，“民主”行动的几位负责人决定购入第二架 C–123K 飞机。但在一次飞行任务中，由于导航问题，这架飞机偏离航道 1600 千米，并撞到了山顶的一棵树上，撞坏了一个引擎。虽然最终飞机平安降落，但机务人员却几乎丢了性命。飞行员约翰·派尔沃特和其他人一起，写了一封言辞激烈的信，控诉“民主”行动的飞机维护问题。

罗德里格斯收到了这封信，这让他越来越怀疑这次行动。5 月初，罗德里格斯来到诺斯的办公室，说他很劳累，想要退出，但是诺斯极力挽留他。一个月之后，6 月 5 日，达顿去了圣萨尔瓦多岛，8 日他返回后报告说“罗德里格斯是唯一的问题”。达顿认为，罗德里格斯没有理解这个行动的理念。诺斯要求达顿把罗德里格斯叫到华盛顿。6 月 25 日，罗德里格斯来到旧行政办公室大楼。

罗德里格斯在进入白宫时就遇到了麻烦，这为随后不愉快的会面埋下了伏笔。会面中，诺斯指责罗德里格斯违背了通信安全原则，因为他用公用电话线路谈论空运事务，诺斯还声称他手中有国安局的情报可以证实这一点。罗德里格斯反驳道，飞行设备维护不当，并出示了派尔沃特的信。诺斯看过信之后问他：“这是开玩笑还是真有此事？”罗德里格斯回答说这是写信人的亲身经历，这些人还差点丧命。诺斯又问达顿，达顿承认他知道这起事故，但觉得这是小事一桩，不用诺斯费心。

然后罗德里格斯要求和诺斯单独谈话。达顿离开后，罗德里格斯说道：“上校，我发现了一些猫腻。”他谈到了他从马里奥·德拉米克那里得知，迫击炮的弹药是 32 年前的，原本 3 美元的手榴弹售价 9 美元。他还谈到威尔森案，并将这个案件和金特罗与托马斯·克莱因联系在一起。诺斯却赞美克莱因，说他是个热爱国家的美国人，罗德里格斯反驳道：“这件事比‘水门事件’还严重，甚至会毁了总统。”

诺斯打开电视，调到一个频道，这个频道正在播放是否拨款 1 亿美元援助反抗军的国会辩论。他用手指着电视，说：“这些人都想把我抓起来，但他们是白费力气，因为总统站在我这边。”

由于菲利克斯·罗德里格斯持反对意见，他回到圣萨尔瓦多后被孤立了，并逐渐被排挤，不再参与“民主”行动。达顿随后提拔约翰·派尔沃特做了首席维护员。

西科德的公司尽其所能开展空运事务。那架受损的 C-123K 飞机被送往 SAT 修理，西科德很快又找了一架飞机。库珀和一位机械工程师去了亚利桑那州的图桑，检查这架新的 C–123K 飞机。6 月底之前，这架飞机就降落在伊洛潘戈军事基地。库珀的手下还第一次成功将物资空投至南部战线，此次空投是由索耶驾驶一架 C–7 驯鹿运输机完成的。这架 C–7 飞行距离非常短，所以空投后不得不降落在哥斯达黎加的胡安·圣玛丽亚国际机场加油。哥斯达黎加本来不允许这样的事情发生，但是美国大使塔姆斯让乔伊·费尔南德斯以及美国军事顾问团主席多加关照，哥斯达黎加方面还是提供了加油服务。

空运仍在继续，但收效甚微。美国的飞机很难找到空投区域，甚至无法找到与他们保持联络的反抗军，也搜不到信号，飞机只好先飞到空投区域，然后通过搜索框搜索反抗军的位置，大部分情况下他们都只得无功而返。6 月，达顿跟斯蒂尔上校谈话，讨论新的空投安排，即先将物资空投到确定的区域，然后让乔伊·费尔南德斯通知反抗军的指挥官补给已到。这个计划十分不靠谱，因此没有实施。此外，空投也找不到合适的时间。斯蒂尔上校希望不要在白天空投，这样就可以降低被尼加拉瓜防空部门发现的风险，但是飞机的导航设备很差，不可能在夜间飞行。在黎明时进行空投也不现实，因为浓雾层可能会有 60 米厚。在晚间空投也不可能，1.5 万米高的云层会有雷阵雨，这远远超出了飞机的最高飞行高度。机场跑道糟糕的排水情况还引起了三四起事故，飞机陷入淤泥里就出不来了。而飞行的费用也居高不下，C–123 运输机每飞行一小时成本就高达 1800 美元，C–7 运输机每飞行一小时成本是 1300 美元，轻型莫尔飞机每飞行一小时成本是 300 美元。

菲利克斯·罗德里格斯和西科德的公司关系日渐恶化。罗德里格斯问他当时为购买吹管防空飞弹而提供的萨尔瓦多管制品使用者证书怎么样了，却被告知这笔交易延期了。最后，他要求返还管制品使用者证书，但西科德却拿不出来。7月底，为了欢迎到访的一位南美军事伙伴，罗德里格斯参与了一些特技表演，却被指控偷了一架飞机。有几天局面非常紧张，罗德里格斯组织库珀的飞行员违反了STTGI的禁令，然后他就被踢出了此项行动。

在退出前，罗德里格斯做了两件事，从而彻底地影响了西科德的公司。他找到贝穆德斯，告诉他UNO应该把这些飞机据为己有。在伊洛潘戈军事基地，罗德里格斯给每架飞机都配备了武装守卫，确保飞机能执行既定的任务。8月8日，罗德里格斯来到华盛顿，在国家安全顾问的陪同下，和副总统乔治·布什，以及唐纳德·格雷格见面。格雷格是一名老兵，曾是中情局的员工，罗德里格斯经常向他咨询关于萨尔瓦多的事务。罗德里格斯和他们谈及了上次和诺斯上校讨论的问题，他披露了昂贵的飞机、飞行员过高的时薪、每只9美元的手榴弹等问题。根据格雷格当时的记录，罗德里格斯指控道，“加德先生的行为简直是盗窃”。格雷格当即给诺斯的办公室打电话，诺斯的助理拉夫·厄尔中校听取了“我的朋友菲利克斯对你们的愤怒的指控”。几天后，格雷格访问了中情局和五角大楼，这些指控使美国政府高层对西科德的公司产生了极大的怀疑。

又过了几天，拉夫·厄尔中校和达顿一起与军事顾问团的詹姆斯·斯蒂尔上校会面。达顿要求斯蒂尔把KL–43设备从罗德里格斯手中收回来，而斯蒂尔只是说他明白该怎么做。

阿道夫·卡莱罗的重大突破发生在1985年8月，美国国会终于同意拨款1亿美元，以援助反抗军，10月1日新的财政年度开始后这笔援助就会生效。国家安全委员会对这一等待许久的结果感到高兴，但是诺斯并没有那么欣喜，他的推断很正确——“民主”

行动越公开，人们就会对它越好奇。正在这项隐蔽行动如火如荼地进行时，它却开始暴露在公众面前。

有一段时间，媒体不放过任何关于这项行动的消息。尽管媒体的关注点仍主要集中在约翰·辛洛布身上，但奥利弗·诺斯的名字也被频频提及，同样的还有罗伯特·欧文以及理查德·西科德，他们的名字都和向反政府军出售飞机联系起来。诺斯成功地压下美联社两位记者对事件的调查结果，但是《迈阿密先驱报》针对此事反复报道，尤其惹得艾略特·艾布拉姆斯大为光火。还有两名记者，分别是托尼·艾弗金和玛莎·哈尼，前往哥斯达黎加，并参与到克里斯迪克协会的一场民事诉讼中。这场诉讼是在迈阿密发起的，约30名被告被指控与暗杀帕斯托拉的爆炸事件有关，托尼·艾弗金正是在这场事故中受伤。被告包括卡莱罗、诺斯、欧文、辛洛布、西科德以及中情局的前员工西奥多·夏克立。这个诉讼如同一个定时炸弹，随时能使“民主”行动灰飞烟灭。

与之相比，诺斯更担心的是国会的行动，正如他跟菲利克斯·罗德里格斯最后一次会面时提到的那样。6月底，众议院收到一份提案，要求总统提供文件证据，证明诺斯或者其他国家安全委员会成员在支持反抗军。诺斯在国家安全委员会的任期7月就会结束，在这个重要时刻，海军上将波因德克斯特试图让诺斯退出“民主”行动，但是失败了。有人建议这时候诺斯应该回到海军陆战队，毕竟他目前的工作事关国家安全，非同小可，但诺斯没有接受这个建议。波因德克斯特又尝试把反抗军的事务转交给国家安全委员会中负责情报和地区事务的人员，然后他很快就接到了来自保守派议员们的一系列电话，这些人都反对撤掉诺斯。随后，专栏作家罗兰德·伊万和罗伯特·诺瓦克写了一篇文章，抨击波因德克斯特像对待“冷漠的造纸机”那样管理国家安全委员会。波因德克斯特不得不让步，在给诺斯的便笺中，他很牵强地解释道：“我只是想降低你的曝光度，这样自由主义者就不会处处针对你了。”

但是，在诺斯代表国家安全委员会出席艾略特·艾布拉姆斯主持的 RIG 会议时，波因德克斯特却派了他的一位情报助理文斯·坎尼斯特拉罗协助他。坎尼斯特拉罗是中情局主管中美洲特遣部队的长官艾伦·怀尔斯的前任，并且很早之前就和诺斯在其他隐蔽行动中合作过。坎尼斯特拉罗可能是波因德克斯特派来监督诺斯的，但他却没有审查过诺斯的行动。

众议院的质疑被白宫压下了，国家安全委员会同意众议院情报委员会约谈诺斯上校，随后要求总统提供文件证据的提案也撤销了。根据国家安全委员会的会议记录，诺斯的声明是彻头彻尾的谎言：他说他没提过任何军事建议，对军事行动也毫不知情；他和辛洛布 20 个月内没见过面，也没有给辛洛布提过任何建议；至于罗伯特·欧文，他只偶然见过几次，更不要提给欧文指示了。后来波因德克斯特在给诺斯的便笺中表扬他“做得不错”。

除了表面上的问题，其实还有一些私底下的操控行为。诺斯和西科德谈论了中情局 10 月份重新参与到尼加拉瓜的秘密战后，“民主”行动的资产处置问题。西科德也和达顿讨论了这个问题，他让达顿写了一份资产评估，以及处理方案。飞机加上圣埃伦娜机场，以及西科德公司的其他财产，一共估值 450 万美元。处理方案包括：变卖资产；转交给中情局；租给中情局，每月收取 31.1 万美元的运营费，如果飞机每月飞行时长超过 50 小时，则收费再酌情提高。7 月份，诺斯向波因德克斯特提出可以让中情局购买这些资产。

在伊洛潘戈基地，空运工作进展神速。萨尔瓦多电话公司的记录显示，从这里向 STTGI、西科德的家，以及 SAT 拨出过无数次电话，还有许多是打给诺斯办公室的，或者直接打给诺斯的私人电话，一些打给了哥斯达黎加的乔伊·费尔南德斯。但西科德认为这些记录并不真实。电话记录还显示，菲利克斯·罗德里格斯曾和STTGI就在萨尔瓦多的行动设立应急资金一事发生过矛盾。达顿认为，费尔南德斯这样做是为了掌控资金，因为费尔南德斯一直坚持要求控制“民主”行动为伊洛潘戈基地设立的燃料基金。费尔南德斯认为，如果资金迟迟不到位，会让人对美国人办事能力产生怀疑，并坚持要求接管燃料基金，因为发生过一起可疑的事故，一大笔现金被转交给萨尔瓦多指挥官，据说是燃料基金。电话费本身就金额惊人，那段时期机组人员入住三所房子的电话费分别可达1119美元、1877美元以及1000美元，费尔南德斯的办公室话费则为693美元。

正是借助无数的长途电话，为反抗军运送物资的飞行项目才得以实施。空投区域依然难以找寻，但8月中旬，在费尔南德斯的要求下，机组人员成功地给南方战线空投了一批物资。这次，飞机仍然是降落到哥斯达黎加的胡安·圣玛丽亚国际机场加油，也是中情局和美国军事顾问团主席出手干预。在这之后，南方战线的反抗军指挥官们在乔伊·费尔南德斯的办公室门外排队等候，向他提交空投物资和区域的申请。

圣埃伦娜基地建设之初，哥斯达黎加举行了一次选举，1986年5月新政府上任。总统希望执行新的和平计划，代替收效甚微的孔塔多拉集团，并下定决心坚持哥斯达黎加的中立立场。9月3日，哥斯达黎加政府封锁了圣埃伦娜基地的“秘密”跑道，并在机场安排了警卫。几天之后，诺斯听说哥斯达黎加要召开新闻发布会，披露圣埃伦娜军事基地。诺斯跟艾略特·艾布拉姆斯谈话，后者找到正在度假的路易斯·塔姆斯。他们三人深夜召开电话会议，随后塔姆斯给哥斯达黎加总统奥斯卡·阿里亚斯·桑切斯打电话，取消了对媒体的发布会。

当诺斯想尽办法打算取消这场足以毁灭“民主”行动的发布会时，达顿正参与另一件事，而这件事也是一个重大的安全漏洞。9月8日，STTGI的经理来到伊洛潘戈基地，在此地待了12天，以便弄明白这里的事务。在此期间，他搭乘一架飞机前往尼加拉瓜，可惜这次任务还是因为无法联系上反抗军无功而返。那天下着雨，飞机的最高飞行高度只有500米左右，搜寻1小时无果，只好放弃。9月9日，达顿用KL-43装置向诺斯寻求帮助，希望能定位到南方战线的军队，诺斯的回复是他得先问问乔伊·费尔南德斯。两天之后，萨尔瓦多人不允许两架飞机同时执行任务，但执行此次任务的那架飞机却意外成功了。9月13日，达顿用KL-43装置向诺斯汇报，这两天内，“民主”行动成功地空投了5.5万磅物资。在当月，伊洛潘戈基地的仓库给南方战线出库了7次物资，这些物资有18万到18.5万磅，分成10—15次进行空投。诺斯派他的助理拉夫·厄尔中校前来监督。达顿欣喜异常，在他用KL-43设备和斯诺联络时说：“（如果没有美国的空投）南方战线的部队连牛奶和饼干都没有了。”

达顿向诺斯汇报他跟从的飞机执行任务失败，诺斯意识到达顿也去了尼加拉瓜。诺斯问他：“你也一起参加了这个任务，对吧？”诺斯担心达顿知道的内幕太多，于是禁止达顿再次跟随飞机执行任务。诺斯还向菲利克斯·罗德里格斯抱怨过公用电话的问题，可见诺斯在细小的安全问题上非常小心，但是“民主”行动却存在巨大的隐患，如果有人向外界披露的话，“民主”行动总有一天会暴露在公众视野中，这只是时间问题。9月份，参与“民主”行动的人员突然之间都被要求签署保密协议，内容跟中情局的保密协议非常相似。

1986年10月5日，行动被暴露的这一天终于来了。一架C–123K运输机执行任务，要把物资空投给一个叫作“索菲亚”的FDN巡逻队，约定的信号是5个烟雾呈L形排列。比尔·库珀和布兹·索耶驾驶这架飞机，尤金·哈森福斯是装卸长。库珀在驾驶飞机的时候，没有使用标准的躲避防空导弹的战术，幸运之神也没有眷顾他。当飞过桑地诺的一个阵地时，飞机被导弹击中，随即坠落。装卸长尤金·哈森福斯在老挝执行任务时就总是认真地保护自己的安全，他是机组人员中唯一戴着降落伞的人。飞机出事时，他跳伞逃生，得以保命，但随后又被尼加拉瓜人抓住。尤金·哈森福斯并不知道“民主”行动背后真正的发起者到底是谁，他告诉尼加拉瓜人他的飞机是受中情局雇佣。他并不知道这下子捅了大娄子。

坠机事件在华盛顿引起了不小的慌乱，里根政府严阵以待。艾略特·艾布拉姆斯把飞行任务推脱给辛洛布上将，声称美国与此毫无瓜葛，中情局也不承认与此次事件有任何关联。在10月14日的国会上，艾布拉姆斯和中情局行动处处长克莱尔·乔治一直否认与此相关。奥利弗·诺斯与司法部斡旋，延迟了对SAT的调查。在尤金·哈森福斯出事时，“民主”行动的第二架C–123K运输机正在SAT维修，约翰·麦克雷尼在夜间趁人不注意时把飞机开回了伊洛潘戈基地。

尽管如此，此次事件的每一个环节都指向了美国政府。在库珀的飞机残骸中找到了布兹·索耶的个人飞行日志，修复后显示他是在SAT为美国军方效力。飞行日志还显示包括威廉·兰顿在内的一些SAT员工也在为反抗军驾驶飞机。在飞机的残骸中还找到了几张名片，说明飞机与NHAO也有关系。这架飞机的机尾编号是 N-4410F，与 1984 年美国政府执行一项诱捕桑地诺支持者行动的飞机是同一架。在萨尔瓦多调查后，很快发现马克思·戈麦斯是一个假名，并指向副总统办公室的唐纳德·格雷格。电话记录清楚地表明，诺斯和这项行动脱不开干系。除此之外，西科德的公司与伊朗的军火交易也随之曝光。最后，又发现了诺斯的一份备忘录，其中讨论了将武器卖给伊朗后赚来的钱用来支援反抗军。这份备忘录引发了无数起对伊朗—反抗军两条交易链的调查。

调查工作到现在还未完成，对理查德·西科德和奥利弗·诺斯最后的处罚也尚未公布。但是，对于诺斯来说，等待他的是一场可怕的噩梦，比许多年前他在前往匡蒂科的路上陷入无助境地还要痛苦。

“民主”行动的产生绝非与外界无关。这个行动的目的是给反抗军提供“过渡性的帮助”，直到中情局重新插手。比尔·凯西承认这点，尽管他并不热衷于和西科德合作。中情局没有支配“民主”行动，但是在能帮忙的时候也帮了忙，曾一度退出，最后却又想方设法重新参与其中。

在这一时期，中情局的活动特点是政治行动。一开始，杜安·克拉里奇非常谨慎地把反抗军的账户给了诺斯。为了让国会认可反抗军，中情局促使反抗军内部不同派别消除分歧，还与卡莱罗和米斯基托人进行协商。据报道，中情局花费几百万美元用以支持 UNO 在欧洲及拉丁美洲的办事处，资助反抗军的领导人，为他们支付出国的费用。

1985 年年底，国会同意情报和通信部门与反抗军合作，中情局还在这个旗号的掩护下，给反抗军送去了价值 1300 万美元的通信设备，这是一次非常重要的物质援助，使得卡莱罗得以把 UNO

的基金拿作他用。此外，中情局早在 1986 年 4 月就发现哥斯达黎加情报站站长在支持诺斯的行动，但是中情局并没有将此事报告给国会情报委员会。

1986 年年初，当时的问题是让国会通过里根政府资助反抗军的请求，中情局很乐意给予援助。1 月，中情局出示了一份 12 页的报告，试图为反抗军辩护，通过反驳相关指控，为反抗军洗脱侵犯人权的罪名。比尔·凯西 2 月的时候也参与进来，主持了国会简报会。在这次会议上，中情局给与会者分发了一份保密文件，并在会议结束时收走了文件。这份文件表示国际事务咨询公司代表马那瓜政府的利益进行游说活动，这是一种虚假情报行动，意图对美国不利。

1986 年夏季，米斯基托人拒绝和卡莱罗达成一致，中情局对此很不满，于是收回了之前给米斯基托人的设备。同年 8 月，一架中情局的直升机坠毁，两名美国人和两名米斯基托人遇难。

在“过渡性的帮助”接近尾声时，中情局接受了个人捐助者的行动。西科德提出让中情局接管“民主”行动的资产。10 月 9 日，也就是尤金·哈森福斯的飞机坠毁事件发生四天后，奥利弗·诺斯与中情局官员见面。中情局支付 120 万美元，购买了西科德—哈基姆集团的最后一批武器。在尤金·哈森福斯遭遇事故时，这艘船正在公海上驶向中美洲。

当然，对于这场新的秘密战，中情局有自己的打算。对于国会的 1 亿美元拨款，7000 万用于军事援助，2700 万用于人道主义援助，300 万用于反抗军人权办公室。行动现在由陆军上校威廉·C. 科密指挥，并且有了新目标。由于阿瓜卡提距离尼加拉瓜边境太近，而国会的资助许可中又要求援助行动需在边境线 20 英里以外，因此空运行动改到了从天鹅岛出发。在猪湾行动中，天鹅岛曾是中情局黑色电台的发射基地。

尼加拉瓜是比尔·凯西最后的一次秘密战，恐怕也会被记录在他的墓志铭上。凯西看到了新项目开始实施，也看到了伊朗—反抗军丑闻的混乱情况。凯西在国会露面三次，但提供的证词都是不完整的。在 1986 年 11 月 21 日的听证会上，他仍然允许助手提前给他准备虚假的证词。就在凯西将在参议院情报特别委员会前宣读证词的前一天，他晕倒在中情局自己的办公室内。他被送往医院，诊断结果是脑瘤以及其他并发症。1987 年 5 月 6 日，凯西去世了，带着这项行动的秘密长眠地下。

现在这个事件仍然疑云重重。卡莱罗声称拥有 1.6 万名士兵，但是这场战争在长途奔袭后却只是造成一些惊慌而已。1987 年 3 月，经中情局专门训练的一支突袭队员成功完成了一系列破坏行动，与此同时，反抗军失去了空军司令胡安·戈麦斯，以及三架飞机，包括一架 C–54、一架 C–47，还有一架双引擎比奇飞机。阿图罗·克鲁兹退出了 UNO，UNO 看起来仍然像卡莱罗和他的朋友们的创造物。尼加拉瓜政府动员了 6 万正规军队和民兵队伍。艾略特·艾布拉姆斯许诺反抗军会改变战场局势，但是反抗军仍然被政府军牵制。美国抨击 1984 年尼加拉瓜大选结果是虚假的，但是这次选举之后，桑地诺主义者仍然领导着尼加拉瓜。美国为期五年的准军事行动和 3 亿美元的花费并没有撼动他们在尼加拉瓜的地位，而美国提出打算在 1988 年花费 1.05 亿美元让桑地诺政府下台。

在比尔·凯西的领导下，中情局再度获得了隐蔽行动能力，他对此很满意。然而到最后，伊朗—反抗军事件引发的诸多问题，反倒使国会对中情局的监管更加严格了。理查德·西科德曾经希望能掌控中情局的行动，然而他在国会联合委员会面前第一次露面时，却被迫承认旧的休斯—莱恩修正案适用于中情局。没想到凯西的所作所为反而重新束缚了中情局，真是十分讽刺。

白宫直接参与隐蔽行动最坏的影响是，它破坏了总统处理边缘性问题所需要的政治威信，总统的威望必须建立在处理国际关系时严格守法的基础上。“民主”行动不但把形势搞得复杂无比，而且还试图回避美国的法律。从许多方面来看，美国政府当初就不应该选择这个政策。

德怀特·艾森豪威尔为了避免选择立场，曾拒绝和达赖喇嘛见面，而里根总统援助反抗军的行为与艾森豪威尔相比相差甚远。即便如此，这场新的准军事行动产生的结果与以往并没有什么不同。

第二十章　总统、政策以及准军事选择

由于在尼加拉瓜港口布雷而引发的白宫和国会之间的争议最终以和解告终，此次和解确定了总统调查令的内容和实施调查的条件，而总统调查令势必在未来的数年中接受考验，因为里根政府坚持将隐蔽行动作为一种外交政策工具，而且里根政府的意识形态倾向也决定了在此后的几年中隐蔽行动将会大行其道。

1986 年年初，美国国内要求恢复对反抗军的军事援助的呼声日益强烈，还有人要求对柬埔寨叛军和安哥拉 UNITA（安哥拉民族独立运动全国联盟）实施类似的准军事援助。据这些人称，此次我们将要支持反共的柬埔寨人，而这些人将会与越南傀儡政权做斗争。在“特色”行动结束之后的 10 年里，若纳斯·萨文比一直维持着 UNITA 和南非情报机关的密切关系，而在安哥拉重新实施准军事行动会遇到相同的政治问题，对此，约翰·斯托克维尔在他记述 1975 年的惨败时有犀利的见解。

中情局中两位行动主义的卓越人物分别是恩格罗·寇迪维拉博士和罗伊·戈德森博士，前者是参议院议员，后者是乔治城大学的一位政治学教授。他们敏锐的洞察力在 1985 年的一篇文章里得以充分体现。文章中这样说道：“对东欧那些受到共产党‘压迫的受害者’和他们的家人在物质方面施以援手，既不是多余的，也没有超出我们的能力。我们可以建造能够提供物质援助的秘密网络。从长远来看，利用那些为自己的权利奋斗的人建立起‘安全网络’，并瞅准时机颠覆苏联最顺从的奴仆，有助于中立东欧各国的立场。”

恩格罗·寇迪维拉博士和罗伊·戈德森博士在否定上述秘密援助能助长反苏运动的苗头的同时，明确指出秘密援助应该成为国家政策的一部分，需要囊括政治、经济以及军事预防措施。这个观点引起了强烈反响，许多人呼吁要“推回铁幕”，并继续在“禁区”采取行动。如果弗兰克·威斯纳还健在的话，他可能会同意这个观点。

前情报官员们几乎都支持实施隐蔽行动，而且大都依赖隐蔽行动，如威廉·E.科尔比以及雷·克莱因，近期在尼加拉瓜实施的隐蔽行动就是一个绝好的例子。已退休的中情局官员，如B.休·托瓦和西奥多·夏克立已经提出了隐蔽行动理论，这就为秘密战提供了理论基础。夏克立认为隐蔽行动是在无所作为和两国交战这两个极端之间的“第三种选择”。

隐蔽行动的愿景是基于希冀和愿望，其理论已经上升到战略高度，其中包含各种措施以及取得成功的先决条件。但是，无论是将隐蔽行动看作是一种愿景抑或是理论，人们似乎还没有去细致地评估隐蔽行动在美国对外政策中纯粹的效果。有人认为，这些技术有时候的确有用，因此应当无条件永久保留。

邦迪在回忆尼加拉瓜港口布雷事件时写道：“在过去25年里，隐蔽的军事行动和准军事行动的悲惨结果都有十分明确的历史记载。”邦迪是肯尼迪总统和约翰逊总统的国家安全顾问，他的这句总结可不是胡乱编造，无的放矢。

事实上，隐蔽行动也不无成功之处，其中非常成功的案例包括朝鲜战争中的党派计划、在南越建立的民间防卫队（CIDG）以及在印度支那为扶植老挝的苗族人所做的努力。这些行动在动员准军事力量方面可圈可点，这也是行动能够成功的必要条件；但从战略角度来说，这些行动都不够果断，不论是在朝鲜还是在越南，敌军的力量并没有因为美国的准军事同盟国的存在而受到重创。在这两个案例中，隐蔽行动都是战争时期的产物，而战争时期准军事行动是可以充分利用各种资源的，包括军方的特种部队。

人们常常提及中情局实施隐蔽行动的成功案例，如伊朗的“阿贾克斯”行动和危地马拉的“成功”行动，但是这些成功只具有短期效果。在伊朗的行动随后为反美主义埋下了种子；在危地马拉，阿本斯政权的瓦解使得整个国家民主尽失，而隐蔽行动最初的目的就是给这个国家带来民主。隐蔽行动的成功也没有在实质上影响冷战的格局，相反，令人恼火的是，隐蔽行动的失败却诱发了各种变化，也就是说，迫使这些国家投入苏联的怀抱。

古巴就是一个隐蔽行动失败的典型案例：艾森豪威尔和肯尼迪策划的仇杀激怒了菲德尔·卡斯特罗，迫使古巴投靠苏联，使美国的老朋友变成了美国的敌人。而且，隐蔽行动的失败导致苏联在古巴安放核武器发射装置，将美国直接置于苏联的核威胁之下，甚至一度使美苏两国濒临爆发核战争的边缘。更甚的是，古巴和美国之间的敌意愈演愈烈，引发了一轮又一轮的代理人战争，以及两国之间的直接冲突，甚至波及安哥拉、格林纳达、尼加拉瓜等国。

针对“禁区”的行动也全盘失败，早已被人遗忘。若是这些行动成功了，苏联面对的就不会是准军事部队的冲突。如果我们采用了恩格罗·寇迪维拉博士和罗伊·戈德森博士提出的战术，那么我们如今也会面临与苏联同样的下场。

中华人民共和国是“禁区”之一，美国在这里展开的各种行动反作用于我们本身，并造成了严重的后果。针对马步芳和李弥的援助行动足以将美国和蒋介石以及腐败的国民党绑在一起。美国在西藏的行动更是没有什么好下场，从严格意义上来说，这个行动给西藏带来的是破坏性的后果。

印度尼西亚并非“禁区”，但在此实施的隐蔽行动有着和“禁区”类似的结局。苏加诺将美国的威胁作为挡箭牌，清除了残余的反对派。这场惨败之所以没有被人诟病，仅仅是因为10年后的一场军事政变将印尼带回到美国轨道。正如在中国西藏的行动一般，在阿富汗实施的各种行动，具有在冷战中搅局的各种特点，仅具有一些政治上的意义。

除了在刚果之外，中情局实施的大多数准军事行动的结果几乎都是纯粹的失败。这些失败包括阿尔巴尼亚、安哥拉和库尔德人以及“禁区”。在智利，第二策略失败之后，对智利施加的经济压力和政治行动导致阿连德政府倒台，所取得的胜利可与第二策略的失败相抵消。智利的例子表明，操纵对外援助和国际资本的流动是可行的，而且，准军事行动能力并不意味着必须得使用准军事技术。

在尼加拉瓜，上述问题还存有争议。但是对于美国资助的反桑地诺主义者来说，前景仍然不容乐观。“人道主义”援助再一次给军事援助让路，但即使是在情况最有利的1983年和1984年年初，反抗军仍然无法在尼加拉瓜境内获得一席之地。尼加拉瓜反抗军成立了统一的前线指挥部，但很快又四分五裂。与此同时，米斯基托人和ARDE也分道扬镳。UNO/FDN和臭名昭著的索摩查国民警卫队建立的联系也使其深陷侵犯人权的丑闻。在洪都拉斯大本营的军队几乎是反抗军全部的军事力量。而东道国洪都拉斯，或者可以称之为反抗军的避难所，在尼加拉瓜反抗军出现后，就已经显现出动荡不安的迹象。尼加拉瓜政府军则提高了自身的能力，完善了战术。目前没有证据表明再投入1亿美金，甚至更多的资金进行准军事行动会使目前的状况有所改善。

中情局的各种行动足以给游击队行动提供前车之鉴。美国作为超级大国，总是按照自己的喜好行事。但在难以驾驭的当地少数民族和超级大国之间罕有真正的共同利益。当地少数民族若是接受了美国的准军事援助，那么就会将自身陷于极大的危险之中，因为这些援助可能在日后的紧要关头消失得无影无踪。富有经验的游击队则会避免参与美国主导的这场游戏，从而防止中情局把控全局，进而破坏准军事行动的目标。

每当准军事行动计划失败，美国的利益总会受到重创。有记录显示，美国的准军事行动失败居多，鲜有成功，且在战争时期展开的行动最为成功。也就是说，是战争使得各项准军事技术得以发展和流行。

英国军事历史学家迈克尔·霍华德（Michael Hovvard）在1977年于牛津大学发表的一次演讲抓住了战争发展过程的本质。霍华德说："第二次世界大战中的交战国不仅制造出大规模杀伤性武器，并且形成了系统的战略、颠覆和心理战，这些一直保留至今，并且成为惯例。在战后形成的意识形态对抗中，令人尊敬的、能力超群的人们致力于服务国家，他们以国家利益的名义，借助的是非正当的手段，他们为自己辩护的理由是敌人也是如此。"

美国在组建了专门对抗苏联的秘密部队后，很快放弃了"禁区"，将重点转移到第三世界国家。美国针对苏联的隐蔽行动在NSC-4/A号和NSC-10/2号文件中有详尽的表述。中情局用了将近6年时间，直到1954年，才具备了在全世界实施准军事行动的能力。一旦准军事力量建立起来，中情局便放弃了针对苏联的行动，尤其是在邦迪所言的"现代"，即1960年到1985年这20多年期间。

准军事行动对美国和第三世界的关系产生的大多是负面影响。积极的影响主要表现在美国长期援助伊朗、危地马拉和智利，这使中情局原先预计的资助数额相形见绌。无数次失败的准军事行动则毫无用处。甚至有人认为，美国的准军事行动促进了“不结盟”运动的产生，促进了中立主义的发展，而这是以冷战战略为代价。这似乎支持了邦迪对隐蔽行动的评价。

准军事行动存在许多不足之处。这些不足与生俱来，在某种程度上，这些不足也存在于政治行动和心理战之中。

中情局已经成为“第三种力量”政治运动的坚实后盾。“第三种力量”运动是非共产主义的，确切地说，是反共产主义的，但却并非是法西斯主义的运动。实际上，“第三种力量”大多在政治上是温和的，在许多欧洲国家被称为基督教民主党。在第三世界国家中，“第三种力量”运动却和拉丁美洲的寡头政治相关，或者与非洲和亚洲的某些部落相关。利用少数民族并不能成功，甚至只会导致未来的动荡，从而给美国增加更多负担。

当没有“第三种力量”的时候，美国的政治行动则会制造出一支“第三种力量”。这种人为建立的“第三种力量”几乎得不到大众的支持，而且在当地会被认为是美国的代理人，例如在老挝建立的国家利益防御委员会（CDNI）、在阿尔巴尼亚建立的自由阿尔巴尼亚委员会、在安哥拉支持的霍尔顿·罗伯托建立的安哥拉民族解放阵线（FNLA）、在扎伊尔支持的约瑟夫·蒙博托。有人指出，利用“第三种力量”的策略能唤起更多民众的响应，但人为的运动并没有什么实质性的作用，也相对更加脆弱。

在有组织的政治活动存在的地区，美国的选择往往受到限制。在印尼，艾伦·杜勒斯在位时，中情局选择与分裂主义者的军官以及不满现状的人结盟。在尼加拉瓜，中情局更青睐 FDN 中的前国民警卫队队员，而不是曾经支持桑地诺主义的 ARDE。事实证明，美国的选择通常是错误的。中情局更倾向于所谓的军事专长而非政治信誉，无数事实表明，中情局选择的具有军事专长的盟友通常会临阵脱逃。

与当地代理人合作的问题之一是当地盟友的行动通常会让美国承担政治责任。印尼陆军上校以及他们走私毒品的事件仍历历在目，中国国民党军官李弥和老挝的苗族指挥官王宝也进行毒品走私。在尼加拉瓜，反抗军和桑地诺主义者都面临走私毒品的指控。在中国西藏、阿富汗和印尼战争中，中情局提供的援助早在运输途中就被自己盟友瓜分。这些问题降低了隐蔽行动的效率，但是在有当地盟友的情况下，这些问题是无法避免的。

在动员当地少数民族的过程中还存在另外一个问题，如在印度支那的反叛乱行动中，美国动员了南越的山地居民和老挝的苗族人。通常，这些少数民族对美国的忠诚来源于“建立国家”，这是一系列广泛的措施，目的是在冲突中给予某个民族提供支持。在支持某个少数民族“建立国家”的过程中，有一个内在的矛盾是，必须要面对这个民族国家已经存在的主权，而这种主权正是中情局的隐蔽行动支持的目标。这两者之间的竞争通常只有一种结局，南越对山地居民自治权的打压以及将“麦克军团”并入南越军队充分体现了这种结局，伊朗国王沙阿对库尔德人的背叛也表现出类似的结局。诸如此类的由当地政府与美国结盟而发起的运动与苏联对乌克兰、爱沙尼亚、拉脱维亚和立陶宛的少数民族的压迫并没有什么区别。

准军事行动往往存在各种操作上的困难。中情局自身或其他盟友的雇佣兵发起的突袭可能会干扰早已计划好的行动方案，正如肯尼迪政府时期，反卡斯特罗的古巴流亡分子造成的失控局面。还有一些中情局人员不听指挥，擅自行动。中情局是一个纪律严明的组织，即便是这样，中情局的影响力也是有限度的，中情局人员不止一次将中情局置于孤立无援的境地。仅据我们所知，中情局在针对中国、危地马拉、古巴、安哥拉以及老挝的军事行动中都严重违反了美国人不允许直接参与行动这条纪律。在危地马拉的行动中，一位中情局人员听从了当地同盟国的指挥，轰炸了一艘中立国的货船；在老挝，一个中情局人员受到富米·诺萨万的指派，几乎单方面改写了美国的政策；在尼加拉瓜，一位中情局签约人员捏造了一本游击战指南，打破了原来的禁止暗杀的规定。难怪中情局的准军事人员一直在担心那些在作战中不守规矩的“牛仔”。

与上述十分类似的还有这么一类中情局人员，他们竟然接受了中情局试图动员的那些少数民族的价值观和目标。鉴于中情局和当地少数民族的目标罕有共性，可以肯定的是，这些人员也会违反命令。中情局和特种部队对此类人员与中国的藏民、南越的山地居民、老挝的苗族人和古巴人的关系基本上也束手无策。

情报泄露屡次导致了隐蔽行动的失败，然而这样的结局也无法避免。敌人利用间谍技术盗取情报是最阴险的，因为隐蔽行动的执行者和策划者可能也不知道这些间谍技术。苏联间谍金·菲尔比渗透到阿尔巴尼亚行动中，以及苏联间谍成功地渗透到美国针对苏联和波兰的隐蔽行动中，这在很大程度上导致了那些行动的失败。

将情报泄露给媒体是比较常见的问题，一旦中情局知悉情况，肯定会采取应对措施。任何一个大规模准军事行动，往往牵扯到中情局在不同国家的情报人员、军事人员、各种设备、成百上千的当地盟友，因此信息泄露是不可避免的。在印尼、中国的西藏、古巴、越南、老挝、智利、安哥拉和尼加拉瓜的军事行动中都发生了此类信息泄露事件。在有些情况下，隐蔽行动方案会由于情报泄露而取消，但在多数情况下，秘密战士们不得不硬着头皮上阵。一个典型的例子就是猪湾事件，大量信息泄露和入侵造成的恐慌给了卡斯特罗足够的机会，使他可以从容地动员自己的军队严阵以待，对抗中情局武装起来的流亡分子。

即使没有发生任何情报泄露，隐蔽行动最终得以成功执行，但对于受害者来说，这些隐蔽行动却不是什么秘密。由于国际关系格局的变化，现在再回顾当时那些成功的准军事行动，就会发现它们其实非常令人尴尬，针对中国西藏的行动就是一个恰当的例子。当时，美国将中华人民共和国视为敌人，但是在尼克松政府期间，中国与美国建立起友好外交关系，希望以此抗衡苏联。美国发动的针对中国的隐蔽行动即便是“成功”的，但伴随着外交关系的变化，这些行动突然之间就成了中美两国友好关系的障碍。

中情局的存在是为总统服务，如果没有总统的指令，中情局的任何准军事行动都无从进行。哈里·杜鲁门总统之后的几位总统或多或少都会策划至少一次准军事行动。至于总统如何管理中情局，此书中我们已经做过详尽的探讨。

杜鲁门总统关心的是如何创造隐蔽行动能力并利用这种能力来实施行动，他将管理中情局的任务委派给了10/2小组和10/5小组。艾森豪威尔总统则凭借自己丰富的管理经验，通过5412小组制订详细的协调和评估方案，使情报机构的管理更加正规化。在艾森豪威尔执政的八年期间，他发现5412小组并不能完全按照他的意愿行事，就这一点而言，他卸任时仍心存不满。

肯尼迪总统并不喜欢现行的管理规定，于是迅速将其废除。但在猪湾的惨败很快证实了他的错误，接踵而来的是特殊小组的重建。约翰逊总统上任后，除了改变这个小组的名称之外，其余全部沿用旧制。

尼克松在位时也没有改动旧制，只是改称其为40委员会，并增加了新的监督机构。但这个监督机构只能监督一些不太重要的隐蔽行动，至于那些比较敏感的隐蔽行动的策划和执行，大多是由白宫和安全委员会与相关机构直接沟通决定，例如针对智利的第二策略就是通过这一途径制定的。这样不仅减弱了监管系统对行动实施情况的监管力度，也剥夺了总统接受知情官员提出意见和建议的权利。

在福特总统和卡特总统执政期间，这样的状况有所改善，但在里根总统任期，对隐蔽行动的监管却日益恶化。由于总统亲自主持NSPG会议，这就使政府已经批准的隐蔽行动无法遭到否决。里根政府将准军事行动当作谋求政治利益的外交手段之一，这样一来，隐蔽行动的“隐蔽性”便不复存在。在一次行动中，里根政府无法利用中情局，于是干脆直接通过国家安全委员会实施该行动。里根总统的公开声明确定无误地表明了美国政府在秘密战中的立场。一些行政监督部门，如总统外国情报顾问委员会(PFIAB)及国会的情报监督委员会，都支持隐蔽行动的开展，这与里根总统不谋而合。因此，里根政府的姿态并不利于对隐蔽行动进行密切审核和监督。

不太合法的准军事行动由一个特殊小组批准以及监督，但是这个小组本身就有局限性：这个小组的组成方式决定了在审核隐蔽行动计划时，它无法采取主动，也无法密切关注每一个计划。此外，中情局还有一种倾向，即一旦计划得到初步认可，中情局就会去尽力落实。目前对于隐蔽行动的后续审查只是每年一次（根据最近达成的协定，国会情报监督委员会获得了对隐蔽行动进行评估的权力），这一切都来得太匆忙。

虽然白宫对隐蔽行动拥有至高无上的“权威”，但事实是，隐蔽行动从来没有处在总统的完全掌控之下，因为这种至高无上的“权威”实际上并不存在。总统发动隐蔽行动的权威的法律基础源自《1947 年国家安全法》中一个模棱两可的表述——“其他职能”。但是在某些情况下，正如中情局法律总顾问所言，许多准军事行动并不在《1947 年国家安全法》规定的范围之内。当然，总统可以利用他身为武装力量统帅的权威去管理中情局，但问题是，中情局并非“武装力量”，即便中情局是武装力量，总统也必须服从 1973 年制定的《战争权力法》。如果中情局被视为一种非正规的武装力量，根据《美利坚合众国宪法》（第 8 节第 1 条）的规定，开具捕拿特许证的权力在国会，而非总统，这就相当于 18 世纪时授予的非官方战斗身份。

如果宪章详细规定了情报机构可以执行的任务和执行任务的方法，那么其合法性的问题就不复存在，但对宪章进行修正的提议被卡特政府在 1978 年和 1980 年两次否决，而且，即便是在政治主张上存在很大分歧的艾森豪威尔总统和约翰逊总统，也一致否决了对情报机构的改革。用行政命令来监管情报机构的机制实际上就是为了避免修改宪章。

里根总统任命威廉·凯西为中情局局长，目的之一就是转移国会对情报机构改革的注意力。

国会情报监督委员会的影响力非常有限。如果没有情报章程，行政部门随意地曲解现存的法律框架，因而国会情报监督委员会不得不追赶中情局的步伐。这便是行政部门和国会关于总统调查令的矛盾，从而导致国会要求中情局“完整并及时地”汇报。

还有一个问题是，准军事行动效率低下，且对美国国家安全毫无贡献。“伊朗门”事件的揭露令原本就进退两难的境地更加尴尬，这将国家安全委员会也牵扯到准军事行动中。所以，国会两党最好在下一次准军事行动实施前就给予其充分的重视，以防患于未然。猪湾事件早晚会重演，但宪法的问题不可能在一夜之间得到解决。

《战争权力法》并不能够有效地约束隐蔽行动，这加剧了这种进退两难的局面。《战争权力法》在起草时就将中情局排除在外，理由是在综合宪章的立法中将会涉及与中情局相关的内容，但目前还未见到该法案的影子。更甚的是，根据《战争权力法》，美国国会两院可以不经总统签署而终止未经授权的战争，但是如今，高等法院却裁决此为非法。因此，法律尚需进一步完善。

如果要厘清准军事行动的合法性问题，就必须终止中情局在准军事行动中的角色，转而将准军事行动纳入军方特种部队的职权范围内。这样做的话，一方面可以为战争时期保存准军事行动的实力，因为从历史经验来看，在战争中实施的准军事行动最有效；另外一方面可以减少为了冷战战略而利用准军事行动技术针对第三世界的倾向。此外，这样做还可提升中情局的形象，使其能够更加专注于本职工作。无论情报章程是否有变，秘密战士们总归需要服从严格的军事纪律及规定。

如今，普通公民和总统班子成员的动作同样需要我们的关注。理查德·西科德的公司的活动，以及埃德温·威尔森的活动，深刻地展示了缺少管理和限制的隐蔽行动带来的惨痛代价，因而需要禁止或严格控制私人参与的隐蔽行动。国家安全委员会成员直接参与隐蔽行动也是一个令人棘手的问题。鉴于国家安全委员会有时也会进行一些秘密外交任务，并具有合法性，因而这便牵扯到对“行动”的定义。国家安全委员会没有实施准军事行动的资源或组织条件，因此，在进行隐蔽行动之前，制定相关的规范非常必要。与此同时，国家安全委员会处在政府的关键位置，可能会让目无法纪的“牛仔”及其背后的官僚队伍有机可乘。奥利弗·诺斯的例子表明，这个国家授予的五星上将军衔太多了。尽管困难重重，这些问题仍然有解可循。

中情局并非是一头“恶象”，而是一位“皇帝”，这是目前隐蔽行动框架中存在的真正危险。在“水门事件”的丑闻中，美国人已经对“流氓总统”有了深刻的体会。在我们所处的时代，隐蔽行动技术的滥用可能会导致任何后果，甚至是核战争。因此，给予总统过多的行动自由是不合理的，行政部门在限制总统权力方面所做的努力仍在继续。尼加拉瓜卡贝萨斯港的民众们也了解到了准军事行动的真正危险之处：猪湾事件发生 25 年之后，他们也遭到了中情局武装起来的人员的袭击。

第二十一章　秘密战争的重奏

在我进行前面 20 章的写作期间，总统更替，战争的帷幕拉开又降下，过去的行动得以解决或是完结，也曾有不少失败或进展，但是在世界历史的长河中，这些事件都不是这个时代的终结。相比之完全改写这份内容翔实的手稿，我选择将本书的时间线延伸至 20 世纪 90 年代中期。彼时，美国正在重新评估情报机构的地位和活动，为中情局进入后冷战时代设定行动方针，这个方针将会成为美国外交政策的一个重要组成部分。这就需要进行周全的考虑，而非草率的政策审查，这就使我们有必要重新审视美国隐蔽行动及其引发的问题。

面对后冷战时代，华盛顿对于重新整合其情报组织具有浓厚的兴趣。1991 年苏联解体之后，俄罗斯已经不再像以往那样对美国构成威胁，东欧也不再是俄罗斯的后花园，东欧国家争先恐后地加入了曾经与他们为敌的北大西洋公约组织。柏林墙的倒塌，德国的重新统一，是欧洲主要的经济动力之一。世界变化如此之大，许多乐观的分析家认为这一段历史已经终结。

在范式不断变化的情况下，这种观点显然是不成熟的。在撰写此文时，我还是无法断言哪些国家、哪些问题会对 21 世纪的美国造成困扰。美国肯定会面临一系列问题，有些问题已经初现端倪。首先，参与者正在发生变化，而且将会与以往大不相同。其次，情报活动的重心已经转移，这对传统的准军事行动具有特殊意义。再次，美国情报界正在发生深刻而全面的变化。同时，准军事行动存在的问题仍然会对美国外交政策目标构成威胁。

在世界舞台上，苏联已经成为昨日烟云，但其消亡的方式暗示了一种发展趋势，因为并不是只有苏联一个国家存在民族问题。格鲁吉亚、阿塞拜疆以及前南斯拉夫的种族冲突都表明，其继任政府仍然面临着相同的问题。类似的种族冲突也在非洲和南亚地区时有发生，在某种程度上，长期存在的阿以冲突也可以看作是种族冲突之一。尽管许多问题得到迅速解决，但更多的问题持续出现。更糟糕的是，许多解决问题的方法只是暂时压制了问题的爆发，并没有从根本上将其解决。在殖民时期划分的国界，或者超级大国出于政治考量而设置的国界，就是民族和种族冲突存续的根源。由于部落、种族或宗教统一和复兴具有明显的政治效能，因此，难免会有雄心勃勃的领导人试图利用这些潜在的冲突。

经济纽带也造成了世界的分裂。在国际层面，第一世界和第三世界之间的经济差异仍然存在。在全球自由贸易的大环境下，大型跨国公司能够充分利用贸易中的国别差异，国际分工的传统优势将会减少，甚至消失。在国家内部，经济问题的尖锐化也加剧了其他分裂趋势。人们转向那些可以让他们变得强大，或者能够为他们提供认同感的群体或运动，无论它们是日本邪教、利比里亚帮派、哥伦比亚毒枭、卢旺达部落，还是宗教激进主义运动。对全球环境恶化的担忧将会进一步加剧国内问题和国际问题。

除了这些不断变化的趋势之外，对国际安全局势的担忧仍然存在。中华人民共和国目前虽然不会对美国构成安全威胁，但是其追求的目标和采取的方法与美国大不相同，这些也会成为中美双边关系中冲突的根源。随着有关各方（国家和派别）的数目增加，核武器和化学武器等大规模杀伤性武器的扩散问题也不容忽视。虽然恐怖组织的数量似乎没有增加，但恐怖主义造成的危害在增多，而滋生恐怖主义的源头在全球范围内来看似乎是地方性的。传统的安全问题如今已然与新的忧虑交织在一起。

所有这些都让我们格外关注情报和安全。从冷战时期开始，美国的利益一直与地区性和全球性的稳定局势息息相关。乔治·布什和威廉·J. 克林顿总统就职以来，都对第三世界采取了类似于前任的外交政策，主要的区别是美国的国外资源正在萎缩。克林顿政府时期，美国外交政策的重心从捐钱转移到支持各种活动，但是这只能产生短期影响，实际结果将是美国不太能够维持地区性稳定，而这造成的结果是，当地国家对外来干预、人道主义以及其他方面提出了更多要求。迄今为止，美国已经在波斯湾发动了一次重大战争（1990—1991 年），在巴拿马发动了一场小型战争（1989 年），在巴尔干（1993—1996 年）和海地（1994 年）进行了所谓的调停干预，在索马里（1992—1993 年）和卢旺达（1994 年）进行了人道主义干预。这些行动无疑都涉及重大的隐蔽行动。现有证据表明，美国的决策者们并不是不愿意考虑干预或强制外交。

越战带来的一个重要的政治变化是，所有干预形式都颇具争议，特别是美国民众一直对在干预行动中美国人员的持续伤亡持怀疑态度。美国人在行动进行时仍然支持他们的总统，但是他们的耐心会随着大量人员的伤亡而消失殆尽。例如，在索马里首都摩加迪沙发生激战之后，公众对这类问题的关注导致美国迅速终止了在索马里的活动。如今，美国官员在谈论可能发生的区域性突袭之时，通常会用同样的口气谈到“撤退战略”。随着争论的时间延长，民众对于干预的支持在行动实施之前就会逐渐消失，围绕着是否给波斯尼亚派遣一支大型维和部队（1994—1996 年）而进行的争论就是一个典型的例子。民众对于公开干预的忍耐正在消失，而采取军事行动的政治代价正在上升。在这个技术高度发展的时代，军事行动的花费越来越高，民众会越来越反对进行军事干预。

总体来说，目前的国际体系中有许多参与者，不仅包括国家，还包括各种团体或组织。目前的国际体系面临一系列复杂的安全问题，美国仍然需要在国外采取行动，但是通过提供援助而解决区域性问题的资源正在减少，而进行公开军事干预的阻碍正在增加。因此，目前的局势表明，在后冷战时代，对新的隐蔽行动（包括准军事行动）的需求会增加。

目前的形势或许有利于隐蔽行动，但不幸的是，隐蔽行动仍然受制于其内在的缺陷，这些缺陷10年前就存在，现在依然存在，而时间只是一次又一次验证了这些缺陷的存在。

自从比尔·凯西走进兰利的大厅之后，中情局已经有过四位局长，以及几位代理局长。所有这些人都参与过隐蔽行动，包括威廉·H.韦伯斯特、罗伯特·M.盖茨、R.詹姆斯·伍尔西和约翰·M.多伊奇。在公开干预行不通的情况下，没有人能拒绝隐蔽行动的诱惑。当行动目标是对难缠的宗教或意识形态团体施加影响时，尝试隐蔽的政治行动似乎更具吸引力。现在，隐蔽行动仍然是诱人的。在这里提出一种可能性：当克林顿政府因为没有全力帮助波斯尼亚穆斯林和萨拉热窝公民以及波斯尼亚其他城镇的人而遭受谴责，在这种微妙的局势下，给这些穆斯林秘密地提供武器，或对他们进行军事指导，这看起来似乎是一个廉价且相对容易的办法。事实上，在那段时间里，有新闻报道称未带任何标记的飞机降落在穆斯林的土地上。这些报道从未明确地牵扯上中情局，但波斯尼亚政府有充分的理由转向国际军火市场去规避当时实施的禁运。无论这是否与中情局有关，在这次武器输送中采取的方式与中情局此前采取的方式非常类似。其他参与的美国人都是退伍军人，都服务于一家咨询公司，他们在表面上与中情局没有任何联系，但确实为从南斯拉夫分裂出来的国家克罗地亚的武装部队提供过培训和咨询。华盛顿没有采取任何措施制止这些活动，就像对奥利弗·诺斯的“民主”行动的态度一样。

罗伯特·盖茨在他的听证会上为中情局局长做证时指出，如果不是因为在阿富汗采取的行动，他可能会对隐蔽行动的效力产生严重的怀疑。这是一条很好的线索，因为它直指问题的核心。在老挝行动之后，阿富汗行动成为中情局历史上最大的准军事行动，而且取得了明显的成功。到 1988 年，苏联军队在阿富汗陷入僵局，苏联陆军虽然可以直驱目的地，但是却没什么用。在联合国的调停谈判中，苏联同意撤军。1989 年 2 月 15 日上午 11 时 55 分，鲍里斯·格罗莫夫将军撤退到苏联境内，成为最后一名离开阿富汗的苏联军人。

但是阿富汗战争仍在继续，纳吉布拉的共产主义政权仍在战斗，中情局的准军事项目和俄罗斯的援助到 1992 年才结束。前政权的一位将军组建的联合政府只存在了一年，各个部落再次开始战斗，不但为政治权力战斗，而且为宗教激进主义而战，战争持续至今。在喀布尔发生了四次大型战役，其中三次发生在苏联解体之后。根据在伊斯兰堡达成的协议，阿富汗将于 1993 年举行大选，但这次大选没有如期进行。最新数据显示，阿富汗大约 1/5 的人口沦为难民，其经济崩溃，公共卫生状况低下，总之，阿富汗局势混乱不堪。以前曾有人声明，美国的干预是在支持阿富汗的民主建设，而事实却是一个极大的嘲讽。在俄罗斯撤军之后，美国减少了对阿富汗的援助，最终终止了所有援助，这无不表明，在冷战的棋子失去作用之后，美国就会将其丢弃。在临别前，美国还给阿富汗人留下了一笔慷慨的礼物——给各个派别留下了大批武器。对此，中情局官员的理由是，美国人有义务动员阿富汗部族去对抗俄罗斯人。但是，事与愿违的是，这批武器反倒加剧了阿富汗的内战。

有人认为，正是由于阿富汗战争才导致了苏联的垮台，这个观点有些偏颇。阿富汗战争在俄罗斯越来越不受欢迎，失败伤亡惨重，军费越来越高，除了战争的拖累之外，浪费、低效、对文化不满等都造成了各种问题，而且与阿富汗战争的拖累相比，其他问题更加严重。

美国在阿富汗的隐蔽行动也付出了惨重代价。中情局相关部门曾经担心，他们给阿富汗提供的毒刺导弹可能会出现在世界武器市场，事实证明他们的担心没有错。早在 1988 年，驻波斯湾的美国海军在检查属于伊朗革命卫队的一艘摩托艇时，就发现了一个空的毒刺发射器和电池。在中情局对阿富汗采取隐蔽行动期间，中情局向阿富汗游击队提供了大约 1000 枚毒刺导弹，据说阿富汗游击队只发射了其中的 340 枚。当然在训练中会使用一些导弹，还有部分导弹存在缺陷，但据估计，直到 1994 年春季，游击队手中仍然控制着至少 400 枚导弹。事实上，毒刺导弹已经成为阿富汗军阀在国庆日的阅兵中炫耀的资本，成了军阀们威望的象征。美国曾呼吁阿富汗游击队退还这些未经使用的导弹，但是却无功而返。有报告显示，中情局在 1994 年启动了一项新的耗资 6500 万美元的隐蔽行动，用以购回援助给阿富汗游击队的这些毒刺导弹。其实，早在这之前，美国就已经实施了类似的回购方案。美国对毒刺导弹的回购还刺激了其价格上涨、欺诈和进一步腐败。当年每枚导弹花费 3.5 万美元军费，现在则以每枚 5 万甚至 10 万美元的价格收购，尽管如此，能够成功回收的导弹并不多。在准军事行动中这种武器曾经产生过积极影响，但是现在它却成为因关乎安全和恐怖主义而令人头疼的问题。

一些曾经在阿富汗参战的游击队员已经离开这个国家，去寻求新的战争，而其他从远处而来的，钦佩阿富汗抵抗运动的人却来到这里，学习阿富汗游击队的战斗技巧。有报告称阿富汗人训练了来自40多个国家的好战分子，包括埃及、苏丹、阿尔及利亚。阿尔及利亚的好战分子还声称对从1995年年初开始在法国发生的一系列破坏性的爆炸事件负责。美国自己也遭到了恐怖主义的袭击。1993年1月，一名枪手向在早高峰时段等红灯的中情局员工开火。一个月之后，纽约世贸中心遭到恐怖主义爆炸袭击，6名美国人死亡，1000多人受伤。部分在“9·11”恐怖袭击案中被定罪的人就是阿富汗战争的退伍军人。还有一些人参加了在波斯尼亚、塔吉克斯坦以及苏联时期的阿塞拜疆的战斗。

准军事技能一经传授，便可以针对任何目标。阿富汗行动开始时，中情局行动处中东司负责人查尔斯·G.科根称技术问题的扩散是一个意想不到的后果。然而，回顾历史，我们以前显然也有过这样的经历，即在猪湾事件中与中情局共事的古巴流亡分子。古巴流亡战士们后来在刚果、玻利维亚、越南、多米尼加共和国、萨尔瓦多、尼加拉瓜等这些彼此相距甚远的地方所进行的或成功或失败的行动甚至政治丑闻中都出现过。这些准军事专家曾经与美国同一阵营战斗过，这使得我们对这个问题的本质视而不见。

阿富汗行动强调了本书最初的结论——成功的隐蔽行动只会产生短期利益。我们在阿富汗行动中的主要盟国之一是巴基斯坦，巴国现在比以前局势更加混乱，其中一个原因就是由于国家的权力掌握在秘密情报机构手中，而秘密情报机构是中情局的武器输送渠道中最重要的受益者。恐怖分子掌握了美国的精密技术，这无疑会带来潜在的不利影响，中情局训练的秘密战士们现在也威胁着美国的安全和利益。从长远来看，美国绝对不是阿富汗隐蔽行动的赢家。

里根政府实施的另外两项大型准军事行动的结果更加令人尴尬。在尼加拉瓜，桑地诺主义者同意在1988年签订停火协议，并于1990年2月在国际监管下进行选举。尽管在“民主”行动失败之后，中情局仍然提供了准军事援助，反抗军也一直战斗到签署停火协议，但是反抗军却从未克服人权问题。反抗军也的确发动了积极的攻势，但是在面对日益强大的桑地诺军队时，反抗军从未取得过决定性胜利。多年的拉锯让对抗双方疲惫不堪，桑地诺主义者认为他们失去了民众的支持，苏联的援助也在不断减少。在1990年的选举中，反对派领导人之一的维奥莱塔·查莫罗领导的联合政府上台。布什政府在选举中资助了反桑地诺联盟，然后似乎对尼加拉瓜也失去了兴趣。

与此同时，在安哥拉，美国和南非对若纳斯·萨文比部队的援助使安哥拉内战能够持续进行。古巴于1991年夏季撤出了对多斯·桑托斯领导的MPLA的援助，苏联的援助也在减少。萨文比和多斯·桑托斯于1991年5月达成结束敌对状态的协议，并于1992年9月举行了选举。尽管多斯·桑托斯获得的选票超过了萨文比，但双方都没有获得多数席位。经过几个月的政治停战之后，萨文比于1993年再次拿起了武器。这一次，没有了中情局的援助，加之冲突旷日持久造成的疲惫，萨文比的军队损失惨重。没有了冷战的竞争对手，中情局的秘密战士们也再次消失得无影无踪。

总之，20世纪80年代美国进行的秘密战的结果表明，当地少数民族接受中情局的准军事援助会带来实质性的危险。超级大国和不受约束的当地少数民族之间根本就不存在利益认同，超级大国的政策使其重点转向其他方面，而曾与中情局结盟的当地准军事领导人只能依靠自己的力量继续战斗。在少数情况下，在有限的程度上，比如在阿富汗，中情局的盟国能够利用美国的援助，但更常见的情况是，被斩断资源的叛乱运动被本国的政治发展所清除或淹没。对于将来打算与美国合作的游击队来说，与美国秘密战士的结盟实际上意味着与虎谋皮。

在布什政府时期，在隐蔽行动中与美国结盟的当地盟友就运气不佳。为了使伊拉克领导人萨达姆·侯赛因下台，美国于1990—1991年在波斯湾进行了一场传统的军事行动。通过中情局和其他途径，布什总统发动了政治和宣传行动，以鼓动伊拉克持不同政见的团体发动起义，反抗伊拉克政府。在战争接近尾声时，持不同政见的团体发动了一场起义，这时，美国军队却站在一边，眼看着伊拉克军队镇压了起义者。中情局1992年在伊拉克的预算是1500万美元，1993年增加到4000万美元。1992年和1994年针对萨达姆的反叛导致部分伊拉克军官被处决。最后，中情局的行动资金削减到不足原来的一半，方案本身也调整为与伊拉克和伊朗两个国家战斗。

巴拿马是布什政府在1989年圣诞节进行的令人震惊的军事入侵的地点，采取军事行动的目的是抓捕巴拿马统治者曼纽尔·诺列加。布什总统早些时候曾公开表示过要推翻诺列加的统治，并号召巴拿马人这样做。具有讽刺意味的是，当一位巴拿马军官莫伊塞·斯吉洛第·维加试图发动政变推翻诺列加，并试图争取美国支持他的行动时，布什政府却拖了他的后腿，斯吉洛第被捕并被处决。随后美国的入侵牺牲了23名美国人和几百名巴拿马人的生命。

就伊拉克和巴拿马而言，华盛顿的某些人主张采取暗杀行动。尽管这种策略曾被禁止，但事实远非如此。特别是在后冷战时代，存在着各种政治派别、毒枭和非国家性团体，暗杀手段将重新浮出水面。

同样令人关注的是美国近来实施的一系列隐蔽行动。重大行动的名单包括伊拉克、巴拿马、伊朗，这与美国外交政策的关注点相同。只有少数国家（如朝鲜）没有出现在清单上，而这可能只是因为相关证据还没有解密。隐蔽行动日益与公开政策相平行，这也意味着隐蔽行动将在新的世界秩序中继续吸引着美国的决策者们。

中情局的秘密战士们与美国军方的非常规战争专家们的相对地位也发生了变化。笔者认为，如果隐蔽行动能力对美国的安全至关重要，那么它最好掌握在五角大楼手中，而不是掌握在中情局手中。在过去的几年中，这已经成为一个被广泛接受的共识。关于冷战后情报机构的重组已有许多建议。1994 年 12 月，前中情局局长罗伯特·盖茨提出不仅要将准军事行动，而且要将所有秘密情报活动（例如间谍活动）都纳入军事任务。事实上，很多军事人员已经被分配到中情局，担任行动处等部门的高级职务。新成立的国防部人类情报处（Defense Human Intelligence Service，简称 DHS），预计将在未来几年成为秘密行动的主要参与者。然而，有必要指出的是，美国的军事行动从来没有特别节约成本或特别高效，因此让五角大楼成为情报行动的主要角色，在军事方面可能并没有什么益处。目前，大部分情报预算通过国家安全局、国家侦察局、国防情报局和各个军种分别支出，正在进行的改革将更多地聚焦于五角大楼的支出。

秘密活动必须受到适当的控制，然而，在过去 10 年中发生的事情表明，很少有人提出任何理由来改变现状，也就是说，尽管总统对隐蔽行动拥有绝对的权威，但他们却缺少对隐蔽行动的控制权。对隐蔽行动的审查仍然很草率，许多行动未经审查便已实施，根本没有引起行政部门的注意。在缺少审查和监督的情况下，中情局及其同伴们依旧我行我素。1994 年至 1995 年，在局长吉姆·伍尔西和约翰·多伊奇进行权力交接时，中情局驻危地马拉的官员被发现与一名危地马拉上校有代理人关系，这名上校涉嫌谋杀一名美国公民，以及一名与美国人结婚的危地马拉反叛分子。由于中情局与这名上校的特殊关系，在受到讯问时，中情局官员，甚至包括中情局总部的人都试图保护其代理人。总统可能都没有获悉完整的事实真相，更不用说中情局局长。

对于国会来说，情况更是如此。国会情报监督系统已成立 20 年，从组织意义上来讲，监督系统已经相当成熟。但是，中情局和其他机构在向监督委员汇报时，仍然持抵制态度。向国会情报委员会通报中情局与外国情报机构的合作（据中情局称这种活动占中情局隐蔽行动的 90%）仍然是一个敏感的话题。

在波斯湾战争期间，波兰情报机构与中情局合作，将部分美国外交人员送出了伊拉克。事后中情局才向国会情报委员会汇报了这个行动，理由是保护国家安全。虽然这种说法也不无道理，但是这项行动仍然涉及违反程序的问题。20 世纪 80 年代后期，也有一项行动涉及安全问题，当时国会情报委员会被误导，认为俄罗斯间谍人员击败了中情局的特工，后来艾尔瑞琪·H. 艾姆斯这名潜伏在中情局的苏联间谍被捕之后，真相才浮出水面。在情报预算方面，国家侦察局在 1991 年至 1994 年期间没有向国会情报委员会提供其在弗吉尼亚北部建设的新总部大楼的全部细节，甚至在国会先前拨出的资金中，还有 10 亿美元的剩余资金。

各项记录表明，除了国会进行强有力的监督之外，并没有其他选择。情报委员会及其工作人员与他们所监督的团体相比是微不足道的，因此他们需要聚集他们所能聚集的每一点权威。现在仍然有人建议将参议院和众议院的情报委员会合并在一起，这个建议应该被坚决拒绝。如果两个国会委员会都几乎无法全面监管情报机构，那么削减成一个只会引发灾难性的后果。

最后，下令进行准军事行动的权力问题和关于《战争权力法》的问题尚未得到解决。冷战结束之后，苏联不复存在，而中情局作为对抗苏联的工具，其权力问题也重新遭到质疑。无论是国会对情报审查的建议，还是前国防部长莱斯·阿斯平和哈罗德·布朗提出的关于中情局的角色和任务问题，其结果都应该被写入法律，美国早就应该制定一部对情报机构进行约束的法律了。

注释

第一章 冷战的考验

1. 杜鲁门写给索尔斯和莱希的信中提到“隐私窥探者”，见 Margaret Truman, *Harry S. Truman* (New York: Pocket Books, 1974), PP.362–363。
2. 《1947 年国家安全法》中关于情报的部分许多专著都有涉及，如 William M. Leary, ed., *The Central Intelligence Agency: History and Documents* (N.P.: University of Alabama Press, 1984), 128–130。
3. 杜鲁门在给国务卿詹姆斯·伯恩斯的信中抱怨“我已经厌倦继续纵容苏联人”，见 Harry S. Truman, *Memoirs: Year of Decisions* (New York: New American Library, 1965), 604–606。
4. 丘吉尔的“铁幕”演说，引自 Robert J. Donovan, *Conflict and Crisis* (New York: W. W. Norton, 1977), 191。
5. 驻德美国高级官员卢修斯·克莱的电报称战争“可能会突然爆发”，引自 Walter Millis, ed., *The Forrestal Diaries* (New York: Viking Press, 1951), 387.
6. 中情局法律顾问劳伦斯·R. 休斯敦和中情局局长罗斯科·H. 希伦科特的对话，见 Houston–Hillenkoetter memo, September 25, 1947。
7. 休斯敦给杜鲁门总统的报告中称：“如果总统出于外交政策的考虑，通过行使宪法权力而给中情局下达适当的命令，并且国会给中情局划拨资金来执行这些命令，那么中情局就有法律权力来实施这些隐蔽行动。”见 Houston

letter to the editor, *New York Times*, July 26, 1982. 值得指出的是，在休斯敦退休后，他的观点发生了变化。但是休斯敦在 1962 年和 1969 年的观点与 1947 年给中情局局长罗斯科・希伦科特给出的建议相同。

8. NSC–10/2: National Security Council Directive on Office of Special Projects, June 18, 1948. 见 William M. Leary, 131–133。

第二章 反苏秘密战

1. “现实有条不紊而又残酷无情地粉碎了所有希望。”见 K. V. Tauras, *Guerrilla Warfare on the Amber Coast* (New York: Voyages Press, 1962), 93。
2. “秘密行动”，见 *The Central Intelligence Agency and National Organization for Intelligence* (Dulles–Jackson–Correa Report), January 1, 1949 (declassified June 3, 1976), 131。
3. “促使苏联人推翻现在的极权政府，并且为他们提供所有可能的帮助。”见 Wedemeyer–Bradley memo, August 9, 1948, 引自 Alfred H. Paddock, Jr., *US Army Special Warfare: Its Origins* (Washington, D.C.: National Defense University Press, 1982), 58。
4. 1952 年，政策协调处派遣特工伊格德・克鲁门去拉脱维亚建立情报网络以获取苏联海军情报，后被苏联当局逮捕入狱。1960 年，中情局飞行员弗兰西斯・格雷・鲍尔斯在驾驶 U–2 侦察机飞越苏联上空时被捕，随后被送往弗拉基米尔的监狱，在那里他与克鲁门在同一间牢房里待了 17 个月。直到 1960 年，克鲁门可能一直在为苏联安全部门工作，也许一直在为苏联工作，这现在还是个谜。在格雷・鲍尔斯与柯特・金特里合著的书中详细地回忆了他在弗拉基米尔的监狱的见闻。见 Gary Powers and Curt Gentry, *Operation Overflight* (New York: Holt, Rinehart & Winston, 1970), 206–278。
5. 威廉・E. 科尔比向波罗的海难民透露“在欧洲为反共活动争取支持的正确渠道”，见 William E. Colby and Peter Forbath, *Honorable Men: My Life in the CIA* (New York: Simon & Schuster, 1978), 91。

第三章 下次我们准会赢

1. 威斯纳对鲍勃・乔伊斯说：“阿尔巴尼亚就像一场临床实验，可以检验大型抵抗活动在别处是否可行。”引自 Anthony Verrier, *Through the Looking Glass*

(New York: W. W. Norton, 1983), 76。

2. 威斯纳语："无论何时我们想占领哪个地方，附近总有英国控制的岛屿。"引自 Kim Philby, *My Silent War* (London: Granada, 1969), 142。

3. "佐格一世就像法国改革家塔列朗……"引自 Nicolas Bethell, *Betrayed* (New York: Times Books, 1984), 59。

4. 国务院的联络员鲍勃·乔伊斯报告说："我的朋友说没有人愿意与签证这件事有直接牵扯。"引自 *New York Times*, June 20, 1982。

5. 中情局的报告总结道："阿尔巴尼亚注定会爆发人民起义，但成功的希望渺茫。"见 Central Intelligence Agency, Intelligence Memo 218, "Strengths and Weaknesses of the Hoxha Regime in Albania", September 12, 1949 (declassified January 31, 1978). Harry S. Truman Library (此后称作 HSTL): Truman Papers: President's Secretary's File (此后称作 PSF): Intelligence File, box 249, folder: "Central Intelligence Memos 1949"。

6. NSC-58: "United States Policy Toward the Soviet Satellite States in Eastern Europe," September 14, 1949, paragraphs 37, 42. 引自 Thomas H. Etzold and John Lewis Gaddis, eds., *Containment* (New York: Columbia University Press, 1978), 211-223。

7. 英国外交部长欧内斯特·贝文问："有没有可以取代霍查政府的国王？"引自 *New York Times*, June 20, 1982. op. cit。

8. ORE71-49 报告见 Central Intelligence Agency, ORE71-49, "Current Situation in Albania", December 15, 1949 (declassified July 5, 1980), 6. HSTL: Truman Papers, PSF: Intelligence File, box 256, "ORE Reports 1949(60-74)"。

9. 本书没有详细叙述波兰事件，这个行动可能是由苏联控制的特工发起的，而不是由中情局和军情六处的特工发起的。波兰特工在"伪旗行动"下进行活动，声称他们代表的是自称为"WIN"的地下民族主义者。阿尔巴尼亚行动是由西方发起的。

10. "下次我们准会赢。"引自 Verrier, 77。

11. "……我们只是游戏中被吃掉的棋子。"引自 Bethell, 160。

12. "在最后。"引自 *New York Times*.op.cit。

13. 约翰·H. 理查德森与约瑟夫·内普的对话，引自 Howard Hunt, *Undercover* (New

York: Berkley Books, 1974), 95。

14. 斯捷潘·班德拉的描述，引自 John Loftus, *The Belarus Secret* (New York: Knopf, 1982)。这本书还详细描述了中情局与其他前纳粹主义分子的合作，涉及此类合作的书还有 Christopher Simpson, *Blowback* (New York: Summit, forthcoming)。

15. 赫鲁晓夫的演讲："乌克兰人民已经消灭了一部分民族主义者，也必将全部消灭剩余的民族主义者。"引自 *Pravda*, January 25, 1948。

16. 赫鲁晓夫语："游击队员的强大攻势迫使波兰不得不采取全面的军事行动。"引自 Nikita Khrushchev, *Khrushchev Remembers: The Last Testament* (New York: Bantam Books, 1976), 198。

17. 乌克兰移民于 1947 年 8 月 31 日向杜鲁门总统发送的电报，见 Lachowitch–Truman, August 31, 1947. HSTL: Truman Papers: White House Central Files (此后称作 WHCF): Official File, box NA, folder: "1029—Ukraine"。

18. "彻头彻尾地撒谎"，见 Philby 145; cf. 144–146, 140。

19. 关于美国派遣的特工无法联系到"禁区"内的游击队的问题：1952 年 3 月美国国务院的一份情报报告引用了苏联媒体的报道，以此证明尽管美国无法和那里的游击队取得联系，但是游击队仍然存在。由于 OUN 战地指挥官命令 OUN 游击队转为地下状态，这使西方很难和游击队取得联系，但是有人认为 OUN 在故意避免与西方取得联系。例如，班德拉怀疑 OUN 的领导层被苏联秘密警察渗透，所以，在 1955 年到 1960 年期间，他试图建立一个规模更小的、更加秘密的网络，这最终使他成为苏联暗杀的对象。

20. 艾伦·杜勒斯语："至少我们可以获得备战下次战斗的经验"，引自 Harry Rositzke, *The CIA's Secret Operations* (New York: Readers' s Digest Press, 1977), 37。

21. 约翰·C. 坎普贝尔语："我们给这些人提供了什么？……"引自 John C. Campbell interview. HSTL: Oral History number 284, 206。

第四章　在亚洲的冒险

1. 对于美国在中国实施的间谍行动，我们所知甚少。考虑到中情局的能力，我们有理由相信，在中国活动的中情局间谍大约有 2000 人，当然，除了中情局派遣的间谍之外，还有来自其他部门的间谍，例如，前美国海军军官 Allyn Rickett 在燕京大学上学期间就在执行间谍任务。尽管中国政府意识到 Allyn Rickett 的活动，但是直到 1951 年 6 月，朝鲜战争爆发一年之后，中国政府才抓捕了 Allyn Rickett。Allyn Rickett 的经历。见 Allyn and Adele Rickett, *Prisoners of Liberation* (New York: Doubleday, 1973)。

2. “……在中国进行的隐蔽行动务必不要推翻中国共产党的统治，因为此时中国国民党好像不具备这些条件。” 见 Joint Staff, JSPC 958/15, “Military Support to Anti-Communist Groups in China,” February 16, 1951 (declassified April 19, 1976), section L, paragraph 1。
3. 美国驻缅甸大使大卫·凯语：“这次冒险将会让我们失去缅甸政府的友谊和信任”。见 Department of State, Foreign Relations of the United States 1951, Vol.6 (Washington, D.C.: Government Printing Office, 1977), 288。
4. 缅甸的总参谋长尼温将军语：“大使先生，我清楚地知道真相。如果我是你，我就会闭嘴。” 引自 David Wise and Thomas B. Ross, *The Invisible Government* (New York: Vintage, 1964), 131。
5. 印度尼西亚大臣向美国驻印度大使切斯特·鲍尔斯评价“纸张行动”：“美国的武器被用来武装一个叛徒组织……还有什么比这个更加可笑？” 引自 Chester Bowles, *Ambassador's Report* (New York: Harper & Row, 1954), 233。
6. 情报官员告诉艾森豪威尔总统，在缅甸的中国国民党“除了制造麻烦之外一无所成”，见 Goodpaster, “Synopsis of State and Intelligence Material Reported to the President,” May 29, 1959 (declassified October 31, 1985). DDEL: DDEP: OSS: Subject Series, Alphabetical Subseries, box 14, folder: “Intelligence Briefing Notes v. I(7)”。

第五章　冷战军团

1. 情报专家诸如雷·克莱因等认为，希伦科特的军衔、声望和政治影响力都不足以领导中情局，见 Ray Cline, *Secrets, Spies, and Scholars* (Washington, D. C.: Acropolis Books, 1976), 97。
2. 史密斯语：“不能由接线员决定我应该看到哪些保密情报！” 见 Victor Marchetti and John D. Marks, *The CIA and the Cult of Intelligence* (New York: Dell

Books, 1980), 62。

3. 针对苏联的“心理攻势”，见 Department of State, Assistant Secretary for Public Affairs, “Emergency Plan for Psychological Offensive (USSR),” April 11, 1951 (declassified October 20, 1976), 1, 2, 3, 4, 7. HSTL: Truman Papers: PSF: Subject File, box 188, folder: “Russia, State Department Plan”。

4. 史密斯语：“总统对组建心理战略委员会工作非常重视……”见 Gordon Gray interview, HSTL: Oral History number 167, 51–52。

5. 国务院政策设计司主任保罗·尼采对格雷说道：“伙计，你就忘了政策的事吧……”引自 ibid., 55。

6. 格雷向上司承认，陆军实际上已经参与了在欧洲实施的隐蔽行动。引自 Alfred H. Paddock, Jr., *U.S. Army Special Warfare* (Washington D. C.: National Defense University Press, 1982), 60–61。

7. 一位中情局高级准军事行动官员语：“现在我们可以干掉这帮该死的共产主义家伙了！”引自 Joseph Burkholder Smith, *Portrait of a Cold Warrior* (New York: G. P. Putnam’s Sons, 1976), 102。

第六章 苦 果

1. 1953 年 6 月 29 日，艾森豪威尔总统给摩萨台的官方答复，见 Dwight D. Eisenhower, *Mandate for Change: White House Years 1953—1956* (New York: New American Library, 1965), 209。

2. 国防部长查理·威尔逊表示对针对伊朗的计划“相当感兴趣”，引自 Kermit Roosevelt, *Countercoup* (New York: McGraw-Hill, 1979), 10。

3. 克米特·罗斯福评价“阿贾克斯”行动：“如果中情局以后要采取类似行动，我们必须十分确定那里的人民和军队和我们的目标一致……”引自 ibid., 210。

4. 国家安全委员会动用特别程序，引自 Stephen Schlesinger and Stephen Kinzer, *Bitter Fruit* (New York: Doubleday, 1982). 这本书详细描述了危地马拉危机的细节（第 108 页），追溯了 5412 小组的一次会议确定了“成功”行动。在另外一本专著 Richard H. Immerman, *The CIA in Guatemala* (Austin: University of Texas Press, 1982) 中，作者也对危地马拉事件做了详细描述，但是作者没

有提及 5412 小组的这次会议。事实上，5412 小组成立于 1954 年，以 NSC-5412 文件命名。本书中提到的动用“特别程序”指的是国家安全委员会中对情报事务进行决策的一组人员进行的决策。

5. 约瑟夫·考德威尔·金语：“如果你认为可以避开联合果品公司，独自实施这个计划，那你就是个疯子！”引自 Schlesinger and Kinzer, 110。

6. 美国驻洪都拉斯的大使怀丁·魏劳尔语，“使他们允许这个革命活动继续下去”，引自 ibid., 140。

7. 美国国内的“舆论”可能会“迫使（美国）采取行动”，“防止危地马拉投入国际共产主义的怀抱”，引自 *Time*, January 11, 1954, 27。

8. “危地马拉的国际共产主义特工坚持不懈地向中美洲其他国家渗透……”见 Eisenhower, 507。

9. 艾森豪威尔召开记者招待会，将危地马拉定性为“共产主义独裁统治”在中美洲的“桥头堡”，见 *Public Papers of the President: Dwight D. Eisenhower 1954* (Washington, D.C.: Government Printing Office, 1960), 493。

10. 艾森豪威尔的新闻秘书詹姆斯·哈格蒂的日记中写道：“我认为国务院犯了一个愚蠢的错误……”引自 Robert H. Ferrell, ed. *The Diary of James C. Hagerty* (Bloomington: Indiana University Press, 1983), 68. 哈格蒂指的是《国际海洋法》中不受外国搜查和没收的原则。

11. 艾森豪威尔和艾伦·杜勒斯就给尼加拉瓜叛军提供飞机的对话，引自 *Eisenhower*, 510。

12. 索摩查语：“你用的是我的机场，就得听我的命令！”引自 Schlesinger and Kinzer, 193。

13. 理查德·比塞尔承认行动“超过了政策规定的界限”，引自 *New York Times*, April 28, 1966. 但是，在 1979 年 9 月 Schlesinger and Kinzer 对比塞尔进行的采访中，比塞尔对这次行动辩护道，“你不可能在实施这种大规模的行动时对其进行狭义的政策限定，并完全确定行动不会超出政策的限定”。引自 *Bitter Fruits*, 194。

14. “与捷克斯洛伐克的共产党政变不一样，伊朗的摩萨台和危地马拉的阿本斯……”见 Allen W. Dulles, *The Craft of Intelligence* (New York: New American Library, 1965), 207–208。

第七章 制造和利用麻烦

1. “日光浴室”研究是艾森豪威尔在1953年进行的一项跨部门研究，几个小组相互竞争，以期提出最好的政策选项。“基利安报告”是一群科学家和技术专家在1955年初提出的，艾森豪威尔对此报告提出的一些技术发展规划非常感兴趣。“盖瑟报告”也是一项外部研究报告，其中提出了苏联发动突然袭击的可能性，此时正值1957年苏联的第一颗人造卫星成功发射，从而加剧了提高军事开支的压力。对于“盖瑟报告”，艾森豪威尔设法采用了其中的一些建议，但是却回避了公众要求采取的应急计划。
2. 艾森豪威尔给杜利特尔的信，见 Eisenhower letter to Doolittle, July 26, 1954 (declassified November 11, 1977). Dwight D. Eisenhower Library（此后称作 DDEL): Eisenhower Papers（此后称作 EP): Ann Whitman File（此后称作 AWF): Administration Series, box 14, folder: “Dulles, Allen (4)”。
3. 杜利特尔的委员会向艾森豪威尔总统提交的《特别研究小组关于隐蔽行动的报告》，见 “Report of the Special Study Group on the Covert Activities of the Central Intelligence Agency” (Doolittle Report), September 30, 1954 (declassified April 1, 1976), 1, 2. Declassified Documents Reference Service, Fiche 78–139(c)。
4. 1954年10月19日艾森豪威尔和杜利特尔会谈的详情，见 Ann Whitman notes, October 19, 1954. DDEL: EP: AWF: Administration Series, box 14, folder: “Dulles, Allen (4)”。
5. 艾森豪威尔语，“我不准备撤换艾伦……”引自 Leary, ed., *The Central Intelligence Agency*, 74. Leary 引用了丘奇委员会的报告。
6. 艾森豪威尔总统规定计划协调小组是“批准实施隐蔽行动项目，并协调支持行动的常规途径”，见 National Security Council, NSC5412/1, “National Security Council Directive on Covert Operations,” March 12, 1955 (declassified March 6, 1977), 3. DDEL: EP: White House Office（此后称作 WHO): Office of the Special Assistant for National Security Affairs (OSANSA): Special Assistant Series, Presidential Subseries, box 2, folder: “President’s Papers 1955 (7).”
7. NSC–5412/2 文件第三条，见 NSC–5412/2, December 28, 1955, paragraph 3，引自 Leary, 146–147。

8. 国防部特种战争的策划者们认为“在远东的任何地区，这样的飞行组总是有用的……”见 Assistant to the Secretary of Defense (Special Operations). “Outline plan for the Activation of an International Volunteer Air Group,” April 26, 1954 (declassified February 18, 1986). DDEL: DDEP: OSANSA: Special Assistant Series, Name Subseries, box 3, folder: “I—General”。

9. 美国驻南越大使向国务院报告：“我们已经对增长法国的‘非常规战争’的经验做出了贡献。”见 Department of State, *Foreign Relations of the United States* 1952–1954, Vo.13 (Washington, D. C.: Government Printing Office, 1982), 1048。

10. 艾森豪威尔写给阿尔弗雷德·M. 格伦瑟的信中称：“这些帮助将会使美国处于幕后，但是却非常有效……”引自 Eisenhower, *Mandate for Change,* 439。

11. 艾森豪威尔语：“伙计们，告诉我，一个人的职务得有多高才能给陆军发号施令？”引自 Kenneth W. Thompson, ed., *The Eisenhower Presidency* (Lanham, Md.: University Press of America, 1984), 108。

12. 艾森豪威尔认为“推回”计划“背离了我们传统的战争与和平理念”，引自 *Washington Post*, December 7, 1984。

13. 艾森豪威尔语：“必须得考虑谁受益，谁受害。”见 Summary of Discussion, 157th Meeting of the National Security Council, July 30, 1953. FRUS 1952–1954, Vol. II, Part 1, 439。

14. 艾伦·杜勒斯语：“我一直认为这是我的任期中最大的一个政变。”引自 Allen Dulles, *The Craft of Intelligence*, 80。

15. 艾伦·杜勒斯语：“威斯纳说你认为我们应该把赫鲁晓夫的秘密讲话稿公之于众。”引自 Ray Cline, *Secrets, Spies and Scholars*, 164。

16. 艾伦·杜勒斯要求安德森对“推迟决定如何利用这个秘密讲话”保密，见 Dulles Letter to Anderson, May 31, 1956 (declassified September 10, 1984). DDEL: EP: WHO: OSANSA: Special Assistant Series, Subject Series, box 10, folder: “USSR (1).” 在《情报的艺术》一书中，杜勒斯的说法与国务院档案的说法一致。艾森豪威尔在回忆录中对此保持沉默。

17. 艾森豪威尔语：“匈牙利和西藏一样，是我们不能插手的地方。”引自

Dwight D. Eisenhower, *Waging Peace* (New York: Doubleday, 1965), 95。

18. 计划处的官员们认为美国不参与匈牙利事件意味着“中情局的准军事行动能力到此为止了”。见 Colby and Forbath, *Honorable Men*, 134–135。

19. 中情局人员哈里·罗西兹克语：“很显然，西方从一开始就坚定不移地反对苏联继续剥削东欧人民……”引自 Rositzke, *CIA's Secret Operations*, 158。

20. 科德·迈耶的调查报告，引自 Cord Mayer, *Facing Reality* (New York Harper & Row, 1980), 125。

21. 尼克松与匈牙利学生的对话，引自 Richard Nixon, *RN*, Vol. 1 (New York: Warner Books, 1979), 224–225。

22. 艾伦·杜勒斯为自由欧洲电台辩护的报告，见 Dulles letter to Goodpaster with memorandum, “Radio Free Europe,” November 20, 1956 (declassified March 15, 1982), paragraph 4, 3–4. DDEL: EP: WHO: Office of the Staff Secretary (此后称作 OSS): Subject Series, Alphabetical Subseries (此后称作 Alpha sub), box 7, folder: “CIA v. I(4).” 英国记者 Noel Barber 曾对匈牙利起义进行过报道，并在此次事件中受伤，他认为自由欧洲电台对纳吉的事业造成了严重破坏。自由欧洲电台批评纳吉对苏联干涉的处置方式，认为停火协议实际上是“特洛伊木马”；呼吁反对纳吉重组的内阁，支持一个“临时政府”，反对国防部和内政部的领导人（这些人效忠的不是苏联，而是纳吉）；在纳吉试图安抚匈牙利民众时，自由欧洲电台还在指导听众如何制作“莫洛托夫鸡尾酒”，等等，引自 Noel Barber, *Seven Days of Freedom: The Hungarian Uprising 1956* (New York: Stein & Day, 1974), 62, 128–130。在直接参与对匈牙利广播的九位自由欧洲电台人员中，只有教授听众如何制作“莫洛托夫鸡尾酒”的员工被解雇。

23. 比尔·科尔比语：“不管中情局对华盛顿对此类事件的决议有什么疑问，现在都烟消云散了。”引自 Colby, 135。

第八章　印度尼西亚

1. 威尔伯·伊弗兰的回忆，引自 Wilbur Crane Eveland, *Ropes of Sand* (New York: W. W. Norton, 1980), 180。

2. 唐尼—费克图的释放问题，中情局内部曾就中国同意释放唐尼和费克图问题进行过多次沟通。

3. 弗兰克·威斯纳语："我认为现在是我们给苏加诺施压的时候了。"引自 Burkholder Smith, *Portrait of a cold Warrior,* 205。
4. 弗兰克·威斯纳语，"如果不立即制订这个计划……"同上。
5. 理查德·比塞尔语，"我认为我们可以毫不谦虚地说……"引自 Richard E. Bissellinterview. DDEL: Oral History number 382, 16。
6. 乌尔默语："我们要替代黎巴嫩，成为报纸头条！"引自 Burkholder Smith, Portrait of a Cold Warrior, 240。
7. 1957 年 9 月 16 日杜勒斯兄弟的通话记录，见 Allen–Foster Dulles telephone notes, September 16, 1957, 4:11 P.M. DDEL: John Foster Dulles Papers（此后称作 JFDP): Telephone Series（此后称作 TS), box 7, folder: September–October 1957(3)。
8. 国家安全委员会会议建议"继续维持当前对印尼的官方关系……"见 National Security Council, NSC Agenda note, September 21, 1957 (declassified August 6, 1982), paragraph 6(c). DDEL: EP: WHO; OSANSA: Special Assistant Series, Chronological Subseries, box 5, folder: "September 1957 (2)"。
9. 1957 年 10 月 29 日杜勒斯兄弟俩的电话记录，见 Foster–Allen Dulles telephone notes, November 29, 1957, 10:58 A.M. DDEL: JFDP: TS, box 7, folder: "November–December 1957(2)"。
10. 埃里森的电报。埃里森一直反对美国对印度尼西亚采取行动，在这封电报中，他的反对态度有所减弱，这让福斯特·杜勒斯大为兴奋。埃里森在回忆录中这样描述这封电报："我们告诉国务院，如果想要这些人的努力产生结果，就有必要给他们积极的鼓励。华盛顿认为，只要暗示一个令人满意的新政府成立，美国就会立刻开启援助项目的会谈，这就足够了，但是我们并不这样认为……我说，我们认为有必要提前确定我们为新政府所能做的准备，而一旦这个被人知晓，就会给那些想要改变的人增加杠杆，那些人就会使这个成为现实。"引自 John M. Allison, *Ambassador from the Prairie* (Boston: Houghton Mifflin, 1973), 336。
11. 就苏加诺遇刺之后美国如何应对，杜勒斯兄弟的通话，见 Foster–Allen Dulles telephone notes, December 1, 1957, 12:51 P.M. DDEL: JFDP: TS, box 7,

folder: “November–December 1957(2)”。

12. 1957年12月8日杜勒斯兄弟的通话，“如果事情发展成这样，我们就得等待不好的结果。”见 Allen–Foster Dulles telephone notes, December 8, 1957, 10:10 A.M. Ibid。

13. 1957年12月8日约翰·福斯特·杜勒斯与秘书克里斯蒂安·赫脱通话，见 Dulles–Herter telephone notes, December 8, 1957, 10:16 A.M. Ibid。

14. 小休·卡明与约翰·福斯特·杜勒斯通话，希望“能够在印尼行动上说服英国人……”见 Dulles–Cumming telephone notes, December 12, 1957, 10:46 A.M. Ibid。

15. 1958年1月16日杜勒斯兄弟的通话记录，见 Foster–Allen Dulles telephone notes, January16, 1958, 5:26 P.M. DDEL: JFDP: TS, box 8, folder: “Memoranda of Telephone Conversations—General February 1, 1958–March 31, 1958 (4)”。

16. 对巴东集团的评估报告，见 Central Intelligence Agency, TS 141712–d, “Probable Developments in Indonesia,” January 31, 1958 (declassified October 1985), 1, 3, 4, 10. DDEL: EP: WHO: OSANSA: NSC Series, Briefing Notes Subseries, box 11, folder: “U.S. Policy Toward Indonesia”。

17. 小休·卡明与约翰·福斯特·杜勒斯谈话，杜勒斯语：“我是这样认为的，在亲共产主义的、领土统一的印尼和领土四分五裂的印尼之间，我倾向于后者。”引自 Leonard Mosley, *Dulles* (New York: Dial Press, 1978), 471. 在书中 Mosley 将卡明误认为美国驻印度尼西亚大使，事实上卡明在这一时期一直在华盛顿，任情报和研究处主任。替代埃里森的是赫伯特·P. 琼斯。

18. 中情局一位高级官员送别埃里森时语：“我们中有很多人都认同你从雅加达发来的报告和建议……”引自 Allison, *Ambassador from the Prairie*, 346。

19. 1958年2月4日杜勒斯兄弟通话，见 Foster–Allen Dulles telephone notes, February 4, 1958, 9:58 A.M. DDEL: JFDP: TS, box 8, folder: “January–March, 1958 (3)”。

20. 1958年2月5日杜勒斯兄弟就印度尼西亚的通话，见 Allen–Foster Dulles telephone notes, February 5, 1958, Ibid。

21. 1958年2月27日杜勒斯兄弟就国家安全委员会会议的通话，见 Foster–Allen Dulles telephone notes, February 27, 1958, 4:20 P.M. DDEL: JFDP: TS, box 8,

folder: “January–March 1958(2)”。

22. 杜勒斯认为印度尼西亚人应该“不受干扰地”处理反叛事务，引自 *New York Times*, February 21, 1958。

23. 1958 年 4 月 17 日杜勒斯兄弟的通话记录，见 Foster–Allen Dulles telephone notes, April 17, 1958, 12:31 P.M. DDEL: JFDP: TS, box 8, folder: “April–May 1958(3)”。

24. 杜勒斯兄弟通话，惊讶于 PEMESTA 军官们“竟然没有内讧”，见 Foster–Allen Dulles telephone notes, April 23, 1958, 12:49 P.M. Ibid。

25. 1958 年 4 月 28 日，有消息传来，称“政府军发怒了”，见 Foster–Allen Dulles telephone notes, April 28, 1958, 5:15 P.M. DDEL: JFDP: TS, box 8, folder: “April–May 1958(2)”。

26. 1958 年 4 月 30 日，艾森豪威尔召开记者招待会，对印尼政府的指责做出首次回应的情况。引自 *New York Times*, May 1, 1958。

27. 中情局对飞行员艾伦·劳伦斯·波普“很有信心”，见 Foster Dulles–Charles Cabell telephone notes, May 19, 1958, 3:02 P.M. DDEL: JFDP: TS, box 8, folder: “April–May 1958 (1)”。

28. 艾伦·杜勒斯对在印度尼西亚活动的中情局人员下令：“我们必须得收手了。”引自 Burkholder Smith, *Portrait of a cold Warrior*, 247。

29. 历史学家布莱恩·梅语：“美国的干预对苏加诺来说是个礼物。”引自 Brian May, The Indonesian Tragedy (London: Routledge & Keegan Paul, 1978), 80。

30. 中情局检察长莱曼·柯克帕特里克认为第一次工作汇报“野蛮不堪”，引自 Lyman Kirkpatrick, *The Real C.I.A.* (New York: Macmillan, 1968), 147–148。

31. 赫尔委员会认为中情局冷战活动的批准程序“极其不正式……”引自 Killian letter to Eisenhower, December 20, 1956 (declassified July 19, 1977), 5, 7. DDEL: EP: WHO: Administration File, box 14, folder: “Allen Dulles(3)”。

32. 赫尔委员会报告，引自 Memorandum of Conference with the President, December 22, 1958 (declassified December 23, 1981), 2. DDEL: EP: AWF: Eisenhower Diaries, box 23, folder: “Staff Notes December 1958”。

33. 艾森豪威尔总统要求“消除国会中的团体或国会人员插手情报和秘密行动

的可能性”，见 Goodpaster memo to Harlow, January 2, 1959. DDEL: EP: WHO: OSS: Subject Series, Alpha sub, box 7, folder: “CIA v. II (I)”。

34. 格雷关于隐蔽行动批准程序的意见，见 Gray memo to Eisenhower, January 19, 1959 (declassified June 8, 1979). DDEL: EP: WHO: OSS: Subject Series, Alpha sub, box 15, folder: “Intelligence Matters (8)”。

35. 1959 年 6 月 22 日格雷与艾森豪威尔谈话，见 Gray, Memorandum of Meeting with the President, June 26, 1959 (declassified October 28, 1981). DDEL: EP: WHO: OSANSA: Special Assistant Series, box 4, folder: “Meetings with the President 1959 (1)”。

第九章 世界屋脊之战

1. 苏格兰传教士乔治 · N. 帕特森与美国人会面，引自 George N. Patterson, *Tibet in Revolt* (London: Faber & Faber, 1960), 120–122。

2. 印度总理贾瓦哈拉尔 · 尼赫鲁语，卡林朋是“间谍的老巢”，引自 Neville Maxwell, *India's China War* (New York: Doubleday, 1972), 100。

3. 关于达赖喇嘛的两种说法，一见 Patterson, *Tibet*；另一说法见 John F. Avedon, *In Exile from the Land of Snows* (New York: Knopf, 1984), 47。

4. 西藏“被埋在中情局的传闻中，是中情局不便讨论的‘成功’之一”，引自 L. Fletcher Prouty, *The Secret Team* (Englewood Cliffs, N.J.: Prentice-Hall, 1973), 351。

5. 西藏人用制作降落伞的材料制成衣物以弥补藏区棉花的不足。值得注意的是，中央政府在西藏建立的首批工厂就是纺织厂，机器都是从上海运至拉萨，纺织厂的管理人员有 1000 多名，工人有 1.2 万余人。

6. 中情局对西藏的第一次空投，引自 Michel Peissel, *The Secret War in Tibet* (Boston: Little Brown, 1972), 87。

7. 哲蚌寺的一位僧人回忆：“我看到了叛军的武器……”引自 Han Suyin, *Lhasa, The Open City* (London: Triad Panther Books, 1979), 70。

8. 丹增嘉措回忆，“我感觉自己好像站在两个随时都会喷发的火山之间”，引自 Avedon, *In Exile from the Land of Snows*, 52。

9. 米歇尔 · 佩塞尔语：“近代以来最奇怪、最受误解的事变之一。”引自

Michel Peissel, *The Secret War in Tibet* (Boston: Little Brown, 1972), 116。

10. 戈登·格雷给美国国家安全委员会执行秘书詹姆斯·雷的便笺，上写“如果在共产党中国，新的社会实践导致了某种动荡……”见 Gray memo to Lay, November 1, 1958. DDEL: EP: WHO: OSANSA: Special Assistant Series, Subject subseries, box 11, folder: “Basic National Security Policy”。
11. 格拉哈姆·帕森斯就“西藏问题”给艾森豪威尔提交的秘密调查报告，见 Department of State, “Uprisings in Communist China,” undated (declassified July 31, 1985), 4. DDEL: WHO: OSANSA: NSC Series, Briefing Notes subseries, box 5, folder: “Communist China”。
12. 总统的参谋长报告称“西藏的反叛很显然导致了中国在印度声誉大失”，见 Synopsis of Intelligence, March 23, 1959 (declassified June 8, 1982). DDEL: EP: WHO: OSS: Subject Series, Alpha sub, box 14, folder: “Intelligence Briefing Notes v. I (5)”。
13. 1959 年 4 月 2 日印度议会的辩论，引自 Chanakya Sen, *Tibet Disappears* (New York: Asia Publishing House, 1960), 176。
14. 1959 年 4 月 1 日，在达赖喇嘛一行进入印度时，中情局向艾森豪威尔的汇报，见 Synopsis of Intelligence, April 1, 1959 (declassified December 9, 1983), 2–3. DDEL: EP: WHO: OSS: Subject Series, Alpha sub, box 14, folder: “Intelligence Briefing Notes v. I (6)”。
15. 达赖喇嘛向美国求助的消息，见 Message received April 2, 1959 (declassified July 9, 1981). DDEL: EP: WHO: OSANSA: Special Assistant Series, Alpha sub, box 15, folder: “Intelligence Matters (9)”。
16. 赫脱反对“承认西藏‘独立’或‘主权’的决议”，见 Christian Herter–Henry Cabot Lodge Telephone Notes, October 6, 1959, 1:05 P.M. (declassified January 23, 1986). DDEL: Christian Herter Papers, box 12, folder: “CAH Phone Calls 5/4/59–12/31/59 (2)”。
17. “卫教军”的领袖贡布扎西写给艾森豪威尔的信，见 Gompo Tashi letter to Eisenhower, December 9, 1959. DDEL: EP: WHO: OSS: International Series, box 13, folder: “Tibet (2)”。
18. 贡布扎西没有通过“使馆渠道以便获得官方地位”，见 Thomas McElhiney–

Goodpaster Memo, December 15, 1959. DDEL: EP: WHO: OSS: International Series, box 13, folder: “Tibet (2).” McElhiney 时任国务院执行秘书，他认为贡布扎西给艾森豪威尔的礼物是其印度之行后遗留下来的各种协议问题，白宫并没有反对他的观点。

19. 5412 小组的会议记录，称“中情局局长说他将把他的思路在一定程度上进行调整……”，见 Gray, Memorandum of Meeting with the President, September 15, 1960 (declassified December 11, 1981). DDEL: EP: OSANSA: Special Assistant Series, Presidential Subseries, box 5, folder: “1960 Meetings with the President v. II (6)”。

20. 艾伦·杜勒斯就国际问题向当选总统肯尼迪做工作汇报，见 Gray, Memorandum of Meeting with the President, November 28, 1960. Ibid., folder: “1960 Meetings with the President v. II (3)”。

21. 加尔布雷斯认为西藏的“游击战士”是“非常不卫生的部族人”，引自 John Kenneth Galbraith, *A Life in Our Times* (Boston: Houghton Mifflin, 1981), 395。

22. 加尔布雷斯语：“我对这个疯狂的举动尤其感到困扰。”同上。

23. “卫教军”截获的解放军的工作通讯是一笔“意外之财”，引自 Ray Cline, *Secrets, Spies and Scholars*, 181。

第十章 古巴 I：另一个加尔各答黑洞

1. “我们是切·格瓦拉的部队……”引自 Marvin D. Resnick, *The Black Beret* (New York: Ballantine Books, 1969), 141–142。

2. 艾伦·杜勒斯就古巴形势提交给艾森豪威尔的报告，称古巴形势“动荡不堪”，见 Central Intelligence Agency, Memo to DCI, February 4, 1959 (declassified July 15, 1981), 1, 3. DDEL: EP: AWF: Dulles–Herter Series, box 8, folder: “Dulles, February 1959”。

3. 尼克松对卡斯特罗的评价，引自 Richard Nixon, *RN*. Vol. 1, 250。

4. 国务院对卡斯特罗的分析：“关于对共产主义和冷战的立场，卡斯特罗非常谨慎地暗示他会留在西方阵营。但是……”见 Herter memo to Eisenhower with attachment “Unofficial Visit of Prime Minister Castro,” April 23, 1959 (declassified December 22, 1976). DDEL: EP: Dulles–Herter Series, box 9, folder: “Herter, April

1959 (2)”。

5. 卡贝尔承认“反共产主义者对谣言很感兴趣……”引自 James Martin Keagle, *Toward an Understanding of US Latin American Policy* (Princeton University: Ph.D. dissertation, 1982), 90。

6. 国务卿克里斯蒂安·赫脱提交给艾森豪威尔总统的备忘录，提出“当前的政策应该严格保密”，见 Herter memo to Eisenhower, November 5, 1959 (declassified February 3, 1981). DDEL: EP: WHO: OSS: International Series, box 4, folder: “Cuba (1) [1959]”。

7. 约瑟夫·考德威尔·金建议中情局采取的四个措施之一是“充分考虑消灭卡斯特罗……这将会加速现政府的垮台”，引自 U.S. Congress. Senate (94/2) Select Committee to Study Governmental Operations with Respect to Intelligence Activities (此后称作 Church Committee), *Interim Report: Alleged Assassination Plots Involving Foreign Leaders* (此后称作 *Alleged Assassination Plots*) (Washington: Government Printing Office, 1975), 92。

8. 艾伦·杜勒斯语：“美国是不会容忍卡斯特罗对古巴进行长期统治的。”引自 Church Committee, *Alleged Assassination Plots*, 93。

9. 1960 年 3 月 10 日美国国家安全委员会会议，引自 Church Committee, *Alleged Assassination Plots*, 93, 114–116。在被问到如何评价 70 年代中期的委员会调查时，伯克上将坚持认为他当时指的是导致猪湾行动的那些总体规划，而不是任何有关暗杀的具体计划。

10. 艾森豪威尔担心“我们可能会在古巴遭遇另外一个加尔各答黑洞”。“加尔各答黑洞”是加尔各答宫殿中的一个黑屋子，1756 年印度孟加拉的统治者曾在此关押过英国和其他国家的囚犯，许多囚犯由于伤势严重、炎热和窒息等原因身亡。

11. 艾森豪威尔语：“艾伦，这个计划听起来不错……”见 Gordon Gray interview. 见 DDEL: Oral History number 352, 27–28。

12. 1960 年 3 月 16 日中情局《针对卡斯特罗政权的隐蔽行动项目》备忘录，见 Central Intelligence Agency, “A Program of Covert Action Against the Castro Regime,” March 16, 1960 (declassified April 9, 1982). DDEL: DDEP: WHO: OSS: International Series, box 4, folder: “CIA Policy Paper re Cuba”。

13.“冥王星”行动备忘录，引自 *Operation Zapata: The "Ultrasensitive" Report and Testimony of the Board of Inquiry on the Bay of Pigs*. (Md.: University Publications of America, 1981), 4。

14. 莫里斯·施坦斯质疑“冥王星”行动的预算，引自 Thompson, ed., *The Eisenhower Presidency*, 219。

15.“冥王星”行动的时间表，见 Gray, Memorandum of Meeting with the President, July 6, 1960 (declassified October 25, 1977). DDEL: EP: WHO: OSANSA: Special Assistant Series, Presidential subseries, box 4, folder: “1960 Meetings with the President v. I (1)”。

16. 艾森豪威尔指出他不想“在危机不断发展期间移交权力”，见 Gray, Memorandum of Meeting with the President, December 5, 1960 (declassified May 23, 1983), 3. Ibid., box 5, folder: “1960 Meetings with the President v. II (2).”

17. 最新解密的 1960 年 12 月和 1961 年 1 月的有关“冥王星”计划的备忘录，见 Memorandum of December 5, 1960, op. cit. 也可见 Gray, Memorandum of Meeting with the President, January 9, 1961 (declassified May 23, 1983), ibid。

18. 艾森豪威尔语：“伙计们，如果你们不打算详细说明的话，那咱们就不要再讨论这个了。”见 Gordon Gray interview. DDEL: Oral History number 352, 37。

第十一章 古巴 II：从“冥王星”到“猫鼬”

1.1961 年 2 月 9 日罗伯特·L. 丹尼森上将和肯尼迪总统会面，见 Robert L. Dennison interview. U.S. Navy Oral History。引自 *U.S. Naval Institute Proceedings* (October 1979), 111。

2. 艾伦·杜勒斯语：“当时我就站在艾克的桌前……”引自 Theodore Sorensen, *Kennedy* (New York: Bantam Books, 1965), 332。

3. 一位海军上校发给肯尼迪总统的电报，“我的观察使我坚信……”引自 Manuel Artime, et al., “We Who Tried,” *Life* (May 10, 1963), 34。

4. 牵制性的登陆计划未能如期进行：这个牵制性登陆计划有一个环节是美国海军的一艘潜艇在古巴的另一端浮出水面，发射照明弹，模拟登陆活动，以引发古巴国内的起义。大约 35 名流亡分子登陆，在古巴发动反卡斯特罗活动，但是，他们的真正角色是阻碍卡斯特罗对登陆做出反应，而不是颠覆卡斯特罗政府。卡斯特罗进行了大规模安全检查，因此流亡分子们无一成功，25 名流亡分子被抓捕，其中 15 人被处决。另外 10 人设法逃到委内瑞拉在哈瓦那的大使馆，寻求政治庇护，几个月之后安全离开古巴。Felix Rodrigue 是这些安全逃离的人之一，他在 1967 年终于大仇得报，帮助美国人抓住了在玻利维亚活动的切·格瓦拉。在格瓦拉被捕后，Felix Rodrigue 和其进行了几个小时的交谈，他是格瓦拉临终前最后见到的几个人之一。越战期间，Felix Rodrigue 来到越南，为中情局服务，后来还参与了中情局对尼加拉瓜的隐蔽行动。

5. 肯尼迪总统承认“我们已经受够了游击战了”，引自 Peter Wyden, *Bay of Pigs: The Untold Story* (New York: Simon & Schuster, 1979), 271。
6. 1960 年 4 月 19 日艾伦·杜勒斯与尼克松会面，引自 Richard Nixon, *RN*, Vol. 1, 287–288, 289。
7. 肯尼迪告诉艾森豪威尔，猪湾行动失败的主要原因是“情报沟通的障碍……”引自 Eisenhower diary, April 22, 1961. Robert H. Ferrell, ed., *The Eisenhower Diaries* (New York: W. W. Norton, 1981), 386。
8. 尼克松建议寻找一个“适当的合法的借口”，以此为据反对卡斯特罗，引自 Richard Nixon, *RN*, Vol. 1, 289。
9. 艾森豪威尔语“在西半球进行的，所有阻止共产主义势力的侵略……”引自 Eisenhower diary, April 22, 1961. Ferrell, ed., op. cit。
10. 艾森豪威尔认为肯尼迪的书《当仁不让》应该改名为“胆小犹豫者传”，引自 Eisenhower diary, June 7, 1961. Ferrell, ed., 390。
11. 泰勒委员会的报告，引自 Frederick, *Operation Zapata*, 41, 42。
12. 肯尼迪语，“杜勒斯是个传奇人物，可与传奇人物很难共事”。引自 Arthur Schlesinger, *A Thousand Days* (Greenwich, Conn.: Fawcett Books, 1965), 258。
13. 杜勒斯的反驳，见 Lucien S. Vandenbroucke, “The Confessions of Allen Dulles: New Evidence on the Bay of Pigs,” *Diplomatic History* (Fall 1984), 365–375。
14. 肯尼迪希望将中情局“撕成碎片，让其随风飘散”。引自 Taylor Branch and George Crile, “The Kennedy Vendetta,” *Harper's* (August 1975), 50。
15. 国家安全委员会会议决定对古巴“今后将会实施更多‘富有活力’的行

动”，见 Central Intelligence Agency, “Memorandum of Mongoose Meeting Held on Thursday October 4, 1962” (declassified May 7, 1976)。

16. 律师约翰·诺兰回忆：“你可以想象吗……”引自 Brock Brower, “Why People Like You Joined the CIA,” *Washington Monthly* (November 1976), 59。

17. 副总统林登·约翰逊语：“最基本的问题是是否该直接或间接支持对古巴的入侵……”见 Burris memo to Johnson, “Cuba (NSC Meeting, January 25th),” January 25, 1963 (declassified April 28, 1978). Lyndon Baines Johnson Library (此后称作 LBJL): Johnson Papers (此后称作 JP): Vice Presidential Security File, box 6, folder: “Memos from Burris, July 1962–April 1963”。

18. 国务卿迪安·腊斯克语：“我很担心古巴流亡者发动的突袭会损害我们的国家利益……”见 Rusk, draft letter, March 28, 1963 (declassified June 17, 1977). LBJL: JP: Vice-Presidential Security File, box 4, folder: “NSC (1)”。

第十二章 冷战与反叛乱

1. 参谋长联席会议主席语：“我认为这个研究对于（战争的起因）的解答过于简单……”见 Joint Chiefs of Staff, “CIA Study on Peripheral Wars,” September 21, 1955. National Archives: Modern Military Branch: Records Group 218: Radford 1953–1957, box 48, folder: “381 Net Evaluation 1955”。
2. 约翰·福斯特·杜勒斯告诉艾伦·杜勒斯中情局应该关注的是情报，而不是行动，见 Allen-Foster Dulles telephone notes, March 21, 1958. DDEL: JFDP: TS, box 8, folder: “January–March 1958 (1)”。
3. 肯尼迪在路易斯安那州的查尔斯湖进行竞选演说，引自 John F. Kennedy, *The Strategy of Peace*, ed. Allan Nevins (New York: Harper & Brothers, 1960), 184。
4. 麦斯威尔·泰勒的回忆，引自 Maxwell Taylor, *Swords into Plowshares* (New York: W. W. Norton, 1972), 178–179, 184–185。
5. 肯尼迪委任泰勒担负类似顾问的职责，同上，197。
6. 特种部队指的是 1950 年代各种以“F”打头的部队，如“FA”“FB”“FC”，这种命名法一直沿用到 60 年代。本书中统一采用“特种部队”的称谓。
7. 沃尔特·W. 罗斯托的演讲，见 Department of the Army, Office of the Chief of Information, Special Warfare U.S. Army (Washington, D.C.: Department of the Army,

n.d. [1962]), 25, 23。

8. 肯尼迪称绿色贝雷帽是“杰出的象征、勇气的勋章、为自由而战的标志”，见 Kennedy letter to United States Army, April 11, 1962. 同上，3。

9. OPLAN10–1 作战计划，引自 Duncan Campbell, *The Unsinkable Aircraft Carrier* (London: Michael Joseph, 1984), 137–139, fn. 18, 68–69。

10. 陆军发言人在一次信息发布会上提道：“这在美国历史上是第一次……美国陆军可以在任何战争中根据不同情况使用这种新的武器。”引自 Tom Compere, ed., *The Army Blue Book* (New York: Military Publishing Institute, 1960), 80。

11. 劳伦斯·休斯敦就冷战活动的法律依据的观点，见 Houston memo to McCone, OGC 62–0083, “Legal Basis for Cold War Activities,” January 15, 1962 (declassification date not available.) 劳伦斯·休斯敦的其他备忘录都收在给国际问题研究学会第 25 届年会提交的一篇文章的附录中。引自 Jay Peterzell, “Legal and Constitutional Authority for Covert Operations,” Washington, D.C., March 1985。

12. 劳伦斯·戴尔文电报称刚果正在经历“一场典型的共产党企图接管政府”的运动，引自 Madeleine G. Kalb, *The Congo Cables* (New York: Macmillan, 1982), 53。

13. 艾伦·杜勒斯认为卢蒙巴背景“可怕”，受到共产党人的“收买”，引自 Richard D. Mahoney, *JFK: Ordeal in Africa* (new York: Oxford University Press, 1983), 38。

第十三章 越 南

1. 兰斯代尔的观点，引自 Edward Lansdale, *In the Midst of Wars* (New York: Harper & Row, 1972)。

2. 兰斯代尔报告称：“越南正处在关键时刻，我们应当视其为冷战的战场之一……” 见 Lansdale Report, January 17, 1961. Department of Defense, *United States-Vietnam Relations 1947—1967* (此后称作 *US-GVN Rel*), Vol. 2, Book IV.A.5 (Washington, D.C.: Government Printing Office, n.d. [1971]), 66–77。

3. 肯尼迪对沃尔特·罗斯托说：“这是我们收到的最差的报告……”引自 Walt W.

Rostow, *The Diffusion of Power* (New York: Macmillan, 1972), 265。

4. 兰斯代尔称国防部长罗伯特·麦克纳马拉是"一个很难交流的人"，见 U.S. Congress, Senate (98/2), Foreign Relations Committee, *Report: The U.S. Government and the Vietnam War: Executive and Legislative Roles and Relationships* (此后称作 *USG & VN War*), (Washington, D.C.: Government Printing Office, 1984), Part II, 13。
5. 罗斯韦尔·吉尔帕特里克的回忆，同上，36。
6. 在越南部署一支绿色贝雷帽特种部队，以便"扩大情报、非常规战争和政治—心理活动"，见 Gilpatric Report, May 6, 1961. *US-GVN Rel,* Vol. 11, 84。
7. 泰勒—罗斯托报告建议"在北越、南越和老挝增加隐蔽行动"，见 Taylor–Rostow Report, November 3, 1961. *The Pentagon Papers: The Senator Gravell Edition: The Defense Department History of United States Decisionmaking on Vietnam,* Vol. 2 (Boston: Little Brown, n.d. [1972]), 653。
8. 兰斯代尔在印度尼西亚：兰斯代尔当时是空军中校，他认为他在越南停留的时间过长。在与杜勒斯兄弟会面时，他说他不愿意一直待到就重新统一而进行的公投结束之后（根据 1954 年《日内瓦协议》，越南重新统一公投将于 1956 年举行），这让约翰·福斯特·杜勒斯很惊讶。据兰斯代尔回忆，他对越南事务不太感兴趣，相反，他感兴趣的是 1956 年英国水下战专家 Commander Crabbe 失踪一事。Crabbe 在苏联重型巡洋舰"奥尔忠尼启则"号下"游泳"时失踪，为此，赫鲁晓夫不得不对英国进行了一次官方访问。据认为 Crabbe 在为英国秘密情报局服务。
9. 爱德华·兰斯代尔认为美国不应该支持南越政变，引自 *USG & VN War*, Part II, 203。
10. 1967 年 2 月中情局一份备忘录称"政策制定者们已经在质疑和修改中情局的报告……"引自 Church Committee, *Final Report, Vol. I, Foreign and Military Intelligence* (此后称作 *Foreign and Military Intelligence*), (Washington, D.C.: Government Printing Office, 1976), 56。
11. 邦迪回忆道："1961 年，我带着初学者的易信态度倾听着猪湾计划制订者们的高谈阔论……"引自 McGeorge Bundy, *New York Times*, June 10, 1985。
12. "只有将工具和人力迅速分配，重新装好排水设备，才能阻止一场大洪灾的发生”，引自 Major General Robert R. Ploger, *U.S. Army Engineers 1965—1970* (Washington, D.C.: Department of the Army, 1974), 192–193。

13. 1965年3月，理查德·赫尔姆斯制订的计划，称“适应形势并绕开烦琐的政府机制”。见 Helms memo to McCone, “CIA Proposals for Limited Civilian Political Action in Vietnam,” March 31, 1965 (declassified September 1985). LBJL: JP: National Security File (此后称作 NSF): Country File—Vietnam (此后称作 CF-VN), box 194, folder: “McCone’s 12 Points”。

14. 麦克纳马拉与德斯蒙德·菲茨杰拉德对话，引自 Stewart Alsop, *The Center* (New York: Harper & Row, 1968), 145。

第十四章 高 原

1. 美国捏造了许多北越入侵老挝的报道，以便为进一步军事援助寻找借口：9月16日，富米称北越6个团侵略老挝，射杀50人，调查此次事件的一个国际委员会却没有找到任何北越入侵的证据，且死亡人数不超过5人。

2. DEFCON 备战等级：美国国防部采用从低到高共五个备战等级，5级战备状态指的是和平状态（DEFCON5），1级备战状态指的是战争状态（DEFCON1）。

3. 艾森豪威尔称“即使是发动战争，我们也绝不能让老挝落入共产党手中”，见 Goodpaster, Memorandum of Conference with the President, December 31, 1960 (declassified May 23, 1983). DDEL: EP: WHO: OSS: International Series, box 9, folder: “Laos (2)”。

4. 格拉哈姆·帕森斯称梭发那·富马“对亚洲和老挝一无所知”，引自 Roger Hilsman, *To Move a Nation* (New York: Doubleday, 1967), 125。

5. 对秘密军的军事援助隐藏在送到泰国和老挝皇家军队的援助中，引自 Ralph W. McGehee, *Deadly Deceits* (New York: Sheridan Square Publications, 1983), 82–84。

6. 威廉·H. 苏利文称莱纳德·昂格尔对美国向苗族人提供援助干得“很勉强”，引自 William H. Sullivan, *Obbligato 1939—1979* (New York: W. W. Norton, 1984), 210, 213。

7. 西奥多·夏克立很快意识到花言巧语和宣传并不管用，引自 Theodore Shackley, *The Third Option* (New York: Reader’s Digest Press, 1981), 72。

8.“在石缸平原，中情局正在竭尽全力地培养苗族部落的军事力量”，见 Richard Helms interview. LBJL Oral History, II, 18–19。

9. 苏利文下令严禁美国人参加战斗：“如果我发现有人故意违反命令，我会马上把他调走”。引自 Sullivan, *Obbligato 1939—1979*), 211。

10. 比尔·科尔比称“美国航空公司的工作非常出色”，见 William Colby interview, LBJL Oral History, I, 54。

11. 德斯蒙德·菲茨杰拉德称中情局泰国情报站站长罗伯特·詹特伦是“美国在东南亚最具价值的人才”。引自 Burkholder Smith, *Portrait of a Cold Warrior*, 205。

12. 苏利文报告：“我们在这个地区所有的‘洋基队’侦察任务都没发现一条正儿八经的胡志明小道。”见 Cable, Sullivan–Rusk, Vientiane 2054, June 21, 1965 (declassified February 14, 1984). LBJL: JP: NSF: Aides’ Files: Bundy; box 3, folder: “Bundy Memos v. 11 (June 1965)”。

13. 一位美国官员观察称“比尔·苏利文就是不想让威斯特摩兰染指老挝”。引自 Charles A. Stevenson, *The End of Nowhere* (Boston: Beacon Press, 1972), 217. 或可见 William C. Westmoreland, *A Soldier Reports* (New York: Dell Books, 1980), 355–357, 514–516。

14. 对老挝的情报评估，见 U.S. Military Assistance Command, Vietnam, Office of the Assistant Chief of Staff J–2, “Current Summary of Enemy Order of Battle in Laos,” editions of (a)15 December 1967 (declassified February 17, 1982) and (b) 15 August 1968 (declassified February 12, 1982). (a): LBJL: JP: NSF: CF–VN, box 176–177, folder “Vietnam Order of Battle Reports Vol. III.” (b): ibid., box 178, folder “Vietnam Order of Battle Reports Vol. IX”。

15. 威廉·P. 邦迪称“空投到老挝的大米，没有一袋是他（苏利文）不知道的”。引自 Stevenson, *The End of Nowhere*, 217。

16. 赛明顿听证会，引自 *New York Times,* October 29, 1969; January 23, 1970; 引自 Stevenson, *The End of Nowhere*, 209. Houston–Helms memo, October 30, 1969, 也附录在 Peterzell, “Legal and Constitutional Authority for Covert Operations,” ms. 1985。

17. 赫尔姆斯语：“当斯图亚特·赛明顿站起来开始谈论‘秘密战’时，他知道的远远比他表现出来的要多。”见 Helms Oral History, II, 6。

18. 赫尔姆斯与约翰·斯滕尼斯的谈话，见 Helms Oral History, II, 21。

19.《东南亚海洛因政治》：Alfred W. McCoy, Cathleen B. Read, and Leonard P. Adams Ⅱ, *The Politics of Heroin in Southeast Asia* (New York: Harper & Row, 1972). 中情局看到这本书的草稿之后，威胁要采取法律措施阻止这本书出版，但最终未能如愿。这本书的出版重新唤起了公众对战争中毒品走私的关注。中情局检察长的报告，详见 Church committee, *Foreign and Military Intelligence*, 227–230。

20. 基辛格语：“国会中一类官员觉得有义务保护自己的军队，另一类……我们夹在中间进退两难。”引自 Henry A.Kissinger, *White House Years 1969—1973* (Boston: Little Brown, 1979), 451。

21. 戈德利语：“由于今天下午发生的事情，我们已经失去了帮助任何媒体的兴趣。”引自 *New York Times*, February 25, 1970。

22. 关于美国是否参与了 1965 年推翻苏加诺的政变，以及休·托瓦是否知道政变计划，至今还是个谜。可参考论文集 “Should the U.S. Fight Secret Wars?” (September 1984), 33–47。

23. “天空”的指挥官给王宝发的消息：“正如我们之前所讨论的那样，美国空军将在 2 月 22 日正午停止一切支持行动……”引自 Arnold R. Isaacs, *Without Honor* (Baltimore: Johns Hopkins University Press, 1983), 178–179。

24. 道格拉斯·布劳法布的观点，引自 Douglas S. Blaufarb, *The Counterinsurgency Era* (New York: The Free Press, 1977), 166–168。

第十五章 全球影响力

1. 达春的密谋，引自 William Colby, *Honorable Men*, 149–150。科尔比证实中情局招募了无线电操作员，并且向他们提供了设备，但是他将“密谋”归因于南越和泰国情报部门，认为中情局无法劝阻。

2. 绿色贝雷帽事件，引自 John Steven Barry, *Those Gallant Men* (Novato, Calif.: Presidio Press, 1984)。

3. 柬埔寨将军萨索沙康回忆“这些‘特种队员’在南越是处于美国直接指挥

之下的”。引自 Lieutenant General Sak Sutsakhan, *The Khmer Republic at War and the Final Collapse* (Washington, D.C.: U.S. Army Center for Military History, Indochina Monograph, n.d. [1980]), 55。

4. 亨利·基辛格语：“我们既没有鼓励推翻西哈努克，也没有预先知晓……”引自 Kissinger, *White House Years*, 463。

5. 比尔·科尔比语：“朗诺可能是被美国与山玉成合作的事实所鼓舞……”引自 William Shawcross, *Sideshow* (New York: Simon & Schuster, 1979), 122. 值得注意的是，在基辛格的自传第一卷即将付印时，本书出版，基辛格随后对他的自传进行了修改，以便为自己辩护。

6. 尼克松语：“兰利的那些小丑们到底都在外边干了些什么？”引自 Richard Nixon, *RN*, Vol. I, 553。

7. 尼克松下令“让我们制订一个计划去援助新政府吧”。引自 Kissinger, *White House Years*, 465。

8. 尼克松指示基辛格，“我需要中情局局长赫尔姆斯制订并且实施一项计划……”。同上。

9. “那个疯子布莱克本……”引自 Benjamin F. Schemmer, *The Raid* (New York: Harper & Row, 1976), 146。

10. 赫尔姆斯语“鲍勃·科默消息可真灵通啊”。引自 Colby and Forbath, *Honorable Men*, 245. 科默自己的说法是他并没有占任何人的便宜。据科默回忆，有一天，约翰逊总统将他叫去办公室，突然对他说：“鲍勃，我打算让你负责在越南的另外一场战争。”科默感到很迷惑，就问道：“什么是在越南的另外一场战争？我们在那里不是只有一场战争吗？”约翰逊总统回答：“这只是一方面，我想要发动一场既是建设性的，又是毁灭性的战争。”紧接着，约翰逊总统让科默负责绥靖工作，科默最终勉强同意。这一情节引自 Bob Brewin and Sydney Shaw, *Vietnam on Trial* (New York: Atheneum, 1986), 234。

11. 科尔比语“我们工作的明显疏漏”。同上，275。

12. 尼克松总统在兰利的大礼堂向中情局高级官员们致辞：“我认为这个组织不是进行冲突或战争所必需的组织……”引自 *Public Papers of the Presidents:*

Richard Nixon, 1969 (Washington, D.C.: Government Printing Office, 1971), 203。

13. 尼克松语，“我认为美国人民需要理解对这种外交政策的需求”。同上。
14. 1948 年中情局有关库尔德人的情报评估，见 Central Intelligence Agency, ORE 71–48, “The Kurdish Minority Problem,” December 8, 1948 (declassified July 5, 1978), 1. HSTL: Truman Papers: PSF: Intelligence File, box 258, folder: “ORE Reports 1948 (67–78)”。
15. 库尔德人通过中情局渠道向美国发出请求，以及美国的反应，引自 William Safire, *Safire's Washington* (New York: Times Books, 1980), 83–84, 85–86。这些文件在派克委员会进行调查时披露，发布在 *The Village Voice*, February 16, 1976, 当事人的名字被隐去。在 Safire 的书中提供了当事人的名字。
16. 基辛格语:“如果在 1970 年春夏之际，我相信了阿连德非常有可能取胜……”引自 Kissinger, *White House Years*, 669。
17. 基辛格语：“我不明白为什么我们要袖手旁观，看着一个国家由于自己的人民不负责任而走向共产主义。”引自 Seymour Hersh, *The Pursuit of Power* (New York: Summit Books, 1983), 265。
18. 基辛格对智利外交官语：“我对比利牛斯山以南的国家既不感兴趣，也一无所知。”引自 Armando Uribe, *The Black Book of American Intervention in Chile* (Boston: Beacon Press, 1974), 33。
19. 尼克松下令赫尔姆斯使智利“经济哀鸣”，“总统的命令十分强势”。引自 Church Committee, *Alleged Assassination Plots*, 227–228。在尼克松给丘奇委员会提交的一份宣誓过的文件中，尼克松声称：“我不记得在 1970 年 9 月 5 日的会议上讨论过中情局采取具体措施阻止阿连德当选智利总统，我记得会议重点是政策问题，以及可以采取的大体措施。正如我以前所言，我记得讨论过花钱资助阿连德的对手以及开展援助项目以影响智利经济，并且将各党派，包括军方的支持联合在一起，暗中支持能够在国会确认环节中击败阿连德的候选人。”“我不记得下过什么命令，要求中情局在智利进行的活动不要告知国务院或者国防部。”引自 *New York Times*, March 12, 1976。
20. 卡拉梅辛斯语：“就我所知，我们被告知继续行动……”引自 Church

Committee, *Alleged Assassination Plots*, 254。

21. 死于智利军方之手的美国公民：查尔斯·E. 霍尔曼是纽约的一位作家，弗兰克·特鲁奇是芝加哥的一位记者。在智利政变一周后，他们遭到智利安全部门拘押，随后死亡，但智利政府声称与此无关。另有至少 17 名美国公民被捕，包括一些博士生、本科生，一位神父，一名物理学教授。在美国国务院交涉下，这些人被释放。霍尔曼失踪一事被搬上电影屏幕，根据 Thomas Hauser, *The Execution of Charles Horman* (New York: Harcourt, Brace, Jovanovich, 1978) 一书改编。
22. 赫尔姆斯：1983 年，在风声过后，里根总统秘密授予赫尔姆斯国家安全奖章，这是美国最高级别的情报勋章。
23. NSDM–40 号文件，见 National Security Council, NSDM–40, "Responsibility for the Conduct, Supervision and Coordination of Covert Action Operations," February 17, 1970 (declassified June 8, 1976)。
24. U. 亚历克斯·约翰逊语："在尼克松政府时期，总统和中情局就敏感话题经常绕过委员会，这是事实。"引自 U. Alexis Johnson with Jef Olivarius, *The Right Hand of Power* (Englewood Cliffs, N.J.: Prentice–Hall, 1984), 347。
25. 40 委员会决定花费 1000 万美元影响 1972 年意大利大选：美国的隐蔽行动包括支持政党、组织以及 21 位候选人。中情局给其中一个政党提供了 340 万美元，给中情局组建和支持的一个政党提供了 340 万美元，给其他政党和组织提供了 130 万美元。1948 年之后，中情局在意大利的花费总计 6500 万美元。据派克委员会的调查，1972 年的行动只是一个权宜之计，原因是 1970 年中情局委托的一个调查得出结论，意大利共产党有可能在大选中获胜，美国官员担心智利阿连德的例子可能会鼓励其他国家（包括意大利）走类似的道路。

第十六章 复活的"恶象"

1. 《尼克松时代中情局对反越战势力和其他持不同政见者有大动作》，引自 *New York Times*, December 22, 1974。
2. 科尔比承认"水门事件"导致"媒体和政治大爆炸"，引自 Colby and Forbath, *Honorable Men*, 388, 391。

3. 艾伦·杜勒斯语:“我觉得我必须捏造一点事实”。引自 Thomas Braden, “What's Wrong with the CIA?” *Saturday Review* (April 5, 1975), 24。

4. 艾伦·杜勒斯语:“我会告诉他们一些战场上发生的事”。引自 Marchetti and Marks, *The CIA and the Cult of Intelligence,* 305。

5. 莱弗利特·索顿斯托尔语:“问题不是中情局不想和我们交流,而是我们不愿意交流……”引自 Harry Howe Ransom, *The Intelligence Establishment* (Cambridge: Harvard University Press, 1970), 169。

6. 麦克乔治·邦迪语:“一旦我们对情报系统的监督工作出现问题,我们将视情况而定。”见 Bundy memo to Johnson, October 13, 1965. LBJL: JP: NSF: Aides' Files: Bundy, box 5, folder: “Bundy Memos v. 15 (Sept. 23–Oct. 15, 1965)”。

7. 约翰逊总统批注“因为他们会泄露机密”。见 Rostow memo to Johnson, June 1, 1966 (declassified September 25, 1979). LBJL: JP: NSF: Agency File, box 5, 8, 9, 10, folder: “CIA v. II.” 约翰逊总统指的是美国干涉多米尼加共和国的行动中的泄密事件,据说是因为参议院外交关系委员会泄露了机密。

8. 约翰逊总统任命哈里·麦克弗森:这不是麦克弗森第一次在情报事务中担任白宫的调停人。在旷日持久的海涅—劳斯诽谤诉讼案中,他担任法官。案情如下:原告是爱沙尼亚移民海涅,被告是爱沙尼亚移民劳斯,后者是爱沙尼亚解放联盟的主席。海涅状告劳斯诽谤他是苏联特工,劳斯请求白宫帮助。尽管中情局告诉劳斯的律师,中情局不可能提供帮助,但是后来赫尔姆斯向法庭出示了几分宣誓书,证明劳斯曾经为中情局效力,并且出于国家安全考虑,命令劳斯不必出庭做证。法庭最终驳回海涅的起诉。

9. 赫尔姆斯语:“不要含糊其辞,漫无边际,也不要猜忌……”引自 Thomas Powers, *The Man Who Kept the Secrets* (New York: Pocket Books, 1981), 221。

10. 基辛格语:“比尔,赫什的文章第一次发表的时候,我认为你可以很果断地否认……”引自 Colby and Forbath, *Honorable Men*, 395。

11. 福特总统的回忆,引自 Gerald R. Ford, *A Time to Heal* (New York: Berkley Books, 1980), xxiv, 258; cf. 223–224。

12. 福特认为派克委员会对基辛格“过于苛刻”。同上,344。

13. 托马斯·奥尼尔语:“今年是大选年,他们对秘密泄露的行为大肆抨击……”

引自 Daniel Schorr, *Clearing the Air* (New York: Berkley Books, 1978), 196。

14. 派克报告：《总统不想让你看到的中情局报告》，*The Village Voice* (February 16, 1976), 69–94. 派克委员会还展示了五卷听证会和两卷诉讼记录，其中包括情报分析的非常有趣的审核。

15. 刺杀外国领导人的计划：丘奇委员会对这部分事件的调查主要集中在艾森豪威尔政府时期的官员，包括戈登·格雷和德怀特·D. 艾森豪威尔，这两个人都曾经鼓励同事们做证，证明艾森豪威尔总统从未批准过暗杀行动。丘奇委员会最终接受了这个观点，但是事实却是许多外国领导人在这一时期遭遇暗杀，包括卢蒙巴、卡斯特罗、特鲁希略等。丘奇委员会最终的结论是，这些暗杀行动是由当时的中情局局长艾伦·杜勒斯批准的，而不是艾森豪威尔总统批准的。

16. 丘奇委员会的报告，引自 *Foreign and Military Intelligence,* 424–431. 相比于派克委员会的调查结果公布之时，丘奇委员会的调查结果公布时，外部环境要宽松许多，尽管如此，中情局还是试图删除许多文件，最终公布的结果也确有删节。删除的内容包括猪湾行动、老挝行动，以及面对电视观众所做的证词。中情局还设法阻止丘奇委员会对在智利进行的隐蔽行动进行调查。

17. “恶象”，引自 Ford, *A Time to Heal*, xxiv。

18. 丘奇语：“我们绝对不需要一批从事隐蔽行动的间谍人员……”引自 *Foreign and Military Intelligence*, 564。

19. 纳撒尼尔·戴维斯警告美国将不得不处理“可能的信息泄露”。引自 Nathaniel Davis, “The Angola Decision of 1975: A Personal Memoir,” *Foreign Affairs* (Fall 1978), 111。

20. 派克委员会对安哥拉隐蔽行动详细研究之后，“按照国家安全委员会助理的命令”，删除了戴维斯团队的建议。引自 *The Village Voice* (February 16, 1976), 85。

21. 基辛格语：“中情局建议了这次行动，并支持了这次行动。”见 U.S. Congress (94/2) Government Operations Committee. *Hearings: Oversight of U.S. Government Intelligence Functions* (Washington, D.C.: Government Printing Office, 1976), 440. 但是，在 1976 年 2 月 5 日，基辛格在做证时称：“中情

局在某些情况下很可能会说，这不适用于某些细节……中情局还可能说，我们同意这个，但是我们不认为这个可以保密。在这种情况下，从技术上来讲，他们是反对隐蔽行动的，因为他们不相信隐蔽行动能够保密，尽管他们支持这种本质。”

22. 纳撒尼尔·戴维斯辞职：戴维斯辞职时没有在任何场合公开自己的观点。辞职后他担任了美国驻瑞士大使。他在跨部门小组的职务由 William G. Hyland 代替，Hyland 时任国务院情报和研究署署长。近期 Hyland 回忆了安哥拉行动，他认为给罗伯托提供的首批资金“根本在安哥拉没有引起任何涟漪”，毫无疑问，这是由于资金的数目太小，只有 30 万美金。事实上，是中情局的支持，而不是这笔资金激励了罗伯托，使他相信此后美国会提供更多的资金和支持，而他的想法确实是正确的。基于这个判断，罗伯托命令 FNLA 投入战斗。这不是隐蔽行动第一次只是以很少的资金启动，所以资金的数目并不能作为借口。Hyland 认为基辛格的参与是“后期的、犹豫的”。据一位与基辛格关系密切的观察人士所言，基辛格当时关注的是东西方关系的问题，所以 Hyland 的观点与这位人士的观点一致。另外一个问题是安哥拉秘密战是由谁主导，Hyland 认为中情局和国务院都非常谨慎，如果不是有人（例如基辛格）推动的话，美国不会卷入安哥拉事务。当时基辛格已经卷入葡萄牙事务中，而这可能就是关键，因为美国的干预起初是从葡萄牙事务开始的，后来逐渐卷入安哥拉事务。Hyland 的叙述为美国干涉安哥拉事务提供了时间上的证据，他确认古巴是在美国卷入安哥拉事务之后才进行了干预，而不是在美国之前。引自 William G. Hyland, *Mortal Rivals* (New York: Random House, 1987), 130–147。
23. 尼尔森语：“各位，我们有责任在身……”引自 John Stockwell, *In Search of Enemies* (New York: W. W. Norton, 1978), 95。
24. 马尔卡希语：“他看完之后，嘟哝着走出了办公室。”引自 John Stockwell, *In Search of Enemies*, 22。
25. 福特总统对休斯—莱恩修正案的评价，见 Gerald Ford, *A Time to Heal*, xxv。
26. 丹尼尔·吉尔哈特：被安哥拉人民解放运动（MPLA）处决的美国雇佣兵之一。吉尔哈特一点都不符合雇佣兵的“铁血猛男”形象，他没有参加过特种部队，他本身是个跳伞运动爱好者，是马里兰州唐斯维尔的南方十字形伞中心的索具装配员。在跳伞时，别人还在自由下降，他就会早早地把开伞索打开。由于受到家庭问题的困扰，他萌生了当雇佣兵的念头，当他告诉朋友们他要求到安哥拉当雇佣兵时，朋友们都大吃一惊，不敢相信。

27. 总统调查令：根据休斯—莱恩修正案，总统调查令是出具给国会的一种证明，以证明某个建议得到了最高级别的批准，也可以说是一种声明。例如，“我认为……存在问题，因此，我授权……行动。”从一开始，总统调查令对于隐蔽行动的约束就没有多少价值，因为总统调查令不需要任何检验，只要总统愿意做出声明就可以。美国情报界也可以利用法律的不精确性，指定某些情形下需要总统调查令，或者指定总统调查令限定的范围。总统调查令的法律意义在于，它可以使国会“完整并及时地得知”所有隐蔽行动，而如何界定“完整并及时地得知”一直存在争议。

28. 特纳语：“对控制这个机构有信心与将其完全置于自己的控制之下是截然不同的两件事。”引自 Stansfield Turner, *Secrecy and Democracy* (Boston: Houghton Mifflin, 1985), 194。

29. “尤里卡”汇报，见 Hearings of the Joint Congressional Committee to Investigate the Iran–Contra Diversion (此后称作 Contragate Hearings), Richard V. Secord testimony, May 6, 1987. 本书写作期间，伊朗门事件的调查仍在进行中，听证记录和委员会的报告暂时无法引用，本书中引用的是证人的证词。

30. 特纳语，“中情局具有执行隐蔽行动的天赋，并且必须保持。”引自 Stansfield Turner, *Secrecy and Democracy*, (Boston:Houghton Mifflin 1985), 177。

第十七章 隐蔽行动新浪潮

1. 吉米·卡特认为苏联入侵阿富汗对“渴望和平的世界”造成了巨大冲击。引自 Jimmy Carter, *Keeping Faith* (New York: Bantam Books, 1982), 471。

2. 吉米·卡特语：“战争，是不可行的。”引自 *Washington Post*, October 7, 1982。

3. 吉米·卡特语：“入侵阿富汗是苏联武装部队对爱好自由的人民的直接侵略。”见 Carter, *Keeping Faith,* 471。

4. 埃及总统安瓦尔·萨达特在 1981 年证实，在苏联入侵之后，美国便立即提出实施隐蔽行动。引自 *New York Times and Washington Post*, September 23, 1981。

5. 布热津斯基称“确保苏联为他们的入侵行为付出代价”，引自 Zbigniew Brzezinski, *Power and Principle* (New York: Farrar Straus & Giroux, 1983), 434。
6. 有人批评中情局有一种“统计个人功劳的心态……”引自 *Washington Post*, April 27, 1987。
7. 叛军的常规防空作战武器，引自 *Washington Post*, January 13, 1985。
8. 安德鲁·艾瓦，引自 *New York Times*, May 25, 1983; *Washington Post,* September 8, 1984; Jack Anderson, June 14, 1984。
9. 古巴流亡分子参与刺杀流犯奥兰多·勒特里尔。引自 Taylor Branch and Eugene M. Propper, *Labrinth* (New York: Penguin Books, 1983)。
10. 救援被伊朗扣押的美国商人：1979 年 5 月，美国商人 William Gaylord 和 Paul Chiapparone 在其雇主 H. Ross Perot 的斡旋下，从德黑兰的监狱被释放。救援过程见 Ken Follett, *On Wings of Eagles* (New York: William Morrow, 1983)。
11. 国务卿塞勒斯·万斯的意思是“你们是美国的耻辱”。引自 Bernard Diederich, *Somoza and the Legacy of U.S. Involvement in Central America* (New York: E. P. Dutton, 1981), 187。
12. 绿色贝雷帽部队在利比亚执行任务。引自 *New York Times*, August 26, 1981; December 9, 1981; Phillip Taubman, “The Secret World of a Green Beret,” *New York Times Magazine*, July 4, 1982。
13. 埃德温·威尔森和中情局人员的行动。引自 Seymour Hersh, “Exposing the Libyan Link,” *New York Times Magazine*, June 21, 1981; “The Quaddafi Connection,” *New York Times Magazine,* June 14, 1981。
14. 1977 年到 1981 年期间，大约 2800 名情报官员退休。引自 *New York Times*, September 23, 1981。
15. 参议院情报委员会认为“凯西不适合担任中情局局长一职的结论没有事实依据”，引自 *New York Times*, July 30, 1981. 经过进一步调查，参议院情报委员会重申了这一决定，发布于 1981 年 12 月 1 日。
16. 反对隐蔽行动建议，见 *New York Times*, July 5, 1982, December 19, 1982,

August 5, 1983; *Washington Post*, December 16, 1984, March 31, 1986. 也可参考 Bob Woodward, Veil: *The Secret Wars of the CIA* (New York; Simon & Schuster, 1987)。

17. 12333 号总统令，引自 *New York Times*, December 5, 1986。
18. 伊朗问题，引自 Mansur Rafizadeh, *Witness: From the Shah to the Secret Arms Deal, An Insider's Account of U.S. Involvement in Iran* (New York: Morrow, 1987), 347。
19. 美国采取的一系列行动是在“摸黑前行”。引自 *Washington Post*, December 19, 1986。
20. 格拉哈姆·富勒发给比尔·凯西的简报中认为在伊朗问题上，更加大胆更加冒险的政策能够确保美国在接下来将会发生的事情上至少能够有更大的发言权。见 Report of the President's Special Review Board (此后称作 Tower Commission Report), February 26, 1987, B–6。

“改善霍梅尼和美国的关系当前并不是一个政策选择”。同上，B–7。

21. 一份评估报告称“任何不能促使卡扎菲下台的行动都不会对利比亚政策带来重大和持久性的改变”。引自 *Washington Post*, November 3, 1985。
22. 罗伯特·盖茨语：“美国和埃及对利比亚进行联合行动可能会重新勾画北非的政治地图。”引自 *Washington Post*, February 20, 1987。
23. 穆巴拉克与波因德克斯特对话。同上。
24. 《华尔街时报》发表文章指出美国有可能和利比亚发生冲突。引自 *Wall Street Journal*, August 25, 1986。
25. 1984 年国防部进行的关于小规模作战的研究：这个小组研究由上将约翰·辛洛布主持，研究的结果与辛洛布本人的观点相同，即“低强度冲突”，指称突然爆发的小规模战争。小组成员包括著名的秘密战士爱德华·兰斯代尔和哈里·阿德霍特。美国空军在老挝的利马网就是由哈里·阿德霍特设计的。哈里·阿德霍特还是一家私人航空突击队协会的总裁，他还与辛洛布一起为尼加拉瓜反抗军筹集资金，安排物资的运输等事宜。

第十八章 比尔·凯西的战争

1. 总统调查令。引自 *Washington Post*, April 3, 1983。
2. 美国的计划。引自 *Washington Post*, March 10, 1982。

3. 阿根廷的参与。引自 *New York Times*, May 31, 1982, December 3, 1982; *Washington Post*, May 16, 1982, December 3, 1982。

4. 阿根廷提供的资金。引自 Shirley Christian, *Nicaragua: Revolution in the Family* (New York: Random House, 1985), 197。

5. 美国、阿根廷和洪都拉斯达成一项三方协议。引自 Roy Gutman, "America's Diplomatic Charade," *Foreign Policy* #56, Fall 1984。

6. 洛佩兹回忆"我们都忘了军衔的不同，激动地抱在一起……"引自 *New York Times*, March 18, 1985。

7. 赫克托·弗朗西斯在哥斯达黎加对阿根廷的活动做证，引自 *Miami Herald*, December 1, 1982; *Washington Post*, December 2, 1982; *New York Times*, December 19, 1982。1982 年 12 月 3 日，赫克托·弗朗西斯的证词公开发表在马那瓜尼加拉瓜桑地诺民族解放阵线（FSLN）主办的报纸上，证词的英文翻译也公之于众，引自 *The Black Scholar* (v.14 #2) March / April 1983, 2–16。《华盛顿邮报》记者 Christopher Dickey 认为赫克托·弗朗西斯可能并不是真正的叛变者，他做证时的录音磁带可能经过桑地诺主义者的处理。引自 Christopher Dickey, *With the Contras* (New York: Simon and Schuster, 1985), 154。

8. 查莫罗语："我们想给尼加拉瓜的民主一个机会。"引自 *New York Times*, December 9, 1982。

9. 查莫罗语："晚上最后一个和贝穆德斯说话的人是里卡多·劳……"引自 Edgar Chamorro, "Confessions of a Contra," *The New Republic* (August 5, 1985), 22。

10. 中情局官员以及《游击战中的心理战》手册，*Washington Post*, October 24, 1984; *Newsweek*, November 26, 1984, 42。

11. 中情局新一代的私有航空公司，引自 *New York Times*, April 3, 1983, November 8, 1983; *Washington Post*, September 1, 15, 18, 19, 1984。

12. "谢南多厄河空中武器租赁"的分公司承认他们"完全有可能"在中美洲执行机密任务，引自 *New York Times*, November 8, 1983。

13. 凯西对特古西加尔巴和日本进行的访问，引自 *Washington Post*, March 10, 1981; *New York Times*, December 3, 1984。

14. 麦克法兰语：“并不是一个令人开心的插曲。”见 Contragate Hearings, McFarlane testimony, May 13, 1987。

15. 中情局在海军水面武器中心对水雷的设计进行试验，引自 *New York Times,* June 1, 1984。

16. 总统调查令的问题，见 United States Congress (98/2), Senate Select Committee on Intelligence, *Report,* January 1, 1983 to December 31, 1984. Washington, D.C.: Government Printing Office, 1985, 5–6。

17. 查莫罗回忆，中情局是在国会讨论博兰修正案时才找到组成联合阵线的办法，引自 Edgar Chamorro, “Confessions of a Contra,” 20–21。

18. 参议院情报委员会要求中情局对布雷行动进行解释，见 Committee Report, op. cit., 7–10。

19. 凯西写给参议员克莱本·佩尔的信件中提到“单方面控制的拉丁美洲资产”。引自 *Washington Post*, April 18, 1984。

20. 戈德华特语：“……我告诉凯西先生，这样可行不通。”见 Committee Report, op. cit., 8。

第十九章 “民主”行动

1. 反抗军领导人阿道夫·卡莱罗语：“虽然美国国会拒绝资助我们，但我们会顺利度过这一危机……”引自 *New York Times,* June 1, 1984。

2. 诺斯的一位女同事称诺斯不过是“一群狂妄自大者中的贪慕虚荣之徒……”引自 Mona Charen, “What White House Women Think About White House Men,” *The Washingtonian,magazine* September 1986, 188。

3. 诺斯语：“我们可以解决掉山本上将。”引自 *Washington Post,* November 30, 1986。

4. 诺斯语：“……最精心策划的虚假情报和宣传活动”。见 *Washington Post,* December 21, 1986。

5. 一位白宫工作人员语：“所有人在听完诺斯的简报后都为之动容”。见 Mona Charen, op. cit。

6. 里根称反抗军为“兄弟”等言辞，见里根的演讲。引自 *New York Times*, March 2, 1985; April 1, 1985; June 6, 1985。

7. 博兰修正案正式生效后，中情局给各地情报站的命令“停止对此次行动中与我们共事的人员或组织提供一切形式的帮助……”见 National Security Archive, *The Chronology: The Documented Day-by-Day Account of the Secret Military Assistance to Iran and the Contras* (New York: Warner Books, 1987), 66。
8. 西科德第一次的武器运送速度之慢，甚至使反抗军产生一种它永远都不会到岸的错觉。见 Contragate Hearings, Calero testimony, May 20, 1987。
9. 欧文称诺斯为“反抗军的军需官”，见 Contragate Hearings, Owen testimony, May 19, 1987。
10. 西科德认为如果没有空中支持，反抗军很快就会“败下阵来，被各个歼灭”，见 Contragate Hearings, Secord testimony, May 5, 1987。
11. 辛洛布评价计划时称“其业余性和野心令人敬畏”，见 Contragate Hearings, Singlaub testimony, May 21, 1987。
12. 欧文语：“山姆的本意是好的，他只是缺乏判断力。”见 Contragate Hearings, Owen testimony, May 19, 1987。
13. 费尔南德斯就机场问题向艾布拉姆斯汇报。见 Contragate Hearings, Elliott Abrams testimony, June 2, 1987。
14. 加德语：“给我一个账号，我可以在任何地方执行任何任务。”见 Contragate Hearings, Owen testimony, May 19, 1987。
15. 约翰·麦克雷尼开玩笑称机组人员都青春已逝，人到中年。引自 *Newsweek*, February 9, 1987, 26。
16. 罗德里格斯语：“威尔森一帮人在做生意。”见 Contragate Hearings, Rodriguez testimony, May 27, 1987。
17. 西科德对比尔·凯西语：“我们希望能够得到你的全力支持……”见 Contragate Hearings, Secord testimony, May 5, 1987。
18. 西科德语，“这简直太蠢了，没有一种黑色行动这样做过”，引自 *Washington Post*, June 14, 1987。
19. 费尔南德斯语：“我的目标是建造一个 2500 人的部队……”引自 Tower Commission report, P. C-8。
20. 舒尔茨指示艾布拉姆斯监督诺斯，见 Contragate Hearings,Elliott Abrams testimony, June, 2, 9, 1987。

21. 罗德里格斯与诺斯会面，见 Contragate Hearings:Robert C.Dutton testimony,May 27, 1987; Felix Rodriguez testimony, May 27, 1987。

22. 罗德里格斯指控“加德先生的行为简直是盗窃”，见 Contragate Hearings,Felix Rodriguez testimony, May 27, 1987。

23. 专栏作家罗兰德·伊万和罗伯特·诺瓦克抨击波因德克斯特像对待“冷漠的造纸机”那样管理国家安全委员会，引自 Evans and Novak, Washington Post, July 21,1986。波因德克斯特给诺斯的便签中语“我只是想降低你的曝光度……”见 National Security Archive, The Chronology: The Documented Day-by-Day Account of the Secret Military Assistance to Iran and the Contras, 423。波因德克斯特在5月份时也曾告诫诺斯减少曝光，要求诺斯只能对他本人和凯西汇报工作，见 Tower Commission Report, C-10。

波因德克斯特在给诺斯的便签中表扬他“做得不错”，见 Tower Commission Report, C-10。

24. “南方战线的部队连牛奶和饼干都没有了”，引自 New York Times, June 2, 1987。诺斯问达顿“你也一起参加了这个任务，对吧？”见 Contragate Hearings, Robert C.Dutton testimony, May 27, 1987。

第二十章 总统、政策以及准军事选择

1. 恩格罗·寇迪维拉博士和罗伊·戈德森博士的文章，“对东欧那些受到共产党‘压迫的受害者’和他们的家人在物质方面施以援手……”引自 Angelo Codevilla and Roy Godson, “Intelligence (Covert Action and Counterintelligence) As an Instrument of Policy。” 在国际问题研究协会第25届年会上提交。

2. 麦克乔治·邦迪语：“在过去25年里，隐蔽的军事行动和准军事行动的悲惨结果都有十分明确的历史记载。”引自 Bundy, *New York Times*, June 10, 1985。

3. 迈克尔·霍华德1977年在牛津大学的演讲。引自 Michael Howard, *The Causes of Wars* (Cambridge: Harvard University Press, 1983), 30。

参考文献

1. 文　献

a. Harry S. Truman Library (National Archives and Records Administration) collections:

President's Secretary's File (PSF)：Intelligence File

PSF: Korean War File

PSF: NSC Meetings File

PSF: Subject File

White House Central File (WHCF)：Confidential File

WHCF: Official File

Records of the Psychological Strategy Board

Dean Acheson Papers

Clark Clifford Papers

Oral Histories

b. Dwight D. Eisenhower Library (NARA) collections:

Eisenhower Papers (EP):

Ann Whitman File(AWF):Administration Series

AWF: DDE Diaries

AWF: Dulles-Herter Series

White House Office (WHO): Office of the Special Assistant for National Security Affairs (OSANSA): Special Assistant Series: Alphabetical Subseries

WHO: OSANSA: Special Assistant Series: NSC Subseries

WHO: OSANSA: Special Assistant Series: Presidential Subseries

WHO: OSANSA: Special Assistant Series: Subject Subseries

WHO: Office of the Staff Secretary (OSS): International Series

WHO: OSS: Subject Series

WHCF: Administration File

John Foster Dulles Papers: Telephone Series

Oral Histories

c. Lyndon B. Johnson Library (NARA) collections:

Johnson Papers (JP):

Declassified and Sanitized Documents Unboxed Folders

National Security File (NSF): Agency File

NSF: Aides' Files

NSF: Country File: Laos

NSF: Country File: Vietnam

NSF: Files of Special Committee of NSC

NSF: Subject File

Official File: Harry McPherson File

Vice-Presidential Security File

Oral Histories

d. Declassified Documents Reference Service (DDRS): This is a micro-fiche documents collection first issued in 1975. It is organized into a Retrospective series plus subsequent annual sets. In citations the year of the set is given, followed by a card number and then an alphabetic document position identifier [example: (78)—234—g].

e. Freedom of Information Act: These are documents cited with only the name of an agency and a declassification date, which were released under official declassification regulations.

f. Unclassified Executive Documents: This refers to a variety of White House, State Department, and Department of Defense memorandums, reports, and releases that are not secret but form portions of the public record.

g. Congressional Documents: All such documents are cited by the Congress and session numbers (e.g., 96/1), the originating committee, and the title.

参议院

Foreign Relations (98/2). *Report:The U.S. Government and the Vietnam War: Executive and Legislative Relationships* (2 parts). Washington, D.C. Government Printing Office (GPO), 1984.

Government Operations (93/2). *Hearings: Legislative Proposals to Strengthen Congressional Oversight of the Nation's Intelligence Agencies.* Washington, D.C. GPO, 1974.

Government Operations (94/2) *Hearings: Oversight of U.S. Government Intelligence Functions.* Washington, D.C.: GPO, 1976.

Rules and Administration (94/2). *Hearings Proposed Standing Committee on Intelligence Activities.* Washington, D.C: GPO, 1976.

Select Committee to Study Governmental Operations with Respect to Intelligence(Church Committee) 94/1. *Interim Report*：*Alleged Assassination Plots Involving Foreign Leaders.* Washington, D.C.: GPO, 1975.

(94/1) *Staff Study: Covert Operations in Chile, 1963—1973.*Washing-ton, D.C.: GPO, 1975.

(94/2) *Final Report* (in 6 parts with accompanying volumes of hearings), especially books I, IV, VI. Washington, D.C: GPO, 1976.

Select Committee on Intelligence (94/2) *Hearing: Nomination of E. Henry Knoche.* Washington, D.C.: GPO, 1976.

(95/1) *Annual Report,* May 1977. Washington, D.C.: GPO, 1977.

(95/2) *Hearings: National Intelligence Reorganization and Reform Act of 1978,* Washington, D.C.: GPO, 1978.

(98/2) *Report,* January 1, 1983 to December 31, 1984. Washington, D.C.: GPO, 1985.

众议院

Foreign Affairs Committee (Historical Volume,94/1)*Hearings: The United States and Chile During the Allende Years 1970—1973.* Washington, D.C.:GPO, 1975.

Permanent Select Committee on Intelligence(95/2).*Hearings:Disclosure of Funds for Intelligence Activities.* Washington, D.C.: GPO, 1977.

Select Committee on Intelligence (Pike Committee) 94/1.*Hearings* (in 5 parts). Washingtong, D.C.:GPO,1975.

h. Leaked Documents: A number of authentic government documents have entered the public record by means of unauthorized disclosure. These range from Reagan administration decisional documents on Central America(*New York Times*, April 7,1983)to large portions of the Pike Report (*Village Voice,* February 16,1976).Among the most significant of leaked documents ——really a full-scale collection in its own right—— is the secret decision-making study assembled for the Department of Defense to explain United States involvement in the Vietnam War. This latter has been published in several complementary editions. See Neil Sheehan et.al., eds. ,*The pentagon Papers*(New York: Bantam Books,1971).Department of Defense, *United States-Vietnam Relations*,1945—1967(12 parts)(Washington,D.C.:GPO,1971),also, *The Pentagon Papers. The Senator Gravell Edition. The Defense Department History of United States Decisionmaking on Vietnam,*4 vols.(Boston: Little Brown, n.d. [1972]) four volumes.

2. 书　目

（1）官方历史记录

DEPARTMENT OF THE AIR FORCE ——*The United States Air Force in Southeast Asia*

Ballard, Jack S. *Development and Employment of Fixed-Wing Gunships,1962—1972.* Washington,D.C.: Office of Air Force History,1982.

Bowers, Ray L. *Tactical Airlift*. Washington, D.C.: Office of Air Force History, 1983.

Futrell, Robert F., with Martin Blumenson. *The Advisory Years to 1965*.Washington, D.C.: Office of Air Force History, 1981.

军队部门

Ethnographic Study Series

Schrock, Joann et.al. DA 550—105.*Minority Groups in the Republic of Vietnam*. Washington, D.C.: Department of the Army, 1966.

Indochina Monographs

Hoang, Colonel Ngoc Lung. *Intelligence*. Washington, D.C.: Center for Military History, 1981.

Sananikone, Major General Oudone. *The Royal Lao Army and U.S. Army Advice and Support*. Washington, D.C.: Center for Military History, 1978.

Sutsakhan, Lieutenant General Sak. *The Khmer Republic at War and the Final Collapse*. Washington, D.C.: Center for Military History, n.d. (1978).

Vietnam Studies

Hay, Lieutenant General John H., Jr. *Tactical and Materiel Innovations*. Washington, D.C.: Department of the Army, 1974.

Heiser, Lieutenant General Joseph M., Jr. *Logistic Support*. Washington, D.C.: Department of the Army, 1974.

Kelly, Colonel Francis J. *U.S. Army Special Forces, 1961—1971*.Washington,D.C.: Department of the Army, 1973.

Ploger, Major General Robert R. *U.S. Army Engineers, 1965—1970*.Washington, D.C.: Department of the Army, 1974.

海军部门

Field, James A., Jr. *History of United States Naval Operations——Korea*. Washington, D.C.: GPO, 1962.

(2)其他书目

Acheson, Dean. *Present at the, Creation: My Years in the State Department.* New York: New American Library, 1970.

Adams, Nina S., and Alfred McCoy Smith, eds. *Laos: War and Revolution.* New York: Harper & Row, 1970.

Allison, John M. *Ambassador from the Prairie or Allison Wonderland.* Boston: Houghton Mifflin, 1973.

Alsop, Stewart. *The Center: People and Power in Political Washington.* New York: Harper & Row, 1968.

Ambrose, Stephen E. *Eisenhower: The President.* New York: Simon & Schuster, 1984.

——, with Richard H. Immerman. *Ike's spies: Eisenhower and the Espionage Establishment.* Garden City, N. Y.: Doubleday.1981.

Amter, Joseph A. *Vietnam Verdict: A Citizen's History.* New York: Continuum, 1982.

Anderson, jack, with George Clifford. *The Anderson Papers.* New York: Ballantine Books, 1974.

Andreski, StanisLav. *Parasitism and Revolution: The Case of Latin America.* New York: Shocken, 1969.

Austin, Anthony. *The President's War.* New York: Lippincott, 1971.

Avedon, John F. *In Exile from the Land of the Snows.* New York: Knopf, 1984.

Ayers, Bradley. *The War That Never Was.* New York: Bobbs-Merrill, 1976.

Ball, George W .*The Past Has Another Pattern: Memoirs.* New York: W.W. Norton, 1982.

Ballantine, Joseph W. *Formosa: A Problem for United States Foreign Policy.* Washington: Brookings Institution, 1952.

Barnett, Frank R., B. Hugh Tovar, and Richard H. Shultz, eds. *Special Operations in U.S. Strategy.* Washington, D.C.: National Defense University Press with National Strategy Information Center, 1984.

Barron, John. *KGB: The Secret Work of Soviet Secret Agents.* New York: Bantam Books, 1974.

——.*KGB Today: The Hidden Hand.* New York: Berkley Books, 1985.

Barry, John Steven, *Those Gallant Men: On Trial in Vietnam.* Novato, (Calif.)：Presidio Press, 1984.

Beam, Jacob D. *Multiple Exposure: An American Ambassador's Unique Perspective on East-West Relations,* New York: W.W. Norton, 1978.

Beck, Melvin. *Secret Contenders: The Myth of Cole War Counterintelligence.* New York: Sheridan Square Publications, 1984.

Beckwith, Colonel Charlie A., with Donald Knox. Delta Force, New York: Harcourt Brace Jovanovich, 1983.

Beitzell, Robert. *The Uneasy Alliance: America, Britain and Russia, 1941—1943.*New York: Knopf, 1972.

Bethell, Nicolas, Betrayed. New York: Times Books, 1984.

Bernert, Philippe. *SDECE Service 7:L'extraordinaire histoire du Colonel LeRoy-Finville et de ses clandestins.* Paris: Presses de la Cité,1980.

Betts. Richard K. *Soldiers, Statemen and Cold War Crises.* Cambridge: Harvard University Press, 1977.

Bilmanis, Dr. Alfred. *Baltic Essays.* Washington: Latvian Delegation, 1945.

——. *Dictionaru of Events in Laivia.* Washington ,D.C.: Latvian Delegation,1946.

——.*Latvia as an Independent State.* Washington, D.C.: Latvian Delegation, 1947.

——.*Latvia Between the Anvil and the Hammer.* Washington, D.C.: Latvian Delegation, 1945.

Blaufarb, Douglas S. *The Counterinsurgency Era: U.S. Doctrine and Performance, 1950 to the Present,* New York: Free Press, 1977.

Bloch, Jonathan, and Patrick Fitzgerald. *British Intelligence and Covert Action.* London: Junction Books, 1983.

Blum, Howard. *Wanted: The Search for Nazis in America.* Greenwich, (Conn.): Fawcett, 1977.

Blum, Robert M. *Holding the Line: The Origins of the American Containment Policy in East Asia.* New York: W.W. Norton, 1982.

Bohlen, Chester E. *Witness to History 1929—1969.*New York:W.W. Norton, 1973.

Boorstein, Edward. *Allende's Chile: An Inside View.* New York: International Publishers, 1977.

Bower, Tom. *The Pledge Betrayed: America and Britain and the Denazification of Post-War Germany.* Garden City, N.Y.: Doubleday, 1982.

Bowles, Chester. *Ambassador's Report.* New York: Harper & Brothers, 1954.,

——.*Promises to Keep: My Years in Public Life, 1941—1969.* New York: Harper & Row, 1971.

Boyle, Andrew *The fourth Man.* New York: Dial Press, 1979.

Bradsher, Henry S. *Afghanistan and the Soviet Union.* Durham: University of North Carolina Press, 1983.

Brogan, Patrick, and Albert Zarca, *Deadly Business: Sam Cummings, Interarms and the Arms Trade,* New York: W.W. Norton, 1983.

Brown, Anthony Cave. *Wild Bill Donovan: The Last Hero.* New York: Times Books, 1982.

Brzezinski, Zbigniew, *Power and Principle: Memoirs of the National Security Advisor, 1977—1981.*New York: Farrar, Straus & Giroux, 1983.

Buchsbajew, Alexander. "Toward a Theory of Guerrilla Warfare: A Case Study of the Ukrainian Nationalist Underground in the Soviet Union and Communist Poland."Ph .D. Dissertation, City University of New York, 1984.

Byrnes, James F. *All in One Lifetime.* New York: Harper &Brothers, 1958.

Caldwell, Malcolm, and Lek Tan. *Cambodia in the Southeast Asian War.* New York: Monthly Review Press, 1973.

Campbell, Duncan. *The Unsinkable Aircraft Carrier: American Military Power in Britain.* London: Michael Joseph, 1984.

Carter, Jimmy. *Keeping Faith: Memoirs of a President.* New York: Bantam Books, 1982.

Chernyavsky , V., ed. *The CIA in the Dock: Soviet Journalists on International Terrorism.* Moscow: Progress Publishers, 1983.

Chorley, Katharine, *Armies and the Art of Revolution.* Boston: Beacon Press, 1973.

Christian, Shirley, *Nicaragua: Revolution in the Family.* New York: Random House, 1985.

Cline, Ray S. *Secrets, Spies and Scholars: Blueprint of the Essential CIA.* Washington, D.C.,: Acropolis Books,1976.

Colby, William E., and Peter Forbath. *Honorable Men: My Life in the CIA.* New York: Simon & Schuster,1978.

Compere, Tom, ed. *The Army Blue Book.* New York: Military Publishing Institute, 1960.

Cook, Blanche W. *The Declassified Eisenhower:A Divided Legacy of Peace and Political Warfare,* New York: Penguin Books,1984.

Cookridge , E.H. *Gehlen: Spy of the Century,* New York: Pyramid Books,1971.

——.*The Many Sides of George Blake, Esq,* Princeton; Vertex, 1970.

——*The Net That Covers the World.* New York: Henry Holt & Company, 1955.

Cooper, Chester L. *The Lion's Last Roar: Suez 1956.*New York: Harper & Row, 1978.

——*The Lost Crusade: America in Viernam.* New York: Dodd, Mead, 1970.

Corr, Gerard H. *The Chiness Red Army.* New York: Shocken, 1974.

Corson, William R. *The Armies of Ignorance: The Rise of the American Intelligence Empire ,* New York: Dial Press,1977.

Crozier, Brian, with Eric Chou. *The Man Who Lost China: The First Full Biography of Chiang Kai-shek.* New York: Scribner's, 1976.

Dabringhaus, Erhard, *Klaus Barbie,* Washington: Acropolis, 1984.

Davis, Nathaniel, *The Last Two Years of Salvador Allende.* Ithaca: Cornell University Press, 1985.

Deane, General John R. *The Strange Alliance: The Story of Our Efforts at Wartime Cooperation with Russia.* New York: Viking, 1947.

Dempster, Chris, and Dave Tompkins, *Firepower.* New York: St. Martin's Press, 1980.

De Silva, Peer. *Sub Rosa: The CIA and the Uses of Intelligence.* New York: Times Books, 1978.

Dickey, Christopher. *With the Contras: A Reporter in the Wilds of Nicaragua.* New York: Simon & Schuster, 1985.

Diederich, Bernard, *Somoza and the Legacy of U.S. Involvement in Central America.* New York: E.P. Dutton, 1981.

Dinerstein, Herbert S. *The Making of a Missile Crisis: October 1962.* Baltimore: Johns

Hopkins University Press, 1976.

Dinges, John, and Saul Landau. *Assassination on Embassy Row.* New York: Pantheon Books, 1980.

Dobriansky, Lev E. *The Vulnerable Russians.* New York: Pageant Press, 1967.

Donovan, Robert J. *Eisenhower: The Inside Story.* New York: Harper & Brothers, 1956.

——.*Conflict and Crisis: The Presidency of Harry S. Truman, 1945—1948.* New York: W.W. Norton, 1977.

——.*Tumultuous Years: The Presidency of Harry S. Truman, 1949—1953.* New York: W.W. Norton, 1982.

Dorschner, John, and Roberto Fabricio. *The Winds of December: The Cuban Revolution, 1958.* London: Macmillan, 1980.

Dulles, Allen, *The Craft of Intelligence.* New York: New American Library, 1965.

Dulles, Eleanor Lansing. *American Foreign Policy in the Making.* New York: Harper & Row, 1968.

——.*John Foster Dulles: The Last Year.* New York: Harcourt, Brace &World, 1963.

Eagleton, Senator Thomas F. *War and Presidential Power: A Chronicle of Congressional Surrender.* New York: Liveright, 1974.

Eisenhower, Dwight D. *Mandate for Change: White House Years 1953—1956.*New York: New American Library, 1965.

——.*Waging Peace: White House Years, 1956—1961.*Garden City, N.Y.: Doubleday, 1965.

Epstein, Edward Jay. Legend: *The Secret World of Lee Harvey Oswald.* New York: Ballantine Books, 1978.

Estonia: My Beautiful Land. Gottingen: Estonian Committee, 1946.

Etzold, Thomas H., and John Lewis Gaddis, *Containment: Documents on American Policy and Strategy, 1945—1950.* New York: Columbia University Press, 1978.

Evans, Les, ed. *Disaster in Chile: Allende's Strategy and Why It Failed.* New York: Pathfinder Books, 1974.

Eveland, Wilbur Crane. *Ropes of Sand: America's Failure in the Middle East.* New York: W.W. Norton, 1980.

Fabian, Bela.*Cardinal Mindszenty: The Story of a Modern Martyr.* New York: Scribner's, 1949.

Fain,Tyrus G., Katharine Plant, and Ross Molloy, eds. *The Intelligence Community: History, Organization, and Issues.* New York: R.R., Bowker, 1977.

Farago, Ladislas. *Burn After Reading.* New York: McFadden, 1966.

——*War of Wits: The Anatomy of Espionage.* New York: Paperback Library, 1954.

Ferrell, Robert H., ed. *The Diary of James C. Hagerty: Eisenhower in Mid-Coutse, 1954—1955.* Bloomington: Indiana University Press, 1983.

——, ed. *The Eisenhower Diaries.* New York: W.W. Norton, 1981.

Fitzgibbon, Constantine. *Denazification.* London: Michael Joseph, 1969.

Ford, Corey. *Donovan of OSS.* Boston: Little Brown, 1970.

Ford, Gerald R. *A Time to Heal: The Autobiography of Gerald R. Ford.* New York: Berkley Books, 1980.

Franck, Thomas M., and Edward Weisband, eds, *Secrecy and Foreign Policy.* London: Oxford University Press, 1974.

Gabriel, Richard A. *Military Incompetence: Why the American Military Doesn't Win.* New York: Hill and Wang, 1985.

Gaddis, Hohn L. *Strategies of Containment: A Critical Reappraisal of Postwar American National Security Policy.* New York: Oxford University Press, 1982.

Galbraith, John Kenneth. *A Life in Our Times.* Boston: Houghton Mifflin, 1981.

Garwood, Darrell. *Under Cover: Thirty-five Years of CIA Deception.* New York: Grove Press, 1985.

Gehlen, Reinhard. *The Service: The Memoirs of Reinhard Gehlen.* New York: Popular Library, 1972.

George, Alexander, and Richard Smoke. *Deterrence in American Foreign Policy: Theory and Practice.* New York: Columbia University Press, 1974.

Gerassi, John, *the Great Fear in Latin America.* London: Collier Books, 1965.

Godson, Roy, ed, *Intelligence Requirements for the 1980s.*Vol.1, *Elements of Intelligence,* rev.ed.Vol.4, *Covert Action.* Vol.5, *Clandestine Collection.* Washington, D.C.: National Strategy Information Center, 1983.

Goldwater, Barry M. *With No Apologies: The personal and Political Memoirs of a United States Senator.* New York: Morrow, 1979.

Gonzalez, Luis J., and Gustavo A. Sanchez-Salazar. *The Great Rebel: Che Guevara in Bolivia.* New York: Grove Press, 1969.

Gott, Richard. *Guerrilla Movements in Latin America.* Garden City, N.Y.: Doubleday/ Anchor,1970.

Goulden, Joseph C. *Korea: The Untold Story of the War.* New York: Times Books, 1982.

——.*Truth Is the First Casualty.* Chicago: Rand McNally, 1969.

Goulding, Phil G. *Confirm or Deny: Informing the People on National Security.* New York: Harper & Row, 1970.

Gramont, Sanche de, *The Secret War.* New York: Dell Books, 1962.

Gray, Robert Keith, *Eighteen Acres Under Glass.* Garden City, N.Y.: Doubleday, 1982.

Green, Steven.*Taking Sides: America's Secret Relations with a Militant Israel.* New York: Morrow, 1984.

Gromyko, Anatoli A. *Through Russian Eyes: President Kennedy's 1036 Days.* Washington: International Publishers, 1973.

Hagen, Louis. *The Secret War for Europe: A Dossier of Espionage.* New York: Stein & Day, 1969.

Halberstam, David. *The Best and the Brightest.* New York: Random House, 1972.

Haldeman, H.R., with Joseph DiMona. *The Ends of Power.* New York: Dell Books, 1978.

Halpern, Manfred. *The Morality and Politics of Intervention.* New York: Council on Religion in International Affairs, 1963.

Hammond, Thomas T. *Red Flag over Afghanistan: The Communist Coup, the Soviet Invasion, and the Consequences.* Boulder, Colo.: Westview Press, 1984.

Hauser, Thomas. *The Execution of Charles Horman: An American Sacrifice.* New York: Harcourt Brace Jovanovich, 1978.

Heinz, G., and H. Donnay. *Lumumba: The Last Fifty Days.* New York: Grove Press, 1969.

Herring, George C., Jr. *Aid to Russia, 1941—1946: Strategy, Diplomacy: The Origins of the Cold War.* New York: Columbia University Press, 1973.

Hersh, Seymour M. *The Price of Power: Kissinger in the Nixon White House.* New York: Summit Books, 1983.

Hilsman, Roger. *To Move a Nation: The Politics of Foreign Policy in the Administration of John F. Kennedy.* Garden City, N.Y.: Doubleday, 1967.

Hilton, Ralph, ed. *Tales of the Foreign Service.* Columbia: University of South Carolina Press, 1978.

Hinckle, Warren, and William W. Turner. *The Fish Is Red: The Story of the Secret War Against Castro.* New York: Harper & Row, 1981.

Hoare, Colonel Mike. *Mercenary.* New York: Bantam Books, 1979.

Holt, Robert T. *Radio Free Europe.* Minneapolis: University of Minnesota Press, 1958.

Hoopes, Townsend. *The Devil and John Foster Dulles.* Boston: Little Brown, 1973.

Hughes, Emmet John. *The Ordeal of Power.* New York: Dell Books, 1962.

Hunt, E. Howard. *Give Us This Day.* New Rochelle, N.Y.: Arlington House, 1973.

——.*Undercover: Memories of an American Secret Agent.* New York: Berkley Books, 1974.

Hymoff, Edward. *The OSS in World War II.* New York: Ballantine Books, 1972.

Immenman, Richard H. *The CIA in Guatemala: The Foreign Policy of Intervention.* Austin: University of Texas Press, 1982.

Isaacs, Arnold R. *Without Honor: Defeat in Vietnam and Cambodia.* Baltimore: Johns Hopkins University Press, 1983.

Johnson, Haynes. *The Bay of Pigs: The Leaders' Story of Brigade 2506.* New York: W.W. Norton, 1964.

Johnson, Lyndon Baines. *The Vantage Point: Perspectives of the Presidency, 1963—1969.* New York: Harper & Row, 1972.

Johnson, U. Alexis with Jef Olivarius McAllister. *The Right Hand of Power.* Englewood Cliffs, N.J.: Prentice-Hall, 1984.

Joesten, Joachim. *They Call It Intelligence.* London: Adlard-Schuman, 1963.

Jurgela, Constantine R. *History of the Lithuanian Nation.* New York: Lithuanian Cultural Institute, 1948.

Kalb, Madeleine G. *The Congo Cables: The Cold War in Africa from Eisenhower to*

Kennedy. New York: Macmillan, 1982.

Karnow, Stanley. *Vietnam: A History.* New York: Viking Press, 1983.

Kaufmann, William W. *The McNamara Strategy.* New York: Harper & Row, 1964.

Keagle, James Martin. "Toward an Understanding of U.S. Latin American Policy." Ph.D. Dissertation, Princeton University, 1982.

Keesings' Research Report No.8: *Germany and Eastern Europe Since 1945.* New York: Scribner's, 1973.

Kennedy, John F. *The Strategy of Peace,* ed. Allan Nevins. New York: Harper & Brothers, 1960.

Kennedy, Robert F. *Thirteen Days: A Memoir of the Missile Crisis.* New York: New American Library, 1969.

Khrushchev, Nikita. *Khrushchev Remembers,* trans. Strobe Talbott. New York: Bantam Books, 1971.

——.*Khrushchev Remembers: The Last Testament.* New York: Bantam Books, 1976.

Kirk, Donald. *Wider War: The Struggle for Cambodia, Thailand, and Laos.* New York: Praeger, 1971.

Kirkpatrick, Lyman. *The Real C.I.A.* New York: Macmillan, 1968.

——.*The U.S. Intelligence Community.* New York: Hill & Wang, 1973.

Kissinger, Henry A. *White House Years, 1969—1973.* Boston: Little Brown, 1979.

——.*Years of Upheaval.* Boston: Little Brown, 1982.

Klare, Michael T. *War Without End: American Planning for the Next Vietnams.* New York: Knopf, 1972.

Kovrig, Bennett. *The Myth of Liberation: East Central Europe in U.S. Diplomacy and Politics Since 1941.* Baltimore: Johns Hopkins University Press, 1973.

Krock, Arthur. *Memoirs: Sixty Years on the Firing Line.* New York: Funk & Wagnalls, 1968.

Kwitney, Jonathan. *Endless Enemies: The Making of an Unfriendly World.* New York: Congdon & Weed, 1984.

Langer, Paul F., and Joseph J. Zasloff. *North Vietnam and the Pathet Lao.* Cambridge: Harvard University Press, 1970.

Lansdale, Edward Geary. *In the Midst of Wars: An American in Southeast Asia.* New York: Harper & Row, 1972.

Lasky, Melvin J., ed. *The Hungarian Revolution: A White Book.* New York: Congress for Cultural Freedom, 1957.

Laskey, Victor. *JFK: The Man and the Myth.* New York: Macmillian, 1963.

Lazo, Mario. *Dagger in the Heart: American Policy Failures in Cuba.* New York: Funk & Wagnalls, 1968.

Leary, William M., ed. *The central Intelligence Agency: History and Documents.* N.p.: University of Alabama Press, 1984.

——.*Perilous Missions: Civil Air Transport and CIA Covert Operations in Asia.* N.p.: University of Alabama Press, 1984.

Lebar, Frank M., and Adrienne Suddard, eds. *Laos: Its People, Its Society, Its Culture.* New Haven: Human Relations Area Files Press, 1960.

Ledeen, Michael, and William Lewis. *Debacle: The American Failure in Iran.* New York: Vintage Books, 1982.

Lernoux, Penny. *Cry of the People: The Struggle for Human Rights in Latin America—The Catholic Church in Conflict with U.S. Policy.* New York: Penguin Books, 1982.

Lettis, Richard, and Willliam E. Morris. *The Hungarian Revolt: October 23-November 4, 1956.* New York: Scribner's, 1961.

Lewis, Flora. *A Case History of Hope: The Story of Poland's Peaceful Revolutions.* Garden City, N.Y.: Doubleday, 1958.

Llerena, Mario. *The Unsuspected Revolution: The Birth and Rise of Castroism.* Ithaca: Cornell University Press, 1978.

Lobe, Thomas, *United States National Security Policy and Aid to the Thailand Police.* Denver: University of Denver Monograph in International Affairs, 1977.

Loftus, John. *The Belarus Secret,* ed. Nathan Miller. New York: Knopf, 1982.

Logoreci, Anton .*The Albanians: Europe's Forgotton Survivors.* Boulder, Colo.: Weatview Press, 1977.

Ludovici, L.J. *Tomorrow Sometimes Comes.* London: Longacre Oldhams, 1957.

Lukas, Richard C. *Eagles East: The Army Air Forces and the Soviet Union, 1941—1945.*

Tallahassee: Florida State University Press, 1970.

Lundestad, Geir. *America, Scandanavia and the Cold War, 1945—1949.* New York: Columbia University Press, 1980.

McCauley, Martin, ed. *Communist Power in Europe, 1944—1949.* London: Macmillan, 1988.

McClellan, David S. *Dean Acheson: The State Department Years.* New York: Dodd, Mead, 1976.

McCoy, Alfred W., with Cathleen B. Read and Leonard P. Adams II. *The Politics of Heroin in Southeast Asia.* New York: Harper & Row, 1972.

McGarvey, Patrick J. *CIA: The Myth and the Madness.* New York: Saturday Review Press, 1972.

McGehee, Ralph W. *Deadly Deceits: My Twenty-five Years in the CIA.* New York: Sheridan Square Publications, 1983.

Mader, Julius. *Who's Who in CIA.* Berlin: Julius Mader, 1968.

Mahoney, Richard D. *JFK: Ordeal in Africa.* New York: Oxford University Press, 1983.

Marchetti, Victor, and John D. Marks. *The CIA and the Cult of Intelligence.* New York: Dell Books, 1980.

Marcum, John. *The Angolan Revolution,* 2 vols. Cambridge: MIT Press, 1969, 1978.

Martin, David C.*A Wilderness of Mirrors.* New York: Harper & Row, 1980.

Martin, John Bartlow. *Adlai Stevenson and the World.* Garden City. N.Y.: Doubleday, 1978.

Masterman, J.C. *The Double-cross System.* New York: Avon Books, 1972.

Mastny, Vojtech. *Russia's Road to the Cold War: Diplomacy, Warfare and the Politics of Communism.* New York: Columbia University Press, 1979.

Matthews, Kenneth. *Memories of a Mountain War:* Greece, 1944—1949. London: Longman, 1972.

Maxwell, Neville. *India's China War.* Garden City, N.Y.: Doubleday/Anchor, 1972.

May, Brian. *The Indonesian Tragedy.* London:Routledge & Keegan Paul, 1978.

Medhurst, Kenneth, ed. *Allende's Chile.* New York:St. Martin's Press, 1972.

Meeker, Odeen. *The Little World of Laos.* New York: Scribner's, 1959.

Meyer, Cord. *Facing Reality: From World Federalism to the CIA.* New York: Harper & Row, 1980.

Michener, James. *The Bridge at Andau.* New York: Bantam Books, 1963.

Mickelson,Sig. *America's Other Voice: The Story of Radio Free Europe and Radio Liberty.* New York: Praeger, 1983.

Miller,Richard I. *Dag Hammarskjold and Crisis Displomacy.* New York:Pyramid Books, 1961.

Millis, Walter, ed. *The Forrestal Diaries.* New York: Viking Press, 1951.

Misiunas, Romuald J., and Rein Taagepera. *The Baltic States: Years of Dependence, 1940—1980.* Berkeley: University of California Press, 1983.

Monahan, James, ed. *Before I Sleep: The Last Days of Dr. Tom Dooley.* New York: Farrar, Straus & Cudahy, 1961.

Moore, Robin. *The Green Berets.* New York: Avon Books, 1965

Moraes, Frank. *The Revolt in Tibet.* New York: Macmillan, 1960.

Morris, David J. *We Must Make Haste Slowly: The Process of Revolution in Chile.* New York: Vintage Books, 1973.

Morris, Roger. *Uncertain Greatness: Henry Kissinger and American Foreign Policy.* New York: Harper & Row, 1977.

Morrow, Robert D. *Betrayal.* Chicago: Henry Regnery, 1976.

Moser, Charles, ed. *Combat on Communist Territory.* Washington, D. C., Free Congress Research and Education Foundation, 1985.

Mosley, Leonard. *Dulles: A Biography of Eleanor, Allen and John Foster and Their Family Network.* New York:Dial Press, 1978.

Murphy, Robert. *Diplomat Among Warriors.* Garden City, N.Y.: Doubleday, 1964.

Nagy, Imre. *On Communism: In Defense of the New Course.* New York:Praeger, 1957.

Nessen ,Ron. *It Sure Looks Different From the Inside.* New York:Playboy Press, 1978.

Nevin, David. *The American Touch in Micronesia.* New York:: W.W. Norton, 1977.

Nixon, Richard Milhous. *RN: The Memoirs of Richard Nixon 2 vols.* New York:Warner Books, 1979.

O'Ballance, Edgar. *The Kurdish Revolt, 1961—1970.* London: Archon Books, 1973.

Operation Zapata: The Ultrasensitive Report and Testimony of the Board of Inquiry on the bay Of Pigs. Frederick, Md.: University Publications of America, 1981.

Osborne, John. *The Last Nixon Watch.* Washington, D.C.: New Republic Press, 1975.

——.*The White House Watch: The Ford Years.* Washington, D.C.: New Republic Press, 1978.

Oseth, John M. *Regulating U.S. Intelligence Operations: A Study in Definition of the National Interest.* N.P.: University Press of Kentucky, 1985.

Paddock, Alfred H., Jr. *U.S. Army Special Warfare: Its Origins.* Washington, D.C.: National Defense University Press, 1982.

Paine, Lauran. *The CIA at Work.* London: Robert Hale, 1977.

Palacios, Jorge. *Chile: An Attempt at "Historic Compromise.": The Real Story of the Allende Years.* Chicago: Banner Press, 1979.

Parmet, Herbert S. *Eisenhower and the American Crusades.* New York:Macmillan, 1972.

——.*JFK: The Presidency of John F. Kennedy.* New York:Dial Press, 1983.

Patterson, George N. *Tibet in Revolt.* London: Faber & Faber, 1960.

Peissel, Michel. *The Secret War in Tibet.* Boston: Little Brown, 1972.

Penkovskiy, Colonel Oleg. *The Penkovskiy Papers,* trans. Peter Deriabin.New York:Avon Books, 1965.

Persico, Joseph E. *Piercing the Reich: The Penetration of Nazi Germany by American Secret Agents During World War Ⅱ* . New York:Viking Press, 1979.

Peterzell, Jay. *Reagan's Secret Wars.* Washington, D.C.: Center for National Security Studies, 1984.

Petrusenko, Vitali. *A Dangerous Game: CIA and Mass Media.* Prague: Interpress, n.d.[1976].

Philby, Kim. *My Silent War.* London: Granada Books, 1969.

Phillips, David Atlee. *The Night Watch: Twenty-Five Years of Peculiar Service.* New York:Atheneum, 1977.

Pincher, Chapman. *Their Trade Is Treachery.* New York:Bantam Books, 1982.

——. *Too Secret Too Long.* New York:St. Martin's Press, 1985.

Powers, Francis Gary, With Curt Gentry. *Operation Overflight.* New York:Holt, Rinehart

& Winston, 1970.

Powers, Thomas. *The Man Who Kept the Secrets: Richard Helms and the CIA.* New York:Knopf, 1979.

Prouty, L. Fletcher, *The Secret Team.* Englewood Cliffs, N.J.: Prenticehall, 1973.

Ransom, Harry Howe. *Central Intelligence and National Security.* Cambridge: Harvard University Press, 1958.

——. *The Intelligence Establishment.* Cambridge; Harvard University Press, 1970.

Resnick, Marvin D. *The Black Beret.* New York:Ballantine Books, 1969.

Richelson, Jeffrey T. The U.S. *Intelligence Community.* Cambridge: Ballinger, 1985.

Rickett, Allyn, and Adele Rickett. *Prisoners of Liberation: Four Years in a Chinese Communist Prison.* Garden City, N. Y.: Doubleday/Anchor, 1973.

Robbins, Christopher. *Air America: The Story of the CIA's Secret Airlines.* New York:G.P. Putnam'S Sons, 1979.

Roberts, Chalmers. *First Rough Draft: A Journalist's Journal of Our Times.* New York:Praeger, 1973.

Roosevelt, Kermit. *Countercoup: The Struggle for the Control of Iran.* New York:McGraw-Hill, 1979.

Rosizke, Harry. *The CIA's Secret Operations.* New York:Reader's Digest Press, 1977.

——. *The KGB: The Eyes of Russia.* Garden City, N.Y.: Doubleday, 1981.

Rostow, Walt W. *The Diffusion of Power, 1957—1972:* An Essay in Recent History. New York:Macmillan, 1972.

Royal Laotian Government, Ministry of Foreign Affairs. *White Book on the Violations of the 1962 Geneva Accords by the Government of North Vietnam.* Vientiane, 1969.

Rubin, Barry. *Paved with Good Intentions: The American Experience with Iran.* New York:Oxford University Press, 1980.

Safire, William. *Safire's Washington.* New York:Times Books, 1980.

Sartre, Jean-Paul. *Sartre on Cuba.* New York:Ballantine Books, 1961.

Schemmer, Benjamin F. *The Raid.* New York:Harper & Row, 1976.

Schlesinger, Arthur F., Jr. *Robert Kennedy and His Times.* Boston:Houghton Mifflin, 1978.

——.*A Thousand Days: John F. Kennedy in the White House.* Green-wich, Conn.: Fawcett Books, 1965.

Schlesinger, Stephen, and Stephen Kinzer. *Bitter Fruit: The Untold Story of the American Coup in Guatemala.* Garden City, N.Y.: Doubleday, 1982.

Schorr, Daniel. *Clearing the Air.* New York:Berkley Books, 1978.

Sen, Chanakya, ed. *Tibet Disappears: A Documentary History of Tibet's International Status, the Great Rebellion, and Its Aftermath.* New York:Asia Publishing House, 1960.

Sergeyev, F. *Chile: CIA Big Business,* Trans. Lev Bobrov. Moscow: Progress Rubulishers, 1981.

Shackley, Theodore. *The Third Option: An American View of Counterinsurgency Operations.* New York:Reader's Digest Press, 1981.

Shawcross, William. *Sideshow: Kissinger, Nixon and the Destruction of Cambodia.* New York:Simon & Schuster, 1979.

Sihanouk, Norodom (as Related to Wilfred Burchett). *My War with the CIA: The Mamoirs of Prince Norodom Sihanouk.* Baltimore: Penguin Books, 1974.

Simpson, Colonel Charles M. Ⅲ . *Inside the Green Berets: The First Thirty Years: A History of the U.S. Army Special Forces.* San Francisco. Presidio Press, 1983.

Sivachev, Nikolai V.,and Nikolai N. Yakov lev. *Russia and the United States: U.S.-Soviet Relations from the Soviet Point of View.* Chicago: University of Chicago Press, 1979.

Smith, Joseph Burkholder. *Portrait of a Cold Warrior.* New York:G.P. Putnam's Sons, 1976.

Smith, Walter Bedell. *Moscow Mission, 1946—1949.* London: Heinemann, 1950.

Snepp, Frank. *Decent Interval.* New York:Random House, 1977.

Sorenson, Theodore. *Kennedy.* New York:Bantam Books, 1965.

Steenberg, Sven. *Vlasov.* New York:Knopf, 1970.

Sterling, Claire. *The Time of the Assassins.* New York:Holt, Rinehart & Winston, 1983.

Steven, Stewart. *Operation Splinter Factor.* Philadelphia: J.B. Lippincott, 1974.

Stevens, Vice-Admiral Leslie C. *Russian Assignment.* Boston: Little Brown, 1953.

Stevenson, Charles A. *The End of Nowhere: American Policy Toward Laos Since 1954.*

Boston: Beacon Press, 1972.

Stockwell, John. *In Search of Enemies: A CIA Story.* New York:W.W. Norton, 1978.

Stoessinger, John G. *Henry Kissinger: The Anguish of Power.* New York:W.W. Norton, 1976.

Strong, General Sir Kenneth. *Intelligence at the Top.* Garden City, N.Y. Doubleday, 1967.

——.*Men of Intelligence.* New York:St. Martin'S Press, 1971.

Stueck, William W., Jr. *The Road to Confrontation: American Policy Toward China and Korea, 1947—1950.*Chapel Hill: University Of North Carolina Press, 1981.

Sullivan, William H. *Obbligato, 1939—1979: Notes on a Foreign Service Career.* New York:W.W. Norton, 1984.

Sulzberger, Cyrus L.*A Long Row of Candles: Mamoirs and Diaries, 1934—1954.* New York:Macmillan, 1969.

——.*An Age of Mediocrity: Memoirs and Diaries, 1963—1972.* New York:Macmillan, 1973.

——.*The Last of the Giants.* New York:Macmillan, 1970.

Suyin, Han. *Lhasa, the Open City: A Journey to Tibet,* London: Triad Panther Books, 1979.

Szulc, Tad. *The Illusion of Peace: Foreign Policy in the Nixon Years.* New York:Viking Press, 1978.

Szulc, Tad, and Karl E. Meyer. *The Cuban Invasion: The Chronicle of a Disaster.* New York:Ballantine Books, 1962.

Taber, Robert. *M-26: The Biography of a Revolution.* New York:Lyle Stuart, 1961.

Tanham, George K. *Trial in Thailand.* New York:Crane Russak, 1974.

Tauras, K.V. *Guerrilla Warfare on the Amber Coast.* New York:Lithuanian Research Institute, 1962.

Taylor, General Maxwell D. *Swords into Plowshares.* New York:W.W. Norton, 1972.

——.*The Uncertain Trumpet.* New York:Harper & Brothers, 1959.

Thayer, Charles W. *Guerrilla.* New York:New American Library, 1963.

Thayer, George. *The War Business: The International Trade in Armaments.* New York:Simon & Schuster, 1965.

Thies, Wallace J. *When Governments Collide: Coercion and Diplomacy in the Vietnam Conflict, 1964—1968.* Berkeley: University of California Press, 1980.

Thomas, Lowell J., And Edward Jablonski. *Doolittle: A Biography.* Garden City, N.Y.: Doubleday, 1976.

Thomas, Lowell Jr. *The Silent War in Tibet.* Garden City, N.Y.: Doubleday, 1959.

Trewhitt, Henry L. *McNamara.* New York:Harper & Row, 1971.

Troy, Thomas F. *Donovan and the CIA.* Frederick, Md.: University Press Of America, 1981.

Truman, Harry S. *Memoirs.* Vol. I, *Year of Decisions.* Vol. Ⅱ , Years of Trial and Hope. New York:New American Library, 1965.

Truman, Margaret. *Harry S. Truman.* New York:Pocket Books, 1974.

Tully, Andrew. *CIA: The Inside Story.* Greenwich, Conn.: Fawcett Books, 1962.

Turner, Admiral Stansfield. *Secrecy and Democracy: The CIA in Transition.* Boston: Houghton Mifflin, 1985.

Twining, General Nathan F. *Neither Liberty nor Safety.* New York:Holt Rinehart & Winston, 1966.

Ulam, Adam B. *Expansion and Coexistence. Soviet Foreign Policy 1917—1973,* 2nd ed. New York:Praeger, 1974.

Uribe, Armando. *The Black Book of American Intervention in Chile.* Boston: Beacon Press, 1975.

Valeriani, Richard. *Travels with Henry.* Boston: Houghton Mifflin, 1979.

Verrier, Anthony. *Through the Looking Glass: British Foreign Policy in an Age of Illusions.* New York:W.W. Norton, 1983.

Volkman, Ernest, *Warriors of the Night: Spies, Soldiers and American Intelligence.* New York:Morrow, 1985.

Wagoner, Fred E. *Dragon Rouge: The Rescue of Hostages in the Congo.* Washington, D.C.: National Defense University Research Directorate, 1980.

Walters, Lieutenant General Vernon A. *Silent Missions.* Garden City, N.Y.: Doubleday, 1978.

Walton, Richard J. *Cold War and Counter-Revolution: The Foreign Policy of John F. Kennedy.* Baltimore: Penguin Press, 1972.

Weintal, Edward, and Charles Bartlett. *Facing the Brink: An Intimate Study of Crisis Diplomacy.* New York:Scribner's, 1967.

Weisberger, Bernard A. *Cold War, Cold Peace: The United States and Russia Since 1945.* New York:American Heritage Press, 1985.

Weissman, Stephen R. *American Foreign Policy in the Congo, 1960—1964.* Ithaca: Cornell University Press, 1974.

West, Nigel. *The Circus: MI 5 Operations, 1945—1972.* New York:Stein & Day, 1983.

Westmoreland, General William C. *A. Soldier Reports.* New York:Dell Books, 1980.

Weyl, Nathaniel. *Red Star over Cuba.* New York:Hilman-McFadden, 1961.

White, Theodore H. *The Making of the President, 1960.* New York:Pocket Books, 1961.

Whitsun, Colonel William, With Chen-Hsia. Huang. *The Chinese High Command: A History of Communist Military Politics, 1927—1971.* New York:Praeger, 1973.

Wicker, Tom. *On Press.* New York:Berkley Books, 1979.

Wilensky, Harold L. *Organizational Intelligence.* New York:Basic Books, 1967.

Williams, Phil. *Crisis Management: Confrontation and Diplomacy in the Nuclear Age.* New York:John Wiley & Sons, 1976.

Williams, William Appleman. *The United States and Castro.* New York:Monthly Review Press, 1962.

Windchy, Eugene E. *Tonkin Gulf.* Garden City, N.Y.: Doubleday, 1970.

Wise, David. *The Politics of Lying: Government Deception, Secrecy and Power.* New York:Vintage Books, 1973.

——, and Thomas B. Ross. *The Espionage Establishment.* New York:Random House, 1967.

——.*The Invisible Government.* New York:Vintage Books, 1964.

——.*The U-2 Affair.* New York:Random House, 1962.

Wittner, Lawrence S. *American Intervention in Greece, 1943—1949.* New York:Columbia University Press, 1982.

Wohlstetter, Roberta. *Pearl Harbor: Warning and Decision.* Stanford: Stanford

University Press, 1962.

Wyden, Peter. *Bay of Pigs: The Untold Story.* New York:Simon & Schuster, 1979.

Yakolev, Nikolai. *CIA Target: USSR.* Moscow: Progress Publishers, 1982.

Yergin, Daniel. *Shattered Peace:The Origins of the Cold War and the National Security State.* Boston: Houghton Mifflin, 1978.

3. 文　章

Adler, Emmanuel. "Executive Command and Control in Foreign Policy: The CIA's Covert Activities." Orbis, Vol.23, No. 3, Fall 1979.

Allende, Hortensia Bussi de. "(Chile and CIA Intervention,1964—1973."Presentation at Yale University conference, The CIA and World Power, April 5,1975.

Artime, Manuel, José Perez San Roman, Erneido, Oliva, and Enrique Ruiz_Williams (with Haynes Johnson)."We Who Tried."*Life*, May 10, 1963.

Astor, Gerard. "Henry Kissinger:Strategist in the White House Basement."*Look*, August 12.1969.

Baldwin, Hanson W. "The Future of Intelligence." *Strategic Review*, Vol4, No 3.Summer 1976.

Barnds, William J. "Intelligence and Foreign Policy:Dilemmas of a Democracy." *Foreign Affairs*, Vol. 47, No.2. January 1969.

Beck, Kent M. " Necessary Lies, Hidden Truths:Cuba in the 1960 Campaign." *Diplomatic History,* Vol.8. No.1.Winter 1984.

Blackstock, Paul W. "The Intelligence Community Under the Nixon Administration. " *Armed Forces and Society,* Vol.1, No. 2, February 1975.

Braden, Thomas. "What's Wrong with the CIA? " *Saturday Review,* April 5, 1975.

Branch, Taylor, and George Crile. "the Kennedy Vendetta."*Harper's* August 1975.

Blower, Brock. "Why People Like You Joined the CIA."*Washington Monthly*, Vol.8, No.9, November 1976.

Brown, John H "The Disappearing Russian Embassy Archives 1922—1949." *Prologue,* Vol.14 No.1. Spring 1982.

Chamorro, Edgar. "Confessions of a Contra." *The New Republic,* August 5, 1985.

Cline, Ray. "Policy Without Intelligence. " *Foreign Policy,* No.17, Winter 1975—1976.

Codevilla, Angelo, and Roy Godson, "Intelligence (Covert Action and Counterintelligence) as an Instrument of Policy. " Paper presented at the International Studies Association conference, Washington, D.C., March 8, 1985.

Cooper, Chester L. "The ClA and Decision making." *Foreign Affairs,* Vol.70. No.1. January l972.

Dalia Mama. "A Vast Sea of Chinese Threatens Tibet." *New York Times*, August 9,1985.

——. "China and the Future of Tibet." *Worldview*, October 1977.

De Graffenreid, Kenneth. "Intelligence and the Oval Office." Paper presented at the international Studies Association conference, Washington, D.C., March 8, 1985.

Drenkowski, Dana. "MERC Work:Does the Geneva Convention Apply?" *Soldier of Fortune,* December 1984.

Drew. Elizabeth."A Reporter at Large: Brzezinski." *New Yorker,* May 1, 1978.

Elliff John T. "The Legal Framework for Intelligence Activities. " Paper presented at the American Political Science Association conference, Washington, D.C., September 1, 1984.

Ellsworth, Robert F., and Kenneth Adelman."Foolish Intelligence. " *Foreign Policy*, No.36, fall 1979.

Fallows, James. "Crazies by the Tail: Bay of Pigs, Diem and Liddy. " *Washington Monthly.* Vol 6.No.7, September 1974.

Gutman Roy. "America's Diplomatic Charade." *Foreign Policy,* No. 56. Fall 1984.

Gwertzman, Bernard. "Cyrus Vance Plays It Cool." *New York Times Magazine*, March l8, 1979.

Halperin, Morton H. "Clever Briefers, Crazy Leaders and Myopic Analysts. " *Washington Monthly.* Vol 6. No.7, September 1974.

Harkness, Richard, and Gladys Harkness. "The Mysterious Doings of CIA. " *Saturday Evening Post,* October 30, November 6 and l3, 1954.

Hersh, Seymour. "Exposing the Libyan Link. " *New York Times Magazine,* June 2l, 1981.

——. "The Qaddafi Connection. "*New York Times Magazine,* June 14,1981.

Johnson, Loch. "Congress and the CIA Monitoring the Dark Side of Government " Paper Presented at the American Political Science Association conference,Washington, D.C., September 1, 1979.

Kalb Madeleine G."The CIA and Lumumba." *New York Times Magazine,* August 2,1981.

Kaplan, Fred H. "Our Cold War Policy—Circa 1950." *New York Times Magazine,* May 18,1980.

Keegan, John. "The Ordeal of Afghanistan. " *The Atlantic,* November 1985.

Kerby, Robert L. "American Military Airlift During the Laotian Civil War, 1958—1963."*Aerospace Historian*, Vol.24, No.1, Spring 1977.

Leacacos, lohn P. "Kissinger's Apparat."*Foreign Policy,* No.5, Winter 1971—1972.

William M. Leary, and William Stueck, The Chennault Plan to Save China: U.S. Containment in Asia and the Origins of the CIA's Aerial Empire, 1949—1950."*Diplomatic History,* Vol.8, No.4, Falll 1984.

Lelyveld, Joseph "The Director :Running the CIA," *New York Times Magazine*, January 20,1985.

McCone, John. "Why We Need the CIA." *T.V Guide*, January 10, 1976.

Martin, David C. " The American James Bond: A True Story."*Playboy* Magazine April 1980

Morris, Roger. "Kissinger and the Brothers Kalb."*Washington Monthly,* Vol.6 Nos.5—6, July-August 1974.

Nocera, Joseph."The Art of the Leak." *Washington, Monthly*,Vol,11 Nos.5—6 July-August 1979.

Paterson, Thomas G. "If Europe, Why Not China? The Containment Doctrine,1947—1949,"*Prologue,* Vol.13,No.1. Spring 1981.

Peterzell, Jay. "Legal and Constitutional Authority for Covert Operations." Paper presented at the International Studies Association conference, Washington, D.C. March 8, 1985.

Phillips, John. "The Days of the Dulleses. " *New York Review of Books*, May 4,1978.

Ransom, Harry Howe."CIA Accountability:Congress as Temperamental Watchdog."Paper presented at the American Political Science Association,

Washington, D.C.,September 1, 1984.

Roberts, Adam. "The CIA Reform Is Not Enough."*Millenium: journal of International Studies* Vol.6, No.1, Spring 1977.

Rositzke, Harry. "America's Secret Operations: A Perspective. " *Foreign Affairs,* Vol.53, NO.2, January 1975.

Schmitt, Gary. "Oversight:What For and How Effective? " Paper presented at the International Studies Association conference, Washington, D.C., March 8, 1985.

"Should the U.S. Fight Secret Wars?" (Symposium). *Harper's,* September 1984.

Shrivastava, B.K. "The United States and Recent Developments in Afgnanistan."*International Studies,* Vol.19, No.4. October December 1980.

Smith, Joseph Burkholder."The CIA in Vietaam:Nation Builders. Old Pros, Paramilitary Boys, and Misplaced Persons." *Washington Monthly* Vol.9, No.12, February 1978.

Szulc, Tad."How Kissinger Runs Our 'Other Government.' " *New York,* November 30, 1974.

——. "Putting the Bite Back in the CIA. " *New York Times Magazine,* April 6,1980.

——. "Shaking Up the CIA. "*New York Times Magazine,* July 29, 1979.

Taubman, Phillip. "Casey and His CIA on the Rebound. " *New York Times Magazine,* January 16,1983.

——. "The Secret World of a Green Beret. " *New York Times Magazine,* July 4, 1982.

Treverton, Gregory F. "Reforming the CIA " *Millenium: Journal of International Studies,* Vol. 5, No.3, Winter 1976—1977.

Vandenbroucke, Lucien S. " Anatomy of a Failure: The Decision to Land at the Bay of Pigs. " *Political Science Quarterly,* Vol.99, No.3, Fall 1984.

——. "The confessions of Allen Dulles: New Evidence on the Bay of pigs. " *Diplomatic History,* Vol.8, No.4, Fall 1984.

Weissman, Steven R. "CIA Covert Action in Zaire and Angola: Patterns and Consequences. " *Political Science Quarterly,* Vol.94, No.2, Summer, 1979.

Welles, BenJamin. " H——L——S of the CIA, " *New York Times Magazine,* April 18, 1971.

部分缩略词

AIOC Anglo-Iranian Oil Company 英伊石油公司

ARC Air Force Re-supply and Communications 空中补给和通信联队

ARDE Alianza Revolucionaria Democrática (Revolutionary Democratic Alliance in Nicaragua) 尼加拉瓜民主革命联盟

BDPS Bendras Demokratinio Pasipriesinimo Sajudas (United Democratic Resistance Movement in Lithuania) 立陶宛联合民主抵抗运动

BOSS Bureau of State Security (South Africa) 南非国家安全局

CAT Civil Air Transport 民航空运队

CCRAK Covert Clandestine and Related Activities Korea 韩国隐蔽秘密及相关活动协调组

CDNI Committee for Defense of National Interests (Laos) 老挝国家利益防御委员会

CIA Central Intelligence Agency 中央情报局（简称中情局）

CIC Counter-Intelligence Corps 美国反情报队

CIDG Civilian Irregular Defense Group (South Vietnam) （南越）民间防卫队

CIG Central Intelligence Group 中央情报组

DCI Director of Central Intelligence 中央情报局局长

DDO Deputy Director of operations/Directorate of Operations 中情局行动处

DDP Directorate of Plans 中情局计划处； Deputy Director for Plans 中情局专门负责计划的副局长

DHS Defense Human Intelligence Service 国防部人类情报处

FDN Fuerza Democrática Nicaraguense (Nicaraguan Democratic Force) 尼加拉瓜民主力量

FLI Front for the Liberation of Iran 伊朗解放阵线

FNLA National Front for the Liberation of Angola 安哥拉民族解放阵线

FOG Foreign Operations Group 境外行动小组

FRD Frente Revolucionario Democrático (Cuban Democratic Revolutionary Front) 古巴民主革命阵线

FSLN Frente Sandinista de Liberación Nacional (Sandinista National Liberation Front in Nicaragua) 尼加拉瓜桑地诺民族解放阵线

FULRO Front Unifié pour la Libération des Races Opprimées (Unified Front for the Liberation of Oppressed Peoples in South Vietnam) 南越解放被压迫民族联合阵线

G-2 U.S. Army Intelligence Branch 美国陆军情报部，也称参谋二部

IOB Intelligence Oversight Board 情报监督委员会

ISA Intelligence Support Activity 情报支援行动队

IVAG International Volunteer Air Group 国际志愿者飞行组

JACK Joint Advisory Commission Korea 韩国联合咨询委员会

JCS Joint Chiefs of Staff 参谋长联席会议

JCSM Joint Chiefs of Staff Memorandum 参谋长联席会议备忘录

JM/WAVE CIA Miami Station (for Cuba Operations) 中情局迈阿密情报站（为古巴行动而建立）

LLDB Luc Luong Dac Biet (Airborne Special Forces in South Vietnam) 南越特种部队

LS Lima Site (Laotian airfield) 美国航在老挝境内建立的利马网点

MACV Military Assistance Command Vietnam 对越军事援助指挥部

MPLA Popular Movement for the Liberation of Angola 安哥拉人民解放运动

NHAO Nicaraguan Humanitarian Assistance Office 尼加拉瓜人道主义援助办公室

NIA National Intelligence Authority 国家情报局

NKVD Soviet Intelligence and Security Service 苏联秘密警察组织

NLHX Neo Lao Hak Xat (Lao People's Front) 老挝人民阵线

NLF National Liberation Front (South Vietnam) 南越民族解放阵线

NSAM National Security Action Memorandum 国家安全行动备忘录

NSC National Security Council 国家安全委员会

NSDD National Security Decision Directive 国家安全决策指令

NSDM National Security Decision Memorandum 国家安全决议备忘录

NSPG National Security Planning Group 国家安全规划组

NTS Natsionalno Trudovoi Soyuz (National Labor Alliance) 乌克兰全国劳工联盟

OAS Organization of American States 美洲国家组织

OCB Operations Coordinating Board 行动协调委员会

OPC Office of Policy Coordination 政策协调处

OPLAN Operation Plan 作战计划

OSO Office of Special Operations 特别行动处

OSP Office of Special Projects 特别项目处

OSS Office of Strategic Services 战略情报局

OUN Organization of Ukrainian Nationalists 乌克兰民族主义者联盟

PARU Police Aerial Resupply Unit (Thailand) 泰国空中补给警察部队

PBCFIA President's Board of Consultants on Foreign Intelligence Activities 总统外国情报活动咨询委员会

PEMESTA Piagam Perjuangan Semesta (Charter of Common Struggle in Indonesia) 印度尼西亚共同斗争宪章

PEO Program Evaluation Office (Laos) 美国驻万象评估办公室

PFIAB President's Foreign Intelligence Advisory Board 总统外国情报顾问委员会

PSB Psychological Strategy Board 心理战略委员会

RFE Radio Free Europe 自由欧洲电台

RIAS Radio in the American Sector(Berlin) 美占区内的电台

RIF reduction in force 裁员

RIG Restricted Interagency Group 秘密跨部门小组

RLAF Royal Laotian Armed Forces 老挝皇家军队

RL Radio Liberty 自由电台

RLG Royal Laotian Government 老挝王国政府

SACSA Special Assistant for Counterinsurgency and Special Activities 反叛乱和特别行动助理

SADF South African Defense Force 南非国防军

SAT Southern Air Transport 美国南方航空运输公司

SEATO Southeast Asia Treaty Organization 东南亚条约组织

SGU Special Guerrilla Unit (Laos) 老挝特种游击队

SIS Secret Intelligence Service (British) 英国秘密情报处，也称军情六处

SOE Special Operations Executive (British) 英国特别行动处

SOF Special Operations Forces 特种军队

SOG Special Operations Group (Korea) 韩国特别行动队，Studies and Observation Group (South Vietnam) 南越研究与观察组

SOPAG Special Operations Policy Advisory Group 特种作战政策咨询委员会

SSU Strategic Services Unit 战略情报部

STTGI Stanford Technology Trading Group International 斯坦福国际科技贸易集团

UDN Unión Democratica Nicaraguense (Nicaraguan Democratic Union) 尼加拉瓜联合民主党

UNITA National Union for the Total Independence of Angola 安哥拉民族独立运动全国联盟

UNO Unión Nicaraguense de Oposición (United Nicaraguan Opposition) 尼加拉瓜联合反对派

UNPFK United Nations Partisan Forces Korea 驻韩联合国军

UP Unidad Popular 智利人民团结联盟

USAID U.S. Agency for International Development 美国国际开发署

WIGMO Western International Ground Maintenance Organization (Congo) 刚果西方国际地勤组织